中国社会工作联合会心理健康工作委员会培训指定用书

团体心理服务技能

（本会团体方向）
培训教材 基础理论

韦志中◎主编

台海出版社

图书在版编目（CIP）数据

团体心理服务技能（本会团体方向）培训教材·基础理论 / 韦志中主编 . -- 北京：台海出版社，2020.4
ISBN 978-7-5168-2395-8

Ⅰ . ①团… Ⅱ . ①韦… Ⅲ . ①集体心理学—心理咨询—咨询服务—技术培训—教材 Ⅳ . ① C912.6

中国版本图书馆 CIP 数据核字（2019）第 142121 号

团体心理服务技能（本会团体方向）培训教材·基础理论

主　　编：韦志中

出 版 人：蔡　旭
责任编辑：赵旭雯　贾风华

出版发行：台海出版社
地　　址：北京市东城区景山东街 20 号　邮政编码：100009
电　　话：010 — 64041652（发行，邮购）
传　　真：010 — 84045799（总编室）
网　　址：www.taimeng.org.cn/thcbs/default.htm
电子邮箱：thcbs@126.com

经　　销：全国各地新华书店
印　　刷：天津旭非印刷有限公司
本书如有破损、缺页、装订错误，请与本社联系调换

开　　本：710 毫米 ×1000 毫米　1/16
字　　数：575 千字　　　　　　　印　　张：33.5
版　　次：2020 年 4 月第 1 版　　印　　次：2020 年 5 月第 1 次印刷
书　　号：ISBN 978-7-5168-2395-8

定　　价：128.80 元

编委会名单

主　编：韦志中
副主编：周章毅　卫　丽
委　员：孙丽华　温金梅　魏新玲　陶尚凤　张晓平　张元杨
　　　　余晓沽　陈一香　杨　耘　王佩娟　赵娅婷　樊　林
　　　　李　靖　陈晓云　钟海镜　闫金莲　程忆梅　傅文婷

目 录

CONTENTS

第一部分

心理学基础知识

第一章　普通心理学

自然界中有各种各样的现象，比如物理现象、化学现象、生物现象、天体现象、生理现象和心理现象等。心理学就是研究人的心理现象或心理活动发生、发展及其规律的科学。心理现象可以分为心理过程和个性心理两个方面。心理过程主要研究人的心理活动是如何发生的，是心理现象中共性大于个性的一部分；个性心理研究人与人之间的区别，是心理现象中个性大于共性的一部分。本章重点讲解能力、气质、性格、情绪情感和意识。

第一节　能力

能力是反映人的心理发展水平的指标之一，一直受到社会的广泛关注。正确理解能力的内涵，加强能力与智力之间关系的理性思考，有助于恰当地分析影响能力发展的因素，理智地对待人与人之间客观存在的能力差异，树立智力测验的科学态度。

一、能力的概述

正确认识能力的内涵，科学地阐述能力与知识的关系，区分能力的不同种类，能够帮助我们进一步探讨能力的实质，更好地指导教育工作实际。

（一）能力的含义

能力是指人们成功地完成某种活动所必须具备的个性心理特征。人的能力不是天生的，必须通过活动得以表现，并在活动中形成和发展。所以，能力与活动是紧密相联的。

人类的活动纷繁复杂，往往需要多种能力的组合才能完成。当个人将多种能力独特地组合起来，比较顺利、有效地完成某项活动时，就意味着该个体具有某一方面的才能；如果其才能持续高度发展，就表明，该个体是某一活动领域的天才，如数学天才、音乐天才、军事天才等等。

（二）能力与知识

能力与知识既相联系，又相区别。一方面，能力是学习知识、掌握知识的前提，它直接影响掌握知识的难度、速度和程度。能力强的人，学习知识又快又好，理解深刻，记忆牢固，善于运用；而能力差的人，学习知识困难重重，理解肤浅，死搬硬套。另一方面，知识的学习和掌握有助于能力的形成和发展。数学知识的学习和掌握，可以提高学生的计算和推理能力；语文知识的学习和掌握，则可以提高学生的写作能力。两者往往具有相互促进的作用。

能力与知识虽然存在着一定的相辅相成的关系，但是，并不存在绝对的对应关系，因为两者不属于同一范畴。能力作为人的个性心理特征，是一种对心理水平的概括；而知识作为人类历史经验的总结，是一种经验的概括。因此，知识的学习和掌握与能力的发展不同步。只有知识的学习和掌握达到举一反三、熟能生巧的地步，才有可能促进能力的形成和发展；相反，如果学习态度差，缺少勤奋努力，尽管能力很强，也不可能获得丰富的知识，促进能力的发展。

（三）能力的种类

人的能力种类繁多，可以从不同的角度进行分类。

1. 一般能力和特殊能力

按照涉及的范围或倾向性分，能力可以分为一般能力和特殊能力。

（1）一般能力

一般能力又称普通能力，是指各种活动所共同需要的能力，是人所共有的最基本的能力，具体包括观察力、记忆力、注意力、想象力和思维力等，它适用于广泛的活动范围内，是保证各项活动顺利进行的前提。传统意义上，人们通常把一般能力的综合体称之为智力。

（2）特殊能力

特殊能力又称专门能力，是完成某项专门活动所必须具备的能力。它只适用于特殊活动领域。例如：节奏感是从事音乐活动的特殊能力；身体协调能力是从事体育活动的特殊能力，而细致的色彩和线条辨别能力则是从事绘画活动的特殊能力。这些特殊能力都是顺利进行相应活动的基本保证。

一般能力和特殊能力密切相连，存在于每一个个体之中。各种特殊能力的形成和发展需要以一般能力为基础；而特殊能力的发展，也会促进一般能力的发展。任何一项活动的成功完成，既需要具有一般能力，又需要具有与某种活动有关的特殊能力，是一般能力和特殊能力共同作用的结果。

2. 认知能力、操作能力和社交能力

按照功能的不同，能力可以划分为认知能力、操作能力和社交能力。

（1）认知能力

认知能力是指接收、加工、储存和应用信息的能力，主要包括知觉、记忆、注意、思维和想象等一方面的能力。学习成绩的好坏往往直接反映认知能力水平的高低。它是人们成功地完成一项活动所必须具备的最基本和最重要的能力。

（2）操作能力

操作能力是指借助于肢体进行操纵、制作和运动的能力，如手工制作能力、艺术表现能力、体育运动能力、实验操作能力等。操作能力是在操作技能的基础上发展起来的，同时，也成为顺利地掌握操作技能的重要条件。

认知能力和操作能力紧密相连。认知能力中往往渗透着操作能力，而操作能力也需要借助于一定的认知能力来实行。两者相互协调，共同保证某项活动的顺利完成。

（3）社交能力

社交能力是指人们在社会交往活动中所表现出来的能力，如组织管理能力、言语感染能力、人员协调能力等，它能保证个体与社会相适应，并被社会接纳，是个体生存的基本能力。

3. 模仿能力和创造能力

按照参与活动性质的不同，能力可以划分为模仿能力和创造能力。

（1）模仿能力

模仿能力指的是个体仿效他人的言行举止而从事与其相似活动的能力。例如：儿童模仿父母说话的语气、表情，学画过程中的临摹，产品的仿造，等等。美国心理学家班杜拉认为，模仿是人们彼此之间相互影响的重要方式，也是实现个体行为社会化的基本历程之一。

（2）创造能力

创造能力是指产生新思想或者发现及创造新事物的能力。它有狭义和广义的区分。当个体在活动中表现出来的能力对整个社会来说独特而有意义，这就是狭义上的创造能力；当个体在某项活动中表现出来的能力是对其自身来说独特而有意义的，这就是广义上的创造能力。相比较而言，狭义的创造能力具有更大的社会价值和意义，然而，无论是狭义上的创造能力，还是广义上的创造能力，它们都是成功地完成某种创造性活动所必需的条件。其中，创造思维和创造想象起着十分重要的作用。

模仿是创造的前提和基础，创造是模仿的提升和发展。也就是说，创造能力是在模仿能力的基础上发展起来的，它是模仿能力基础上的更高层次的能力。其实，模仿能力和创造能力的划分只是相对的，模仿能力中包含有创造能力的成分，而创造能力中也包含有模仿能力的因素，两种能力相互渗透，相互联系，在活动中得以和谐与统一。

二、智力理论

智力又称为智能，是与能力相关联的概念，一直受到广大心理学工作者的关注，但至今尚无统一的定义。

关于智力的定义，归纳起来，主要有以下几个方面的表述：1.智力是个体学习的能力；2.智力是个体抽象思维的能力；3.智力是个体适应环境的能力；4.智力是智力测验所测验出的结果；5.智力是抽象思维能力、解决问题能力和学习能力的综合体现。

上述几种智力的表述反映了不同学者从不同角度对智力含义的分析，也揭示了人们对智力含义的认识实现了从单一智力观向综合智力观的转变，从静态智力观向动态智力观的转变。智力就是人的各种能力的综合体现，它可以根据不同的活动需要组合成不同的能力综合体，保证当前活动的顺利完成。

人们对智力问题的认识，走过了一段漫长的心路历程，从对智力成分、要素的认识，到对智力结构的分析，以及对智力操作过程和作用的探讨，并由此主要形成了三大流派：

（一）智力因素理论

1.单因素论

单因素论者认为，人的智力只有一种，即总的能力。例如高尔顿、比奈、推蒙等人都认为，智力是单因素的，就是智力测验量表测量出来的结果，用智商加以表达。

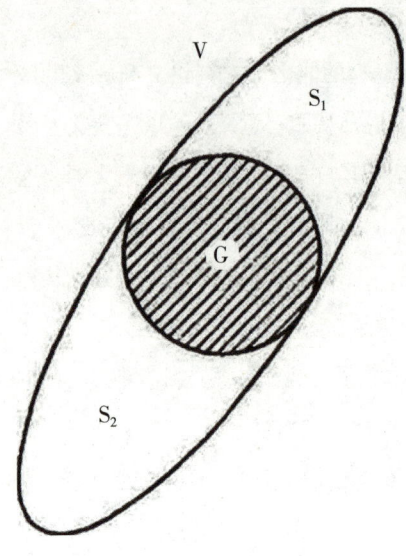

图 1-1　斯皮尔曼的二因素论

2. 斯皮尔曼的二因素论

英国心理学家斯皮尔曼认为，智力由一种单一的一般因素（普遍因素）和一系列的特殊因素构成，也称为 G 因素和 S 因素。任何一种作业都必须依靠这两种因素协同完成。其中，一般因素是智力的首要因素，属于不同智力活动的共享因素，是智力结构的关键和基础，在相当程度上是遗传的结果，也是智力测验所要测量的对象。特殊因素主要有口语能力、数算能力、机械能力、注意力和想象力这五个因素，它们与一般因素一起，以不同的姿态参与某种单一的具体活动。斯皮尔曼认为，每一个人的一般因索和特殊因素都不相同，即使具有同样的特殊因素，在程度上也是不同的（见图 1-1）。

3. 瑟斯顿的群因素论

美国心理学家瑟斯顿认为，智力包括七种平等的基本能力，即计算（N）、语词流畅（W）、语词理解（V）、记忆（M）、推理（R）、空间知觉（S）和知觉速度（P）。这些基本能力的不同搭配，便构成每一个独特的智力结构，参与完成不同的智力活动。后来他发觉，七种基本能力不是彼此独立、互不相关的，而是存在着内在的联系。在评价一个人的智力水平时，分析七种能力的次级因素更为重要。至此，瑟斯顿的群因素论与斯皮尔曼的二因素论已经达到了融洽与和谐。我们把斯皮尔曼的二因素说称为"一般因素——群因理论"，而瑟斯顿的群因素说，则称为"群因——一般因素理论"。

4. 卡特尔的流体和晶体智力理论

1966 年，美国心理学家卡特尔在分析二因素论和群因素论的基础上，提出在一般因素中包含有流体智力和晶体智力。流体智力又称为液体智力，是指以生理活动机能为基础的、不依赖于文化和知识背景而对新事物学习的能力，通常指一般学习与行为的能力，由速度、能量、快速适应新环境的测验来度量，如注意力、知识整合力、思维的敏捷性、逻辑推理测验、记忆广度测验、解决抽象问题和信息加工速度测验等。

晶体智力是以经验为基础的后天习得的能力，它与个体的文化知识、经验积累有关，指个体已获得的知识和技能，由词汇、社会推理以及问题解决等测验来度量，如知识的广度、判断力等。液体智力随着年龄的增长逐步下降，而晶体智力则随着年龄的增长逐步提高（见图1-2）。

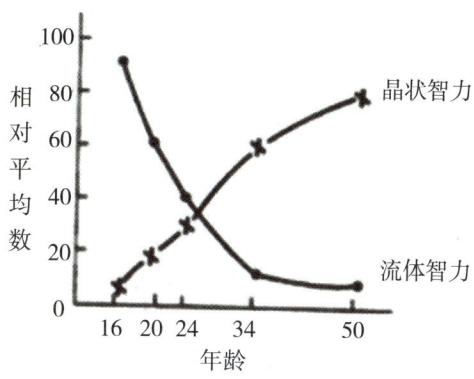

图 1-2　卡特尔的液体智力和晶体智力

（二）智力结构理论

1. 吉尔福特的三维智力结构模型

美国心理学家吉尔福特用因素分析法研究智力，不承认一般因素的存在，认为智力因素应该是相互独立的。他提出智力结构可以从操作、内容和产物三个维度来考虑。操作就是心理活动方式，反映智力的第一个维度。具体有六种：认知、记忆记录、记忆保持、分散思维、集中思维和评价。内容体现智力的第二个维度，反映引起智力活动的材料类型。包括视觉、听觉、符号、语义和行为五种。产物是指智力活动的结果，是智力的第三个维度。具体包括单元、类别、关系、系统、转换和蕴含六种，从简单产物到复杂产物构成一个序列（见图1-3）。

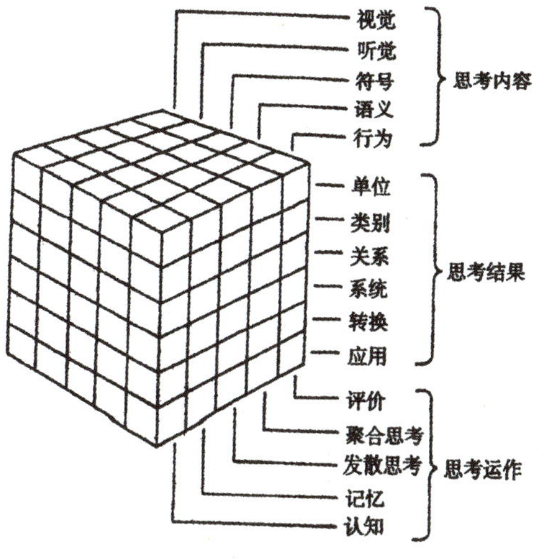

图 1-3　吉尔福特的三维智力结构模型

2. 阜南的智力层次结构模型

英国心理学家阜南（1960）在二因素理论的基础上，提出按层次排列的智力结构。智力的最高层次是智力的一般因素（G因素）；第二层次分为言语和教育因素及机械和操作因素两个大因素群；第三层次有几个小因素群构成，即言语理解、数量、机械信息、空间能力和手工操作等；第四层次由特殊因素构成。阜南的理论在一定程度上得到近几年脑科学研究的支持。

（三）智力的信息加工理论

1. 智力的三元结构理论

美国心理学家斯滕伯格认为，智力与外在世界、内在世界和人的经验都存在着一定的关系，智力理论就应该围绕这三个维度加以阐述。他由此提出智力的三元结构理论。

其中，成分亚理论是阐述解决问题时的各种心理过程，也是智力三元结构理论的核心。它包括三个层次的成分：一是元成分，是指人们决定智力问题性质，选择解决问题的策略以及分配资源的过程，它对执行过程进行计划、监控和评价；二是操作成分，它接受元成分的指令，进行各种认知操作，并提供信息反馈；三是知识获得成分，意指学习新知识及解决问题的策略等。

经验亚理论反映主体在特定的环境下，调用经验做出适应特定情境的智力行为。情境亚理论则体现主体在日常生活中，对当前环境适应、选择和改造的智力行为。

斯滕伯格的三元智力理论不同于以往的智力因素理论和智力结构理论，其突出贡献主要表现在两个方面：第一，丰富了智力的内涵。无论是因素理论，还是结构理论，都带有"自恋"倾向，把智力抽象出来"就事论事"地探讨智力的实质问题，不善于把智力与其他事物联系起来进行分析。三元智力理论则把智力与人的内外世界及以往的经验联系起来，从不同角度对智力进行多方面的解读，这无疑是对智力更全面、更具体的阐述。第二，拓展了研究的视角。以往的智力理论偏向于对智力"本身"进行剖析，忽视了联系其他事物考察智力活动的过程，容易陷入孤芳自赏、曲高和寡的境地。而三元智力理论从智力活动的具体操作实际出发，揭示了智力与其他事物之间的关系，赋予三元智力理论鲜活的灵性，总结概括出更具有说服力和社会价值的结论，对社会特别是教育领域起到了较大的理论指导作用。

2. 智力的 PASS 模型

达斯和纳格利里等人认为，探讨智力问题时必须把智力置于信息加工活动过程中加以分析。他们在 20 世纪 90 年代提出智力的 PASS 模型。即"计划（planning）—注意（attention）—同时性加工（simultaneous）—继时性加工（successive processing）"模型，由每个认知过程的第一个字母构成，简称为 PASS 模型。它包含三层认知系统和四种认知过程。

注意系统称为"注意－唤醒系统"，起激活和唤醒作用，是整个智力系统的基础，它使大脑处于适宜的活动状态。

同时性加工和继时性加工系统称为信息加工系统，是智力的主要操作系统，智力活动的大部分"实际动作"是在该系统中进行，两者并列统称为"编码—加工"系统，处于整个系统的中间层次。

计划系统位于整个系统的最高层次，主要从事智力活动的计划性工作，在智力活动中确定目标、制定策略，起监控和调节作用。

三个系统动态协作，保证了智力活动的正常运行。

PASS模型作为一种新的智力理论，其突出之处在于打破了传统智力理论的静态智力观，从动态层面深入分析了智力活动的内部过程，深化了人们对智力问题的认识。

3. 加德纳的多元智能理论

1983年美国心理学家、教育家加德纳在充分实证分析基础上提出，智能是"个体用于解决和产生为一种或多种文化或环境所珍视的问题和产品的能力"。个体的智能结构本质上是多元的，主要有七种相互独立又相互补充的智能构成。

视觉—空间智能：这种智力包括对物体的形状、结构、空间关系的精确感知能力和空间关系形式化能力，用于导航或在环境中的移动，看地图和绘画等。

音乐—节奏智能：这种智力主要包括敏锐的音调、旋律、节奏感知能力、音乐欣赏和创作能力，用于演奏乐器、唱歌、欣赏和创作音乐等。

逻辑—数学智能：这种智力主要包括敏感的辨别能力，逻辑或数学的思维方式，归纳推理能力，用于解决抽象逻辑、数学问题以及逻辑推理等问题。

言语—语言智能：这种智力主要包括语音、语义、语法和言语表达与分析能力，渗透在所有语言能力之中，以及语言和文字的理解和表达。

身体—动觉智能：这种智力主要包括身体和动作上的协调、控制能力，熟练的器械操作能力。

人际—交往智能：这种智力主要包括对他人情绪、动机、意向的辨别，明了人际关系和暗示，并做出恰当反应的能力。富有同情心，且善解人意。

自知—内省智能：这种智力主要包括明了自己的情绪、动机、意向的能力，自尊、自律的能力，对于自己的内部世界具有极高的敏感性。

后来，他又增加了两种智能。一个是自然—观察智能：主要指对周围环境中自然物种特征的敏感性、观察与分辨能力，以及强烈的好奇心和求知欲。还有一种智能是存在智能：主要表现在哲学家、神学家、生活导师身上，指个体能够使用集体价值观念和本能，理解他人和周围世界的能力。

加德纳的多元智力理论明显不同于以往的智力理论，它已经跳出"就智力研究智力"的框架，而是从智力的载体——人，这个更高层次的角度来俯视智力的实质问题，确立了朴素并且非常经典的理念：与主体有关的一切活动都是智力活动的具体体现。实际上也就宣告了人们围绕智力内涵进行探索历程的结束，实现了智力向能力的回归，由此带来智力观、人才观、教育观的革新，被人们称为智力理论发展的里程碑。加德纳多元智力理论给予我们的启迪主要表现在以下几个方面：

第一，从抽象到具体。智力不是一个抽象的概念，它应该是客观事实。智力水平的高低不是测试出来的，而是应该在现实生活中表现出来，与具体的生活情景结合起来，不能像传统智力那样，满足于测试的结果，停留在"纸上谈兵"之上，不能真正揭示智力的实质。因此，探讨智力问题必须与具体的活动联系起来，必须关注社会文化因素在人的智力活动中的重要影响作用，同时还要考虑，人的智力结构是独特的，它与具体的活动是相对应的，人在具体的活动中运用相应的智力的独特组合解决现实问题的能力，才是智力的真实表现，也才是智力评价的根本所在。

第二，从静态到动态。传统的智力测验习惯于静态分析，强调"一锤定终身"，忽视人的发展变化，缺少描绘人的动态发展历程的方面。它们借助常模、标准分数，热衷于给学生贴"标签"，忘却了智力测验是以促进学生发展为最终目的的。评价学生应该着重于评价学生的发展过程，帮助学生对自己的强项和弱项有所认识，了解自己过去、现在和将来的发展趋势，为个人的发展提供合理化的建议。只有从动态的角度对人的智力发展状态进行分析，才能真正体现智力测验的根本目标，否则，就会本末倒置，违背智力测验的初衷，陷入极端无法自拔。

第三，从统一到多样。人的智力发展离不开社会文化的影响，离不开个体独特的生活经历，应该体现在所从事活动的方方面面，表现出丰富性、多样性的特点。然而，传统的智力测验往往借助书面符号，着眼于语言和数理逻辑能力的评价，以主流文化背景下的标准为依据，企图反映所有人的所有能力，这必然是片面和不合理的。尽管传统的智力测验有其科学、合理的一面，但是，它带来的效果却是"只见树木，不见森林"，将会越来越失去它的适用性。

第四，从单维到多维。人的发展不是单一发展的轨迹，而是一个全面立体的画面。它不仅仅包含语言、数理逻辑等认知能力，它还包含情感、价值体系、自我反省等更多内容。人的发展不能仅靠智力测验的方式加以鉴定，还需要档案资料、轶事报告等手段来进行全面衡量，它能动态、真实地反映人的发展全貌。评价的渠道不应该是单一的，而应该通过老师、同学、家长、社会及本人等多方面地展开，使其保证评价的全面和客观。

总之，在教育活动中，加德纳多元智力理论要求我们面向每一个学生，面向每一个学生的每一个方面。

二、能力的发展

人的能力的发展是一个动态变化的过程，既有成长上升的时期，也有下降衰退的时候，受主客观各种因素的影响，反映出不同个体能力发展的不同特点，有待于我们进行深入地探讨。

（一）能力的发展趋势

大量研究表明，人在出生后的头几年是智力发展最快的时期，随后逐步缓慢，到达一定年龄后就会停止增长，并随着人的衰老开始下降。1970 年，贝利采用纵向研究法，对相同的被试在不同年龄阶段（从出生到 36 岁）进行智力测验。他借助于贝利婴儿量表、斯坦福—比奈量表和韦克斯勒成人智力量表对相关人员进行测量，发现智力随年龄增长而逐渐增长，一直到 26 岁左右，随后保持水平状态，直至 36 岁后开始下降（见图 1-4 ）。

韦克斯勒在 1955 年编制成人智力量表时，对 1700 名被试进行分层取样，统计表明，34 岁之前是智力发展的高峰期，以后逐渐下降，60 岁之后迅速下降。韦克斯勒针对年龄在 16 ～ 75 岁的 2052 名被试，运用韦克斯勒成人智力量表进行测量，结果表明：个体言语和操作方面的智力在 25 岁左右达到最高峰，以后随着年龄的增长，都逐步下降。其中，言语方面

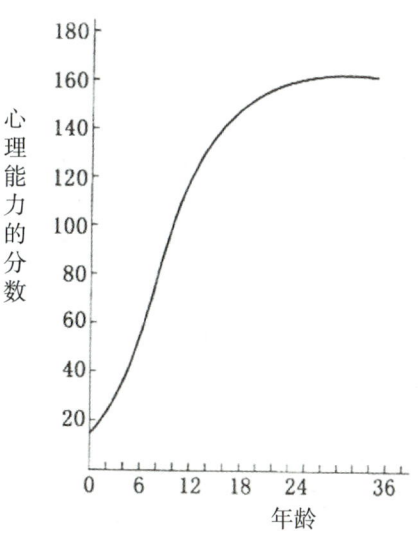

图 1-4　贝利智力发展曲线

的智力下降较慢，操作方面的智力下降较快。

还有不少学者研究表明，人的不同能力的发展，以及能力不同侧面的发展和衰退也是不同的。瑟斯顿研究发现，知觉速度、空间知觉、推理能力、计算能力和记忆能力发展较早；语词理解和语词流畅能力发展较迟。若以成年人为标准，如果要达到成年人能力80％的水平，则知觉速度为12岁，推理能力为14岁，语词理解为18岁，语词流畅为20岁以后。

（二）影响能力发展的因素

长期以来，围绕影响能力发展的因素问题，不同的学者提出不同的看法。有的强调遗传因素的作用，所谓"一两遗传胜过一吨教育"，就是这一类学者的典型看法。他们通过对不同血缘关系智力相关因素的分析，特别是双生子智力相关因素的分析，令人信服地提出了遗传因素在人的能力发展中的重要作用。

从表1-1中可看出，环境因素虽然在智力的形成和发展中发挥着一定的作用，但是，更为突出的是血缘因素的影响，同卵双生子的智力发展高度相关，相关系数达到0.88；而无血缘关系的人员之间智力的形成和发展相关性较低。这个结论具有一定的科学依据。人的素质，特别是大脑等高级神经系统的生理解剖特点，符合遗传规律，必然影响人的智力的形成和发展，构成人的能力发展的前提和基础。

表1-1　不同血缘关系者的智力相关系数

关系	相关系数
1. 无血缘关系又生活在不同环境者	0.00
2. 无血缘关系在同一环境长大者	0.20
3. 养父母与养子女	0.30
4. 亲生父母对亲生子女（生活在一起）	0.50
5. 同胞兄弟姐妹在不同环境长大者	0.35
6. 同胞兄弟姐妹在同一环境长大者	0.50
7. 不同性别的异卵双生子在同一环境长大者	0.50
8. 同性别的异卵双生子在同一环境长大者	0.60
9. 同卵双生子在不同环境长大者	0.75
10. 同卵双生子在同一环境长大者	0.88

也有的学者认为，环境教育等后天因素在人的能力发展中起着关键作用。"给我一打健全的儿童，一个由我支配的环境，我可以保证，无论这些儿童的祖先如何，我

都可以把他们培养成为任何一个人，是政治家、军人、律师，抑或是乞丐、盗贼。"这种观点就是这类学者的经典表述。他们把后天环境的影响看成是能力形成和发展的重要因素。

脑科学的研究表明，新生儿出生以后，营养的质量直接影响婴幼儿脑细胞的发育，并进而影响人的智力的发展。早期教育、家庭环境及社会生活方式也都从不同角度激发大脑不同区域的不同功能，同样对人的智力发展产生一定的影响。至于学校教育就表现得更为突出，它通过有目的、有计划、有系统的教育活动，促进学生在掌握知识、技能的同时，开发智力，培养能力。凡此种种，一系列后天环境教育的影响都为人的能力的形成和发展带来现实的作用。

目前，越来越多的人认为，用遗传决定论或环境决定论来解释影响能力发展的因素问题都具有极大的片面性，不能正确诠释智力发展的本质。个体智力的形成和发展是遗传和环境两大因素交互作用的结果。

（三）实践活动和个性品质在能力发展中的作用

人的能力的形成和发展不是在真空中完成的，它离不开人类的社会生活实践。我国古代思想家王充早就指出"施用累能"和"科用累能"的思想，即能力是在使用中积累的，而在不同职业的活动中积累的能力也是不同的。炼钢工人辨别火焰温度的能力、染色工人区分不同程度黑色丝线的能力，以及农民判断土壤水分的能力，等等，都是在实践活动中形成和发展的。离开了社会实践活动，即使有良好的素质和环境，能力也不可能得到发展。

社会实践活动对人的能力形成和发展的影响，还表现在通过影响人的个性品质的形成，从而间接地影响人的能力的形成和发展。研究表明，用斯坦福—比奈量表对 140 名 4 ~ 14 岁的儿童进行重复测验，结果发现，具有强烈学习动机的 35 名儿童智力发展速度大大加快；而缺乏学习动机的另外 35 名儿童智力生长速度则明显下降。由此可见，动机、勤奋、谦虚和坚强的毅力等个性品质都对智力的形成和发展具有重要的意义。

（四）能力发展的个体差异

1. 能力发展水平的差异

人的能力发展客观上存在着个体差异。先天素质的不同，后天环境中教育水平的不同，家庭、社会等各方面差异的综合影响，都必然会影响人的能力发展，首先就表现为人的能力发展水平的差异。如果把全人类的能力发展水平进行统计分析，人类的智力差异可以分为以下几个不同的层次（见表1-2）。

表 1-2 智力的分级表

智商	级别	所占比例（%）
139 以上	非常优秀	1
120～139	优　秀	11
110～119	中　上	18
90～109	中　智	46
80～89	中　下	15
70～79	临　界	6
70 以下	智力迟钝	3

自从智力测试量表实施以来，人们越来越关注智力超常儿童和智力落后儿童。前者作为社会精英的培养对象；后者作为社会关心的弱势群体。不少学者展开了一系列相关的研究。

一般认为，超常儿童是指智力发展显著地超过同年龄常态儿童的水平，或具有某方面突出发展的特殊才能，能创造性地完成某种或多种活动的儿童。人们习惯地把智商在140以上的儿童称为天才儿童，而智商在70以下的则称为智力落后儿童。后来，许多心理学家认为，仅用智力测试量表来鉴别天才儿童是有局限的。1972年美国联邦教育部根据多年研究的结果规定，一般智商的儿童只要在以下的一个方面有突出表现，就可以称为天才。即：（1）特殊学习能力倾向；（2）创造性思维；（3）领导才能；（4）视觉和演奏艺术；（5）心理运动能力。

1978年美国心理学家任朱利认为，天才儿童不仅仅是指智力方面的内容，还应该关注非智力因素。因此，天才儿童应该：（1）具有超过一般水平的能力，包括一般能力，也包括特殊能力；（2）工作的责任心强，力图完成任务，有强烈的动机、浓厚的兴趣，有热情、自信和毅力；（3）较高的创造力。任朱利认为，天才儿童是这三方面的心理成分相互作用的结果。

我国的一些学者也认为，超常儿童的心理结构不仅包括优异的智力和创造力，还应该包括良好的个性倾向和品质。我国超常儿童研究协作组通过多年的研究发现，超常儿童的共同特点是：（1）浓厚的认知兴趣，旺盛的求知欲；（2）思维敏捷，理解力强，有独创性；（3）敏锐的感知觉，良好的观察力；（4）注意力集中，记忆力强；

（5）进取心强，自信、勤奋，有坚持性。此外，超常儿童的个性发展速度和水平也明显地高于常态儿童。他们社会适应性比较好，情绪比较稳定，意志坚强，喜欢并善于智力活动，动机效能高，特别是成就动机的水平较高，等等。

但是，超常儿童也会有自卑感和不圆满感，这往往是他们抱负水平高，习惯于把自己的短处和别人的长处相比较而造成的。他们也常常因为理想自我和现实自我之间差距很大而感到痛苦；并由于表现出来的想法和做法不易为同龄人接受，因此，在人际关系上往往感到不尽如人意，产生孤独感，影响社会关系的协调，等等。

所谓的智力落后儿童是指智力发展明显低于同龄儿童平均水平，并有适应行为障碍的儿童。智力落后儿童又称低常儿童、弱智儿童、智力不足儿童、智力残疾儿童等。人们往往根据下列三个指标来评判：第一，智商明显低下。一般把智商在 70 以下的儿童确定为低常儿童。第二，社会适应不良。低常儿童往往对周围自然环境和社会环境感到不适应，不能从事简单劳动，生活自理能力很差，在学校学习跟不上学校正常的教学进度等。第三，问题发生早。低常儿童的智力问题一般在早年的发育阶段就有所表现，他们可以在 1 岁就出现，在 18 岁以前都很明显。

智力落后儿童是当今世界面临的一个重大的医学和社会问题。首先要倡导优生优育的政策，降低智力落后儿童的出生率；其次，要尊重智力落后儿童的人格，给予其更多的人文关怀；第三，采用正确的方法帮助智力落后儿童，提供恰当的教育措施，把病理诊断和治疗、心理治疗和教育措施紧密地结合起来，促进智力落后儿童的智力发展，使他们尽早地回归人类社会的正常生活。

2. 能力表现早晚的差异

（1）能力早期表现

人的能力在少年期或童年期，甚至幼儿期就表现出来，往往被称为人才早熟。唐朝诗人杜甫 5 岁就能吟诗作赋；少年王勃 13 岁就写出了著名的《滕王阁序》，"落霞与孤鹜齐飞，秋水共长天一色"的名句流传至今；当代的宁铂两岁半就能背诵 30 多首诗词，13 岁考入中国科技大学少年班；德国的高斯，3 岁就能纠正父亲的计算错误，19 岁就能攻克一个世界级的数学难题，为自己赢得"数学王子"的称号；奥地利作曲家莫扎特从小就显示出惊人的音乐天赋，5 岁开始谱曲，8 岁创作交响乐，11 岁创作歌剧，最终成为世界级的音乐大师；美国著名科学家维纳 3 岁时就能阅读，14 岁哈佛大学毕业，19 岁获博士学位，成为控制论的创始人。诸如此类的杰出人物，都是从小就表现出能力发展的较高水平。

（2）中年成才表现

不少学者认为，30 ～ 45 岁是人的智力活动的最佳年龄，也是个人对社会贡献最多的时期。有人对诺贝尔奖奖金获得者进行调查后发现，在 325 位诺贝尔奖奖金获得者中有 301 人是在 30 ～ 50 岁之间取得的研究成果。

美国心理学家李曼对大量的科学家、艺术家和文学家进行了分析，研究他们的年龄与成就的相关问题，结果表明，25 ～ 40 岁是成才的最佳年龄。他的研究还表明，从事不同学科的人，其最佳创造年龄是不同的（见表 1–3）。

表 1–3　不同学科的最佳创造平均年龄

学科	最佳创造的平均年龄（岁）
化学	26 ～ 36
数学	30 ～ 34
物理	30 ～ 34
实用发明	30 ～ 34
医学	30 ～ 39
植物学	30 ～ 34
心理学	30 ～ 39
生理学	35 ～ 39
声乐	30 ～ 34
歌剧	35 ～ 39
诗歌	25 ～ 29
小说	30 ～ 34
哲学	35 ～ 39
绘画	32 ～ 36
雕刻	35 ～ 39

（3）能力晚期表现

人的能力的表现不仅有人才早熟、中年成才，还有晚年表现出来的，我们通常称之为大器晚成。我国医学家、药学家李时珍完成巨著《本草纲目》时，已经 61 岁；画家齐白石显露出他的绘画才能，是 40 岁以后的事；美国生物学家、遗传学家摩尔根发表基因遗传理论时，已经 60 岁了；英国的达尔文直到 50 岁以后才开始写作《物种起源》一书。

人的能力表现时间为什么有早有晚？直到现在，也无法得出科学的结论。可能是遗传因素的影响，也可能是环境教育的作用，或者是社会发展的必然所致，甚至是各种因素交互影响的结果。但无论怎样，只要是人的能力得到充分的展现，就是一件值得庆幸的事，它一定对人类社会的发展起着积极的推动作用。

3. 能力类型的差异

（1）一般能力的类型差异

人的心理活动在知觉、记忆、言语和思维方面存在着类型差异，必然带来能力类型的不同。

在知觉方面，人的能力类型差异有：

①综合型：知觉的概括性和整体性较强，但分析能力较弱。

②分析型：知觉的分析能力较强，对事物的细节感知清晰，但对事物的整体知觉较弱。

③分析综合型：兼有上述两种知觉类型的特点。

在记忆方面，根据记忆的方法不同可以分为不同的类型：

①视觉型：视觉识记的效果较好，画家多属于这种类型。

②听觉型：听觉识记的效果较好，音乐家多属于这种类型。

③运动型：有运动觉参加时识记效果较好，运动员大多属于这种类型。

④混合型：运用多种知觉识记时效果较好，一般人大都属于这种类型。

在记忆方面，也可以根据个人识记不同材料时的效果和方法差异划分不同的类型：

①直观形象记忆型，这种人识记物体、图画、颜色和声音的能力较强，很多的艺术家属于这种类型。

②抽象记忆型。这种人识记词和概念及数字的能力较强，数学家是这种类型的典型代表。

③中间记忆型，这种人对上述两种材料的识记效果都较好，一般人都属于这种类型。

在言语和思维方面，不同的能力类型差异有：

①生动的思维言语型，这种人在思维和言语过程中有丰富的形象和情绪因素。

②逻辑严谨的思维言语型，这种人的思维和言语表现为概括的、逻辑性强的联系占优势。

③中间型，一般人都属于这种类型。

（2）特殊能力的类型差异

特殊能力的类型差异是指从事同一活动可以由能力的不同组合来完成。例如，同是从事音乐工作的人，一个可能具有强烈的曲调感和很高的听觉表象能力，但节奏感弱；另一个可能具有很好的听觉表象能力和强烈的节奏感，但曲调感较弱；第三个可能具有强烈的曲调感和音乐节奏感，但听觉表象能力较弱。三人虽然都是优秀的音乐工作者，但是，他们三人在音乐才能的结构方面存在着差异。

由于人的活动是人的一般能力和特殊能力协同完成的结果，所以，当一般能力或特殊能力或某一项能力在品质、程度或组合上的不同，都会带来能力类型的不同，同样表现为人的能力的个别差异。

三、能力的测量

能力测量就是按照某一标准对人的能力发展状态进行数量化的表达过程。可以从不同的角度对其进行分析。按能力种类分，有智力测验、特殊能力测验和创造力测验；按测验方式分，有个人测验和团体测验；按能力内容表达形式分，有文字测验和非文字测验；等等。能力的测量已经在社会的许多领域得到广泛的运用。

（一）智力测验

智力测验发端于第一次世界大战以后的法国教育领域。同年龄的学生发展水平参差不齐，给学校教师带来较大的困惑，面对同一教室的学生，不能保证所有的学生都能进行有效的教学，因此，不少教师纷纷向法国教育行政部门提出请求，希望把特殊的学生筛选出来，送到特殊的教育机构，接受专门的教育。心理学家比奈和医学家西蒙接受了这项工作以后，通过大量的调查研究，以日常生活中的常识问题为素材，编制成一个个的智力测试题目，用于测试不同年龄段的儿童。两人在1905年出版了第一版的比奈—西蒙量表，并以此为基础，于1908年和1911年进行了两次修订，逐渐在各国流传开来，引起全世界心理学家的广泛关注。1916年美国斯坦福大学的特曼教授对比奈—西蒙量表进行了修订，首次将德国学者斯特恩提出的智商概念运用到智力测验中，编制成斯坦福—比奈量表，从而进一步发展和完善了智力测验的评定方法，促进了智力测验在社会上的推广和应用。

智商是智力商数的简称，用公式表示就是：

$$IQ = \frac{MA}{CA} \times 100$$

其中，IQ 表示智商，MA 表示被试的心理年龄或智力年龄，CA 表示被试的实际年龄。按此公式计算，大多数正常人的智商为 100 左右；智商超过 130 的人可以视为智力超常；智商低于 70 的人，则视为智力落后。由此得出的智力商数称为比率智商。

经过若干年的使用和修订，1986 年的斯坦福—比奈量表已经涉及了较为广泛的内容，包含了词汇分测验、珠子记忆分测验、算术分测验、语句分测验、图形分析分测验、理解分测验、谬误分测验、数字记忆分测验、仿造和仿画分测验、物品记忆分测验、矩阵分测验、数列分测验、折纸分测验、语文关系分测验和等式分测验等 15 个分测验，用以评估语言推理、数量推理、抽象—视觉的推理和短时记忆等四个领域的认知技能，赢得社会广泛的赞誉。但是，在实际的操作和使用过程中，斯坦福—比奈量表也暴露出其自身的致命弱点。当一个被试达到一定的年龄以后，心理年龄将不可能有更大的增长，但是，实际年龄却在逐年上升，结果，该被试的智力商数就会表现为逐年下降。显然，这是一种荒谬的现象。

美国心理学家韦克斯勒首创离差智商，用以代替比率智商，完成了编制智力量表工作的一项改革创新。他陆续发表了三套韦克斯勒智力量表，包含言语和操作两个分量表，分别为 4 ～ 6 岁、6 ～ 16 岁和 17 ～ 74 岁的人群服务。

韦克斯勒提出的离差智商公式是：

$$IQ = 100 + 15Z = 100 + 15 \times \frac{X - M}{SD}$$

Z 代表标准分数，X 代表个体实得分数，M 代表个体所在年龄组的平均分数，SD 代表团体分数的标准差。个人测得的心理年龄不再是像斯坦福—比奈量表那样，与实际年龄相比，而是与同年龄段的平均心理年龄相比，这就避免了实际年龄逐年上升，而智力商数逐年下降的尴尬现象出现，甚至可以比较和评估任意两个不同国家、不同民族、不同性别、不同年龄的人的智力发展水平，开拓了智力量表更为广阔的使用空间。

（二）其他能力测验

智力测验虽然越来越得到社会的青睐，但却难以反映特殊活动中所需要的特殊能力。因为大量的研究已经表明，智力与各种特殊能力之间的相关性不大，更不能测量人的创造能力。只有在对特殊活动进行分析的基础上，找出特殊活动所需要的心理特征，特别是核心心理特征，才能编制出相应的测验题目，完成特殊能力的测量工作。因此，为了满足特殊工作的需要，不少心理学家开始编制特殊能力的测试量表。目前，国际上比较流行的特殊能力测验主要有：音乐能力测验、美术能力测验、数学能力测验、文书能力测验、机械能力测验、飞行能力测验等。此外，南加利福尼亚大学的发散性思维测验、托兰斯创造思维测验、芝加哥大学的创造力测验等，也在一定程度上对创造能力的测试起到了积极作用。

第二节　气质

人的气质主要受先天因素的影响，渗透在人的各项活动之中。分析不同的气质理论，剖析气质的生理机制，能够帮助我们更好地把握人的气质的实质，区分不同气质的类型，指导人们的学习、工作和生活。

一、气质的概述

心理学上的气质一词不同于日常生活中的气质用语。前者是指人的心理活动的稳定的动力特征；后者等同于人的风度。所谓心理活动的动力特征，主要是指心理过程的强度、速度和稳定性及指向性等方面的特点，例如情绪体验强度大小，知觉反应速度快慢，注意的保持时间长短，以及活动指向于人的内部世界还是外部事物，等等，都被称之为心理活动的动力特征。

气质不是一时的冲动，而是比较稳定的动力特征，在人的各项活动中都能得到体现。比如一个脾气急躁的人，做事往往比较麻利，说话语速较快，等人时坐立不安，遇事沉不住气等等。气质应该使人的整个心理活动都带有个人独特的色彩，那些在偶然情况下的突发事件中的行为反应，不能简单地归结为人的气质特征。

人的气质生而就有所表现。有些婴儿安静、平稳、害怕陌生人；有些婴儿好动、喜吵闹、不害怕陌生人。诸如此类的特点往往伴随人的一生。虽然，后天的环境和教育等因素会对人的气质特征产生一定的影响，甚至改变，但是，先天的烙印却是难以磨灭的。因此我们可以认为，气质既有稳定的一面，又有可塑性的一面，它是稳定性和可塑性的辩证统一。

二、气质理论

围绕人的气质问题，不同的学者有不同的看法。有的看重个体的情绪方面，有的强调气质的生理因素，还有的重视个体在动作反应上的特征，等等。归纳起来，影响较大的气质理论主要有以下几种：

（一）气质的体液说

古希腊学者恩培多克勒提出，人体由四根构成，血液是火根，呼吸是空气根，液体是水根，固体是土根。"四根"配合恰当，身体就会健康，并且体现出机体结构的特征。例如，美术家手的"四根"配合得好，所以能绘画；演说家舌的"四根"配合得好，因此善于演讲。

古希腊著名医生希波克拉底将恩培多克勒的"四根说"发展成为"体液说"。他提出，人体内有四种性质不同的体液：血液、黄胆汁、黑胆汁和黏液。分别来自心脏、肝脏、胃部和脑部，它们对应火根、空气、土根和水根。正是这四种体液的不同组合，构成人体不同的机体状态。四种体液调和，人就健康幸福；否则，就会感到痛苦。后来，经后人的进一步发展，气质就简化为四种类型，即多血质、胆汁质、黏液质和抑郁质。也就是说，血液所占比例高的是多血质；黏液所占比例高的是黏液质；黄胆汁多的是胆汁质；黑胆汁多是抑郁质。它们将赋予个体不同的气质特点（见表1-4）。

表 1-4　希波克拉底的气质体液说

人体内主要体液	体液来源	气质名称	所含体液的成分	气质特征 I	气质特征 II
血液	来自心脏	多血质	以血液为主	热 + 湿	春天
黏液	来自大脑	黏液质	以黏液为主	冷 + 湿	冬天
黄胆汁	来自肝脏	胆汁质	以黄胆汁为主	热 + 干	夏天
黑胆汁	来自胃	抑郁质	以黑胆汁为主	冷 + 干	秋天

气质的体液说显然没有科学根据，但是它所罗列的四种气质名称，即多血质、黏液质、胆汁质和抑郁质，已经成为心理学的专用术语，一直流传至今。

（二）气质的体型说

德国精神病学家克瑞奇米尔认为，正常人与精神病患者之间没有质的不同。不同体型的正常人在气质上也带有精神病患者的某些特征：矮胖型的人具有躁狂抑郁症的特征，瘦长型的人具有精神分裂症的特征，强壮型的人具有癫痫症的特征，等等。因此，他将人的气质分为躁郁气质、分裂气质和黏着气质，并伴随有相应的行为倾向，（见表 1-5）。

表 1-5 体型与气质、行为倾向的关系

体型	气质	行为倾向
瘦长型	分裂气质	不善交际、沉静、孤僻、神经过敏
矮胖型	躁郁气质	善交际、活泼、乐观、感情丰富
强壮型	黏着气质	固执、认真、理解迟钝、情绪爆发性

美国心理学家谢尔顿受克瑞奇米尔的影响，把人的体型分为三种主要类型，即内胚叶型（肥胖）、中胚叶型（强壮）和外胚叶型（瘦弱），它们分别对应不同的气质类型：内脏紧张型、身体紧张型和头脑紧张型（见表 1-6）。

表 1-6 体型、气质类型和行为

体型	气质类型	行为倾向
内胚叶型	内脏紧张型	动作缓慢、爱好社交、情感丰富、情绪舒畅、随和、有耐心
中胚叶型	身体紧张型	动作粗放、精力旺盛、喜爱运动、自信、富有进取性和冒险性
外胚叶型	头脑紧张型	动作生硬、善思考、不爱交际、情绪抑制、谨慎、神经过敏

克瑞奇米尔和谢尔顿的研究揭示了气质与体型相关，但是，现代科学并不能真正阐述气质与体型之间的因果关系。他们实际上都夸大了生物因素的作用，忽视了社会生活环境及教育对气质的重要作用。

（三）气质的血型说

日本学者古川竹二根据人的血型的不同把气质划分为 A 型、B 型、O 型和 AB 型四种。

A 型血的人：温和，老实稳妥，多疑，怕羞，依赖他人，受斥责就丧气。

B 型血的人：感觉灵敏，恬静，不怕羞，喜交际，好管闲事。

AB 型血的人：兼有 A 型和 B 型两种血型人的特征。

O 型血的人：意志坚强，好胜霸道，不听指挥，喜欢指使他人，有胆识，不愿吃亏。

许多学者认为，血型说与体型说存在同样的问题，没有什么科学根据。

（四）气质的激素说

美国学者伯曼认为，激素是由内分泌细胞分泌的高效能化学物质，对人的生理和心理活动影响重大。他根据人的某种发达的内分泌腺的不同，把人划分为甲状腺型、脑垂体型、肾上腺型、副甲状腺型、胸腺型和性腺型，并具有不同的气质特点：

1. 甲状腺型

甲状腺激素分泌增多者精神饱满、不易疲劳、知觉敏锐、意志坚强、处事和观察迅速、容易动感情甚至感情迸发。甲状腺激素分泌减少者可能发生痴呆症。

2. 脑垂体型

脑垂体激素分泌增多者性情强硬、脑力发达、有自制力、喜欢思考、骨骼粗大、皮肤粗糙、早熟、生殖器发达。脑垂体激素分泌减少者身材短小、脂肪多、肌肉萎弱、皮肤干燥、思想迟钝、行动懦弱、缺乏自制力。

3. 肾上腺型

肾上腺激素分泌增多者雄伟有力、精神健旺、皮肤偏黑干燥、毛发浓密、专横、好斗。肾上腺激素分泌减少者体力衰弱、反应迟缓。

4. 副甲状腺型

副甲状腺激素分泌增多者安定、缺乏生活兴趣、肌肉无力。副甲状腺激素分泌减少者注意力不易集中、妄动、容易激动。

5. 胸腺型

胸腺位于胸腔内，幼年发育，青春期后停止生长，并逐渐萎缩。如果成年后胸腺不退化者，则表现为单纯、幼稚、柔弱、不善于处理工作。

6. 性腺型

性腺激素分泌增多者常感不安、好色、具有攻击性。性腺激素分泌减少者则表现为性的特征不显现，易发生同性恋，进攻行为少。

现代科学研究表明，激素对人的气质确有影响，但是，各个激素之间实际上是相互联系、相互制约的，它们共同构成内分泌系统，影响身体的发育和健康，不可能孤立地以某一两种激素对人产生作用。更何况，人的内分泌腺的活动直接或间接地受神经系统的调节和控制。因此，激素说逐渐被淡化，开始为高级神经活动学说所替代。

三、气质的生理基础

气质的生理基础极其复杂，与人的整个身体组织都有关系。一般认为，高级神经活动类型是气质的主要生理基础。

（一）神经过程的基本特性

巴甫洛夫认为，人的高级神经活动具有兴奋和抑制两个基本过程。这两个神经过程具有强度、平衡性和灵活性三个基本特性。

1. 神经过程的强度

神经过程的强度是指个体的大脑细胞经受强烈刺激的程度或持久工作的能力。它是人的高级神经活动的重要指标。研究表明，在一定范围内，刺激能引起高级神经活动过程的兴奋，但是，当刺激很强时，并不是都能引起所有个体的高级神经活动过程做出相应的兴奋反应，只有神经过程的强度足够强的人，才能在接受很强的刺激时仍能形成和保持条件反射，否则，人们对很强的刺激不仅不能形成条件反射，已有的条件反射也会受到抑制或遭到破坏，进入内抑制状态。

2. 神经过程的平衡性

神经过程的平衡性是指高级神经活动的兴奋过程和抑制过程两者强度相当，保持相对平衡状态，否则，就会出现兴奋过程过强，或者抑制过程过强的现象出现。前者疯疯癫癫，后者萎靡不振，都不能保证高级神经活动做出高效的反应。

3. 神经过程的灵活性

神经过程的灵活性是指个体的高级神经活动过程的兴奋过程和抑制过程相互转换的速度。无论是从兴奋过程转换成抑制过程，还是从抑制过程转化为兴奋过程，都是一种灵活性的表现。人与人之间存在着一定的差异，有人灵活性强，转换相对容易；有人灵活性弱，转换相对困难。

神经过程的三个基本特性不是一成不变的，在训练的情况下，可以发生改变。它们相互联系、相互影响，通过不同的组合，构成不同的高级神经活动类型，成为不同气质类型的生理基础。

（二）高级神经活动类型

从神经过程的三个基本特性出发，可以构成若干种高级神经活动类型。主要有兴奋型、活泼型、安静型和抑制型四种。

表 1–7　高级神经活动类型、气质类型及其行为特点

神经类型 （气质类型）	强度	均衡性	灵活性	行为特点
兴奋型 （胆汁质）	强	不均衡	——	攻击性强、易兴奋、不易约束
活泼型 （多血质）	强	均衡	灵活	活泼好动、反应灵活、好交际
安静型 （黏液质）	强	均衡	惰性	安静、坚定、迟缓、有节制
抑制型 （抑郁质）	弱	——	——	胆小萎缩、消极防御反应强

兴奋型　这种类型的神经活动过程强而不平衡，兴奋过程强于抑制过程，是一种容易兴奋、不受约束的类型，所以也被称为不可遏制型。

活泼型　这种类型的神经活动过程强而平衡、灵活，兴奋过程和抑制过程均较强，并且相互转化便捷，是一种反应灵敏、活泼，能很快适应变化的类型。

安静型　这种类型的神经活动过程强而平衡、不灵活，兴奋过程和抑制过程虽然都较强，但两者转化不易，从而表现出行为坚韧而迟缓的特点。

抑制型　这种类型的神经活动过程无论是兴奋过程，还是抑制过程都很弱，条件反射的形成慢，难以接受强烈的刺激。

一般认为，上述的兴奋型、活泼型、安静型和抑制型四种高级神经活动类型分别对应胆汁质、多血质、黏液质和抑郁质四种气质类型，绝大多数人都是这四种典型气质的不同混合，它们是四种典型气质类型的生理基础。

（三）气质类型

根据高级神经活动类型的不同对气质类型进行分类，这是一种传统的分类方法。现代心理学又提出了一些划分人的气质类型的指标。

1. 感受性

感受性是指人对内外适宜刺激的感受能力。它用感觉阈限的大小来测量，是反映神经活动过程强度特性的一种指标。

2. 耐受性

耐受性是反映人对客观刺激在时间和强度上的耐受程度。它也是衡量神经活动过

程强度特性的一种指标。

3. 反应的敏捷性

反应的敏捷性是指心理反应的速度和心理过程进行的速度。它主要是衡量神经活动过程灵活性的一种指标。

4. 可塑性

可塑性是指人根据外界情况的变化而改变自己适应性行为的可塑程度。可塑性主要是衡量神经活动过程灵活性的一种指标。

5. 情绪兴奋性

情绪兴奋性是指以不同的速度对微弱刺激产生情绪反应的特性。它不仅反映神经活动过程的强度，而且也反映神经活动过程的灵活性。

6. 向性

向性是指人的心理活动、言语和动作反应是表现于外还是表现于内的特性，表现于外称为外向性，表现于内称为内向性。外向性表示在神经活动过程中兴奋过程强；内向性表示在神经活动过程中抑制过程强。

上述各种特性指标的不同组合，就构成了各种不同的气质类型。

胆汁质　胆汁质的人感受性低而耐受性高，不随意反应性强，外向性明显，情绪兴奋高，抑制能力差，反应速度快而不灵活。

多血质　多血质的人感受性低而耐受性高，不随意反应性强，具有外向性和可塑性，情绪兴奋性高，反应速度快而且灵活。

黏液质　黏液质的人感受性低而耐受性高，不随意反应性和情绪兴奋性均低，明显内向，外部表现少，反应速度慢而具有稳定性。

抑郁质　抑郁质的人感受性高而耐受性低，不随意反应性低，严重内向，情绪兴奋性高，体验深刻，反应速度慢，灵活性欠缺。

（四）气质的测量

人的气质可以从不同的角度来测量，归纳起来，主要有三种方法：

1. 观察法

人的气质渗透在人的举止言谈之中，通过观察人在日常生活中的行为特征，可以在一定程度上了解和评定人的气质类型。对于具有典型气质类型的人而言，用观察法确定气质类型相对比较容易，但是，对于不太典型或混合型的人来说，用观察法确定气质类型就相当困难了。因此，需要借助于一系列行为观察指标来帮助确定。这些指标涵盖人的不同气质类型，从而构成一个人的总的行为指标，可以对人的气质类型做出较为合理的评判。

2. 问卷法

任何一种气质都是某些气质特质的集合。深入剖析不同气质的特质群，能够达到对不同气质类型的正确解读。许多气质的测试量表都是按照这种原理编制的，如瑟斯顿气质量表、艾森克个性问卷、斯特里劳气质调查表、内向—外向测验、陈会昌气质量表、安菲莫夫检查表、EAS气质问卷等等。

3. 实验法

随着科学技术的进步，心理测量的方法也日新月异。针对构成气质类型的心理特性，感受性、耐受性、反应的敏捷性、可塑性、情绪兴奋性和向性等等，或者是高级神经活动的基本特性，强度、平衡性和灵活性等等，用实验仪器对其进行数量化的测试和表达，达到科学阐述人的不同气质类型的目的。

四、气质在实践活动中的意义

气质渗透在人的各项活动之中，并对人的各项活动产生影响。了解人的气质特点，掌握人的心理活动规律，有助于提高人的工作效率。

（一）因材施教

由于人的气质主要受先天因素的影响，改变人的气质的教育工作收效甚微，因此，教师的工作重点应该放在了解学生的气质特征，寻找适合学生气质特点的最佳策略和教育方法上面。《论语·先进篇》中早就提出"因材施教"这一基本的教育原则和教育方法，我们要做到"一把钥匙开一把锁"，不断提高教育质量。例如，对于多血质的学生，我们既要大胆放手，鼓励其思维灵活的学习状态，又要促使他们在各种有意义的活动中培养踏实、专一的精神；对于胆汁质的学生，在欣赏他们大胆、泼辣作风的同时，更要提醒他们学会控制自己，耐心帮助他们养成自制、坚韧的习惯，平稳而镇定地开展学习活动；对于黏液质的学生，在充分肯定他们行事有条不紊、耐心学习、踏实工作的同时，又要热情鼓励他们，允许他们有充分的时间去考虑问题和做出反应，引导他们在学习中主动、积极地探索新问题，生动活泼、机敏地投入集体活动之中；对于抑郁质的学生，不仅要积极肯定他们学习细心，乐于思考和钻研的特点，而且还要注意不应在公开场合指责、批评他们，甚至也不宜在公开场合表扬他们，善于安排适当的工作鼓舞他们前进的勇气，提供更多的机会让他们参加集体活动，在活动中培养和磨炼意志的坚忍性及情绪的稳定性。

（二）人际交往

学习和了解气质类型，有助于我们提高人际交往的效果。首先，我们承认，人的气质类型没有好坏之分，任何一种气质类型都有积极的一面，也都有消极的一面。面对不同气质类型的学生，教师应该一视同仁，不能抱有某种歧视的态度，并引导学生学会尊重每一个人的人格。其次，了解人的气质特点，能够帮助自己分析自己和他人，自己具有什么优点和缺点？别人具有哪些长处和不足？在充分了解自己和他人的基础上，善于汲取别人的优点，弥补自身的不足，不断加强学习，提高自身修养。第三，知晓人的气质特点，有助于人们学习和掌握人际交往的方法和技巧。主动积极、善于倾听、真诚待人、相互理解等等，营造良好的人际关系，促进自身各项工作的顺利开展。

（三）职业指导

人的气质类型具有不同的特点，不同的工作岗位需要不同的素质，如果把两者合理地匹配起来，无疑能提高工作效果。一般认为，要求持久、细致的工作对黏液质和抑郁质的人较为合适；而要求迅速灵活反应的工作则对多血质和胆汁质的人较为适合。如果工作的性质与人的气质特点不相符合，不仅影响工作的效率，还会给从事工作的人员带来无尽的烦恼。特别是对于一些特殊职业而言，如飞行员、宇航员、潜水员、雷达观测员等等，对人的气质特征有其特定的要求，必须经过专门的心理测定，进行严格的选择和训练，才能使他们胜任这类工作。当然，对于一般工作来说，由于不同气质类型的人的各种特征之间可以互相补偿，因此，整个群体的共同活动对工作的效率影响并不明显。

第三节　性格

性格是与人的各种心理活动有着紧密联系的个性心理特征，是人与人之间差异的集中体现。正确理解性格的内涵，科学地掌握区分性格类型和分析性格的方法，探讨影响性格形成和发展的因素，有助于我们有的放矢地开展教育教学工作，促进学生的成长和发展。

一、性格的概述

性格是人的最重要的个性心理特征之一，往往容易与气质的内涵相混淆。我们可以从对两者的分析比较中，有效地把握气质与性格的内涵，打好进一步学习的基础。

（一）性格的含义

性格一词原为希腊文"雕刻"的意思，后来泛指人或事物相互区别的特征，如诚实、勇敢、谦虚、勤劳、果断，以及虚伪、怯懦、骄傲、懒惰、优柔寡断等等。性格就是人在对现实的稳定的态度和习惯化了的行为方式中所表现出来的个性心理特征。

人的性格是通过人对现实的态度和行为方式来体现的。人对现实的态度表明人"做什么"的问题；而人的行为方式则反映了"怎样做"的问题。一般认为，人对现实的态度决定着他的行为方式，而人的行为方式又体现了他对现实的态度。两者是辩证统一的。

人的性格不是生而就有的，也不是一蹴而就的，而是在人的实践活动中，在与客观世界相互作用的过程中逐步形成和发展起来的。人的性格一旦形成，就会构成一定的态度体系，贯穿在人的全部行动中，表现出相对稳定的特点。因此，人的性格特征是指经常性的、习惯性的表现出来的特征，而不是特殊情况下偶尔表现出来的特征。正如一个性格怯懦的人，在情急之下，也会做出惊人的举动，我们不能就此称其具有勇敢的性格。当然，我们强调性格的稳定性，不是否定性格的可塑性。性格的稳定性反映了一个人性格的主流，而性格的可塑性则体现了一个人性格的支流末节，两者共同构成人的性格的整体。

人对现实的态度和行为方式是与人的意识倾向和世界观紧密联系在一起的，直接反映一个人的好坏，体现一个人的本质属性。而且，人的性格最能反映人与人之间的差异。所以，性格是具有核心意义的个性心理特征。

（二）性格与气质

性格和气质都是人的个性心理特征，两者关系十分密切，以至于西方许多心理学家都把性格和气质统称为人格，但是，一般认为，性格和气质既有区别又紧密联系。

从气质和性格的生理基础来看，气质是以高级神经活动类型为基础的，受先天因素的影响大，变化比较难或比较慢；性格是在条件反射基础上逐步形成的，受后天因素的影响大，变化相对容易和快些。从气质和性格的反映内容来看，气质反映的是人的行为的动力特征，与行为的内容无关，因此无好坏善恶之分；而性格反映的是个体与社会之间的关系，涉及人的行为的内容，因而有好坏善恶的区别。

性格和气质也是相互联系、相互渗透和相互制约的。一方面气质影响性格形成的速度，赋予性格独特的色彩。例如，胆汁质的人更容易形成勇敢的性格，黏液质的人更容易形成稳重的性格，多血质的人的勤劳可能表现为忙碌得风生水起，而抑郁质的人的勤劳则可能表现为默默无闻、踏实细心地工作。另一方面，性格可以在一定程度上掩盖或改造人的气质。例如，弱型气质的人，由于担任小学一年级的班主任，在长期的工作实践中逐渐形成大胆泼辣的性格特点；而性格勇猛的人，由于长期的生活际遇上的挫折，可能表现出懦弱的气质特点。因此，我们可以认为，具有不同气质类型的人可以形成同样的性格特征；而具有同一气质类型的人也可以形成不同的性格特征。

二、性格的结构

性格涉及人的心理活动的方方面面，可以从不同的角度加以分析。一般认为，性格的结构可以从静态和动态两个方面进行探讨。

（一）性格的静态结构

人的性格是由不同方面的性格特征组成的。主要表现为四个方面的特征：

1. 性格的态度特征

人的性格的态度特征可以从人与社会的各种关系方面来进行分析，既有积极的一面，也有消极的一面。

（1）对社会、对集体和对他人态度的特征

积极的特征有：公而忘私、关心集体、真诚待人、热情好客等等。消极甚至负面的性格特征有：假公济私、自私自利、冷酷无情、虚伪、孤僻等等。

（2）对工作和学习的态度的特征

积极的特征有：勤劳、认真、细心踏实、创新等等。消极甚至负面的性格特征有：懒惰、马虎、粗心毛糙、墨守成规等等。

（3）对自己的态度的特征

积极的特征有：谦虚、自尊、自信、严于律己等等。消极甚至负面的性格特征有：骄傲、自卑、自负、放任等等。

2. 性格的意志特征

性格的意志特征是指人在对自己行为的自觉调节、控制的方式及调节、控制的水平方面的性格特征。具体包括：

（1）对行为目的的明确程度的特征

积极的特征有：目的性、独立性等等。消极甚至负面的性格特征有：盲目性、易受暗示性等等。

（2）对行为的自觉控制水平的特征

积极的特征有：主动性、自制力等等。消极甚至负面的性格特征有：被动性、冲动性、任性等等。

（3）在长期工作中表现出来的特征

积极的特征有：恒心、坚韧性等等。消极甚至负面的性格特征有：见异思迁、虎头蛇尾等等。

（4）在紧急或困难情况下表现出来的特征

积极的特征有：勇敢、沉着冷静、果断等等。消极甚至负面的性格特征有：怯懦、惊慌失措、优柔寡断等等。

3. 性格的情绪特征

性格的情绪特征是指人在情绪活动时在强度、稳定性、持久性和主导心境等方面表现出来的性格特征，主要包括：

（1）情绪强度特征

情绪强度特征表现为个人受情绪影响程度和情绪受意志控制的程度的不同。例如，有人情绪体验比较微弱，容易用意志加以控制；有人情绪体验比较强烈，难以用意志进行控制。

（2）情绪稳定性特征

情绪稳定性特征表现为情绪起伏波动的程度的不同。是喜怒无常或是喜形于色，还是不动声色抑或是心如止水，等等。

（3）情绪持久性特征

情绪持久性特征表现为个人受情绪影响持续时间程度的不同。

（4）主导心境特征

主导心境特征是指某种心境在一个人身上占据主导地位的表现。例如，有人经常开心，往往被称为乐天派；有人经常忧伤，被人称为"苦瓜脸"，等等。有人主导心境支配的时间长；有人主导心境支配的时间短。

4.性格的理智特征

性格的理智特征是指人在认知过程中所表现出来的性格特征。如认知活动特点、风格等等。主要包括：

（1）感知方面的性格特征

人在感觉和知觉方面的特征有：主动观察型和被动观察型、局部感知型和整体感知型、记录罗列型和解释概括型、快速型和精确型等等。

（2）记忆方面的性格特征

人在记忆方面的特征有：主动记忆型和被动记忆型、直观形象记忆型和逻辑思维记忆型、快速记忆型和保持持久型等等。

（3）想象方面的性格特征

人在想象方面的特征有：主动想象型和被动想象型、幻想型和现实型、狭窄想象型和广阔想象型等等。

（4）思维方面的性格特征

人在思维方面的特征有：独立型和依赖别、分析型和综合型等等。

性格的上述四个方面的特征不是孤立的，而是相互联系、相互影响的，并以独特的方式结合在一起，在个体身上得以体现，形成个体不同于他人的性格。这也是性格一词的本义。其中，最主要的性格特征是性格的态度特征，因为它直接体现了一个人对事物所特有的、稳定的态度倾向，也是一个人的本质属性和世界观的反映。

（二）性格结构的动力特征

性格的结构不是机械、僵化不变的，而是在内外环境的交互影响下处于动态变化之中。可以从以下几个方面加以阐述：

1.各种性格特征之间存在联动

由于性格特征之间存在着内在联系，人的一些性格特征就存在着联动的特点。例如，一个热爱生活、乐于奉献的人，在性格的理智特征方面就会表现出勤于思考、富于幻想的特征；在性格的情绪特征方面就会表现出充满激情的特征；而在性格的意志特征方面就会表现出不断进取的特征。

2. 各种性格特征具有不同的组合

由于性格是在内外环境的交互影响下形成和发展的，因此，性格特征的组合必然与环境相适应。有时候需要攻击，有时候需要温柔，有时候需要不露声色，在一定的情况下表现的是性格的这一面，在另一种情况下表现的则是性格的另一面，正如鲁迅先生所说的那样："横眉冷对千夫指，俯首甘为孺子牛。"性格这种不同场合存在不同侧面的表现，反映了人类性格的丰富性和真实性。只有在各种不同的环境下多方面去考察一个人的性格，才有可能达到对一个人的性格的全面了解。

3. 性格的可塑性

性格是在主客观的相互作用中形成的，也是在主客观的相互作用中发生变化的。例如，一个具有骄纵性格的孩子，在集体的生活学习中，有可能改变不良的性格特征，变得合群甚至谦让起来；一个自信满满、奋发进取的人，因为经历巨大的人生坎坷，有可能出现颓废的性格特点。对于教育工作者来说，人的性格的可塑性往往体现着教育的技巧和魅力。

三、性格的理论

性格的理论主要分为类型论和特质论两大类。类型论是借助于人的一种或少数几种主要的特质来划分人的性格；特质论则是凭借人的多种特质来说明人的性格。前者是一种对性格进行分类的理论，后者是一种对性格进行分析的理论。

（一）性格的类型理论

1. 机能类型说

英国学者培因根据智力、情感和意志在个人身上所占优势程度的不同，将人的性格可划分理智型、情绪型和意志型。

情绪型性格的人情绪体验深刻，言行举止易受情绪左右；意志型性格的人其行动目标明确，行为主动，具有果断、自制、持久而坚定的特性；理智型性格的人通常用理智来衡量一切，并以理智支配自己的行动。这种类型划分是以机能心理学理论为基础的，它脱离人的心理生活内容和倾向性，只把性格看作心理过程或能力的简单组合。

2. 向心说

瑞士学者荣格根据"力比多"在人的活动中的倾向性将人的性格分为内倾型和外

倾型。

内倾型性格的人处事谨慎，深思熟虑，顾虑多，处事缺乏决断力但一旦下定决心办某件事时总能锲而不舍，交际面狭窄，适应环境比较困难。

外倾型性格的人感情外露，自由奔放，当机立断，不拘小节，独立性强，善交际，活动能力强，但也有轻率的一面。

荣格提出的"力比多"是一种假想的本能的能量，以它作为划分性格类型的基础，并没有考虑人的性格的社会实质。而且，这种分类只有质的区别，没有量的差异，仍过于简单。

3. 独立性说

奥地利学者阿德勒按照个体独立性程度的不同，将人的性格划分为独立型和顺从型。

独立型的人不易受外来事物的干扰，具有坚定的信念，能独立地判断事物、发现问题、解决问题，易于发挥自己的力量。

顺从型的人倾向于以外在参照物作为信息加工的依据，易受附加物的干扰，常不加批判地接受别人的意见，应激能力差。

4. 文化—社会类型说

德国学者斯普兰格根据人的价值观的不同，将人的性格划分为理论型、经济型、审美型、社会型、权力型和宗教型。并提出这六种类型是理论（理想）的模型，具体的个人通常是以某一种类型为主，并兼有其他类型的特点。

理论型的人以追求真理为目的，精神生活是其主要活动，情感退到次要地位。总是冷静而客观地观察事物，探讨理论，力图把握事物的本质。对实践活动缺乏兴趣，面对实际问题往往束手无策，缺乏生存竞争能力。

经济型的人以经济观点看待一切事物，视经济价值为最高价值，用功利的眼光评价事物的价值，从纯经济观点看待人类，把人类分为生产者、消费者或购买者，以获取财产和利益为生活目的。

审美型的人以美为人生的最高追求，对实际生活不大关心，总是以美为标准来评价事物的价值。自我完善和自我欣赏是他们的目的。

社会型的人以爱他人为人生的最高价值，具有奉献精神，努力增进他人或社会的福利，并把母爱看作是社会型人的最高和最普遍的形式。

权力型的人崇尚权力，并努力去获得权力。有强烈的支配欲，并乐意被人支配。

宗教型的人信仰宗教，生活在信仰中。他们富有同情心，以慈善为怀，以爱人爱物为目的。

这种理论既没考虑作为文化价值的社会矛盾，也不考虑意识形态所具有的阶级因素，更不考虑人的个性倾向性形成所依据的生活经历，因此缺乏说服力与科学性。

（二）性格的特质理论

性格的特质理论认为，性格特质又称为特性，是英语"trait"的译名，它是构成人的性格的基本单位。性格特质在时间上具有稳定性，在空间上具有普遍性，它们可以因人而异形成不同的组合，构成不同人的性格。因此，我们可以通过对性格特质的了解和剖析来预测人的行为。研究性格特质的侧重点不同，也就形成了不同的特质理论。

1. 奥尔波特的特质论

美国心理学家奥尔波特是性格特质论的创始人。他认为，特质分为共同特质和个人特质。共同特质是在共同的生活方式下形成，并普遍存在于每一个人身上的，同一文化形态下群体都具有的特质。共同特质是一种概括化的性格倾向。个人特质是个人所独有的性格倾向，能够表现个人的真正特质，每个人都不相同。

根据个人特质对于个体性格影响和意义的不同，它可以被划分为三个重叠和交叉的层次：（1）首要特质。它代表一个人的性格最独特之处，也是个人最重要的特质，往往每个人只有一个。（2）主要特质。又称为重要特质，它由几个彼此相联系的重要特质所组成，是构成人的性格的重要成分。（3）次要特质。这是在特定场合下出现的特质，也是个体无足轻重的特质。三种特质交错在一起，共同组合成人的性格整体。

2. 卡特尔的特质论

美国心理学家卡特尔虽然同意奥尔波特的观点，可以把性格的特质分为共同特质和个人特质，不过他认为用表面特质和根源特质来描述人的性格可能更能说明问题。表面特质有35个，直接与环境接触，常常随环境的变化而变化，可以从外部的行为表现上来进行观察。根源特质有16个，隐藏在表面特质的后面，深藏于性格结构的内部，它是建构人的性格的基础。根源特质必须以表面特质为中介，通过特殊的分析方法才能发现。它们相互独立，普遍存在于不同年龄的个体身上，以不同的强度出现，体现出人与人之间的性格差异。

3. 艾森克的特质论

英国心理学家艾森克从特质理论出发，结合因素分析法和传统的实验心理学方法，经过长期的研究，提出自己独特的个性理论。他认为，个性有三个基本维度，即外内向、神经质和精神质。它们主要受生物因素的影响，具有较强的稳定性，在不同国家、不同文化影响下的个体身上都有普遍的反映。

从外内向的维度来看，外向的人不容易受周围环境的影响，难以形成条件反射，在个性上具有情绪冲动、难以控制、好交际、善社交、渴望刺激、冒险、粗心大意和爱发脾气等特点，外表上看上去似乎是不大可靠的人。内向的人容易受周围环境的影响，非常容易形成条件反射，在个性上具有情绪稳定、好静、不爱社交、冷淡、不喜欢刺激、深思熟虑，喜欢有秩序的生活和工作、极少发脾气等特点，从外表上看似乎是略带悲观色彩而可靠的人。

从神经质的维度来看，得分高的人情绪不稳定，表现出高焦虑；这种人喜怒无常，容易激动。得分低的人情绪稳定，情绪反应缓慢而且轻微，容易恢复平静；这种人稳重、温和，并且容易自我克制，不易焦虑。艾森克认为，神经质就是情绪性，它与植物性神经系统特别是交感神经系统的机能相联系。如果这两个维度进行不同的组合，就会构成四个组合类型：稳定外向型，包括善交际、开朗、健谈、易共鸣、随和、活泼、无忧无虑、领导力8种特质；稳定内向型，包括被动、谨慎、深思、平衡、有节制、可信赖、性情平和、镇静8种特质；不稳定外向型，包括敏感、不安、攻击、兴奋、多变、冲动、乐观、活跃8种特质；不稳定内向型，包括忧郁、焦虑、刻板、严肃、悲观、缄默、不善交际、安静8种特质。它们分别可以与多血质、黏液质、胆汁质、抑郁质四种气质类型相对应。

从精神质的维度来看，得分高的人表现出倔强、固执、粗暴强横和铁石心肠的特点，往往缺乏同情心，富有攻击性；得分低的人表现出温柔、善感的特点，善解人意，与人为善。

艾森克不仅采用特质的概念来分析人的性格，而且还采用了类型学的观点来对人的性格进行分析。他认为，人的行为分为类型、特质、习惯性反应和特殊性反应四个水平。类型是观察到的特质的集合体，正如外向或内向那样属于上位概念；特质是观察到的个体行为倾向的集合体，正如固执、活泼那样属于下位概念；在特质之下又有习惯性反应和特殊性反应。特质水平是在观察一些不同的习惯反应的相互关系基础上得出来的。类型水平则是通过对观察一些不同特质的相互关系的基础上得出来的结果。特殊性反应水平是个体在一次性实验性试验时的反应或对日常生活经验的反应，可能是个体的特征，也可能不是个体的特征。习惯性反应水平是在同样环境中可以导致再次发生的特定反应，如重复实验就会产生同样的反应；如果生活情景重新出现，有机体会出现相似的反应。

艾森克在对心理特征进行描述和分类的过程中，为了发现为数最少的独立因素或独立变量，又进一步提出四种不同类型的因素：（1）普遍因素。这些因素对所有的试验都是共有的。（2）群因素。这些因素在某些试验中共有，在另一些试验中并不出现。（3）特殊因素。在特殊情况下才出现的因素。（4）误差因素。只有在某一偶然机会下才出现的因素。行为的四种水平和四种类型的因素相一致。如表1-8所示。

表1-8 行为水平与因素

层次	行为水平	因素
1	类型	普遍因素
2	特质	群因素
3	习惯性反应	特殊因素
4	特殊性反应	误差因素

4. 五因素模型

1961年诺曼用词汇学方法对卡特尔的特质变量进行分析后提出了五因素模型，后经许多学者研究达成共识，并于20世纪90年代提出。人类存在五个相对稳定的人格因素，即：

开放性（openness to experience）：反映出想象、审美、情感丰富、求异、创造、智能等特质。

尽责性（conscientiousness）：显示了胜任、公正、条理、尽职、成就、自律、谨慎、克制等特质。

外倾性（extraversion）：表现为热情、社交、果断、活跃、冒险、乐观等特质。

宜人性（agreeableness）：反映出信任、直率、利他、依从、谦虚、移情等特质。

情绪不稳定性（neuroticism）：包括焦虑、敌对、压抑、自我意识、冲动、脆弱等特质。

这五个特质的头一个字母构成了"ocean"一词，代表了人格的海洋。在此基础上编制出的"大五人格因素测定量表"，已经成为目前世界上应用最为广泛的人格测定量表之一。

性格特质理论通过研究人的行为特点来描述人的特质，并用特质群来阐述人的性格，具有一定的科学性和可操作性。但是，用分离的特质来解释性格，倾向于从量上分析性格，容易忽视性格的整体性，更何况，有些特质理论过分强调特质的遗传因素和稳定性，忽视了社会环境的作用，也都反映了特质理论的欠缺和不足。目前，把类型论与特质论结合起来，用于探讨和分析人的性格，已经成为心理学研究发展的新趋势。

四、性格的形成和发展

围绕影响性格形成和发展因素的探讨，犹如探讨影响能力形成和发展的因素一样，同样经历着从各执一词到趋向于认同的曲折历程。现在坚持遗传决定论或环境决定论的学者已经很不多见了，更多的学者认为，性格是遗传因素和环境因素相互作用的结果。由于性格与气质相比较，后天环境因素的影响相对较大，因此，人们更多地关注后天环境因素在人的性格形成和发展中的作用。

（一）家庭在性格形成中的作用

家庭是人出生后的最初环境，也是制造人类性格的工厂。社会和时代的要求，都要通过家庭在儿童心灵上打上深深的烙印。一般认为，童年期是一个人性格形成和发展的关键时期，因此，家庭在人的性格形成和发展中的作用就显得特别重要。

1. 亲子关系和父母榜样

父母与其子女之间的关系是儿童最早建立的人际关系，直接影响儿童的身心发展。幼小的儿童离不开父母的关爱，依赖父母，寻求安全需要的满足。如果父母对子女是慈爱和温暖的，孩子就会感到安全、温馨，孩子的心理就能得到正常发展；如果父母对子女的态度是冷淡，甚至是敌意的，儿童就会失去安全感，还可能导致精神疾病的发生。研究表明，缺乏母爱的儿童往往会形成不合群、孤僻、任性和情绪反应冷漠等不良性格特征；缺少父亲关爱的儿童往往会在性别的社会化方面出现欠缺。

在子女的心目中，父母主要扮演三类角色：生活需要的供给者，感情的爱抚者；模仿的对象，学习的榜样；朋友和参谋。三类角色在不同的年龄段所占的比重是不同的。在子女没有能力完全独立生活之前，"模仿的对象，学习的榜样"一直在子女的身上发挥着重要的影响，甚至影响其终身。目前社会上已经达成一个共识：父母是孩子的第一任教师，是孩子学习的榜样。社会信仰、规范和价值观等首先需要通过父母的"过滤"才能传给子女，父母的一言一行都会潜移默化地影响孩子的性格发展。由于孩子可以随时随地模仿父母的言行，最终往往形成与父母相似的性格。

2. 教养方式

许多研究表明，父母的教养态度在儿童性格的形成和发展上发挥着特别重要的作用。美国心理学家皮克等人通过谈话法、测验法等研究方法，分析美国青少年的性格特征，结果表明，青少年性格特征的发展与其父母的教养态度密切相关（见表1-9）。

1-9　父母教养态度与儿童的性格特征的相关系数

父母教养态度	儿童的性格特征				
	意志坚强	情绪稳定性	自发努力	友好态度	敌对行为
信任	0.74	0.60	0.27	0.44	−0.40
民主	0.43	0.16	0.36	0.33	−0.40
容忍	0.56	0.53	0.05	0.19	−0.10
严厉	−0.16	−0.08	−0.38	−0.38	0.40

从表1-9可以看出，儿童的敌对行为与父母严厉态度的相关系数高；儿童的良好性格特征与父母信任、民主、容忍的态度的相关系数高。其中，意志坚强与父母的信任态度相关系数最高，达到0.74，与父母的严厉态度则呈负相关；情绪稳定性、自发努力和友好态度等项目也都与家长的严厉态度呈负相关。

北京大学许政援教授与全国十个地区进行协作，用问卷法调查了2254名3～6岁幼儿的父母教育方式与幼儿性格特征之间的关系。研究表明，教育总均分与性格总均分之间的相关性显著，良好的教育方式对儿童优良性格品质的形成起积极作用。结果还表明，以下几种教育方式与所调查的性格有较高的相关性（见表1-10）。

表1-10　家庭教养方式与子女性格特点相关

	性格	好奇心	对人态度	自尊心	独立性	自制力	对困难态度	对劳动态度
教育总分	0.43**	0.20*	0.22*	0.23*	0.19	0.44**	0.26**	0.32**
权威	0.45**	0.08	0.26**	0.24*	0.15	0.46**	0.21*	0.36**

取得权威方式	0.39**	0.19	0.20*	0.21	0.16	0.35**	0.21*	0.36**
关心孩子	0.26**	0.08	0.12	0.13	0.10	0.25*	0.15	0.18
注意智力发展	0.39**	0.03	0.01	0.00	0.00	0.00	−0.3	0.00
培养独立性	0.42**	0.16	0.17	0.19	0.27**	0.39**	0.23*	0.32**
尊重孩子	0.39**	0.29**	0.17	0.18	0.22*	0.29**	0.25*	0.26**
要求一致	0.33**	0.17	0.13	0.14	0.12	0.22*	0.15	0.16
表率作用	0.39**	0.25*	0.22*	0.22*	0.18	0.35**	0.22*	0.28**
公正处理纠纷	0.04	0.07	0.03	0.05	−0.10	0.05	0.02	0.05

注：*$P<0.05$， **$P<0.01$

一般认为，溺爱的教养方式容易养成孩子以自我为中心的特点，意志相对薄弱，长大后缺少为他人考虑的习惯。专制的教养方式可能带来两种极端的特点：懦弱、没有主见或粗暴、有敌对情绪。喜怒无常的管教是最糟糕的教养方式，往往导致孩子缺少是非观，情绪不稳定，等等。民主型的教养方式指应该有孩子的话语权，并且孩子的意见能被长辈或父母所采纳和执行。在民主型的教养方式下，孩子性格活泼、开朗，乐于与人交往，容易形成积极、良好的性格。

3. 家庭结构

家庭结构主要有三种类型：大家庭、核心家庭和残缺家庭。大家庭是指几代同堂的家庭；核心家庭是指一对夫妇和一个孩子组成的家庭；残缺家庭是指单亲家庭或离异家庭。大家庭由于有家风和家规等因素的影响，子女容易形成细心、稳重、顾全大局等性格特点，但是，由于人多嘴杂，教育观点不一致，可能导致孩子无所适从，容易形成胆小、懦弱、焦虑等不良性格特征。对于核心家庭来说，如果经济条件相对优裕，生活比较悠闲，往往会营造出宁静、愉快的家庭氛围，促使孩子形成乐观、愉快、自信、待人和善等性格特点；否则，在家庭冲突频发、气氛紧张的氛围下，孩子情绪不稳定，容易形成紧张、焦虑、对人不信任等性格特点。残缺家庭因为给孩子造成了较大的心理创伤，往往给孩子性格的形成带来不良影响，使孩子出现自卑、孤僻、怯懦和粗暴等特点。

4. 出生次序

孩子的出生次序也会对其性格的形成和发展产生一定的影响，主要是因为家长对不同次序出生子女的态度不同所致。国外的许多研究表明，长子或独生子女由于较多地得到父母的重视和关爱，各方面的表现都比较优秀：高尔顿对许多著名科学家的出生顺序进行了统计，发现长子及独生子女的比例相当高；贝尔蒙特的研究表明，长子智力测验的成绩比非长子孩子的成绩更高；在美国阿波罗登月工程技术人员中，长子和独生子女占有一半以上。但是，从国内的情况来看，由于中国传统文化的影响，父母往往对于不同次序出生的孩子给予不同的态度和要求：长子因为得到父母的重视，承担家族的希望，所以，责任心强，任劳任怨，但也较为霸道；最小的孩子因为较多地得到父母的宠爱，也能得到兄长或姐姐的谦让，故较为聪慧、娇气和懒惰；而中间的孩子由于处于"被遗忘的角落"，在"夹缝中求生存"，往往具有忍耐、倔强的特点。

对于独生子女的看法，虽然没有达成共识，但是大多数研究都对其持有否定的态度。研究表明，父母的溺爱以及缺少与兄弟姐妹相处的经验，容易给独生子女带来道德品质上的问题和性格上的缺陷。

（二）学校在性格形成和发展中的作用

学校是孩子从家庭走向社会的演练场，它将对孩子进行有目的、有计划的系统教育。学生不仅要学习知识，掌握技能，发展智力，培养能力，还要接受一系列的社会规范，养成一定的生活习惯，参与各种集体活动，进行思想品德教育。学校从不同层次和角度用不同方式影响学生性格的形成和发展。

教师是学生的榜样，已经替代甚至超越父母成为学生心目中的偶像，特别是在小学低年级学生的身上，这样的反映尤为突出。教师的言传身教以及处理各种问题的方式方法，都对学生性格的形成带来潜移默化的影响。

同学是学生走向社会的初识朋友。一起进行的活动和游戏，共同的学习及交流，凝聚出纯洁的友谊，留下美好的回忆。共同参与和碰撞，相互探讨和启迪，彼此认可和欣赏，理解了平等，懂得了谦让，不知不觉中改变了学生性格中的基因特质。

课堂教学和社团活动是学生的实践过程，在此过程中，学生不断完成外在内容向内部事实的转化。艰苦的学习活动，培养了学生坚持性、主动性、独立性和探究性等良好的性格特征；集体活动和社团活动具有系统、明确的分工，培养了学生组织性、纪律性、合群、利他、自尊心和责任感等良好性格特征，克服自私、孤独等不良性格特征。

教材和课外阅读资料是学生的心灵鸡汤，提供不同口味的营养元素，滋润学生的心田，丰富学生的精神世界。任何一本教材都包含着对未来社会公民提出的某种水平的要求，任何一本图书都是某些人文精神和价值、取向的体现。学生通过教材、课外图书等阅读资料的学习，不仅学习了系统的科学知识，而且逐步形成科学的世界观、人生观和价值观。这一切都对学生良好性格特征的形成和发展产生重要影响。

（三）社会实践在性格形成和发展中的作用

社会实践是主客体相互作用的过程，是人性格形成和发展的孵化器。人长期从事某项职业，必须反复扮演某种角色，形成和发展某项职业所要求的性格特征。例如：科学工作者需要实事求是，善于独立思考，一丝不苟；教育工作者应该耐心细致，循循善诱，诲人不倦；文艺工作者则要求活泼开朗，富于想象，感情丰富；等等。研究表明，不同的体育运动项目对性格特征具有不同的要求。如表 1–11 所示。

表 1–11　各项运动与性格特征

运动项目	主要品质	次要品质	更次要品质
球类运动	主动性 独立性	顽强、果断、 勇敢	自我控制 坚定性
击剑、摔跤	主动性 独立性	果断 勇敢	自我控制 顽强、坚定
跑步，滑冰、滑雪 骑自行车、游泳、划船	顽强性	自我控制 坚定性	主动性、独立性 果断性、勇敢
艺术体操、举重、田径、跳 跃 投掷、花样滑冰、射击	顽强性 自我控制	勇敢	主动性、独立性 果断性
滑雪、跳水、障碍项目、骑 马登山、摩托车、跳伞	勇敢 果断	顽强 自我控制	主动性 独立性

不同的社会实践，需要不同的性格特征与之相匹配，从而形成和发展不同的性格特征。

（四）主观因素在性格形成和发展中的作用

人的性格是在实践活动中通过主客体的相互作用形成和发展的。任何环境因素都是性格形成和发展的外因，它必须通过人的主观因素才能发挥作用。人的主观能动性的发挥、心理发展水平和类型都会不同程度地影响人的性格的形成和发展；个体的理想、信念和世界观等主体因素也都对其接受外界影响起着决定性的作用。

必须承认，上述几个影响性格形成和发展的因素都是在社会文化的大背景下发挥作用的。社会的风俗习惯和风气不可避免地影响各种因素作用的发挥。因此我们可以认为，社会的风俗习惯和风气同样是影响性格形成和发展的重要因素。

五、性格的测量

性格的测量如同其他心理品质的测量一样，可以采用观察法、调查法、实验法等研究方法进行。在比较流行的调查问卷中，有明尼苏达多项人格问卷、加州心理问卷、卡特尔 16 种个性问卷等等，它们都属于调查法，在国际上得到广泛的应用。但是，由于性格的特殊性，它与其他心理素质相比较，表现出更多社会环境因素的影响。因此，性格的测量也就具有了它的特殊性。

（一）自然实验法

自然实验法是实验法在自然条件下的运用，是实验法和观察法两方面优点的组合。一方面体现了心理学研究方法的转变，努力使严格的研究方法脱离实验室而与真实的环境相结合；另一方面，也是性格的环境影响因素的复杂性导致的结果。例如哈尔霍恩和梅的品德测验，通过让学生自己批改试卷，或者闭眼完成点圆圈（不可能的成绩）的试验，测量学生诚实和自我控制等方面的行为；又例如苏联心理学家阿格法诺夫的"拾柴火"实验，用来测量学生的勇敢品质；而苏联心理学家谢列布列亚科娃的教育实验，则是通过分析学生选择难易不同的题目，来测量学生的自信心；等等。它们都可以看成是一种研究方法和研究理念的突破。

（二）投射测验

投射测验是借助无确定含义的刺激，促使被试无意中暴露出自己的思想感情，以分析其性格特征的方式方法。但是，目前的投射测验还缺少方便、有效的信度和效度标准。例如罗夏墨渍测验，通过观察双侧对称的墨渍图，要求被式回答几个问题，看到什么？图形像什么？看图时想到了什么？分析被试对图形是整体反应，还是部分反应；被试反应的决定因素是墨渍的形状，还是颜色；把图形看作静态的还是动态的；被试把图形看作人，还是动物，或是物体；以及被试的反应是与大多数人一致还是别具一格；等等。由此对被试的性格进行解释和说明。又例如主题统觉测验，通过观察一张张图片，要求被试每观察一张图片，编造一个故事，从而完成对被试性格的分析。

第四节　情绪、情感

人非草木，孰能无情？人生活在社会中，为了自身的生存和发展，就要不断地认识和改造客观世界，创造人类文明、进步和发展的条件。人们在变革现实的过程中，必然会遇到得失、顺逆、荣辱、美丑等各种情境，因而有时感到高兴和喜悦，有时感到气愤和憎恶，有时感到悲伤和忧虑，有时感到爱慕和钦佩，等等。这里的喜、怒、哀、乐、忧、愤、憎等都是情绪和情感的不同表现形式。

一、情绪、情感的含义

情绪和情感是指人对于客观事物是否符合自己的需要而产生的态度体验，是人的需要是否获得满足的反映。情绪，是对一系列主观认知经验的通称，是多种感觉、思想和行为综合产生的心理和生理状态。最普遍、通俗的情绪有喜、怒、忧、思、悲、恐、惊等，情感是态度这一整体中的一部分，它与态度中的内向感受、意向具有协调一致性，是态度在生理上的一种较复杂而又稳定的评价和体验。情感包括道德感和价值感两个方面，具体表现为爱情、幸福、仇恨、厌恶、美感等等。情绪和情感都是人对客观事物所持的态度体验，只是情绪更倾向于个体基本需求欲望上的态度体验，而情感则更倾向于社会需求欲望上的态度体验。

（一）情绪、情感是人对客观现实的反映，但它不是反映事物本身，而是反映了个体对该事物的态度

情绪和情感总是由客观事物引起的，离开了具体的客观事物，人不可能产生情绪和情感，世界上没有无缘无故的爱与恨，就是这个道理。客观现实是情绪、情感产生的源泉，人的情绪、情感是对客观现实的反映，但是，这种反映并非反映事物的本身，而是反映主体对事物的态度。例如，看到一位同学谈吐文雅，行为端庄，我们会对其产生好感，这种好感的产生尽管来自该同学本身，但好感所反映的却是我们自身对该同学的表现态度，是对该表现的一种体验或感受。

（二）认识是情绪、情感产生的前提和基础

人们对客观事物的认识、评估是产生情绪、情感的直接原因。换言之，没有对客观事物的认识，便不能产生任何的情绪和情感。如上例，正是因为该同学的言谈举止作用于我们的感官，使我们对这些表现产生了认识后，才产生了对这些表现的评价，在此基础上产生了对该同学的好感。即便同一事物，由于它在不同的条件、不同的时间出现，我们对它的认识、判断与评价也会不同，从而会产生不同的情绪和情感的体验。例如，我们在野外看到一只老虎会大惊失色，惊恐万分，而在动物园或看马戏表演时看见老虎却无害怕之感。

（三）情绪、情感的性质是以客观事物是否满足人的需要为中介的

人对客观事物进行认识，产生了不同的态度，从而产生了不同的情绪和情感。那么，这种态度又是由什么决定的呢？决定人们态度的是该事物是否符合主体的需要。如果该事物符合并满足主体的需要，主体就会对该事物持肯定的态度，产生满意、愉快、高兴的情绪、情感体验；反之，如果该事物不符合、不能满足主体的需要，主体便会对该事物持否定的态度，产生不满、愤怒、痛苦、仇视等消极的情绪、情感体验。如上例中，我们之所以对该同学产生好感，就是因为该同学的行为表现符合自己的心愿，与自己期望的行为规范相吻合，于是便产生了满意、喜欢、尊敬的情感。因此，对客观事物的不同态度取决于该事物对主体需要的满足程度，需要就成为客观事物与主观情感体验的媒介，从而也决定了人的情绪、情感的性质。

二、情绪、情感的关系

人对事物的态度体验，是人的需要是否得到满足的反映。情绪和情感有别于认识活动，它具有特殊的主观体验、显著的身体—生理变化和外部表情行为。

情绪和情感两个词常可通用，但在某些场合它们所表达的内容也有不同，这种区别是相对的。人们常把短暂而强烈的具有情景性的感情反应看作是情绪，如愤怒、恐惧、狂喜等；而把稳定持久的、具有深沉体验的感情反应看作是情感，如自尊心、责任感、热情、亲情等。实际上，强烈的情绪反应中有情感体验；而情感也在情绪反应中表现出来。通常我们所说的感情既包括情感，也包括情绪。

（一）情绪、情感的区别

1. **本质上**：情绪通常与有机体的生理需要（如饮食、睡眠、繁殖等）相联系，为

人和动物所共有；而情感通常与个体的社会需要（如友谊、劳动等）相联系，如爱国主义、人道主义、荣誉感、责任感、羞耻心等，是人类所特有的心理现象。

2. 稳定性上：情绪具有情境性和短暂性的特点，一旦这一情境发生变化，相应的情绪体验就消失或改变；情感则具有较大的稳定性和持久性，一经产生就比较稳定，一般不受情境左右，如友谊并不因朋友是否在眼前而改变。

3. 形式上：情绪具有冲动性，并带有明显的外部表现，如悔恨时捶胸顿足，愤怒时暴跳如雷。情绪一旦发生，其强度往往较大，有时个体难以控制；而情感则经常以内隐的方式存在，或以微妙的方式流露，并始终处于意识的调节支配之下。

4. 产生的时间上：情绪在先，情感的发生在后。

（二）情绪、情感的联系

1. 情绪和情感统称为感情。

2. 情感离不开情绪。稳定的情感是在情绪基础上形成的，又通过情绪反应得以表达。

3. 情绪也离不开情感。情绪变化受情感支配，情感的深度决定着情绪表现的强度。

4. 情绪是情感的外部表现，情感是情绪的本质内容，二者密不可分。

三、情绪、情感的两极性

情绪的维度是指情绪所固有的某些特征，主要指情绪的动力性、激动性、强度和紧张度等方面。这些特征的变化幅度又具有两极性，每个特征都存在两种对立的状态。

（一）愉快—不愉快

在快感度方面，两级为"愉快—不愉快"。这种体验与主体需要满足的程度相联系。当情绪情感由积极向消极变化时就伴随着愉快与不愉快两种对立态度的转换，如快乐与悲哀、敬仰和轻蔑、热爱与憎恨等。

（二）紧张—轻松

在紧张度方面，两级为"紧张—轻松"。所谓紧张水平是指表达动作的程度之强弱。紧张的程度既决定于当前事件的紧迫性，也取决于人的心理准备状态和个性品质。与紧张相对的是轻松，是一种情绪松弛状态。实验表明，紧张程度中等时，人的操作行为效果最佳，过度紧张和松弛都会降低操作效率。

（三）激动—平静

在激动度方面，两级为"激动—平静"。激动水平在很大程度上反映着个体的机能状态，激动和平静两级反映过度兴奋和抑制状态。情绪激动对人的影响是复杂的，它可以催人奋进，推动人的行为；也可以阻碍人的活动，如激动得说不出话来，愤怒得失去理智。

（四）强—弱

在强度方面，两级为"强—弱"。人们常用情绪表现的强弱作为划分情绪和情感水平的标准。例如，怒由弱到强划分为，微愠、愤怒、大怒、暴怒和狂怒；喜欢由弱到强划分为，好感、喜欢、爱慕、热爱和酷爱。

四、情绪、情感的功能

情绪、情感能够使个体针对不同的刺激事件产生灵活自如的适应性反应，并调节或保持个体与环境间的关系。情绪之所以具有灵活性的特征，是因为情绪、情感的机能不仅可以来源于个体全部的先天机能，而且还来源于学习及认知活动。许多种情绪、情感都具有调控群体间的互动的功能。例如，羞怯感可以加强个体与社会习俗的一致性；当个体对他人造成伤害时，内疚感可激发社会公平重建。其他的情绪、情感，诸如同情、喜欢、友爱等，也能起到构建和保持社会关系的作用。它们可以增强群体内的凝聚力，而且有提高个体的社会适应能力的作用。

（一）适应功能

有机体在生存和发展过程中，有多种适应方式，情绪和情感是有机体适应生存和发展的一种重要方式，如动物遇到危险时产生怕的呼救，就是动物求生的一种手段。人们通过各种情绪和情感的表达，了解自身和他人的处境与状况，适应社会的需要，求得更好的生存和发展。

（二）动机功能

情绪情感是动机的源泉之一，是动机系统的一个基本成分，它能够激励人的活动，提高人的活动效率。适度的情绪兴奋，可以使人们的身心处于活动的最佳状态，进而推动人们有效地完成各种任务。研究表明，适度的紧张和焦虑能促使人积极地思考和解决问题。同时，情绪对生理内驱力也具有放大信号的作用，成为驱使人们行为的强大动力。

（三）组织功能

情绪是一个独立的心理过程，有自己的发生机制和发生、发展过程。什劳费认为，情绪作为脑内的一个检测系统，对其他心理活动具有组织作用，这种作用表现为积极情绪的协调作用和消极情绪的破坏和瓦解作用。中等强度的愉快情绪，有利于提高认知活动的效果；而消极的情绪如恐惧、痛苦等会对操作效果产生负面影响，消极情绪的激活水平越高，操作效果越差。

情绪的组织功能还表现在人的行为上，当人们处在积极、乐观的情绪状态时，易注意事物美好的一面，其行为会比较开放，愿意接纳外界的事物；而当人们处在消极的情绪状态时，容易悲观、失望，放弃自己的愿望，有时甚至产生攻击性行为。

（四）信号功能

情绪和情感在人际间具有传递信息、沟通思想的功能，这种功能是通过情绪的外部表现，即表情来实现的。表情是思想的信号，在许多场合中，人们只能通过表情来传递信息，如用微笑来表示赞赏，用点头表示默认等。表情也是言语交流的重要补充，如手势、语调等能使言语信息表达得更加明确。

五、情绪、情感的种类

人的情绪和情感多种多样，应如何分类？我国古代有"六情说"与"七情说"。六情说是指"爱、恶、喜、怒、哀、乐"；七情说即"喜、怒、忧、思、悲、恐、惊"。

（一）基本情绪

从生物进化的角度看，人的情绪可分为基本情绪和复合情绪。基本情绪是人与动物所共有的，在发生上有着共同的原则或模式，它们是先天的，不学而能，每一种基本情绪都具有独立的神经生理机制、内部体验和外部表现，并有不同的适应功能。近代关于情绪分类的研究，通常把它分为快乐、悲哀、愤怒、恐惧四种基本形式。复合情绪是由基本情绪的不同组合派生出来的。

1. 快乐

快乐是指盼望的目标达到或需要得到满足之后，解除紧张时的情绪体验。如亲人相聚时的"高兴"，学习获得好成绩时的"愉快"，工作取得成就的"满意"等，都是快乐的情绪。但是，有一些情绪，如怜悯、奇怪、惊奇等，既不是明显的快乐，也不是明显的不快乐。

快乐的程度取决于愿望的满足程度，一般说来，由低到高可以分为满意、愉快、欢乐、狂喜等层次。引起快乐情绪的原因很多，如亲朋好友的聚会、美好理想的实现、宁静明亮的学习环境等，都可以引起快乐的情绪。如果愿望或理想的实现具有意外性或突然性，则更会加强快乐的程度。

2. 悲哀

悲哀是与所热爱对象的失去和所盼望东西的幻灭相联系的情绪体验。引起悲哀的原因比较多，亲人去世，升学考试失意，自己所珍爱的物品丢失等，都会引起悲哀的情绪体验。

悲哀的程度取决于失去对象的价值。此外，主体的意识倾向和个性特征对人的悲哀程度也有重要的影响。根据悲哀的程度不同，由低到高可分为遗憾、失望、难过、悲伤、极度悲痛等不同的等级。悲哀有时伴随着哭泣，可以使紧张得到释放，缓解心理压力。在比较强的悲哀中，常常伴发失眠、焦虑、冷漠等心理反应。

3. 愤怒

愤怒是由于外界干扰使愿望实现受到压抑或目的实现受到阻碍，从而逐渐积累紧张而产生的情绪体验。引起愤怒的原因很多，恶意的伤害、不公平的对待等都能引起愤怒的情绪。愤怒的产生取决于人对达到目的的障碍的意识程度，只有个体清楚地意识到某种障碍时，愤怒才会产生。

愤怒的程度取决于干扰的程度、次数及挫折的大小。根据愤怒的程度，可把愤怒分为不满意、生气、愠怒、激愤、狂怒等。

4. 恐惧

恐惧是有机体企图摆脱、逃避某种情景而又苦于无能为力的情绪体验。引起恐惧的原因很多，如黑暗、巨响、意外事故等。恐惧的程度取决于有机体处理紧急情况的能力。

在快乐、悲哀、愤怒、恐惧四种基本情绪中，快乐属于肯定的、积极的情绪体验，它对有机体具有增力作用。而悲哀、愤怒、恐惧通常情况下属于消极的情绪体验，对人的学习、工作、健康具有消极的作用，因而应当把它们控制在适当的水平上。但在一定条件下，悲哀、愤怒、恐惧也可以起到积极的作用，如战士的愤怒有利于他们在战场上勇敢战斗；对可怕后果的恐惧有利于个体提高责任感与警惕性；悲哀可以使人"化悲痛为力量"，从而摆脱困境。

（二）表情

表情是情绪的外部表现形式，是一种独特的情绪语言。表情主要有三类：面部表情、身段表情、言语表情。

1. 面部表情

不同的情绪会产生不同的面部表情。由于面部表情能惊喜、准确地反应人的情绪，她是人类表达情绪最主要的方式。伊扎德江人的面部分为额眉—鼻根区、眼—鼻颊区和口唇—下巴区，认为这三个区域的活动构成了不同的面部表情，表达着相应的情绪。

2. 身段表情

身段表情是除面部之外身体其他部位的情绪表达。头、手和脚是表达情绪的主要身体部位。例如，人在欢乐时手舞足蹈，悔恨时顿足捶胸，惧怕时手足无措，羞怯时扭扭捏捏。舞蹈和哑剧是演员用身段表情和面部表情反映情感和思想的艺术形式。

3. 言语表情

言语表情是情绪在言语的声调、节奏和速度上的表现。人在高兴时音调较快，悲哀时音调低沉、节奏缓慢，愤怒时音量大、急促而严厉。同样一句话用不同的方式讲出来则会表现出不同的含义。

表情与言语一样是人际交往的重要工具，在三种主要表情中，面部表情起主要作用，而身段表情和言语表情往往是情绪表达的辅助手段。

（三）情绪状态

情绪状态是指在某种事件或情境的影响下，在一定时间内所产生的某种情绪，其中较典型的情绪状态有心境、激情和应激三种。

1. 心境

心境是指人的比较平静而持久的情绪状态。心境具有弥散性，它不是关于某一事物的特定体验，而是以同样的态度体验对待一切事物。"喜者见之则喜，忧者见之则忧"。

心境对人的学习、工作、生活、健康有很大的影响。积极向上、乐观的心境，可以提高人的活动效率，增强信心，使人对未来充满希望，有益于健康；消极悲观的心境，会降低认知活动效率，使人丧失信心和希望，经常处于焦虑状态中，有损于健康。人的世界观、理想和信念决定着心境的基本倾向，对心境有着重要的调节作用。

2. 激情

激情是一种强烈的、有爆发性、为时短促的情绪状态。这种情绪状态通常是由对个人有重大意义的时间引起的。重大成功之后的狂喜、惨遭失败后的绝望、情人突然死亡引起的极度悲哀、突如其来的危险所带来的异常恐惧等等，都是激情状态。我们曾在生活中看到过很多这样的场景，足球运动员在踢进球的时候会绕着操场疯狂地跑动甚至会亲吻足球场，这就是进球引起的一种激情状态。还有运动员在进行百米赛跑时，因为观众为自己加油呐喊，于是在比赛中以超常发挥的速度冲到终点，这也是一种强烈的短暂爆发状态，属于激情。

激情状态往往伴随着生理变化和明显的外部行为表现。例如，盛怒时全身肌肉紧张，双目怒视，怒发冲冠，咬牙切齿，紧握双拳；狂喜时眉开眼笑，手舞足蹈；等等。激情状态下的人往往出现"意识狭窄"现象，即认识活动的范围缩小，理智分析能力受到限制，自我控制能力减弱，进而使人的行为失去控制，甚至做出一些鲁莽的行为或动作。有人用激情爆发来解释自己的错误，认为"激情时完全失去理智，自己无法控制"，这种说法是不对的。人能够意识到自己的激情状态，也能够有意识地调节和控制它，因此，任何人对自己在激情状态下的失控行为所造成的不良后果都是要负责任的。我们要善于控制自己的激情，做自己情绪的主人，培养坚强的意志品质，提高自我控制的能力。

而且，激情不总是消极的。我国卫星发射成功时，民众的兴高采烈，运动员在赛中取得金牌时的欣喜若狂，这些激情中包含着强烈的爱国主义情感，是激励人上进的强大动力。

3. 应激

应激是指人对某种意外的环境刺激所做出的适应性反应。例如，人们遇到某种意外危险或面临某种突然事变时，必须集中自己的智慧和经验，动员自己的全部力量，迅速做出选择，采取有效行动，此时人的身心处于高度紧张状态，即为应激状态。我们在生活中都听过这样的事件：一个婴儿差点从高处摔到地面上，远处的妈妈看到后快速冲上去接住了孩子，平常情况下妈妈并不能有这样的反应速度，但是由于突发的情况引起她紧张的反应，也就是应激反应，所以才能提高反应速度接住孩子。还有在开车时，突然冲出一条狗，你紧急刹车，这也属于一种应激反应。

人在应激状态下，会引起机体的一系列生物性反应，如肌肉紧张度、血压、心率、呼吸以及腺体活动都会出现明显的变化，这些变化有助于个体适应急剧变化的环境刺激，维护机体功能的完整性。加拿大学者汉斯塞里把这种变化称为"适应性综合征"，它包括动员、阻抗和衰竭三个阶段。

（四）道德感、理智感和美感

情感是同人的社会性需要相联系的主观体验，是人类所特有的心理现象之一。人类高级的社会情感主要有道德感、理智感和美感。

1. 道德感

道德感是根据一定的道德标准在评价人的思想、意图和行为时所产生的主观体验。你一定听过"最美教师张莉莉"和"最美司机"的典型事迹，称他们为"最美"，不是因其面容，而是用道德标准判断后认为他们在思想上有高度，是道德上的模范，学习的对象。道德感属于社会历史范畴，不同时代、不同民族、不同阶级有着不同的道德评价标准。在我国现阶段，爱祖国、爱人民是每个公民的基本道德准则。如果一个人的言行符合这一标准，就会产生幸福感、自豪感；否则就会感到不安、自责和内疚。同样，当别人的言行符合这些标准时，人们就会对他产生爱慕、崇敬、尊重、钦佩等情感；而对那些违背这一标准的思想和行为，人们就会产生厌恶、反感、鄙视、憎恨等体验。

2. 理智感

理智感是在智力活动过程中，在认识和评价事物时所产生的情感体验。例如，小明同学解出了一道非常难的数学题，此时他产生的就是一种理智感，而如果因为没能解出数学题而产生羞愧感，同样也属于理智感。人们在探索未知的事物时所表现出的求知欲望、认识兴趣和好奇心，在解决问题过程中出现得迟疑、惊讶、焦躁以及问题解决后的喜悦、快慰，在评价事物时坚持己见的热情，为真理献身时感到的幸福与自豪，由于违背和歪曲了事实真相而感到的羞愧，等等，都属于理智感。

3. 美感

美感是根据一定的审美标准评价事物时所产生的情感体验。我们在生活中参加一些艺术展、书画展时欣赏到的一些美的事物，看到的大自然中的美景等，都是美感的体现。

人的审美标准既反映事物的客观属性，又受个人的思想观点及价值观念的影响。因此，在不同的文化背景下，不同民族、不同阶级的人对事物美的评价既有共同的方面，也有不同的地方。

美感作为情感的一种形式，也是由客观情境引起的。客观情境包括两个方面的内容：一方面是自然景象和人类创造物的特征；另一方面，人类社会的道德品质和行为特征。它们都能引起人们对于美的体验。善良、淳朴、诚实、坚强、公正坦率、不徇私情、有自我牺牲精神的品质和行为都是美的；损人利己、虚伪、胆小怕事、两面三刀、狡猾奸诈等，都会引起人们的厌恶、憎恨的情感体验。

六、情绪的理论

从古希腊至今，历代思想家都试图在理论上解释情绪的产生。当代情绪理论多注重经验主义研究方法，很多独立的理论并不互相排斥，大多数研究人员乐于采纳多种视角，融合各种理论。引起争议的问题主要是，认知判断对产生情绪有多重要，特别是和身体反应等其他方面比较来说。

（一）早期理论

1. 詹姆斯—兰格理论

美国心理学家詹姆斯和丹麦生理学家兰格分别提出内容相同的一种情绪理论。他们强调情绪的产生是植物性神经活动的产物，后人称它为情绪的外周理论，即情绪刺激引起身体的生理反应，而生理反应进一步导致情绪体验的产生。詹姆斯提出情绪是对身体变化的知觉，在他看来，是先有机体的生理变化，而后才有情绪，所以悲伤由哭泣引起，恐惧由战栗引起。兰格认为情绪是内脏活动的结果，他特别强调情绪与血管变化的关系。詹姆斯—兰格理论看到了情绪与机体变化的直接关系，强调了植物性神经系统在情绪产生中的作用；但是，他们片面强调植物性神经系统的作用，忽视了中枢神经系统的调节、控制作用，因而引起了很多的争议。

2. 坎农—巴德学说

该学说认为情绪的中枢不在外周神经系统，而在中枢神经系统的丘脑，并且强调是大脑对丘脑抑制的解除，使植物性神经活跃起来，加强了身体生理的反应，从而产生了情绪。外界刺激引起感觉器官的神经冲动，传至丘脑，再由丘脑同时向大脑和植物性神经系统发出神经冲动，从而在大脑产生情绪的主观体验，而由植物性神经系统产生个体的生理变化。该理论认为，激发情绪的刺激由丘脑进行加工，同时把信息输送到大脑和机体的其他部位，到达大脑皮层的信息产生情绪体验，而到达内脏和骨骼肌肉的信息激活生理反应，因此，身体变化与情绪体验同时发生。

（二）认知理论

1. 阿诺德的评定—兴奋说

阿诺德的评定—兴奋说是由美国心理学家阿诺德提出的。阿诺德认为，刺激情景并不直接决定情绪的性质，从刺激出现到情绪的产生，要经过对刺激的估量和评价。情绪产生的基本过程是：刺激情景—评估—情绪。同一刺激情景，由于对它的评估不同就会产生不同的情绪反应。情绪的产生是大脑皮层和皮下组织协同活动的结果，大脑皮层的兴奋是情绪行为最重要的条件。

2. 沙赫特的两因素情绪理论

沙赫特的两因素情绪理论是由美国心理学家沙赫特和辛格提出的。此理论认为，情绪的产生有两个不可缺少的因素：一是个体必须体验到高度的生理唤醒；二是个体必须对生理状态的变化进行认知性的唤醒。情绪状态是由认知过程、生理状态、环境因素在大脑皮层中整合的结果，这可以将上述理论转化为一个工作系统，称之为情绪唤醒模型。

3. 拉扎勒斯的认知—评价理论

拉扎勒斯的认知—评价理论认为，情绪是人与环境相互作用的产物。在情绪活动中，人不仅反映环境中的刺激事件对自己的影响，同时要调节自己对于刺激的反应，也就是说，情绪是个体知觉到环境有害或有益后的反应。因此，人们需要不断的评价刺激事件与自身的关系，具体有三个层次的评价：初评价、次评价、再评价。

（三）分化理论

情绪具有动机的性质。伊扎德的情绪动机—分化理论以情绪为核心，以人格结构为基础，论述情绪的性质与功能。伊扎德认为，情绪是人格系统的组成部分，是人格系统的动力核心。情绪系统与认知、行为等人格子系统建立联系，实现情绪与其他系统的相互作用。当人们体验到消极情绪时，免疫系统功能会减弱；而当人们体验到积极情绪时，免疫功能会增强。

情绪常产生于人们对环境的评价方式和反应方式之中。如果按照情绪 ABC 理论，人们对环境的评价方式即 B，人们对环境的反应方式即 C。具体来说，A 表示诱发性事件，B 表示个体针对此诱发性事件产生的一些信念，即对这件事的一些看法、解释，C 表示自己产生的情绪和行为的结果。

研究者已逐步达成共识，认为情绪的研究离不开动机，而动机的研究也离不开情绪。但之前并非如此，在 20 世纪三四十年代，动机是以需要来界定的。那时的研究者认为，需要能为行为提供动力、能量、方向和维持性。他们完全不考虑情绪的作用。

到了 20 世纪五六十年代，动机被看作是由驱力的存在引起的。早期的动机理论认为，驱力为行为提供动力，学习为行为提供方向。驱力论者认为，情绪是动机的副产品，而不是动机的组成部分，如伯利恩认为，动机是最佳唤醒驱力，情绪是满足这一驱力的副产品。根据驱力理论，行为的维持性在很大程度上是习得的，如根据阿姆泽尔的理论，在很大程度上，行为的维持性是由与挫折相联系的刺激的对抗性条件作用引起的。这里的挫折是一个完全限定的情绪概念，主要是指未能获得奖赏所引发的情绪。

到了 20 世纪 60 年代晚期及 70 年代早期，心理学家从行为的角度来研究动机。动机和需要是其理论的核心，"需要"的内涵则与 20 世纪三四十年代完全不同。需要只是引发行为的倾向，目标和威胁才是行为的原因：目标是积极的诱因，而威胁是消极的诱因。

虽然到了 20 世纪 80 年代末 90 年代初，以目标来解释动机的理论较具影响，但对于很多理论家而言，尽管目标和威胁能够直接引发行为，但不足以维持长期行为。在对长期行为的研究中表明，区分人们行为的维持性的因素是情绪。那些在面临威胁和困难时保持乐观的人会维持原有行为，而那些悲观和自我怀疑的人常会放弃自己的目标。

尽管侧重点有所不同，但大多数当代理论家都认为情绪在动机中具有重要作用。这使得这些心理学家开始重视情绪的自我调节，如班杜拉指出，"天资和它（情绪）的发挥一样重要"。他认为，为了实现目标，人们需要学会调控自己的情绪，特别是调控自我怀疑。

（四）情绪智慧

20 世纪 90 年代，美国开始研究情绪智力。1995 年，美国心理学博士、《纽约时报》专栏作家丹尼尔·戈尔曼推出《情绪智力》一书，将情绪智力这个概念进一步推广。20 多年来，美国学者在这方面取得了卓越的成就，为人类智力的开发、实现人的全面发展做出了重要贡献。

说到情绪，我们每个人都与之息息相关。情绪的发展和变化是我们因人因时因地因事而产生的。情绪在制约人，也在成就人，还在损害人，不同的情绪决定着不同的生活。我们要管理好自己的情绪，拥有我们自己需要的情绪，使情绪获得应有的表达和展示。所以，我们必须对情绪有真正的了解，知道它的种类和对人的利害。

我们不仅需要积极的情绪，还需要消极的情绪；不仅需要克制，还需要发泄；不仅需要防御，还需要利用。知道情绪是我们为人做事乃至成败的重要因素，我们只有挖掘积极情绪和善待消极情绪，才能更好地把握和管理自己，做情绪的主人。有效的情绪管理是推动学业成功的"发动机"，有效的情绪管理是建立良好人际关系的"润滑剂"，有效的情绪管理是身心健康的"护航者"，有效的情绪管理是良好性格的"塑造者"。

情绪既是主观感受，又是客观生理反应，具有目的性，也是一种社会表达。情绪是多元的、复杂的综合事件。情绪构成理论认为，在情绪发生的时候，有五个基本元素必须在短时间内协调、同步地进行。

认知评估： 注意到外界发生的事件（或人物），认知系统自动评估这件事的感情色彩，因而触发接下来的情绪反应。例如：看到心爱的宠物死亡，主人的认知系统把这件事评估为对自身有重要意义的负面事件。

身体反应： 是情绪的生理构成，身体自动反应，使主体适应这一突发状况。例如：意识到死亡无法挽回，宠物主人的神经系统觉醒度降低，全身乏力，心跳频率变慢。

感受： 人们体验到的主观感情。例如：在宠物死亡后，主人的身体和心理产生一系列反应，主观意识察觉到这些变化，把这些反应统称为"悲伤"。

表达： 面部和声音变化表现出这个人的情绪，这是为了向周围的人传达情绪主体对一件事的看法和他的行动意向。例如：看到宠物死亡，主人紧皱眉头，嘴角向下，哭泣。对情绪的表达既有人类共通的成分，也有个人独有的成分。

行动的倾向： 情绪会产生动机。例如：悲伤的时候希望找人倾诉，愤怒的时候会做一些平时不会做的事。

七、情绪、情感的调节与培养

情绪使我们的生活多姿多彩，同时也影响着我们的生活及行为。当出现不好的情绪时，我们最好能对其加以调节，使情绪不要给自己的生活及身体带来坏的影响。情绪无好坏之分，一般只划分为积极情绪、消极情绪，但由情绪引发的行为则有好坏之分，行为的后果也有好坏之分，所以说，情绪管理并非是消灭情绪，也没有必要去消灭，而是疏导情绪，并合理化之后的信念与行为。

　　情绪是靠我们自己管理和掌握的，任何一个人、一件事、一个物体，甚至一句话都能激起我们的情绪。我们应当有人所共有的感受和需要，但不能追求或表达得太过于痴迷和慌乱。很多情绪来自身外，可心情是自己的，我们可以用自己的修为来调整不利和不好的状态，使得自己在有关与无关中确立自我情绪，走出情绪的困扰。这部分内容在下面章节中会进行重点讲解。

第五节　意识

　　由于最初的心理学仅仅是哲学的一个分支，那时意识问题完全是哲学讨论的问题，直到被公认为现代心理学的创立者。德国心理学家冯特，使心理学脱离了哲学，成了一个独立的学科后，心理学才开始了对这个问题的研究。

　　最初的心理学仅是讨论这个问题，最初冯特使用的是内省的方法来研究意识问题，后来很多心理学家纷纷提出了对这种方法的质疑甚至是反对，他们的理由是，这种方法并不是一种可靠的方法。他们认为这种方法不能准确地反映出人类的丰富的思想、情感与行为，也不能让人接触潜意识或无意识的心理状态，而且这种方法过于依赖复杂的语言，而导致客观性的丧失。于是心理学家们很快就放弃了这种研究方法，可由于他们也找不到合适的研究方法，因此，在以后很多年里，心理学及相关学科完全放弃了对意识问题的研究。

　　直至 20 世纪 50 年代，认知科学的飞速发展，为研究这个问题开辟了许多新的途径，终于使这个问题又回到了科学的正轨上来。尤其是在 DNA 模型创立者克里克等人的努力下，这个问题在神经科学研究的范围内，也占据了相当大的位置。虽然还存在着一些困难，但是，研究相关领域的大多数科学家，对研究意识问题的前景均持乐观的观点。本节接下来就给大家重点介绍一下意识的相关内容。

一、意识概念

　　意识是人类所独有的一种高水平的心理活动，是指人以感觉、知觉、记忆、思维等心理活动过程为基础的系统整体，对自己身心状态与外界环境变化的觉知。换句话来说，意识即人能够觉知和认识到自身的存在、周围世界（包括自然界和社会活动）的存在，以及自己和周围世界之间的复杂关系。

意识包括感觉、知觉、记忆和思维等认知活动过程，也包含情绪、情感和意志活动过程。人的意识是认知活动与主观体验的整体统一。

认知活动过程在意识中占有核心位置，有时候，情绪情感在人的即时性活动与行为中发挥着重要作用。人既能意识到自己正在进行的认知活动过程，并能够对自己的认知活动内容和活动结果进行评估与判断，从而产生满意感或不满意感的主观体验；人也能够通过意志努力，来维持自己认知活动过程的顺利进行，当面临困难与挫折时，会激励自己迎难而上去取得成功。

二、意识的基本特征

人类意识是心理发展的高级反应形式，也是人的心理最集中、最本质的体现，概括起来具有以下三个基本特征：

（一）意识的觉知性

觉知性是人类意识的最基本特征，指人对外部刺激和自身内部心理活动的了解，表现为人不仅能意识到客观事物的存在，而且也能意识到自身的存在、自身同客观事物的复杂关系，以及自己的心理活动和行为等。

例如，人能够了解自己感知到了什么？回忆和思考的又是什么？还能够觉知自己对他人及对客观事物所抱有的态度、从事的行为和行为的后果。这种对自己的状况和活动的觉知是人的自我意识之一。

正是由于人不仅能意识到客观事物的存在，对外界刺激进行分析综合，而且还能意识到自己对自己的主观活动进行分析综合，并且能对自己的心理与行为和客观现实的关系进行评价，这样就能够把自我和非我、主观和客观区别开来，并根据自己的需要和动机来指导和调节行为。

这些以观念的形式存在于人脑之中的，通过言语加工、言语表达来实现人对客观现实的自觉的反映活动，是意识的重要特征之一。

（二）意识的能动性

意识的能动性是指人积极主动地反映客观世界和改造世界的能力和作用。概括地说，意识的能动性表现在下列三个方面：

1. 意识活动的目的性和计划性

人在反映客观现实时不是消极被动的，而总是根据社会实践的需要，带着一定的主观倾向和要求，抱着一定的目的和动机。人在行动之前总是先考虑行动的目的，制定达到目的的蓝图、活动方式和活动步骤，预测行动的结果，等等。例如，用木板做一个书桌时，人总是优先考虑为何做，然后在脑中想象出书桌的形象，制订制作方案和步骤，有时还根据半成品的具体情况，修正头脑中的计划，甚至改变预期的目的，所有这些意识活动是除人之外的任何动物都不具备的。马克思曾说过："蜘蛛的活动与纺织工的活动相似，蜜蜂建筑分房的本领使人间的许多建筑师都感到惭愧。但是最蹩脚的建筑师从一开始就比最灵巧的蜜蜂高明的地方在于，他在用'蜂蜡'建筑分房以前，已经在自己的头脑中把它建成了。"

2. 意识活动的主动创造性

人类意识通过实践对客观现实的反映是主动的，并非客观世界是什么就反应什么，而是主动地根据需要去反映客观世界，进而达到改造客观世界的目的。人类不仅能够反映客观事物的外部现象，而且能够由感性认识上升到理性认识，反映事物的本质和规律。意识不仅能够复制当前的对象，而且能够追溯过去，推测未来。人类除了认识客观世界，更重要的是通过实践把观念的东西变成现实，给自然界打上"人类意志的印记"。人的意识不仅反映客观世界，并且创造世界，即客观世界不会自动地满足人类的需要，人类是以自己的行动来改造客观世界以满足自己的需求的。

3. 意识的前进性

人的意识活动是不断发展前进的，不会永远停留在一个水平上。人类意识随着社会实践的发展、随着社会的进步而前进，人类不断地追求自身主观世界的丰富和发展，也不断地摆脱对客观世界及其规律知之不多和知之不全的状态，从而使意识的能动性不断地提高到更新、更高的阶段，在认识客观世界和改造客观世界的实践活动中发挥前所未有的作用。

（三）意识的社会历史制约性

从人类意识的发生发展及其内容上来说，意识具有社会历史制约性。

从意识的发生发展来看，马克思和恩格斯明确指出："意识一开始就是社会的产物，而且只要人们还存在着，它就仍然是这种产物。"从意识的内容上来看，随着社会历史的发展，人类的意识内容逐渐丰富和深刻。

在不同的历史发展阶段，由于社会生产力水平不同，科学技术发展水平存在着差异，人们对自然界和社会生活的认识深度与广度不同，人们所处的社会实践领域不同，因此在意识的发展水平和表现特点上存在着很大的差异。

三、意识的分类

这里主要介绍心理学家弗洛伊德的意识分类。弗洛伊德一反传统的哲学和心理学，把人的精神活动或心理活动分为三个不同的层次：意识、前意识和潜意识。它们分别处于精神活动的表层、中间层和最底层。他打了一个比方：人的全部精神生活犹如一座漂浮于海上的冰山，意识只是呈现在海洋表面上的一小部分，潜意识则是海洋下面的那座巨大的山体。人的精神生活的这三个层次是紧密联系的，又各有不同的性质和特点。弗洛伊德认为，科学的研究就是要通过人的精神生活的表层，揭示人的全部精神生活的原初基础。

意识是呈现于表层的注意中心部分，包括感性、意志和思想等精神活动，属于片段的、零碎的、暂时的东西，始终处于捉摸不定的状态，但可以用语言来表达。

前意识是意识同潜意识之间的过渡领域，属于暂时退出意识的部分，还有可能被召回到意识领域去，即可以再次复现或被回忆，是来自意识的东西如想法、印象等暂时储存的地方，从本质上说，它属于意识领域。

潜意识是潜伏在人的心理深处的、人们意识不到的，在正常情况下也体验不到的一种精神活动。弗洛伊德说："无论何种心理过程，我们若因其所产生的影响而不得不假定其存在，但同时又无从直接感知，我们称此种心理历程为无意识。"

潜意识主要是充满着不容于社会的各种各样的本能和欲望，它虽花费很大的气力，也极难被意识所接纳，或根本不能进入意识领域，因此，潜意识成了人的本能欲望以及与之相关的被压抑的情感、意向的贮存库，它具有强烈的心理能量，总是伺机渗透到意识领域，以求得满足，从而构成了人类一切活动的总源泉。

潜意识的特点：一是原始性，无论从人类系统发展还是从个人心理发育来看，潜意识都源于人们心理中的原始与非理性的低级部分；二是冲动性，潜意识具有强大的内驱力，不顾一切追求快乐满足；三是非时间性，潜意识的活动与时间没有任何关系；四是封闭性，不受外部任何现实的制约。上述特点是互相联系的。

在人们整个精神活动中，意识、前意识和潜意识的关系，究竟是怎样的呢？弗洛伊德把潜意识系统比作一个大前厅，无数的本能欲望、冲动，彼此喧闹、相互拥挤地住在这里，和前厅相邻的是一个类似接待室的小房间，意识就住在这里。而住在大前厅的潜意识中的各种冲动都希望进入意识的房间内，于是就彼此冲撞着，争先恐后地向接待室的门口挤去。但门口有一个守门人，必须由他来传递信息并严格检查，如果没有得到守门人的允许，就不能够进入接待室，就意味着它们是不适合意识的，这样实际上就是在被压抑着。但即使有一些欲望和冲动，成功地越过了门槛，守门人允许它们进入接待室，它们也不一定都能成为意识，它们只是前意识，只有当它们成功地引起意识的注意时，才能成为意识。从前意识到意识，或者从意识到前意识，都是转眼之间的事，二者虽有界限，但却没有不可逾越的鸿沟。但是，被压抑到潜意识中去的东西要想重新回到意识里来，那就极为困难了，因为潜意识和意识之间壁垒森严，守门人绝不准潜意识中的欲望、冲动随意侵入意识。弗洛伊德的整个精神分析学都是以潜意识的心理过程为出发点的，并建立在这个基础之上。

不管三者的关系究竟如何，在弗洛伊德的眼里，特别注重的是潜意识的存在及其巨大作用。对梦的研究，就进一步论证了潜意识存在的无疑性。潜意识就如同一锅永远沸腾的水，无时无刻不在寻找出路，急切地想冲出来。潜意识活动虽然经常不为人所察觉，但它无时无刻不在影响着人们的一言一行。弗洛伊德进而提出了压抑、转移、升华等重要概念。

压抑：把意识所不能接受的欲望、冲动、意念、情感和记忆压制在潜意识中。压抑可以阻止人们看到某些东西，或将所看到的东西加以歪曲。压抑就是造成许多变态行为的原因。

转移：潜意识的本能冲动受到抗拒而被压抑到心理结构的底层，并不意味着消失，相反它的作用力变得更大，渗透力更强烈，它或者顺利地进入意识领域，或者在某种条件下以变形的方式进入意识领域，这就是转移。在非正常人那里，转移表现为歇斯底里的病理状态；而在正常人那里，转移表现为梦境和日常生活中的过失行为，如口误、笔误、遗忘等。

升华：最理想的转移方式是把本能冲动转化到被社会所认可或赞许的目标、对象方面去，这就是升华。潜意识的升华被弗洛伊德广泛地应用到社会生活的各个领域，用来解释人们的各种创造性活动，如艺术家的创作，就像处于梦一般的工作状态之中，其间不乏凝缩、转移、象征和润饰，经过这各个环节之后，最终艺术家的潜意识动机获得变形的满足宣泄或升华，而这种升华的结果便是文艺作品。

四、意识的功能

（一）意识的觉知功能

意识的第一个重要功能是觉知。觉知是指人对周围环境中的刺激信息和自身内部心理状态的了解，表现为人不仅能意识到客观事物的存在，包括自然界中的各种现象以及人类社会生活中的复杂现象，而且能够意识到自身主体的存在，自身心理活动与行为表现的和谐，以及自身同客观事物之间的内在关系等。

（二）意识的计划功能

意识的第二个功能是计划。人的心理与行为是有目的性和计划性的，人不会盲目地从事社会实践活动，而总是具有某种目的和动机，这种目的与动机以观念形式存在于人脑之中。

（三）意识的选择与监控功能

意识的第三个功能是选择与监控的功能。意识的选择功能使个体在环境中接受最适宜和最有效的刺激信息，限制并过滤与目标和目的无关的信息，使个体能够有选择地存储与自己的需要相关的信息。

意识的监控功能包括两个方面：一是意识可以监视个体内部心理活动和外部环境的刺激信息；二是意识可以调节和控制自身状态与周围环境之间的相互关系。

五、意识状态

意识有四种状态：可控制的意识状态、自动化的意识状态、白日梦的意识状态与睡眠和梦。

（一）可控制的意识状态

在这个状态里，人的意识最清晰，最能集中注意，能够有意识地去完成一件事情。也就是说在行为的过程中，你能够觉知到自己正在做这件事情，并可以对自己的行为进行调控。

比如，上级向你交代了一个任务，你知道这个任务很重要，必须认真对待，于是把全部的注意力集中起来去完成，这时我们说你是在有意识地工作。工作的每一步都要经过构思，在做的过程中，不时检验是否接近了目标，计划要不要修改等，这些都是意识的第一状态。

（二）自动化的意识状态

有时个体对自己的行为似乎有所意识，但又不太清晰。

例如，你现在一边听课一边做笔记，你能意识到你在写字，但每个字怎么写，则又不是很清楚，你不需要费很大的努力，不用有意识地注意怎样一笔一画地写字。这和你在当小学生时完成听写任务有本质区别，听写的时候你要考虑每个字怎样去写。

又如骑自行车，刚开始学骑车时，手也紧张，脚也紧张，既要注意保持平衡，又怕撞到别人，结果不仅容易跌倒，还感到非常疲惫。而学会骑车以后，一面骑车一面谈话，完全没有问题，只是到了拐弯处话就少说几句，因为这时注意力又转到骑车上面去了。拐过弯以后，又可以继续谈话，至于手脚如何配合，如何躲避行人，已经成了自动化的过程，根本不要意识参加了。对这种情况，是否能说骑车活动完全没有意识参与呢？当然不能，因为它还是按照一定目的去完成任务，只不过意识的参与成分相对较少，变成自动化的了。

自动化的意识状态是意识的第二种状态，它本身要求很少注意力，并且不妨碍同时进行的其他活动。

（三）白日梦状态

上课的时候，听着听着就走神了，脑子不知道飞到哪里去了，可能还想着昨天晚上看的一部电视剧，或者想着一会儿放学回家妈妈要做什么好吃的。正在你想入非非的时候，忽然听到老师叫你的名字，你一激灵，马上站了起来，至于老师刚才提的什么问题，你可一个字也没有听到，只听见老师说"来回答一下"。这就叫作白日梦，是意识的第三种状态。

白日梦是指包含很低水平意识努力的意识状态，它介于主动的意识状态与睡眠中做梦二者之间，似乎是一方面清醒着一方面做梦，通常在不需要集中注意的情况下自发产生。不能认为白日梦是无意识的，因为这时你还具有一定的意识活动，尽管老师在讲什么你完全没听清楚，但是你还知道老师正在讲话，一旦老师叫你的名字，你也可以听到。

白日梦的内容总是与你有一定关系的。实际上白日梦与未来的活动有关，带有计划性或排练的性质，而且只有自己懂得。白日梦不是真正做梦，而是意识处于一种迷糊状态。白日梦的产生是很自动化的，不需要费劲。比如你这时在教室里听课，听得没有兴趣，不自觉地就去想其他事情了，有时自己也很难控制，但如果老师的课讲得非常有趣，那你就不会做白日梦了。

白日梦谁都会做，只是做的多少不同。白日梦的内容也无所谓好坏，它就是大脑在改变状态。一个人的意识状态实际一直在不断地变化着，精力集中的是一种，自动化的是一种，迷迷糊糊的又是一种。人在临入睡而没有真正睡着的时候，意识也是处于一种迷糊状态的。

（四）睡眠和梦

睡眠和梦是意识的特殊状态。

1. 睡眠

睡眠指人所具有的一种半意识状态。睡眠的特征：（1）普遍性，人和动物都需要睡眠；（2）必需性，睡眠是维持人体正常生理及心理活动的必要活动，人的睡眠时间因人而异，睡眠时间随着年龄的增长而降低与稳定。

过去一般认为睡眠的时候意识是停止活动的，而大量研究结果表明，人在睡眠时意识并没有完全停止活动。关于睡眠的研究主要是通过脑电测试来进行的，由于脑内的神经细胞有电位差，用特定的仪器就可以测到这些电位的变化。当人进入睡眠状态时，脑内神经细胞的电位仍在变化着，只是出现了不同的波型。在做梦的时候，脑电波的变化更为明显，这些都证明人在睡眠的时候还是有意识活动的，当然，对此我们自身并没有意识到。

睡眠是日常生活中最为常见的一个活动，人的一生平均有三分之一的时间要花在这项活动上。但对睡眠展开科学的研究，还只是近几十年的事情。20世纪50年代以后，随着科学的进步，特别是脑电研究的发展，人们逐渐揭开了睡眠的神秘面纱。

人的整个睡眠过程可以分为五个阶段，在不同的阶段脑电波有不同的形态变化。第一阶段为过渡期，个体感到困倦、意识进入朦胧状态，通常持续1～7分钟。在这一阶段，呼吸和心跳变慢，肌肉变松弛，体温下降。这个阶段的脑电波为α（alpha）波（12cps），频率较慢，但振幅较大。第二阶段为轻睡期，大约持续10～25分钟，这时脑电波频率更慢，为4～7cPs的θ（theta）波。第三、四阶段是沉睡期，以δ（delta）波为主，它的频率慢到4cps以下，而振幅极大。人们通常要用半小时达到这一阶段，梦游、梦呓和尿床等现象多在此时出现。再停留约半个小时，然后到睡眠的最后一个阶段，称为"快速眼动睡眠"（简称 REM，为 Rapid Eye Movement 的缩写）阶段，这个阶段之所以如此得名，是因为存在一个特殊的现象，即快速眼动，这时通过仪器可以观测到睡者的眼球有快速跳动现象，呼吸和心跳变得不规则，肌肉完全瘫痪，并且很难唤醒。

快速眼动睡眠结束后，再循环到 θ 波的轻睡期。如此循环往复，一般一个晚上要经过 4 ~ 6 次这样的循环。在第一次循环中，REM 大约持续 10 分钟左右，而在往后的循环中，REM 持续的时间逐渐延长，在最后的循环中，REM 可持续到一个小时。研究发现 REM 出现的时候，就是人在做梦的时候，若这时将被试唤醒，78% 的人都说他正在做梦，并且能记得梦中的内容，而那些在非快速眼动睡眠阶段被唤醒的被试，则只有 10% 反映正在做梦。

随着年龄的不同，REM 在睡眠中所占的比例也有所不同，年龄越小，REM 所占的比例越高；即幼儿的 REM 占 50%，小学生占 30%，成人占 20%，老人占 10%。而且老人的 δ 波所占的时间越来越少，甚至没有，所以老人睡觉不沉。人的睡眠总时间大约占人一生的三分之一的时间。

2. 梦

梦是在睡眠状态下出现的一种想象活动，是不随意想象的一种特殊形式。在睡眠状态下，大脑皮层处于不平衡的抑制状态，少数神经细胞的兴奋使一些表象被激活。由于缺乏意识的控制与调节，被激活的表象形成了离奇的组合，这些稀奇古怪的组合使得梦境与现实生活大相径庭，所以古代人们将梦看成是神灵的启示。由于许多梦，同现实一样生动、丰富，不少人乐意接受梦中不可思议、自相矛盾的情节而不能自拔。

梦是在睡眠中发生的，但不是整个睡眠过程都是在梦中度过的，梦境多半在快速眼动睡眠时出现，内容生动离奇；但一些概念较强的，与现实联系密切的梦，也在无快速眼动睡眠时出现。大量的梦呓、梦游和梦惊多发生在无快速眼动睡眠中，它们在心理学上被看作是睡眠障碍反应。人们在这种状态下被唤醒时往往忘记了梦的内容。但是人们往往能记住在快速眼动睡眠被唤醒时梦的内容。所以快速眼动睡眠被视为梦的一种活动标志。

由于大脑皮质的弥散性抑制，梦一般不受意识支配。也有人将梦境视为意识的变异状态。梦的内容源自生活，多数组合为不合逻辑的、荒诞离奇的虚幻情境。但是，人们在梦中的体验却接近于真实，他们担心、害怕、紧张、高兴、愤怒……主体的同一性在梦中时常发生变化，有时是自己，有时是自我的变形，有时甚至没有同一性，而像个"局外人"。弗洛伊德解释说，这是因为梦的具体内容实际上是由下意识的欲望和情绪决定的，而且没有足够的心理能量可以促使"继发过程"，即促使智力技能来观察梦的内容。

梦的内容与个体的想象力关系密切。想象力丰富的人，梦境里充满了奇异的景象，而想象力贫乏的人，他的梦境也往往平淡无奇。梦有时会帮助人们突破传统思维方式的定势产生顿悟，它是灵感得以闪现的一个窗口。德国化学家凯库勒在梦中悟出了苯环的结构，波尔受梦境的启示而发现原子结构模型，这些都是梦启迪创造思维的例证。所以也有人认为，正如自主神经系统在睡眠中调节人体机能代谢一样，梦也是人脑的一种工作程序，是积极的过程，是对白天接收的信息进行筛选和贮存。

关于梦的心理学解释，虽然众说纷纭，但尚无公认的解释，这方面的研究一直是心理学中的薄弱环节。梦的理论是近年来才发展起来的，具有代表性的有弗洛伊德的理论、荣格的理论以及解决问题的理论，这些理论广泛引起了世人的关注。

弗洛伊德认为潜意识中的本能冲动趁人睡眠时，以伪装的形式，骗过所有松懈的心理检查机制而得到表现，就构成了梦境。梦是愿望的一种表现形式，在一定程度上满足了本能欲望，缓释了积聚的心理能量，又不唤起检查机制的警觉，保护了睡眠。

由于梦所代表的欲望大多是我们的意识所不能接受的，为了不直接引起良心的不安，只能采用曲折迂回的手段来求得自我表现。手法之一是重新组合，将各种形象特征组合在一起，而更具象征意义；手法之二是情感重点的转移，梦境中最不突出的部分，常常最能反映潜在的意义；手法之三是象征化，某些梦的成分反复出现，对于同一个人，甚至不同的人，都具有相同的意义。手法之四是继发作用，梦中的情节，甚至几个相关联的梦的情节，按一定的线索串联在一起，组合成整体。弗洛伊德还将梦境分为显梦和隐梦两个层次。显梦是梦的表面情节，可以被回忆起来，隐梦则通过显梦表现本能的欲望，通过精神分析，人们可以了解这些欲望。

荣格认为梦是自然现象，是潜意识与自我的交谈。他将潜意识进一步分为个人潜意识和集体潜意识。在梦中，个人潜意识内容得到表现，集体潜意识中的各种原始意象也以原始的象征方式显现出来。梦是个人潜意识和集体潜意识的交织，而后者更占主导地位。

解决问题的理论。许多心理学家通过分析梦的内容，发现梦里的隐喻和联想能帮助做梦者处理不断发展的个人问题。梦基本上是清醒时人的思想、忧虑、需要和欲望的继续，所谓"日有所思，夜有所梦"正是这个意思。苯环结构的发现是这样，缝纫机的发明也得之于梦的帮助。当时美国发明家赫威在设计缝纫针时遇到障碍，百思不解，一天夜里，他梦见国王强令他在 24 小时内必须造出缝纫机，否则就要用长矛将他刺死，突然，他惊奇地看到长矛的尖上有眼睛一样的小洞，这个梦启示他顿悟出针眼靠近针尖能克服设计障碍。解决问题的理论得到了许多研究的支持。

无论如何，梦总是由某种刺激引起一些神经细胞活动的结果，只不过它不被清醒地觉察、也不能控制而已。

六、自我意识

一般认为意识中最重要的是自我意识。人刚出生时多处于自我封闭的状态中，无法区辨外界与自己，一直到七八个月大时才会逐渐衍生出"我"的概念，也才逐渐分得清自己与外在世界的不同和与他人的不同。自我意识的发展，一般要持续到 20 岁以后，在人生不同的发展阶段，具有不同的特点。

（一）自我意识的含义及作用

自我意识是对自己身心活动的觉察，即自己对自己的认识。具体包括认识自己的生理状况（如身高、体重、体态等）、心理特征（如兴趣、能力、气质、性格等）以及自己与他人的关系（如自己与周围人们相处的关系、自己在集体中的位置与作用等）。

自我意识在个体发展过程中具有十分重要的作用。首先，自我意识是个体认识外界客观事物的条件。一个人如果不知道自己，也无法把自己与周围相区别时，他就不可能认识外界客观事物。其次，自我意识是人的自觉性、自控力的前提，对自我教育有推动作用。人只有意识到自己是谁，又应该做什么的时候，才会自觉自律地去行动。一个人意识到自己的长处和不足，就有助于他发扬优点，克服缺点，取得自我教育积极的效果。再次，自我意识是改造自身主观因素的途径，它使人能不断地自我监督、自我修养、自我完善。可见，自我意识影响着人的道德判断和个性的形成，对个性倾向性的形成尤为重要。

（二）自我意识的特性

自我意识作为人对自身的认识，可以分为两个部分，即主观的我和客观的我。前者是对自己身心活动的觉察者；后者是被觉察者。其特性一般概括为以下几个方面：

1. 意识性

意识性是指个体对自己以及自己与周围世界的关系有着清晰、明确的理解和自觉的态度，而不是无意识或潜意识。从马克思主义哲学的角度来看，这种自我意识是主体我对客体我的一切主观能动的反映。

2. 社会性

自我意识是个体长期社会化的产物。这不仅因为它是在社会实践中产生的，而且因为它的主要内容是个体社会属性的反映。自我意识的本质，不是意识到个体的生理特性，而是意识到个体的社会特性，意识到个体的社会角色，意识到个体在一定的社会关系和人际关系中的地位和作用，这是自我意识发展到成熟的重要标志。

3. 能动性

自我意识的能动性不仅表现在个体能根据社会或他人的评价、态度和自己实践所反馈的信息来形成自我意识，而且还能根据自我意识调控自己的心理和行为。

4. 同一性

心理学研究表明，自我意识一般需要经过20多年的发展，直到青年中后期才能形成比较稳定、成熟的自我意识。虽然这种自我意识有可能因个体实践的成败和他人评价的改变而发生变化，但到青年期以后，个体会对自己的基本认识和态度保持同一性。正因为自我意识的同一性，个体才会表现出前后一致的心理面貌，从而使自己与其他人的个性区别开来。

（三）自我意识的结构

自我意识的结构主要从自我意识的活动形式来分析，即从知、情、意三方面加以探讨，由自我认知、自我体验和自我调节（或自我控制）三个子系统构成。因此，自我意识也叫自我调节系统。

自我认知是主观自我对客观自我的认识与评价，是自我意识的认知成分。它是自我意识的首要成分，也是自我调节控制的心理基础，包括自我感觉、自我概念、自我观察、自我分析和自我评价。自我分析是在自我观察的基础上对自身状况的反思。自我评价是对自己能力、品德、行为等方面社会价值的评估，它最能代表一个人自我认识的水平。对学生进行自我认识训练时，重点放在三个方面：第一，让学生能认识到自己的身体特征和生理状况；第二，认识到自己在集体和社会中的地位及作用；第三，认识到自己内心的心理活动及其特征。

自我评价是自我意识发展的主要成分和主要标志，是在认识自己的行为和活动的基础上产生的，是通过社会比较而实现的。由于学生自我评价能力不高，往往不是过高就是过低，大多属于过高型，因此，要提高学生的自我评价能力，就应使其学会与同伴进行比较，通过比较做出评价，还应学会借助别人的评价来评价自己，学会用一分为二的观点评价自己。由于自我评价是自我认识中的核心成分，它直接制约着自我体验和自我调控，所以，对学生进行自我意识训练，核心应放在自我评价能力的提高上。

自我体验是自我意识在情感方面的表现。自我体验是由主体对自身的认识而引发的内心情感体验，是主观的我对客观的我所持有的一种态度，如自信、自卑、自尊、自满、内疚、羞耻等都是自我体验。自尊心、自信心是自我体验的具体内容。自尊心是指个体在社会比较过程中所获得的有关自我价值的积极的评价与体验。自信心是对自己的能力是否适合所承担的任务而产生的自我体验。

自我体验往往与自我认知、自我评价有关，也和自己对社会的规范、价值标准的认识有关，良好的自我体验有助于自我监控的发展。对学生进行自我体验训练，就是让学生有自尊感、自信感和自豪感，不自卑，不自傲，不自满。随着年龄增长还要让学生懂得做错事感到内疚，做坏事感到羞耻。

自我调节是自我意识的意志成分，主要表现为个人对自己的行为、活动和态度的调控。它包括自我检查、自我监督、自我控制等。自我检查是主体在头脑中将自己的活动结果与活动目的加以比较、对照的过程。自我监督是一个人以其良心或内在的行为准则来对自己的言行实行监督的过程。自我控制是主体对自身心理与行为的主动的掌握。

一般认为，自我调节是自我意识中直接作用于个体行为的环节，它是一个人自我教育、自我发展的重要机制，也是自我意识的能动性质的表现。提高学生自我监控能力，应让学生学会如何借助于外部压力发展自我监控能力，即实现学生的行为由外控制向内控制的转变。

（四）自我意识的健全与培养

自我意识的三个结构是一个相互联系、相互影响的辩证统一体，培养和健全自我意识，就必须齐抓共管，促进三种成分的和谐与提高。

1. 正确的自我认知

"人贵有自知之明"，全面而正确的自我认知是培养健全的自我意识的基础。自我认知是从多个方位建立起来的，既有自己的认识与评价，也有他人的评价。我们不妨自己认真仔细地想一想，用尽量多的形容词描述自己，要忠实于自己的内心。在此基础上进行第二步，他观自我的描述，描述父母眼中的我、同学眼中的我、老师眼中的我、恋人眼中的我、兄弟姐妹眼中的我，你再寻找这些描述中共同的品质，将其归类。描述的维度越多，你越会找到比较正确的自我。

2. 客观的自我评价

一个人的自我评价必须建立在正确的自我认知基础上，正确的自我悦纳、积极的自我体验、有效的自我控制。自我悦纳是自我意识健康发展的关键所在。悦纳自己首先要接纳自己，喜欢自己，欣赏自己，体会自我的独特性，在此基础上体验价值感、幸福感、愉快感与满足感；其次是理智与客观地对待自己的长处与不足，冷静地看待得与失。在生活中也要注重自我，自我意识就是将注意力集中在自我的一种状态。

积极的策略是：关注你自己的成功，并将优势积累。每个人身上都有着无数的闪光点，重点在于寻找你自己的闪光点并将其构成亮丽的人生风景线。

3. 积极的自我提升

自我效能感是个体在一定情境下对自我完成某项工作的期望与预期。当人们期望自己成功时，他必然会尽自己最大的努力，面临着挑战性的任务，会表现出更强的坚持力，从而增加了成功的可能性。自我效能感高的人一般学业期望较高，也就是说，自我效能感与成就动机呈正相关性。

另一条途径是克服自我障碍。我们经常会体验对自己能力程度的焦虑所带来的不安全感，这便是一种自我障碍。我们听说了太多这样的故事，某学生由于考试前身体不好，所以在大考中没有取得好成绩，这便是典型的自我障碍，为自己的考学不成功找到了适当的借口。一个渴望自我发展的人必须主动克服自我障碍，进行积极的自我提升与自我尝试。积极的自我在尝试中会发现自己新的支点。

4. 关注自我成长

自我的发展需要不断的自我反思、自我监控，但将成长作为一条线索贯穿于人的生命始终时，整理自己成长的轨迹就显得尤为重要。我们要依照发展过程，深刻了解与把握自己，要记住：自我体验永远是个体的，当我们在分享他人自我成长的硕果时，也在促进我们自己的成长。

参考文献

[1] 彭聃龄主编.《普通心理学》（修订版）.北京师范大学出版社，2001.

[2] 林崇德主编.《发展心理学》第三版.人民教育出版社，2018.

第二章　社会心理学

第一节　社会心理学概述

人的社会属性，客观地决定了不仅需要将人当作一个自然实体来研究，还需要将人当作社会实体来研究，以揭示人的社会性的行为与心理规律。这一专门领域，就是社会心理学。社会心理学是一门学科，它的学科生命力寓于全社会不同个人和由这些个人所组成的不同群体的需要和应用之中。

一、社会心理学的定义和研究对象

（一）社会心理学的定义

社会心理学自诞生始，就从孕育它的两个主要学科母体——心理学和社会学里继承了不同的研究传统，形成了两种基本的研究取向，即"心理学的社会心理学"和"社会学的社会心理学"。

1. 侧重于心理学的社会心理学定义

美国心理学家奥尔波特在《社会心理学》（1924）一书中指出，社会心理学是"研究个体的社会行为和社会意识的学科"。他认为，社会心理学试图了解和解释个体的思想、情感和行为怎样受他人的现实的、想象的、隐含的存在所影响。

2. 侧重于社会学的社会心理学定义

艾尔乌德指出："社会心理学是关于社会互动的科学，以群体生活的心理学为基础，以对人类反应、沟通以及本能和习惯行为的群体塑造类型的解释为出发点，研究个体的社会行为的心理学，有赖于对个体生活在其中的历史与社会环境的理解。"

表 2-1 两种取向的社会心理学

两种取向的社会心理学	
心理学的社会心理学	社会学的社会心理学
关注的中心是个体	关注的是群体和社会
尝试通过分析即时的刺激、心理状态和人格特质来理解和解释社会行为	尝试通过分析一些社会变更，如社会地位、社会角色、社会规范等来理解和解释社会行为
研究主要目的是预测行为	研究主要目的是描述行为
实验法为主、调查法为辅	主要研究方法是调查法和参与观察法
国际上核心的学术刊物是美国心理学会的《人格和社会心理学》	国际上核心的学术刊物是美国社会学会的《社会心理学季刊》

综合以上两种观点，我们认为：社会心理学是研究社会情境中的人的心理过程及其行为规律的科学。

（二）社会心理学的研究对象

1. 社会行为

社会行为是人对由社会因素引起的并对社会产生影响的反应系统。它包括个体的习得行为、亲社会行为、反社会行为、人际合作与竞争、群体的决策行为等。社会行为及其发展取决于个体与其所处情境的状况。勒温提出："要理解和描述行为，人和他所处的情境必须被看作成是一个相互依赖的因素群。"勒温还提出过一个著名的公式：

$$B = f(P, E)$$

其中 B 表示行为，P 表示个体，E 表示个体所处的情境，f 表示函数关系。此公式的含义是：行为是个体及其情境的函数。即个体行为是个体与其所处情境相互作用的结果。

2. 社会心理

社会心理是社会刺激与社会行为之间的中介过程，是由社会因素引起并对社会行为具有引导作用的心理活动。

社会心理活动不仅与个体所处的即时情境有关，而且与其过去形成的经验以及个体的人格特征有密切关系。社会行为与社会心理二者紧密相连，前者是外显的，客观存在的，比较容易被观察；后者是内隐的，属于个体的主观世界，不能直接被观察。二者的主体都是生活在社会中的个人。

（三）社会心理学的研究范围

个体层面：主要研究个体社会化与自我意识、社会知觉、社会态度、社会动机、社会学习等。

人际层面：主要研究个体之间的相互作用，如人际沟通、人际关系等。

群体层面：主要研究群体凝聚力、群体心理氛围、个体与群体的相互作用、社会影响等。

社会层面：主要研究风俗、时尚、阶层、阶级、民族心理特征、国民性等。

二、社会心理学的发展历程

（一）社会心理学的萌芽与诞生

社会心理学的专题研究，开始于 19 世纪下半期。1860 年出现了拉察鲁斯和斯坦塔尔关于民族心理学的系列论文，此后，塔尔德的《模仿律》、西格尔的《犯罪的群众》、勒邦的《群众心理学》等著作陆续出版，为社会心理学的形成奠定了基础。

1908 年，美国社会学家罗斯和英国心理学家麦独孤不约而同地发表了以《社会心理学》命名的专著。西方把这一年作为社会心理学诞生的年代。到了 20 世纪 20 年代，美国和苏联的社会心理学家先后把科学实验方法引进这一学科，才使得社会心理学从描述对象转向探索和揭示规律，社会心理学才成为一门独立的科学。其奠基人公认为法国实证主义哲学家奥古斯特·孔德。

（二）社会心理学科学体系的建立

早在 1898 年特里普利特就有关于社会促进的实验研究，可多年来，这个很有价值的提议并没有引起广泛的注意，直到第一次世界大战以后，美国心理学家奥尔波特和德国心理学家默德开创了实验社会心理学方向。在他们之后，实验社会心理学才开始在西方特别是在美国成了社会心理学研究的主流。

奥尔波特的著作《社会心理学》问世以后，社会心理学进入了一个快速发展时期；1928 年瑟斯顿提出了态度测量法，把由托马斯和兹纳涅茨基开始并成为当时社会心理学研究中心的态度研究，提高了一步；1934 年莫雷诺提出了社会测量法，用以测量群体内人际吸引和排斥问题；1938 年勒温把场论引进社会心理学，提出了个人生活空间或场的概念，认为行为是个人特点和情境因素相互作用的函数。

这些研究方式集中体现在，依托数学和物理学的原理，为"社会心理学"构建起严谨的科学体系，从而，奠定其定量精确的研究方向。

（三）社会心理学研究领域的扩展

社会心理学研究的主要课题随着时代的演变而有所不同：

20 世纪四五十年代，在第二次世界大战和勒温的影响下，社会心理学主要研究群体影响和态度问题。

以霍夫兰为首的耶鲁学派发表了一系列有关说服的研究；费斯汀格提出了认知失调理论，这个理论成为 60 年代的研究中心。

到了 70 年代，由海德的《人际关系心理学》一书奠定了基础的归因理论成了研究重点。

80 年代以来，认知社会心理学和应用社会心理学日益受到重视。

三、社会心理学的主要理论流派

社会心理学理论和其他心理学的理论一样，目的是描述现象、解释事实、探求规律、预测行为，最终指导人们的社会实践。因此提高人类认识自身的能力，提高人的生活质量，是所有心理学理论的生命力所在。

在近一个世纪的发展进程中，社会心理学领域出现过许多的理论和理论流派。在此我们介绍几个影响比较广泛而长久的理论流派：社会学习论、社会交换论、符号互动论和精神分析论。

（一）社会学习论

社会学习论试图通过学习机制来解释人们社会行为的形成和变化。它吸收了行为主义的主要理论假设，认为先前的学习对现在的行为有决定作用。

1. 社会学习论起源于行为主义

俄国的巴甫洛夫和美国的华生，是行为主义早期的代表；后来霍尔，特别是斯金纳发展了行为主义；20 世纪 50 至 60 年代，米勒、多拉德等学者用学习的原则研究人的社会行为；后来班杜拉和沃尔特斯提出社会学习论。

2. 学习的机制

社会学习论认为学习过程有三种机制：联想、强化与模仿。

（1）联想：联想是经典性条件反射。巴甫洛夫在铃声—唾液分泌实验中提出了联想的概念。每次铃声一响狗就能得到食物，反复多次之后，即使没有食物，狗听到铃声时也会分泌唾液，因为狗已经形成了"铃声—食物"的联想。人类也可以通过联想进行认知和学习，比如"温柔"一词跟女人联系在一起，就建立了人们对女人通常所具有特质的一种联想。

（2）强化：个体为什么能学会某种行为，或者避免另一种行为？原因是行为后的奖赏与撤销作为强化物，使某种行为固定下来并反复出现。奖励是正强化，撤销是负强化，相应地，其过程是正强化过程与负强化过程。通过对强化物进行适当的安排，可使某种行为出现或不出现，不同的强化可塑造不同的行为，"操作只是一种持续塑造过程的结果"。比如，孩子想买玩具的时候，家长只要不同意他就不停地哭，直到家长同意为止，这是因为家长每次都会通过满足孩子的要求来制止他哭闹的行为，而无形中让孩子哭闹的行为得到了强化。

（3）模仿：人的言语习得过程是通过模仿进行社会学习的典型事例。个体之所以能学会某种态度和行为，往往是模仿榜样的结果。儿童很多态度的获得，往往是模仿父母或其他关系密切的人的结果。例如，一个经常说脏话的孩子，身边往往有一个经常说脏话的亲人；一个彬彬有礼的孩子，背后往往有对知书达礼的父母。

3. 观察学习

观察学习是班杜拉社会学习论的重要组成部分。它指的是个体通过对他人行为与结果的观察，获得新的行为反应模式，或对已有行为模式加以修正。观察学习包括四个过程：

（1）注意过程：他决定了一个人在其所接触的大量的示范性因素中选择什么进行观察，以及在与榜样的接触中吸取些什么。

（2）保持过程：这是模仿发生的前提，主要依赖表象和言语编码两种表征系统。

（3）动作再现过程：即将已经编码的符号表象转译为相应的行为，这是模仿学习中极为重要的环节。

（4）动机过程：动机过程包括外部强化、替代性强化和自我强化等几种形式。

4. 社会学习论的不足

（1）认为行为决定于过去的学习经验，比较忽视当时的情境等细节。

（2）倾向于将行为归因于外在的情境，而忽视个体对当时情境的情绪状态和主观感受对行为的影响。

（3）社会学习论主要关注外在行为的解释，而忽视对内在的心理过程的分析。

（二）社会交换论

社会交换论是主张从经济学的投入与产出关系的视角来研究社会行为的理论。它重点强调：人们之间的互动是物质与非物质的一种交换。社会交换论形成于 20 世纪 50 年代末 60 年代初。创始人是美国社会学家霍曼斯，其他代表人物有布劳、埃莫森、蒂博特、凯利等。

社会交换论的基本观点，体现在霍曼斯的五个相互关系的普遍性命题上：

1. 成功命题：个体的某种行为能得到相应的奖赏，就会重复这种行为；某一行为获得的奖赏越多，这种行为重复的频率就越高。

2. 刺激命题：相同刺激可引起相同的或相似的行为。

3. 价值命题：某种行为的结果对个体越有价值，他重复这种行为的可能性越高。

4. 剥夺满足命题：个体或群体重复获得相同奖赏次数越多，则该奖赏对个体的价值越小。

5. 侵犯赞同命题：当个体行为没有得到期待的奖赏或受到出乎意料的惩罚时，他可能会产生愤怒情绪，从而出现侵犯行为；反之，如果个体行为得到预期中甚至超过预期的奖赏，或没有受到预期的处罚时，他可能会很高兴，就会采取赞同行为。

社会交换论认为，趋利避害是人类行为的基本原则，每个人都企图在交换中获取最大利益、减少付出代价，使得交换行为变成得与失的权衡。人们在互动中倾向于扩大收益、缩小代价或倾向于扩大满意度、减少不满意度。如果收益（产出）与代价（投入）平衡，则互动得以维持；相反，如果二者不平衡，则互动难以长期维持。

（三）符号互动论

符号互动论始于美国学者詹姆斯和米德，产于 20 世纪 30 年代。它主张在与他人处于互动关系的个体的日常情境中研究人类群体生活，特别重视与强调事物的意义、符号在社会行为中的作用。作为符号互动论的核心概念的"符号"，包括语言、文字、记号等，甚至个体的动作和姿势也是一种符号。通过符号的互动，人们形成和改变自我概念，建立和发展相互关系，处理和应对外在的变化。

1. 符号互动论的基本假设

（1）个体对事物采取的行动是以该事物对他的意义为基础的。

（2）事物的意义源于个体与他人的互动，而不是存在于事物自身中。

（3）个体在应付他所遇到的事物时，往往通过自己的解释去运用和修改事物对他的意义。

2. 符号互动论的基本观点

（1）心智、自我和社会不是分离的结构，而是人际符号互动的过程，三者的形成与发展都以使用符号为前提。如果某人没有使用符号的能力，那么其心智与自我乃至社会则处于混乱之中，或者说失去了存在的依据。

（2）语言是心智和自我形成的主要机制。人和动物的主要区别就是人能使用语言这种符号系统。人际符号互动是通过自然语言进行的，人通过语言认识自我、他人与社会。

（3）心智是社会化过程的内化，内化的过程就是人的"自我互动"过程，个体通过人际互动学到了有意义的符号，然后用这种符号来进行向内互动并发展自我。社会的内化过程伴随着个体的外化过程。

（4）行为并不是个体对外界刺激的机械反应，而是在行动过程中由自己"设计"的。个体在符号互动中学会在社会允许的限度内行事，在此限度内，个体可依照自己的目的处世行事。

（5）个体行为受其自身对情境的定义的影响和制约。人对情境的定义，表现在个体不断地解释所见所闻，为各种事物赋予意义。这种定义过程或者说解释过程，也是一种符号互动。

（6）在个体与他人面对面互动的过程中，协商的中心问题是双方的身份的意义。个体和他人的身份的意义并不存在于自身之中，而是存在于互动的过程中。

（7）自我是社会的产物，是主我和客我互动的结果。主我是主动行动者，客我是通过角色获得形成的在他人心目中的我，即社会我。行动由主我引起，受客我控制，前者是行为动力，后者是行为方向。

（四）精神分析论

精神分析论始于19世纪末，是奥地利著名学者弗洛伊德在治疗精神病的临床实践中创立的一种学说，后来发展为一种强调潜意识过程对人的行为有决定作用的理论，亦被称为深层心理学。

1. 弗洛伊德精神分析论主要概念和观点

（1）意识与潜意识：意识是个体能觉察的心理部分，是人类理智作用的表现。潜意识（无意识）包括个体的原始冲动、本能及欲望，他们由于法律、道德和习俗的控制而被压抑、被排挤到意识之下，但依然存在并追求满足。在被压抑的本能和欲望中，以性本能为主。在意识和潜意识之间还有前意识——潜意识中可被召回的部分。

（2）力比多：这是精神分析论的核心概念，指性本能，泛指一切身体器官的快感。弗洛伊德假定，力比多（性本能）是人类生命力的根源。性本能从幼儿时期就以口唇性欲、肛门性欲等形式存在，其发展阶段呈定式化，如果正常发展就可以顺利与异性展开一段感情，如果受阻则可能会产生性倒错形态，如同性恋、暴露癖等等。

（3）快乐原则和现实原则：个体的初级心理系统顺从冲动，追求快乐，这是快乐原则，在婴儿期表现尤为突出。社会生活中的法律、道德、习俗要求个体克制本能与冲动，适应现实，否则不但得不到快乐，反而会痛苦，这就是现实原则。

（4）生本能和死本能：前者指向生命，代表爱和建设的力量；后者指向毁灭，是体现恨与破坏的力量。

（5）人格结构：人格结构包括本我、自我、超我三个层次。存在于潜意识的本能、冲动与欲望构成本我，本我是人格的生物面；自我介于本我与外部世界之间，是人格的心理面，自我的作用是，一方面能使个体意识到其认识能力，另一方面使个体为了适应现实而对本我加以约束和压抑；超我，是人格的社会面，是"道德化的我"，由"良心"和"自我理想"组成，超我的作用是指导自我，限制本我。

2. 荣格的分析心理学

荣格认为，许多现代人都患有"神经官能症"。神经官能症的解除并不是心理治疗的目的，而是在整合情绪、释放与更改心理能量时，人格得到发展的一种副产品。心理治疗的目的应该是发展病人的创造性潜力及完整的人格，而不是治疗症状。他说："心理治疗的主要目的，并不是使病人进入一种不可能的幸福状态，而是帮助他们树立一种面对苦难的、哲学式的内心和坚定。"此外，荣格的"集体潜意识"理论，也为人类的社会行为提供了独特的视角。

3. 新精神分析论的主要观点

（1）霍妮的"文化因素论"。霍妮认为：行为是个体对环境的反应，人格由环境和教育决定；后天因素在神经症和精神病的病因中起主要作用；男女之间的心理差别是文化因素决定的。霍妮对焦虑也有深刻的见解。

（2）沙利文的人际关系学说。沙利文认为，人际关系是人格形成和发展的源泉。人格就是那些经常发生于人与人关系中的相对持久的行为模型，个体是人际关系网络中的一个个结点。人际关系会给个体带来焦虑或者安全的心理反应，这会极大地影响人格的形成和发展。社会不安全感引起的焦虑就其本质来讲源于人际关系，它往往不利于人的自尊的形成。与焦虑相反，安全是一种自信、乐观的情绪状态，它有利于健全人格的建立。

第二节　社会知觉

认识如何感知与判断自己的性格、能力？如何形成对他人或群体的印象？如何判断自己和他人的行动及某些事件发生的原因？这些都是社会知觉与社会认知领域要研究与回答的问题。

一、对自我的知觉

试想一下当你在向别人描述自己时，你首先提到的特征是什么？是你的性格特征（如内向、外向）、外表特征（如高矮胖瘦），还是性别（男女）、社会职业（教师、医生）？除这些具体的特征之外，你可能还会向别人大致介绍一下你对自己的总体评价，如"我这个人还不错"，这种个体对自己的认识与评价就是自我知觉要研究的内容。自我知觉就是指个体对自己的形象、态度以及价值观等的知觉。自我知觉以及与自我知觉有关的内容是社会心理学研究的重点之一，本节我们就围绕着这个话题展开讨论。

（一）自我概念

1. 自我图式

马库斯和乌尔夫用自我图式说明个体的自我概念，并用它指称一个人对自己的特殊信念，所以自我图式是指我们用来组织和指引与自己有关的信息的一套自我信念。黑根斯等人在研究记忆问题时提出的自我参照效应，就证明了自我图式在组织记忆内容方面的作用，他们发现，人们在加工和处理与自己有关的信息时效率更高，记忆效果也最好。

2. 对自我的觉知

自我觉知是指个体把自己当作注意的对象时的心理状态。巴斯把这种状态分为内在自我觉知和公众自我觉知，前者是指个体对自己内部特征和感受比较重视，而后者则是指个体对自己的外在方面比较在意。

由于内在自我和公众自我的关注点不同，所以他们所引起的反应也完全不同。内在自我的人对自己的感受比较在乎，因此他们常常会夸大自己的情感反应；同时由于这些人对自己的特征比较关注，所以他们自我概念中的内在事件清楚而明确；也因为上述因素，内在自我的人常常坚持自己的行为标准与信念，不太会受到外界环境的影响。

与内在自我的人不同，公众自我的人由于太看重外界他人的影响，所以他们害怕别人评价自己，担心别人对自己有不好的评价；其次，由于看重来自他人的反馈，他们也常常会产生暂时性的自尊感低落，容易在理想自我与现实自我之间产生距离；最后，公众自我高的个体常常比较在乎外在的行为标准。

在这里，我们还需要对自我觉知和自我意识加以区分，戴维斯等人认为自我意识是个体参与自我觉知时的一种习惯性倾向，它具有相对的稳定性，甚至可以被看成是一种人格特质。

3. 自我概念的建构

个体自我概念的构建与以下几个方面的过程有关：

（1）从自己的行为推断自己。人们常由自己的所作所为来推断自己的内在自我概念，我做了什么，我就是什么样的人。

（2）从他人的行为反应推断自己。他人认为我是怎样的人呢？他人对我们的反应是我们了解自己的主要途径之一。

（3）通过社会比较推断自我。通过与别人相比，人们常常会对自己有更清楚的认识。比如你认为自己的胆子比较大，怎样才能证明呢？你就可以通过与你的朋友相比，晚上在野外走的时候，你不害怕，而你的朋友害怕，你就可以推断说自己的胆子比较大。

（4）通过自我意识来推断自我。你仔细想想，你是一个什么样的人呢？一般情况下，人们可以通过反省自己来了解自我。

在理解个体自我概念建立过程的时候，社会学家米德提出的社会互动理论认为，社会生活中人们之间有意义的交流导致了自我和社会现实的整合，自我就是一个人通过行为展现自己时使用的符号，自我概念就是一个人用来定义自己的思想和情感的总和。

（二）与自我有关的其他概念

1. 自尊

自尊是人的自我概念中与情绪有关的内容，它指一个人如何肯定与赞扬自己，是自我评价的重要维度。在心理学家看来，拥有自尊是一个人人格成熟的重要标志。

怎样才能让一个人拥有自尊呢？大多数的心理学家认为，自尊的确立有两条途径：一是让个体有自己控制环境的成功经验，二是让他人对自己有积极的评价。鲍梅斯特总结出了个体提高自尊的方法，这些方法包括：学会用自我服务的方式去解释生活，用自我障碍的策略为失败找借口，使用防卫机制否认或逃避消极的反馈，学会向下比较以及采用补偿作用，在自己某一方面的能力受怀疑时转到自己擅长的活动中去。

2. 自我提升和自我确认

自我提升也叫作自我美化，它是指个体以一种有利于对自己做正面评价的方式来收集和解释有关自我的信息的方法。

自我确认则是指个体寻找和解释情境，以证实自我概念的过程。人们通过自我提升，使他人对自己有一个高的评价，从而有助于个体自尊的建立；通过自我确认，使别人对自己有一个一致性的认识，也有助于提高自尊。

3. 自我表演

自我表演也叫作自我展示，它是指人们在别人对自己形成印象时所做的显露。在日常生活中，人们总是想让他人对自己有一个良好的印象，所以自我表演的方式也是多种多样的。社会心理学家琼斯总结出了6种自我表演的策略：

（1）自我抬高：通过行动或语言把自己的正性信息呈现给别人。

（2）显示：向他人显示自己的正直和有价值，引起他人内疚。

（3）谦虚：故意低估自己的良好品质、成就和贡献。

（4）恳求：向他人表达自己的不足与依赖，引起他人同情。

（5）恫吓：用威胁的方法使他人接受自己的观点。

（6）逢迎：说他人喜欢的话，俗称拍马屁。

4. 自我障碍策略

为了保持自尊，个体常常会使用一些策略，其中自我障碍策略就是最常用的一种方法，它是指人们提前准备的用来解释自己预期失败的一系列行为。使用这种策略时，如果失败了，就可以使得他人不把我们的失败归结于我们缺乏能力；而如果成功了，就更可能做出能力的归因。

比如在考试前，张三预计到自己考不好，为了避免被他人认为自己笨，他就使用了自我障碍的策略。在考试的前一个礼拜他有点感冒，家里来信说奶奶生病了，再加上他宿舍边上晚上还在施工。张三会把这些原因都摆出来，告诉他的同学这些事情极大地影响了他的学习，并预测说自己这一次肯定考得一塌糊涂。参加完考试之后，如果张三确实没考好，由于上述原因，没有人会认为这是因为他比较笨才没考好；相反，如果他考好了，人们就更有理由把他的成功归于能力。遇到这么多不幸的事情，他还成功了，你能不承认他的聪明吗？

5. 自我监控

自我监控是指人们在与他人交往的过程中，通过观察他人自我表演的成果来对自己的自我表演加以控制，也就是说根据别人的表现来决定自己的行为。森德、菲斯克等人对自我监控进行了全面的研究，指出高自我监控的人善于自我表演，能根据情境和他人的需要来塑造自己的行为；而低自我监控的人不善于在别人面前做表演，不看重情境与他人的影响，表达的是自己真实的态度与感受。中国人的自我监控能力较强，比较在乎他人的要求与期望，所以中国人在社会中的适应能力较强。

不同自我监控的个体在生活中采取的适应方式不同，比如森德就发现：在工作选择方面，高自我监控的人喜欢工作角色明确的工作，而低自我监控的人则选择与其自身人格特征相吻合的工作。在工作中，高自我监控的人常常刻意地使自己适合工作的要求，他们适合做的工作包括法律、警察和公共关系等内容；低自我监控的人则常常按自己的兴趣和动机去工作，他们适合做的工作包括研究、艺术等。与自我监控紧密相关的是印象管理，施莱克在他的《印象管理》一书中给出的定义是：人们总是试图在别人面前表现出自己好的一面，以使他人对自己有一个良好的印象。印象管理也反映了人们的自利偏差。

6. 自证预言

自证预言也叫自我实现的预言，它是指我们对他人的期望会影响到对方的行为，使得对方按照我们对他的期望行事，心理学家达利和法继欧把这种现象叫作自证预言。罗森塔尔效应（1968）就是一种自证预言。在一项研究中，罗森塔尔从一所小学的六个年级中各选了三个班，并向他们的任课老师说，根据自己对学生的测验，估计在这一学期里将会有一些人表现出较大的进步，同时他还通报了这些人的名字。8个月之后，他对这些学生再次加以测验，结果发现，被指名的这些孩子的学习成绩有了显著的进步，老师对他们在品行方面也做了较好的评价。在对这个结果加以解释的时候，罗森塔尔借用了希腊神话皮格马利翁的故事，指出：由于教师的期待不同，所以他们对儿童施加影响的方式也不同，而学生在教师的期待下，也往往会顺着老师的期望发展。

7. 体像

体像是用来描述与个体对自己躯体知觉有关的现象的总称。近年来，随着人们对减肥问题研究的深入，研究者发现，由于人们不满自己的体像并且很看重自己的体像，使得减肥盛行。卡什在一项研究中发现，82%的男性与93%的女性很注意自己的外表，女性更在乎。女性更容易对自己的体像感到不满，85%的女性认为自己应该减肥，而只有40%的男性认为自己胖，甚至有45%的男性希望自己更胖一些。汤普森发现，青少年对自己体像的要求更高，他通过让青少年选择与评价他们想象的、实际的与社会认可的几种体像，证明大部分青少年对自己的体像不满。

对于体像的解释，社会与人格心理学家认为，人的行为和态度与自我及社会现实紧密联系在一起，躯体经验是自我的一部分；而精神分析学者则把躯体经验看成是人格过程的反映，当一个并不胖的人认为自己胖得不得了的时候，就认为这个人与外部世界的界限不清。

二、对他人的知觉

在现实生活中，我们总是有意无意地对他人形成一定的印象和看法。如对一位与我们在街上擦肩而过的行人，我们只要匆匆一瞥，就能对他是一个什么样的人展开无数的猜想。在多数时候，我们是有意地、仔细地观察别人，以了解对方的性格、人品、能力等，从而决定是否与对方交往、交往的深度如何，是否该信任、重用对方等。那么，人们是利用哪些信息形成对他人的印象的呢？在印象形成过程中，人们的知觉有哪些特点与规律？形成的印象有哪些作用呢？下面就分别来介绍这几方面的内容。

（一）怎样形成对他人的印象

对他人形成印象的过程也叫作印象形成，它是指我们把他人若干有意义的人格特性进行综合、概括，形成一个具有结论意义的特性的过程。心理学家阿希最早对此进行了系统的研究。在研究中，阿希把人格特性分为中心特征（比如"热情"和"冷淡"）和边缘特征（"文雅"和"粗鲁"），结果发现我们对他人的印象形成主要是按照中心特征来说的，边缘特征所起的作用不大。阿希之后，其他的心理学家继续对印象形成的过程进行研究，并从以下几个方面对这个过程的特性做了总结。

1. 第一印象

在与陌生人交往的过程中，我们所得到的有关对方的最初印象叫作第一印象。第一印象中最重要、最有力的是评价，即在多大程度上喜欢或讨厌对方。第一印象包含很多维度，如友善、健康等，但所有这些维度都离不开评价，评价是我们对他人形成印象的基本维度。

奥斯古德等人认为评定人或事物时有三个基本维度：①评价：指对他人或事物从好与坏方面加以评定；②力量：指对他人或事物从力量的强弱方面加以评定；③活动性：指对他人或事物从主动与被动方面加以评定。

奥斯古德发现，一旦某个人或物被置于这三个维度上，即使有再多的评定，也无法增加对这个人的信息。在这三个维度中，评价是最重要的维度，一旦人们对他人在这个维度上有了定位，那么对这个人的其他知觉也基本会落在同一方向。初次见面，你一旦对某个人形成有利或不利的印象之后，会把它延伸到其他方面。所以有人总结说：第一印象并非总是正确的，但却总是最鲜明、最牢固的，它决定着我们对他人的知觉。

2. 整体印象

人们在知觉他人的时候往往会获得许多有关他人的信息，那么，人们又是怎样把这些信息整合在一起，形成对他人的整体印象呢？心理学家安德森等人从 20 世纪 60 年代开始就系统地对这个问题进行了研究，并在研究的基础上提出了几个信息加工处理的模型，这些模型在一定程度上得到了后来研究的验证。

（1）平均模型：它是安德森在 1965 提出来的，该模型认为，在印象形成过程中，人们把所获得的信息加以平均以获得对他人的总体评价。如当小丽和小伟经他人介绍第一次见面时，小丽发现对方很聪明、有学识，但个头小、不太爱说话。那她就会对这些信息进行平均加工。假设她认为聪明是很好的品质，给 +8 分，学识不错，给 +7 分；但个头小不太满意，给 –6 分，不太爱说话让她感觉不喜欢，给 –8 分。然后把这四个特质的得分平均起来只有 0.25 分，说明她对小伟的印象很一般，只能等新的有效信息出现再决定是否继续交往下去了。

（2）累加模型：指人们对他人片段信息的整合方式是累加的而非加以平均。以小丽对小伟的评价为例，小丽很喜欢小伟（+6），后来又知道了一些有关他的稍微有利的信息，如小伟比较有责任心（+1）。根据平均模型小丽将不喜欢小伟，因为平均数（+3.5）比原来（+6）低。但据累加模型，小丽会更喜欢小伟，因为一项正性信息加到已存在的正性印象之上，值会更大。

（3）加权平均模型：这个模型是安德森于1968年提出来的，按照这一模型，人们对他人形成整体印象的方式是将其所有特质加以平均，但对较重要的特质给予较大的权重。比如对科学家而言，智力因素的权重大；而对演员来说，则是吸引力的权重大。相对前两个模型而言，加权平均模型能够解释的范围更广，它是我们对他人形成整体印象时最常使用的模型。

对加权平均模型的进一步验证，则来自菲斯克等人在1980年提出的负性效应。负性效应指人们在对他人形成整体印象时，对负性信息比对正性信息给予较大的权重，即在其他条件相同的情况下，负性特质对印象形成的影响比正性特质大。心理学家霍德杰斯则从这一效应中引申出了正性印象比负性印象容易改变的结论。侯玉波等人（1998）在一项有关评价的研究中也发现，中国人在评价他人的行为时，往往是以他人做错了什么来评价他人，而不是以他人正确的行为来评价。所以在生活中常常有这样的事情：当一个人告诉你一个卓越的领导者是个"骗子"以后，不论你对这位领导的其他特质有多少认识，你对他的评价都不会高。

3. 他人知觉中的偏差

在知觉他人的过程中，人们常常会出现一些偏差（bias），这些偏差是知觉过程的特性，人们可以注意到它，并把它们的影响降低，但人们无法避免它的影响。这些偏差包括：

（1）晕轮效应

又称光环效应，它是指评价者对一个人多种特质的评价往往受其某一特质高分印象的影响而普遍偏高，就像一个发光物体对周围物体有照明作用一样。比如一旦你觉得你的同学张三比较正直之后，你就会对他的性格、态度以及能力等都有一个较高的评价，也就是说对正直这个特质的高分评价影响了你对张三其他特质的评价，使对其他特质的评价普遍偏高。

晕轮效应在很大程度上影响着我们对他人的评价。一个长相漂亮的人在大多数方面都会获得别人较高的评价，只有在做父母这个维度上有一点例外，人们认为长相中等的人较适合做父母。

（2）正性偏差

也称慈悲效应，是指人们在评价他人时对他人的正性评价超过负性评价的倾向。在一项研究中，大学生把 92% 的教授评定为"好的"，即使学生在课堂上对他们同时有正性和负性印象时也如此。西尔斯认为这种偏差只发生在评定人时，他称之为人的正性偏差。对于这种偏差发生的原因，心理学家有两种解释：

一种解释是由马特林提出的"极快乐原则"，它强调人们的美好经验对评价他人的影响，认为当人们被美好的事物包围的时候，比如善良的他人、晴朗的天气等，他便觉得愉快。即使后来发生了一些不愉快的事情，比如自己生病、邻居对自己不友好等事情，人们依然会依照美好的经验对自己所处的环境做出有利的评价。其结论是，大部分的事物总是被评价得高于正常水平，因为与不愉快的事情相比，愉快的事情更容易被人回忆起。

对慈悲效应的第二种解释则仅仅限于我们对人的评价。西尔斯指出，人们对所评定的他人有一种相似感，因此人们对他人的评价要比对其他物体的评价更宽容。人们倾向于对自己做较好的评价，所以对他人的评价也比较高。但这种慈悲效应只发生在评价人的时候。

（二）他人知觉的线索

知觉他人的过程包含许许多多的线索，正是通过这些线索，我们对他人的了解才准确而令人信服。一般来说，这些线索有：

1. 外表

一个人的外表常常是我们首先看到的信息，而且也常常是我们能得到的唯一线索。如通过一个人的发型与装束，我们一眼就可以看出这个人是男还是女，进而就自动地想起对男女性别的刻板印象。有研究表明，人们认为有娃娃脸的成年男人比有成熟面孔的成年男人更天真、诚实、仁慈、热情，即更具有孩子式的心理特征。在现实生活中，我们也常常意识到，外表的美丽，尤其是一副美丽的面庞常唤起我们一系列正性的知觉，如热情、乐观等，所以"英雄难过美人关"也就不足为奇了。

2. 情绪

我们常常根据他人的情绪来推断其内部的心理状态，所以情绪是我们了解他人的最主要的线索。对于他人外在、可见的特质，人们知觉的准确性极高，而对他人的内部状态，比如感觉、情绪、人格等，知觉起来就比较困难。但即使很困难，人们还是通过各种方式加以了解。早在 1938 年，美国心理学家伍德沃斯就指出，人的情绪可以被安排在一个六分的连续维度上，任何两类情绪是否能被区分，与它们在这个维度上的距离有关。

1872 年，达尔文从进化论的角度出发，研究了表情的跨文化特性，发现面部表情在任何地方都表达着同样的情绪状态，比如高兴的时候面带微笑，忧虑的时候会皱眉头等。这种表情的共同性对人类具有极大的生存价值，达尔文称这种共通的表情乃是进化而来，因为它允许我们向别人表达我们的情绪，从而控制他人的行为。

3. 非语言线索

一般说来，人们使用三种信息通道来表达与自己有关的信息，最明显的是语言沟通，即一个人谈话的内容；其他二种是非语言的，它们提供了更微妙的线索。非语言沟通包括非语言的视觉线索和超语言学线索，前者指人的面部表情、手势、身体姿势及外观行为，而后者指谈话内容之外的所有的信号，如频率、振幅、速度、音质、语调等。

（1）非语言的视觉线索

距离：一般而言，当某人对另一个人愈友善、愈亲密时，会选择较小的距离；而人们希望让他人觉得自己友善时，也会选择较小距离。因此，我们可以从别人选择的距离来了解他人对我们的态度。但是，在这里我们也应该考虑到文化因素对人际距离的影响。早在 20 世纪 60 年代，心理学家在研究人类的空间行为的时候就发现，文化规范决定着人们的距离偏好。他们发现，美国人在与他人交往的时候选择较大的距离，而拉丁美洲和阿拉伯人选择较小的距离。这样的距离有时候会使不同文化的人在交往中产生误会，比如当一名美国人和一名巴基斯坦人交往的时候，美国人可能会觉得对方过分亲热，而巴基斯坦人却觉得美国人冷漠。

身体姿势：身体的不同姿势传递着不同的信息，比如你高兴的时候可能会手舞足蹈，而害怕的时候可能会畏畏缩缩。近十几年以来，有许多以体态语言为主题的畅销书就指出：只要观察他人的身体移动姿势，就能正确地推测他人的思想和语言。但是在这里我们也需要注意，体态语言之所以有意义，主要是因为观察者与被观察者都了解交往的背景和文化，如果抛开了特定的文化环境，就会造成误会。比如在北美，握手代表友谊和信任，但是在日本，则用鞠躬代替，东南亚国家则是合掌。

目光接触：人们也可以用目光传递特定的信息。目光接触的意义因背景的不同而有很大的差异，如好莱坞电影中常常从一对男女目光接触开始来描写恋爱，万缕深情。眼神接触表示感兴趣，中断表示不感兴趣。当与人谈话时，缺少目光接触会让人觉得你对他不感兴趣；但是，当一个人向他人传达坏消息时，可能会避免与他人目光接触。当人们觉得自己处于困境时，也不希望成为注视的焦点。有时候目光接触可用作威胁的手段，老师经常使用之。

（2）超语言线索

超语言线索是指语言中除谈话内容以外的线索，表现为一句话有多种含义。比如在英语考试中，同样的一句话，却会因为重音的不同、停顿的不同或者是语调的不同而产生不同的意思。

心理学家发现，与语言线索相比，非语言的线索常常会泄露一个人的真正企图。当一个人说谎说得很成功时，他的欺骗企图却经常从非语言线索中泄露。艾克曼等人认为，人们往往对自己谈话的内容比较重视，而不太注意身体的姿势。比如如果一个人想欺骗别人，他会平静地说出谎言，但却从非语言中泄露出自己的情绪。说谎的人经常从焦虑、紧张、神经质等超语言表达中不经意地泄露自己。许多研究发现，当人们说谎时，声音的平均音调比说实话时高，这种差别不大，听觉无法区分，但音谱仪能正确测出某人是否说谎。其次，回答简短、反应间隔长、讲话错误多、紧张等均认为是说谎者的特征。佐克曼等人还发现，身体姿势比脸部更易透露出欺骗的企图。

尽管非语言的线索能在一定程度上揭示他人说谎的企图，但在实际生活中，人们侦测他人是否说谎的能力并没有多强。克劳特和他和同事（1980）做了一项研究。他们随机挑选了一些旅客，让他们夹带违禁品经过海关，如果能走私成功，将获得4000美元的奖金。另外还随机选了一个对照组。在海关的出口处，包括缉毒专家、海关缉私人员等在内的观察者秘密记录每个旅客的非语言沟通行为，如外表、姿势、放松心情、微笑、逃避海关人员的注视、谈话中的错误反应情况等等。结果，走私者和对照组的非语言沟通没有任何可辨别的差异。海关人员及观察人员均无法区分谁是走私者，谁是对照组。事后让观察者从录像中挑选走私者，也无法挑出。这项研究发现，在现实生活中，人们侦察欺骗的能力有限。

4. 行为

虽然外表、情绪、非语言线索是对他人形成印象时所利用的主要信息来源，但最有用处的信息还是他人的行为，因为许多行为与某些人格特质有着密切的联系。如一个平民百姓向希望工程捐了一笔钱，我们就会认为他是一个有爱心的、利他的人；又如一个银行职员利用工作之便把大笔公款占为己有，那我们就会认为此人是一个不诚实、利欲熏心的人。

琼斯与戴维斯提出的对应推论理论认为，人们常假设他人的内在品质与他们的外在行为相对应。此理论还分析了，人们在什么时候会根据一个人的行为，来判断此人具有与他的行为相对应的内在特质。即当一个人的行为不符合社会期望或不为社会所接受时，如当一个消防员冲入火场救人时，人们不一定根据此行为推断此人是利他的、勇敢的，因为这是他的职责，因为人们对消防员的期待就是如此。但如果是一位过路居民勇敢地冲入火中救人，百分之百的人都会根据此行为推断此人是利他的、勇敢的。

某人从事的行为是自由选择的，而非在外在强大的压力下才做的，那我们就会认为此人的行为与其内在的品质相对应。如一个单位领导命令每个人向灾区捐款 50 元，从这种被迫的行为中我们无法得知哪些人有爱心，哪些人冷漠。

总之，人们会利用所能获得的各种线索对他人形成印象，但线索本身并无意义，他们是人们根据自身知觉记忆中所储存的有关人、行为、特质的含义来解释的。另外，人们要把各种渠道得来的信息综合起来，形成对一个人的概括性认识。所谓的印象形成就是把一个人若干有意义的特征加以综合、概括，形成一个具有结论意义的特性。

三、社会认知

每天我们都要与许许多多、形形色色的人打交道，如家人、邻居、商贩、医生、乘务员等。我们不可能也没有必要把每个人都当作一个独立的个体来知觉与评价。为了更快速、有效地认识与应对他人，人类一个基本的认知策略就是分类。就像是把植物分为花、草、树、蔬菜一样，我们也按年龄、性别、职业、出生等把人分为各种社会群体。所谓社会群体，就是由具有某一共同且具有社会意义的特征的两个或两个以上的人构成的集合。

尽管人们有许多有关他人的信息，但是，我们在处理这些信息时并非对其全部加以处理。菲斯克和泰勒对社会认知的定义是：人们根据环境中的社会信息形成对他人或事物的推论。而在社会认知过程中，分类与图式是最重要的。

（一）分类与图式

1. 分类

在认知他人的时候，人们并不是把某个人当成独立的个体，而总是立即并自动地将之归到某一类当中，这个过程就是分类，它是自发的、立即的。在分类的时候，人们采用什么标准呢？心理学家坎特等人指出，人们在分类的时候往往以他人或事物与原型的相似性来分类，也就是将被分类的物体与该类物体的一个典型或理想的范例相比较，这个范例就是原型。

对于他人的分类，我们最初的分类标准是性别，也就是说，当我们看到一个陌生人的时候，我们首先会把其归入男性或女性，然后才对其做进一步的分类。通过简单的分类，我们对他人或事物的认识就大大地被简化，加上我们马上要讲到的图式，可以使人节省不少的认知资源。

2. 图式

图式的概念是由泰勒及克洛克提出来的，它是指一套有组织、有结构的认知现象，它包括对所认知物体的知识、有关该物体各种认知之间的关系及一些特殊的事例。比如人们对 60 年代产生于美国的嬉皮士的图式就是：他们是白人大学生、穿牛仔裤、梳着各式各样的发型等等。心理学家根据不同的内容把图式分为：

（1）个人图式：指我们对某一特殊个体的认知结构。比如我们对刘胡兰就有一个个人图式，这个图式的内容包括：有勇气、自信、百折不挠等。

（2）自我图式：指人们对自己所形成的认知结构，它与自我概念有着紧密的联系。比如你可能认为自己聪明，有同情心，以及乐于助人，这些都是你自我图式的内容。

（3）团体图式：是指我们对某个特殊团体的认知结构，有时候也叫团体刻板印象。团体图式使得我们将某些特质归于一个特殊团体的成员所共有。比如我们常常根据团体图示认为山东人勤劳、诚实；认为美国人乐观、爱助人。

（4）角色图式：指人们对特殊角色者（如教授）所具有的有组织的认知结构，比如人们常常认为教授知识渊博、满头银发等。

（5）剧本：指人们对事件或事件的系列顺序的图式，尤其是指一段时间内一系列有标准过程的行为。比如我们到餐厅就餐的事件就符合一个剧本，什么时候点菜，什么时候买单，就是一个剧本，如果这个剧本的顺序发生颠倒，你一到餐厅还没有点菜，服务员就要让你结账，你还会在这个地方吃饭吗？

3. 图式化处理

为了节省时间与精力，人们常常用图式化的方式去处理大量的信息。图式的重要性就在于它有助于我们快速而经济地处理大量信息，它能帮助我们：（1）解释新信息，从而获得有效的推论。（2）提供某些事实，填补原来知识的空缺。（3）对未来可能发生的事的预期加以结构化，以便将来有心理准备。但是图式化的处理也有不足之处，它使人们觉得不需要去详细分析与解释特质。

总之，对群体的知觉是一个复杂的过程，这个过程中有许多问题需要注意。比如在认知过程中，刚刚获得的信息与认知者原有认知结构之间的关系，信息的重要性，信息的易获得性以及认知者的期望、动机、情绪和情境等，都会对群体的知觉过程和结果产生影响。

（二）社会认知对健康的影响

社会认知的许多方面涉及我们的日常生活，其中最重要的一个领域就是它对人类健康和幸福的影响。心理学研究发现，这样的影响体现在以下几个方面：

1. 社会认知与寂寞

在社会认知过程中，如果个体只注意生活中的消极方面，那么他就可能体验到更大的寂寞。安德森等人就指出，与那些抑郁的人一样，长期寂寞的人也经常陷入贬低自己的消极作用圈中，他们经常用消极的态度看待自己的压抑，经常责备自己没有良好的社会关系，把事物看成是自己无法控制，等等。同时，琼斯等人（1981）还发现，寂寞感较强的人常常用消极的眼光看待他人，比如他们会把自己的室友看成是难以共处的。

2. 社会认知与焦虑

焦虑是我们生活中不可避免的一种情绪，比如当你去一个公司接受面试、见一位重要的人物或者是别人在评价你的时候，人们都可能会感受到焦虑。心理学家布鲁姆等人就研究了我们所感受到焦虑的情境，发现人们对情境的认知与控制可以使人避免焦虑。津巴多等人的研究也证明了这一点。在这项研究中，津巴度让害羞和不害羞的两组女大学生在实验室中与一个英俊的男士谈话。谈话开始前，他先把这些女学生集中在一间小屋子里，给她们呈现很大的噪声，之后告诉其中一部分害羞的女生，噪音会造成她们心跳加快，并说这是焦虑的症状。结果发现，这部分女生由于把自己在与男士交谈时的心跳加快归于噪音，而不是自己害羞或者缺乏社会技能，所以她们不再焦虑，谈话也很流畅。

3. 社会认知与生理疾病

随着工业化进程的发展，心理学家发现人类的行为和认知对自身的健康有着重要的影响。在健康心理学家看来，我们对自己情绪的认知与疾病的产生有着紧密的联系。心理学家的研究指出，乐观的生活态度以及面对疾病时的乐观解释是人们身体健康的主要条件之一，研究表明那些乐观的人在身体状况方面远远好于那些悲观的人。

四、归因问题

归因是指人们推论他人的行为或态度的原因的过程。在生活中，我们每天要遇到许许多多的事情，我们也常常要寻找这些事件发生的原因，所以归因问题是心理学家十分关心的问题。人们由于轻易不愿付出自己的认知资源，所以并不是对所有发生的事情进行归因，只有在两种情况下人们才会主动去归因：一是发生出乎意料的事情，比如飞机失事、学潮等；二是有令人不愉快的事情发生，如人们身体患病、被别人责备等。在研究归因问题的时候，心理学家提出了一系列的归因理论，对归因过程中人们使用的原则和方法加以论述，下面我们就分别说明一下这些理论。

（一）对他人行为的归因理论

1. 海德的归因理论

1958 年，海德从通俗心理学的角度提出了归因理论，该理论主要解决的是日常生活中人们是如何找出事件的原因。海德认为人有二种强烈的动机：一是形成对周围环境一贯性理解的需要；二是控制环境的需要。而要满足这两个需求，人们必须有能力预测他人将如何行动，因此海德指出，每个人（不只是心理学家）都试图解释别人的行为，并都具有针对他人行为的理论。

海德认为事件的原因无外乎有两种：一是内因，比如情绪、态度、人格、能力等；二是外因，比如外界压力、天气、情境等。海德还指出，在归因的时候，人们经常使用两个原则：一是共变原则，它是指某个特定的原因在许多不同的情境下和某个特定结果相联系，该原因不存在时，结果也不出现，我们就可以把结果归于该原因，这就是共变原则。比如一个人老是在考试前闹别扭、抱怨世界，其他时候却很愉快，我们就会把他闹别扭和考试连在一起，把他闹别扭归于考试而非人格；二是排除原则，它是指如果内外因某一方面的原因足以解释事件，我们就可以排除另一方面的归因。比如一个凶残的罪犯又杀了一个人，我们在对他的行为进行归因的时候就会排除外部归因，而归于他的本性等内在因素。

2. 韦纳的归因理论

1972 年，韦纳在海德的归因理论和阿特金森成就动机理论的基础上提出了自己的归因理论，该理论要说明的是：归因的维度及归因对成功与失败行为的影响。韦纳认为，内因与外因的区分只是归因的维度之一，在归因时人们还从另外一个维度，即稳定与不稳定的角度看待问题。这两个维度互相独立，就像平面坐标系中的 X 轴与 Y 轴一样。韦纳进一步组合了这两个维度，如表：

表 2-2　韦纳的归因模型

	不稳定	稳定
内部	努力	能力
外部	运气	任务难度

韦纳的归因理论最为引人注目的是，归因结果对个体以后成就行为的影响，把成功与失败归于内部 / 外部或稳定 / 不稳定的原因，会引起个体不同的情感与认知反映（自豪或羞耻）。把成功归于内部的稳定的因素，会使个体产生自豪感，觉得自己的聪明造就了成功；而把自己的失败归于内部稳定的因素时，会使个体产生羞耻感。德维克（1975）发现，把成功归于努力的学生比把成功归于能力的学生，在以后的工作中坚持的时间更长；把失败归于能力的人比把失败归于努力的人，在未来的工作中花的时间更少。

韦纳在 20 世纪 80 年代进一步发展了他的归因理论，于 1982 年提出了归因的第三个维度：可控制性，即事件的原因是个人能力控制之内还是之外？ 在韦纳看来，这三个维度经常并存，可控制性这一维度有时本身也可以发生变化。

3. 凯利的三维归因理论

凯利吸收了海德的共变原则，于 1967 年提出了自己的三维归因理论，也叫立方体理论。他认为任何事件的原因最终都可以归于三个方面：行动者、刺激物以及环境背景。如对张三打李四这件事的归因，张三是行动者，李四是刺激物，打架时的环境是背景。凯利指出，在归因的时候，人们要使用三种信息：一致性信息，其他人也如此吗？ 一贯性信息，这个人经常如此吗？ 独特性信息，是否此人只对这项刺激以这种方式反应，而不对其他事物做出同样的反应？ 凯利认为有了这些信息，人们就可以对事件进行归因。另外凯利还提出了在归因过程中人们会使用到的另外一个原则——折扣原则：即特定原因产生特定结果的作用将会由于其他可能的原因而削弱。这一原则广泛应用于我们对他人行为的归因当中。

4. 对应推论理论

琼斯和戴维斯在1965年提出的对应推论理论，适用于对他人行为的归因，该理论试图解释在什么条件下我们可以把事件归于他人的内在特质，即人格、态度、心情等。琼斯等认为，一个人的行为不一定与他的人格、态度等内在品质相对应，比如一个善良的人不小心误杀了一个人，我们就说他是一个坏人吗？显然不能。那么什么时候我们能推论一个人的行为与他的内在品质相对应呢？琼斯等人提出了两个条件：一是行为的非期望性与非顺从性，如一个人做了不道德的事，我们就能从其行为推论出他是一个不道德的人；二是行为的自由选择性，如果一个人的行为是自由选择的，而不是在外界强大的压力之下做出的，我们也会认为他的行为代表了他的内心。

（二）对自己的归因

上面我们讲的几种归因理论都是针对他人行为的，那么我们对自己的行为怎样归因呢？心理学家们系统地研究了人们对自己各方面表现的归因，得到了一些结论：

1. 对自己态度的归因

一般情况下，人们会认为人是靠内省及不断检讨自己意识里各种不同的认知和情感因素来形成自己的态度，但贝姆反对这种观点，他认为人们所能知觉到的有关自己态度的内在线索很少，且模糊不清，因此人们实际上是通过观察在不同压力环境下的自己的行为而了解自己的态度，并非经过对内在感受的内省。

2. 对自己动机的归因

完成一件报酬高的工作，常常使人们做外在归因，即我之所以做工作是因为报酬高；而完成相同的工作却只有微薄的报酬时，人们往往内在归因，即自己喜欢这项工作。因此，心理学家指出：最少的报酬将引发对工作最大的内在兴趣，因为个体将工作成就归于内在兴趣而非外在奖励。也就是说，如果从事一项工作的理由被过分正当化的话，不知不觉会伤害到他参与该活动的内在兴趣。如果给予从事自己喜欢的工作的工作者外在酬赏，会降低其内在兴趣，那么施与外在威胁以避免其从事某项特殊行为，应该会增加他的兴趣。例如，对某件事的禁止和惩罚越严厉，它就会更具吸引力，因为此时，人们将寻求该行为归因于受威胁，而非该行为本身没有乐趣。

3. 对自己情绪的归因

传统的观点认为，人们经由考虑自己的生理状态、心理状态及引起这些状态的外在刺激而认定自己的情绪。但最近研究表明，情绪反应在性质上并无两样，人们能区分出高低不同的激起状态，但无法辨别出不同类型的情绪。沙赫特认为，人们对自己情绪的知觉取决于人们所经历的生理上的激起程度和人们所使用的认知标签名称，如快乐、愤怒等。为了得到这一认知名称，人们首先会检查自己的行为及环境。例如，如果一个人觉得自己生理状态激昂，并且正对着电视上演的喜剧片大笑，他会推论自己正处在快乐中；而如果这个人是在拥挤的街道上对推自己的人大叫，他会推论自己是愤怒的。沙赫特进一步论证了这一问题，认为人们对生理激起的归因是产生各种各样情绪的根源。

（三）归因中的偏误

1. 基本归因错误

人们经常把他人的行为归因于人格或态度等内在特质上，而忽视他们所处情境的重要性，罗斯将此称之为基本归因错误。犯这种错误的原因与两方面的因素有关：一是人们总有一种对自己活动结果负责的信念，所以更多地从内因去评价结果，而忽略外因对行为的影响；二是因为情境中的行动者比其他因素突出，所以人们把原因归于行动者，而忽略情境背景。基本归因错误有时表现为行动者与观察者之间的偏差：当人们作为一个评价者对他人的行为进行归因的时候，往往倾向于稳定的内部的归因；而当人们作为自我评价者对自己的行为进行归因时，却倾向于做外部的归因。即观察者高估个人特质因素，而行动者高估情境因素的作用。

2. 归因中的自利偏差

自利偏差是一种动机性的偏差，它是指人们倾向于把自己的成就归因于内部因素，如能力、努力等，而倾向于把自己的失败归于外部因素。

印象管理理论可以较好地解释归因中的自利偏差，按照这一理论，人们总是试图创造一个特殊的、良好的印象以使他人对自己有一个良好的评价。把这一概念用到自利偏差中来，当别人问起自己成功的原因时，人们会尽量让对方相信，成功完全是由于自己本身的优秀，而失败则不能怪自己，如此才能让对方给你较高的评价。

第三节　社会动机

一、社会动机的概念

动机是由一种目标或对象引导、激发和维持的个体活动的内在心理过程或内部动力。动机是一种内部心理过程而不是心理活动的结果。由人的自然属性、自然需要引起的动机称为自然动机；由人的社会属性、社会需要引起的动机称为社会动机。社会动机是人的社会行为的直接原因。

二、社会动机的功能

1.激活功能：社会动机激发个体产生某种社会行为，使个体由静止状态转向活动状态，是行为的启动因素。如为了改变命运而努力学习，为了取得他人的赞扬而勤奋工作等。中等强度的动机有利于任务的完成。

2.指向功能：个体的社会行为总是指向一定的目标，社会动机使社会行为具有明确的目的性和指向性。如在学习动机的支配下，人们可能去图书馆或教室；在休息动机的支配下，人们可能去电影院、公园或其他娱乐场所。可见，动机不一样，个体活动的方向和所追求的目标是不一样的。

3.维持和调整功能：个体的社会行为在达到目标前，社会动机起维持作用。即使行为受阻，只要动机仍然存在，行为就不会完全避免，他会以别的形式继续存在，比如由外显行为改为比较隐蔽的行为，这是动机的调节作用。如一个想要证明自己很独立的孩子，会做出各种各样的行为来证明自己离开父母也可以独当一面，如果事实如他所愿，他就会继续自己的行为，如果结果不如意，他就会努力通过学习来提升自己的能力，从而在将来的某一天做到真正的独立。

三、动机与行为效率

（一）动机与行为

同一种行为可能有不同的动机，即各种不同的动机通过同一种行为表现出来；不同的活动也可能有同一种或者相似的动机；同一种动机也可以有不同的行为。在同一个人身上，行为的动机也是多种多样的，根据对行为的影响程度可以分为主导动机和从属动机。如一个学生的主导学习动机是学到真才实学，长大后为人民服务，但同时也有成为优等生、报答父母养育之恩的愿望。个体的活动往往不是受单一动机的驱使，而是由他的动机体系所推动的。

在活动动机和社会效果的关系上，情况也非常复杂。良好的动机应产生良好的行为效果；反之，不良的动机会产生不良的社会效果，这就是动机与效果的统一。但在实际生活中，动机与效果不统一的情况也时有发生。如一个孩子想帮父母做点家务事，但不小心打碎了窗户上的玻璃或撞到了桌上的花瓶，从动机上讲他的想法无可非议，但由于其他因素的影响，却产生了不好的活动效果。因此，只有了解一个人的动机，才能比较准确地解释其行为，并对其行为做出比较准确的控制与预测。

（二）动机与工作效率

动机与工作效率的关系主要表现在动机强度与工作效率的关系上。人们倾向于认为动机强度越高对行为的影响越大，工作效率也越高；反之，动机强度越低则工作效率低。但事实并非如此，心理学的研究表明，动机强度与工作效率之间的关系不是一种线性关系，而是倒 U 型曲线关系，即动机强度处于中等水平时，工作效率最高，一旦动机强度超过了这个水平，对行为反而会产生一定的阻碍作用。如学习的动机太强、急于求成，会产生焦虑和紧张，干扰了记忆和思维活动的顺利进行，使学习效率降低，考试中的"怯场"现象主要就是由动机过强造成的。

动机的最佳水平随任务性质的不同而不同，在比较容易的任务中，工作效率随动机的提高而上升；随着任务难度的增加，动机的最佳水平有逐渐下降的趋势，也就是说，在难度较大的任务中，较大的动机水平有可能会不利于任务的完成。这就是著名的耶基斯—多德森定律。

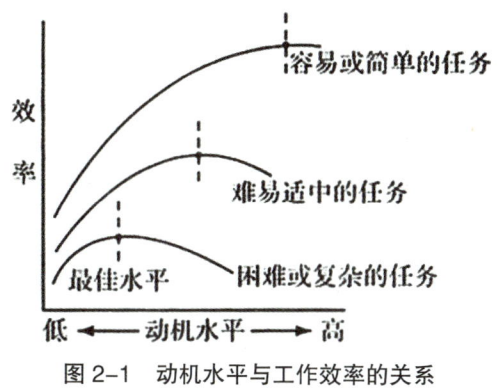

图 2-1 动机水平与工作效率的关系

四、主要的社会动机

社会动机以人的社会文化的需要为基础，人有社会交往的需要、权力的需要、成就的需要、认识的需要等，因而产生了相应的认识性动机（即兴趣与爱好）、成就动机、权力动机、交往动机等。

（一）兴趣与爱好

兴趣是人们探究某种事物或从事某种活动的心理倾向，它以认识或探索外界的需要为基础，是推动人们认识事物、探求真理的重要动机。人对有兴趣的东西会表现出巨大的积极性，并且产生某种肯定的情绪体验。如学生对某一学科感兴趣，就会推动他努力学习，广泛涉猎与此科目有关的知识，并影响对未来职业的选择；教师对教育工作怀有浓厚的兴趣，就会推动他们刻苦钻研优秀的教育教学方法。

当兴趣不是指向认识的对象，而是指向某种活动时，这种动机叫爱好，如对体育、绘画、书法、音乐活动的爱好等。兴趣与爱好是和人的积极情绪体验联系在一起的，当人们兴趣盎然地进行某种活动、获得某种认识时，他们常常体验到快乐和满意等积极情绪。

兴趣可以分为直接兴趣和间接兴趣两种。直接兴趣是有认识事物本身的需要所引起的，如对看电影、小说的兴趣；间接兴趣是由事物的目的和结果所引起的，它和当前认识的客体只有间接的关系，如人在完成科学实验后，可能对繁杂的数据处理没有兴趣，而只对研究的结果有兴趣。间接兴趣在自觉组织的劳动中占重要地位，因而应该注意它的形成和培养。

兴趣有不同的品质：①兴趣的广度，指兴趣的范围大小。一般地说，兴趣广泛有利于人们获得较广博的知识；②兴趣的中心，指对某个特定领域的事物形成更浓厚、更强烈的兴趣，它能推动人们较深入地认识客观世界；③兴趣的稳定性，指对事物具有持续稳定的兴趣；④兴奋的功能，指兴趣能积极推动人的活动，提高活动的效能。

（二）成就动机

成就动机是人们希望从事对他有重要意义的、有一定困难的、具有挑战性的活动，在活动中能取得完满的优异结果和成绩，并能超过他人的动机。例如，一个小学生希望自己在考试中获得好成绩，能名列前茅；一位工人希望自己在技术革新中做出贡献，能得到工厂的奖励；一位音乐家希望创作出被后人广为传颂的作品，受到社会的赞扬和铭记。成就动机强烈的人在活动中有高标准，他们愿意承担容易引起争议的工作，即使对它没有特别的兴趣，也能尽力把它做好。

成就动机对个体的活动有重要的作用。许多研究发现，在两个人的智商大体相同的情况下，成就动机高的人比成就动机低的人在活动中成功的可能性一般都要高一些。在学校里，成就动机高的学生成绩可能较好，名次较高；在事业上，成就动机高的员工有可能取得较好的成绩。

成就动机的高低还影响到人们对职业的选择。麦克兰德发现，成就动机低的人，愿意选择风险较小、独立决策较少的职业；而成就动机高的人爱毛遂自荐，喜欢担任富于开创性的工作，并在工作中敢于自己做出决策。

人们的成就动机是在生活环境的影响下形成的，其中家庭的特点与生活方式对个体成就动机的形成和发展有重要的作用。有人发现，父母允许孩子独立活动，让他们自己去决定做什么事情，并给予奖励，将有利于孩子的成就动机的发展；如果孩子被迫进行活动，其行为结果也得不到奖赏，这样就不可能发展出高度的成就动机，他们虽然也会参与活动，但不会努力争取做得更好。可见，发展独立性是培养成就动机的一个重要途径。

人的成就动机还推动人们去争取一定的社会、政治地位，在团体中受到尊重，享受权利与履行义务等，因而它和权力动机有着密切的关系。

（三）权力动机

权力动机是指人们具有的某种支配和影响他人以及周围环境的内在驱动力。在权力动机的支配下，人们表现出积极主动的参与精神，并有成为某一群体的领导者的愿望。高权力动机者，经常表现为对社会事业有浓厚的兴趣，在讨论问题时总是试图以自己的观点、看法去说服别人，在群体中希望处于领导地位，在日常生活中表现得比较健谈，好争论。

从个体行为目标上，权力动机可以分为个人化权力动机和社会化权力动机。持个人化权力动机的个体，寻求权力的目的是为了满足个人的利益。他们热心社会活动，但目的是利用这些活动来表现自己，树立个人威望或满足某种私欲，同时，他们热衷于追求权力、地位，目的也是为了得到某种个人的利益。还有的人的权力动机表现为追求物质财富，通过各种手段聚集财富，他们企图以优厚的物质财富来提高自己的社会地位，从而达到影响他人和控制社会的目的。

持社会化权力动机的个体，寻求权力的目的是为了他人，在行为上表现为关心社会、关心他人。有的人以自己的作品或精神产品去影响他人、影响社会，希望对社会做出有益的贡献，如那些敬业的教师、作家、新闻记者和文艺工作者等；还有的人是以自己的专业技能为社会服务、维持社会的安全、解除人们的痛苦等，如那些全心全意为人民服务的律师、武警战士、医生、心理工作者等；还有以服务为目的的群众团体的领袖，他们爱人民、爱社会，一心为大众的利益服务，他们有一种强烈的责任心、使命感，领导大家进行社会改革、推进社会进步；还有的人重视行使权力后所产生的有利于人民的积极效果，如一些民族英雄、人民领袖等。

（四）交往动机

交往动机是在交往需要的基础上发展起来的一种重要的社会性动机。人在交往中为自己的行为吸取信息并进行定向，把自己所做的同人们期待他做的事情进行比对，从而调节自己的需要、观念和行为，使自己在符合群体要求的情况下得到发展，否则就会感孤独、别扭或焦虑，这就使人产生一种交往的需要和动机。交往的动机包括愿意和别人在一起而不愿一个人独处（群集感）；喜欢跟语言、兴趣与习俗相同的人相处，而不愿与语言不通、异趣的人相处（相熟感）；喜欢与合得来的人相处而不喜欢与陌生人相处（友谊感）；喜欢和自己的亲人保持亲密的接触（亲属感）；等等。归属的需要也是交往需要的一种表现。人们常愿意把自己看成是一个家庭、班级集体、学校以及其他团体的成员，这种群体成员的资格感或力求隶属于某一群体的意愿即归属的需要，也在加强着学习活动的积极性。

社会交往使人们分享资源，因而有利于建构和维持社会的联系，支持人类的生存和发展，例如，孩子们愿意和成人在一起，主要是为了自己的生存。个体如果离开群体，就难免遇到危险，如疾病、自然灾害或重大的突然变故等，为了生存，个体更愿意和他人在一起。个体从社会接触和社会关系中会体验到愉快和积极的情绪，如果剥夺了个体和社会的接触或关系，个体就会体验到痛苦。

人的交往动机还反映了劳动和人类社会生活的要求。人要劳动，要参加社会生活，就必须与他人交往；如果没有交往，人类的社会生活就要解体，他们与自然界的斗争也会变得软弱无力。

交往动机还依赖于个体的交往经验。在生命的早期，如果个体缺乏交往、离群独处，交往动机就不可能获得正常的发展。

第四节　社会态度

态度是指人们对一定对象相对稳定、内部制约化的心理反应倾向，是联系个体内外世界的桥梁。由态度出发，向内可研究个体的心理状态，向外则可对个体行为进行某种预测。因此，在社会心理学的全部历史和领域中，也许没有一个其他的概念比态度更接近中心位置，有的学者甚至把社会心理学视为研究态度的科学。

一、社会态度概述

（一）社会态度的概念

1. 态度的特点

态度具有统合性：态度这种心理过程是对其他心理过程的统合。当人们的心理活动表现为一定的态度时，已经不是认知、感情或动机等哪一种心理过程的表现了，而是全部心理过程的具体体现。

态度具有媒介性：态度是一个人的心理世界与外部表现之间的中介过程，态度是行为的准备或潜在行为过程。例如，被自己评价为有意义的工作，也就有兴趣、有热情去做，而我自己认为没有意义的事情，就不会去做。行为与心理状态吻合、协调，才会坚持做一件事情。

态度有压力，具有压迫性：态度总是指向并倾注于某个对象，因此，态度会给对方造成心理压力。态度和蔼、真诚、坦荡，会使人有安全感并亲而进之；相反，态度圆滑、缺乏诚意，会使对方有危机感并疏而远之。态度压力是态度变化的心理因素之一。

态度是一元的，表现为从正到负的连续状态（如 +3，+2，+1，0，−1，−2，−3），态度的变化也沿着这种从正到负的链条进行，可观察、可测定。

2. 态度的社会本质

态度的社会本质是讲态度在本质上是社会的。

态度的对象在本质上是社会的。态度的对象是社会生活中的种种现象、种种领域、种种事件等等，有些场合可能不是社会本身，而是自然环境，但也会与社会生活有着种种联系，如诗人对风光景色的赞美态度，就是诗人对生活感受的心理状态，是对生活的"移情"或者态度"投射"；

态度的主体在本质上是社会的。态度主体不论是个体还是群体，都有着各种各样的社会关系，而社会态度是在关系互动中形成的。有些场合，看起来是个体独居时的态度表达，如"自闭"而不与他人往来，一个人喝闷酒、对酒当歌等，但这种"孤立"状态的背后，仍然是社会关系在起作用，是对社会关系的一种逃脱。自己对自己的态度，不仅是在人际互动中形成的，而且是对社会生活所形成的社会态度在自己心理活动中的某种再现。

从态度的实质看，社会心理学中的态度概念，是在社会态度的意义上使用的，有时用态度而不用社会态度分析问题，也是指社会态度。

3. 个体态度和群体态度

个体态度是属于个体层面的态度，是存在社会关系的个体。群体态度是指群体中多数成员或全体成员对某一事件的共有态度。群体生活的内容和方式，尤其是成就目标的相关性或共有性，决定了成员之间态度上的某些共同性，除了个体的经验作用作为内部参照的标准之外，在一个群体之内的群体所遵循的规范也对个体的态度起到了外部参演的作用。此外，对他人观点的接受程度通过同化和内化的作用也影响着个人态度的形成。

（二）社会态度的构成

1. 态度三要素说

态度的三要素理论最早是由罗森伯格和霍夫兰德提出来的，他们认为态度是个体以特定的几种反应方式对某种刺激做出反应的预先顿向，态度是由三个要素构成的：

（1）认知成分：指个体对态度对象的认识所具有的知觉 、理解、信念和评价。态度的认知成分常常是带有评价意味的陈述，即不只是个体对态度对象的认识和理解，同时也表示个体的评判、赞成或反对。

（2）情感成分：指个体对态度对象所持有的一种情绪体验，如尊敬和鄙视、喜欢和厌恶、同情和嘲讽等。

（3）行为倾向成分：指个体对态度对象所持有的一种内在反应倾向，是个体做出行为反应之前所保持的一种准备状态。

从理论上看，态度构成中的这三种成分之间是协调一致的，如果出现了矛盾和不协调，则个体会采用一定的方法进行调整，重新恢复其间的协调一致，但这三者的协调一致是相对而言的，在一定程度上往往存在着不协调和不一致。

此外，认知、情感、行为倾向这三种成分，相互之间的关联程度也不尽相同。有研究结果表明，情感和行为倾向的相关程度高于认知与情感、认知与行为倾向的相关程度，由此可见，在这三种成分中，认知成分的独立程度要更高些，与其他两种成分之间的相互影响也相对较小。再有，情感成分的地位和作用是十分重要和非常明晰的。

2. 态度的综合因素说

态度三要素说也有其缺点，它把态度与行为相提并论，混淆了心理过程与行为的界限。动机是行为的内在动力，也是对行为的一种准备，因此，在分析态度构成问题时，既不可以把动机与行为等同视之，用行为取代动机，也不可以把动机从态度的构成中排除，态度既然是一种综合性心理过程，就应该把动机包括在内。动机作为态度的内在动力，也是对态度的一种发动，因此动机和态度一起形成行为的准备状态。社会态度是由社会认知、社会感情和社会动机构成的，另外，还必须看到法律观念 、道德观念、人生观和世界观等高层次意识对态度的影响作用。

（三）社会态度的功能

社会态度是由认知、情感和行为倾向三个因素所构成的，它对个体具有多方面的功能：

1. 态度的认知功能

社会客体通过态度来赋予意义，为个体的行为反应提供具体信息。态度一旦形成，成为一定的心理结构，就会影响对后继刺激的接受，对于后继刺激所具有的价值能够发挥判断作用与理解作用。态度能使个体有选择地接受有利于自己的、合适的信息，拒绝不合适的信息，也可能曲解地接受错误信息而产生错误的认识，形成偏见。

2. 态度的情绪情感功能

人们的某种态度决定了他的某种期望、某种目标，与其态度相一致的事物将会给他带来满足感，与其态度相反的事物则能唤起失望感或不满足的情绪和情感。

3. 态度的动机功能

态度具有动机作用，态度将驱使人们趋向或逃离某些事物，它规定了什么是偏爱的，什么是期望的，什么是渴求的，什么是想要避免的。态度的动机功能主要有三方面：

①适应功能。态度促使个体转向为实现自己目标而服务的某一对象。

②防御功能。个体倾向于选择有利于自我防御的态度，这种自我防御有利于自我形象和自我价值的确立，从而减少内心焦虑，保持内心安宁。

③价值表现功能。自我防御功能强调个体被动保护自我形象与价值，而态度能够成为表现自我价值、表现自己个性的工具。

以上这些功能也可能以一种相互联系的方式同时起作用，但有时某一个特定的功能具有特别重要的意义。

二、社会态度的转变及其理论

个体形成一定的态度后，由于接受新的信息或意见而发生变化，这个过程叫作态度的转变。

态度的转变有两个方向，一是方向的转变，另一个是强度的转变。比如对某一事物原来是消极的，后来变得积极了，这是方向的变化。原来对某事物有犹豫不决的态度，后来变得坚定不移地赞同，这就是强度的变化。当然，方向与强度有关，从一个极端转变到另一个极端，既是方向的转变，又是强度的变化。

（一）态度转变模型

美国学者霍夫兰德等人提出了一个态度转变的模型，该模型认为，发生在接收者身上的态度转变，要涉及四个方面的要素：

（1）传递者：传递者是沟通信息的提供者，也是试图以一定的方式引导人们发生态度转变的劝导者。

（2）沟通信息：态度转变是接收者意识到自己的态度与外在的信息存在差异后发

生的变化，沟通信息是态度转变的最直接的原因。

（3）接收者：也是态度转变的主体，一切说服的努力，只有为态度主体所接受，才能发挥作用。

（4）情境因素：沟通和说服是在一定背景中进行的，所处的情境不同，个体的情绪状态的差异，都会影响态度转变的效果。

（二）态度转变的条件

1. 原先的态度与要求改变的态度之间距离的大小

态度变化难易要视两者差距的大小而决定。这说明，要转变一个人的态度取决于他原来的态度如何，如果两者差距太大，往往不仅难以改变，反而会使其更加坚持原来的态度，甚至有对立的情绪。例如，让一个抽烟成瘾的人戒烟是非常困难的。

人们对于各种事物的态度能否转变，都有一定的参照点，这种参照点包括当时情境下的内在因素与外在因素。内在因素包括态度、动机、情绪、过去经验等；外在因素包括社会环境中的人、事、物等。这些内、外因素相互作用，就形成了个人转变态度的参考点。

能否转变态度，除考虑态度立场差距这一因素外，还要看个人是否迫切要求改变现状，即改变态度与个人切身利益的关系大小。比如，企业中青年工人提升晋级都要有学历，于是青年工人对于学习的态度就必须转变，这说明外在因素已经转化为他们的强烈要求改变态度的动机，从而构成了他们的参照结构，最后转变了学习态度。

2. 在实践活动中转变态度

要转变一个人的态度，必须引导他积极参与有关活动，比如一个对于体育活动态度不够积极的人，与其口头劝说，还不如动员他去操场活动一下，这样就容易使他发生态度的转变。

通过实践活动转变态度是非常有效的思想教育的手段。青年工人不知道旧社会的苦，新社会的甜，这就要让他们去参观"阶级教育展览会"，通过参观活动他们就可以知道新旧社会的对比，从而增加了对新社会的热爱态度。而如果青年工人参加了不正当的活动，比如偶尔抱着好奇心参加赌博等，这就会使他们的态度向坏的方向转变。

3. 团体规定与态度的转变

人们都处在一定的团体中，团体中的准则、规范化的规则都可以有效地改变个人的态度。一个工厂有厂规，一个班组中也有自己的行为准则，这样，一个纪律松散的青年进了工厂、班组之后，就要受到厂纪厂规、班组准则的约束，从而也就逐渐地改变了对于纪律和自由的态度。

4.宣传与态度转变

宣传对态度的转变是有影响的。主要表现在以下几个方面：①宣传者的权威：宣传者本身的权威性，如学位、社会地位、职业、年龄等，对被宣传者态度转变的关系很大。②宣传内容及其组织：对于教育程度低的人来说，单方面宣传容易转变他们的态度；而对于文化程度较高的人，则听到正反两方面内容的宣传效果为最好。人们最初的态度与宣传者所强调的方向一致时，单方面宣传有效；假若最初态度与宣传者的意图相对抗时，那么两方面宣传更为有效。

（三）态度转变的理论

1.凯尔曼的态度变化阶段说

1961年，凯尔曼提出了态度变化过程的三阶段说。这三个阶段是：服从、同化和内化。现分述如下：

（1）服从阶段

这是从表面上转变自己的观点和态度的时期，也是态度转变的第一阶段。一般来说，这时人们会表现出一些顺从的行为，但这仅仅是受迫被动的，这就比如刚进工厂的青年员工因为考虑到奖励和惩罚的利益关系，才在行为上表现出服从的样子。

（2）同化阶段

这一阶段表现为不是被迫而是自愿接受他人的观点、信念、态度与行为，并使自己的态度与他人的态度相接近。同样可用上面的例子来说明，青年员工在组织和同志们的教育和帮助下，真正意识到作为一个社会主义制度下的青年工人，应该自觉地遵守纪律，因而他会同其他职工一样，把遵守劳动纪律当作是一种信念和观点。显然，同化这一阶段已不同于服从阶段，它不是在外界压力下转变态度，而是自愿地进行的。

（3）内化阶段

真正从内心深处相信并接受他人的观点，从而彻底地转变了自己的态度。在这一阶段中，接收者真正相信了新的观点和新的思想，从而把这些新的思想和观点纳入了自己的价值体系之内，成为自己态度体系中的一个有机组成部分。一个革命者接受了社会主义和共产主义的思想和信仰，这时就真正达到了内化阶段。无数革命先烈的思想成长历程都可以充分说明这点。

2. 海德的平衡理论

心理学家海德于 1958 年提出了态度转变的平衡理论。海德认为，人类普遍地有一种平衡、和谐的需要。一旦人们在认识上有了不平衡和不和谐性，就会在心理上产生焦虑感，从而促使他们的认知结构向平衡和和谐的方向转化。显然，人们喜欢完美的平衡关系，而不喜欢不平衡的关系。

平衡理论涉及一个认知对象与两个态度对象之间的三角形关系。例如，用符号 P 来表示认知的主体，用符号 O 与 X 表示两个态度对象。O 与 X 是处于一个单元中的两个对象，认知主体 P 对构成一体的两个对象 O 与 X 的评价是带有情绪性的，喜恶、赞成与反对。

通常，认知主体对单元中两个对象的态度是趋向一致的，如喜欢某人，则对某人的工作也很赞赏；不喜欢某人，则认为他的朋友也不是好人。

为此，当认知主体对一个单元内两个对象的看法一致时，其认知体系呈现平衡状态；当对两对象有相反看法时，就产生不平衡状态。例如，喜欢某人，但对他的工作表现不能赞同，这种不平衡的结果就会引起内心的不愉快和紧张。消除不平衡状态的办法就是，赞同他的工作表现，或不再喜欢此人，这就产生了态度转变的问题。

现将上述的 P—O—X 的关系列成图解形式，以符号"+"表示正的关系，以符号"−"表示负的关系，那么，共有 8 种状态，其中 4 种是平衡的结构，4 种是不平衡的结构（见下图）。

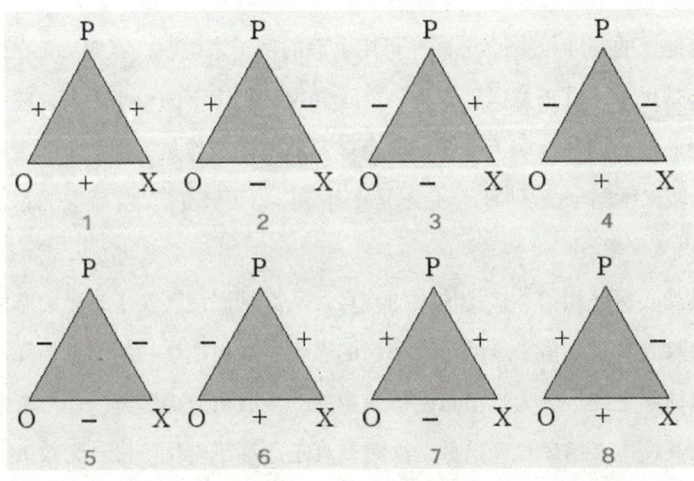

图 2-2　P–O–X 关系形式

判断三角关系是平衡的，还是不平衡的，其根据为：平衡的结构必须三角形三边符号相乘为正；不平衡的结构必须三角形三边符号相乘为负。

现举例说明这种三角关系。今有认知主体P（女青年），态度对象为O（男青年，为P的男朋友），X（男青年O自愿去做清洁工的工作）。

对此，可能存在三种情况：

（1）P对O与X皆持赞成态度（如图1），这是一种平衡状态。

（2）P对O与X皆持不赞成态度（如图4），这也是一种平衡状态。

（3）P对O持赞成态度，对X持不赞成态度（如图2），这就造成了不平衡状态。

在第三种情况下，P要达到平衡的解决办法为：

（1）P改变对O的看法，认为O很老实、肯干。

（2）P改变对X的看法，认为X（清洁工）也是工作的需要。

（3）P劝说O，不要去做清洁工。

由上可见，不平衡状态会导致认知结构中的各种变化，所以，态度可以凭借这种不平衡的关系而形成和改变。

3. 费斯汀格的认知失调理论

1957年，费斯汀格提出，认识因素是相对于个体的整个认知结构而言的。人们的认知结构由知识、观念、观点、信念等组成。每一个具体的知识、观念、观点都是一个认知因素的单元。比如"我要为四化建设做出贡献""我对某企业的领导很满意"这些都是独立的认知因素单元。个体内的许多认知因素，这些因素之间有的相关，有的没有相关，是彼此独立的。

有相关的认知因素之间存在两种情况，一是关系很协调，另一种情况是关系很不协调。前一种情况像"我喜欢学企业管理，因为企业管理是办好企业的关键"。后一种情况是"文化考试中数学占有重要位置，但我一想到数学就头昏脑涨"。认知因素之间的矛盾与失调会带来心理上的不快感，这时人们就会想方设法去减轻或解除这种不协调的关系；而当认知结构内各因素之间是协调的，他就想去保持这种关系。

认知因素之间的不协调强度愈大，人们想要减轻或解除不协调的动机也就愈强烈。一般说，解决这种矛盾的方法有如下几种：

（1）改变认知因素中不协调的双方中任何一种认知因素，使双方趋于协调。比如有的人可以决定"自己今后戒烟"，也可以怀疑"抽烟会生癌"的说法无根据，因为他们认为"不抽烟的人也可能生癌"。用这种方法就能协调认知因素的矛盾。

（2）添加新的认知因素，以缓和双方的矛盾。例如抽烟的人决定今后"改抽带过滤嘴的香烟"。这是一种用新的认知因素来解除或减轻原有的认识因素之间的紧张关系的方法。

费斯汀格的这一理论，实际上就是解决如何使认知矛盾达到统一，从而使得人们心情舒畅。这是从心理学的观点提出的解决思想矛盾的方法。

4. 信息传递理论

霍夫兰的信息传递理论为社会心理学的态度研究做出了巨大贡献。他认为，在信息传递过程中，影响态度变化的主要因素有：信息发出者提供信息的可信度、信息的内容结构、收信者的特点、收信者参与传递活动等。

（1）信度对态度变化有影响。信度指一个传播信源被接受者认为是值得相信和能够胜任的程度。霍夫兰等人提出，信度高比信度低更能引起态度的变化。他们做了这样一个实验：用生物医学杂志和大众月刊杂志向持怀疑或否定态度的被试宣传抗阻剂的效用，然后测定被试在接受宣传之后的态度变化。在实验之前，先对两种杂志提供的消息信度进行测定，有 81%～95% 的被试者对前一种杂志提供的消息评价为可信，只有 1%～2% 的被试对后一种杂志提供的消息评价为可信。在被试接受宣传之后，霍夫兰等人发现，前一种场合有 23% 的被试态度发生了改变，后一种场合只有 6.6% 的被试态度有改变。

（2）信息传递结构对态度的影响。信息传递的结构有两种：一种是只有一种意见的单一的传递，另一种是包括反面意见在内的全面传递。霍夫兰将这两种内容结构不同的信息传递录在磁带上，让被试听录音，然后测定被试的态度变化。实验结果显示了这样几种情况：被试的立场与信息传递的内容一致的时候，更多的是接受单一传递；在文化教育水平低的被试中，单一传递更有效；在文化教育水平高的被试中，全面传递更有效；全面传递的说服效果，既受到反宣传的影响，也还在起作用，就是说，全面传递的说服方式有抵制反宣传的效果。

（3）除此之外，霍夫兰等人还发现，当被试积极参与传递活动时，所得到的效果比单纯听广播要好。比如，在收听广播宣传的同时，组织小组进行讨论或评价，宣传内容更容易被接受，宣传效果更好。

三、态度的测量

态度是人们对待社会事物的心理倾向。一个人或若干个人对事物的态度会影响他或他们自身的认知、情感和行为，而态度的研究又离不开对它进行比较科学的测量和分析。社会心理学的研究表明，运用高信度和高效度的态度量表，可以准确地反映出所要测定的态度，为社会心理学和其他方面的研究提供比较可靠的数据和资料。

（一）态度测量的性质

方向性： 态度的每一个层面都具有正反两个方向，从测量方法的观点而言，这种分类法只能算是类别尺度，是质的分类而已，对态度不能进一步地做更量化的分析。

强弱性： 每一个态度层面都有正反两面，而正反两面又各有其强弱度。例如，对家庭计划的认识可以从非常好到非常差；情感层面的强弱，可以从无条件的喜欢到无条件的厌恶；行动倾向的强弱，也是可以从极强烈的支持家庭计划政策到极力地反对或攻击这种政策。

多面性： 是指各层面的组成种类与差异情形。例如，对科学的认识，可能有理论与应用之别。就感觉层面而言，有人对一个女人的爱，可以分为尊敬、吸引、友谊等，但对另一个女人可能说不出理由，只知道喜欢她；就行动倾向的多面性而言，一个人若要支持社会心理服务体系的发展，可能会有不同的行动方式，如在社区开设心理茶馆、开展公益科普讲座等。如果以强弱代表深度，则多面性可以说是代表态度的幅度。

一致性： 就同一事物的态度而言，态度的三种层面之间，大都有一致性的关系存在。如一个人关心农业问题，经常注意到其发展情况，则他的感觉及行动，不但比较朝向赞同的方向，而且支持的程度也比较强烈。属于同一类型的态度大都具有高度的一致性，例如喜欢小家庭的人可能比较赞同节育政策。

因为态度是一种潜在性变量，所以只能用间接法，从个人的反应来推测。态度测量方法当中，最常用而比较客观的方法是态度量表，而大部分态度量表都只是测量态度的强弱度。

（二）态度量表

态度量表主要有下列三种：总加法、累积法和等距法。

总加法量表：总加法态度量表由一整套态度项目构成，假设每一项目具有同等的态度数值，根据被试反应同意与不同意的程度给予分值，所有项目分数的总和即为个人的分数，这个分数的高低即代表个人在量表上或连续函数上的位置，以表示其同意或不同意的程度。总加法量表当中，最常用的是利克特量表。

累积量表法：累积量表一般称为哥特曼量表，哥特曼量表是单维的，即量表自身结构中存在着某种由强变弱或由弱变强的逻辑，因此也不会像利克特量表那样形成分数相同而态度结构形态不同的现象。它的每一个量表总分，都只有一种特定的回答组合与之对应，可以直接根据被测者所同意的陈述的数目及他的量表分数，来决定他对这一概念或事物的赞成程度，这也正是哥特曼量表的最大优点。

等距量表：等距量表也称瑟斯顿量表、区间量表，在等距量表中，量表上相等的数字距离代表所测量的变量相等的数量差值。等距量表包含顺序量表提供的一切信息，并且可以让我们比较对象间的差别，它就等于顺序量表上对应数字之差。等距量表中相邻数值之间的差距是相等的，1 和 2 之间的差距就等于 2 和 3 之间的差距，也等于 5 和 6 之间的差距。有关等距量表最典型的实际例子是温度计。

第五节　人际关系

人是社会性的动物，在社会生活中，我们几乎每天都要和他人打交道。从动机上来说，人们也会寻求与他人的关联，每个人都希望得到他所关心和重视的个人和群体的支持、喜爱和接纳。因此，人际关系是社会心理学中的重要内容之一。

一、人际关系概述

（一）人际关系的概念

广义的人际关系是指人与人之间的各种关系，包括经济关系、政治关系、法律关系、角色关系、文化关系、心理关系等一切方面。

狭义的人际关系是指人们在交往过程中所形成的人际关系。它关注的是这种心理关系的亲密性、融洽性和协调性的程度，其构成成分有认知成分、情感成分和行为成分。

社会心理学上所研究的人际关系是狭义的人际关系。

（二）人际关系的维度与类型

1. 人际关系的两个基本维度

中外心理学家研究发现，情感上的"亲疏"与地位上的"尊卑"是人际关系中两个最基本的维度。

研究表明，当互动双方在"尊卑"维度上表现出互补性（一方的支配行为引发另一方的顺从行为），而在"亲疏"维度上表现出对等性行为（如一方的友善引发另一方的友善）时，双方关系比较和谐；相反，当互动双方在"尊卑"维度上表现出对等性（双方都表现出顺从），而在"亲疏"维度上表现出对立性行为（如一方友善而另一方却带有敌意）时，双方关系容易紧张。

尊卑与亲疏在中国人的人际关系中有非常明显的表现，如中国人往往以自己为中心，把他人按与自己的亲疏远近分为几个同心圆圈，与自己越亲近的，处于越贴近中心的小圆圈内。人们用不同的交往法则来对待属于不同圈层里的人，跟中心越接近的，对他们越好。而且，尊卑有序也是中国乡土社会人际交往的一个特点。

2. 社会关系的四种模式

美国心理学家菲斯克综合了社会学、社会心理学和文化人类学的理论与研究，提出了一个相当系统的社会关系模式。他认为，社会互动主要有以下四种模式：

（1）共享：由团体成员共享情感与资源，不分彼此。在家人关系、亲密朋友关系中往往遵循这种模式。

（2）权威排序：依据年龄、阶层、地位等形成不对等的权威与顺从关系，如长幼关系、上下级关系等。

（3）对等互惠：双方平等，强调对等回报与交易的平衡。

（4）市场定价：双方基于理性，进行得失衡量，考虑成本与收益的比率，商业关系往往如此。

3. 中国社会中的人际关系类型

对于中国社会中的人际关系类型，已经有许多研究，这里简要介绍几种有代表性的观点。

（1）既有关系与交往关系

既有关系是指在某一时间点上两人关系中经由社会既定或认可的一些连带而形成

的一个交往基础。如同乡、同事、校友等都属于既有关系；交往关系则是在某一时间点上两人实际交往的状态。

加科布认为人际关系包含关系基础和情感两个部分。关系基础是指两人通过一些共同点所建立的关联；感情则是指彼此间由社会互动和相互帮忙而形成的联结。

（2）情感关系、工具关系与混合关系

①情感关系通常存在于家人、亲密朋友之间，是一种长久稳定的关系，他可以满足个人在关爱、温情、安全感、归属感等情感方面的需求。在情感关系中，人们基本上是本着"各尽所能、各取所需"的"需求法则"交往的。

②工具关系通常存在于陌生人间，是一种短暂的、不稳定的关系。人们与他人建立工具关系的目的是以这种关系作为达到其他目标的手段或工具。例如，店员与顾客之间、公交车司机与乘客之间的关系就属于工具关系。在工具关系中，人们通常按照"公平法则"交往，所遵循的法则类似于"市场定价"模式。

③混合关系介于情感关系与工具关系之间，双方有一定程度的情感关系，但并不是很深厚，没有达到可以随意表现出真诚的行为的地步。一般来说，亲戚、邻居、师生、同学、同事等关系就属于混合关系。混合关系在时间上具有延续性，因为双方预计将来有持续的或进一步的交往。在混合关系中，人们通常遵循"人情法则"，这种法则注重均等与互惠，类似于前面所说的"对等互惠"模式。

（3）核心区、可靠区及有效区

核心区域由一个人的家庭成员构成，包括亲近的族亲与姻亲，这是一个亲属网络的中心；可靠区域由一个人的好朋友们组成。核心区域与可靠区域之间的界限并非很严格，因为对一些人来说，最好的朋友可能比亲戚还亲近，从而可以进入核心区域。有效区域由一般亲友组成，包括的人数较多，在吸收新成员方面更加开放。

二、人际关系的发展

（一）人际吸引

自发性人际关系形成的第一步是吸引或喜欢。研究表明，影响人际吸引的因素主要有三个：相貌、正面的互动、相似性与互补性。

1. 相貌的吸引

虽然人们常说"人不可貌相""不要以貌取人"，但是在实际生活中，相貌对于

人际吸引具有十分突出的作用。一个人的相貌会影响我们对这个人的知觉和评价，也影响我们与他 / 她的互动。

研究发现，人们对于貌美的人，有一个很强的刻板印象，即"美就是好"。戴恩及其同事在实验中向大学生被试出示了三张外表吸引力不同的照片，请他们对照片上的三个人在 27 项特质上打分，并预测其未来的幸福程度。结果发现，大多数的被试都给予外表好看的人比较高的评价与预测。人们一般觉得外貌好看的人通常比较聪明、有趣、独立、会交际、能干等等。

2. 正面的互动

互动中存在所谓的不良交往行为，但更多的是存在着良好的交往行为，如能主动地替别人着想，倾听别人的谈话，热情帮助他人，等等。正面的互动，如友好的问候、友善的帮助等可以促进人际吸引，在交往的过程中可以使双方产生交情。

研究发现，交往本身就可以产生人际吸引，这是因为交往可以满足人们的一些基本心理需求。首先，交往可以帮助人们掌握外部世界；其次，交往可以使人找到联系感和归属感；此外，熟悉本身可以增进喜欢——与我们接触及交往越频繁的人，越容易成为我们的朋友，这就是所谓的"曝光效应"。

3. 相似性或互补性

当人们开始交往时，个人特质也是影响人际吸引的重要因素。其中最主要的有两个：一是真诚，这是保证两人的交往能顺利进行的必要条件；二是两人的相似性，包括态度上的相似性，行为偏好的相似性，价值观的相似性，个人建构（即个人形成问题、思考问题的方式）的相似性等。很多研究发现，相似性是产生人际吸引的重要因素。其原因主要表现在以下几方面：

人们愿意与那些与自己相似的人交往，即所谓的"物以类聚，人以群分"。相似使人们更加容易相互理解，有共同语言。例如，大学新生中，老乡之间会有几分亲近感；都是来自农村的同学也因为生活背景的相似而多一些共同语言；都爱好羽毛球的同学往往容易成为好朋友。

相似的人可以为我们的信仰和态度提供支持，使我们感到自己不是孤立无援的，更加坚定了我们的信念和态度是正确的。如果我的做法不对，为什么会有人支持呢？这时，相似者为我们提供了社会证实的作用。在生活中，志同道合者往往会成为朋友，知己、知音更是可能成为生死之交。

人们以为与自己相似的人会喜欢自己。因为人们更倾向于喜欢与自己相似的人，因此就想当然地认为人同此心，心同此理，觉得他们也会喜欢自己，这样就形成了一个良性循环。

一些研究发现，性格的互补也可能产生吸引。例如，依赖性比较强的人可能会吸引抚育性比较强的人，外向的人可能会吸引害羞的人。另外，当交往双方的需要与满足途径构成互补关系时，相互吸引的程度也会增加。例如，一个好为人师的人与一个比较谦虚、善于倾听的人可能会相互吸引。

相似性在关系发展的早期很重要，而互补性在关系发展的后期比较重要。

（二）关系的发展

在人际关系中，相互吸引只是人际关系的一部分。吸引可以增加人们相互交往的动机，但是它并不能保证关系的顺利发展。关系的进展，还要取决于人们的交往行为与交往动机。交往行为包括工具性的交换和情感性的交流，前者如互通有无、相互帮助等，后者如自我表露与内心交流、情感支持及相互陪伴等。交往动机则是指人们在交往中到底想要得到什么。

1. 社会交换

在社会交换理论看来，人际交往是一个社会交换的过程，人们之间的所有活动都是交换，是一种准经济交易：当你与他人交往时，你希望获取一定的利益，作为回报，也准备给予他人某种好东西，他人也是如此。交换的东西是非常广泛的，可以是物质的，也可以是"社会"性的，包括信息、金钱、地位、情感、服务等。

交往关系中的每个个体都会评估自己和他人在贡献和收益两方面的相对大小。如果他们觉得自己的投入获得了大致相等的回报，他们就会认为这种社会关系是公平的。公平性的关系是比较稳定和愉快的关系，当关系中存在不公平时，双方都可能感到不舒服，产生恢复公平的动机。

2. 自我表露

广义地说，社会交换过程中也包含情感的交流，而情感交流是与自我表露分不开的。所谓自我表露，就是我们常说的"敞开心扉"，即把有关自我的信息、自己内心的思想和情感暴露给对方。良好的人际关系是在交往双方的自我表露逐渐增加的过程中发展起来的。

自我表露可以增加他人对你的喜欢，但也必须注意分寸，过分的表露会让人感觉不舒服。一般说来，表露的范围和深度是随着关系的发展而逐步增加的，对于不同的关系对象，在不同的关系发展阶段，自我表露的广度和深度明显不同。在非常亲密的朋友面前，自我表露往往十分深入，达到所谓无话不说的地步。但是，需要注意的是，无论关系多么亲密，人都可能存在不愿意暴露出来的领域，这就是所谓的"隐私"问题。

3. 关系的发展

社会渗透理论认为，人际交往主要有两个维度：一个是交往的广度，即交往或交换的范围；二是交往的深度，即交往的亲密水平。关系发展的过程是由较窄范围内的表层交往，向较宽范围的密切交往发展。人们根据对交换成本和回报的计算来决定是否增加对关系的投入。良好人际关系的发展，一般会经过四个阶段：

①定向阶段：在人际交往中，人们对交往的对象具有很高的选择性。进入一个社交场合时，人们往往会选择性地注意某些人，而对另一些人视而不见，或者只是礼貌地打个招呼。在这个阶段内，人们只有很表层的自我表露，例如谈谈自己的职业、工作、对最近发生的新闻的看法等。

②情感探索阶段：如果在定向阶段双方有好感，产生了继续交往的兴趣，那么就可能有进一步的自我表露，例如工作中的体验、感受等，并开始探索在哪些方面双方可以进行更深的交往。这时，双方有一定程度的情感卷入，但是还不会涉及私密性的领域，双方的交往还会受到角色规范、社会礼仪等方面的制约，比较正式。

③情感交流阶段：如果在情感探索阶段双方能谈得来，就可能发展到情感交流阶段，彼此有比较深的情感卷入，谈论一些相对私人的话题，例如相互诉说工作、生活中的烦恼，讨论家庭中的情况等。这时，双方的关系已经超越了正式规范的限制，比较放松，比较自由自在，如果有不同意见也能够坦率相告，没有多少拘束。

④稳定交往阶段：情感交流如果能够在一段时间内顺利进行，人们就有可能进入更加密切的阶段，双方成为亲密朋友，可以分享各自的生活空间、情感、财务等，自我表露更深更广，相互关心也更多。一般说来，能够达到这一境界的关系相当少，这也就是人们常说的"人生难得一知己，千古知音最难觅"。

（三）密切关系

当双方有了深入、全面的情感交往之后，他们的关系就会发展到密切关系。在很多不同的生活领域中，都存在这种很强的、频繁的、相互依赖的密切关系。这种关系的特征主要有以下几点：

1. 相互依赖：即双方的思想、情感和行为相互影响。例如，当一方生气时，另一方也会闷闷不乐。

2. 共同活动：关系密切的双方来往频繁，他们喜欢经常待在一起。

3. 自我与密切伙伴之间的界限被打破：对方成为个人心理自我的一部分，双方有很深的情感卷入和高度的相互依赖。

4. 交往动机的转变：由注重交易转变为追求共享；由关注个人一时的得失，转变为关注双方共同的利益，对共同利益产生责任感。

5. 亲密感：即心理上的密切感，表现为广泛的自我表露，相互理解，相互关心，相互接纳。需要注意的是，亲密感有可能带来危险，由于我们对关系密切的伙伴没有任何的防备，已经进行了深入的自我表露，如果他们要攻击我们，就很容易找到我们最致命的地方。而且，这种情感上的背叛也会使我们深感痛苦。

6. 承诺：双方关系的投入与承担是关系延续的主要因素，双方都会表现出自己是可靠的、负责的、可以信任的。

三、人际冲突与人际合作

在社会生活中，冲突、竞争与合作是一个普遍存在的现象，对于人类的生存与发展具有重要的影响，这里我们主要讨论人际关系层面上的冲突与合作。

（一）人际冲突

当人们开始交往、建立关系之后，分歧就难以避免，冲突也就可能出现。冲突的结果可能是负面的、消极的，也可能是正面的、积极的。

1. 冲突的实质

冲突是一种对立的状态，表现为两个或两个以上的相互关联的主体之间的紧张、不和谐、敌视，甚至争斗关系。

人际冲突可以分为不同的层次和类型：第一层次是特定行为上的冲突，即双方对于某个具体问题存在不同意见，如夫妻二人一起外出度假时，对具体搭乘什么交通工具意见不一，一个想坐飞机，一个想坐火车。第二层次是关系规则或角色上的冲突，即双方对于如何处理两个人的关系，在关系中各自的权利、义务有不同的理解。如一对夫妻可能在家务劳动怎样分工上存在分歧。在人际关系中，有些角色规范比较明确，也有一些角色规范比较模糊，如果两个人对于规则看法不同，就难免发生冲突。第三层次是个人性格和态度上的冲突，这往往牵涉到双方人格与价值观的差异，因此是比较深层次的冲突。例如，一对夫妻可能因为性格不合而闹矛盾，在周末，一方喜欢找一大堆朋友来家里玩，另一方则喜欢两个人单独在一起。

在人际交往中，这三个层次的冲突可能是交织在一起的。行为上的分歧，可能引起关系规则上的矛盾，并进一步导致个性上的冲突。一般来说，冲突层次越深，涉及的因素就越多，情感卷入程度就越高，矛盾就越复杂，解决起来也越难。

2. 冲突的过程

冲突不是一种静止的状态，而是一个动态的过程，在这个过程中，冲突双方的认知、情绪和关系都有可能发生变化。美国学者潘迪曾经提出冲突的五阶段模式：

（1）冲突潜伏阶段：导致双方冲突的客观条件已经基本具备，也就是说，双方相互依赖，而且在某些方面存在差异，难以兼容，但双方还没有明确意识到这种不兼容。

（2）冲突知觉阶段：双方认识到他们之间的差异，而且认为彼此不能相容。

（3）冲突感受阶段：双方开始分析冲突的性质，思考应对策略，而且还出现了一些情绪性的反应（如紧张不安、不舒服、愤怒等），在这个阶段，双方需要做出选择，是回避冲突，还是公开面对冲突。

（4）冲突外显阶段：当一方将冲突公开化时，双方可能发生言语上的争执、情绪上的对立，甚至行为上的对抗。在这个阶段，很容易出现冲突的升级，将矛盾扩大化、情绪化。

（5）冲突结果阶段：冲突意味着平衡关系的破坏，经过一段时间的互动，双方关系一般会达成一个新的平衡，这时就进入冲突的结果阶段。冲突的后果可能是两败俱伤，也可能是一胜一负，如果处理得当，也可以双赢。

3. 冲突的管理

冲突管理指的是人们采取一定的行为来应对、处理冲突。冲突处理方式可以分为五种常见的模式。

（1）竞争模式：当一方比较关心自己的需求，对对方的需求并不在意时，他采用的就是竞争模式。竞争行为表现出比较强的权利意识和支配性，其结果往往是一正一负。

（2）回避模式：对自己的需求与他人的需求都漠不关心，即运用逃避的方式来处理冲突。采用这种模式的人希望尽量不使冲突公开化。

（3）顺应模式：这是一种向对方让步的做法，他高度关注对方的需求，忽视自己的需求。

（4）妥协模式：双方都放弃部分利益，以便在一定程度上满足部分需求，即双方都有所坚持，也有所退让，没有绝对的赢家，也没有绝对的输家。

（5）合作模式：将冲突作为需要双方来共同处理的问题，通力合作，努力寻求双赢的结果。

一般来说，前三种处理冲突的效果不佳，可能会进一步加剧冲突，使人感到愈发烦心，或者使问题被搁置起来、隐藏起来，得不到解决。后两种处理冲突的方法就比较有效，但是并不见得适用于所有情境。

（二）人际合作

合作是解决冲突的有效方式。合作的必要条件有两个：一个是关系的持续，一个是相互回报。为了提高合作性，可以从以下几个方面去努力：

1. 建立持久的关系。

2. 增加识别对方行为的能力。

3. 要维护自己的声誉，保证相互信任。

4. 要保证对关系的控制力，分步合作，对对方的行为要做到奖罚分明。

四、利他行为与侵犯行为

（一）利他行为

与利他行为关系密切的还有两个概念：亲社会行为与助人行为。亲社会行为是指任何对他人、对社会有利的行为，如帮助他人、自觉保护环境等。助人行为是指以个人为对象的亲社会行为。利他行为则是指不期待任何回报的亲社会行为。

1. 利他行为的特征

（1）利他行为的目的是有益于他人，而不是为了自己的私利。

（2）利他行为是一种自觉自愿的行为，不是迫于外界压力而做出的。

（3）利他行为不求任何回报，是一种真正的无私奉献。

（4）利他行为具有自我牺牲性，他需要个人付出一定的代价，但是个人并不会计较。利他者往往不仅是勇于奉献，而且是乐于奉献，帮助他人可以使他们获得心理上的满足。

2. 利他行为的原因

社会生物学家认为，利他行为并非人类所特有，动物也有利他行为。利他是动物以个体的"自我牺牲"换取物种存在和延续的一种本能。至于人类是否存在先天的利他性，并通过遗传传给后代，目前还没有充分的证据证明。

社会规范论认为，人类道德中的一个普遍准则是交互性规范，即社会对个体行为有这样的期待：人应该帮助那些曾经帮助过自己的人。利他是一种社会交换，其收益是自我价值的提高和焦虑的减小。交互性规范是社会交换的基本原则。

人类社会还有另外一种普遍的规范，社会责任规范。社会期待人们帮助那些需要帮助的人，社会责任规范可以解释人类利他行为的起源。

3. 利他行为的影响因素

（1）自然环境：良好的气候及环境使个体心情愉悦，往往会使个体增加利他行为，而噪音等恶劣环境因素则会使个体减少利他行为。

（2）社会情境：个体遇到需要帮助的社会情境，首先会对情境的意义和性质进行解释，判断是否属于紧急情况，是否需要介入，然后才会采取行动。在情境的性质不甚清楚的时候，个体往往参考在场其他人的反应来做出判断。

（3）时间压力：当个体自己很忙，时间紧张时，往往难于利他。

（4）利他的对象的特点：与利他者相似的人（特别是态度与价值观相似）、未伤害过利他者的人以及有吸引力的人，更容易被利他者帮助和救援。

4. 利他者的心理特征

（1）心境：个体心情愉悦时对他人及事物往往有积极看法，容易出现利他行为。

（2）内疚：个体做错了事感到内疚时，倾向于做些好事加以补偿，以减轻内疚造成的心理压力，但内疚如果得到弥补后，心理压力减少，则会导致利他行为的减少。

（3）人格：一些人格因素影响利他行为。社会责任感与利他行为呈正相关，移情能力和自我监控能力也与利他呈正相关。

（二）侵犯行为

侵犯行为又称为攻击行为，是一种有意伤害他人，引起他人生理上或心理上的痛苦的行为。

1. 侵犯行为的原因

研究表明，导致人们做出侵犯行为的原因是多种多样的，其中主要原因有：因为被别人侵犯而反击、为了达到某种目的而侵犯、本能的表现、由于受到挫折而侵犯、基于模仿而侵犯等。

（1）对侵犯行为的反击

"人不犯我，我不犯人；人若犯我，我必犯人"，这是不少人遵循的行为准则。由于受到别人的攻击而"以牙还牙"是侵犯行为最普遍的原因。当人们感到自己被侵犯过，或者被不平等地对待过时，人们就可能即时回击，或者在自己认为合适的时候反击。

（2）工具性侵犯行为

有时，一些人的侵犯行为纯粹是一种手段，是基于理性的算计，为了达到某种目的而去攻击他人。在竞争或冲突情境中，有些人认为"进攻是防守的最好形式"，于是采取攻击的手段来谋取自己的利益。

（3）本能性侵犯行为

有些学者认为，许多动物往往为了争食物、领地和支配权而相互斗争，人类也是如此。而且，高级的需要也能够引起侵犯行为，例如为了自尊、为了信仰，人们也可能会攻击别人。如前所述，对于侵犯行为是否是本能的，还存在争论。

（4）挫折引起的情绪性侵犯行为

当人们的目标行为受到阻碍或被打断时，就会产生挫折感。研究表明，挫折经历往往会增加侵犯行为发生的可能性。按照弗洛伊德等人的理论，如果个人积聚了过多的能量，这些能量就必须找到宣泄口，当自然的宣泄口（有目的的行为）被阻断时，能量将可能转移，找到其他替代性的宣泄口。对与目标有关或无关的物体或人的侵犯行为，也是宣泄的途径之一。一些学者指出，并非所有的挫折都会导致攻击，当挫折是合理的、可以理解的时（例如因为自己不够努力而没有通过考试），它通常不会引起攻击行为。研究还发现，除了挫折感之外，其他的负面情绪也可能导致攻击行为。

（5）模仿引起的侵犯行为

研究表明，模仿可能导致侵犯行为，这一点在青少年身上尤其突出。例如，一些青少年看了有暴力镜头的电影或电视之后，就可能模仿其中的行为。

2. 对侵犯行为的应对

在人际交往中，无论是为了有效地应对别人的侵犯行为，还是为了减少自己的侵犯行为，我们都需要学会采取自持行为。自持行为是指在不侵犯别人权利的情况下维护自己的权利。一方面，它不同于放弃自己权利的过分顺从行为，敢于坚持自己的正当权利；另一方面，它又不同于在追求自己的权利或利益时侵犯别人权利的攻击行为。

需要自持行为的情境很多。例如，在"禁止吸烟"区要求某人熄灭烟头；买到不合格的商品后去商店退换；要求共用一个办公室的一位同事到别处聊私事；重新开始与和你争吵过的人讨论工作；等等。以下是一些学者总结的采取自持行为的几种技巧：

（1）基本的自持是维护自身权利的简单表达。例如，当别人总是打断你的话时，你可以语气平和地告诉他："对不起，我要说完我的话！"

（2）当别人批评你的想法，却没有充分的理由时，你可以采用模糊化的方法，即不对批评提出挑战，只是说"你也许是对的，但是……"，然后进一步说明你的主张。

（3）如果你发现自己和对方以前在某件事情上达成的约定被他忽略了，你可以用自持的陈述或提问提醒对方。

（4）使用坚决而稳定的语音和以事实为基础的语气。

（5）不要谴责或指责对方，也不要威胁对方。

第六节　群体心理

一、社会群体概述

（一）社会群体

社会群体是人们通过一定的社会关系结合起来进行活动的共同体，是构成社会的基本单位之一。每一个群体都具体体现了个人与个人之间、个人与整个社会之间的某些特定的相互关系。

社会群体是社会协作的产物，它是一种极为普遍的社会现象，涉及人类生活的各个方面，有政治群体、工作群体、娱乐群体、朋友群体等。一个人可以同时参加几个群体，他可以是家庭成员，又可以是工作群体的成员；可以参加工会组织，又可以归属于某个党派。

（二）社会群体的特征

1. 社会群体首先是一群人，家庭、小组、班级、公司、国家、民族都可以是一个群体。

2. 社会群体存在着一个结构，比如角色分工。

3. 有一定的目标。

4. 群体成员要明确意识到自己是属于某个群体的，以及群体的界限。

5. 要有共同的价值追求和规范。

（三）群体心理效应

在现实生活中，我们常常可以看到，一个人单独表现的行为与在群体中表现的行为是不一样的，这是因为群体心理存在的结果。人们在群体中相互作用，相互影响，就产生了群体心理，如群体需要、群体规范、价值、情感等，它们都对个体的行为发生制约作用。每个群体都有这种心理特征，不同的群体有不同的心理特征。群体心理对个体的作用，主要表现在以下几个方面：

1. 群体归属感

这是个体自觉地归属于所参加群体的一种情感。有了这种情感，个体就会以这个群体为准则，进行自己的活动、认知和评价，自觉地维护这个群体的利益，并与群体内的其他成员在情感上发生共鸣，表现出相同的情感、一致的行为以及所属群体的特点和准则。例如，一个大学生在社会上表明自己身份时，总是说我是某个学校的，在学校时，则强调自己是某个系的。这种表现学校、系身份的意识，就是归属感的一种具体表现。群体的归属感，由于群体内聚力的高低不同，其表现的程度也就不同。群体内聚力越高，取得的成绩越大，其成员的归属感也就越强烈，并以自己是这个群体的成员而自豪，所以，先进群体成员的归属感比落后群体成员的归属感要强烈。另外，一个人在一生中可以同时或先后参加几个不同的群体，他对这些群体都会产生归属感，而最强烈的归属感是对他生活、工作和其他方面影响最大的那个群体。一般来讲，人们对家庭的归属感要比对工作群体的归属感要强烈得多。

2. 群体认同感

群体认同感，即群体中的成员在认知和评价上保持一致的情感。由于群体中的各个成员有着共同的兴趣和目的，有着共同的利益，同属于一个群体，于是在对群体外部的一些重大事件和原则上，都自觉保持一致的看法和情感，自觉地使群体成员的意见统一起来，即使这种看法和评价是错误的，不符合客观事实，群体成员也会保持一致。例如，某个成员与群体外的他人发生意见冲突，那么群体内的其他成员就会与本群体的这个成员的意见保持一致，认为他说的对而批驳对方。群体认同分为自觉主动和无奈被动两种情况。

3. 群体的促进和干扰作用

在现实生活中我们常常可以看到，个人单独不敢表现的行为，在群体中则敢于表现，一个人在独处时很少做的事情，在群体中却做了，这就是说，个人在群体中变得胆大起来。这是由于归属感和认同感使个人把群体看作是强大的后盾，在群体中无形地得到一种支持力量，从而鼓舞了个人的信心和勇气，唤醒了个人的内在潜力，做出了独处时不敢做的事情，并且当群体成员表现出与群体规范的一致行为，做出符合群体期待的事情时，就会受到群体的赞扬，从而就使个体感到其行为受到群体的支持。这种赞扬和支持，主要体现在个人心理的感受上，一个动作、一个眼神、一个表情，甚至仅仅是同伴在场，都可以成为发挥作用而被个体体会到，从而强化其行为。

然而，群体的这种鼓励作用，并不是等同地发生在每个成员身上。有的支持力量较大，有的则较小；还有的则感受不到支持，甚至还会产生干扰作用。因此，一个群体能否对其成员产生促进作用，要受成员个人一定条件的制约。

（四）群体分类

群体是各种各样的，群体的性质、结构、作用和活动方式各不相同，根据不同的标准可以把群体划分为不同的类别。

1. 统计群体与实际群体

统计群体，指实际上并不存在，只是为了研究和分析，把具有某种特征的人在想象中组织起来，成为群体。这种群体主要在于统计学中，如老年群体、青年群体等。

实际群体，是指在一定空间和时间范围内存在的群体。这类群体有着明显的界限和实际的交往，如部队的连排班、学校的班级等。下面所述的主要是实际群体。

2. 初级群体与次级群体

初级群体，又称为直接群体、基本群体或首属群体，指它的成员相互熟悉、了解，是以感情为基础结成亲密关系的社会群体。典型的初级群体有家庭、邻里、朋友和亲属等。

次级群体，又称间接群体或次属群体，指的是其成员为了某种特定的目标集合在一起，通过明确的规章制度结成正规关系的社会群体。典型的社会组织，学校、企业和政府部门等。

3. 正式群体与非正式群体

正式群体是指具有正规化制度的群体，其成员间的互动采取制度化、规范化的方式，成员的权利、义务以及彼此间关系通常有明确的、成文的规定。

非正式群体则恰恰相反，群体成员之间通过经常性的自由交往，形成了一些不言而喻的规范和角色期望，大家自然地结合在一起。

4. 内群体与外群体

内群体，指成员有团结、忠心、亲密及合作感觉的群体，成员在心理上自觉认同并归属于这个群体。一般而言，人们的日常生活大多是在内群体中进行。

外群体，泛指内群体成员以外的其他任何别人的结合。内群体和外群体常常相互隔离，乃至处于对立的地位。当彼此有严重的利益冲突时，比较容易导致抵制、争斗，甚至是侵略等行为。

5. 所属群体与参照群体

所属群体是成员身份所属的群体，它规定着成员的身份及日常活动。

参照群体也叫渴望群体，是指某些人或群体被当成自己的参照对象，作为自己模仿、学习的榜样，参照群体一般是与所属群体同类的群体。有时，根据成员的不同需要，团体内部也会形成不同的参照群体，同一参照群体在不同时期的意义也会有所不同。

（五）群体凝聚力

群体凝聚力，又称群体内聚力，是由群体对成员的吸引力，成员对群体的向心力，以及成员之间人际关系的紧密程度综合形成的，是使群体成员固守在群体内的内聚力量。即使相同类型的群体，其群体凝聚力的差别也往往很大，群体凝聚力的影响因素主要有以下几种：

1. 群体的领导方式

群体的领导们有其各自的领导方式，而不同的领导方式又会对群体凝聚力的大小产生不同的影响。心理学家勒温和怀特等人经过实验发现，采用"民主型"领导方式的小组成员比采用"专制型"和"放任型"领导方式的小组成员之间更友爱，思想更活跃，态度更积极，群体凝聚力更高。

2. 群体成员的一致性

这里的一致性是指群体成员的共同性或相似性。如果群体成员有共同的目标、共同的需要、共同的兴趣爱好，则成员之间的行为表现容易达成一致，群体的凝聚力就更强。应该说，群体成员的一致性是凝聚力的基础。

3. 群体规模

群体规模的大小也是影响群体凝聚力的一个重要因素。群体规模过大，成员之间相互接触的机会则会相对减少，彼此之间的关系也会比较淡薄，易造成意见分歧，从而降低群体的凝聚力；若群体规模过小，群体力量不足，又会影响任务的完成。因此，群体的规模，应既能保证群体的工作机能，又能维持群体的凝聚力。一般说，群体规模以 7 人左右为宜。

4. 外部的影响因素

外部压力也是影响群体凝聚力的一个重要因素。研究证明，当群体遭到外部压力时，群体成员会放弃前嫌，紧密地团结起来一起抵抗外来威胁，从而有利于增强群体成员的团结精神，提高群体的凝聚力。

5. 群体成员需求的满足

任何一个人参加一个群体，总希望群体能满足其一定的需求，既包括物质上的需求，也包括精神上的需求。群体对个人需求的满足度越高，对成员的吸引力就越强。

6. 群体内部的奖励方式

群体内部的奖励方式对群体成员会产生不同的心理影响，进而影响到群体的凝聚力。只强调个人成功，对个人进行奖励，势必会造成群体成员之间的矛盾。研究证明，个人和群体相结合的奖励方式易增强成员的集体意识和工作责任感，有利于增强群体的凝聚力。

二、社会影响

社会影响是指在他人的作用下，个体的思想、情感和行为发生变化的现象，社会影响是一种非常普遍的社会心理现象。

（一）社会促进

社会促进也称社会助长，指个体在完成某种活动时，由于他人在场而提高了绩效的现象。他人在场的形式有实际在场、想象在场和隐含在场。

与社会促进相反，有时候他人在场，反而会使个体的工作绩效降低，这种现象称为社会干扰，也称社会抑制。

社会促进是群体影响效果实验中最早发现的群体心理现象。早在1898年，美国社会心理学家普利特在考察自行车选手的骑车速度问题时发现，选手们在有伙伴在场的情况下，比单独骑车速度快。这也是历史上第一个严格的社会心理学实验。20世纪20年代，实验社会心理学的创始人F.H.奥尔波特在哈佛大学领导了一系列有关他人在场对个体绩效影响的研究，并最终提出了社会促进的概念。

社会促进的生理机制是，别人的工作表现和动作可以转换为自己的外界刺激，从而引起自己同样的或相似的心理反应或动作表现。比如，看到别人手指的动作很灵巧，会立即想到自己手指的动作，并依照别人的动作来修正自己的动作，于是，别人的灵巧动作起到了刺激作用。另外，在有别人在场的条件下，别人的观察起社会评价作用，能提高自我评价能力。

社会促进主要有两种效应：

1.结伴效应：在结伴活动中，个体会感到某种社会比较的压力，从而提高工作或活动效率。

2.观众效应：个体从事活动时，是否有观众在场，观众多少及观众的表现，对其活动效率有明显影响。

（二）优势反应强化说

美国学者扎荣克提出的优势反应强化说，可以比较好地解释社会促进和社会干扰现象。

该理论认为，一个人在动机水平很强烈的时候，他的优势反应能很轻易地表现出来，而较弱的反应则会受到抑制。所谓优势反应，指的是那些已经学习和掌握得相当熟练，成为不假思索就可以表现出来的习惯动作。如果一个人从事的活动是相当熟练的，或者是很简单的机械性动作，则他人在场使之动机增强，活动更出色；相反，如果他所从事的活动是正在学习的、不熟练的，或者需要费脑筋的动作，他人在场使之动机增强，反而会产生干扰作用。

这一假说提出后，许多研究者深化并发展了这一假说。进一步的研究表明，个体可以通过其竞争动机和他人对其评价的认知获得社会促进效果。在结伴活动中，每个人都试图自己干得快一些、好一些，实际上这是一种隐含的竞争动机。此外，他人在场也会唤起个人对他人评价的认知，这可能是影响社会促进更为重要的因素。

（三）从众

1. 从众的概念

从众，是指他人从事某一活动，自己也去从事这一活动的现象。按群体中多数人的意见行事，自己不另搞一套。

社会心理学指出，个体在群体中常常会不知不觉地受到群体的压力，而在知觉、判断、信仰以及行为上，表现出与群体中多数人一致的行为倾向，这就是从众现象，或称为从众行为。应该明确，从众现象是一种较为普遍存在的心理现象，它是一种直觉的心理反应，不能与丧失立场、没有原则这些问题混为一谈。

2. 从众行为的特点

（1）引起从众的群体压力可以是真实存在的，也可以是想象的。个体想象中的群体的优势倾向，也会对个体造成压力，使其选择与想象的多数人的倾向相一致的行为。

（2）群体压力可以在个体意识到的情况下发生作用，使个体通过理性抉择，选择从众；也可以在没有意识到的情况下发生影响，使人不自觉地跟随多数人行动。

（3）从众行为有时虽然不符合个体的本意，但却是个体的自愿行为，自愿性是从众的重要特点。

3. 从众的功能

（1）从众具有促进社会形成共同规范、共同价值观的功能。社会生活中的从众行为大多不具有直接的社会评价意义，它本身无所谓是积极的或消极的，它对人的作用主要取决于行为本身的社会意义。在社会中，多数人的观念与行为保持大体一致是必要的。一个社会需要有共同的语言、共同的价值观与行为方式，只有这样，社会成员之间的沟通、交往才有可能。社会成员的沟通与互动则会促进这种一致性和共同性的发展。

（2）从众具有让个体适应社会生活的功能。从个体来看，人在许多方面只有与社会主导倾向保持一致，才能更好地适应社会生活。任何个体，无论他多么聪明绝顶，其知识也是有限的，不可能多到足以使他适应遇到的每一种社会情境。个体需要以从众的方式，在较大程度上使自己逐渐适应未知世界。

当然，从众毕竟是一种被动地接受群体影响的方式，如果凡事从众，缺乏独立思考，也会使自己失去主动性和创造性。正当的做法是从众但不盲从，考虑社会规范但也要发展自己的个性。

4. 从众的类型

根据行为是否从众，以及行为与内在是否一致，可以将从众大致分为以下三种类型：

真从众： 个体不仅外在行为与群体保持一致，而且内心也相信群体的判断，这是一种表里一致的从众，行为与认知不存在冲突。

权宜从众： 个体行动上与群体一致，但内心却怀疑群体的判断，相信真理在自己这边，只是迫于群体的压力，暂时在行为上附和群体的要求。这是日常生活中最普遍的一种从众形式。由于外在行为与内在判断不一致，个体会出现认知失调，表现出焦虑的情绪。

反从众： 个体内心倾向与群体一致，但由于各种原因，外在的行为表现与群体的主流不一致。比如群情激奋时，作为领导也受到感染，想法和感受与员工一致，但为了防止事态失控，领导在行为上表现得却很理智和冷静。

5. 从众行为的原因

寻求行为参照： 在许多情境中，个体由于缺乏知识或其他原因（如不熟悉情况等），必须从其他途径获得自己行为合适性的信息。按照社会比较理论的说法，在情境不确定时，其他人的行为最有参照价值。个体从众，指向多数人的行为，自然是找到了较为可靠的参照系统。

对偏离的恐惧： 偏离群体，个体会面临较大的压力甚至制裁。任何群体均有维持一致性的倾向及相关的执行机制。对那些与群体保持一致的成员，群体的反应是接纳、喜欢和优待；而对偏离者则倾向于厌恶、拒绝和制裁。

在社会中，多数人实际上已有尽量不偏离群体的习惯。个体从众性越强，其偏离群体时产生的焦虑就越大，也就越不容易偏离。从跨文化社会心理学的研究来看，东方文化更倾向于鼓励人们的从众行为，因而东方人较容易产生对偏离的恐惧。

群体凝聚力： 群体凝聚力指群体对其成员的吸引水平，以及成员之间的吸引水平。凝聚力高的群体中的成员，群体认同感较强，与其他群体成员之间有密切的情感联系，有对群体做出贡献和履行义务的自我要求。

6. 影响从众的因素分析

为什么会从众？人们往往认为，众人提供的信息更加全面可靠，生活的经验告诉人们，个人生活中所需要的大量信息，都是从别人那里得到的，离开了众人提供的信息，个人几乎难以活动。

个体的特点：①获得正确信息的愿望。每个人都有获得正确信息以确定恰当的行为方式的愿望，而每个人所需要的生活、学习、工作各方面大量的信息都是别人提供的。②与群体保持一致。人们通常认为，他人对事物的认知是值得自己参考的，经验告诉人们，与他人在某些方面一致是对个人生活有好处的。③性别差异。研究表明，社会分工形成的男女差异，在从众表现上有所不同。有关政治，女性有更多的从众；有关服饰方面，男性有更多的从众；在中性的刺激物方面，男女没有太大的从众差异。

群体方面：①群体的一致性。当某人不赞同群体的一致性意见时，他会感受到巨大的压力，而如果群体中有人对这种一致性意见也提出异议，不管这个人是专家还是无名小辈，不管对这个人有无好感，他都会受到很大鼓舞，降低从众的程度以及反对的焦虑。②群体的规模。群体规模越大，持一致意见的人越多，持不同意见者感到的压力就越大，从众表现越显著。③群体成员的身份。一个人越是认为自己有知识、有能力，就越不容易屈服于群体的压力。④群体接纳个体的程度。研究表明，被群体接纳程度低的个体，在公开场合表现出相当高的从众性，而私底下则从众性较低；那些被群体接纳程度高的个体，无论在公开场合还是私下场合都表现出较高的从众性。⑤群体的专长：对个人来说，一个群体越有专长，他对群体就越信任，也就越把群体的意见当作有价值的信息。

刺激物因素：实验发现，刺激物的性质是影响从众行为的重要因素。如果刺激模棱两可，人们越可能表现出从众；如果刺激对观察者来说是无关紧要的和不涉及原则问题的，人们越可能表现出从众。

（四）集群行为

集群行为，也被称为集体行为、集合行为，是一种在人们激烈互动中自发发生的无指导、无明确目的、不受正常社会规范约束的众多人的狂热行为。集群行为不同于群众运动和群众活动，具有以下几个特征：

自发性：集群行为并不是预谋的，而是一群人受到某种刺激后，自然哄起的行为。它既无组织，又无领导，而且活动也无计划，无法预料其发展的趋势，只是一群情绪激动的人聚集在一起，竞相做出某种行为。

狂热：这种行为的每个参加者情绪都异常激动，处于狂热之中，行动完全被激情所支配，没有方向没有目的，而且缺乏理智的考虑。大家聚集在一起，相互发泄，相互刺激，狂呼乱喊，盲目行动，完全不考虑其行为的后果。

非常规：集群行为往往不受正常社会规范的制约，肆意践踏和破坏社会准则。他们的行为不受理性指导，而是完全凭借个人一时的心血来潮，做出各种违反常规的行为，扰乱社会秩序。

短暂：这种行为，由于是一时情绪冲动引起的，因此不会长久。它往往是大家发泄了内心的积怨，减轻了心理紧张后，行动即告结束，就像旋风一样，但如果持续下去被人利用，成为有组织、有目的的活动，那就不再是集群行为，而是群众运动了。

（五）民族心理

1. 冯特的"民族心"说

作为一个有开创性的心理学家，冯特认为，民族共有一种融合在民族本性中的精神。这种精神是一个民族心理过程的承担者、实体，就是说，民族心不存在于个人心理过程中，不是个人心理能够说明的，而是存在于一个民族的语言、风俗、神话、艺术、法律等文化现象中，只能到这些民族共有现象中去寻找。

2. 荣格的集体无意识理论

瑞士心理学家荣格创造性地发展了弗洛伊德的无意识理论。他认为人类精神由若干不同的彼此相互作用的系统和层次组成，包括意识、个人无意识和集体无意识。意识是人心中能够被个人直接知道的部分；个人无意识是指所有那些微弱得不能达到意识领域，或者不能存留在意识之中的体验；个体无意识由那些曾经一度被意识到后来又被忘却了的心理内容所组成，而集体无意识的内容在人的整个一生中却从未被意识到。

集体无意识实际上是人类文化通过一代代遗传而形成的、在群体生活的深层起作用的无意识现象，他和一个民族的精神文化分不开。比如，"恻隐之心，人皆有之"在中国的道德行为中是一种不必加以思索，就自然而然地起作用的情感，是中国文化的仁爱精神通过几千年的历史遗留给中国人的一种感情态度。

3. 弗洛姆的社会无意识理论

弗洛姆与荣格都是新弗洛伊德主义的代表人物，他在弗洛伊德个人无意识的基础上，提出了社会无意识概念。社会无意识是指一个社会的大多数成员共同的被压抑的意识领域，是这个社会不允许其成员们意识到的内容。

弗洛姆指出，社会无意识是通过社会过滤器形成的。每一个社会阶段，都会通过自己的生活实践和联系的方式，通过感情和知觉的方式，发展出一个决定认知形式的体系或范畴，这就是社会过滤器。社会过滤器是一种社会认知框架，由社会结构决定，促使该社会的成员在认知时选择性地注意到什么，不能注意到什么。

4. 中国民族心理研究

中国的民族心理研究多从文化的视角进行考虑，中国人民大学的沙莲香教授在关于民族心理的研究中提出了中国人的双重认知取向观点，她认为，中国文化中的人性有双重含义。"人本"意义上的人性，是本于天的"天性"，具有先验性，人生而具有，"性相近也"；"人文"意义上的人性，是本于仁的"人性"，为后天习得，"习相远也"。

中华文化赋予了人性以双重特性，是"天性"与"人性"的统一。人性的这种双重特性，决定了"己"与"人"的不相分离，"己"与"关系"息息相关，既是人的载体，又是关系的载体。

任何民族的心理都有相似的"人本"之人性，各个民族也都有各自的"人文"之人性，二者相互作用形成一个民族特有的心理。中国的民族特点在于，这个人文之性在"仁"，"仁"规定了"己"的关系性和双重性。人本与人文之间相通又相区别。

第七节　爱情婚姻

一、爱情

（一）爱情的定义

著名的爱情研究学者哈特菲尔德认为，爱情是人际吸引最强烈的形式，是身心成熟到一定程度的个体对异性个体产生的有浪漫色彩的高级情感。其特点如下：

1. 爱情一般是在异性之间产生的，狭义的爱情专指异性恋，不含同性恋。

2. 爱情是个体发展到身心相对成熟的阶段时产生的情感体验，幼儿没有爱情体验。

3. 爱情是一种高级情感，不是一种低级情绪。

4. 爱情有生理基础，包括性爱因素，不是纯粹的精神上的依恋。

5.爱情的基本倾向是奉献，衡量一个人对异性有无爱情、强度如何，可以通过"是否发自内心，帮助所爱的人做其所期待的所有事情"这个指标来判断。

（二）爱情与喜欢

社会心理学家鲁宾对爱情和喜欢的形式进行了系统的研究，他发现爱情不是喜欢的一种特殊形式，爱情与喜欢是两种不同的情感。爱情与喜欢的区别主要表现在三个方面：

1.依恋：卷入爱情的双方在感到孤独时，会有强烈的情感去寻找对方来陪伴或宽慰，而喜欢的对象不会有同样的作用。

2.利他：恋爱中的人会高度关怀对方的情感状态，觉得对方快乐和幸福是自己义不容辞的责任。在对方有不足时，也会表现出高度的宽容。以自我为中心、自私自利的人，在恋爱中也会表现出某种理解、关怀、宽容和无私。

3.亲密：恋爱的双方不仅对对方有高度的情感依赖，而且会有身体接触的需求，性是爱情的基础，是爱情的核心部分。

（三）爱情的发展阶段

社会交换论者视求爱者为理性主义者，人们总是选择能给自己带来更多利益和幸福的对象做伴侣，而所有导致爱情的因素均可归结为利益和价值。据此理论，爱情的发展大致经历四个阶段：

1.取样与评估：男女双方在某一群体中选择愿意交往的对象时，所考虑的主要因素是交往的收益与成本，以及相互抵销后的盈余。如果受益与盈余超过自己的期望值，那么对方就会成为自己所追求的目标。

2.互惠：在此阶段，男女双方尽可能地交换收益。既为对方提供收益，也从对方身上获益，同时力求降低成本。如一起聊天，互赠礼品，共同讨论有兴趣的话题等，但避免进入对方的私密性领域。在交换中，随着双方互惠增多，两个人的亲密感随之增强。

3.承诺：双方认为从对方得到的收益大于从其他异性那里得到的收益，因此停止与其他异性的交往，双方关系相对固定，开始一对一频繁交往。

4.制度化：随着亲密感的不断增强，双方都觉得离不开对方，但又担心对方离开自己，希望通过契约的形式将双方关系制度化，如订婚、办理结婚手续等，契约使双方的关系具有排他性，要求彼此忠诚。

（四）爱情的形式

不同的心理学家对爱情的形式做出了不同的研究，下面介绍两种类别。

1. 李（J.Lee）等人提出的六种爱情形式

这六种爱情的形式并不互相排斥，只不过在一定时期或某种情境下，人们的爱情可能会以某种形式为主：

（1）浪漫式：将爱情理想化，强调形体美，追求心灵与肉体融合为一的境界，如双方初次见面即互相吸引，一见钟情。

（2）伴侣式：是一种深情厚谊，是在较长的一段时间内由友情逐渐演变成的爱情，故而又称友谊式爱情，如青梅竹马。

（3）游戏式：恋爱如游戏，只求个人需求之满足，对其所爱者不肯负道义责任，因而把恋爱对象的更换视为轻易之事，如"有时我不得不回避我的情人们，以免他们互相发现"。

（4）占有式：对所爱对象付出强烈的爱感，希望对方以同样的方式回应；对其所爱，具有极度占有欲，对方稍有怠忽，便心存猜疑妒忌，如不允许自己的另一半与除自己之外的异性有过多的交往和接触。

（5）实用式：将爱情视为生活的应用，但求彼此现实需求的满足，不求理想的追求，如"男子娶妻，煮饭洗衣；女子嫁汉，穿衣吃饭"的关系模式。

（6）利他式：信奉爱情是付出不是收取的原则，甘愿为所爱牺牲一切，不求回报，如我宁愿自己吃苦，也不愿让我爱的人受累。

2. 哈特菲尔德提出的爱情形式

（1）激情爱情：激情爱是个体希望和对方融为一体的强烈的情感状态，处于激情爱的人春风沉醉，心无旁骛，不能忍受爱人的冷落和背叛。

哈特菲尔德认为激情爱的实质是个体的紧张和唤起状态被贴上了爱情的标签。根据沙赫特的情绪三因素理论：情绪 = 外界刺激 × 生理唤起 × 认知标签。

社会心理学的研究证明：激情和浪漫会随着时间而冷却，而共同的理想、共同的兴趣、共同的价值观以及宽容和习惯等因素，在维持感情中的重要性会与日俱增。

印度学者古普塔等的一项研究很有说服力，他们访问了印度西北城市斋浦尔的 50 对夫妻，发现由爱情结合的夫妻婚后 5 年，彼此爱的情感开始不断地减少；与此形成鲜明对照的是，由父母之命而结合的夫妻，开始爱情水平并不高，但他们的感情会慢慢增加，5 年后大大超过了因爱情而结合的夫妻们。

（2）伙伴爱情：伙伴爱是对与自己生活在一起的伴侣的一种深刻的卷入感，彼此理解、尊重、互相依赖、像亲人一样。比起容易动荡的激情爱来说，伙伴爱更稳定一些。一般来说，恋爱的初期，激情爱的成分多一些，随着彼此关系的稳定，特别是结婚以后，双方的情感会慢慢转化为伙伴爱。

（五）爱情的三角形理论

美国心理学家斯滕伯格提出的爱情理论，认为爱情由三个基本成分组成：激情、亲密和承诺。激情是爱情中的性欲成分，是情绪上的着迷；亲密是指在爱情关系中能够引起的温暖体验；承诺指维持关系的决定期许或担保。这三种成分构成了喜欢式爱情、迷恋式爱情、空洞式爱情、浪漫式爱情、伴侣式爱情、愚蠢式爱情、完美式爱情等七种类型。

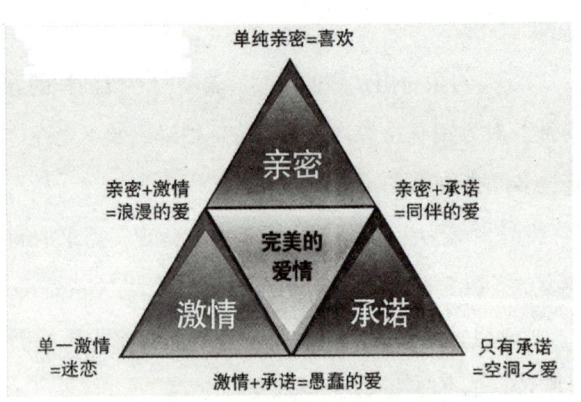

图 2-3　罗伯特·斯滕伯格爱情三角形理论

1. 喜欢式爱情

只有亲密，在一起感觉很舒服，但是觉得缺少激情，也不一定愿意厮守终生，没有激情和承诺，如友谊。显然，友谊并不是爱情，喜欢并不等于爱情。不过友谊还是有可能发展成爱情的，尽管有人因为恋爱不成连友谊都丢了。

2. 迷恋式爱情

只有激情体验，认为对方有强烈吸引力，除此之外，对对方了解不多，也没有想过将来。只有激情，没有亲密和承诺，如初恋。第一次的恋爱总是充满了激情，却少了成熟与稳重，是一种受到本能牵引和导向的青涩爱情。

3. 空洞式爱情

只有承诺，缺乏亲密和激情，如纯粹的为了结婚的爱情。此类"爱情"看上去丰满，却缺少必要的内容，金玉其外，败絮其中。

4. 浪漫式爱情

有亲密关系和激情体验，没有承诺。这种"爱情"崇尚过程，不在乎结果。

5. 伴侣式爱情

有亲密关系和承诺，缺乏激情。跟空洞式"爱情"差不多，没有激情的爱情还能叫爱情吗？这里指的是四平八稳的婚姻，只有权利、义务却没有感觉。

6. 愚蠢式爱情

只有激情和承诺，没有亲密关系。没有亲密的激情顶多是生理上的冲动，而没有亲密的承诺不过是空头支票。

7. 完美爱情

同时具备这三个要素，包含激情、承诺和亲密。只有在这一类型中，我们才能看到爱情的"庐山真面目"。

斯滕伯格在这些爱情前面都加了一个"式"字，因为在他看来，前面列举的六种都只是类爱情或非爱情，在本质上并不是爱情，只有第七种才是爱情，而我们在现实生活中碰到的类爱情和非爱情的情形实在太多，以至于把具备这三要素的爱情当作是一种超现实的理想状态。

二、婚姻

（一）婚姻的定义

婚姻是男女结成夫妻关系的行为，是家庭成立的基础和标志。婚姻关系的本质在于他的社会性，即婚姻是按照一定的法律、伦理和习俗规定而建立的。夫妻关系是一种特定的人际关系和社会关系。

婚姻行为决定于婚姻动机。婚姻动机不仅是以社会认可的方式满足夫妻双方的性需要，继而生儿育女、繁衍后代，而且还包含经济方面的考虑。

婚姻的动机一般来说有三种：经济、繁衍、爱情（包括性）。

上古时代：经济第一、繁衍第二、爱情第三。

中古时代：繁衍第一，经济第二，爱情第三。

现代社会：爱情第一，繁衍其次，经济第三。

现代社会，由于女性地位发生了变化，个人自由成为社会生活的主要追求，爱情变成婚姻的主导动机，而后才是繁衍和经济动机。

（二）夫妻关系的类型

1. 爱情型

爱情型包含两类，一类是由美貌和性吸引而导致的结合，这种类型隐藏着一定的风险，美貌及性魅力会逐渐减弱，假如婚姻缺乏其他基础，或不能过渡到以双方人格相容性为基础的爱情，这种婚姻往往会出现危机；另一类是以人格的相似性或互补性为基础的结合，由于人格具有相对稳定性，不像体型、魅力那样易变，所以这种结合一般能使婚姻平稳而幸福。

2. 功利型

功利型的婚姻是双方以爱情之外的出身、学历、财产、社会关系等条件为基础的结合，因此，当夫妻双方的收益与成本基本平衡时，婚姻能持续，双方感到满足。其风险是：如夫妻双方的收益与成本不平衡，往往会出现不满和矛盾，导致婚姻危机；同时，由于夫妻关系的理性色彩浓厚，难以获得爱情享受，往往双方关系紧张时，一方或者双方会寻找婚外情，从而导致关系破裂。

3. 平等合作与分工型

平等合作型的夫妻双方平等地分担家务；分工型的夫妻双方根据各自的特点分工，料理家政。这种类型的特点是：双方均进入自己的角色，又对对方有相应的期待，彼此都认识到双方在家庭中的价值，有较强的责任感，家庭生活较为和谐、稳定。

4. 建设型

建设型的夫妻双方在共同目标下，勤勤恳恳地生活和工作。他们有创家立业、教育子女等共同目标，并围绕着这些目标密切合作，达到一个目标后，又追求新的目标。他们在生活中勤奋、肯干，能抑制家庭过度消费，在共同努力中感受生活的意义，使婚姻维持和发展。他们可能遇到的问题是：精神生活不够丰富，当达到目标后，一方可能变得满足，继而懒散，以致关系出现裂痕。

5. 惰性型

惰性型的夫妻双方会迅速地对婚姻失去热情。他们不能发现并解决懒惰的问题，不愿进行新的尝试，只希望按老样子生活，没有紧张、冲突，也没有乐趣，缺乏享受，这种婚姻了无乐趣，易于坚持，也能轻易涣散。

6. 失望型

失望型的夫妻双方在新婚时百般地努力，力求建立美满的婚姻生活，对婚姻有很高的期待。但他们不久就发现，婚姻生活中有种种不满，"理想很丰满，现实很骨感"，对方的表现也远非自己当初所料，因此感到失望。

7. 一体型

一体型的夫妻双方在较长的共同生活中相互体贴、合作，在性格、爱好、习惯上彼此适应、融为一体，双方均把对方看成是自己的一部分，相敬如宾，心心相印。此种类型的夫妻关系稳定、美满，不足之处是较为封闭，如一方意外离去，另一方将寂寞难忍。

三、离婚

离婚是依法解除婚姻关系。夫妻彼此心理的不协调、背离或对立，会造成双方的心理冲突。心理冲突往往是离婚的原因和前奏，而离婚往往是心理冲突激化的结果。

（一）夫妻之间的心理冲突

夫妻在相处过程中的心理冲突多由以下因素引发：

1. 一方需求得不到满足

婚姻是双方为互相满足需要而结成的伴侣关系，婚姻的稳定性取决于需要的满足程度。如果双方的需要均在共同生活中得到满足，任何一方都不觉得感情疏离和心理孤寂，这种婚姻就是稳定的；反之，一方或双方某些需要得不到满足时，则会感到心情不舒畅，产生不良情绪，导致争吵和持续的冲突。其需求不满包括：

（1）自我价值得不到对方承认，自尊心受损。

（2）一方或双方在性需求方面得不到满足。

（3）一方或双方正当的感情需要，如温存和体贴的需要得不到满足。

（4）家庭经济需求得不到正常满足，如因种种原因支出过多、入不敷出；或过于奢侈，正常生活没有保障；或一方或双方无经济来源等。

（5）在休闲、爱好等方面，双方的需求与兴趣的差别太大。

2. 价值观念不一致

价值观念不一致常常表现在言语沟通和行为表现中。如妻子在教育孩子的过程中，经常会认为孩子的不听话是丈夫的不负责和对自己的不理解等原因造成的，从而说话时表现出指责、抱怨等情绪和语言，从而引起双方的冲突和争吵。

夫妻双方对人生目的的看法，对幸福、成就的看法等核心价值观念上的分歧和冲突也是持续的，如果双方都认为自己是正确的，对方是错误的，那么在生活中碰到相关的问题时，往往双方会在言语上相互指责、行动上背道而驰。只要一方不放弃自己的某些价值观念及相应行为，冲突就会存在。

3. "自我"的远离

"自我"包括自我意识、自我期待、自我取向等。婚姻不仅是双方在法律、经济、生理等方面的合二为一，也是两个"自我"的结合。夫妻心理冲突是由两个"自我"的远离而引起的。具体表现为：

（1）两个自我的基本利益相异，各取己力。

（2）夫妻的婚姻动机都是利己，爱是满足自己的需要，而不是为对方做贡献。

（3）遇到分歧时，各持己见，互不相让。

（4）对方处于痛苦时，不安慰、不帮助，使婚姻具有的促使双方心理健康的功能丧失。

（5）双方心理调适的过程缓慢，难以进入心理和谐的状态。

4. 夫妻的性差异

夫妻在性欲及其满足方式方面的差异较大，这可能是引起夫妻冲突的深层原因。男性的性欲往往表现为性兴奋难以抑制，有较强的自主性，因而新婚时可能就能得到满足；女性的性欲则随性生活的增加、性体验的加深而逐渐觉醒、增强，有的甚至到中年才达到较强水平。

男性的性欲具有冲动性、"征服"性和求异性的特点，往往在婚后不久就会对现有的性生活方式感到厌倦，特别是在妻子容貌、言谈失去风采后。而这时候，往往妻子的性欲正处于高水平，许多中年女性都感到性欲不能被满足。由于配合的问题，夫妻双方也有可能因为性生活不和谐而产生分歧或冲突。

（二）离婚的原因

离婚是常见的婚姻解体方式，婚姻存续期间，夫妻双方在生理、心理、经济、社会等方面不能调试，使婚姻失调发展到极点，婚姻功能就此丧失，只能依照法定程序解除婚姻关系。婚姻解体意味着家庭解体，这对家庭和社会往往会产生负面影响，离婚对子女尤其是未成年子女产生的不良影响是显见的、严重的，但是，勉强维持的、充斥着低压甚至是争吵的婚姻，对子女的伤害可能会更大。作为一种最普遍的和制度化的婚姻解体形式，离婚也是社会发展进步的一个标志。

离婚自由是婚姻自由的重要组成部分，也是妇女解放的标志之一。根据对离婚案例的统计分析，人们大致得出了一些通常的离婚原因。这些原因有经济、社会、生理方面的，也有心理方面及其他方面的。

从社会心理学的角度看，以下原因在导致离婚的因素中占的比例较大：

1. 低龄结婚：结婚年龄较低的夫妻容易离异。

2. 未婚先孕：因未婚先孕结婚的夫妻往往容易离异。

3. 恋爱时间短：短时相识就结婚的夫妻，由于彼此不够了解，婚后发现双方共同点很少，也容易离异。

4. 父母离异：父母离过婚的子女也容易离婚。

5. 婚前性经验：有婚前性经验的人容易离异，因为其倾向寻求婚外性生活。

6. 夫妻不平等：夫妻角色不平等、不适应的容易离婚。

7. 性生活不和谐：对性生活不满意的夫妻容易离婚。

四、家庭

（一）家庭的定义

家庭作为一个群体，是社会的细胞，是社会生活的基本单位。家庭是由婚姻关系、血缘关系及收养关系构成的，其特点是：

1. 以婚姻、血缘关系为纽带。以婚姻关系为纽带的人与人之间的关系是姻亲；以血缘关系为纽带的人与人之间的关系是血亲（收养关系的是准血亲）。传统社会中，血亲重于姻亲，是由于传统社会注重传宗接代；现代社会中注重婚姻质量，姻亲日益重要。

2. 家庭是一种初级社会群体，其成员之间有较多的面对面的交往，有直接的互动合作。

3. 与其他社会关系比较，家庭关系最为密切、深刻。它包括性、生育、赡养、生活、事业、经济、政治、伦理道德、教育等多方面的关系。

（二）家庭的结构与功能

1. 家庭的结构

（1）结构要素：家庭成员的数量。代际层次；在家庭代际关系中，既有连续性，又有间断性（由代际不同产生的代沟）。夫妻数量；夫妻是家庭的核心，家庭中有几对夫妻，就有几个核心，核心越多，家庭越不稳定。

（2）结构模式：核心家庭，由夫妻和未婚子女组成；主干家庭，由夫妻和一对已婚子女，如父、母、子、媳妇合成的家庭；联合家庭，由夫妻与两对以上的已婚子女组成的家庭，或家庭中兄弟姐妹结婚后不分家的家庭；其他家庭，上述三种类型外的家庭，如单亲家庭、丁克家庭等。

随着经济和社会的发展，核心家庭已经成为家庭的主要结构模式。

2. 家庭的功能

（1）经济功能：经济是家庭功能的重要基础，包括家庭的各种经济活动，如生产、分配、交换、消费、理财等。

（2）性的功能：夫妻性生活是婚姻关系的生物学基础，夫妻间的性关系是社会（法律、伦理和道德）认可的性关系。

（3）生育的功能：家庭是社会的生育单位，是种族繁衍的保证。

（4）抚养与赡养功能：具体表现为家庭代际关系中的双向义务与责任。抚养是上一代对下一代的抚育培养；赡养是下一代对上一代的供养帮助。

（5）教育功能：包括父母对子女的教育以及家庭成员间的互相教育，其中前者最为重要。

（6）感情交流功能：感情交流是家庭精神生活的一部分，是影响家庭幸福的重要因素。

（7）休闲与娱乐功能：随着家庭生活水平的提高，休闲与娱乐从单一型转向多元型发展，日趋丰富。

3. 影响家庭功能的因素

（1）社会与环境因素：社会的政治、经济、道德风尚、人文环境以及所在的地域（社会）等，都会影响家庭的功能。

（2）家庭成员的素质：家庭成员的素质包括政治素质、法律素质、科学文化素质、道德素质、环境素质、生理与心理素质等，也会影响家庭的功能。

（3）家庭成员间的人际距离：家庭成员间如果距离过大，则交往、沟通困难，相互关系会变得疏远；家庭成员间如果距离过近，则接触过于频繁，矛盾、纠纷可能就多。因此，家庭成员之间既要有适当频率的接触，又要保持一定的人际距离，使彼此之间的关系处于最佳状态，从而更好地发挥家庭的功能。

（三）家庭生命的周期

家庭生命周期指一个家庭从形成到解体的过程。家庭生命周期概念只使用于核心家庭。通常把它划分为六个阶段，如下表：

表 2-3 家庭生命周期阶段

阶段	起始	结束
形成	结婚	第一个孩子的出生
扩展	第一个孩子出生	最后一个孩子的出生
稳定	最后一个孩子的出生	第一个孩子离开父母家
收缩	第一个孩子离开父母家	最后一个孩子离开父母家
空巢	最后一个孩子离开父母家	配偶一方死亡
接替	配偶一方死亡	配偶另一方死亡

家庭生命周期概念对于社会心理学及心理咨询学等学科有较大意义，因为婚姻、生育、死亡这些人口过程都发生在家庭中，而且这些过程对个体的心理健康有明显影响。

第八节　传播与社会心理

传播是人类最基本的社会行为，没有传播，人类社会活动就无法进行，人类社会也就不可能延续至今，因此，传播是人类社会活动的基础。社会心理学研究人们在社会生活中产生并互有影响的心理现象，在心理与行为的关系上，行为受心理支配，因此，社会心理学研究不可避免地要提及传播行为，研究传播行为与社会心理的关系。

一、传播活动的心理基础

（一）传播过程与社会心理

1. 传播及其特征

传播的是人与人关系赖以成立和发展的机制，包括一切精神象征及其在空间中得到传递、在时间上得到保存的手段，它包括表情、态度、动作、声调、语言、文章、印刷品、铁路、电话、微信、头条以及人类征服空间和时间的其他任何最新成果。传播是人类关系的基础，是以符号为媒介的，在这个过程中，包括表现和传递两种意义。表现和传递本身就是人通过对信息、符号的认知、理解，将其转化为态度和行为的过程，这个过程是人的心理活动的过程，是人对信息刺激所做出的物理和心理的反应。

传播有以下几个特点：

（1）传播是在两种状态下进行的：一是在人类的社会互动中进行，没有人类的社会互动也就没有传播行为，社会互动是人的心理活动的外在表现，因此传播是人类社会活动的基础，而人的心理活动的外在反映就是传播行为；二是在人类社会的社会关系中进行的，人们的社会关系、社会角色、社会地位以及人格特征，直接影响并作用于传播活动，这就是人的社会心理对这些社会活动的主体反应。

（2）传播是信息的传递和共享，而信息的传递和共享是尽量建立在双向互动，以及对于信息符号的共同理解基础之上的，没有这个基础，很难实现真正意义上的传递和共享。

（3）传播是在一个复杂多变的动态过程中进行的，这个过程中活动的主体是人，人的行为受其社会文化、环境以及个人的情感、动机、需求、态度等多方面因素的影响和作用，因此人在传播活动中的所作所为以及各种反应，直接影响着传播活动。

从以上这三个特点中，我们可以看到社会心理在传播活动中的地位与作用，这恰恰说明了社会心理因素是人类传播活动的基础。

2. 社会心理在不同传播类型中的表现

传播的基本类型有 4 种：

（1）自我传播：又称人的内传播，是指个体对信息的自我加工过程，可以采用自我对话的心理过程，就像我们常说的苦思冥想、扪心自问、自言自语等自己同自己的对话，这是个体内部的信息传递及其心理过程。

（2）人际传播：是指信息在社会个体之间的传播行为，在这个过程中，人们彼此保持着一定的人际距离，又发生相互影响与作用，它不是通过大众传播媒介的传播，也不是通过组织的传播，而是在人与人之间传播，它是社会传播的基本行为。

（3）组织传播：又称组织沟通，是在组织内部的信息传递活动，它包括组织与成员、成员与成员之间的信息传递活动，也包括组织与成员、成员与成员之间的情感和角色的沟通和传递活动，其目的在于提高组织的效率；

（4）大众传播：大众传播是由专业化群体凭借一些机构和技术，通过诸如报纸、广播、杂志、电视、电影、微信、微博等技术手段，向社会大众传递信息的活动，其特征就是面对着较大数量的异质的和匿名的受众群，信息是公开快速并同时到达的传播活动。传播者是一个组织，需要庞大的经费支持这个复杂的机构运作。

从以上 4 种传播类型看，人的自我传播是传播的基础，任何信息的传递都是在这个心理互助的基础上完成的，因此无论何种形式的传播都是在人的心理作用下进行的。

3. 社会心理在传播过程中的作用

人类的传播活动是一个复杂的系统，有着独特的结构。传播活动外部及内部各要素之间，彼此相互作用、相互影响，而且传播活动本身还不得不置于社会的大系统之中，因此，社会文化、社会心理不可避免地影响着人类的传播活动，这一点我们可以从传播过程及传播系统结构中清晰地看到。

美国著名的传播学者拉斯韦尔最先提出了传播的过程模式，他认为在传播过程中有 5 种基本要素，即：谁（who）、说了什么（says what）、通过什么渠道（in which channel）、向谁说（to whom）、有什么效果（with what effect）。由于这 5 个要素均有以 "W" 打头的疑问词，因此被人称为 "5W" 模式。

此后美国著名的传播学大师，施拉姆提出了大众传播过程模式，这个模式体现了大众社会的传播特点，即传播是在一定的场域中进行的，而且是双向互动的，对彼此起相互关联作用。在传播过程中，传播参与者是互动的双方，彼此均收到个人所属群体、社会等诸多因素的影响，将社会心理看成是影响传播活动的重要因素。

在传播过程的研究中，德国学者马莱茨克提出了大众传播过程的系统模式，他的研究把传播看作是包括社会心理因素在内的各种社会影响力交互作用的场，在这个场中，人与情景、人与信息彼此相互作用着，我们可以从中更清楚地看到社会心理因素对传播活动的影响和作用。

由此可见，在传播过程中，传播活动的主体——人，无论是传播者还是受传者，他们的人格、认知、情感、动机、态度等因素，都在传播活动中相互关联、相互作用，影响和制约着媒介和信息，最终影响着传播的整个过程。因此，我们可以说，社会心理是传播活动的基础，影响和制约着人类的传播活动。

（二）信息接收过程中的心理作用

就传播行为而言，其整个的传播过程是一个十分复杂的体系，但是传播活动的主体是人，即传播者和受众，他们是传播行为中的两个终端，并相互影响着。然而，在这个过程中，传播者和受众双方彼此在心理上、行为上都存在着很大的区别，这种区别恰恰形成了两者在不同的心理作用下的不同行为反应。下面让我们看看传播者和受众彼此之间各自的心理反应及其行为差异。

1. 由于传播者和受众获取信息的方式不同，对信息源的认知心理不同，自然他们的行为反应也不相同。对于传播者（在此主要指大众传播现象）来说，其职责就是将社会中数以万计的社会信息，按照社会、政治、经济、文化、大众的需要进行采集选择，然后经由个人的加工整理，转变为新的社会信息（即新的刺激），通过媒介途径传递给社会大众，他们的信息直接来源于社会，是信息的原本面貌。

而对于受众来说，虽然他们生活在社会中，社会中纷繁复杂的事物会对他们的人格心理产生影响，进而影响到他们的行为，但是他们直接从社会中获得的信息毕竟是有限的，他们更多的是通过中介手段，诸如媒介组织、他人那里获得信息，这些信息是经由人为的选择加工而传递出来的，这个选择加工的过程夹杂着许许多多的人文以及社会因素，因此自然会对原本的信息效率产生不同的影响。

2. 传播者和受众双方对信息源所采取的态度不同。就传播而言，它首先需要的是事实，需要通过各种渠道搞清楚事实真相，然后加以报道，因此传播者往往要积极主动地去采访信息源，调查核实信息。例如，某煤矿发生爆炸事故，记者的职责是调查核实该事件，通过调查事故原因、伤亡人数、处理办法等，证实事实。报告事实这种职责，要求他们有自己高度敏感的眼光（认知），强烈的社会责任感（动机），对社会大众的深情厚爱（情感），这些构成了他们的态度，转化为他们的职业行为去传播信息。

而受众绝不会自己去调查采访信息源，更不可能直接从政府的有关部门那里获得证实，社会上无数的信息先是由传播者去选择加工，再制作为媒介符号，向外传递时还会有各种各样的干扰因素，最后形成新的信息到达受众中间。这些信息一旦抵达他们中间，他们很容易就会认定这是事实。因此社会公众对是否是事实有一句口头禅，那就是"电视台播了""报纸上都发了"。

因此由于信息源的差异，以及他们对信息源认知态度的心理的影响，他们的行动自然也就有所差异。

3. 信息传递的每一个过程都会使原信息受到损失。它就像是个拥有多层过滤网的沙漏，落下去的信息越来越少，因此传播者和受众两者由于从信息刺激源头就存在着差异，即不同的信息来源、不同的信息渠道、不同的信息品质、不同的对待信息的态度，自然也就形成了不同的认知，由此引发出一系列不同的心理及行为反应，正像有的学者所说的那样："传播者是以接受物质世界为主，而受众则是以接受媒介世界为主。"这就是差异，这些差异自然会使两者形成不同的心理及行为反应。

（三）信息理解中的心理作用

传播者和受众对信息接收处理的心理不同，他们的行为反应也就不同，从心理学角度来说，对信息的接收是人的物理刺激和心理刺激感觉的过程，也就是理解，在传播学上称之为解码。这个过程是一个十分复杂的过程，人们往往把以往的看法当作常识，并根据常识去认识新的事物、做出新的判断。

1. 选择性理解：人们眼中的外在世界与个人理解及心理印象之间有相当一致的对应关系，也就是说人们的理解是受愿望、需要、态度、动机及其他心理因素的影响，这就是选择性理解。

2. 选择性接触：指的是人们在接触信息时总是愿意接触那些与自己原有态度相一致的传播信息，进而避免接触与自己意见不相符合的传播信息，因为如果这样做会在受众心理上产生不和谐状态，这种不和谐状态会使受众产生心理上不舒服的感觉，因此人们会努力减轻这种不和谐状态以达到舒适的心境。

3. 选择性注意：是指人们无法事先决定信息的内容，因此，人们总是倾向于关注信息中那些与自己固有的观念、态度、行为相一致的，或是自己需要的、感兴趣的信息，这既是一种认知和谐心理因素，又是一种文化期待现象。

4. 选择性记忆：是指人们在信息传播过程中，愿望、需要、态度及其他心理因素，影响他们对信息的记忆。也就是说，人们很容易记住那些他们自己感兴趣的、需要的、与自身观点保持一致的信息；而忽视那些自己不感兴趣的、不需要的、甚至是令自己不愉快的信息。

这种选择的过程被视为"四道围墙的防御，最外层的防御是选择性接触，接下来的是选择性注意，然后是选择性理解，最里层的是选择性记忆"，这四道防御线是传播主体——人在自己心里建立起来的，它意味着无论是传播者还是受众，对相同的信息刺激会有不同的接触、注意、理解和记忆的过程，因此也会产生不同的反应，这就是人的不同心理作用的结果。

（四）传播效果中的心理作用

在人的心理作用下传播出现两种结果：

1.对受众造成心理暗示作用。这种暗示引导着受众按照传播者的意图去认知、去思考、去行动，凡是媒介设计的信息必将是重要的、与自己紧密相关的，必将引起受众的关注和警觉，这实际上就是心理学上的暗示。传播者在暗示受众"你在想什么""你面临什么问题"，这种暗示就是传播者与受众心理互动的结果之一。

2.造成受众态度的改变。在传播过程中，受众通过接收他人的信息，在与传播者、受众彼此之间的心理互动影响下，改变了自己的态度，产生心理上的服从效果，这就是人们在心理作用下所产生的传播效果。

总而言之，人类的心理活动自始至终地作用于人类的整个传播过程，因此传播是心理学研究的一个不可或缺的领域。

二、舆论、谣言、民谣与社会心理

人类社会的产生、延续和发展是在人类的传播活动中实现的，而舆论、谣言、民谣等是人类语言化的传播现象之一，是一种无组织群体里的意见表达和信息传递，既然是一种信息表达与传递，自然也是一种社会心理现象，因此舆论、谣言等是社会心理学研究的课题之一。

（一）舆论

1.舆论的概念

所谓"舆"即公众，"论"即意见。舆论就是通常人们说的"公众"、公众意见，是指大家在共同关心的、有争议的问题上，多数人意见的总和，是社会上的众人对于某些社会事件的一致性反应和判断，是具有代表性的、综合性的意见。

舆论有以下几个特征：

（1）舆论如果是社会上多数人共同的意见，则具有社会力量，可以制约个人行为。

（2）舆论既然是共同的意见，则必有一致的看法，这种一致的看法是由不同意见最后演变而来的各种意见的综合体。

（3）舆论有时是一种合理的判断，有时则纯粹是感情所为，对它的判断需要视情境而定。有的情境可以引发人们冷静的思考、充分的讨论，形成一致意见；有的情境则可以引发人们的感情冲动，形成共同看法。

（4）舆论属于全体的意见、多数人的意见或少数人的意见，主要依据意见本身的力量。

2. 舆论的形式及形成过程

舆论的形式基本上有两种：

（1）显在性舆论：指的是通过多数人明确的语言或态度表现出来的舆论。它包括两种表达方式，一种是自上而下的表达方式，即政府部门或其他有组织的群体，通过大众传媒或会议文件的形式，向社会公众进行宣传引导，制造某种舆论；另一种是自下而上的表达方式，往往是社会公众通过大众传播媒介或集会、结社、论坛等形式来表达他们的意见、思想和情绪，这种表达制造了舆论。

（2）潜在性舆论：是指那些没有公开表示，只是在亲人熟人范围之内谈论、散布的意见、思想和情绪。这种舆论主要是对一些社会风气、社会问题等表示不满，发发牢骚，有明显的情绪性。

舆论的形成是由一个潜在状态到显现状态的过程，它的形成经历了一个将众多的个人意见交流、汇集，最终趋于一致性的过程，因此它具有权威性，它能逐渐地被社会公众接受、服从、采纳，它是社会公众在社会生活中自发产生的并互相有影响的主体反应。这就是社会心理的作用，在这种社会心理的作用下，舆论形成并发挥着对社会公众的导向、约束、压力等心理效应。

（二）谣言

谣言常以舆论的形式出现，西方人把它称之为"智力口香糖"，也就是说，它是很多人感兴趣的话题。既然是很多人感兴趣的话题，自然也是一种极为普遍的社会心理现象。

1. 什么是谣言

谣言是一种缺乏真实根据或未经证实，公众一时难以辨别真伪的闲话、传闻或舆论，是一种来路不明的、传无根据的言论。

奥尔波特将这种现象用一个公式表示出来，即：谣言的强度＝事情的重要性 × 情况的模糊程度。通过此公式可以看出，事情的重要性和模糊性是谣言的基础。

2. 谣言的产生及其传播

我国著名的心理学家孙本文先生认为，谣言产生的原因有三：一是社会发生变故；二是社会面临危机；三是社会内部结构紊乱。

除此之外，谣言的产生还表现为信息传递者在传播过程中的个人加工差异。有时，一个信息往往会因为某些个人的心理原因，或夸大其词，或炫耀自己，或随意猜测，或投其所好，而使信息成为被人加工再造的新信息。

3. 谣言造成的社会影响

（1）虽然说谣言是来路不明、无事实依据的信息，但是，它却有着一股难以想象的力量，这种力量致使社会、公众在缺乏信息来源时，会抱有一种强烈的"宁信其有，不信其无"的心态。这种心态不仅成为谣言的温床，而且严重地影响着人们的判断能力，造成认识混乱，乃至行为偏离。

（2）谣言的传递对社会、公众会造成巨大的压力，压力就像是一种瘟疫，迅速在全社会蔓延，使公众心理产生感染力、共鸣心，影响着社会的运行和发展，影响着人们正常的社会生活以及身心健康。

（3）谣言一旦产生就会以一种难以置信的速度在社会公众中间传播开来，成为人们茶余饭后的"话题"，而且传播范围非常广泛。"话题"一旦传播起来就难以停止，而且时间持续较长。

（三）民谣

民谣也是舆论的一种，是社会大众以丰富通俗的语言、幽默诙谐的表达形式，抒发对社会事件问题等社会现象的意见、观点和态度。古人云"上山下山问渔樵，要知民意听民谣"，可见民谣是舆论的一种表现形式。如人们对"看病难，收费高"意见很大，编出了"挂号的时间——最长，诊断的时间——最短，收费的项目——最多，会看病的人——最少"这样的民谣。

这样的民谣可以说举不胜举，它真真切切地反映了老百姓心中的呼声，表达了他们对社会现象的看法、态度，因此，我们说民谣是社会公众对社会的反映，它反映民意，体现民众内心的呼声，是一种舆论行为。有人称民谣是社会的"晴雨表"，他的心声与社会现实密切相关。

（四）舆论、谣言、民谣的社会心理研究

舆论、谣言、民谣都是社会公众在用言语谈论那些与他们密切相关的、他们感兴趣的、能够引起社会公众共鸣的话题，这些话题是社会公众对一些社会现象的看法、态度，他们基本上是以非正式的传播为主要通道，传递着这些公众言论及其相关信

息，是社会民众的社会心理反应。

1. 理解、认知过程中的个人心理差异

舆论、谣言、民谣是一种语言传播，在传播过程中首先遇到的是人们对这些信息的认知和理解。个人的不同心理状态直接影响着对信息的认知和理解。

2. 记忆误差的心理现象

舆论、谣言的产生源于人们对信息的认知、记忆、理解等方面的不足，或者是偏差。这些因素直接作用于人们，形成人们心理反应的差异，首先表现为记忆误差。英国心理学者在有关记忆的研究中发现，记忆内容在经过几个人再生再现之后，竟然会面目全非。

3. 沉默的螺旋

德国社会学家伊丽莎白·诺埃尔－诺依曼于 1974 年提出了"沉默的螺旋"理论，以此来解释舆论传播过程中的社会心理现象。

伊丽莎白·诺埃尔－诺依曼认为，个人具有一种准统计学的感觉官能，这种官能能帮助他们确定"哪种观点和行为模式是他们的环境所允许和不允许的，哪些观点和行为模式越来越强、哪些越来越弱"。也就是说，少数人的"沉默"会造成另一方意见优势的增强，优势的增强反过来更加促使少数人的"沉默"。如此反复，就形成了螺旋式过程。舆论、流行或时尚的形成，都存在着"沉默螺旋"的机制，它在现实社会中的表现就是"一边倒"现象和"关键时刻的雪崩现象"，这些现象都是"沉默螺旋"这一机制作用的结果，实际上也是人们的社会心理在社会传播过程中的反应。

三、时尚与社会心理

（一）时尚的含义

时尚是一种普遍的社会心理现象，指社会上新近出现的或某权威人物倡导的事物观念、行为方式等被人们接受、采用，进而迅速推广以至消失的过程。

1. 时尚的三个基本内涵

对某种生活模式或标本的随从和追求，它们涉及的范围非常广泛，有各种各样的时尚或流行现象，例如歌曲、词语、色彩、服装、发型、行为等等。

它是被相当多数的人随从和追求的东西，也就是说，只有当相当多的人都采取某种行为或生活方式时，才可以称之为流行。例如 2001 年亚太经合组织首脑会议

之后，唐装风靡全国各地，我们可以在电视媒体、大街小巷的各处看到身着唐装的人们。

它是一个时期内的社会现象，过了这个时期之后就不再流行，流行达到高潮时成为热，例如传销热、气功热等等。

2. 时尚的特点

标新性：人们对新近出现的事物的随从或追求总是以新、奇、特为标准的，只有新、奇、特才能显示出人们的"入时"、与众不同，这是时尚、流行的基础。

时效性：既然是"入时"，那么就有个时间的问题，新、奇、特是有很强的时效性的，时间长了就失去了新的意义，一旦人们见得多了，也就司空见惯了。

个性化：时尚行为反映一种思想意识、行为，时尚发起者的主旨是通过时尚来展示个性，突出个人特点。

消费性：时尚流行，讲究新、奇、特，因此为了追求它，人们会不惜代价成本，通过消费来达到这个目的。

周期性：时尚流行虽然时间很短，但是它又往往会出现周期性的反复，经过一段时间之后，又会回过头来再次成为时尚流行，这是它的运动规律。

（二）时尚的产生与传播基础

时尚的产生有三个基本的前提条件：

1. 物质生活的丰富是时尚产生的最基本条件。一方面，如果人们的物质生活条件困难，连最基本的温饱问题都没有解决的话，那么人们又怎么满足自己的时尚追求呢？另一方面，时尚本身是一种消费，因而只有在物质生活丰富的前提基础上，才有可能凭借其物质实力去追求、实现时尚，毕竟物质是基础。

2. 闲暇时间多。随着社会生产力水平的提高，人们物质生活条件得到了改善，出现了闲暇，闲暇也是时尚产生的一个重要的前提条件。

3. 与社会大众传媒的发达程度密切相关。大众传媒增强了视觉效果，加快了传递速度，加大了传播范围，开拓了时尚。创新的事业促成时尚的流行普及。

因此，当人们的物质生活丰富、出现闲暇，以及大众传媒发达时，时尚的产生和传播也就日渐兴盛，因此，它们就成为时尚产生和发展的重要的前提条件。

（三）时尚的心理机制

时尚的心理机制主要有：

1. 人类本能地具有对新鲜事物渴望，以及对陈旧事物厌弃的基本的心理倾向。

2. 人类"伸张自我""表现地位和个性""希望自由和进步"的冲动，是人们热衷于追求时尚的心理机制之一。

3. 大众的模仿心理与趋同心理，也是人们追求时尚的心理机制之一。

综上所述，时尚产生的心理动机，是人类借助时尚行为来获得社会的认同，表现自己，满足人类的"虚荣心"，以及寻求并享受"刺激"的心理愿望。而时尚的推广流行是人类模仿、从众、趋同、服从、自我防御的心理作用。因此，只要具备一定的条件和环境，时尚就会成为普遍的社会现象出现、发展。

参考书目

[1] 沈德灿，侯玉波.社会心理学.中国科学技术出版社，1996.

[2] 沙莲香.社会心理学.中国人民大学出版社，2005.

[3] 郑雪.社会心理学.暨南大学出版社，2004.

[4] 彭聃龄.普通心理学.北京师范大学出版社，2002.

[5] 郭念锋等.心理咨询师基础知识.民族出版社，2009.

第三章　发展心理学

　　心理发展是指个体从出生、成熟、衰老直至死亡的整个生命进程中所发生的一系列心理变化，是个体随着年龄的增长，在相应环境的作用下，整个反应活动不断得到改善，日趋完善、复杂化的过程，是一种体现在个体内部的连续而又稳定的变化。由于篇幅限制，本章重点介绍皮亚杰认知发展阶段理论、维果斯基心理发展的文化历史理论、埃里克森的心理—社会发展理论，与童年期、青少年期、青年期、中年期、老年期各个阶段的身心发展的特点及相关实际问题。

第一节　心理发展概述

　　人的心理发展是一个动态变化的过程，既有积极正向的变化，也有消极负向的变化；既有快速发展的时期，也有缓慢流淌的阶段；既包含一般的普遍规律，也包括特殊的个别差异。纵向分析人一生中的心理发展变化过程，不仅有助于深入地理解心理活动的实质，而且便于广大心理工作者有的放矢地做好心理服务工作，促进人的心理发展。

一、心理发展的含义

　　心理发展是指个体从出生、成熟、衰老直至死亡的整个生命进程中所发生的一系列心理变化过程，是一种体现在个体内部的连续而又稳定的变化过程。学生的心理发展是指个体的心理从不成熟到成熟的成长过程。具体表现为四个方面：

　　1. 从不分化到逐渐分化。

2. 从无意性为主到有意性为主。

3. 从反映事物的外部现象到反映事物的本质属性。

4. 对事物的态度由不稳定到逐步稳定。

二、心理发展的基本特征

心理发展具有四个基本特征：

连续性和阶段性：连续性特征是指在心理发展过程中，后一阶段的发展总是以前一阶段的发展为基础，而且又在此基础上萌发出下一阶段的新特征，表现出心理发展的连续性。阶段性特征是指在心理发展过程中，当某些代表新特征的量积累到一定程度时，就会发生质变取代旧的特征，处于优势的主导地位，因此表现出阶段性的间断现象。

方向性和顺序性：这是指在正常条件下，心理的发展总是具有一定的方向性和先后顺序。尽管发展的速度可以有个别差异，会加速或延缓，但发展是不可逆的，阶段与阶段之间也是不可逾越的。

不平衡性：心理的发展可以因进行的速度、到达的时间和最终达到的水平而表现出多样化的发展模式。一方面表现为不同的个体系统在发展的速度、发展的起讫时间与到达成熟时期上的不同进程，另一方面也表现为同一机能特性在发展的不同时期有不同的发展速率。

差异性：任何一个正常学生的心理发展总要经历一些共同的基本阶段，但在发展的速度、最终达到的水平以及发展的优势领域往往不尽相同，表现出个体之间的差异性。

三、心理发展的影响因素

影响心理发展的因素虽然可以罗列出许多，但是，概括起来主要可以归结为两类，一是遗传因素，二是环境因素，它们的交互作用共同影响人的心理发展。

（一）对遗传和环境问题认识的转变

遗传与环境之争，即天性与教养之争是贯穿发展心理学历史的红线之一。其哲学基础是"先天论"和"经验论"之争。历史上关于两者的争论大致经历了三个阶段。

1. 绝对决定论

20 世纪以前，学者们认为遗传和环境在心理发展中的作用是不可调和的，持"非此即彼"的观点。主张心理发展是由遗传决定的观点，称为遗传决定论；主张心理发展由环境决定的，叫作环境决定论。遗传决定论的代表人物是英国的高尔顿，他在《天才的遗传》（1869）一书中断定"人的能力得自遗传"时曾说过"一两的遗传胜过一吨的教育"。显然，遗传决定论具有明显的片面性。环境决定论的代表人物是美国的华生。他从行为主义心理发展观出发，认为环境和教育是行为发展的唯一条件，主张教育万能论。他的名言："给我一打健康的婴儿和一个我自己可以特殊培养的世界，我保证在他们中间任意选择一个，就可以训练成我想要培养的任何一种专家，是医生、律师、艺术家、大商人，甚至是乞丐、小偷，而不管他的天赋、爱好、能力、倾向性以及他祖宗的种族和职业是什么。"这种武断地否认遗传在心理发展中的作用的观点，显然也是片面的。

2. 共同决定论

20世纪中叶，人们发现，遗传因素和环境因素在心理发展中的作用都不能否认，只是两者的作用不同而已，于是提出了两者相加或者相乘的共同决定论。共同决定论的代表是"辐合论"的倡导者斯腾，他认为遗传和环境都会影响心理发展，所占比重因事而异。格塞尔认为支配发展的因素主要有两个：成熟和学习。格塞尔的理论——成熟优势论，主要来自对双生子的研究。他认为某种机能的生理结构未达到成熟之前，学习训练是不能进行的，只有在达到足以使某一行为模式出现的发育状态（"成熟状态"）时，训练才能奏效。实质上格塞尔的成熟优势论还是偏向遗传决定论或内因论的。

3. 相互作用论

在共同决定论的基础上，皮亚杰，还有法国的瓦龙、德国的沃纳及苏联的维列鲁学派，他们从不同的方面阐述遗传因素与环境因素在儿童心理发展过程中的相互联系、相互影响的动力作用。遗传与环境相互作用论的观点逐渐为多数学者所接受，相互作用论的代表人物是皮亚杰。遗传和环境这两种因素在心理发展中的作用是相互依存和渗透的，任何一种因素作用的大小、性质都依赖于另一个因素，它们之间不是简单的相加或会合，两个因素之间有相互转化和渗透的关系，即当前对环境刺激做出某种行为反应的有机体，是它的基因和过去环境相互作用的产物。个体的生物遗传规定了其发展的潜在可能范围，而个体的环境教育条件则确定他在此可能范围内的现实水平，即没有环境因素，遗传因素的作用无从体现；反之，如果没有遗传因素作为最初的基础，环境也就无以施加影响。

（二）遗传因素作用的可控性与可变性

遗传因素对心理发展的作用并不是注定不可以改变的，也不是不可以控制的。这表现在某些遗传因素所决定的不良倾向可以通过环境的作用得到防止和纠正；人们也可以利用环境来促进良好遗传的发展方向。例如，苯丙酮尿症这种遗传性疾病，通过适当处理与之有关的环境，遗传的作用就会在很大程度上受到限制；又如，一个人的体征一般是受亲代遗传因素所制约，但是由于整个生活环境的改变和提高，身高和体重之类的体征一般会高于亲代；再如，环境在心理机能发展方面的作用可以通过环境的贫乏化和环境的丰富化两方面得以说明。

四、心理发展的历程：阶段性和连续性

学者们对心理发展的历程有两种不同的观点，这就是心理发展的阶段性和连续性的问题。

（一）心理发展的阶段论与连续论

阶段论： 阶段论者认为，心理发展的进程是不连续的，是分阶段进行的，各个不同的发展阶段都有与其他年龄阶段不同的心理上的质的规定性。遗传决定论者、交互作用论者通常主张阶段论。

连续论： 连续论观点主张心理发展是连续的，是没有什么阶段的。他们认为阶段论者只看到表面现象，没有发现不同年龄阶段之间心理发展的渐进的变化。环境决定论者通常主张连续论。

（二）发展阶段的划分及其理论依据

划分心理发展的阶段应以心理发展事实为依据，也有的学者采取心理发展以外的其他指标作为依据，如以生理发展的指标来划分，以与种系发展阶段的对应来划分，还有以现行学制，即强调儿童心理的实际应用方面来划分的。各学者所依据的材料不同，所持的观点也有区别，所以出现不同的阶段划分。

1. 皮亚杰以认知结构的性质为依据划分心理发展阶段

当代发展心理学最有影响的理论是皮亚杰的认知发展理论。皮亚杰认为人的心理（智力、思维）既不是来源于先天的成熟，也不是来源于后天的经验，而是来源于主体的动作。主体通过动作对环境的适应是心理发展的真正原因。皮亚杰以主体适应环境的主导方式，即认知结构的性质为依据，把儿童心理发展划分为四个阶段：感知运

动阶段、前运算阶段、具体运算阶段、形式运算阶段。

2. 弗洛伊德按力比多的发展划分心理发展阶段

精神分析学派的创始人弗洛伊德，主张心理发展的动力来自于性本能，并强调人有追求自我快乐的本能。弗洛伊德把与生存本能相联系并用以满足机体的性的需要的心理能量称为力比多（LiBido）。在儿童发展的不同时期力比多集中投放于身体的特定部位，以此为标准将儿童的心理发展分为不同的阶段：口唇期、肛门期、前生殖器期、潜伏期、生殖期（青春期）。

3. 埃里克森以人格特征为标准划分个体心理发展阶段

新精神分析学派的代表人物埃里克森的心理发展观与弗洛伊德的区别在于，他既承认生物因素的影响，也重视社会因素在心理发展中的作用。他认为个体人格的发展过程是自我与周围环境相互作用和不断整合的过程。他以人格特征为标准，把个体一生划分为8个阶段，同时指出了每一个阶段的主要发展任务。

另外柏曼以生理发展标准划分心理发展阶段，列昂节夫以儿童的主导活动为标准划分儿童心理发展阶段，施太伦以种系演化作为分期标准划分儿童心理发展阶段。从上述不同学者对心理发展阶段的划分中我们可以看到，由于观点和划分依据的区别，各种划分是有差异的，同时也看到，不同学者所划分的发展阶段在儿童的年龄上还是大同小异的。在我国的儿童心理学教材中也有不同的阶段划分，通常采用的是把年龄和学制相结合，分为婴儿期（1岁前）、前幼儿期或婴儿晚期（1～3岁）、幼儿期（3～6、7岁）、童年期（6、7～11、12岁）、少年期（11、12～14、15岁）、青年初期（14、15～17、18岁）。

（三）心理发展的阶段性和连续性是统一的

上面介绍了几种发展阶段的划分，这并不能作为对连续发展论的否定的依据，但是可以说明阶段性的存在。事实上心理发展既有阶段性，又有连续性，两者是统一的。

1. 心理发展速度的变化

心理并不是匀速发展的，有发展的快速期和进展较为缓慢的平稳期。由于发展速度上的这种不平衡，心理进展的连续性就被快速期中断，成为不连续的进程。也就是说，以发展的快速期作为分界点，发展的进程呈现出一个个不同的阶段。

2. 阶段性与连续性的统一

心理的发展是包含着量变和质变的矛盾运动过程。在心理发展的快速期，起主导作用的心理过程或心理特征发生急骤的更替，这就是一种质的飞跃，表现为阶段的划分。每一种心理过程或心理特征都不是在瞬间产生的，在产生之前都有孕育过程，即在质的飞跃之前有量的逐步积累；在新的心理过程或心理特征形成之后，还要继续发展，还要积累新质，准备新的飞跃；即使在发展的快速期，也不是将前后发展进程截然分割，快速期本身也有一段发展过程，也包含着一定的渐变。所以说，在心理发展的任何时刻都体现着质变和量变的统一关系，都表现为阶段性与连续性的统一。

五、年龄和教育与心理发展的关系

分析学生的心理发展过程，不可避免地涉及学生的年龄阶段。这里所说的年龄阶段有两层含义：一是表示时间的长短；二是表明心理发展阶段与年龄阶段的大致对应关系。但是不能由此就认为心理发展就是由年龄决定的。

首先，我们必须承认心理发展是心理在时间上的变化过程，离开时间就无从谈起心理的发展。人的成长所经时间以年、月计算，这就是年龄，年龄是心理发展的一个时间维度。其次，我们应该看到，作为心理的生理基础的机体是随年龄而发展的，个体与环境相互作用的经验也随个体年龄增长而积累。因此，心理的发展有一个随年龄的增长而发展的趋势，表现出心理发展水平同年龄之间有一个大致对应的关系。再说，心理发展在不同的年龄阶段都会出现本阶段所特有的典型特征，这些特征具有相对的稳定性，从而表现出与年龄阶段的大体对应关系，但是这种对应关系并不是机械的，而是相对的。

需要特别指出的是，心理是在时间维度上发展，而主要由遗传决定的生理成熟程度，则用年龄来表示。个体与环境相互作用的经验与年龄只是大致对应关系，在不同环境和教育的影响下，儿童心理发展水平可能在一定程度上提前或推后，表现出发展中的个别差异和不平衡性。这说明心理发展与年龄的关系不是因果关系。

对于人的心理发展来说，遗传素质是它的生物前提，遗传素质为心理发展提供可能性；而环境和教育的作用则为人的心理发展提供现实性，教育传授给人类文化知识，同时引导和促进心理的发展，发挥着特别重要的作用。

研究表明，在某些心理过程或心理特征发展的不同时期，教育引导和启发的效果也不一致。在发展的快速期即将出现前的一段时间里效果最好，因此这个时期被称为引导和启发的最佳有效期，被认为是儿童最易接受有关教育影响的时期，如果处理得不好，教育也能在某种程度上对心理发展起着延缓的作用。

当然，教材和教法更要符合儿童心理发展特点、适合儿童的认知发展规律，并具有适度挑战性，不仅可以提高教育效果，而且有利于促进儿童认知的发展。

第二节　心理发展的基本理论

个体的成长充满了许多奥秘，一直是广大学者关注的热门话题。人怎样获取知识，积累经验？人的个性如何形成？人的心理发展究竟存在什么样的规律？诸多问题的研究诞生了各种不同的理论和学派。影响较大的有皮亚杰的认知发展理论、维果斯基的心理发展的文化历史理论和埃里克森的心理社会发展理论。

一、皮亚杰的认知发展理论

瑞士的让·皮亚杰是认知发展领域最有影响力的一位心理学家，他所创立的关于儿童认知发展的学派被人们称为日内瓦学派。其理论充满唯物辩证法思想，坚持从内因和外因相互作用的观点来研究儿童的认知发展。

（一）心理发展的实质

皮亚杰认为，心理既不是起源于先天的成熟，也不是起源于后天的经验，而是起源于动作，动作就是主客体的交互作用，既包含着主体，又包含着客体，它是认识的源泉，是主客体相互作用的中介。儿童最早的动作是与生俱来的无条件反射，儿童通过多种无条件反射反应外界的刺激，发出自己需求的信号，与周围环境相互作用。

（二）四个基本概念：图式、同化、顺应和平衡

皮亚杰认为智力的本质是适应，"智慧就是适应"，是一种最高级形式的适应。他用四个基本概念阐述他的适应理论和建构学说，即图式、同化、顺应和平衡。

1. 图式。图式是指动作的结构或组织，这些动作在相同或类似的环境中由于不断重复而得到迁移或概括。图式本质上是一种动作结构，而不是知识结构或经验结构。图式具有对客体信息进行整理、归类、改造和创造的功能，以使主体有效地适应环境。

2. 同化。同化是指把外部环境中的有关信息吸收进来并结合到儿童已有的认知结

构中，即个体把外界刺激所提供的信息整合到自己原有认知结构内的过程。同化过程是主体过滤、改造外界刺激的过程，通过同化，加强并丰富原有的认知结构。

3. 顺应。顺应是指原有认知结构无法同化新环境提供的信息时，所引起的儿童认知结构发生重组与改造的过程，即个体的认知结构因外部刺激的影响而发生改变的过程。顺应的结果导致认知结构性质的改变（图式改变）。

4. 平衡。平衡是指由同化和顺应过程均衡所导致的，主体结构同客体结构之间的某种相对稳定的适应状态。平衡是主体的主动发展趋向，趋向平衡是主体发展的心理动力。儿童的认知结构就是通过同化与顺应过程逐步建构起来的，并在"平衡—不平衡—新的平衡"的循环中得到不断的丰富、提高和发展。

（三）心理发展的影响因素

皮亚杰将影响儿童心理发展的各种要素进行了分析，将之归纳为四个基本因素，即成熟、经验、社会环境、平衡化。

1. 成熟。成熟指的是有机体的成长，特别是神经系统和内分泌系统等的成熟。成熟的作用是给儿童心理发展提供可能性和必要条件。

2. 经验。经验分为两种：一种是物理经验，另一种是数理逻辑经验。物理经验是指个体通过简单抽象活动而得到的对于客体本来就具有的特质的反映，如大小、形状、重量等。数理逻辑经验是指个体对自身动作协调的经验或反省。如五六岁的儿童从经验中发现，一组物体的总和同它们的空间排列位置无关，也和它们被计数的次序无关。

3. 社会环境。社会环境主要是指社会生活、文化教育、语言等。皮亚杰认为，社会环境因素是影响心理发展的必要条件，儿童所处的社会环境较好，从较低级的发展阶段过渡到较高级的发展阶段时，速度加快；反之，如果教育不良，则儿童从一个发展阶段向更高级的发展阶段过渡时，时间就会推迟。

4. 平衡化。平衡化是指个体在与环境相互作用的过程中的自我调节。平衡化是认知发展的内在动力，是影响认知发展各因素中最重要的、决定性的因素。平衡化的作用基于两个方面：其一，成熟、经验和社会环境三个因素的作用必须加以协调，这种协调作用正是平衡化的功能；其二，每一阶段的认知结构的形成和发展过程，都是连续不断的同化和顺应的自我调节活动过程，这种自我调节正是平衡化的实质所在。

（四）认知发展阶段

皮亚杰把认知发展视为认知结构的发展过程，认知结构是一种抽象的功能结构，是一种由动作或心理运算所形成的抽象结构（运算是内化的、可逆的、守恒的动作，具有整体性）。根据认知结构的质的不同，可以把儿童的心理发展划分为四个阶段：

1. 感知运动阶段（0～2岁）

这个阶段的儿童的主要认知结构是感知运动图式，儿童借助这种图式可以协调感知输入和动作反应，从而依靠动作去适应环境。通过这一阶段，儿童从一个仅仅具有反射行为的个体，逐渐发展成为对其日常生活环境有初步了解的问题解决者。由于缺乏象征性功能（即缺乏事物或动作的表象），因此其思维依赖于感知觉和实际的物质活动，即其智力处于感知运动水平。感知运动阶段具有重要的地位，能够形成儿童所有认识的基础，作为其日后知觉发展和智慧发展的起点；并形成一定数量的基本情绪反应，决定其日后感情的发展。

2. 前运算阶段（2～6、7岁）

儿童将感知动作内化为表象，建立了符号功能，可凭借心理符号（主要是表象）进行思维，从而使思维有了质的飞跃。皮亚杰将前运算阶段分为两个小阶段。一个是前概念或象征思维阶段（2～4岁），这一时期的儿童已出现象征功能，可以运用象征符号进行思维，儿童象征性游戏的出现是象征思维开始的标志。另一个是直觉思维阶段（4～6、7岁），思维直接受直觉到的事物的显著特征所左右。前运算阶段的特点主要有以下五个：

（1）泛灵论。儿童无法区别有生命和无生命的事物，常把人的意识动机、意向推广到无生命的事物上。儿童把无生命物体看作是有生命、有意向的东西的认识倾向，主要表现在认识对象和解释因果关系两方面。随着年龄增长，泛灵论观念的范围逐渐缩小。

（2）自我中心主义。所谓自我中心，是指儿童往往只注意主观的观点，不能向客观事物集中，只能考虑自己的观点，无法接受别人的观点，也不能将自己的观点和别人的观点相协调。皮亚杰曾做过一个著名的实验——"三山实验"：在一个立体沙丘模型上错落摆放了三座山丘，首先让儿童从前后左右不同方位观察这座模型，然后让儿童看四张从前后左右四个方位所摄的沙丘的照片，让儿童指出和自己站在不同方位的另外一人（实验者）所看到的沙丘情景与哪张照片一样。前运算阶段的儿童无一例外地认为，别人在另一个角度看到的沙丘和自己所站的角度看到的沙丘是一样的！这个实验证明了，这一阶段的儿童采取了一种自我中心的我向思维。

（3）不能理顺整体和部分的关系。要求儿童同时考虑整体和整体的两个组成部分的关系时，儿童多半会给出错误的答案，这说明他们的思维受眼前的显著知觉特征的局限，而意识不到整体和部分的关系。

（4）思维不可逆。思维的可逆性是指在头脑中进行的思维运算活动，有两种：一种是反演可逆性，认识到改变了的形状或方位还可以改回原状或原位。如把胶泥球变成香肠形状，幼儿会认为，香肠变大，大于球状了，却认识不到香肠可以再变回球状，两者本就是一般大的。另一种是互反可逆性，即两个运算互为逆运算。如 A=B，则反运算为 B=A；A>B，则反运算为 B<A。幼儿难以完成这种运算，他们尚缺乏对这种事物之间变化关系的可逆运算能力。

（5）缺乏守恒。守恒是指掌握概念的本质特征，所掌握的概念并不因某些非本质特征的改变而改变。前运算阶段的儿童认识不到在事物的表面特征发生某些改变时，其本质特征并不发生变化。例如，同形状的两个杯子，倒入同样多的水，然后将其中的一杯水倒入另一个细长的杯子中，要儿童判断哪一个杯子里水多，儿童要么注意到杯子的长度，要么注意到杯子的宽度，而不会认为两杯水一样多。主要是因为这个阶段的儿童思维不可逆，具有直观性，思维依赖于知觉表象，认识依赖于直接感知到的具体形象。

3. 具体运算阶段（6、7～11、12岁）

在本阶段内，儿童的认知结构由前运算阶段的表象图式演化为运算图式。具体运算阶段有如下特点：

（1）具体性。即运算离不开具体事物和事物的表象，这时儿童所具有的内化、可逆、守恒、具有整体性的动作，只有在事物形象或表象的支持下才能进行，否则便不能进行。皮亚杰举了这样的一个例子：爱迪丝的头发比苏珊淡些，爱迪丝的头发比莉莎黑些，问儿童"三个人中谁的头发最黑"。这个问题如果是以语言的形式出现，则具体运算阶段的儿童难以正确回答，但如果拿来三个头发黑白程度不同的布娃娃，分别把它们叫作爱迪丝、苏珊和莉莎，按题目的顺序两两拿出来给儿童看，儿童看过之后，提问者再将布娃娃收起来，然后让儿童说谁的头发最黑，他们会毫无困难地指出苏珊的头发最黑。

（2）具有可逆性。是指在心理中进行的动作既可以在一个方向上进行，也可以在另一个方向上进行。可逆性有两种，即反演可逆性和互反可逆性，反演可逆性支配类的系统，互反可逆性支配关系的系统。反演可逆性的特征是反演性运算与相应的正运算结合而消去整个结果。如：5+2−2=5；互反可逆性的特征是原运算和它的互反运算相结合产生一个等值。例如：A>B（原运算）与 B<A（互反运算）在逻辑上等值。"甲

是乙的爸爸"（原运算）和"乙是甲的儿子"（互反运算）在逻辑上等值。具体运算阶段的儿童已经具备这两种可逆性。

（3）具有守恒性。在前运算阶段，儿童产生了内化的动作表象，但是因为思维的直观性而无法进行可逆的操作，因此不能达到守恒。只有当动作既是内化的，又是可逆的，才算达到了守恒。守恒是通过儿童思维的同一性、补偿性、可逆性实现的。当思维达到了守恒以后，儿童能认识到物体不会因形状和位置或状态的变化而导致质量的改变，换句话说，儿童可以把握事物的本质，不被事物具体的和表面的变化所迷惑。守恒包括质量守恒、重量守性、面积守恒、体积守恒、长度守恒等，具体运算阶段的儿童并不是同时获得这些守恒的，而是随着年龄的增长不断获得的。

（4）去自我中心。具体运算阶段的儿童去除了"自我中心"，能设身处地地理解他人的思想和情感，能以他人的身体为中心辨别左右。

（5）群集结构的形成。群集是数理逻辑中的一个概念。群集结构实际上是一种分类系统，皮亚杰以群集运算来说明具体运算阶段儿童思维的特征。群集运算的典型特点是能对事物的类进行整体的分析与综合，正确的分类、排序，并进行不同的组合。

4. 形式运算阶段（11、12 岁及以后）

这个时期儿童的思维形式能够从具体内容中解放出来，能够提出假设，凭借演绎推理、归纳推理解决抽象问题。其智力活动达到抽象逻辑思维阶段。形式运算的特点：

（1）思维已能摆脱具体事物的束缚，把内容与形式分开来，开始相信形式具有必然的推理效力，脱离了具体事物。如进行纯粹的逻辑运算、代数运算等。

（2）已经能够进行"假设—演绎推理"。假设—演绎推理是先提出各种解决问题的可能性，再系统地判断和评价正确答案的推理方式。假设—演绎的方法分为两步：首先提出假设，提出各种可能性；然后进行演绎，寻求可能性中的现实性，寻找正确答案。形式思维本质上就是假设—演绎推理，只问推理过程是否正确，而不问实际内容是否正确。例如，由"一切生物起源于火星"，推导出"则人也起源于火星"。

（3）开始能理解和掌握隐喻。处于具体运算阶段的儿童，思维依赖于具体事物和事物的表象，因此对隐喻的理解只能局限在相关的表象上，难于理解寓言故事的内在含义。而处于形式运算阶段的儿童，已能超越隐喻的表象，理解隐喻之后的抽象的、本质的含义。比如给处于具体运算阶段的儿童和形式运算水平的儿童讲"刻舟求剑""曹冲称象""守株待兔"这三个寓言故事，然后问他们哪两个故事是相似的。

一般处于具体运算水平的儿童认为"刻舟求剑""曹冲称象"是相似的；而达到形式运算水平的儿童则会认为"刻舟求剑""守株待兔"是相似的。

皮亚杰认为，人在认知发展过程中，个体依次经历了感知运动阶段、前运算阶段、具体运算阶段和形式运算阶段这四个阶段，每个阶段都大致地对应一定的年龄范围，而且，每个阶段都以行为的质变为特征。这一发展次序是不能颠倒的，也是不可跨越的；但这几个阶段又是相互关联的，后一个阶段的思维都是以前一个发展阶段的发展为基础的，又将前一阶段的思维形式整合到后一个阶段更为高级的思维形式中去。

（五）皮亚杰发展理论对教育的影响

皮亚杰的发展理论对教育教学实践有很大的影响。许多心理发展研究与课程论都是建立在皮亚杰的理论基础上的。他的理论对教育工作者的理论研究和实践探索都有重要价值。

1.教学内容应适应儿童的认知发展水平。不主张教给儿童那些明显超出他们发展水平的材料，即不主张毫无根据或人为地加速儿童的发展，但同时过于简单的问题对儿童的认知发展作用也不大，教学设计只有在符合思维发展特点的基础上才能加速思维的发展。儿童的学习得有准备，教材的结构和顺序要适应认知发展的先后次序，学校课程教材的难度一定要配合学生认知发展的水平。只有了解学生的学习准备状态，才能恰当地选择教材、安排教授新知识的最佳时间、决定最佳的呈现方式、确定合适的教学速度。简言之，学生身心发展是有规律的，应依据这些规律和特点开展教育活动。

2.教学应充分发挥学生的主体性。皮亚杰的认知发展理论认为，思维的产生是主客体的相互作用。个体的主体性很重要，作为主体的学生，在与外部环境（或者说是教育环境）不断地进行相互作用的过程中，增进了知识和思维的发展。在这种相互作用中，学生构成了矛盾的主要方面，是活动的主体。"图式"理论充分体现了教育教学中学生是主体的思想。今天，我们要进行素质教育，就是要通过教育教学的优化、科学化来对学生施加影响，全面开发每个学生的潜能，必须强调重视学生的主体性、自主性。

3.教学应强调活动的重要性。皮亚杰认为，活动是联结主客体的桥梁和中介，认识的形成主要是一种活动的内化作用，也就是说，只有儿童自己具体地和自发地参与各种活动，才能形成他们自己的认知，只是观察别人的活动，包括教师的活动在内，并不能使他们形成新的认识结构。所以在课堂教学中应把活动放在第一位，充分调动学生的各种感官，鼓励学生多动口、多动手、多动脑，让学生在活动中、在解决问题中进行学习。同时，社会交往在儿童认知发展中的作用不可低估，可以帮助儿童摆脱自我中心状态，促进智力与道德的发展。

4. 教育应重视学生的个别差异。皮亚杰认为，由于影响儿童心理发展的因素不同，儿童会按自己的速度和自己的兴趣来学习，这就会使有的儿童认知快些，有些儿童慢些，因此，教学内容和方法要考虑到这种差异性。教学要重视个别儿童的兴趣，了解他们的认知发展的具体情况，因材施教，让每个学生都在符合他们身心发展规律的基础上接受教育，按照各自的发展步调发展，加强个别化教育。

5. 教学活动要不断打破学生已有的平衡状态，帮助学生建立新的平衡状态。在教学过程中，教师一方面要提供学生与其已有经验相关的内容，另一方面，又要提供与其已有经验相矛盾的内容。这样，既可以让学生巩固原有知识、经验，又可以打破学生原有的知识平衡状态，让学生产生知与不知的矛盾，进而激发学生学习新知识、解决新矛盾的兴趣，最终获得新的平衡状态。

6. 教育要重视学生自我调节能力的培养。皮亚杰强调，平衡是儿童认识发生和发展的内在机制和动力，证明了认知是主体在不断寻求平衡模式的过程中不断发展能动性的结果。因而，在现代教育改革中，必须重视培养学生的自我调控能力，不断完善学生认知结构的自我调节系统。通过教学方法、教学模式的变化，创设各种问题空间，让学生在自己发现问题、解决问题的过程中，加强对自身认知结构的监控和调节，提高自我调控能力，从而不断地更新和建构自己的知识结构。

二、维果斯基的认知发展理论

维果斯基与皮亚杰是同时期的人物，与皮亚杰不同的是，维果斯基的理论更强调文化、社会对儿童认知发展的影响。维果斯基从批判关于人的心理及其发展的生物学观点出发，主张把历史研究作为建立人类心理学的基本原则，提出心理发展的"文化历史理论"。

（一）文化历史发展理论

文化历史发展论遵循历史唯物主义原则，从人类社会、历史、文化发展角度理解和解释个体的心理发展，尤其是语言、思维等高级心理机能的发展机制。其要点：

1. 人类历史文化发展是个体心理发展的根源与决定因素。文化是人的社会群体活动的产物，个体活动从群体活动中派生出来。群体和社会活动（或称外部活动）是个体与个体之间的心理互动过程，个体活动（或称内部活动）是个体内部心理过程，从群体社会活动向个体活动转化的本质，就是个体间心理过程内化为个体内部心理的过程。

2. 人创造的各种记号（语言、号码、艺术作品、书信、图表、地图和各种暗号等）在内化过程中起决定作用。记号是一种人造的刺激物，使人摆脱对来自客观世界的客体刺激物的依赖，起到人类文化载体和交往工具的作用。记号最初是社会联系和影响他人的手段，以后才成为影响自己的手段。

（二）心理发展观

维果斯基认为发展是指心理的发展，即一个人的心理（从出生到成年），是在环境与教育影响下，在低级的心理机能的基础上，逐渐向高级的心理机能转化的过程。

心理机能由低级向高级发展的标志是什么？维果斯基归纳为四个方面的表现：

1. 随意机能的不断发展。随意性是指心理活动的主动性、有意性，随意机能是由主体按照预定的目的而自觉引发的心理活动。儿童心理活动的随意性越强，心理水平越高。

2. 抽象—概括机能的提高，也就是说各种机能由于思维（主要是指抽象逻辑思维）的参与而高级化。

3. 各种心理机能之间的关系不断地变化、组合，形成间接的、以符号或词为中介的心理结构。儿童的心理活动越复杂、越间接、越简缩，心理水平越高。

4. 心理活动的个性化。维果斯基强调个性特点对认知发展的影响，认为儿童意识的发展不仅是个别机能由某一年龄阶段向另一年龄阶段过渡时的增长和提高，更重要的是其个性的发展，以及整个意识的增长与发展。个性的形成是高级心理机能发展的重要标志，个性特点对其他机能的发展具有重要的作用。

儿童心理发展的原因是什么？维果斯基强调了三点：

一是人的高级心理机能。它并不是人自身所固有的，而是在与周围人的交往过程中产生与发展起来的，是受人类的文化历史所制约的。

二是从个体发展来看。儿童在与成人交往的过程中，通过掌握高级的心理机能的工具——语言、符号这一中介环节，使其在低级的心理机能的基础上，形成了各种新质的心理机能。

三是高级的心理机能是不断内化的结果。维果斯基认为，高级的心理机能来源于外部动作的内化，这种内化不仅通过教学，也通过日常生活、游戏和劳动等来实现。

另一方面，内在的智力动作也外化为实际动作，使主观见之于客观。内化和外化的桥梁便是人的活动。

由此可见，维果斯基的心理发展观，是与他的文化—历史发展观密切联系在一起的。他强调，心理发展过程是一个质变的过程，心理发展的高级机能是人类物质生产过程中发生的人与人之间的关系，是社会文化—历史发展的产物。

（三）教育与发展的关系

在教学与发展的关系上，维果斯基提出了三个重要的问题：一个是"最近发展区"思想；一个是教学应当走在发展的前面；一个是关于学习的最佳期限问题。

1. "最近发展区"思想

维果斯基感兴趣的是儿童发展的潜能，而不是儿童在某一特定点的发展水平，因而，他提出了"最近发展区"的概念。他把"最近发展区"界定在"儿童现有的独立解决问题的水平"和"通过成人或更有经验的同伴的帮助而能达到的潜在的发展水平"之间的区域。也就是说，最近发展区是儿童在有指导的情况下，借助他人帮助所能达到的解决问题的水平与独自解决问题所达到的水平之间的差异，实际上是两个邻近发展阶段间的过渡阶段。由于两个水平之间的差异是不断变化发展的，因此，需要在一个动态评估环境中测查最近发展区。

"最近发展区"理论给我们提供了一条理解儿童发展的途径，其蕴涵的重要思想是：儿童的发展主要是通过与成人或更有经验的同伴的社会交往而获得的。维果斯基说："如果儿童在最近发展区接受新的学习，其发展会更有成果。在这个区内，如能得到成人帮助，儿童比较容易吸收单靠自己无法吸收的东西。"

2. 教学应当走在发展的前面

根据上述思想，维果斯基提出"教学应当走在发展的前面"，也就是说，教学可以定义为人为的发展，这是他对教学与发展关系问题的最主要的理论。教学决定着智力的发展，这种决定作用既表现在智力发展的内容、水平和智力活动的特点上，也表现在智力发展的速度上。教学应着眼于学生的最近发展区，为学生提供带有难度的内容，调动学生的积极性，发挥其潜能，超越其最近发展区而达到下一发展阶段的水平，然后在此基础上进行下一个发展区的发展。他强调教学不应该指望于儿童的昨天，而应指望于他的明天。只有走在发展前面的教学，才是好的教学，因为它使儿童的潜在发展水平不断提高。

3. 关于学习的最佳期限问题

怎样发挥教学的最大作用，维果斯基强调了"学习的最佳期限"。依据最近发展区的思想，最近发展区是教学发展的最佳期限，在最佳期限内进行的教学是促进儿童发展最佳的教学。教学应根据最近发展区来设定，如果只根据儿童智力发展的现有水平来确定教学目的、任务和组织教学，就是指望于儿童发展的昨天，面向已经完成的发展进程，这样的教学从发展意义上来说是消极的，它不会促进儿童的发展，因此，开始某一种教学，必须以成熟与发育为前提，但更重要的是教学必须首先建立在正在开始形成的心理机能的基础上，走在心理机能形成的前面，这样才有可能产生潜在水平和现有水平之间的矛盾，而这种矛盾又可以引起儿童心理机能间的矛盾，从而推动儿童的发展。

由此可见，教学的作用表现在两个方面：一方面教学决定着儿童发展的内容、水平和速度等；另一方面教学也创造着最近发展区，因为儿童的两种水平之间的差距是动态的，它取决于教学如何帮助儿童掌握知识并促进其内化。教学不等同于发展，也不能立竿见影地决定发展，但如果从教学内容到教学方法都不仅考虑到儿童现有的发展水平，而且能根据儿童的最近发展区给儿童提出更高的发展要求，则更有利于儿童的发展。

（四）内化学说

内化是指个体将社会环境中吸收的知识转化到心理结构中的过程。维果斯基是最早推出"内化"学说的人之一，他指出，教学最重要的特征便是教学创造着最近发展区这一事实，也就是教学激起与推动学生一系列的内部发展过程，从而使学生通过教学而将全人类的经验内化为自身的内部财富。维果斯基的内化学说的基础是他的工具理论。他认为，人类的精神生产工具或"心理工具"，就是各种符号，运用符号就能使心理活动得到根本改造，这种改造转化不仅在人类发展中，而且也在个体的发展中进行着。儿童早年还不能使用语言这个工具来组织自己的心理活动，心理活动的形式是直接的、不随意的、低级的和自然的，只有掌握语言这个工具，才能使心理活动转化为间接的、随意的、高级的和社会历史的。新的、高级的、社会历史的心理活动，首先是作为外部形式的活动而形成的，然后才"内化"，转化为内部活动"默默地"在头脑中进行。

在内化过程中，语言发展中的自我中心言语起着重要的作用。自我中心言语的出现，表明儿童的符号系统已经开始内化，儿童在没有他人帮助的情况下能够思考和解决问题，对自己的行为也已经具有一定的自我调节能力。皮亚杰认为，自我中心言语是一种非社会性言语，是2～7岁儿童特有的自我中心意识的表现；而以维果斯基为代表的苏联心理学家则认为，自我中心言语是由外部言语向内部言语转化的一种过渡形式，是由言语的交际机能向言语的自我调节机能转化的一种过渡形式，这种自我中心言语并不是儿童不成熟的表现，而是其认知发展过程中的一个阶段，随着儿童的成熟，自言自语逐渐变为默不作声，但仍然很重要。

（五）维果斯基理论对教学的影响

维果斯基的思想体系是当今建构主义发展的重要基石，他的思想强烈地影响到建构主义者对教学和学习的看法。建构主义者们不再局限于仅仅强调教学的结果和各种外部变量，而是开始注重影响教学有效性的各种内部变量，如一些背景性或过程性变量。在维果斯基思想的启发下，教育研究者对学习和教学进行了大量理论建设和实际探索。

1. 研究者在维果斯基搭建支架的基础上，提出了支架式教学

皮亚杰认为，儿童的认知发展必须先于教学，儿童只有处于特定的阶段，才能掌握某些概念；与此观点相反，维果斯基认为，教学与发展相互影响，甚至教学要先于发展。显然，维果斯基更强调教学在儿童认知发展中的重要作用。那么教学如何促进发展呢？基于维果斯基的认知发展理论，教师可采取使用教学支架的方式。教学支架是指儿童试图解决超出他们当前知识水平的问题时，教师所给予的支持和指导。给予教学支架的目的就是，最终使学生能够独立完成任务，帮助他们顺利通过最近发展区。

在课堂上支架式教学的要点是：首先，强调在教师指导的情况下学生的发现活动；其次，教师指导成分将逐渐减少，最终要使学生达到独立发现的水平，将监控学习和探索的责任由教师向学生转移。在运用支架式教学时，要保证提供的支架一直使学生处于其最近发展区内，在学生能力有所发展的时候，随着学生认知发展的变化而调整。同时，为了更好地形成学习者的认知冲突，实现有效教学，教学支架既不能太难，也不能太容易。教师常常在学生学习有一定挑战性任务时使用到教学支架。

2. 教学是交互作用的动力系统

按照维果斯基的最近发展区观点，教师必须在教学中给学生提供处于其最近发展区内的，并且难度适当的学习材料，而最近发展区是个动态的区域，因此教师需要不断地获得有关学生发展的反馈。按照这种观点，在教学中实行交互式教学是非常必要

的。交互式教学包括教师和学生之间的相互对话。在教学活动起初，教师先给学生进行示范，然后学生和教师轮流充当教师角色。比如，在语文阅读的教学中，教师给学生示范如何根据学习内容提出问题，如何恰当地回答，然后由学生充当教师向其他同学提出问题，在这个过程中，学生也检测到自己对材料的理解水平。这种相互作用的对话不仅对学生的知识，也对教师的认知结构进行了精细加工和重新建构。此外，动力系统的合作性质也有助于产生非竞争的、情感支持的教学背景，最终提高学生的自我效能感和内部动机。

3. 维果斯基的理论对合作学习有一定的指导作用

合作学习强调同伴交往在完成任务过程中的作用，在合作学习模式下，学生会有意识地模仿专家或同伴的行为来思考和完成具体的任务。在合作的社会性背景下，学生会对所运用的心理策略进行明确或不明确的模仿、证明和辩论，情绪、动机、个性等心理要素会以直接或间接的方式影响到学生的学习。因此，教师要尽量组织、安排能力水平不同的学生进行合作学习。接受能力较强的同伴的指导，是促进儿童在最近发展区内快速成长最有效的一种方式。

4. 维果斯基的理论对情境学习有一定的指导性

学生不是被动地接受知识，而是自主积极的"学徒式学习者"。任何学习都处在一定的社会或有实际意义的背景下，包括学习者原有的经验、所处的社会文化系统，课堂中与教师、同伴的相互作用等多方面。这些背景，尤其是社会性作用，将从不同途径影响到学生学习的过程与结果，因此，教师在教学的过程中，要引导学生从旁观者逐渐过渡到教学活动的参与者，在社会性互动中获得知识与技能。

维果斯基从历史唯物主义的观点，较为全面地阐述了儿童心理发展中的教育与发展的辩证关系，即教育不等于发展，但也不受限于发展，在一定范围内教育可促进发展。他理论体系中的许多观点，如社会历史背景对儿童发展的重要作用，语言以及高级思维的发展阐述过程，最近发展区的概念以及相关理论，与成人同伴的相互作用在儿童学习中的重要作用等，已经为越来越多的研究者和教育人员所接受和重视。

三、埃里克森的社会化发展理论

埃里克森理论形成于一个剧烈动荡的时代。20世纪30年代美国资本主义社会的经济大萧条以及相关社会活动，使整个社会呈现出一种病态，埃里克森面对社会现状，深感弗洛伊德的精神分析学说已不足以应付当时的社会需求，于是，他沿着安娜·弗洛伊德（西格蒙德·弗洛伊德之女）强调自我的适应性功能的路线，创立了新的精神分析学说。埃里克森接受了弗洛伊德的人格结构说，但他不主张把一切活动和人格发展的动力都归结为"性"的方面，而强调社会文化背景的作用，认为人格发展受文化背景的影响和制约。埃里克森将人在发展中的人格结构，即整个心理过程的重心，从弗洛伊德的本能过程转到自我过程，把人的发展动机从潜意识扩展到意识领域、从先天的本能欲望转移到现实关系中来。埃里克森认为，在人的心理发展过程中，自我与社会环境是相互作用的，个性的发展受生物、心理和社会三个方面因素的影响，因此他从情绪、道德和人际关系的整体发展角度来研究个性。由于埃里克森的心理发展过程是以自我为主导、将个人内心生活与社会任务结合起来的过程，所以又被称为心理—社会发展理论。

（一）埃里克森心理发展的八个阶段

与皮亚杰不同，埃里克森把发展看作是一个经过一系列阶段的过程，每一个阶段都有其特殊的目标、任务和冲突。他认为在每一阶段的发展中，个体均面临一个发展危机，每一个危机都涉及一个积极的选择与一个潜在的消极选择之间的冲突。个体解决每一个危机的方式，对个体的自我概念以及社会观有着深远的影响。个体早期阶段中的问题的不良解决所造成的损失，可能会在后期的阶段中得到修正，但却往往会对个体一生的发展造成间接而深远的影响，因此有人称他的理论为发展危机论。埃里克森把人的心理发展分为以下八个阶段，同时指出了每一个阶段的主要发展任务。

1. 婴儿期（0～1.5岁）：基本信任和不信任的心理冲突

此时，不要认为婴儿是一个不懂事的小动物，只要吃饱不哭就行，这就大错特错了。此时是孩子基本信任和不信任的心理冲突期，因为这期间孩子开始认识人了，当孩子哭或饿时，父母是否出现则是建立信任感的重要问题。信任在人格中形成了"希望"这一品质，它起着增强自我的力量。具有信任感的儿童敢于希望，富于理想，具有强烈的未来定向；反之则不敢希望，时时担忧自己的需要得不到满足。埃里克森把希望定义为："对自己愿望的可实现性的持久信念，反抗黑暗势力、标志生命诞生的怒吼。"

2. 儿童期（1.5～3岁）：自主与害羞（或怀疑）的冲突

在此阶段，儿童开始有了独立自主的要求，如想要自己穿衣、吃饭、走路、拿玩具等，他们开始去探索周围的世界。这时候，如果父母及其他照顾他们的成人，允许他们独立地去干一些力所能及的事情，并且表扬他们完成的工作，就能培养他们的意志力，使他们获得一种自主感，能够自己控制自己；相反，如果成人过分爱护他们，处处包办代替，什么也不需要他们动手，或过分严厉，这也不准那也不许，稍有差错就粗暴地斥责，甚至进行体罚，例如孩子由于不小心打碎了杯子，或是尿湿了裤子，成人就对其打骂，使孩子一直遭到许多失败的体验，他们就会产生自我怀疑与羞耻之感。

3. 学龄初期（3～5岁）：主动对内疚的冲突

在这一时期，如果幼儿表现出的主动探究行为受到鼓励，幼儿就会形成主动性，这为他将来成为一个有责任感、有创造力的人奠定了基础；而如果成人讥笑幼儿的独创行为和想象力，那么幼儿就会逐渐失去自信心，这使他们更倾向于生活在别人为他们安排好的狭窄圈子里，缺乏自己开创幸福生活的主动性。当儿童的主动感超过内疚感时，他们就有了"目的"的品质。埃里克森把目的定义为："一种正视和追求有价值目标的勇气，这种勇气不会被幼儿想象的失利、罪疚感和惩罚的恐惧所限制。"

4. 学龄期（6～12岁）：勤奋对自卑的冲突

这一阶段的儿童都应在学校接受教育。学校是训练儿童适应社会、掌握今后生活所必需的知识和技能的地方。如果他们能顺利地完成学习课程，他们就会获得勤奋感，这使他们在今后的独立生活和承担工作任务中充满信心；反之，他们就会产生自卑。另外，如果儿童养成了过分看重自己的工作的态度，而对其他方面木然处之，这种人的生活是可悲的。埃里克森说："如果他把工作当成他唯一的任务，把做什么工作看成是唯一的价值标准，那他就可能成为自己工作技能和老板们最驯服和最无思想的奴隶。"当儿童的勤奋感大于自卑感时，他们就会获得有"能力"的品质。埃里克森说："能力是不受儿童自卑感削弱的，完成任务所需要的是自由操作的熟练技能和智慧。"

5. 青春期（12～18岁）：自我同一性和角色混乱的冲突

一方面青少年本能冲动的高涨会带来问题；另一方面，更重要的是青少年因面临新的社会要求和社会冲突而感到困扰和混乱。所以，青少年期的主要任务是建立一个新的同一感或自己在别人眼中的形象，以及他在社会集体中所占的情感位置。这一阶段的危机是角色混乱。

埃里克森把同一性危机理论用于解释青少年对社会不满和犯罪等社会问题上，他说如果一个儿童感到他所处的环境剥夺了他在未来发展中获得自我同一性的种种可能性，他就将以令人吃惊的力量抵抗社会环境。在人类社会的丛林中，没有同一性的感觉，就没有自身的存在，所以，他宁可做一个坏人，或干脆死人般地活着，也不愿做不伦不类的人，他自由地选择这一切。

伴随着自我同一性，形成了"忠诚"的品质。埃里克森把忠诚定义为："不顾价值系统的必然矛盾，而坚持自己确认的同一性的能力。"

6. 成年早期（18～25岁）：亲密对孤独的冲突

这一时期的发展任务是获得亲密感、避免孤独感、体验爱情的实现，积极的成果是亲密关系的获得。亲密感，是人与人之间的亲密关系，包括友谊与爱情。亲密的社会意义，是个人能与他人同甘共苦、相互关怀。亲密感在危急情况下，往往会发展为一种互相承担义务的感情，它是在共同完成任务的过程中建立起来的。如果一个人不能与他人分享快乐与痛苦，不能与他人进行思想情感的交流，不相互关心与帮助，就会陷入孤独寂寞的苦恼情境之中。

7. 成年期（25～65岁）：生育对自我专注的冲突

这是中年期与壮年期，是成家立业的阶段。发展任务主要是：获得生殖感，避免停滞感，体验关怀的实现。积极的成果是关怀后代。这里的繁殖是广义上的，不仅包括人的繁衍后代，而且还包括人的生产能力和创造能力等基本能力和特征。这一阶段有两种发展的可能性，一种可能是向积极方面发展，个人除关怀家庭成员外，还会扩展到关心社会上其他人，关心下一代以至子孙后代的幸福。他们在工作上勇于创造，追求事业的成功，而不仅是满足个人需要。另一种可能性是向消极方面发展，即所谓"自我专注"，就是只顾自己以及自己家庭的幸福，而不顾他人的困难和痛苦，即使有创造，其目的也完全是为了自己的利益。

8. 成熟期（65岁以上）：自我调整与绝望期的冲突

此时主要是获得综合的完善感，避免失望和厌恶感，体验智慧的实现，积极的成果为体验完成人生的使命感。如果前面七个阶段中积极的成分多于消极的成分，那么个体就会在老年期汇集成完善感，觉得这一辈子过得很有价值，生活得很有意义；相反，如果消极成分多于积极成分，个体就会产生失望感，感到自己的一生失去了许多机会，走错了方向，想要重新开始又感到为时已晚，痛不胜痛，于是产生了一种绝望的感觉，精神萎靡不振，并因而害怕死亡。

埃里克森在分析每个阶段时，都提出一些积极的建议。例如，他认为，一个人不应该对任何人都信任，不信任感也有一点用处，有了不信任感后，对于外界的危险会有一种准备，对于外界不愉快的事情可以有一种预期，否则一遇到社会挫折就感到不可思议或束手无策，这不利于自我的成长；但他同时认为，在人际关系中信任与不信任感要有一定的比例，信任感应该多于不信任感，以有利于心理发展。他还认为，自主感也不能无限制地发展，也必须有一定的怀疑感与羞耻感，如果过分相信自己，以后就不容易适应社会准则，会变得独断专行，他认为自主感应强于怀疑感与羞耻感。另外，埃里克森认为，儿童的勤奋感中也应该有一点失败的经验，以便今后能经受住失败的挫折，但又不能过分地经常性地遭受失败，经常失败就会产生自卑感。

（二）埃里克森自我发展阶段理论的价值

以上是埃里克森自我发展的八个阶段，我们从中可以看到自我的形成与社会文化因素的关系，也可以看到自我与社会生活在个体人格发展中的作用。他的八个阶段是他临床经验的总结，尚缺乏严格的科学事实作依据，但比起弗洛伊德强调本能的生物学观点来说，更侧重社会文化因素在自我意识形成与发展中的作用，他的理论有相对的合理性，对心理学研究和教育实践都有较大的启发意义：

1. 人格的发展是自我与社会文化相互作用的产物，各个阶段心理危机的产生和解决都与环境作用密切相关。因此，在人格发展的问题上，不但要重视自我教育的作用，而且还应该特别重视学校、家庭和社会对个体的教育作用。

2. 其理论指出了人生每个阶段的发展任务及所需要的支持帮助，有助于教育工作者了解中小学生在不同发展阶段所面临的各种冲突，从而采取相应的措施，因势利导，对症下药。如在学校教育中，小学生正处于第四阶段，中学生正处于第五阶段，埃里克森的理论有助于我们的教育适应中小学生的发展。小学阶段主要帮助学生适应勤奋和自卑危机，中学阶段主要适应同一性和角色混乱的危机。

3. 人格的发展是一个完整的连续作用的过程，前一阶段的发展任务若未顺利完成，可在后面的阶段继续完成。良好的人格品质可以通过教育加以补救，因而，对人格教育应持乐观态度。

4. 埃里克森的人格终生发展论，为不同年龄段的教育提供了理论依据和教育内容，任何年龄段的教育失误，都会给一个人的终生发展造成障碍。它也告诉每个人，你为什么会成为现在这个样子，你的心理品质哪些是积极的、哪些是消极的，又在哪个年龄段形成的，这都给你以反思的依据。

另外，有研究表明，埃里克森自我发展的八个阶段在具体的年龄段上的划分有些偏前，因此，如果我们看到自己所属的心理发展阶段小于自己的生理年龄时，也不必沮丧。

第三节　婴儿期的心理发展

婴儿期是指个体 0～3 岁的时期。这个年龄阶段儿童心理发展的主要特点是：动作发展对心理发展的意义重大；感知觉迅速发展，且在许多方面接近成熟水平；言语发展的重要时期；社会性依恋的发展是情绪情感发展的重要标志。

一、婴儿动作的发展

婴儿动作的发展，始于新生儿的无条件反射活动和继而发展起来的条件反射活动。明确而稳定的条件反射的形成，就是心理发生的标志。

婴儿早期动作的发展为心理发展创造条件，心理是在活动中产生的，并表现在活动中。早期动作的发展在一定程度上反映着心理发展的水平，如果早期动作的发展过于迟缓，可以预示以后智力发展上的障碍。

（一）婴儿的主要动作发展

在婴儿期，各种动作都迅速发展起来，对心理发展具有最重要意义的动作是手的抓握动作和独立行走。

婴儿手的抓握动作的发展。手的抓握动作的重点是五指分化和手眼协调。准确的抓握动作与视、动协调，给婴儿开拓着认识事物特征的重要途径，也为手的动作增添了新的内容——使用工具，用动作姿势代替言语功能，从而使动作具有了间接性和最初的符号功能。

独立行走是儿童发展的一个里程碑。它使儿童的躯体移动从被动转为主动，扩大了认知范围，增加了与周围人主动交往的机会，为发展个体活动的自主性提供了必要的条件。

婴儿主要动作发展得好与不好，在某种程度上对促进或延缓其心理发展水平具有重要意义。应该从早期开始注意婴儿主要动作的训练。

（二）婴儿动作的发展遵循着一定的规律性

1. 从整体向分化发展。

2. 从不随意动作向随意动作发展。

3. 具有一定的方向性和顺序性。

动作发展的方向性和顺序性如同生理发展的指向性和大小性一样遵循着头尾原则、近远原则。

指向性的头尾指向原则，即从头到脚的发展方向；近远原则也称中心外周指向，即发展的方向从身体的中心部位向周边部位转移。大小指向，即从大的活动向特殊活动发展，从大肌肉运动向精细动作发展。

二、婴儿感知觉的发展

感知觉是个体发展中最早发生，也是最早成熟的心理过程，感知觉对婴儿心理发展具有重要的意义。婴儿通过感知觉获取周围环境中的信息并适应周围环境。这一过程不是被动的，而是主动的、积极的、有选择性的，是对来自周围环境的信息的察觉、组织、综合及对它的解释。

（一）对婴儿感知觉能力的认识

1. 人们对新生儿、婴儿感知觉能力的认识

传统的观点一直把新生儿视为弱小无能的、消极被动的生物个体，是一块"白板"，这种认识在相当长的时间内占据统治地位。近几十年来，人们发现新生儿、婴儿具有惊人的感觉能力，于是惊呼"新生儿并非新手"。

评定一个个体是否具有某种感知能力，应解决两个问题：其一，个体能否察觉到当前存在的客体或刺激源；其二，个体能否区别物理上的不同刺激源。这需要具有相应的研究方法。

2. 新的研究方法的突破

新生儿和婴儿感知觉能力的发现来自研究方法上的新的突破。习惯化范式和优先注视范式等，都是揭示婴儿感知能力的关键性研究方法。

习惯化范式又称习惯化或去习惯化。习惯化是指婴儿对多次呈现的同一刺激的反应强度逐渐减弱，乃至最后形成习惯而不再反应。去习惯化是指在习惯化形成之后，

如果换一个新的不同刺激，反应又会增强，这就是去习惯化。习惯化和去习惯化整个过程合称为习惯化范式。这种研究方法能够揭示出以前无法了解的婴儿早期感知能力。婴儿在这个时期具有的感知能力，对他们的心理发展具有重要意义：婴儿早期能辨别新旧不同的刺激，使自己在复杂的环境中能进行选择性反应，以利于对环境的适应；他们把注意力移向新事物，有利于扩展经验，学习新知识。

优先注视范式也称刺激偏爱程序，这种研究方法以注视时间为指标。它通过一个特殊的观察小屋呈现刺激、观察反应并记录注视时间来进行研究。通过研究发现，婴儿早期就能够察觉刺激源；根据对不同刺激物注视时间的长短，还发现他们能够区别不同的刺激物，且对某种图形产生偏爱。偏好的注视可进一步说明，新生儿可能生来就具有某种排定的程序——偏重注视某些轮廓和图形。

（二）婴儿感知觉的发展

1. 婴儿感觉的发展

（1）婴儿视觉的发展

人对周围环境中的信息大多数是通过视觉系统获得的。眼睛察觉和辨认刺激物需要具备一定的视觉技能，这些技能主要有视觉集中、视觉追踪运动、颜色视觉、对光的察觉和视敏度。

研究发现：出生 12 小时的新生儿中有 75% 可以追视移动的红环，出生后 24 小时普遍就能察觉移动的光；出生后 15 天就具有颜色辨别能力；出生后三周的婴儿视线开始集中到物体上，理想的视焦点是哺乳时母亲的脸与婴儿视觉的适宜距离；3～4 个月的婴儿的颜色辨别能力基本上趋近成熟水平；婴儿要到 4 个月才能改变晶体视物。婴儿分辨刺激物能力的视敏度在出生 24 小时的时候，只有成人的 13%，其后开始稳定发展。有的研究认为，视敏度发展最快的时期是 7 岁，也有人发现在 10 岁以前视敏度仍有明显发展。总之，婴儿出生后数周或数月内探索世界的视觉手段已经有了明显的发展。

（2）婴儿听觉的发展

据研究，新生儿甚至胎儿就已经具有了一定程度的声音感受能力。婴儿早期对声音的感知和辨别主要表现在对声音的注意、定位；以及对语音的辨别上。新生儿对听起来更像人们说话的音高和频率的声音颇为敏感；刚出生几个小时就表现出对声音的粗略定位能力，他们能够将头转向声源方向，到 4 个月时声音定位才较为准确；出生后不久的新生儿表现出了对许多种语言的语音的辨别能力，随着年龄增长这种能力会发生调整；新生儿的听觉阈限个别差异很大。

听觉影响儿童的言语和思维的发展，应注重保护听觉器官，注重训练儿童的听觉辨别能力。

（3）婴儿肤觉的发展

几个月的胎儿就有明显的触觉反应，新生儿的触觉敏感性和触觉分化都有迅速发展；婴儿刚一出生就有温觉反应，调节体温的能力是新生儿适应环境的一个关键；婴儿早期就有痛觉反应，但比较微弱和迟钝。

触觉在 3 岁前儿童的认识活动中占主导地位，随后触觉逐渐与视听觉紧密结合，到幼儿期触觉在认识发展中的地位逐渐下降，并让位给视觉和听觉。

（4）婴儿味觉和嗅觉的发展

味觉是选择食物的重要手段，是新生儿出生时最为发达的感觉。新生儿能以面部表情和身体活动等方式，对甜、酸、苦、咸 4 种基本味道做出反应，这表明他们已具有了对味道的辨别能力。

嗅觉功能在出生 24 小时后就有表现，并能形成嗅觉的习惯化和嗅觉适应。婴儿出生一周就能够辨别不同气味，且表现出对母亲体味的偏爱。人的嗅觉改善延续到成年，到老年又衰退。人的嗅觉敏感个别差异很大。

2. 婴儿知觉的发展

婴儿的知觉发展表现为各种分析器的协调活动，共同参加对复合刺激的分析和综合。

（1）空间知觉

空间知觉是由视、听、触和动觉联合活动而组成的复杂知觉，包括形状知觉、深度知觉和方位知觉。

①形状知觉：习惯化研究说明，3 个月的婴儿已有分辨简单形状的能力。形状知觉研究还表明，幼小婴儿就具有模式化的、有组织的视觉世界。他们偏爱一定程度的复杂的世界、信息量多的图形和对他们具有社会性意义的某些形状，不喜欢没有图案的模式。

②深度知觉：吉布森等通过视觉悬崖装置的实验，发现 6 个月的婴儿就已经具有深度知觉。还有人发现，2～3 个月的婴儿能够把视崖作为新异刺激物来辨认。

③方位知觉：儿童方位知觉的发展顺序为先上下、次前后、再左右。通常，孩子3 岁能辨别上下，4 岁能辨别前后，5 岁能以自身为中心辨别左右，7～8 岁能以客体

为中心辨别左右。方位知觉个别差异很大，有的人一生方位知觉都不清楚。

（2）时间知觉

时间具有非直观性，没有看得见的形式，也没有相应的感觉器官。对时间的感知具有相对性和主观性的特点，所以，在5岁和6岁以前，儿童的时间知觉不稳定、不准确，也不会使用时间标尺，7岁开始发展时间知觉，小学阶段是时间知觉发展的重要时期。

婴儿期是个体感知觉发展最重要的时期，也是感知觉发展最迅速的时期，更是对儿童感知能力发展的干预和训练的最宝贵时期。

综上所述，婴儿期动作的发展和感知觉的发展构成了婴儿心理发展的主要内容。

三. 婴儿注意、思维的发展

1. 婴儿注意的发展

新生儿在无条件反射的基础上产生定向反射，这是注意的萌芽；3个月出现条件反射的定向反射；五六个月出现不随意注意；1岁出现随意注意的萌芽；3岁以前开始出现有意记忆的发展。

条件反射的出现是记忆发生的标志；七八个月的认生是再认的表现；1岁左右的视觉记忆表象是回忆的表现；1～3岁陆续出现情境记忆、词语理解记忆与图形符号记忆。

2. 婴儿思维的发展

婴儿的思维属于直觉行动思维，其主要特点如下：

（1）直观性和行动性：动作是思维的起点；动作是解决问题的手段；动作有某种交往功能。

（2）间接性和概括性：能初步比较和区分物体的特性，遇到类似情境可以采用同样的行为方式。

（3）缺乏对行动结果的预见性和计划性。

（4）思维的狭隘性：思维活动仅限于同感知和动作联系的范围，思维内容具有狭隘性。

（5）思维与语言开始联系，第二信号系统开始发展。

四、婴儿言语的发展

（一）言语发展的理论

言语发展理论是解释年幼儿童如何在短短的几年内就掌握了非常复杂的语法规则的理论。由于学者们所持观点不同而有不同的理论派别，主要理论派别有如下3种：

1. 后天学习理论

后天学习理论强调环境对儿童获得言语的决定作用，其代表人物是斯金纳、班杜拉和布鲁纳。后天学习理论又分为强化说和社会学习说两类。

强化说以条件反射的操作行为和正、负强化等概念来解释言语的获得。社会学习说认为，儿童学习言语是通过模仿成人而获得的，强调模仿作用，"选择性模仿"新概念。

2. 先天成熟理论

先天成熟理论的主要观点是强调先天因素对言语发展的决定作用，他们认为儿童言语的发展决定先天自然的成熟，所以也称自然成熟说。

3. 环境和主体相互作用理论

这种理论是认知学派的言语发展理论，主张认知结构的发展是言语发展的基础，言语的发展来源于主客体的相互作用。

（二）婴儿言语的发展

人类的语言是有声语言，词语的意思要靠声音来表达。一般情况下，婴儿的言语发生在10～14个月。在前言语阶段语音的发展顺序如下：简单发音阶段（0～4个月）；多音节阶段（4～9个月）；有意义的语音，即学话萌芽阶段（9～12个月）。世界各国婴儿最初的语音发展规律具有普遍性，3岁儿童可以掌握母语的全部发音。

婴儿在1岁和一岁半之间获得第一批词汇，词汇量约50个左右。此后，他们的词汇量迅速发展，到3岁时能达到1000个左右。与此同时，他们所掌握的词汇的内涵和外延的质量也不断提高。

研究表明，一岁半到两岁半是婴儿获得母语的基本语法的关键时期，3岁的儿童基本上能掌握母语的语法规则。其发展过程如下：1岁到一岁半能使用不完整句，如单词句、双词句和电报句；一岁半到两岁的儿童所用的句法结构多为完整的简单句和一定程度的复杂句；3岁儿童基本上使用完整句。

五、婴儿气质

气质是个性特征的最初表现，也是与生俱来的一种明显而稳定的个性发展基础。传统的气质类型划分是：多血质、胆汁质、黏液质和抑郁质。

托马斯和切斯的气质类型说将婴儿的气质类型划分为三种：

容易型（占 40%）：易于适应环境，生活习惯规律，情绪愉快，喜欢探索。容易型儿童易获得成人的最大关怀和喜爱。

困难型（占 10%）：难以适应环境，生活无规律，情绪紧张不安，交往困难。困难型儿童容易使亲子关系疏远。

迟缓型（占 15%）：适应环境缓慢，也称慢慢活跃型。迟缓型随着爱抚和耐心教育而转化其余 35% 儿童的气质属于混合类型。

六、婴儿的社会性依恋

依恋是婴儿最初的社会性情结，是情感社会化的标志，是婴儿与抚养者之间的一种积极的情感联系。

（一）婴儿依恋的发展阶段

鲍尔比等将婴儿依恋发展分为三个阶段：

1. 无差别的社会反应阶段：对一切人都不加区别地反应。

2. 有差别的社会反应阶段：对母亲有偏爱，对熟悉人和陌生人有不同的反应。

3. 特殊情感联结阶段：对母亲产生特别的依恋，形成了专门的对母亲的情感联结。

（二）婴儿依恋的类型

艾斯沃斯将婴儿对母亲的依恋表现分为不同的类型：

1. 安全型依恋（占 65%～70%），有母亲在就有安全感，对外界积极反应。

2. 回避型依恋（占 20%），缺乏依恋，与母亲未建立起亲密的感情联结。

3. 反抗型依恋（占 10%～15%），既寻求与母亲接触，又反抗母亲的爱抚，亦称矛盾型依恋。

安全型依恋是积极依恋，回避型和反抗型均属消极的不安全型依恋。依恋是在婴儿与母亲的相互交往和情感交流中逐渐形成的，可见良好的教养可以促进良好的依恋。可以从反应性、情绪性和社会性刺激三个方面来衡量母亲的教养行为。反应性是指对儿童发出的信号积极的应答；情绪性是指经常通过笑、说、爱抚积极地对儿童表达情感；社会性刺激是指多进行诸如通过相互模仿、丰富环境、调整自己的行动等以适应婴儿的节律行为，而不是以自己的习惯强加给婴儿。

七、自我意识的发展

个体的自我意识经历着一系列发展变化过程。儿童在 1 岁以内尚无自我意识；1 周岁末开始把自己与周围环境区分开来，这是自我意识的萌芽；3 岁儿童开始把自己当作主体来认识，突出的表现是从称呼自己的名字（如"宝宝吃苹果"）变为用"我"这一代名词来称呼自己（如"我吃苹果"）。这一变化是儿童自我意识发展过程中的一个重要转折，也可以说是自我意识发展的第一个飞跃。

第四节　幼儿期的心理发展

幼儿期的年龄范围是 3～6 岁，是学龄前儿童。这个年龄阶段的儿童心理发展的主要特点如下：游戏是这一时期儿童的主导活动；幼儿期是儿童口头言语发展的关键期；思维活动以具体形象性占主导地位，具有自我中心性特点；个性倾向性开始形成。

一、幼儿的游戏

（一）游戏是幼儿的主导活动

幼儿的娱乐、学习、社会交往和对周围环境的认识等多是通过游戏活动来进行的，游戏是幼儿的主导活动。其主要特征是：自主的、愉快的活动。游戏对儿童发育成熟、认知发展和社会性发展都有重要作用。

（二）游戏对儿童心理发展的意义

游戏对儿童心理发展具有多种意义。主要有：游戏是年幼儿童的特殊社会生活方式，他们通过模仿游戏角色等方式，学习各种社会角色，学习社会交往；游戏是他们认识周围环境、认识事物的主要途径；通过游戏发展感知觉、思维和解决问题等心理活动；游戏是抒发情感的主要方式；通过游戏发展想象力、创造能力，在游戏中实现自我；游戏可以培养儿童的意志力、纪律性和协作精神；游戏活动可以增强体质。

（三）儿童游戏的发展

儿童的游戏随年龄增长而变化：

1岁以下婴儿的游戏以成人和儿童之间的互动游戏为主，由成人发起和组织，由成人与儿童之间相互影响、相互作用，从而促进婴儿智力、社会情感和人际交往的发展。

2岁左右的婴儿喜欢实物游戏，按实物用途模仿成人动作，通过游戏探索认识事物的功能和事物之间的关系。

幼儿的象征性游戏，即象征性地使用替代物进行假装游戏。他们通过这种特殊形式，实现参与人的自然和社会活动的愿望。这种游戏要有替代物，其操作过程与成人行为有类似性，具有想象性质。幼儿通过象征性游戏学习社会角色的社会职责，掌握各种行为准则。

童年和少年儿童的游戏以规则性游戏为主。

（四）游戏中的社会性发展

帕顿从社会性协同的角度把儿童游戏分为6个等级。这6个等级依次为：无所用心的游戏、各自单独游戏、旁观游戏、彼此平行游戏、没有共同目的的结伙游戏、明确目的和分工的合作游戏。这一发展过程体现出儿童游戏从非社会性逐渐发展到具有互补和互惠性质的社会性游戏。

游戏对儿童社会化发展的作用除了体现在人际协调行为上，也体现在协调困难时所发生的矛盾纠纷和解决纠纷的过程中。儿童们可以从中学会如何坚持自己的意志和接纳别人的意见，从而逐渐掌握相应的社会协调能力。

二、幼儿言语的发展

言语发展的内容主要指语音、词汇和句法的发展。3岁前儿童已经能够掌握母语的各种发音，但是许多儿童要到六七岁才能全部完成准确发音。

（一）幼儿词汇的发展

词汇的发展分为量的发展和质的发展两个方面。

1. 词汇量的发展

关于词汇量的调查和估计出入比较大，儿童之间的个别差异也比较大，不能以绝对数为指标来衡量每个儿童，但是总的趋势是具有一致性和普遍性的。综合中国、日本、美国、德国等国的研究结果，可得出一个词汇量的大体一致的发展趋势。从总体上来看，幼儿平均每天可习得 2～3 个词。

2. 词汇内容的丰富和词义的深化

1～2 岁儿童词汇的内容多集中在人物、食物、动物、玩具等熟悉和经常接触的事物的名称上，只有少量描述人或动物动作的词。幼儿的词汇内容日益丰富，这表现在词的范畴的增长和概念的确切化方面。词汇的抽象性和概括性也在增加，所掌握词的内涵和外延不断得到调整和修正。

儿童对词义的理解是一个逐渐确切和加深的过程。年幼儿童初期掌握的词汇意义与成人的理解并不相同，表现为扩大词义或缩小词义，有的则与成人的词义部分重叠。随着年龄增长和经验、知识的积累，儿童所掌握的词义不断得到矫正。成人的教育以及儿童自己的主动探索和对词汇的尝试运用，在其词义发展中起着重要的作用。

3. 词类的扩展

1 岁到一岁半儿童所掌握的词，多为名词和少量动词，到 3 岁以后逐步掌握各类词汇，但是不同词类的多寡差异很大。幼儿掌握各类词汇的数量中，名词最多，其次由多到少依次是动词、形容词、数词、量词……

在名词中具体名词占 80%～85%，在动词中外显的动作行为词汇约占 85%。这表明幼儿的词汇中具体名词和可见的外部动作词汇占绝大部分。这与幼儿思维发展特点有着密切的关系。

4. 消极词汇和积极词汇的消长

积极词汇是指儿童既能理解又能正确使用的词汇；消极词汇是指儿童对词汇有所理解但不能正确使用，或者有时能说出词汇但却不怎么理解。儿童拥有的词汇量并不等于都是他们既可理解又可正确运用的积极词汇。这种现象与儿童对词义的理解有关。幼儿对词义的理解常有"失之过宽"或"失之过窄"的现象。随着年龄的增长，随着儿童对词义理解的加深和表述能力的发展，消极词汇会逐渐减少，积极词汇不断增长。但是在词汇量迅速扩大的情况下，消极和积极词汇之间的消长过程还会延续一段时间。

（二）语法结构的发展

儿童要掌握语言必须获得语法结构，掌握组词成句的规律。幼儿具有独特的获得语法结构和自动应用组词成句的规则，并大致按照如下趋势发展：

（1）从简单句发展到复合句：儿童说出的句子的结构有一个逐步分化和发展的过程，从最初出现的主谓不分的单词句到双词句，而后又发展到简单句，最后出现结构完整、层次分明的复合句。

（2）从陈述句发展到多种形式的句子：儿童最初掌握的是陈述句，到幼儿期，疑问句、否定句、祈使句、感叹句逐渐发展起来。但是到幼儿期末，陈述句仍然占有三分之一左右，此时他们对被动句、反语句、双重否定句等形式复杂的句子仍难以正确理解。

（3）从无修饰句发展到修饰句：儿童最初使用的简单句并无修饰语，以后逐渐发展到有简单修饰语和复杂修饰语。

（4）句子长度的变化：通常以句子的长度作为衡量儿童早期语言发展的指标（量的指标），汉语是以词作为计算句子长度的单位。幼儿期是口头言语发展的关键期，也是人生获得语言的一个非常重要的时期，因此促进幼儿期的言语发展是幼儿教育的极其重要的一个部分。幼儿期的言语发展水平，将会影响到他们未来从事的职业和社会交往的基本能力。

三、幼儿期认知的发展

（一）幼儿记忆的发展

1. 记忆的容量

幼儿记忆的容量随年龄而增加，人的短时记忆的容量有限，一般成年人为 5 ～ 9 个信息单位，儿童更少一些，3 岁儿童 3 个左右，6 岁儿童可达 6 个左右。

2. 记忆的发展特点

幼儿记忆的主要特点是：无意识记为主，有意识记迅速发展起来；机械记忆为主，意义记忆开始发展起来；形象记忆为主，词的记忆开始发展起来。对应的两种记忆相互联系，相互渗透。

（二）幼儿期思维的发展

幼儿期思维的主要特点是具体形象思维。具体形象思维是指儿童的思维活动主要依赖于具体事物的表象以及表象之间的相互联系而展开。在幼儿期，儿童活动范围扩大、经验开始增长、词汇量急速增加、言语理解和表达能力以及人际交往能力等都迅速发展起来，这促使儿童的思维由直接行动思维向间接思维形式过渡，转化为具体形象思维。以下从思维的具体形象性、抽象逻辑思维的初步发展、掌握概念的某些特点以及思维的规律几个方面介绍幼儿思维的特点。

1. 思维的具体形象性

（1）具体形象思维与直觉行动思维的区别，主要在于感知行动已内化为表象。原有思维中的各种感知与行动被简化、被压缩，而内化为头脑中的表象，通过表象之间的联系、运演进行思维活动。另一区别在于词的符号功能。词的符号功能在于思维的概括性与言语的调节作用。归根结底，儿童思维活动的发展在于识别、运用和创造符号功能的发展。

（2）符号功能：幼儿解决问题的过程中，运用形象符号能力的发展是衡量其思维发展的主要标志之一。幼儿符号能力的形成要经历一个发展过程，最明显的符号能力是儿童绘画所使用的图像符号。2～3岁儿童的绘画表现符号是象征性的；3～4、5岁，儿童的绘画中就出现了具有一般性质的符号。这些符号是约定俗成的普遍标志，是具有与人际交往性质的，也是儿童进入成人社会入口的交流手段，这些符号都是用词标志的，是可以通过言语调节的。

（3）一定的计划性和预见性：由于思维具有了一定的词的概括性和言语的调节性，他们便可以思考不在眼前的事物，思考过去的经验，联想有关的形象，从而能计划自己的行动，预见行为的结果，解决面临的问题。这就是思维的计划性和预见性。

（4）不清晰性和易变性：幼儿的认识水平基本上还处于了解事物的鲜明特点、表面现象和外部联系的阶段，因此往往具有不清晰、不确切、缺乏连续性和易变性的特点。这是思维反映事物的外部特征和非本质联系时的特点。

2. 抽象逻辑思维获得初步发展

随着年龄的增长和知识欲求的发展，幼儿不再满足于对事物的表面关系和形象联系的认识水平，他们开始追求对事物的内在关联和本质特征的认识，这势必促使儿童在思维的具体形象性中萌发出抽象逻辑性。幼儿抽象思维的初步发展主要表现在提问的类型的变化和概念形成的特点上。

（1）提问类型的变化：幼儿的探索精神和求知欲高涨，好奇心强，他们经常不厌其烦地向成人提出各种问题，二三岁儿童的提问以"……是什么"为主，这反映他们的求知水平局限在追求个别事物的特点上；四五岁儿童的提问类型就变成以"为什么"为主导，这与儿童所渴望理解的内容、与儿童的思维发展相适应。大量的"为什么"说明儿童对客观世界的了解欲望开始指向事物的内在道理、现象的本质特征和事物之间联系的规律性。

（2）概念形成的特点：对概念的概括水平是儿童发展的一个重要标志。有关研究表明：幼儿并不是以形状和颜色这样的外部特征作为概念概括的主要标准。四五岁儿童以功用关系为概括的主要依据；从5岁开始，儿童按类别进行概括的能力迅速发展。这说明从幼儿后期开始，儿童对于概念的抽象概括水平得以迅速发展。

（3）儿童获得概念的基本方式有4种：通过典型事例获取概念是幼儿学习概念的主要方式。成人总是把一类事物中的具有代表性的事例指出（如水果中的苹果），并与词结合起来教给儿童。这是儿童，特别是幼儿获取概念的最基本的方式。此外还有通过定义获得科学概念，通过言语讲解和概括文章命脉获得概念，以及通过概念名称的组合推知组合后的复合概念。这后三种掌握概念的途径都可归结为言语理解方式。事例的方式是各种言语理解方式的前提，儿童早期获得的概念几乎都是以典型事例为依据的。

（4）概念的层级性（也称层级类概念）：事例概念按抽象程度不同可分为上级概念、基本概念、下级概念三个层次，如植物、树、松树的概括层次关系。下级概念所负荷的信息量大，上级概念抽象程度高。为了便于儿童掌握和运用概念，需要选择详细情报与高层次概括之间的均衡点，这个均衡点就是基本概念，如前例中的"树"。

（三）认知发展的过程

儿童的认知发展表现为几种趋向：

（1）儿童认知发展由近及远。幼儿凭自己的经验认识事物，往往以自己的看法代替他人的看法。认知的范围由自身接触的事物扩展至家庭、学校、社会及至世界。

（2）儿童认知发展由表及里。幼儿只认识事物的外部的、直观的表面现象，以后随着年龄的增长，才认识事物的内在的本质属性。

（3）儿童认知发展由片面到比较全面。幼儿认知事物由局部到整体，由对事物片面的认识到较全面的认识。他们往往先是专注于事物的某一部分而忽略其他部分，以偏概全，逐渐才能认识到事物的不同方面。

（4）儿童认知发展由浅到深。如幼儿对概念的掌握不是一蹴而就的，而是由表层意义、功用，再到本质特征，是一个逐步深化的过程。

（5）儿童认知发展是由绝对到相对，由自我中心到去中心化的过程。儿童最初对事物的认识，不能站在别人的立场上考虑对方的观点，不能转换角度或同时从多个角度观察某一事物，不能意识到自己的思维过程；到了小学末期，通过去自我中心化才能了解事物的相对性，才能比较客观地认识事物及事物之间的关系。

四、幼儿个性和社会性的发展

在儿童个性形成过程中，自我意识和道德意识的发展起着核心的作用。

（一）幼儿自我意识的发展

3 岁前儿童自我意识已经发展到"我—他分化"阶段，把自己作为主体来认识。幼儿期自我意识的发展主要表现在自我评价能力的发展上。

1. 从依从成人的评价发展到开始有独立的评价。

2. 从对外部行为表现的评价向内在品质评价转化。

3. 从简单、笼统的评价发展到较为具体的评价。

4. 从主观情绪性评价向初步客观性评价发展。

（二）道德判断和道德发展过程

1. 道德判断的不同阶段

皮亚杰把儿童道德判断的发展过程分为三个阶段：

（1）前道德判断阶段（5 岁前）：直接接受行为的结果，还不能做出道德意义上的判断。

（2）他律道德阶段（5～8 岁）：只注重行为规则，注重行为后果，不考虑行为意向和动机。也称为道德现实主义。

（3）自律道德阶段（8～10 岁以后）：不盲目服从权威，认识道德规范的相对性；既考虑行为结果，又考虑行为动机。也称为道德相对主义。

2. 儿童道德发展过程

科尔伯格把儿童道德发展过程分为三种水平六个阶段。三种水平即：前世俗水平、世俗水平、后世俗水平。其中每种水平又有两个阶段，共六个阶段，即：惩罚与服从的定向阶段、手段性的相对主义的定向阶段、人与人之间的定向阶段、维护权威或秩序的道德定向阶段、社会契约的定向阶段、普遍的道德原则的定向阶段。

儿童道德向着成熟阶段的发展所经历的过程基本上是相同的。环境和文化的影响只能决定发展的速度或改变其道德的内容，而不能改变它的发展顺序。

（三）自立欲求与反抗

随着自我意识的发展，儿童自主欲求也逐渐提高。新生的婴儿非常乐意在母亲怀抱中做各种游戏，可是进入幼儿期后就要逐渐拉开与母亲的距离，他们更乐于在母亲身边玩耍，把母亲作为外在需求的安全基地。他们的活动范围日益扩展，从对母亲的全面依赖状态，向一定程度的自立发展，并为自己一个人发挥自立的能力而感到满足和高兴，继而对周围的事都想要"我自己做"，对父母的帮助、指示、禁止，总要用"不"来反抗。这种现象就是第一反抗期。这种现象与儿童的自我意识发展紧密联系，是儿童心理发展过程中的自然程序。

对父母的反抗行为的表现是发展中的正常现象，不能因为受此烦扰而祈求没有反抗期出现。如果孩子没有什么反抗行为，这大多并非儿童自身的问题所致，而是父母的教导问题。如父母的教育过于严厉，儿童自主的欲望受到抑制而不可能反抗；或者父母过于溺爱，对孩子的一切欲望有求必应，从而剥夺了儿童自我发展的机会。

据研究，意志力正常发展的幼儿，有84%经历过反抗期，而意志力薄弱的幼儿中只有21%经历过反抗期。对他们成人以后的人格进行调查后发现，在幼儿期经过了反抗期者自主性强，幼儿时未表现反抗期者，一般在成人以后都有自主性和主动性缺乏的倾向。

第五节　童年期的心理发展

童年期的年龄范围是7～12岁，属小学阶段。童年期儿童的生活从以游戏为主导转为以学习为主导，其主要任务是通过学校教学，系统地掌握学习能力和学习态度，学会学习。

童年期儿童的心理发展主要表现在认知能力和社会性发展方面。这个时期，儿童的认知发展是以学习知识为基础而展开的，其主要特征是思维过程的具体运算性，是从形象思维向逻辑思维的过渡。社会性发展主要表现在逐渐摆脱对父母的依赖性，而转向朋友之间的交往，突出地重视伙伴关系。与此同时，着重以同伴的评价为依据形成自我评价，在同伴交往中，促进社会化的发展。

一、认知的发展

（一）记忆的发展

1. 记忆容量的增加

成人的短时记忆容量为 7±2 个信息单位，研究表明儿童的记忆容量随年龄增长而增加。小学儿童的数学记忆广度已经与成人水平相当。

2. 记忆的主要特点

（1）有意识记超过无意识记成为记忆的主要方式。

有意识记和无意识记都随儿童年龄的增长而发展，在小学阶段有意识记开始超过无意识记，占据优势。有意识记的出现标志着儿童记忆发展上的一个质变，有意识记超过无意识记又是记忆发展中的一个突出的变化。

（2）意义记忆在记忆活动中逐渐占主导地位。

意义记忆是一种理解识记，当儿童对所要识记的材料有了理解并有了进行意义加工的能力，他们就能更好地进行意义记忆。小学儿童随着理解力的增加、知识的增多、组织和表达能力的提高以及言语和思维水平的提高，他们在学习中越来越多地进行意义记忆。一项要求 7～15 岁儿童在识记同一教材之后的一段时间内进行再现的实验，其结果显示，年龄越大，年级越高，意义记忆的百分数也越高（7 岁的意义识记为 28%、10 岁为 44%、12 岁为 45%、15 岁为 83%），与此对应，机械记忆的百分数随之下降。也有某些儿童，由于对所学的需要意义记忆的内容不理解或不够理解，以至长期停留在机械记忆的方法上，简单地搬用现成的公式定理，而看不清其中的道理，从而影响他们记忆的发展和以后学习的提高。

（3）词的抽象记忆的发展速度逐渐超过形象记忆。

小学儿童在学习过程中，词的抽象记忆迅速发展，其增长率逐渐超过形象记忆。有学者的研究表明，在中、小学阶段，直观形象记忆和词的抽象记忆（包括具体词和抽象词）都随年龄增长而发展，但对词的材料识记的增长率比对直观材料识记增长率要快，五年级以后，对意义抽象的词的再现增长率又超过意义具体的词的增长率。

3. 记忆策略的运用

儿童对所要记忆的材料进行组织和加工的能力直接关系到记忆的效果。记忆策略是人们为了有效地记忆而对输入信息采取有助于记忆的手段和方法。儿童运用记忆策略经历从无到有的发展过程。这一过程被分为三个阶段：没有策略，多为5岁以前的儿童；过渡阶段，一般为5～7岁儿童，其特点是自己不能主动运用策略，但经过诱导可以运用；能主动而自觉地采用策略，10岁以后记忆策略稳定发展。下面介绍儿童采用的几种主要策略。

（1）复述（背诵）：背诵是能促进儿童记忆的一种有效策略，是注意不断指向输入信息的过程，也是为了达到识记目的而主动做出的意识活动。实验证明，儿童掌握背诵策略是随年龄增长而提高的（5岁者10%有复述行为，7岁有60%，10岁达到85%）。另有研究进一步说明，9～10岁以前的儿童尚不能很好地主动利用背诵策略来帮助记忆的保持。对不能自发地进行背诵的儿童进行适当的训练，可以把他们的记忆成绩提高到接近主动背诵的儿童的水平。

（2）组织：组织是把要识记的材料中所包含的项目，按其间的意义联系归类成系统以帮助记忆。组织策略一般可分为两种情况：

①归类：把要识记的材料按某种标准或关系进行归并，以帮助记忆。研究表明，年长儿童比年幼儿童更多地采用归类策略，而且不同年龄的儿童分类的水平也不同，年龄小的往往按简单联想归类，稍大的儿童常以功用关系分类，然后才逐渐发展到按概念进行分类。

②系列化：系列化是把相互关联的信息按体系关系进行整理并条理化，以帮助记忆的一种学生记记方式。小学一年级还不能运用系列化策略，从三年级开始，这种能力随年级增长而提高。

4. 儿童记忆的培养和促进

提高儿童记忆的效果需要以上述儿童记忆的发展特点为依据，而记忆的发展又受到社会生活条件和教育的影响，因此可以从不同的方面培养儿童的记忆能力，促进记忆的发展。

（1）丰富儿童的知识和经验：儿童的经验丰富，知识增多，认知水平就会得到相应提高，知识之间的联系渠道也会更加畅通，从而促进意义记忆的发展，促进组织策略的运用。

（2）提高言语和思维的发展水平：儿童记忆的发展特点与言语和思维有密切关系，类别概念和言语发展水平对记忆有重要影响，所以促进记忆的发展是不能孤立于言语和思维发展之外来进行的。

（3）利用记忆发展特点，促进记忆发展进程：不同年龄阶段各有其记忆特点，适应并利用这些特点可以帮助儿童提高记忆发展水平。如小学低年级（6～7岁）是掌握策略的过渡阶段，过渡阶段最易接受教育条件的影响，及时给予适宜的指导就能促进儿童从不能主动应用策略过渡到能主动应用策略来进行记忆，从而缩短过渡性的中间阶段。

（4）编织记忆之网：帮助儿童建立新知识的关系网。运用新旧知识的关联，建立新知识同已有知识的联络网，再引导儿童通过联想建立各种知识和经验之间的联结，形成多通道、多结构、多联结的知识网。这既有助于记忆的短时再现，也有助于记忆的巩固和准确性。如思维导图的应用。

（二）思维的发展

童年期的思维获得飞跃发展，其基本特征在于：逻辑思维迅速发展，在发展过程中完成从具体形象思维向抽象逻辑思维的过渡。这种过渡要经历一个演变过程，从而构成童年期儿童思维发展的特点：

1. 思维发展过程的特点

（1）经历一个思维发展的质变过程

幼儿期以具体形象思维为主导，童年期就逐步进入了以逻辑思维为主导的阶段。这一转变是思维发展过程的质的变化。

（2）不能摆脱形象性的逻辑思维

童年期的逻辑思维在很大程度上受思维具体形象性的束缚，尤其是小学三年级以下，他们的逻辑推理需要依靠具体形象作支柱，甚至要借助直观来理解抽象概念。在解决问题的思维活动中，往往是抽象逻辑思维与具体形象思维同时起作用，在两者的相互作用中抽象逻辑思维逐渐发展起来。这个发展过程是两种思维成分相互渗透，进行消长变化的复杂过程。

（3）10岁左右是形象思维向抽象逻辑思维过渡的转折期

在整个童年期，儿童思维发展存在着不平衡现象，也存在着具有关键性的转折年龄。一般认为，这个转折年龄在10岁左右，即小学四年级。也有研究指出，这个重要阶段的出现具有伸缩性，根据教学条件，可以提前到三年级或者延缓到五年级。这里强调了儿童思维发展具有重要的转折期，要求教育应适应小学儿童思维发展的规律，发掘他们的巨大潜在能力，促进他们思维能力的发展。

2. 新的思维结构的形成

按照皮亚杰的认知结构发展理论和认知发展阶段性的划分，6、7～11、12岁的小学儿童属于具体运算阶段，进入逻辑运算时期。其主要思维特点是：

（1）掌握守恒：即概念的掌握和概括能力的发展不再受事物的空间特点等外在因素的影响，而能够抓住事物的本质进行抽象概括。也就是说，儿童的认识能力不再因为事物的非本质特征（如形状、方向、位置等）的改变而改变，能够透过现象看清本质，把握本质不变性。

（2）思维具有可逆性：不同于幼儿时期的思维不可逆性，儿童期学生的思维活动既可以向一个方向运行，也可以返回，向另一个方向运行。兼具思维反演（或否定）可逆性和互反可逆性两种可逆性活动。

（3）补偿关系认知：如果把两个相等的胶泥球中的一个压成饼状，幼儿会认为饼状大于球状，小学儿童就认识到饼状虽然比球状大，但同时它也薄了，所以两者仍然一样。这说明儿童已能从两个维度的补偿关系上认识事物的不变性了。

思维运算是以某种守恒性为前提的，思维运算的守恒性又与思维活动的可逆性、补偿关系的认知有着密不可分的联系。

3. 逻辑推理规则的掌握

新的思维结构形成，使儿童认识事物时容易把握其本质特征，从而为推理和解决问题能力的发展奠定基础。进行推理还必须掌握类别体系化和序列化等推理规则，童年期儿童具有了掌握基本推理规则的能力。

（1）类别体系化

类别体系化是一种重要的分类能力，也称类群集。按类别体系分类，实际上是将子类包含到一个更大、更普遍的类中去的过程，这是类包含问题。

像松树、树、植物、生物各概念之间的关系就呈这种树权状的类别从属关系。当儿童理解了大类和子类之间的包含关系，就能够在各层级类别之间自由地往复思考。

（2）序列化

序列化也称关系群集。序列化主要反映儿童对事物之间的关系的认知。在对称关系中，序列化的演绎表现为：在 A、B、C 中，已知 A=B、B=C，儿童能推论出 A=C 的结论；在不对称关系中，儿童可以根据 A<B、B<C 演绎出 A<C 的结论。

　　序列化的能力还表现在儿童能将两组相对应的项找出来。如小学生常做的将物体由大到小或由多到少排列的习题，尽管它们原有的系列是混乱的，儿童也能完成任务。

　　分类中的类别体系认知和关系认知中的序列化能力都是思维具体运算阶段智力发展的重大成就，它保证着个体认知活动对分类和关系（序列化）的运算，从而形成童年期这一思维发展阶段中的类和关系的逻辑。但是这一时期思维形式和思维内容还是紧密地联系在一起的，思维活动还不能超越具体事物。

二、童年期个性的发展

（一）自我意识的发展

　　童年期儿童自我意识是在幼儿期已有发展的基础上不断发展、不断深化的过程，其发展进程可分为如下三个阶段：

　　1. 从小学一年级到三年级处于上升期。

　　2. 小学三年级到五年级处于平稳阶段，是发展的一个平稳过渡期。小学一年级到二年级上升幅度最大，其余年级之间没有显著性差异。

　　3. 小学五年级到六年级处于第二个上升期。从而进入从对行动性理解向对内部品质理解的发展水平。

　　以上发展阶段的特点说明：就小学阶段整体而言，儿童的自我意识不断发展，但不是直线的、等速的；发展的趋向从具体向抽象概括水平过渡。

（二）童年期自我评价的特点

　　1. 自我评价的独立性日益增长。

　　2. 自我评价的批判性有一定程度的提高。自我意识发展迅速，但不是匀速发展。

　　批判性提高的表现：低年级儿童的自我评价能力落后于评价他人的能力；低年级儿童的评价标准具有片面性，高年级儿童的评价具有较为明显的批判性。

　　3. 自我评价的内容逐渐扩大和深化。蒙达·哈特尔（1982）认为自我评价内容的发展顺序从身体的自我、活动的自我向社会的自我和心理的自我发展。

　　4. 自我评价的稳定性。儿童自我观念的恒常性要到幼儿期末，即小学低年级时才开始出现，因此小学低年级自我评价的稳定性较差，到高年级则有明显提高。

　　总体而言，整个小学阶段自我评价发展的总趋势是从具体到抽象的过渡，是从对外显行为的评价到内部心理世界评价的发展过程。

三、童年期的社会性发展

（一）对权威的认知

美国儿童心理学家达蒙把4～9岁儿童对权威认知的发展分为三个水平：

1. 水平0（4～7岁）：不能区分自己的愿望与权威的要求，但到阶段后期开始注重服从权威的实际效果。

2. 水平1（7～9岁）：开始重视服从权威的道德定向。认识到不顺从会招致不好的结果，也认为服从权威才是对权威的帮助和爱护的回报。

3. 水平2（9岁以上）：认识到对权威服从可以有两种表现——自觉自愿和被迫。

（二）童年期的社会交往

童年期的社会交往主要是指儿童与同龄伙伴的交往。伙伴交往是儿童社会性发展的非常重要的途径。小学生的同伴经历、与同龄人结合的伙伴关系，对他们的人格发展和社会性（包括道德）发展具有不可忽视的作用。他们在特有的儿童社会中，通过解决个人与集体之间的矛盾、解决个人与伙伴成员之间的矛盾，学会理解他人的观点和立场，经历协同和竞争之间的矛盾。他们在这种横向的人际交往中学习社会生活所必要的技能和态度，使社会性发展进入一个新的阶段。

小学生的伙伴关系的发展过程可以区分为三个时期：

1. 依从性集合关系期：小学一二年级的儿童在踏入学校这个新环境的初期阶段，要经历许多与幼儿园不同的新体验，许多孩子产生陌生感、不适应感和不安全感。在适应新的学校生活的过程中，依从作为权威人物的教师就成为这个时期儿童关系的特征。他们的人际联结关系首先是教师，儿童之间的相互关系尚处于薄弱地位。

2. 平行性集合关系期：小学三四年级，儿童之间通过非常活跃的活动交往、通过学习生活和各种集体组织的交流，在班集体中的地位和作用发生分化，他们开始按照接近关系、外在因素相似性以及个人需求的雷同性等，组成小团体并经常在一起活动。于是在这个时期出现了与伙伴协同的社会交往趋势。

3. 整合性集合关系期：到了小学五六年级，儿童伙伴社会交往倾向更加突出。这个时期儿童对父母和教师的依从关系明显下降，他们更注重的是与朋友间所共有的价值观，更关注自己在同伴中的威信和地位，更重视同伴对自己的评价。研究表明，对同伴的依存性从小学二年级到小学五、六年级一直表现出上升趋势，五六年级是伙伴关系依从性的高峰期。

有人对儿童形成伙伴关系（或团伙）的年龄进行了调查（通过中学生和大学生的回忆），小学六年级是儿童开始结成伙伴关系的人数比率最高的时期。

第六节　青少年期的心理发展

青春期分为少年期和青年期两个阶段，两个阶段均属过渡期，但心理发展特征各有侧重。

一、少年期儿童心理发展特征

少年期是指 11～15 岁，这个年龄阶段大体相当于初中时期。由于这个期间的儿童心理发展是极其复杂、充满矛盾的，又称为"困难期""危机期"。其主要特点是身心发展不平衡、自我成熟感和半成熟现状之间的错综矛盾及这些矛盾所带来的心理和行为的特殊变化。

（一）发展加速现象

少年期是个体生长发育的鼎盛时期，也是初步性成熟的阶段。这个时期的身体和生理机能都发生急剧的变化，成为生长发育的高峰期，也叫第二加速期（第一加速期是 0～1 岁）。这一时期儿童的身高、体重、肩宽、胸围等方面的成长速度都在迅速增加，这叫作成长加速，性功能迅速成熟叫作成熟加速。

一个人提早达到成人的成熟标准的现象叫作发展加速现象。在此期间，出现青春期缩短现象。乳房发育、体毛发生、变声等第二性特征，以及月经初潮、遗精现象都提早出现，并在短期间内达到初步成熟，从而形成青春期缩短化的现状。

由于生长发育加速的不平衡，出现早熟儿（加速儿）和晚熟儿。早熟儿在身体和智力发展方面比同龄儿童有优势，往往容易在朋友中、在伙伴关系中处于较高的地位；而晚熟儿身体发育相对迟缓而容易有低人一等的感觉。另一方面，提早进入青春期的女孩子，由于身体加速变化，其体力和体能一时不能适应，又因他们的兴趣爱好也常与同龄朋友不一致，容易因此产生苦恼；而男孩子对性功能提早成熟还缺乏精神准备，容易出现不由自主的性冲动。

（二）心理发展的矛盾和易出现的偏差

初中阶段是人类个体生命全程中的一个极为特殊的阶段。如上所述，这个阶段生理发育加速，提早进入成熟状态，但是心理发展速度却相对缓慢。身心发展的不和谐和不平衡，使得儿童的自我调节能力脆弱，引起心理发展上的种种矛盾，并容易出现心理及行为偏差。

少年期的心理矛盾现象有：心理上的成人感与半成熟现状之间的矛盾，心理断乳与希望在精神上得到父母的支持和保护的矛盾，心理闭锁性与需要理解、交流的矛盾，要求独立自主与依赖之间的矛盾，自以为是与常常出现自卑感之间的矛盾等。

由于身心发展上的不平衡，少年期儿童会感受到许多心理冲突和压力，如果这些问题不能得到顺利解决，或者较长期间承受此困扰，就可能在情绪情感、性格特征、行为表现等方面出现种种问题，甚至容易出现某些身心疾病，如支气管喘息、心脏神经症、肠道运动失调、神经性食欲不振、不安神经症、强迫神经症、口吃以及厌学、失足行为乃至自杀等，这些都是现代教育所面临的重要课题。

二、少年期的第二反抗期

（一）少年期的第二反抗期

1. 第二反抗期的主要表现

（1）对社会地位欲求不满：由于"成人感"的形成，处于少年期的孩子们自以为已经成人，要求具有和成年人相当的社会地位和决策权，反对从属地位，更反对权威式的干涉。

（2）观念上的"碰撞"：初中学生开始对自然世界、社会生活、人际交往等问题进行思考，并且形成自己的看法。这个时期是价值观的形成阶段。由于他们发展水平的局限，其观念具有幼稚性，表现出主观、片面和绝对性。他们不理解为什么父母的想法与他们格格不入，更反对父母强加给他们的观念。

（3）不能自控的情绪波动：由于随着生理加速发展心理也迅速发展而造成的对身心发展现状的不适应和不平衡，他们在缺乏准备的条件下，面对许多矛盾和困惑，容易处在焦虑的情绪背景中；而在这种背景下遇到不满和不平之事，他们容易出现突发式的情绪失控，尤其是在父母面前更易情绪发作。虽然平静下来后也会感到后悔，但又常会复发。此外，他们在获得成功时，会有狂喜的表现，在受到挫折时，又会出现大的情绪低落，这些情绪上的波动，他们自己难以自觉地控制。

（4）青春期烦躁：随着第二性特征和性功能的发育，出现性好奇和接近异性的欲望，又由于环境和舆论的限制，这种朦胧的好奇心和欲望感不得不被压抑，这往往使他们处于莫名的烦躁与不安之中。

（5）反抗的主要指向——父母：反抗期反抗的对象以父母为主，有时也会转移到教师及有关成人身上。他们反抗的中心课题是依赖和控制；他们的人际关系倾向是脱离父母的羁绊，密切朋友关系的纽带。

2. 形成第二反抗期的原因

第二反抗期的成因，集中在生理、心理和社会三个方面。

（1）生理方面。身体加速成长，生理迅速成熟，使少年儿童产生了"成人感"——自以为已经成熟。又因为发展的不平衡，他们在知识、经验、能力方面并未成熟，只处于半成熟状态。这就造成"成人感"与"半成人现状"之间的矛盾。这种矛盾是造就反抗期的主要原因。

（2）心理方面。自我意识的飞跃发展，使他们进入"心理断乳期"。正如婴儿断奶一样，在心理上要摆脱对父母的依赖，要以独立人格出现；而又因为发展的不协调，他们的心理能力明显滞后于自我意识，从而呈现出难以应付的"危机感"。

（3）社会因素方面。进入中学以后，学校环境和教与学的新要求都发生很大的变化，这种更高的要求，势必激励他们产生"长大成人"的责任感。另外，这个年龄阶段的儿童非常注重自己在同龄人群中、在朋友中的地位，他们力求找到知心朋友，渴望得到别人的接纳和尊重。为此，他们要力争一个独立自主的人格。当自主性被忽视或受到阻碍，个性伸展受阻时，他们就会反抗。

反抗期的出现是少年心理发展中的正常现象，在某种意义上说，也是发展的必经途径。对这一现象应予以客观的正确的认识，更需要帮助他们顺利度过这一人生中的特殊的转折期。

3. 帮助少年儿童顺利渡过反抗期

第二反抗期有多种特点，多种表现形式，又与儿童的教育条件、所处的环境与遇到的各种问题有着密切的关系，因此可以通过各种形式帮助儿童顺利渡过这一困难期。

（1）父母的理解和正确对待

①父母亲需要转变观念。反抗期中矛盾的焦点在于：成长者对自己发展的认识超前，父母对他们发展的认识滞后。少年儿童的认识超前是指具有成人意识而不具备成熟的心理条件；父母的观念滞后，主要表现在他们只注重孩子半成熟的一面，而忽视了子女的成人感这一不可忽略的发展事实。

②父母需要改变儿童观与教育观。在儿童观和教育观方面，为人父母者都非常重视"爱护"和"教育"子女，习惯于以教育者的身份对待子女，缺乏对教育者与被教育者之间的相互影响、相互作用、相互促进（或相反）的互动关系的认识，不理解儿童自我发展的成长特性，不能适应儿童发展的现状和需求。在面对子女身心急剧发展及反抗期到来之时，家长们常常表现得困惑不解和不知所措，因此，父母应该适应子女的成长，改变教育观念和态度。

③父母应该正视亲子关系的变化。青少年通过反抗期走向自主自立。进入少年期以后，儿童以父母为范型的态度不再继续，代之为看到父母也有很多缺点；同时由于自身洞察力与对他人认识能力的发展，他们能够从人的整体人格上对父母的优缺点进行全面的评价，认为父母虽有缺点，但应受到尊敬。青年后期，更多的人对父母采取尊敬的态度，但是，到这个时期，父母不能再把子女作为依赖于自己和受自己支配的对象，子女本身也已经不再依从于父母，而成为独立的自我了。

在反抗期阶段，亲子关系处理得好与不好，其意义尤其重要。处理得好，使青少年对家庭产生深厚的感情和应有的责任感，并能促进他们形成积极的独立态度，较为平稳地度过"心理断乳期"，并能较为顺利地进入成人社会。如果处理得不好，会使矛盾激化，刺激子女反抗期情绪增强，乃至于影响到他们的学习兴趣、社会交往，使他们长期陷入压抑和孤独感中难以自拔，并且对他们家庭观念的形成也会造成不利的影响，甚至会留下一生的遗憾；父母也会因此而失去子女对自己的尊敬、爱戴，以至于失掉应有的教育权。

④以友相待并尊重少年儿童的自主权。父母与少年儿童相处过程中，要和他们建立起朋友式的友谊关系，尊重他们应有的自主权与隐私权；遇事多与他们商量，倾听他们的意见，并通过积极地引导，转化他们的不成熟和片面的认识。

（2）引导少年儿童正确接纳自己和自己的变化

①少年儿童应该正确认识到这一时期是个体发展中所必经的过程，要以积极的态

度来对待。

②树立榜样和楷模。

③组织多种自主性活动，发挥他们的独立自主性。

④建立责任感，这包括家庭责任感、集体观念和社会责任感。

（二）两个反抗期的比较

儿童在反抗期中的反抗，主要是指依赖与自主之间的冲突，以及由于对立而造成的子女与父母之间的矛盾冲突。这种状态的延续阶段就是反抗期。

如前所述，三四岁幼儿处于第一反抗期；初中儿童（由于发展的不平衡，也可以提前在小学高年级，或延迟到高中初期发生）正处于新的反抗期，称为第二反抗期。两个反抗期具有共同特点和不同特点：

1. 两个反抗期的共同特点

（1）新旧关系体制的转型。在反抗期之前，儿童对父母的依赖与父母的权威之间保持着平衡，因为新的能力和意识的增长，这种平衡受到挑战而即将被打破。反抗期就是在建立新的平衡体制之前出现的改革和混乱，所以也称改革期或混乱期。

（2）独立自主性。由于新的能力和自我意识的发展，独立性的要求强烈起来，日益增强，于是使矛盾集中在自主和依赖、反控制和控制之间的斗争上。

2. 两个反抗期的不同特点

第一反抗期的独立自主要求，主要是争取自我主张，以及活动与行为动作的自主性与自由权；第二反抗期的独立自主要求，则是全面性的，从外部因素深入内在因素，从行为表现到要求人格的独立。

三、青年期自我意识发展

青年期分为青年初期和青年后期，青年初期从十四五岁开始到十七八岁结束，主要为高中阶段；青年后期，又称成年初期，大约从 18 岁到 35 岁，是由青年走向成人的时期。在这一时期，自我意识得到迅速的发展，自我同一性确立，促使青年的人生观、价值观趋于稳固，客观地认识自我也成为可能。因此，自我意识的发展和自我同一性的确立，人生观、价值观的形成，避免心理不适应及其他精神障碍，是这一时期主要的发展任务。

自我意识是指作为主体的我对于自己以及自己与周围事物的关系，尤其是自我关系的认识。自我意识是人的意识的重要方面。自我意识的水平是个性发展水平的标志，也是推动个性发展的重要因素。

成熟的自我意识至少有下列三个方面的特征：能感受到自己的身体特征和生理发展状况；能意识并体验到自己的内在心理活动；能认识到自己在集体乃至社会中的作用和所处的地位。

如果说婴儿期是自我意识发展的第一个飞跃期，那么青少年时期就是自我意识发展的第二个飞跃期。这一时期也被称为自我意识发展的突变期。青年期自我意识发展的过程主要是自我概念、自我评价、自我理想的整合和统一的过程。

1. 青年期是自我意识的形成期

从青春发育期开始到青年后期，大约十来年的时间，是自我意识、心理自我迅速发展并走向成熟的时期。

青年期自我意识发展的最主要的特点是，追求自己内在世界中存在着的"本来"的、本质的自我，并将注意力集中到发现自我、关心自我的存在上。青年期是自我意识的形成期，这一形成要经历分化和整合的过程，这一过程贯穿整个青年期。青年期自我意识发展中，个体将自我分化为"客体我"和"主体我"，对这两个"我"进行审视和分析，再经过自我接纳和自我排斥等过程，使两者在新的水平上相协调，即达到自我的整合和统一。

2. 青年期自我同一性的追求和确立

自我意识的发展和自我同一性的确立是青年期的重要发展任务。对青年期的人格发展和自我发展予以系统论述的，是埃里克森著名的自我同一性理论。他认为青年期的发展课题（任务）是自我同一性的确立和防止同一性的扩散。埃里克森把人一生的人格发展历程区分为八个阶段。

他的基本观点是：人的心理发展源自心理需求和社会要求之间的矛盾，亦称为"心理—社会危机"，心理—社会危机的解决过程就是心理发展的过程。从婴儿期（前期）到老年期（成人后期），每个阶段都有其特殊的发展任务，又由于发展任务完成得顺利与否的不同，而呈现出积极结果对消极结果的程度差异。他认为：人格的发展是一个逐渐形成的过程，一定要经过几个顺序不变的阶段。每个阶段都有一个普遍的发展任务，这些任务是由个体的成熟、社会文化环境、社会期望间不断发展的冲突和矛盾所规定的。在每一阶段内，如果冲突解决得好，发展任务就完成得好，就能形成积极的个性品质；反之，完成得不好就会形成消极的个性品质。各人完成任务的程度并不相同，一般都介于积极和消极两个极端之间的某一点上，健康的个性品质倾向于积极的那一端，而上一阶段任务完成得好与不好会影响到下一阶段任务的完成。

埃里克森认为，个体如果在进入青春期之前的各个阶段的发展任务完成得好，如有较强的信任感、自主感、主动感和勤奋感，到青年期实现有意义的同一性的机会就较多；反之，就可能出现与自我同一性相反的情况，即同一性的扩散或混乱。他强调，青年期在确立自我同一性的过程中必须在各个方面取得整合，才能使人格得以健全发展。一旦自我同一性的形成过程中出现同一性失调，就会导致自己无法认识自我或无法确认自我，而使自我处于一种毫无布局的散漫、扩散、混乱状态。

诚然，在一段时期内，为寻找自我、发现自我而出现暂时的同一性分散或角色混乱，多属正常现象。通过角色试验、亲身体验，经过一段时间的自我的痛苦探求，可能使自己实现新的、更富创造性的、积极的自我同一。但是，如果长期遭到同一性的挫折，就会出现持久的、病态的同一性危机。他们无法知道自己究竟是什么样的一个人，想要成为什么样的人，不能形成清晰的自我同一感，致使自尊心脆弱，道德标准受阻，长久地找不到发展方向，无法按自己设计的样式正常生活。有的会走向与社会要求的同一相反的消极的同一；有的甚至会出现同一性扩散症候群的特征。

3. 同一性扩散或同一性混乱

有的学者把同一性症候群的特点归纳为以下六个方面：

（1）同一性意识过剩：陷入时刻偏执于思考"我是什么人""我该怎么做"的忧虑中，被束缚于其中不能自拔而失去自我。

（2）选择的回避和麻痹状态：有自我全能感或幻想无限自我的症状，无法确定或限定自我定义，失去了自我概念，失去了自我选择或决断，只能处于回避选择和决断的麻痹状态。

（3）与他人距离失调：无法保持适宜的人际距离，或拒绝与他人来往，或被他人所孤立，或丧失自我而被他人所"侵吞"。

（4）时间前景的扩散：是时间意识障碍的一种，不相信机遇，也不期待对将来的展望，陷入一种无能为力的状态。

（5）勤奋感的扩散：勤奋的感觉崩溃，或无法集中于工作与学习，或极专注地发疯似的只埋头于单一的工作。

（6）否定的同一性选择：参加非社会所承认的集团，接受被社会所否定、排斥的生活方式和价值观等。

埃里克森也进一步说明，自我同一性是人的一生的发展课题，青年期自我同一性的解决与前几个阶段任务完成程度之间固然有密切关系；但同时，青春期未能很好地解决的矛盾，并不意味着今后就无法解决了。而已经建立的自我同一，也不一定一劳永逸，它还会在今后遇到种种威胁和挑衅。因此，自我同一性的形成和确立是动态发展的、毕生发展的任务。

4. 青年期的发展课题

人在一生的发展进程中，各个发展时期都有不同的发展课题，即由一个时期过渡到另一个时期所必须完成的学习或训练。有学者指出，人生的发展课题是"个体所必须学习的各种各样的课题"，它在人的一生中的各个时期产生，如果此一课题能得以圆满实现的话，不仅给个人带来幸福，也会为下一课题的成功奠定基础，倘若失败，不仅造成个人不幸，社会也不认可，更为以后的课题实现带来困难。

我国学者张日昇以多年研究成果为依据，并参考已有的发展课题，提出如下十项青年发展课题：

（1）对身体的发育及其变化予以理解和适应。

（2）从精神上脱离家庭或成人而自立。

（3）学习并在学习过程中逐渐完善作为男性或女性的性别角色。

（4）对新的人际关系，特别是对异性关系的适应。

（5）学习如何认识自我和理解自我。

（6）学习如何认识社会和对待社会。

（7）学习并确立作为社会一员所必须具备的人生观和价值观。

（8）学习并掌握作为社会一员所必须具备的知识和技能。

（9）做好选择职业和工作的准备。

（10）做好结婚和过家庭生活的准备。

在设定各个时期的发展课题时，要以生理发育、社会要求和心理发展水平为依据，在综合判断的基础上提出来。青年期的发展课题代表着青年人格发展的成熟目标和社会对青年的综合要求，也反映着青年所面临的各种问题。

青年在解决和实现所面临的各种发展课题的进程中，不可避免地会遇到许多问题和困难。他们也正是在解决这些问题、克服重重困难的过程中理解自我、理解成人并步入成人社会，从而结束由儿童向成人过渡的极为重要的发展任务，同时也就又进入了另一个新的发展里程。

第七节 中年期的心理发展

中年期是人生历程中的中间阶段，一般指 35 ～ 60 岁。中年期是生理的成熟期，心理的稳定期，又是从青年期向老年期转化的过渡时期。许多文学作品里都有对中年期特点的描述，例如，"中年实际并无显著的生理界限，且各人之身心状态不同，个别差异颇大"，"本期之成人，多已成家立业，生活较为安定，且能脚踏实地；虽其体力与精力已不如壮年期之充沛，但身心相当健康而稳定，中年以后，始略有衰弱之感"。这个时期的心理发展特点既能体现出平稳性，又表现出过渡期的变化性。中年期是长达 25 年之久的漫长的人生路程，其前期特征，多以成熟和旺盛为主，同时伴有新的变化特征，后期往往以变化为主，同时还维持某些生理成熟和心理发展平稳的特征。

一、中年期的生理变化

中年期的生理发展介于青年期和老年期之间。青年期是生理发展达到成熟的时期，是生理功能旺盛的时期，老年期是生理组织和器官的老化期和生理功能的退化期；中年期则是生理成熟的延续阶段，又是生理功能从旺盛逐渐走向退化的转变期。

1. 身体变化：中年期的身体变化表现在体重增加，身体发胖；头发逐渐变白并变得稀疏，面部、颈部、手臂等处的皮肤也日渐粗糙；各种感觉器官及其功能也在发生变化；脑和内脏器官也逐步走向退化。

2. 更年期：在发展心理学上所说的更年期，是指个体由中年向老年过渡过程中生理变化和心理状态明显改变的时期。更年期的年龄在 50 岁左右，有女性更年期和男性更年期，女性更年期的年龄早于男性。更年期是人生进入衰老过程的起点，同时又可称为"第二个青春期"。

（1）女性更年期：女性更年期是指从妇女性腺功能开始衰退到完全消失的时期，也就是妇女绝经前后的一段时期。多数妇女的更年期发生在 45 ～ 55 岁，一般延续 8 ～ 12 年。

女性更年期的特征是：女性的第二性特征逐渐退化，生殖器官慢慢萎缩，与雌性激素代谢有关的组织渐渐退化；出现植物性神经系统紊乱的一些症状，往往表现为"妇女更年期综合征"，其症状多种多样。这些症状是由生理内分泌因素改变引起的，又受心理和社会因素的影响。

更年期是中年期妇女生理变化的自然现象，经过生理和心理的调适平衡，便可顺利度过这一必经的转折期。

（2）男性更年期：男性更年期是性器官开始萎缩，性功能由旺盛到衰减的变化过程。

男性更年期的主要表现特征：性功能降低；伴有自主神经性循环机能障碍；也常表现出精神状态和情绪上的多变。

更年期给中年人生理和心理上带来一些障碍和适应上的困难，只要正确认识、重视预防、主动地进行科学调节、保持乐观开朗的精神状态，以达到身心和谐平衡，就能轻松地迎接人生的"第二个青春期"。

二、中年期的心理变化

1. 感知觉变化

在人的心理发展过程中，感知觉最早出现，也最先开始衰退。中年前期的人感觉比较灵敏和稳定，中年后期时各种感觉能力都开始减退。人过 40 岁以后，视敏度和视觉感受性逐渐下降，听觉阈限也随年龄增长而逐步提高。

2. 智力变化

随着年龄的增长，中年期的智力不可避免地会逐渐发生变化。对此，不同智力发展理论的观点也不一致。按两类智力——晶体智力和流体智力的发展模式，中年人的智力变化有上升和下降两种趋向。

中年期流体智力随年龄增长而缓慢下降，这种智力水平的下降与组织信息能力以及在工作记忆中保持信息的能力密切相关。这些能力下降的物质基础是中年期的神经生理上的变化。

中年期的晶体智力随年龄增长而继续上升。中年期日益丰富的经验和不断提高的知识是晶体智力继续呈上升趋势的基础。

3. 中年期的自我意识

自我意识是人格的重要组成部分，它的发展变化不仅与人格结构的变化有着密切的关系，而且与人格发展水平也密切相关。中年期的人格结构保持着相对稳定性，自我意识在保持着相对的稳定性的同时，也有所变化，其变化主要表现为变化的倾向性。按照荣格的理论，人到中年，特别是进入中年后期更多地表现出内倾性的特点。

从个体心理发展过程看，青年期以前的社会化过程要求个体适应外界社会环境，从而也要求他们的心理活动多指向外部。指向他人，所以他们的意识倾向也更多地表现为外倾性。中年后期需要寻找自我意识的平衡，再由于知识和经验的积累，他们变得老练持重，遭遇挫折时能够反思，对待成绩能够依据确定的目标进行适当的评价，也能够根据实际需要和期望适宜地调整自己的奋斗目标，因此，到中年期个体的心理发展倾向逐渐转为朝向内部。

三、中年期的发展任务

中年期是个体对社会影响最大的时期，也是社会向个体提出最多要求的时期，因此中年期的发展任务来自社会的要求。根据埃里克森的心理发展观，中年期是人生发展历程的第七个阶段，其发展的主要任务是获得创生感（也称繁衍），避免停滞感，这种发展任务主要来源个体内在的发展变化。

哈维格斯特把中年期的发展任务归纳为如下七条：

1. 履行成年人的公民责任与社会责任。

2. 建立与维持生活的经济标准。

3. 承受并适应中年期生理上的变化。

4. 同配偶保持和谐的关系。

5. 帮助未成年的子女完成他们的发展任务，使他们成为有责任心的、幸福的成年人。

6. 与老年父母保持密切的适应关系。

7. 开展成年人的业余、休闲活动。

第八节　老年期的心理发展

老年期（也称成年晚期），一般是指 60 岁以后的人生阶段。这一时期是走向人生完成的阶段，也是追求作为人的生活价值的最后时期。

过去老年学多属社会科学的研究内容，自 20 世纪 70 年代以来，老年心理学的研究日益增加，老年期的心理变化从理论到应用都受到重视，成为发展心理学的重要组成部分。

一、对老年期心理发展变化的不同观点

对老年期心理的变化，研究者们持有不同的观点，主要的有"老年丧失期"和"毕生发展观"两种。

（一）老年丧失期

传统的观点认为，老年期是在人生老化之前，一生获得的丧失时期。这里主要指"心身健康""经济基础""社会角色"和"生活价值"的丧失。这些对人生具有重大意义的内容的相继丧失，被认定是老年期的基本特征。

这种观点，实际上是把老年的心理变化描写成只是不断地老化和衰退，而没有发展。其主要依据是：把人作为生物有机体，其心理活动随着机体的发展而发展，随着机体的衰退而衰退；认为心理发展是单向前进的、不可逆转的；认为年龄（即时间）是心理发展或衰退的根据，而且是普遍适用的。

（二）毕生发展观

巴尔特斯等人所提出的毕生发展观，给传统的老年心理学观点带来了很大的冲击。

毕生发展观的基本观点：心理发展贯穿人的一生；心理发展总是由生长和衰退两个方面结合而成的；不同心理机能发展的形态和变化速率也有差异，发展较早者（如感知觉），减退也早，发展较迟者（如逻辑推理），衰退也晚；心理发展有很大的个体可塑性，即由于生活条件和经验的变化，个体心理发展也会出现发展形式的变化；影响心理发展的因素有多种，其中主要有成熟（年龄阶段）、社会历史文化、非规范事件三种，且三者之间相互作用，年龄并非影响心理发展的唯一要素。

　　个体心理发展变化的总趋势就是儿童期和青少年时期发展迅速，中年期有所减速但较为平稳，老年期走向衰退。这一发展趋势是客观存在的事实，对这一趋势的描述，特别是对老年期心理变化倾向的描述，是老年心理变化基本特征的反映。毕生发展观强调了老年阶段心理变化积极的因素，突出了发展的连续性和各个阶段都有增长的特点。

　　总之，这两种理论，前者在肯定了老年心理衰退的大趋势的同时，对积极的、还在发展的方面缺乏重视；后者则在强调积极发展的要素的同时，对一般的发展变化（有退化）趋势的重视有所欠缺。应该在肯定老年心理基本变化趋势的前提下，对那些能够延缓老年人心理衰退，助长某些心理机能发展的要素予以足够的重视，并科学地、正确地看待老年心理的发展变化。

二、老年期的认知老化

　　认知老化是当代老年心理学研究中最活跃的领域之一，关于认知老化规律的研究的颇受重视。在认知老化规律的研究中，年龄因素与教育因素，同认知速度、工作记忆与非速度认知之间的效应关系，成为阐明老年期认知老化规律的重要环节。学者李德明2000年发表其发现，指出年龄因素和教育因素在认知老化过程中都起着重要的作用。但是两者的效果相反，教育因素起正影响作用，年龄因素起负影响作用。

（一）年龄因素对认知老化过程的影响

　　年龄因素在老年期认知老化的进程中起着促退的作用。年龄因素发挥作用的途径分为直接影响和间接影响两个方面。一方面它直接影响认知加工速度，如知觉速度、运算效率；另一方面，通过认知速度减慢，间接地影响非速度认知，如记忆、推理、知识等一般认知能力。

（二）教育因素对认知老化过程的影响

　　教育因素在认知老化进程中发挥延缓老化的作用。教育因素发挥作用的途径也分为直接影响和间接影响两个方面，与年龄因素同样，它也直接影响认知加工速度，也通过认知速度变化间接地影响非速度加工的一般认知能力。此外，教育因素还能够直接影响非速度信息加工的一般认知能力。

（三）从不同认知过程看年龄和教育因素的作用

　　从认知能力的角度来说，认知加工速度的老化过程可以直接地接受年龄和教育的双重作用，而非速度认知能力的老化过程，除了通过速度减慢的中介作用间接地接受年龄和教育的影响外，还直接受教育因素的影响。

为了延缓和改善认知老化过程，应该积极地倡导和实施老年教育及认知训练。

三、老年期认识活动的退行性变化

大量的研究表明，认识活动的退行性变化是老年期的心理发展总趋势的另一特征，但不同的心理机能老化的速率也不一样。

（一）感知觉退行性变化明显

感知觉是个体心理发展最早，而衰退也最早的心理机能，衰退的主要表现是感觉阈限升高，即感受性下降。一般而言，这种下降趋势是逐渐进行、缓慢变化的。在各种感觉中，老化最明显的，是对人的认识活动作用最大的视觉、听觉、味觉、痛觉等感觉。

1. 视觉退化

由于视觉器官功能下降，眼睛晶状体弹性变小，视调节能力下降，老年人视力明显降低。"老花眼"是最明显的视力减退症状。导致老年人视力减退病变的原因还有白内障、黄斑病和青光眼。据我国对老年人的一项调查统计，得这三种病的老人分别占被调查人数的38.5％、32.5％和1.4％。广东省一项对10多万人的调查结果显示，61岁以上老年人法定盲者（视力在0.05以下）占法定盲人总数的72.97％。

研究也表明，老年人的视知觉能力、视觉注意能力都在减退，对视觉信息的加工速度下降得尤为明显。

为了使老年人尽快地适应视觉的退行性变化，应设法使老年人充分发挥其视觉经验，充分利用多种感官获取信息；同时要为老年人创造条件，如使视觉信息简单清晰、对比度大等，以方便老年人的生活，弥补其视觉功能衰退的不足。

2. 听力下降

老年人听力下降者众多。研究指出，一般而言人的听力的最佳年龄是20岁，以后便缓慢下降；30岁以后，听觉阈限随年龄增长而逐步提高；50～59岁被视为中国人听力老化的转折期。言语听觉理解力，在20岁以后就随年龄增加而逐渐下降，70岁以后下降得尤为明显。因此对老年人讲话要吐字清楚、放慢速度、突出关键部分，必要时要重复几遍。

3. 味觉、嗅觉逐渐迟钝

由于味觉的感受器——味蕾随年龄的增长而减少，因而味觉的敏感性也随着年龄的增长而下降。研究表明，人的味觉一般在 50 岁以前看不出有多大的变化，而一过50 岁，人的味觉刺激阈便增大，味觉多样性随年龄增长而减退。60 岁以后嗅觉辨别能力减退明显，70 岁嗅觉急剧衰退。对其他感觉研究较少，但已有研究表明，60 岁以后各种感觉都有明显下降。

（二）老年期记忆随年龄增长而减退

老年人记忆变化的总趋势是随着年龄的增长而下降的，但是记忆衰退的速度和程度也因记忆过程和个体因素的不同而存在着差异。研究资料表明，成人记忆从 50 岁开始就有明显减退，70 岁以后减退更显著，过了 80 岁，记忆减退尤其迅速。

老年人记忆衰退主要表现在长时记忆能力减退、回忆和再认能力的减退等方面。

1. 老年人长时记忆能力的减退

长时记忆保持时间较长，储存的信息要经过加工组织，其特点是依靠语义进行储存。记忆活动的年龄差异主要表现在长时记忆方面。对记忆材料的加工可以是知觉的加工，也可以是理解性的加工。在长时记忆的组织加工方面，老年人记忆衰退的主要表现是：对材料的加工缺乏主动性；组织加工的效率降低。

2. 老年期再认能力减退

我国研究者研究了从幼儿到老年不同年龄阶段人们对抽象程度不同的材料进行再认的能力，证明了再认能力前期发展的一般趋势是随年龄增长而提高，在小学末期或初中阶段达到高峰，进入成年期以后开始减退，到老年期再认能力明显下降，乃至低于包括幼儿阶段在内的各年龄组。

3. 老年期回忆能力明显减退

老年人的再认与回忆都有退化，但是与再认相比较，回忆能力下降显著，老年记忆的减退主要表现在回忆能力的减退。老年人识记"姓氏"最难，70 ～ 79 岁组记忆姓氏的平均成绩只有 20 岁组的 30%。老年人的信息编码储存过程和提取过程都有相应的障碍，其记忆障碍可能是两者相互作用的结果，但是主要的还是在于提取困难，较少由于编码储存的障碍。成人所使用的记忆方法主要有意义联系法、分类法、联系实际法、想象法等，而老年人则逐渐减少使用识记策略。

中国科学院心理研究所许淑莲等人研究了 20 ～ 90 岁成人的数项记忆能力的发展

变化，研究结果进一步说明了老年人记忆的一些特点：70 岁是老年人记忆减退的关键点，70 岁以后多数人的记忆减退显著。

4. 老年记忆衰退的延缓和弥补

影响老年人记忆的因素除了年老之外，还有健康、精神状态及脑力锻炼和记忆锻炼等。为了延缓和弥补老年人的记忆减退，应该注意如下几点：

（1）抓紧时机，加强记忆锻炼，对刚刚记忆的事物抓紧运用默读、组织等方式重复记忆。

（2）主动运用记忆方法，提高记忆效果。

（3）注意提示备忘，生活有序，为记忆信息的提取提供线索和条件。

四、关于老年期的智力减退

学者们从不同角度研究老年智力，也得出对老年人智力减退现象的不同见解。综合多方研究得出结论，老年人的智力有所衰退，但是又并非全面衰退。

1. 老年期智力水平有所衰退

早期的研究者应用测验去研究人的智力发展规律，发现就一般普通人的智力而言，在 20 岁以前是智力迅速发展的上升期，20 左右是智力的高峰期，成人以后开始下降，到老年期，随着年龄增长而衰退。

老年人智力衰退，除表现为记忆障碍、思维固化、注意力难以集中以外，较为严重的是"老年痴呆"。老年痴呆的一般症状是：非常健忘，找不到自己所在的方向，不知道当前的时间，言行脱离常识，办事漫不经心，甚至忘了自己刚刚吃过的饭，找不到自己的家，随地大小便，等等。但这些症状在普通老年人身上并不多见。

由此可见，人的智力到了老年呈衰退趋势，这是一个不可否认的客观事实，应该接受和正视。

2. 老年智力变化的不平衡性

有些学者从智力结构的角度研究人的智力的发展变化，得出不同智力成分随年龄而变化的轨迹并不相同。卡特尔把智力的构成区分为流体智力和晶体智力两大类。流体智力是随神经系统的成熟而提高的，如知觉速度、机械记忆、识别图形关系等，都不怎么受教育与文化的影响。晶体智力是指通过掌握社会文化经验而获得的智力，如词汇概念、言语理解、常识等以记忆储存的信息为基础的能力。在幼儿期和儿童期两种智力都随年龄增长而提高，在成人阶段，流体智力呈缓慢下降的趋势，而晶体智力则一直保持相对稳定，并随经验和知识的积累而呈上升趋势，到老年期亦然。

五、老年人人格方面的变化情况

根据国内外学者的调查研究发现，老年人的人格随着年龄的增长会发生多方面的改变；与此同时，也有些研究发现老年人的基本人格仍然具有其持续稳定的特点。

1. 老年人人格的变化

老年人人格总体改变的大体趋向如下所述：

（1）不安全感：不安全感主要表现在身体健康和经济保障两个方面。到了老年，人的身体各系统和器官逐渐发生器质性和机能性变化，经常发生各种疾病，所以他们担心自己的健康，对身体功能很敏感（据调查这类人数占半数或以上）；对经济保障的担忧，主要表现在老年人对生活保障，以及疾病的医疗和护理保障的担忧。

（2）老年孤独感：老年人的孤独感较为普遍，且来自各个方面。由权势失落而诱发的孤独，主要发生于离退休的领导人员身上，群众失落感和信息缺乏是多数离退休者对退休生活的不适应所致；最普遍的是老年人在家庭关系中的失落感，老年人渴望并追求天伦之乐，良好的家庭关系是他们的精神寄托，如果子女由于种种原因，忽略了或忽视了对他们的关心，很少与他们沟通，他们就会感到深深的孤独和苦楚。

（3）适应性差：老年人不容易适应新环境和新情境，他们对周围环境的态度和方式逐渐趋于被动，依恋已有的习惯，较少主动地体验和接受新的生活方式；学习新东西也有困难，对意外事件的应变性也较差。

（4）拘泥刻板性：老年人倾向拘泥于刻板行为。有的研究发现，人到53岁以后刻板性就逐渐增强。老年人在解决问题时为了求得谨慎，决断速度减慢，他们注重准确性，担心出现闪失，宁愿牺牲速度也要少犯错误。

（5）趋于保守：老年人经验丰富，也注重自己的经验，并希望子女接受自己的经验，对由此而引发的矛盾不易理解，从而喋喋不休，爱发牢骚。

（6）回忆往事：老年人的心理世界逐渐表现出由主动向被动、由朝向外部世界转为朝向内部世界的发展趋势。因此很容易回忆往事，遇事情也容易联想到往事。越是高龄，这种回忆往事的趋势越明显。

据调查，60岁以上老年人有三分之二意识到自己的人格发生了变化。

2. 老年人人格基本特征的稳定性

老年人人格的某些方面发生变化是事实，但同时也要看到人格的基本特征始终有稳定性。美国和德国的学者们都曾对不同年龄阶段的人群，特别是老年人群进行过长达10年左右的纵向跟踪研究，结果发现：神经质（焦虑、敌意、冲动性等）、外向性（依恋、交际、活动等）、体验与接受的个性（审美、情感体验、价值观接受等），这三个维度上的主要表现基本上都具有持续稳定性（其中只有体验和接受方面的稳定性较低）；还有，活动性、反应能力、控制力和情绪这些较容易变化的人格特征，也表现出基本稳定的倾向。这说明老年人人格的基本类型和基本特征不容易发生大的变化。

六、老年人的心理卫生与长寿心理

人生活在不断变化的环境中，总会遇到各种各样的心理卫生问题。人到老年期，由于身心发生种种退行性变化，以及生活学习条件的改变，尤其是离退休后角色定位的改变，产生了诸多不同于其他年龄阶段所特有的心理卫生问题。能够迅速适应各种变化，正确对待和处理种种心理卫生问题或挫折的个体，便能获得身心健康，延年益寿，否则便会严重影响身心健康。

（一）老年期主要的心理卫生问题

研究表明，人的某些疾病不是由病毒或细菌感染引起的，而是人体不能应付环境的刺激，尤其是心理紧张刺激的结果；老年人要预防或减少疾病，保持身体健康，就必须正确对待或处理此类心理卫生问题。

有研究和观察表明，不管工作目的、动机属于哪种类型的老年人，也不管原来从事何种职业的老年人，其适应退休生活的过程一般要经过以下四个时期：

1. 期待期：在临近退休但尚未退休之前，具有不同工作目的、动机及职业的老年人，对即将到来的离退休的态度和心情往往是各不相同的。了解离退休前不同老年人的心理活动状态，对于老年人自觉进行心理调节，及时做好离退休的心理准备，适应离退休的角色转换是大有裨益的。

2. 退休期：这里的退休期是指刚离开工作多年的单位或岗位的很短暂的一两天时间。老年人在这个时期的心理活动表现十分复杂，个别差异也较大，愿意退休的人心情舒畅，不愿意退休而又不得不退休的人心情比较沉闷，或容易发牢骚，易动肝火。

3.适应期：观察和研究表明，很多老年人在刚离退休的一段时间内，面对如此重大的变化，往往感到怅然若失或茫然无措。他们会感到烦躁不安，产生厌倦、抑郁、焦虑等消极情绪，有的甚至还会发生一时性的情绪问题和身体上的失调，这就是所谓的退休综合征，这是退休老年人最难忍受的困难时期。

4.稳定期：经过一年左右的适应期之后，离退休老人一般都能清醒地认识到离退休就像一个人的出生、毕业、婚恋一样，是任何一个就业人员必经的时期，终身从事社会性职业岗位工作的毕竟是极少数，因而在思想认识和情感上都能比较冷静而客观地对待离退休。

（二）疾病对老年人心理的影响

由于机体老化、抵抗病菌感染能力降低等原因，人到老年期后各种疾病患病率增高，根据老年人患病时间长短和病情轻重，一般可分为早年型（60岁以前就患病）、晚年型（60岁以后开始患病）、轻型（如患早期慢性支气管炎等轻度疾病）、重型（患有冠心病、糖尿病、癌症等危及生命的疾病），以及卧床型（患有截瘫、偏瘫等疾病）这5种类型，不同类型患病老人的心理特点往往不同。

（三）生活中的紧张事件对老年人心理的影响

老年人在日常生活和工作中，时常会遇到紧张的生活事件，面临着严峻的考验，如何对待这些紧张生活事件，是保持心理健康的一个重要的问题。现代医学、心理学工作者和专家们经过长时间的研究指出，社会上的各种事件或因素，如社会制度、风尚习惯、居住环境、经济收入等，都程度不同地影响到人的心理健康，但是只有那些引起人们产生威胁感、损失感和不安全感的社会心理刺激，才会最容易使人得病，而引起人们愉快感、舒服感的社会心理因素对健康则是有利的。

（四）长寿者的一般心理特点

近现代心理学研究和对长寿老人的观察分析表明，大多数长寿老人一般都具有如下几个心理特点：热爱生活、心情愉快、性格开朗、乐于交往、关系适应等等。

1.热爱生活：长寿者的一个显著心理特点便是，热爱生活、热爱劳动、热爱事业。正视现实，不为现实中的某些丑恶现象和挫折所困扰，才能以更加从容的心态享受生活，以良好的心理状态促成健康的生理状态。

2.心情愉快：高级神经活动生理学创始人、著名的俄国生理学家巴甫洛夫揭示了愉快乐观的情绪和健康长寿之间的内在联系，他说："不管是躯体还是精神上的愉快，都可以使身体发展、身体强壮。"一个心情舒畅、保持乐观的人，由于生理功能处于稳定和谐的状态，能增强人体抵抗力，不易被内外致病因素所冲击，有益于健康长寿。

3.性格开朗：性格与健康长寿的关系也十分密切，不良的性格对健康的危害极大；相反，有关长寿老人的调查材料则表明，心胸坦荡、性格开朗是多数长寿老人的共同心理特点。

参考书目

[1] 林崇德.发展心理学.人民教育出版社，1995.

[2] 彭聃龄.普通心理学（第4版）.北京师范大学出版社，2012.

[3] 中国就业培训技术指导中心.心理咨询师：基础知识.民族出版社，2005.

[4] 李丹.儿童发展心理学.华东师范大学出版社，1987.

第四章　人格心理学

第一节　人格心理学概述

一、什么是人格

人格一词源于古希腊语"persona"，其意指面具、脸谱。美国著名心理学家、人格心理学创始人阿尔波特认为，人格是在个体内在的心理物理系统中的动力组织，它决定了人对环境适应的独特性。

（一）人格的特点

1. 人格具有独特性

一个人的人格是在遗传、成熟、环境和教育等先后天因素的交互作用下形成的，因此人与人没有完全一样的人格特点。

2. 人格具有稳定性

行为中偶然发生的、一时的心理特性，不能称其为人格；当然随着身体的成熟和环境的改变，人格也可能产生或多或少的变化。

3. 人格具有统合性

人格的统合性是心理健康的重要指标，当一个人的人格结构各方面彼此和谐一致时，他的人格就是健康的，否则会出现适应上的困难，甚至出现分裂人格。

4. 人格具有功能性

当面对挫折与失败时，坚强者能发奋拼搏，懦弱者则会一蹶不振，这就是人格功能的表现。

（二）人格的结构

人格的结构十分复杂，包括气质、性格、认知风格、自我调控等。

1. 气质

气质是表现在心理活动的强度、速度、灵活性与指向性等方面的一种稳定的心理特质，就是我们所说的脾气、秉性。气质是人的天性，无好坏之分。

2. 性格

性格是一种与社会环境最密切的人格特征，在性格中包含许多社会道德的含义。性格表现了人们对现实和周围世界的态度，并表现在他们的行为举止中。性格主要体现在对自己、对别人、对事物的态度和采取的言行上。性格表现了一个人的品德，受人的价值观、人生观、世界观的影响。

3. 自我调控系统

自我调控系统是人格中的内控系统或自控系统，具有自我认识、自我体验和自我控制三个子系统，其作用是对人格的各种成分进行调控，保证人格的完整和统一。自我认知是对自己的洞察和理解，包括自我观察和自我评价；自我体验是伴随自我认识而产生的内心体验，是自我意识在情感上的表现；自我控制是自我意识在行为上的表现，是实现自我意识调节的最后环节。

二、人格的影响因素

人格是在遗传与环境的交互作用下逐渐形成的，具体的影响因素如下：

（一）生物遗传因素

根据双生子研究，我们认为遗传是人格不可缺少的影响因素，遗传因素对人格的作用程度随人格特质的不同而异。人格的发展是遗传与环境两种因素交互作用的结果。

（二）社会文化因素

社会文化对人格的影响力因文化而异，社会文化塑造了社会成员的人格特质，使其成员的人格结构朝着相似性的方向发展，这种相似性具有维系社会稳定的功能，又使得每个人能稳固地"嵌入"在整个文化形态里。

（三）家庭环境因素

家庭成员间的社会遗传因素主要表现在家庭对子女的教育作用上，父母按照自己的意愿和方式教育孩子，使他们逐渐形成某些与自己父母相似的人格特质。不同家庭的教养方式对孩子的人格形成产生不同的影响：

一是权威型教养方式，采用这种方式的父母在子女教育中表现得过于强势，孩子的一切都由父母来控制。在这种环境下长大的孩子容易形成消极、被动、依赖、服从、懦弱的坏习惯，做事缺乏主动性，甚至会形成不诚实的人格特征。

二是放纵型教育方式，采用这种方式的父母对孩子过于溺爱，让孩子随心所欲，父母对孩子的教育有时达到失控的状态。在这种家庭环境中长大的孩子多表现为任性、幼稚、自私、独立性差、唯我独尊、蛮横无理、胡闹等。

三是民主型教养方式，父母与孩子在家庭中处于一种平等和谐的氛围中，父母尊重孩子，给孩子一定的自主权和积极正确的指导。这种教育方式使孩子能形成一些积极的人格品质，如活泼、快乐、直爽、自立、彬彬有礼、善于交往、富于合作、思想活跃等。可见家庭是"人类性格的工厂"。

（四）早期童年经验

人格发展的确受到童年经验的影响，幸福的童年有利于儿童发展健康的人格，不幸的童年也会使儿童形成不良的人格，但二者不存在一一对应的关系。溺爱也可能使孩子形成不良的人格特点，逆境也可能磨炼孩子坚强的品质。早期经验不能单独对人格起决定作用，它与其他因素共同决定着人格的形成与发展。

（五）学校教育因素

学校教育对人格形成与发展的影响是不可忽视的，学校是人格社会化的主要场所。教师对学生人格发展具有导向作用，而同伴群体对学生人格发展具有弃恶扬善的作用。

（六）自然物理因素

生态环境、气候条件、空间拥挤程度等这些物理因素都会影响到个体人格的形成和发展；另外，气温也会提高人的某些人格特征的出现频率。自然环境对人格不起决定性的作用，但在不同的物理环境中，人可以表现出不同的行为特点。

（七）自我控制因素

人格的自我调控系统是人格发展的内部因素。健康的人格是自我的内在统一，认识自我、愉快地接纳自我、延伸自我和创造自我是健康人格的四部曲。

综上所述，人格是先天和后天的合金，是遗传与环境交互作用的结果，在人格的形成过程中，各个因素对人格的形成与发展都起到了不同的作用。遗传决定了人格发展的可能性；环境决定了人格发展的现实性，其中教育起到了关键性作用；自我调控系统是人格发展的内部决定因素。

第二节　精神分析学派的人格理论

一、弗洛伊德的人格理论

弗洛伊德特别强调人格结构的动力性质，他将人格分为本我、自我和超我三部分。

（一）本我

本我意指原我，即人的动物性，包含生存所需要的基本欲望、冲动和生命力。本我是人格中最难接近，但又是最有力的部分。说它难以接近，是因为它潜藏在无意识之中；说它最有力，因为它是人所有精神活动所需能量的贮存库。本我完全是由先天的本能、原始的欲望所组成的，追求快乐原则。它同人的肉体过程相联系，将躯体能量转化为精神能量并且储藏它们，以及向自我、超我提供能量。弗洛伊德将其称为"力比多"，有时弗洛伊德把"力比多"称为性本能所产生的能量。

（二）自我

自我是人格中理智的、符合现实的部分。它派生于本我，不能脱离本我而单独存在。自我的力量就是从本我那里得到的，自我是来帮助本我而不是妨碍本我，它总是根据现实的可能性力图满足本我的要求。因此，自我是本我的执行机构，追求现实原则。

（三）超我

超我是人格中最文明、最有道德的部分。超我包括自我理想和良心。自我在满足本我欲求时，不仅要考虑现实条件的可能性，而且要受到超我的制约。超我是社会道德的化身，按照道德原则行事，它总是与享乐主义的本我直接对立和冲突，力图限制本我的私欲，使它得不到满足。因此，自我是人格结构中维护统一的关键因素。

弗洛伊德认为这三种成分都同时活动和作用，而一个人能够生活得顺利而有效，则必须依赖这三种力量来维持平衡，一旦出现不平衡，就容易出现心理失常等结果。

　　此外还有必要指出的是，人格结构与意识的关系。根据弗洛伊德的说法就是，"本我"是无意识的，"自我"和"超我"也只不过是部分意识而已。"本我"占据无意识的最下层，所占面积也最大；"超我"也大部分在无意识之中，仅小部分进入意识；"自我"在意识和无意识中约各占一半。

二、荣格的人格理论

（一）人格结构

荣格认为人格包括三个部分：自我、个人无意识和集体无意识。

1. 自我

　　在荣格看来，自我就是我们所能意识到的一切心理活动，如思维、记忆、情绪和知觉。自我构成了意识域的中心，负有实现日常生活机能的责任，并且具有使我们感觉到自身的同一性和自身存在的时间连续性的功能。

2. 个人无意识

　　荣格认为，个人无意识包括一切在个人经历中曾经被意识到但又被压抑、遗忘，或者在一开始就没有形成意识印象的那些属于阈下知觉的东西。无意识内容可以进入人的意识领域，无意识与自我是相互作用的。他与弗洛伊德的区别在于，没有把无意识内容都看作是罪恶和具有性色彩的。

　　荣格认为无意识中存在着情结，即富于情绪色彩的一连串的观念或思想。更具体地说，情结是个人的伴有一般情调的、受到干扰的观念。情结能在人的生活中一次次地表现出来，使人的行为失调。

3. 集体无意识

　　荣格说，集体无意识是自远古以来祖先经验的储存，是对自史前世界以来直至今日每一世纪中数不胜数的有微小变化和差异事件的记录。"与个人的无意识不同，集体无意识对所有的人来说都是共同的，因为它的内容在世界的每一个地方都能发现。"这些记录在脑中的祖先经验曾被称为"种族记忆"。

（二）心理类型

　　荣格根据两种态度和倾向性，把人划分为内倾性和外倾性。

　　对于内倾型的人，心理活动指向自己的内部世界，喜欢安静，富于幻想，对事物的本质和活动结果感兴趣。外倾型的人好社交，为人活泼、开朗，对外部世界的各种事物感兴趣。

荣格还提出四种心理功能，即思维、情感、感觉和直觉。思维的功能是评价事物正确与否；情感的作用是判断和确定事物价值，该事物是否可以被接受；感觉是一个人确定事物存在与否的功能，但不指明那是什么事物；直觉是对过去或将来事物的预感。

荣格把两种类型与四种功能结合起来，划分出了八种不同的人格类型：

1. 外倾思维型：这种人喜欢分析、思考外界事物，生活有规律，客观而冷静，但比较固执己见，情感压抑。

2. 外倾情感型：这种类型的人多为女性，他们的思维常常被情感压抑，没有独立性，非常注重与社会和环境建立情感与和睦关系。

3. 外倾感觉型：这种类型的人多为男性，他们喜欢追求欢乐，性格活泼，有魅力，对客观事物感觉敏锐，精明而求实，但易变成寻欢作乐的酒色之徒。

4. 外倾直觉型：这种人喜欢追求外部世界的新感觉，易变而富有创造性，有多种嗜好但难以坚持到底，做事常凭主观预感。

5. 内倾思维型：这种人喜欢离群索居，独自追求自己的思想，常以主观因素为依据分析事物，待人冷漠，倔强偏执，情感受压抑。

6. 内倾情感型：这种人沉默寡言，不易接近，给人一种神秘莫测的吸引力，但内心有非常丰富而强烈的情感体验。

7. 内倾感觉型：这种人对事物有深刻的主观感觉，喜欢通过艺术形象表现自我，缺乏思想和情感，较被动，安静而沉稳，自制力强。

8. 内倾直觉型：这种人富于幻想，性情古怪，思想往往脱离现实，不易被人理解，常产生各种离奇的幻想和想象，体验奇特怪异。

三、阿德勒的个人心理学

个人心理学是阿德勒的心理学理论。所谓"个人"，是他强调每个人都有一种动力驱使自己追求优越以适应环境，从而达到人格的整合和统一。

阿德勒认为人的生命和精神活动都具有一定目标性，人是未来定向的。他觉得当人们为精神生活确定一个目标，就会更好地适应现实。阿德勒把一切心理现象（正常和异常的）都看作是对某种统一的生活计划的反映，而生活计划的总目标或者说精神目标就是优越。心理活动都是围绕着优越性这一目标进行的。

（一）自卑感

阿德勒认为，人的自卑感使人产生了对优越的渴望。在他的理论发展早期，阿德勒强调生理缺陷或功能不足，补偿和过度补偿；后来阿德勒转向了对"主观的自卑"或"自卑感"的强调，补偿或过补偿被直接指向个人真实的或想象的自卑。

人都有自卑感，对所有人来说都毫无例外。有自卑感并不能表明一个人是有问题的或者是不正常的，相反，没有自卑感，补偿就会丧失其力量的源泉。人感到自卑就会在某件事情上倍加努力以期获得成就，当他取得成功之后，就会有优越的感觉，但是"山外有山，天外有天"，他在别人的大量成就面前，再次感到自卑，也就再次被驱动去取得更多的成就，永无止境。

阿德勒认为，自卑感一方面无疑是积极东西的刺激物，另一方面也能造成人的神经症。沉重的自卑感能摧垮一个人，使他终生无所事事，在这种情况中，自卑感成为阻碍个人积极成长的障碍和破坏力量，阿德勒称这种情况叫自卑情结。总之，按照这种看法，所有的人都体验到自卑的感情，自卑感可以造成神经症，也可以产生成就需要。

（二）优越和完美

阿德勒理论的最后落脚点是人的优越和完美，他把为优越而奋力称作生命的实质。为优越而奋力是阿德勒人格理论的基本动力。行为的动机出于人的社会性，而不是生物因素在起主要作用。人都有"向上"和"好而为之"的要求，这一思想使阿德勒开始摆脱了弗洛伊德的非理性主义。

后来阿德勒又把为个人优越而奋力的观点，改变成个人为完美的社会而奋力。他同时还认为个人为优越而奋力可能有益，也可能有害。如果一个人不顾别人和社会的需要，只专心于个人的优越，就可能产生优越情结。有优越情结的人可能成为一个专横跋扈、自吹自擂、傲慢和贬低他人的人，这种人不受社会欢迎。

（三）生活风格

阿德勒把个人追求优越目标的方式称为生活风格，生活风格分为两种：一种是正确的和健康的生活风格，一种是错误的和病态的生活风格。

阿德勒认为，一个人的心理是否健康，集中体现在他的生活风格上，而生活风格的形成与其早期的社会环境影响和个人经验密切联系。人格的发展不仅与个体自身的先天遗传因素有关，与个体后天环境教育有关，而且与个人创造性自我的作用有关。

阿德勒将人分为四种类型：1.统治—支配型，这种人喜欢支配和统治别人；2.索取—依赖型，这种人喜欢依赖别人的劳动，向别人索取自己所需要的一切；3.回避型，这种人总是回避生活中的各种问题，企图以碌碌无为来避免失败；4.社会利益型，这种人能正视问题，试图以某种有利于社会的方式来解决问题。

（四）创造性自我

阿德勒还提出了"创造性自我"的概念，他认为人不是遗传作用和环境影响的消极接受者，人具有主动性和选择性，可以创造性地选择适合自己心理发展的活动方式。遗传和环境只是提供人创造自己人格"大厦"的"砖瓦"，每个人都可以利用这些材料来建设自己，按照自己选定的方式建立起独特的生活风格。

四、霍妮的人格发展观

霍妮认为，儿童与父母的关系有两种基本类型：1.儿童从父母那里得到真正的慈爱和温暖，安全的需要得以满足；2.父母对儿童漠不关心，厌恶甚至憎恨儿童，儿童的安全需要受到挫折。在前一种情况中，儿童正常发展，而后一种情况则会引起神经症。所以霍妮认为儿童的无助感是神经症产生的必要条件，但不是充分条件。

（一）基本焦虑与神经症

基本焦虑就是儿童所具有的，觉得自己是孤立的、无能为力的生活在这个危机四伏、充满敌意的世界上的一种感情。产生这种不安全感的因素有很多：奴役孩子、对他们漠不关心、父母行为怪异、不注意孩子的个人需求、对孩子不是善意地指导而是嘲笑歧视他们、过多的赞美、缺乏值得依赖的温暖、溺爱、袒护等。

霍妮十分重视焦虑对于神经症的作用，把焦虑看作是神经症的动力根源。神经症源于儿童与父母的相互关系，如果儿童真正地得到了父母的慈爱与家庭的温暖就会感到安全从而正常地发展，如果他从小就没有享受父母的关怀与爱护就会产生不安全感，对父母抱有敌对情绪，这种态度最终又将投射到周围的任何事物及人身上，进而转变为基本焦虑。一个具有基本焦虑情绪的儿童很容易在成年时表现出神经症。

（二）控制焦虑的策略

霍妮提出了十种控制基本焦虑的策略，其实也是十种神经症倾向或神经症性人群的需要：

1. 对友爱和赏识的需要。具有这种神经症性需要的人，依靠他人的友爱而生存，需要得到他人的赏识。

2．对支配其生活的伴侣的需要。这种人需要和别人生活在一起，要别人保护他，使他免于危险，并满足其需要。

3．对狭窄的生活范围的需要。这种人极为保守，不愿尝试任何事以避免失败。

4．对权力的需要。这种人赞慕强者，轻视弱者。

5．利用他人的需要。这种人生怕别人沾了自己的光，他们总认为自己没有从别人那里得到一点好处。

6．社会认可的需要。这种人需要别人承认才能生活，如在报纸上出现了他的姓名。他最后的目标是获得威望。

7．赞美的需要。这种人需要别人吹捧和恭维，才能感到满足，他们希望别人按照他自我想象的形象来看待他。

8．志向和成就的需要。这种人对名望、财富或举足轻重的作用怀有强烈的兴趣，他们为之奋斗，不顾后果。

9．自我满足和独立的需要。这种人极力避免对任何人负责任，不愿有任何束缚。

10．对完美无瑕的需要。这种人对批评极为敏感，总是千方百计地寻求尽善尽美。

事实上正常人也有上述的需要，但是正常人的需要是适当的或者适可而止的，不像神经症人那样，一种需要发展得如此强烈，以至于排斥了别的需要。正常人不是把自己的生活完全束缚于一种需要上，当条件变化时，他们会随之改变自己的需要；神经症患者却不同，他们把某一种需要作为"生活习惯"，把全部精力都投入满足这种需要的活动中。但是正常生活需要各种各样的需要，所以霍妮称神经症者陷入了"恶性循环"，他们越是想通过某一策略（满足某一需要）从基本焦虑中解脱出来，其他的需要就越难以满足，基本焦虑就会越来越多。因此他们愈是想摆脱焦虑，愈是顽固地越来越深地陷入这一策略之中而不能自拔，以致形成恶性循环。

（三）神经症的人格类型

霍妮根据十种神经症需要归纳了三种神经症的人格类型：

1．趋向他人（依从型）

这类人对友爱和赞许、生活伙伴或狭窄空间有神经症需要。主要特征是：甘居于从属地位，常感到自我渺小可怜，总认为别人比自己强，倾向于以别人的看法来评价自己。这种人的人生哲学是"如果我顺从别人，别人就不会伤害我"。

2.反对他人（敌对型）

这类人对权力、社会认可、剥削、自我赞许和成就怀有神经症需要。主要特征是：将生活视为一种搏斗，适者生存，必须控制别人以掌控主动权，一心想超群出众，事事成功以致功名显赫；千方百计利用他人给自己带来好处；好斗但输不起，努力工作但不真爱工作；压抑感情，不愿为感情而"浪费时间"。这种人的人生哲学是"如果我有力量，就没有人能伤害我"。

3.逃避他人（退缩型）

这类人对自主、完美怀有神经症需要，主要特征是：为逃避紧张关系而离群独居，与他人保持距离，不与他人产生感情上的联系，孤立自己，超然物外，与世无争，凡事力求完美，以避免他人的帮助或指责。这种人的人生哲学是"只要我退避三舍，就没有什么人能伤害我"。

五、埃里克森的人格发展理论

埃里克森强调了自我的独立性，他认为在为本我服务的过程中，自我形成了自己的内容、需要和机能。自我不仅能保证个人适应环境、健康成长，而且是个人的自我意识和同一性的源泉。因此，可以把埃里克森的学说看作一种描述自我在人生经历中如何获得或失去力量、如何支配个人心理发展的人格发展理论。

埃里克森认为整个心理发展过程可分为八个阶段。这八个阶段的顺序是由遗传决定的，但是每一阶段能否顺利地度过却是由社会环境决定的，因而这种阶段理论也可称为"心理社会"阶段理论。由于这一理论已在发展心理学章节中详细论述，这里就不再赘述。

第三节　人格的生物学论及相互作用论

一、人格的生物学论

由于人格的生理机制在普通心理学的的气质小节中已详细介绍，这里就只介绍人格行为遗传学研究与人格的进化心理学理论。

（一）人格的行为遗传学研究

1.家族研究

家族研究是由高尔顿首创的，最早用于人类的行为遗传学研究的方法，通过研究家族谱系，了解某种人格特征在不同家族群体中出现的频率，以此来估计遗传率，证实遗传的重要作用，为行为遗传学理论提供了一定的证据。

2.双生子研究

双生子有两种类型：同卵双生子和异卵双生子。前者基因完全相同，后者基因有一半相同。同一环境下抚养的双生子研究可以证明基因和环境对人格的影响：同卵双生子基因相同，可将差异归为环境；异卵双生子环境相同，可将差异归为基因。

3.收养研究

收养研究是通过比较儿童与其亲生父母和养父母在人格上的相似性来进行的。收养儿童所处的社会环境通常与其亲生父母不同，因此，两者特质的相似可以说是由遗传造成的；而收养儿童与其养父母在特质上的相似则是由环境造成的，因此，可以推断他们人格的相似性来自共同环境的影响。研究可证明，收养子女和亲生父母之间的人格遗传效应。

（二）人格的进化心理学理论

进化心理学以进化论为基础，用自然选择的概念解释人类的心理特性。进化心理学的主要观点是，人类的心理机制和生理机能一样，也是经过自然选择进化而来，它们是人类特有的功能，可以帮助人类有效地应付日常问题和满足生活需要，正因为拥有这些心理机制，人类才能更好地生存和繁衍。

1.求偶

进化心理学并没有将男女间的爱慕和结合解释得非常"罗曼蒂克"，它认为这依然是为人类的繁衍和生存服务的，并且用亲代投资来解释择偶行为。亲代投资是指作为一个群体成员，能够生育并将自己的基因传递给下一代，最大可能地获得健康的、能够生存并繁衍的后代。基于这种考虑，人们要选择能够成功地繁衍后代并有效抚育孩子的配偶。

如何从外表上判断一个女性是否具有高的繁殖潜力呢？线索包括以下几点：第一，男性选择女性配偶的首要标准是看年龄。第二，与年轻有关的一些生理特点提供了女性具有生育能力的线索，如光滑的皮肤、苗条的身材、浓密的头发、丰满的嘴唇等，这些生理特征也正是当今社会上公认的漂亮女人的特点。第三，除了年龄以外，还能反映高繁殖潜力的线索就是腰臀比，腰围与臀围差异大即低腰臀比，差异小即高腰臀比。从进化的观点来看，低腰臀比意味着健康、生殖力强、没有怀孕，较高的腰臀比则酷似怀孕。

2. 归属需要

霍根提出人有两种最基本的动机：追求地位和被群体接受。他认为为了生存和繁衍，早期人类要解决的、最重要的社会问题，便是与群体内其他成员建立合作关系，并确定等级关系。获得社会地位与声望的个体更可能获得大量与繁衍有关的资源，所以对群体的归属需要或者说得到群体的认同，就意味着个体可以得到更多的保护，获取更多的食物和其他抚养后代所需的资源，并因此得到更多寻求伴侣的机会。而被群体驱逐则是十分危险的，尤其在远古时代，物质资源匮乏，仅凭一个人的力量要想存活下来是非常困难的。因此可以推断，那些有利于被群体接受的心理机制能够被保存下来。

3. 利他

利他或帮助他人都是为了群体总体适应性更强。利他存在两种形式，不同形式利他行为的心理机制不同。

一种是亲缘利他。进化人格理论假设，如果受助者能够使助人者总体适应性更强，则助人者会发生更多的助人行为。受助者与助人者之间的血缘关系越接近，助人行为发生的可能性越大；反之，可能性越小。所以亲缘利他行为的对象通常是与自己基因同缘的直系或旁系亲属。

另一种是互惠利他。它是指某群体内部成员之间发生相互帮助的利他行为。对群体的归属可以使个体获得更多的保护，因此群体内部成员之间更可能出现助人行为和利他行为。我们可以推断，当群体内某个人身处困境时，如果你伸出友好之手，就意味着当你身处困境时，得到别人帮助的概率会增加。很显然，进化心理学中的利他包含有明确的、有益于自己生存繁衍的因素在内。

二、人格的相互作用论

交互作用论主张人的行为是个人特质与环境因素交互作用的结果，具体有以下几种观点：

（一）文化与人格相互作用理论

林顿和卡丁纳提出了"文化与人格相互作用理论"，该理论强调人格在文化创造和变迁中的能动作用，认为人格是文化的产物，又是文化的创造者。制度就是人们彼此相互作用以及与环境相互作用的模式。

卡丁纳将制度分为两种：初级制度与次级制度。初级制度是塑造一个社会的基本人格结构的基础，包括家庭组织、群体结构、基本规范、哺乳方式、对小孩的关怀或忽视、大便训练、性的禁忌、谋生技能等。次级制度是基本人格结构的投射物，包括民间传说、宗教信仰、仪式、禁忌系统、思维方式以及一些相关的技术。初级制度是个人在童年期时就必须面临的基本规范，对初级制度的适应塑造了基本人格结构，已经形成的基本人格结构反过来又对文化施加影响。

（二）压力与需要的交互作用理论

默里提出了压力与需要的交互作用理论，他的理论包含两个概念：需要和压力。他认为我们的所有行为都源于某种需要，同时人的行为也受到环境压力的影响，外部环境刺激也能引发人的动机，因此，人是在个体的需要与环境压力的相互作用下产生动机，进而派生出实际的行为。

（三）个人与情景的交互作用

根据交互作用的理论，情景与人格以三种交互作用的方式决定个体的行为：

1.某种情境对具有某种人格特质的人产生了影响，却不会对没有这种特质的人产生影响。

2.同样的情景使某种特质的人产生某种行为，却使另外特质的人产生别的行为。

3.情景在对人的压力上有弱情景与强情景之分，在弱情景中，情景对个体的压力较小，没有严格的规范与要求，人在这样的情景中能够自由地表现出与自己人格特质相应的行为。相反，在强情景中，情景对个体的压力大，有严格的规范和要求，在这样的情景下，不同特质的个体所表现出来的行为都比较相同，与该情景的规范与要求一致。

第四节　人格认知理论

我们每个人都有自己独特的信息加工模式，在相同的情境中会输入或储存不同的信息，对于同样的信息也会有不同的解释，因而导致人们会有不同的行为反应。从认知差异的角度探讨人格的有关理论与研究这些理论的理论可称之为认知主义的人格心理学。

一、威特金的认知方式

认知方式又称认知风格，是个体对外部世界的某种认知活动特征或方式。在认知方式中研究最多的是"场依存—场独立"的认知方式。

场依存—场独立的认知方式是指人在知觉外物的空间位置时，以外在的视野、还是以身体本身作为主要参照的对比倾向。主要依据视野线索来做出判断的倾向被称为场依存性；主要依据身体经验线索来做出判断的倾向被称为场独立性。场依存—场独立性的认知方式有以下几个特征：

1. 它们是过程变量，而不是内容变量。

2. 普遍性，即场依存—场独立性体现在广泛的认知操作中。

3. 稳定性，即人们在场依存—场独立性维度中的位置是稳定的，不因时间而发生改变。

4. 中性，即场依存—场独立性不像能力那样有好坏高低之分。

二、凯利的个人建构理论

凯利人格理论的核心是构念，一个构念就是一种思想、一种观点和看法，人们用它来解释个人自己的经验。凯利的基本理论假设是个体的信息加工过程被他对事件的预期所引导。他提出了 11 个推论：

1. 建构推论：一个人通过对事物的反复建构来预测未来事件。

2. 个体推论：人们在建构事件时的方式各不相同。

3．组织推论：每个人在预测事件时都会自然形成一种包括结构顺序关系在内的建构体系。

4．两分推论：一个人的建构体系包括种种两分结构的构念。

5．选择推论：每个人通过自己的建构体系对某事做出预期时，他都会在两分结构中做出选择。

6．范围推论：一个结构只能对有限范围内的事件做出预测。

7．经验推论：一个人对外界事物的建构与他个人的学习经验有关。

8．调整推论：个人构念系统的变化调整要受到构念渗透度的制约。

9．片段推论：个人构念系统中存在彼此分离、不一致的亚层次构念。

10．共同性推论：建构经验方式的共同性可以导致人们之间心理与行为的相似性。

11．社会性推论：个体在建构自己的构念时，会在社会交往中扮演他人的角色，即从他人的立场或认知世界的方式去看待问题，以便更好地理解对方、更好地进行人际交往。

三、米切尔人格认知因素

米切尔认为与其用特质来解释行为的一致性，不如去考察人们的认知，评价他们行动的计划、他将这些相关的稳定认知因素称为认知变量。米切尔列出五个变量，它们是能力、译码策略、预期、主观价值和自我调节系统与计划。

（一）能力

个体的认知和行为的建构能力代表了其潜力。在整个一生中，我们的潜能发展为大量有组织的行为，从非常简单的行为到非常复杂的行为。这些能力来自包括条件反射和观察学习等许多的因素，但米切尔强调的是认知成分所起的作用。

（二）译码策略

个体的第二个认知变量是译码策略。米切尔认为，人们在注意、解释和分辨事件时存在差异，两个人从相同情境中学到的和产生的反应差异是由于他们有着不同的经验。

（三）预期

米切尔认为，要准确预见人们的行为还需要第三个变量，即对行为—结果和刺激—结果的预期，从经验中我们能预见某一特定的反应会导致某一确定的结果，米切尔称之为行为—结果预期。

（四）主观价值

即使有相似的预期，但由于对主观刺激价值的估计不同，人们反应也不相同，这就是米切尔的第四个认知的个体变量——主观价值。

（五）自我调节系统与计划

米切尔认为，虽然我们对外部的奖励或惩罚有明显的反应，但我们会形成自己的"自律尺度"，通过自我表扬、自我强化，通过认知来激发自己的行为。

第五节　人本主义的人格心理学理论

一、马斯洛的自我实现理论

马斯洛认为，整体论、动力论和对文化因素的强调三者结合起来，可以形成一种比较全面的人格理论，而机体论是联结整体论和动力论的桥梁。马斯洛致力于帮助人们建立健康和幸福的人格。

（一）需要和动机

需要和动机是马斯洛自我实现理论的重心和精髓。人的基本需要应该得到满足，潜能要求得到实现，这是马斯洛自我实现理论的基本点。他认为需要有一种渐进的层次，必须先满足某些需要，才能满足另一些需要。他指出只有低级需要基本满足后才会出现高一级的需要；只有在所有需要相继满足后，才会出现自我实现的需要。马斯洛认为，人类的需要是一个按层次组织起来的系统，可以把人类的高级需要和低级需要联系起来，纳入一个连续的统一体之中。

1. 生理需要

生理需要是人和动物共有的，直接与生存有关的，具有自我保存和种族生存的意义，在人类各种需要中占有最强的优势。它包括食物、水、性交、排泄、睡眠等需要。其中以食物和水的需要为最重要。

2. 安全需要

生理需要得到基本满足后，安全需要就会作为支配动机出现。人会要求安全、稳定和保护等，首先是要求减少生活中的不确定性。

3. 归属和爱的需要

生理需要和安全需要得到基本满足后，个人就会受归属和爱的需要支配。归属需要就是参加一定的组织或依附于某个团体等的需要；爱的需要包括接受爱和给予爱，实质上也是一种归属需要。

4. 尊重需要

上述三种需要得到满足后，个人生活就会受尊重需要支配。马斯洛把这种需要分为自尊的需要和来自他人尊重的需要两种基本类型。一个人如果尊重需要不能被满足，就会产生自卑、无助、沮丧的情绪。

5. 认知需要

马斯洛认为人有求知和理解的欲望，并把它看作克服障碍和解决问题，从而满足基本需要的工具。他指出认知能力是一种顺应工具，除了其他功能外，还有满足人类基本需要的功能。因此，求知和理解的欲望与基本需要相关联。

6. 审美需要

审美需要包括对对称、秩序、完整结构以及存在于大多数儿童和某些成年人身上的对行为完满的需要。他认为审美需要与其他需要的关系还不清楚，但是这种需要在每一种文化中，甚至洞穴人的文化中都是存在的，在自我实现者的身上有最充分的表现。

7. 自我实现需要

马斯洛认为人们在上述六种需要得到满足后，并不一定就会有自我实现的需要。这决定于个体是否具有"B 价值"（即永恒的真理）。具有 B 价值的人，会受永恒真理的驱使去追求自我实现。

（二）自我实现者

马斯洛指出，自我实现有两种类型：一是健康型自我实现，这种人更务实、更能干；二是超越型自我实现，这种人更经常意识到内在价值，具有丰富的超越体验。马斯洛通过研究，概括出了自我实现者的积极特征和消极特征。自我实现者通常具有以下积极特征：

1. 现实知觉良好。

2. 对人、对己、对大自然表现出最大的认可。

3. 具有自发性、单纯性和自然性。

4. 以问题为中心，不是以自我为中心。

5. 有独处和自立的需要。

6. 有较强的自主性及独立于环境和文化的倾向。

7. 对生活经验具有永不衰退的欣赏力。

8. 有周期性的神秘体验和高峰体验。

9. 关心社会。

10. 喜欢与人打成一片，但仅对少数人产生深厚的个人友谊。

11. 有深厚的民主性格。

12. 有明确的伦理道德标准。

13. 具有富有哲理的幽默感。

14. 富有创造性。

15. 受自己做人原则的支配，而不受制于社会规则，更少受文化规范和习俗的约束。

自我实现者是健康的，具有创造性，但不十全十美，身上有一些次要的缺点。他们可能挥霍、轻率；可能刚愎自用、易烦恼和令人讨厌；可能还存在一点虚荣、自夸；有时会发怒；有时会表现出冷酷无情和铁石心肠。

二、罗杰斯的自我理论

（一）自我概念与理想自我

1. 自我概念

罗杰斯的人格理论深受现象学的影响。他提出，每一个人都以独特的方式来看待世界，这些知觉就构成个人的现象场。现象场由知觉的总体组成，关键是自我。

自我概念即我们感知和体验我们自己。它是一个有组织的、一致的感知模式，由那些代表着"主体自我""现实自我"或"自我"的感知和意义组成。

2. 现实自我和理想自我

理想自我是个体最希望拥有的自我，即个人向往的自我，包括与自我有潜在关联、个体赋予高度价值的感知和意义。现实自我是个体对自己在与环境相互作用中表现出的综合现实状况和实际行为的意识。

（二）自我实现倾向

罗杰斯认为自我实现是人格结构中的唯一动机。人类有一种天生的自我实现动机，所有别的动机都是自我实现的不同表现形式。这种动机可以解释个体的一切行为。自我实现是个体力图在遗传的限度范围内发展自己的潜能，罗杰斯指出人格就是一个人根据自己对外在世界的认识而力求自我实现的行为表现。

罗杰斯的自我实现论述可以概括为三个要求：1. 自我实现是人类的一种自我趋向动机。人类有机体不仅依靠自我实现来维持生存，而且由它促进生长，在遗传限度内充分发展自己的潜能。2. 个人可以作适当的自由选择。个人顺着自我趋向可以作适当的自由选择。3. 人类除了天生的自我实现动机外，还有关怀的需要和自尊的需要两种习得的需要。

（三）机能健全者

自我实现倾向使人更成熟、更独立，机能更健全。他们表现的是真实自我，不会作假；他们按自己的机体评价过程生活而不是以外来的价值条件为标准；他们认为幸福不在于个体的所有生物性需要都得到满足。罗杰斯认为人的本性就是要努力保持一种乐观的感受和对生活的满足，这种美好的生活不是静止的，幸福是在持续不断的奋斗之中。罗杰斯认为机能健全者具有下列特征：

1. 经验开放

与心理障碍患者不同，机能健全者认为一切经验都不可怕。他们不拒绝或歪曲某些经验，而是正确地将它们符号化，变为意识，因此他们的人格更广泛、更充实、更灵活。

2. 自我与经验和谐

机能健全者的自我结构与经验相协调，并能不断变化，以便同化新经验。机体在评定事物价值时，总是以自己的机体经验为根据，不大受外界力量的左右。

3. 人格因素发挥作用

机能健全者较多地依赖对情境的感受，不怎么依赖智力因素。他们常常根据直觉行动，行动带有自发性。他们的行为既受理性因素的引导，也受潜意识和情绪因素的制约，他们的所有人格因素都在起作用。

4. 有自由感

机能健全者能接受一切经验，生活充实，信任自己，有很大的自由。他们相信自己能掌握自己的命运，在生活中有很多的选择余地，感到自己所希望的一切都有能力去达到。

5.创造性高

机能健全者在他们所做的一切事情上都表现出创造性。他们的自我实现伴有独创性和发明性。即使已经满足了原始性动机并已达到平衡状态，个体仍然活泼、主动、积极地去做事情。

6.与人和睦相处

机能健全者乐意给他人无条件的关怀，生活与他人高度协调，同情他人，受到他人的欢迎。

第六节　人格障碍

一、人格障碍

人格障碍是一种人格异常现象，由于其人格的异常而妨碍其人际关系，甚至给社会造成危害，或给本人带来痛苦。临床发现人格障碍者有以下特点：

1. 一般早年有不同于大多数儿童的迹象，至青春期前后，畸形开始明显化。
2. 其人格明显偏离正常程度，而且各人格特点间互不协调。
3. 社会适应不良和内心痛苦。
4. 矫正比较困难。

二、人格障碍的种类

（一）强迫型人格障碍

强迫型人格障碍者的特点是，在待人接物以及对待自己时总有一种求全和固执的表现，而且这种表现涉及面广、相对稳定。按照《中国精神疾病分类方案及诊断标准》，强迫型人格障碍者至少要符合以下项目中的三项：

1. 做任何事情都要求完美无缺、按部就班、有条不紊，但有时反而会因此影响工作效率。

2. 对别人做事很不放心，不合理的坚持也要求别人严格执行，否则心里就很不痛快。

3. 犹豫不决，常推迟和避免做出决定。

4. 常有不安全感，穷思竭虑，反复考虑计划是否得当，反复核对检查，唯恐疏忽和差错。

5. 拘泥细节，甚至生活小节也要"程序化"，不遵照一定的规矩就感到不安或要重做。

6. 完成一件工作之后常缺乏愉快和满足的体验，相反容易悔恨和内疚。

7. 对自己要求严格，过分沉溺于职责义务与道德规范之中。无业余爱好，拘谨吝啬，缺少友谊往来。

（二）偏执型人格障碍

按照《中国精神疾病分类方案与诊断标准》，偏执型人格者至少要符合以下项目中的三项：

1. 广泛猜疑，常将他人无意的、非恶意的甚至友好的行为误解为敌意或歧视，或无足够根据地怀疑会被人利用或伤害，因此过分警惕与防卫。

2. 将周围事物解释为不符合实际情况的"阴谋"，并可成为超价观念。

3. 易产生病态嫉妒。

4. 过分自负，若有挫折或失败则归咎于人，总认为自己正确。

5. 好嫉恨别人，对他人过错不能宽容。

6. 脱离实际地好争辩与敌对，固执地追求个人不够合理的"权力"或利益。

7. 忽视或不相信与患者不相符合的客观证据，因而很难以说理或用事实来改变患者的想法。

（三）分裂型人格障碍

分裂型人格障碍患者的主要表现是，缺乏温情，难以与别人建立深厚的情感联系，因此他们的人际关系一般很差。按照《中国精神疾病分类方案与诊断标准》，分裂型人格障碍患者至少要符合以下项目中的三项：

1.有离奇的信念或与文化背景不相称的信念，如相信透视力、心灵感应、特异功能和第六感官等。

2.奇怪的、反常的或特殊的行为或外貌，如服饰奇特、不修边幅、行为不合时宜、习惯或目的不明确。

3.言语怪异，如离题、用词不妥、繁简失当、表达意见不清，并非文化程度或智能障碍等因素所引起。

4.不寻常的知觉体验，如有性的错觉、幻觉、看见不存在的人。

5.对人冷淡，对亲属也不例外，缺少温暖体贴。

6.表情淡漠，缺乏深刻或生动的情感体验。

7.多单独活动，主动与人交往仅限于生活或工作中的必须接触，除了亲属外无亲密友人。

（四）反社会型人格障碍

反社会型人格也称精神病态或社会病态、悖德性人格等，心理学家克莱克利认为，反社会型人格障碍患者具有以下特征：

1.外表迷人，具有中等或中等以上智力水平。初次相识给人很好的印象，能帮助别人消除忧烦，解决困难。

2.没有通常被人认为是精神病状的非理性和其他表现，没有幻觉、妄想和其他思维障碍。

3.没有神经症性焦虑，对一般人心神不宁的情绪感觉不敏感。

4.他们是不可靠的人，对朋友无信义，对妻子（丈夫）不忠实。

5.对事情不论大小，都无责任感。

6.无后悔之心，也无羞耻之感。

7.有反社会行为但缺乏契合的动机，叙述事实真相时态度随便，即使谎言被识破也是泰然自若。

8.判别能力差，常常不能"吃一堑，长一智"。

9.病态的自我中心，自私，心理发育不成熟，没有爱和依恋能力。

10.麻木不仁，对重要事件的情感反应淡漠。

11.缺乏真正的洞察力，不能自知问题的性质。

12.对一般的人际关系无反应。

13.做出幻想性的或使人讨厌的行为。对他人给予的关心和善意无动于衷。

14.无真正企图自杀的历史。

15. 性生活轻浮、随便，方式与对象都与本人不相称，有性顺应障碍。

16. 生活无计划，除了老是和自己过不去，没有任何生活规律，没有稳定的生活目标，他们的犯罪行为也是突然进发的，而不是在严密计划和准备下进行的。

（五）攻击型人格障碍

攻击型人格障碍是一种以行为与情绪有明显冲动性为主要特征的人格障碍，又称为暴发型或冲动型人格障碍，其特点如下：

1. 情绪急躁易怒，存在无法自控的冲动和驱动力。

2. 性格上常表现出向外攻击、鲁莽和盲动性。

3. 冲动的动机形成可以是有意识的，亦可以是无意识的。

4. 行动反复无常，可以是有计划的，亦可以是无计划的。行动之前有强烈的紧张感，行动之后体验到愉快、满足和放松感，无真正的悔恨、自责或罪恶感。

5. 心理发育不健全和不成熟，经常导致心理不平衡。

6. 容易产生不良行为和犯罪的倾向。

上述是主动攻击型的表现，还有被动攻击型，它主要的特征是以被动的方式表现出强烈的攻击倾向，这些人外表被动，内心却充满攻击性。

（六）癔症型人格障碍

癔症型人格又称表演型人格或歇斯底里人格，其典型的特征表现为心理发育的不成熟性，特别是情感过程的不成熟。按照《中国精神疾病分类方案与诊断标准》，癔症型人格障碍患者至少具有以下项目中的三项：

1. 表情夸张像演戏一样，装腔作势，情感体验肤浅。

2. 暗示性高，易受他人的影响。

3. 自我中心，强求别人符合他的需要或意志，不如意就给别人难堪或强烈不满。

4. 经常渴望表扬和同情，感情易波动。

5. 寻求刺激，过多参加各种社交活动。

6. 需要别人经常注意，为了引起注意哗众取宠，危言耸听，或在外貌和行为方面表现得过分吸引他人。

7. 情感反应强烈易变，完全按个人情感判断好坏。

8. 说话夸大其词，掺杂幻想情节，缺乏具体的真实细节，难以核对。

（七）回避型人格障碍

回避型人格障碍又称逃避型人格，其最大的特征是，行为退缩，心理自卑，面对挑战多采取回避态度或无能应对。根据美国《精神障碍的诊断与统计手册》，只要满足其中的四项即可诊断为回避型人格：

1. 很容易因他人的批评或不赞同而受到伤害。

2. 除了至亲之外，没有好朋友或知心人（或仅有一个）。

3. 除非确信受欢迎，一般总是不愿卷入他人事务之中。

4. 行为退缩，对需要人际交往的社会活动或工作总是尽量逃避。

5. 心理自卑，在社交场合总是缄默无语，怕惹人笑话，怕回答不出问题。

6. 敏感羞涩，害怕在别人面前露出窘态。

7. 在做那些普通的，但不在自己常规之中的事情时，总是夸大潜在的困难、危险或可能的冒险。

（八）依赖型人格障碍

依赖型人格障碍者对亲近与归属有过分的渴求，这种渴求是强迫的、盲目的、非理性的。根据美国《精神障碍诊断与统计手册》，只要满足其中的五项即可诊断为依赖型人格：

1. 在没有从他人处得到大量的建议和保证之前，对日常事务不能做出决策。

2. 强烈的无助感，让别人为自己做出大多数的重要决定，如在何处生活、该选择什么职业等。

3. 被遗弃感。明知他人错了，也随声附和，因为害怕被别人抛弃。

4. 无独立性，很难单独展开计划或做事。

5. 过度容忍，为讨好他人甘愿做自己不愿意做的事。

6. 独处时有不适和无助感，或竭尽全力以逃避孤独。

7. 当亲密的关系终止时感到无助或崩溃。

8. 经常被遭人遗弃的念头折磨。

9. 很容易因为未得到赞许或遭到批评而受到伤害。

（九）自恋型人格障碍

只要满足以下五项就可以诊断为自恋型人格：

1. 对批评的反应是愤怒、羞愧或感到耻辱（尽管不一定当即表露出来）。

2. 喜欢指使别人，要他人为自己服务。

3. 过分自高自大，对自己的才能夸大其词，希望受人特别关注。

4. 坚信自己关注的问题是世上独有的，不能被其他人了解。

5. 对无限的成功、权力、荣誉、美丽或理想爱情有非分的幻想。

6. 认为自己应享有他人没有的特权。

7. 缺乏同情心。

8. 渴望持久的关注与赞美。

9. 有很强的嫉妒心。

另外，医学对人格障碍的研究和分类不断在调整，还可参考《中国精神疾病分类方案与诊断标准》（CCMD），由中华医学会精神科学会，南京医科大学脑科医院编写；或世界卫生组织（WHO）发布的疾病分类手册《国际疾病分类》（ICD）。

参考书目

[1] 郑雪．人格心理学（21世纪高校心理学教材）．广东高等教育出版社，2004.

[2] 彭聃龄．普通心理学（第4版）．西北工业大学出版社，2012.

[3] 陈仲庚，张雨新．人格心理学．辽宁人民出版社，1986.

[4] 叶奕乾．现代人格心理学．上海教育出版社，2011.

[5] 徐学俊．人格心理学．华中科技大学出版社，2012.

第五章　积极心理学

第一节　心理资本

一、心理资本的定义

美国管理学家路桑斯以积极心理学和积极组织行为学的观点为思考框架提出了以强调人的积极心理力量为核心的"积极心理资本"概念。心理资本是指个体的积极心理状态，主要包括自信或自我效能感、希望、乐观和韧性四个方面。心理资本的特点如下：

1. 拥有表现和付出必要努力、成功完成具有挑战性任务的自信（自我效能感）。

2. 对当前和将来的成功做积极归因（乐观）。

3. 坚持目标，为了取得成功，在必要时能够重新选择实现目标的路线（希望）。

4. 当遇到问题和困境时，能够坚持、很快恢复和采取迂回途径来取得成功（韧性）。

二、心理资本的理论基础

（一）人力资本理论

心理资本的理论基础主要分为三个方面，人力资本理论、积极心理学理论和积极组织行为学理论。

根据目前主流宏观经济学观点，资本可以划分为物质资本、人力资本、自然资源、技术知识。

物质资本用于生产物品与劳务的设备和建筑物存量。人力资本是指工人通过教育、培训和经验而获得的知识与技能。自然资本是指自然界提供的生产投入。技术知识是社会对生产物品与劳务的最好方法的了解。

传统的人力资本理论并没有将心理健康纳入人力资本的范畴。有人认为应将人力资本理论中的健康内容从原来的身体健康扩展到心理健康，也有人认为积极心理要素与传统的人力资本和社会资本在性质上类似但在内容上完全不同，因此可以单独称为"心理资本"。

在人力资源管理研究与实践中，对自我效能感（自信）、希望、乐观、幸福感、情绪智力和复原力等积极心理要素的研究最具有代表性。

（二）积极心理学理论

2001 年，马丁·塞利格曼和米哈里·切克森米哈发表的《积极心理学导论》一文标志着积极心理学的开端。

积极心理学采用科学的方法来研究幸福，倡导心理学的积极取向，研究人类的积极心理品质，关注人类的健康幸福与和谐发展。

目前，积极心理学研究主要集中在积极情绪和体验、积极个性特征、积极心理过程等方面。塞利格曼教授在 2002 年又提出了"心理资本"的概念，认为可以将那些导致个体积极行为的心理因素纳入资本的范畴，这一观点极大地开拓了研究者的思路，并引发了大量关于心理资本的探讨。

（三）积极组织行为学理论

积极心理学在组织管理领域的应用导致了积极组织行为学的出现，积极组织行为学主要关注那些导向积极的，能够被有效测量、开发和管理，并与高绩效相关的心理资源或要素的研究和应用。如路桑斯等人在 2004 年将心理资本的概念拓展到组织管理领域，认为心理资本是指能够导致员工积极组织行为的心理状态。积极组织行为学研究是心理资本研究最主要也是最直接的驱动因素。

三、心理资本的结构

关于心理资本的结构，学术界主要存在两维结构说、四维结构说、三维结构说和多维结构说。在这里主要介绍四维结构说。路桑斯等人指出，积极心理资本由自信或自我效能感、希望、乐观和韧性四个因素构成。

自信是指个体对自身发挥动机、认知资源和行动步骤的作用，是对自身成功管理给定情境中的特定任务的能力的信任程度。

希望指无论处于怎样的困境都相信未来美好的一种积极心理状态。

乐观可以由人们对事件的解释风格来界定。人们把消极事件归因为暂时的，是特定的情景事件，是由外部原因引起的，或者把积极事件归因为持久的、普遍的，是由内部原因引起的，则称为乐观风格，反之则称为悲观风格。

韧性是一种在逆境中迅速恢复的能力，韧性强的人表现为坚定地接受现实，受稳定的价值观支持而深信生活的意义，拥有良好的临时应对和适应重大变化的能力。

四、心理资本的测量

路桑斯和阿沃利奥等人在 2007 年编制的心理资本问卷（PCQ-24），是目前国内研究较常采用的心理资本问卷。此问卷包括自我效能、希望、乐观和韧性的心理资本四维结构，总共有 24 个项目，每个维度涉及六个项目。

心理资本问卷（PCQ-24）

下面有一些句子，它们描述了你目前可能是如何看待自己的。对于这些描述，请采用下面的量表判断你同意或者不同意这些描述的程度。

1＝非常不同意，2＝不同意，3＝有点不同意，4＝有点同意，5＝同意，6＝非常同意。

1. 我相信自己能分析长远的问题，并找到解决方案。

2. 与管理层开会时，在陈述自己工作范围之内的事情方面我很自信。

3. 我相信自己对公司战略的讨论有贡献。

4. 在我的工作范围内，我相信自己能够帮助设定目标／目的。

5. 我相信自己能够与公司外部的人（比如供应商、客户）联系，并讨论问题。

6. 我相信自己能够向一群同事陈述信息。

7. 如果我发现自己在工作中陷入了困境，我能想出很多办法摆脱出来。

8. 目前我在精力饱满地完成自己的工作目标。

9. 任何问题都有很多解决方法。

10. 眼前我认为自己在工作上相当成功。

11. 我能想出很多办法来实现我目前的工作目标。

12. 目前我正在实现我为自己设定的工作目标。

13. 在工作中遇到挫折时，我很难从中恢复过来，并继续前进。（R）

14. 在工作中，我无论如何都会去解决遇到的难题。

15. 在工作中如果不得不去做，可以说我也能独立应战。

16. 我通常对工作中的压力能泰然处之。

17. 因为以前经历过很多磨难，所以我现在能挺过工作上的困难时期。

18. 在我目前的工作中，我感觉自己能同时处理很多事情。

19. 在工作中，当遇到不确定的事情时，我通常期盼最好的结果。

20. 如果某件事情会出错，即使我明智地工作，它也会出错。（R）

21. 对自己的工作，我总是看到事情光明的一面。

22. 对我的工作未来会发生什么，我是乐观的。

23. 在我目前的工作中，事情从来没有像我希望的那样发展。（R）

24. 工作时，我总相信"黑暗的背后就是光明，不用悲观"。

注：R 代表该题需要反向计分。其中每个分量表包括的题目如下：自我效能 1～6 题；希望 7～12 题；韧性 13～18 题；乐观 19～24 题。

五、心理资本的影响因素

心理资本的影响因素包括个体因素和组织环境因素

个体因素主要包括人口学变量、人格特征和自我强化。人口学变量主要包括性别、年龄、职业、学历和职称等；人格特征主要指内倾和外倾，即内向和外向；自我强化即自我暗示和奖励。

关于性别对心理资本的影响，以教育系统为例，有人认为男教师在自我效能、韧性和心理资本总分上要高于女教师，女教师在乐观因素上得分显著高于男教师，但也有学者认为二者之间没有区别。

关于受教育程度对心理资本的影响，受教育程度高的个体会因其自身的优越感更容易产生高水平的自信和乐观状态，进而产生更多的创造行为。

不同职称的教师在认知资本及其智慧因子上表现出显著差异，一般来说，职称较高的教师其心理资本要显著高于职称低的教师。

组织环境是影响心理资本的重要因素，组织环境变量主要包括组织支持、工作挑战性、领导风格、教养方式和压力生活事件等。

组织支持是指组织重视员工的贡献和关心员工的幸福的程度。路桑斯认为支持性的组织氛围是促进员工取得良好绩效和积极工作行为的必要条件，而且支持性组织氛围同时也创造了提升心理资本的积极条件，从而有助于员工积极工作态度与行为的产生和维持。

工作挑战性会让员工产生内在的激励作用，进而体验到积极的内在情感。企业应适当给予员工具有挑战性的工作，这样可以提高其心理资本，进而为企业创造更多的价值。

不同的领导风格对员工的心理资本也有影响。变革型领导风格可以影响员工的士气、理想、兴趣和价值观，激励他们实现高于最初期望的绩效，并最终使他们超越对个人利益的关注。员工在真实型领导的带领下，心理资本水平很明显提高，积极情绪也会明显提升，更乐意在工作中进行拼搏和奉献。

父母的教养方式直接影响孩子的心理资本水平，父母越信任、鼓励孩子，给予适当的情感温暖越多，孩子的心理资本水平就越高；相反，如果父母忽视孩子，孩子的心理资本水平就会越低。

六、心理资本的作用

心理资本对员工的工作绩效、工作态度、工作行为以及主观幸福感都会产生积极的影响。

心理资本的作用模式包括直接作用模式、调节作用模式和中介作用模式。直接作用模式是指心理资本对个体、群体层面的相关结果变量的作用，其效应独立于其他变量。心理资本可以预测员工的工作绩效、工作态度、工作行为和幸福感，这种预测作用就属于直接作用模式。

调节作用模式是指如果变量 Y 与变量 X 的关系是变量 M 的函数，则称 M 为调节变量。心理资本在社会员工、教师、学生中都具有调节作用。

考虑自变量 X 对因变量 Y 的影响，如果 X 通过影响变量 M 来影响 Y，则称 M 为中介变量。心理资本会对个人的状态与行为产生影响，而这种影响可能是借助一些中介变量来实现的。

七、心理资本干预

心理资本干预是心理资本研究的重要内容和落脚点，它主要解决如何对个体和组织的心理资本存量与质量进行干预与产生积极效应的问题。

路桑斯等人提出了微干预模型来开发员工的心理资本，该模型从树立希望、培养乐观精神、提升自我效能感、增强自我恢复力四个方面形成了一整套极具操作性的促进措施，并从开发维度、心理资本状况、最终结果几个方面进行框架建构。

1. 树立希望。通过设计目标与实现目标的途径、制订消除障碍的计划两种方式来实现目标。在实践的过程中，由员工制订工作目标，然后让员工确定实现目标过程中的困难和障碍，并制订应对策略，同时，在实施过程中获得他人的相关建议，这些都有助于提高希望水平。

2. 培养乐观精神。消除障碍计划已为培养乐观精神奠定了良好的基础，有助于提升员工对目标实现的信心。计划执行后，员工态度将更加积极，进步非常明显，能更好地克服障碍。当然，群体当中其他成员的鼓励也对乐观、积极的精神的形成起到巨大的推动作用。

3. 提升自我效能感、信心。员工通过练习分解目标并运用专业技巧实现目标，首先由带领者要求员工向整个群体描述各个子目标及其实现方法，并接受其他成员的提问和质疑，随后，员工通过互相交流的方式分享成功的经验，在带领者的引导下，员工在体验成功、分享成功经验的过程中逐步提升信心。

4. 增强恢复力。增强恢复力的方法有增加资源、规避风险、干预影响过程等，主要目的在于提高员工克服逆境的能力。首先，带领者要求员工尝试列出一个完整资源清单，并要求员工集思广益，使这些资源尽可能多。随后列出在实现目标的过程中可能遇到的障碍，并制订应对计划，以避免障碍。最后让员工设想面对逆境时可能产生的想法和情感，并思考基于资源和多种选择，如何克服逆境，最终达到目标。

第二节　幸福五元素

为了弥补传统心理学只关注心理缺陷的不足，塞利格曼教授及其同事创立了积极心理学，它旨在增进幸福，而不是减轻痛苦。幸福是积极心理学研究的重要内容。

一、什么是幸福

关于幸福的含义，中西方各有不同的理解。概括分类主要有以下两种：一是以外界标准界定幸福，而不是个人主观的判断，或强调物质生活享受，或重视精神生活等；二是个体自我评价，主要是指人们对其生活质量所做的情感性和认知性的整体评价，即主观幸福感，从这种意义上说，决定人们是否幸福的并不是实际发生了什么，关键是人们对所发生的事情在情绪上做出何种解释，在认知上进行怎样的加工。

二、幸福的理论

关于幸福，心理学有 8 种理论：认知决定论、判断论（比较论）、态度协调论、体内生化论、目标论、活动论、社会标签论、状态论等。

（一）认知决定论

认知决定论认为幸福感是一种主观的体验，客观的外界因素往往是通过主观加工而起作用的。该理论的核心观点：人幸福和痛苦是由其特质或者认知方式决定的。其理论基础为埃利斯创建的 ABC 理论，认为激发事件 A 只是引发情绪和行为后果 C 的间接原因，而引起 C 的直接原因则是个体对激发事件 A 的认知和评价而产生的信念 B。即人的消极情绪和行为障碍结果（C）不是由于某一激发事件（A）直接引发的，而是由于经受这一事件的个体对它不正确的认知和评价所产生的错误信念（B）所直接引起的。

（二）比较论（又称判断理论）

比较论的核心观点：幸福感是在"比较"中产生的。美国宾夕法尼亚教授格伦·菲尔鲍研究认为：幸福感是在与比自己差的人的比较中产生的。有意无意地与别人进行比较是一种普遍存在的社会心理状态。人们进行比较的参照物一般是自己关系最密切的人。

（三）态度协调论

社会态度是主体对外界事物一贯的、稳定的心理准备状态或一定的行为倾向。态度是由认知的、情感的、行为的三种成分构成的一个整体，是对态度对象的理解、情感和行为的相互关联的、比较持续的、某一个人内部的系统。

认知成分是主体对态度对象的认识和评价，是人对于对象的思想、信念及其知识的总和。情感性成分是主体对态度对象的情绪或情感性体验。行为倾向成分是主体对态度对象向外显示的准备状态和持续状态。

态度协调论认为当一个人的三个成分——认知、情感、行为都协调时，就具有幸福感，相反如果三个成分不协调就会痛苦。如果个体的认知不协调，通常会采取某一种方法来协调一致。第一，改变行为使对行为的认知符合态度的认知。第二，改变态度使其符合行为规范。第三，引进新的认知元素改变不协调的状况。

（四）体内生化论

体内生化论认为人的任何生理现象是由体内的生化物质作用的结果，幸福也不例外。人脑中存在着快乐中枢，它的递质是人体鸦片：多巴胺、脑内腓、五羟色胺等也可以产生幸福感，所以人们将这些人脑快乐激素称为幸福的荷尔蒙。研究发现：通过运动、穴位刺激、按摩、服药（百忧解等抗抑郁药）、接吻、性爱、幻想、食物、听音乐等方式可以加强幸福的递质与激素产生。

（五）目标论

目标论认为幸福感产生于需要的满足及目标的实现。

（六）活动论

活动论认为幸福感是活动的副产品，来自活动过程，而非活动的结果。人们在全心全意投入自己喜爱的活动中时，会经历一种难以言喻的喜悦，我们称之为"心流"。

（七）社会标签论

社会标签论认为公众会告诉个体你应该幸福或者你应该痛苦，个体就会贴上快乐和痛苦的标签。

（八）状态理论

状态理论认为一个人是否感到幸福取决于他日常生活中幸福事件的多寡。

三、幸福五元素 PERMA

幸福五元素由"积极心理学之父"马丁·塞利格曼在《持续的幸福》一书中提出。

P：积极情绪（positive emotion）

积极情绪是一种以快乐、愉悦为基调的情绪状态，通常会包括很多主观的感受，如高兴、狂喜、舒适、温暖、爱慕、甜蜜等。当我们的需求得到满足的时候，我们的情绪是积极的。当我们感受到愉悦、快乐、温暖、安静时，我们是幸福的。积极情绪与消极情绪的比例如果是3：1，则这个人是积极的，欣欣向荣的。研究表明：不管是公司还是家庭，当积极与消极的比例大于3：1时，这个环境就会蓬勃发展；如果低于这个比例，发展形势就不好，问题就会发生。

E：投入（engagement）

投入指的是完全沉浸在一项吸引人的活动中，时间好像停止，自我意识消失。我们把这个时候称为心流，也翻译成福流。心在流动，感觉停止，是特别专注于自己熟悉和喜爱的工作时达到的幸福酣畅的状态。处于福流状态时，我们无暇思考其他。当我们认真观察出现福流的人脸上的表情时，我们看到的可能是没有任何表情，只知道他们沉浸在自己的世界里，不受任何外人的干扰。塞利格曼认为如果一个人要幸福，就需要让自己找到这种心流状态，让自己专注到一件事情。

R：人际关系（relationships）

在塞利格曼看来，人际关系是影响人生幸福必不可少的一项。人生幸福最终是由关系决定，也就是你再成功，赚再多的钱，如果你没有一个良好的关系，最终你都无法体验到幸福。积极的人际关系对幸福带来深刻的正面影响，而孤独对生活产生极大的消极作用。很多人没有意识到，为了不去面对复杂关系，他们选择孤独终老，但这对自己幸福体验影响重大。当我们谈到人际关系的时候，我们通常会想到自己的父母、配偶、子女、朋友、同事。因为有一个人坚定的支持，我们就会觉得特别安全，而我们的生命中也因为有了他们而变得更精彩，更知晓得失，更懂得珍惜，这样的感觉，就叫幸福。

M：意义和目的（meaning and purpose）

意义是指致力于某样超越自我的东西。这类超越自我的东西，有助于我们体验一个更大的我，它往往更能成为我们的终极追求。为什么优秀的企业都有很好的文化，正是这些文化给予了员工意义感，让员工在养家糊口之余，能感受到一种更大的价值。人与动物最大的不同，相信就是人不仅仅是为了生存，不仅仅是为了满足基本的欲望，人有追求意义的目的。当我们的人生找到了目的和意义，当我们为了此意义不懈努力，我们就拥有了幸福。

A：成就（accomplishment）

塞利格曼提到的幸福最后一个元素就是成就，成就指成功的本身。成就往往是一项终极追求，哪怕它不能带来任何积极情绪、意义、关系。很多企业家为什么已经赚了很多钱、获得了很高的社会地位但还是在辛苦努力，因为他们追求的是一种更高的成就，赚钱并不是他们的目的。

第三节　积极情绪

一、积极情绪及其分类

积极情绪即正性情绪，是指个体由于体内外刺激、事件满足个体需要而产生的伴有愉悦感受的情绪。弗雷德里克森在《积极情绪的力量》一书中详细地介绍了10种积极情绪：快乐、感激、满足、兴趣、希望、自豪、逗趣、激励、敬佩和爱。

（一）快乐

快乐、喜悦、愉快、高兴等的意义基本上是一致的，可以互换。快乐是在对环境评价为安全和熟悉的情况下产生的一种情绪体验，事情的发展是按照个人的目标而进行的，甚至比你期待的更好，目前的形势不要求你付出多大的努力，这些都是引发快乐的条件。

（二）感激

感激是人们在人际交往中的不同社交情境里，当接受别人的恩惠时所产生的可能的情绪反应之一。它是个体由于接受他人善意提供的具有一定价值的恩惠而诱发的一种愉快的、心怀感激而意欲报答的积极情绪。任何时候当我们常怀感恩之心面对身边的人和事时，感激就出现了。

（三）满足

环境被评价为安全、熟悉的时候，自身不需要付出太多努力就会产生满足，也可称为宁静。满足能促使个体去体会他们当前的生活环境和最近的成功事件，整合近期的事件和成果使他们自己总在自我概念中。满足让你想要坐下来沉浸到里面，这是一种聚精会神的状态，带着这样一股冲动，去品味当前的感觉。

（四）兴趣

兴趣和好奇、疑惑、兴奋或惊奇往往具有一致的情绪信息意义。当环境被评价为安全的、有新奇性的，并伴有一种可能性的神秘感时，兴趣就产生了。它需要意志的努力和注意的参与，用一种带着可能性和神秘性的感觉将你填满。你完全被吸引了，被牵引着去探索，将自己沉浸于你正在接触的事物当中。

（五）希望

如果一切都已经按照你希望的方式发展，那么你基本上就没有什么需要希望的了，也就是说希望不像其他积极情绪，它并非在你感到安全和满足的时候出现，而是在你境况紧迫的时候发挥作用。希望就是在这样绝望的情况下产生的，害怕最糟的，却渴望更好的。希望是无论你的处境是多么恶劣和不确定，你仍然相信事情能够有好转的机会。它支撑着你，让你免于在绝望中崩溃，它激励你发掘自己的能力和创造性来扭转局面。

（六）自豪

当我们应该为一些好事情负责时，自豪就会占据我们的感受。自豪因为我们的成功而绽放，我们投入了努力并取得了成功。我们的成就和行为被社会或他人所重视，这让我们自豪，并且让我们有了这样一种冲动，想要与他人分享关于我们的成就，无论是通过语言还是姿态，或者是两者兼备。

（七）逗趣

逗趣和生活中的开玩笑、幽默意义相近，它能给你带来无限欢乐，生活中总有一些意想不到的事情让你忍俊不禁。需要说明的是，逗趣是社会性的，且只有发生在安全的情况下才会是有趣的，而不是在危险和具有威胁的情境中。由衷的逗趣带来抑制不住的冲动，使你想要发笑，并与他人分享你的快乐。

（八）激励

激励是你被真正的卓越启发和振奋。它能激励你集中注意力，温暖你的心，并吸引你更加进入状态。它不仅仅只是让你产生美好的感觉，它让你想表达对美好的追求，并亲自去践行它。

（九）敬佩

它在你大规模地邂逅善举时产生，与激励的关系密切。你被伟大的人和事给彻底征服了，相比之下，你感觉到了自己的渺小和谦卑。对于所遇到的人和事，你面临着吸收和容纳他的挑战。敬佩就像感激和激励一样让我们试图自我超越。

（十）爱

爱不是一种单一的情绪，通常人们体验的都是各种不同的爱，比如浪漫激情的爱、伙伴的爱、照顾者的爱、依恋的爱等。它是所有这些快乐、感激、满足、兴趣、敬佩等积极情绪转变而来的。当这些良好的感觉与一种安全的并且往往是亲密的关系相联系，扰动我们的心理时，我们称之为爱。爱是一种独特的非语言表现，他也改变了我们身体里的化学反应，比如它提高了催产素和黄体酮的水平，这些生理反应是与终身的牵绊、信任以及亲密相联系的，这正是你心中爱潮涌动的时候。

二、积极情绪的作用

扩展—建构理论解释了积极情绪的进化适应价值，呈现了积极情绪促进个体向上发展的作用机制，其中扩展和构建两大功能是该模型的核心部分。

（一）扩展功能

积极情绪能扩展个体即时的思维—行动范畴，包括扩展个体注意、认知、行动等的范围。弗雷德里克森认为消极情绪、积极情绪均具有进化适应的意义。消极情绪能使个体在威胁情境中获益，当个体体验到生命受威胁时，消极情绪会使个体产生一种特定行动的趋向并窄化个体的思维行动资源，从而使个体更加专注于即时的境况，从而迅速做出决定并采取行动，以求得生存。而积极情绪具有完全不同的适应价值，当个体在无威胁的情境中体验到积极情绪时，会产生一种非特定行动的趋向，个体会变得更加专注并且开放，在此状态下产生尝试新方法、发展新的解决问题的策略、采取独创性努力的冲动。积极情绪通过促使个体积极地思考诸多行动的可能性的过程从而扩展个体的注意、认知、行动的范围。此为积极情绪的"扩展"功能。

（二）建构功能

积极情绪能构建个体持久的资源。消极情绪通过窄化个体的认知—行动范畴使个体在战斗—逃跑的情境中获益，其收益是直接的、瞬时的；而积极情绪却能给个体带来间接的、长远的收益，它能够帮助个体建构持久的身体、智力、心理和社会资源，这种建构的功能是在"扩展"的基础上实现的。思维—行动范畴的扩展提供了建设个人可持续的资源的机会。已构建个体资源可以长期储存，以供日后的提取，从而改善个体在将来的应对并提高个体存活的机会。

（三）缓释功能

此功能也叫作撤销效应，并不是扩展—建构理论的主体部分，该部分由扩展功能衍生而来。消极情绪能窄化个体即时的思维—行动范畴，而积极情绪能扩展个体即时的思维—行动范畴，因而积极情绪可消解消极情绪的滞存影响，弗雷德里克森等称这种消解功能为积极情绪对消极情绪的撤销、修复和缓释效应。积极情绪的缓释功能主要体现在两个方面：一是在消极情绪唤醒作用后能通过修复使自主神经平静。二是积极情绪可以在消极情绪体验后修复灵敏的思维。

三、如何增加积极情绪

（一）合理释放消极情绪

情绪是带有能量的，这股能量如果能通过合适的出口释放、宣泄出来，那么与之相应的情绪自然也会消失。具体方法所如下：

1. 倾诉

将我们所经历的事情娓娓道来，将我们的感受和盘托出，然后试着对事情的来龙去脉进行整理和分析，理一理我们为什么会有这样的情绪反应。我们选择倾诉的对象一定要是值得我们信任的，比如亲人、朋友、老师或者心理咨询师等。通过这样对事情和情绪的整理和分析，我们会让自己冷静下来，感觉更轻松。

2. 运动

运动能够释放能量。有研究表示：缺乏运动是造成消极情绪的原因之一。跑步可以作为释放消极情绪的运动首选。

3. 哭泣

哭能排除人情绪紧张时所产生的化学物质，从而把身体恢复到放松的状态，缓和紧张的情绪。当你悲痛、悔恨、愤怒的时候，你的身体会产生一些有害物质，而这些"毒"会在你哭泣时随着泪水释放出来。

释放消极情绪的方法还有很多，比如怒吼、画画、听音乐等，但是一定要在不影响和不伤害他人的前提下进行，这样的方式才是正确合适的方式。

（二）反驳消极思维

我们的消极情绪是由我们的消极思维所触发的。反驳你的消极思维就像"与不合理信念辩论"一样，这并不是让你制止它们，把它们推出脑海或是粉饰它们。相反，这是让你对照现实来考虑它们，是实实在在地化解它们，形成全新的、积极的、合理的思维。

（三）增加积极情绪

1. 打造你的幸福圈

写下那些让你能充满能量、感受幸福的事情，然后周末将它付诸行动，完成一项令人愉快的任务才是最好的休息。打造属于你自己的幸福圈，你可以试着去做一些日常的事情，比如和家人朋友相聚、阅读等。你也可以做一些有新鲜感、可能改变生活的事情，比如去参加公益活动。将它们坚持下来，看这些事情能不能成为改变生命的动力，让它们成为习惯，成为你的幸福圈。

2. 善于感恩

感恩看似平凡的事物，所带来的收获可能在你的人际关系中更加显著。善意在人际关系中很普遍，以至于有时甚至会褪色成背景。然而当你识别出并真正理解了别人对你的善意时，你会觉得感激。他们的体贴触动你的心，当你用语言或行动表达你的感情时，你不仅提高了自己的积极情绪，而且也提高了他们的积极情绪，进而也加强了你们之间的关系。

3. 表达并记录善意

另一个可以提高你的积极情绪却简单而不费成本的方式就是表达并记录你的善意。你的善意可以是对别人的赞美，或是帮助了别人，还可以是对别人的尊重等。这些善意的表达对于接受者和施予者都有好处。所以当你对每一个善意的举动都保持日常统计时，你的积极情绪也会大大地提高。当你发展出一种眼光来欣赏自己的善意时，你会注意到它的更多的方面。你会看到自己如此地友善，也会记得你的善意之举给他人带来的积极作用，这种相互作用还会促进你增加善意举动。值得注意的是，表达善意的时机很关键。

4. 发挥你的优势

每天都有机会做自己最擅长的事情，凭着自己的优势行事，你能收获更多的积极体验。当你站在讲台上侃侃而谈的时候，当你耐心细致地为每一个人服务的时候，当你在舞台上翩然起舞的时候，当你在纸上奋笔疾书的时候，你的优势让你为这个社会做出了突出的贡献。当你看到别人会心的关注和微笑，你也感受到自己精力充沛，你的优势给你带来了一个高峰体验。

第四节　积极人格

彼德逊和塞利格曼提出了积极人格优势理论，包括六大美德和 24 种积极人格优势。六大美德是智慧、勇气、仁慈、正义、节制和卓越。24 种积极人格优势：智慧包括创造力、好奇心、思维开阔、好学、洞察力；勇气包括勇敢、恒心、正直和活力；仁慈包括友善、爱和社会智力；正义包括公德心、公正和领导才能；节制包括虚心、自我节制、谨慎、宽容和审美能力；卓越包括感恩之心、希望和幽默。

一、智慧和知识优势

智慧和知识优势包含获得和应用知识从而获得美好生活的积极特质，属于认知的力量。研究发现有五种人格优势具有显著的认知特征，他们分别是创造力、好奇心、思维开阔、好学和洞察力。

（一）创造力

1. 创造力的含义

创造力指的是新奇的思维方式和行为方式，思维新颖，做事方式具有建设性，且不限于艺术领域。创造性必须具备两个本质属性：一是原创性；二是具有可适应性。一个具有创造性的人必须能产生原创性的思想或行为，生成新奇的、惊奇的、不寻常的思想或行为。同时，原创性的行为或思想必须能够转换成对个体的生活或对其他人的生活有积极作用的行为和思想。原创性和适应性不能分开，是缺一不可的标准。

2. 创造力的评估

创造力的评估可以直接评定作品的数量和质量。美国创造学家阿迈布利设计了一种评估方式，让实验参与者完成一些作品，如拼贴画或者诗歌，然后由一组专家对作品进行评定，这种评估方法对创造性的实验室研究很有帮助。但是它也有两个缺点：一是创造性仅由单一的任务决定；二是实验评估的创造性方面可能无法代表个体最有创造力的方面。为了弥补这些缺点，可以让参与者自发生成评估作品。

（二）好奇心

好奇心、兴趣、追求新奇和经验开放都表示一个人对于经验和知识的内在渴求，对所有的经验都有兴趣，具有探索和发现精神。好奇心包括活动认知、追求以及个体对于挑战机会的反应经验的控制。好奇心是普遍存在的，在平凡的活动中展现，使我们的日常生活更加充实。

好奇心、寻求新奇和经验开放性都和需求的心理社会输出结果相关，包括积极情感、挑战刻板印象的愿望、创造性、在工作和游戏中偏爱挑战、控制认知度，好奇心还与压力和厌烦感知呈负相关。好奇心的情绪动机状态能够激起积极情绪，如兴奋、喜爱、注意，有助于复杂决定的做出和目标的坚持。

（三）思维开阔

思维开阔指的是全面、透彻地思考问题，不急于下结论，寻找和现有的信念、计划、目标相反的证据；面对证据时能够改变观点，尊重事实，有将新的证据和原有的信息一视同仁的意愿。思维开阔的人有以下特征：1.摒弃原有观念是强者的表现；2.经常思考和自己的信念相违背的证据；3.在面对新的证据时，信念能够转变。

（四）好学

1.好学的概念

好学指学习新技能、新知识，包括正式学习和自学。好学与好奇心有关，但除此之外还描述了一种系统性扩充自己的知识的倾向。好学的人会有以下表现：1.虽然我现在无法完成这项任务，但是我以后会完成；2.我喜欢学习新知识；3.为了正确完成任务，我可以做任何事情；4.学习是一种积极体验；5.和取得好的成绩相比，我更在乎彻底完成一项工作。

好学的人对特定的事情持如下态度：1.和其他我所知道的事情相比，我对这件事了解得更多；2.和其他我喜欢做的事情相比，我更喜欢这件事；3.我用尽量多的时间来做这件事；4.做这件事很辛苦，但是我不会觉得无法完成；5.我相信只要我认真对待，我就能做好这件事。

2.好学的测量

（1）动机性目标的测量

动机分为内在动机和外在动机，促使人们好学的是内在动机导向的目标。测量内在动机的很多条目都是直接测量好学优势，是为了学习而学习，而外在动机则是为了其他目的而学习。工作爱好问卷（WPI）就是一种动机性目标测验，分别测量内在动机和外在动机。内在动机量表有两个维度：喜爱和挑战，外在动机也有两个维度：外在和补偿。内在动机得分高表明更具有好学优势。另一种动机性目标测验是学术动机量表，这是基于德西和瑞安的自我决定理论设计的，共有七个维度，测量三种内在动机：去认识、去完成和体验刺激。三种外在动机：外在的、融合的（内化的）和规则认同。外在动机得分越高，自我决定水平越低。

（2）能力的测量

对于能力的获得或确认的测量也包含反映好学的维度。这些测量反映出几个相互关联的能力，包括对人的能力的认知、成就动机、一个人在一般或特殊领域获得能力的重要性、获取能力对于个人价值的意义以及在特定学习领域的成就目标类型等。研究者们认为人们必须在学习过程中体验到（或者期望体验到）能力和效率感，也就是说他们一定要感到他们掌握了技能，填补了知识的差距。

（五）洞察力

洞察力指的是有远见，能够给他人提供明智的忠告，能够看清世界对于自己和他人的意义。有洞察力的人很可能有以下表现：1. 我有自知之明；2. 我做决定时会兼顾情感和理性；3. 我对意义和关系有宏观的考虑；4. 我具有广泛的洞察力；5. 我对为他人和社会做贡献有强烈的愿望；6. 我很能为别人的需要着想；7. 我知道我的知识和能力的有限性；8. 我能够看到重要问题的关键；9. 我对自己的优势和劣势有清晰的认识；10. 我善于给别人建议；11. 我坚持自己的标准。

二、勇气优势

勇气优势是指不畏内在或外在压力决心达成目标的积极特质，属于情绪优势，包括勇敢、恒心、正直、热情。

（一）勇敢

勇敢是指在危险随时可能出现的环境里，努力去获取或坚持自己认为是好的事物或他人认为是好的但是却没能实现或获得的事物。在这个过程中，个体可能惧怕，但不会因此而退缩，并且这种行为是自愿的。该定义强调：勇敢的行为必须是自愿的，受到强迫的行为是不算的；勇敢必须有对风险的理解和对行为结果的判断和接受，因此勇敢的人必须有接受风险的准备；勇敢需要面临危险、损失、风险和潜在的伤害，没有危险、风险或者致命性行为就没有了勇敢性。

（二）恒心

1.恒心的概念

恒心就是不畏前途渺茫、困难和沮丧，一直朝着自己的目标努力，一旦开始，必然完成；坚持不懈，迎难而上，为完成任务而高兴。简单根据一个人在一项工作上的持续时间，不足以反映恒心的本质，因为这种持续可能是由于有趣或者报酬，而不是因为忍受和克服困难。

2.恒心的作用

（1）恒心能够使个体更有机会达成困难的目标。

（2）增强人们获得成功时的喜悦。

（3）提高个体的技能和机制。

（4）如果最终获得成功，将增强个体的自我效能感。

尽管恒心在大多数时候都是有利的，但也有起消极作用的时候。有些任务是不可能完成、注定失败的，这时坚持只能增加努力、时间和其他资源的消耗而得不到任何结果。

（三）正直

正直、可靠、诚实都用于描述一种人格特质，指的是个体真实面对自己，在私人和公共场合准确表达自己内心的状态、意愿和承诺。正直的人能够坚持事实，敢于说出真相，不找借口，愿意对自己的情感和行为负责任，并因此获得利益。

具有正直这种人格优势的人会具有以下特征：1.做自己比随大流更重要；2.如果人们能够说实话，事情就好办；3.我不会通过撒谎从某人那里获得什么东西；4.我的人生由我的价值观指导并赋予其意义；5.对于我来说，对自己的情感开放比诚实更重要；6.我会坚守承诺，哪怕它会让我付出很多；7.你对自己诚实就不会对别人撒谎；8.我不喜欢那些假冒者，他们假装成不是原本的自己的样子。

彼德逊和塞利格曼认为正直必须符合以下行为标准：1.具有一种稳定的行为模式，能够坚持自己的价值观，说到做到；2.符合公众标准的道德观，即使这种道德观不流行；3.耐心对待他人，帮助需要帮助的人，对别人的需求敏感。

（四）活力

活力指的是人们感到有生命的、热情的和有精神的。一个人只有在生理状况良好，心理整合而不是分裂，感到有意义、有目的性而不是感到失落、被隔离和无目标时，才能感受到活力。活力和心理与身体因素有直接和间接的联系。在身体层面，活力指的是身体健康，身体功能良好，远离疲劳和疾病；在心理层面，活力反应的是意志、效率和个人及人际整合经验。心理紧张、冲突和压力会减损活力经验。具有活力的人很可能有以下表现：1. 我感到充满活力；2. 我感到精力充沛；3. 我总是很清醒、很警觉；4. 我感到有能量；5. 我不会感到疲乏。

三、仁慈优势

仁慈优势是指关心与他人的关系，乐于助人的积极特质，属于人际优势。包括三种优势：爱、友善和社会智力。

（一）爱

爱指的是珍视与他人的亲密关系，特别是彼此分享、相互照顾。爱是对他人的认知、行为和情感态度，具有三种典型的形式：一是普通人之间的积极的、关心的情感，也可以称为友谊。在这种爱中，人们的爱指向某一对象，这个对象是我们情感的原始资源，也是我们要保护和关心的对象。二是保护与被保护的爱，叫作亲子之爱。儿童需要父母的保护，父母对孩子的爱心让他们产生依恋之情。第三种叫作情欲之爱，是性或身体的吸引导致的激情，也叫浪漫之爱。在与相爱的人相处的过程中，我们感受到无拘无束的安全感、无条件的信任等，可以无条件地奉献，身心相融，感受到放松、欣赏与满意，充满了希望和幸福。

不同形式的爱可能同时存在；不同形式的爱可能在不同的时间出现；一种形式的爱出现后，随之会出现其他形式的爱。拥有爱这种人格优势的人很可能会赞同以下观点：1. 有这样一个人，当我和他相处时，我会觉得很自在；2. 有这样一个人，我相信他提供的帮助和支持；3. 有这样一个人，我不想长时间离开他；4. 有这样一个人，我可以为他做任何事情；5. 有这样一个人，他幸福和我自己的幸福一样重要 6. 有这样一个人，我想让他生活得幸福；7. 有这样一个人，我和他有肌肤之亲；8. 有这样一个人，有他的陪伴，我感到心满意足；9. 有这样一个人，让我为之动情。

（二）友善

友善的意思是乐于助人、关心他人，是与唯我论相对的一种取向。具有友善这项人格优势的人通常有以下观点：1. 别人和我一样重要；2. 所有的人类具有同样的价值；

3.拥有温暖和慷慨的情感会给别人带来安全和欢乐；4.给予比获得更重要；5.充满爱心和友爱地帮助别人是最好的生活方式；6.不管他会不会感激我，我都会帮助他；7.我不是宇宙的中心，只是人类的一分子；8.我希望在自己有需要的时候能够得到他人的帮助；9.帮助任何一个人都很重要而不只是家人和朋友。

（三）社会智力

社会智力指的是能体察自己与他人的动机与情绪，能觉察自己和别人的动机和情感，知道在什么场合做什么事，知道怎么激发他人。高社会智力的人表现出对于情绪特殊的体验和处理能力。他们能从人际关系中觉察到情绪，敏锐地理解与他人的情绪性的人际关系以及情绪在人际关系中的意义。

高社会智力的人在以下的任务中可能会表现得很好：1.通过面部表情、声音识别情绪状态；2.使用情绪信息促进认知活动；3.理解情绪在人际关系中的作用，情绪是如何发展的、如何相互联系的；4.理解和控制情绪；5.准确评估自己的不同任务的完成情况；6.准确评估自己的动机；7.使用社会信息以获得他人的帮助；8.识别个体和群体的社会支配性和社会政治关系；9.在人际关系中表现出智慧。

四、正义优势

正义优势具有广泛的社会性，与个人和群体或社区之间的最优互动有关，是健康社会的文明优势。包括以下内容：

（一）团队合作

公民性、社会责任、忠诚和团队合作指的是一种责任意识。具有这种人格优势的人拥有很强的责任感，为了团队利益而不是自己的利益而工作，对朋友忠诚，努力做好分内的事，是一个很好的团队成员。他们可能会有这样的观点：1.我有责任把世界变得更加适合居住；2.每个人都应该为自己的居住地和国家投入一些时间；3.去纠正社会和经济的不公平对我来说很重要；4.去帮助有困难的人对我来说很重要；5.净化环境的工程对我个人来说很重要。

（二）公正

公正是指公正、平等地看待所有人，一视同仁，不受个人感情影响。公正是道德判断的产物，道德判断让个体知道什么在道德层面上是对的，什么是错的，什么是道德禁止的。具有公正这一人格优势的人很可能会有以下的表现：1.每个人都应该得到公平的分配；2. 利用别人是不对的；3. 我宁愿被欺骗，也不愿意欺骗别人；4. 我想友好地对待所有人；5. 每个人都应该受到尊重；6. 我们都参与其中；7. 人是目的本身；8. 没人愿意因为他的肤色而遭受歧视；9. 我们对自己的行为负责；10. 就算是人们说可以做的事，如果我认为不对，就不会去做。

（三）领导力

领导力指的是一个人认知和情绪能力的整合，能够去影响和帮助他人，指导和激发他们获得集体成功。具有领导力的个体很可能会这样看自己：1. 我喜欢在团体中担任领导角色；2. 我经常能够为我的团队做一些活动计划；3. 我经常能够激发别人按照特定的方式做事；4. 我经常能够帮助别人更好地完成工作；5. 我喜欢组织大家，让他们干活儿更有效率；6. 大家经常找我给他们解决难题；7. 我经常是我们团队的发言人；8. 我在社交中是主动的一方；9. 我经常担任紧急事件的负责人。

五、节制优势

节制优势是抵制过度的积极特质。宽容和怜悯可以抵制过度的仇恨，谦虚可以抵制过度的自大，审慎可以抵制带来长期负面效果的短期愉悦，自我节制能够抵制各种使人动摇的极端情绪。

（一）宽容

宽容是一个人在受到其他成员的冒犯和损害的时候产生的一种亲社会转变的行为表现。宽容的人可能具有以下特征：1. 当有人伤害我的情感时，我能很快恢复；2. 我不会长时间记着怨恨；3. 当别人让我生气时，我通常能够控制自己对他的坏情绪；4. 寻求报复不能解决问题；5. 我认为尽我所能去和那些曾经伤害和背叛自己的人重新建立关系很重要；6. 我不是那种别人伤害了我，我就伤害回来的人；7. 我不是那种人，不会花费很多时间去想如何报复那些伤害我的人。

（二）谦虚

谦虚的意思是不以自我为中心，能够倾听别人，包括对自己的优点和成就有适当的估计，同时也包括适当的着装和社会行为等其他一些表现。坦尼（Tangney）定义了具有谦虚人格优势的人的一系列关键特征：1. 对于个人能力和成就的准确认知；2. 意识到自己的错误、不完美、知识不足和局限的能力；3. 对于新思想、矛盾的信息以及建议的开放性；4. 保持对个人能力和成就的洞察力；5. 相对较少地关注自我或者说是具有忘了自我的能力（不以个人为中心）；6. 欣赏所有事物的价值，欣赏人们和事物用各种不同的方式对我们的世界做出的贡献。

（三）审慎

审慎是一种认知导向的个人特征，一种实践推理和自我管理形式，能够帮助个体有效达成短期目标。审慎的个体会有远见并慎重地考虑他们的行为和决定的后果，有效地避免冲动。具有审慎人格优势的人通常有以下特征：1. 对于未来采取预见性的立场，思考并重视未来，为未来做计划，能够达成长期的目标和愿望；2. 能够有效应对一时冲动，能够坚持做那些有益的但是没有即时反馈的事情；3. 能够将多个目标进行统一，把它们变成稳定的、统一和互不冲突的生活形式。

（四）自我节制

自我节制指的是一个人控制自己的反应以达成目标和符合标准。这些反应包括思想、情绪、冲动、表现和其他行为。标准包括思想、道德禁令、常模、目标和其他人的期望。自我节制有时也称自我控制，但是自我控制的内涵较小，特指对于冲动的控制。

推翻和改变个人的反应对于自我节制来说特别重要。生存在复杂的人类社会组织中，需要不断对内部和外部的刺激做出反应，但这些反应不是最优的和最适合的，因此人们发现要经常推翻这些最初的反应。他们可能会改变自己的想法、改变情绪、控制冲动和愿望，也可能尝试达到更好的表现，在困难的任务上坚持不懈。

六、卓越优势

卓越优势是使自己与全宇宙相联系，从而为生命提供意义的积极特质，包含四个方面：审美、感激、希望和幽默。

（一）审美能力

审美能力是指对美与卓越的欣赏。关注并欣赏所有生命领域的美、卓越和技巧表现，从自然到艺术，从数学和科学到所有日常生活领域。审美能力是发现、识别存在于自然和社会上的美好的事物，体验到由此带来的快乐。具有审美人格优势的人经常能够在一些日常的活动中感到敬仰和一些相关的情绪（如钦佩、向往和高尚）。低审美的人在他们的日常生活中好像是戴着一副墨镜，他们看不到美丽和活动的事物，感受不到人格优势、天赋、美德和成功带来的快乐。只有向美和卓越敞开心扉，才能在日常生活中感受到更多的快乐，发现更多的生活的意义，更有可能和别人建立深入的联系。

（二）感激

感激是收到礼物时的感谢和快乐之情，不管这个礼物是某个人送你的实物，还是自然之美激起你平静的幸福。感激是对自己的收益源于别人付出的感知，是一个人收到礼物并且具有对礼物的价值的欣赏与认知而表现出来的感谢。感激是指向别人的，很少人说感激自己。具有感激人格优势的人很可能会有以下表现：1.感激我们生活的每一天；2.我经常能够感受到我的生活因为别人的努力而变得更好了；3.对于我来说生活是一种恩赐而不是负担；4.一年之中我很喜欢感恩节；5.我很感激父母对我的养育；6.我甚至能够从坏事中发现我应该感谢的因素；7.我被一些事物的美和惊奇打动，并且觉得应该感激它们。

（三）希望

希望指的是一种指向未来的认知、情绪和动机。想着未来，盼望着期待的事情发生，为此进行努力，感到自信，向着目标前进。具有这种人格优势的个体很可能具有以下特征：1.尽管有挑战，但我还是觉得未来很有希望；2.我总是能够看到事情光明的一面；3.我相信我做事的方法是最好的；4.我相信美好会战胜罪恶；5.我期望最好的；6.我对未来有清晰的描述；7.我对于未来五年有一个计划；8.我知道我能够实现我自己定下的目标；9.如果我获得了一个差的分数或者评价，我下次一定会争取做得更好。

（四）幽默

幽默包含三种含义：一是一种戏谑的认知、快乐、创造的不协调；二是展示逆境的积极面给人看，让人们有个好情绪；三是让别人欢笑的能力。具有幽默人格优势的人可能具有以下特征：1.每当我的朋友沮丧时，我都会尽力帮他们摆脱这种不良情绪；2.我喜欢用笑话给人们带来光明；3.大多数人都说和我在一起很快乐；4.无论我做什么我都喜欢增加点幽默因素；5.我从不会让沮丧的局面带走我的幽默感；6.即使是在令人难堪的场合下，我仍然会发现一些欢笑或笑话。

七、积极人格的测量

彼德逊和塞利格曼在美德和人格优势的理论框架下编制了 240 题的《人格优势行为问卷》（*Value in Action Inventoryof Strength*）。该问卷的测量对象是成人，问卷具有很高的表面效度，测量了被试对于各项人格优势的认可程度，使用 5 点评分（1= 非常不像我，5= 非常像我）。每种人格优势有 10 个条目。

（该问卷具体内容读者可自行上网搜索。）

八、积极人格特质的培养途径

积极人格如何培养呢？下面有些方法可以参考：

1. 勇敢

在团体中支持一种不受欢迎的观点。当你见到明显不公正的事，向权威恰当地抗议。做一件你平时因为害怕而不会去做的事。

2. 创造力

参加诗歌、摄影、雕塑、素描或者油画课程。选择家里的某样东西，想出常规用途之外的另一种用途。给朋友寄一张写着你创作的诗歌的贺卡。

3. 感激

记录你每天说了多少次"谢谢你"，使这个数字每天都增长，保持一周。在每天结束的时候，写下三件顺利的事情。写下并寄出一份感谢信。

4. 领导力

在你的朋友圈里组织一个社交聚会。为一件令人不快的工作负责，保证它的完成。使用各种方法让一个新来者感到受欢迎。

5. 思维开阔

在一个争论中故意唱反调，采取一种与你自己的观点不一致的立场。每天考虑一下你自己强烈的信念，思考一下你可能是错误的。

第五节　积极环境

积极心理学强调积极环境建设的重要性，如积极的关系怎样促进个体的积极情绪，积极的工作制度怎样促进和谐的工作环境等。

一、积极关系

（一）朋辈之乐：友谊

1. 友谊的定义及特征

友谊作为同伴关系的一种，表达的是双方的、相互的、亲密的关系，反映了个体间互惠的、积极的情感。友谊是人们在交往活动中产生的一种特殊情感，它与交往活动中所产生的一般好感是有本质区别的。友谊是一种来自双向（或交互）关系的情感，即双方共同凝结的情感，任何单方面的友好，都不能称为友谊。友谊以亲密为核心成分，亲密性也就成为衡量友谊程度的一个重要指标。罗杰斯对这种亲密性做了三点概括：（1）能够向朋友表露自己的思想感情和内心秘密；（2）对朋友充分信任，确信其"自我表白"将为朋友所尊重，不会被轻易外泄或用以反对自己；（3）限于被特殊评价的友谊关系中，即限于少数的密友或知己之间。

2. 友谊的社会支持功能

威斯的理论假设：个体在与他人的关系中寻求特殊的社会支持功能。不同类型的关系提供不同的社会支持功能。弗曼等人认为友谊有八种功能，即友爱、亲密、可以信赖的同盟、有益的帮助、安抚、陪伴、肯定价值和归属感。

友爱是被研究者首肯的功能。友谊是一种相互充满深情的友好关系。沙利文特别强调了青年初期友谊给予青年最初真诚爱的体验的重要性。

亲密感是青年初期友谊的特点之一。儿童青少年愿意与亲密的朋友分享个人的秘密。有一个可以信赖的亲密朋友，能够增强信任感、接纳感和相互理解，而且成为他人的知己可以有机会为他人提供帮助和支持。

可以信赖的同盟主要指个人对他人的忠诚感和帮助的有效性的体验。这种可靠的同盟更多存在于友谊关系中。它教给青少年忠诚的价值和将朋友的需要置于个人欲望之上的重要性。

友谊成为自我探索和情感支持的一个重要来源。由于青少年时期是个相当不确定的时期，青少年对自我、对社会都有一种不确定感，而朋友在确定一个人的角色和自我价值方面能提供支持和引导，因此青少年友谊之间自我暴露以及相互提供情感支持的程度和频率大量增加，以此来获得自我同一性发展，并逐步遵从友伴文化。

3. 培养和维持友谊的途径

进化心理学对友谊的研究和探讨指出了如何通过朋友关系增进幸福，那就是结交几个要好的朋友并与他们保持密切的联系。如果你想结交好朋友，你选择的工作和休闲娱乐活动应当让你有可能遇到和你兴趣相投、能力相当、境况相似、阅历相仿的人，因为相似的两个人之间的友谊比不相似的两个人之间的关系要深厚得多。在彼此适宜的方面将你独特的技能、人格和风格，与未来的朋友的需要或偏好做一个匹配。在友谊开始的阶段，这个匹配很重要。如果我们的特征和潜能很独特并切合新朋友的需要，那么我们被取代的可能性就很小。用进化论的说法就是，我们比我们的竞争者更适合担任那个人的朋友的角色。

（二）亲子之情：依恋

1. 婴幼儿时期的依恋

婴儿与养育者之间的依恋标志包括微笑、眼神、母亲不在时哭泣以及举起双臂打招呼等。虽然在最初几个月，婴儿可能会表现出这些反应来回应一些人，但是在出生6个月后这样的模式仅对特定的人才能明显地表现出来。婴儿在6～9个月可以形成明确的依恋，这段时间被描述为人类婴儿依恋的敏感期。7个月时，婴儿只对特定的个别人微笑，而且只允许这些人来安慰他（她）。这时婴儿与依恋的人短时间或长时间分离都会是非常伤心的。

2. 安全的依恋与积极的爱

一个具有安全感的婴儿经常对母亲发出信任的微笑，把母亲的品质和爱加以内化。这种母子相依性是信任感的核心，相依是信任的策源地，是安全感的摇篮，它要求母亲对儿童在身体和心理上的需求做出及时而细致的反应，使得儿童永远信任她、信任自己并信任这个世界。这种信任感使婴儿面对未来的一切人和物时，也持同样的信任态度。

埃里克森指出，在母子相依中最为重要的是婴儿要在母亲或其他护理人员的动作中，开始发现某种一贯性、可预期性和可靠性。当婴儿感到不适时需要立即得到照顾，变化无常是最有害的，会滋生疑虑。实验表明：当一个婴儿被从母亲或最初的抚养人那里带走，带给多个抚养人或者更换抚养人时，他所经历的心理和创伤会对他整个一生的情感及后来的人格发展造成实质性影响。

在婴儿成长过程中，这种情感模式是较为稳定的。这种安全与信任感正是青春期后爱情积极性的来源。建立了基本信任感和安全感的人才具有爱别人的能力，才具有形成积极健康的爱情关系的能力，具有形成成熟的相依关系的能力，他们才有能力享受爱的满足。

我们握手、相互拍背、戏谑地弄乱对方的头发或在跳舞时搂抱对方，这些全都是普通的、身体上的、不涉及性的情感表达。这些都是使别人与我们亲近、表达我们的情感和关切等富有人情味的方式。事实上，我们发展人际情感关系的能力，学习信赖及接受爱与被爱的能力，与我们儿童时期被抚爱、亲吻和搂抱的经历有直接关系。有时候，仅一次爱抚就足以改变一个人整个人生的命运。在极端的紧要关头，如果不肯给予一次亲切的拥抱，这种行为最后可轻易毁灭一种关系。研究建议，我们应当给配偶、孩子、家人及朋友多一点亲近，多一些拥抱。

（三）亲密之爱：爱情

1. 成人爱的本质

爱情是一种驱动力量，活动于我们各种情感状态之中。当爱情之约真正缔结时，两个人就进入一种相互的关系，应该将你爱的人作为一个独立的个体予以尊重和珍视，在你们之间创造一个空间。

（1）爱的感觉

爱情是人类情绪体验中最强烈的一种。爱情通常有较强的身体表现。恋爱中的人常常废寝忘食，他们似乎心乱情迷，几乎被征服。荷尔蒙在身体周围强烈地涌动并伴有极端得意的感觉。此外爱伴随的相关情绪还包括畏惧——我希望他/她还不知道我多么喜欢他/她；希望——我希望这一关系会有结果，希望那个人还会爱我，否则我将会非常凄凉；焦虑——他/她爱我吗；傲慢——我必须小心，别显得太爱这个人，否则一旦遭到拒绝，我会很丢脸；内疚——我爱他/她要比他/她爱我少得多。

（2）爱的标志

伯纳德·莫斯坦主张爱的标志在个人心理方面有三种特征：一、行为方面表现为对对方需要的反应；二、情感上与生理反应相联系；三、判断方面表现为认知决定。我们可以明显感受到这些，但这些并非爱的恒定标志。因为一个男人可以爱他的妻子，但在某一时刻又会生她的气。爱是"那些彼此爱着的人所做的认知决定"，这种决定当然是可以撤销的，这可能是成人爱的关键，无论是根据情感还是根据行为做出的决定，它们都是自觉的决定。

（3）爱的发展

成人爱有三个阶段：热情的、浪漫的和婚姻的，但对这些阶段的顺序尚未进行确切的研究。热情的爱包括高度的情绪唤醒，是发展的最初阶段。浪漫的爱包括对被爱者的理想化。强度最差的形式是婚姻（伴侣）的爱，因为它发生在结婚或完全建立伙伴关系之后，夫妻俩互相适应，日复一日厮守在一起，热情大概还会有，但是喜欢和信任成了婚姻的爱的主要成分。在此时的关系中，认识代替了幻想。

（4）爱的方式

约翰·李分析了不同的爱的方式，他把爱看作由"三原色"混合而成的，"三原色"分别是厄洛斯式、路德斯式和斯陶吉式的爱。

表5-1　约翰·李的爱的方式

基本色调（原色）	混合色调（间色）
厄洛斯式——强有力的肉体上的爱 路德斯式——嬉耍的爱 斯陶吉式——伴侣的爱	狂热型——不顾一切疯狂的爱 实用型——实用的爱 敞开型——无私的利他主义的爱

一般说来，在表达爱情的方式上男女有别。在现代西方社会，许多女性用语言来表达爱情，而男性则用行动来证明——为伴侣做点事情、支持家庭财政或者共同参与同样的活动。

2. 如何增加别人爱的机会

首先，不管你所看重的人爱不爱你，你都要学会接纳自己。如果你只在别人对你肯定时才接受自己，那你就等于是在接受自己之前，先向别人强行要求对你的接受，这会让你很痛苦。

其次，努力以一些实际的能力赢得那些对你而言重要人物的肯定。若有人爱你，一定是因为你在性格或心灵上表现出的某种特质。当一个人在你身上看到了他最希望看到的特质，他就可能很自然地喜欢上你。

再次，专心于爱人而不是被人所爱。如果你希望生活得完美，生活得有活力，那么最好的办法就是在不牺牲自己的原则下，积极将你的精力贡献给除你以外的各种人、事、物上。活力的源泉并不来自被动接受生活中所赋予的，而在于主动地关心与付出。

最后，不要将别人的关爱和肯定与自己的价值混为一谈。无论别人为了他们本身的利益爱你多深或看你多重，你自身的价值都不可能因为他们的关爱与否而稍有增减。

3. 怎样去爱别人

巴士卡力教授认为建立互爱关系的基本条件是：彼此沟通、真诚相待、宽大为怀、欢笑与共、超越嫉妒、相亲相爱。

调查发现，在促进爱与被爱关系发展特质的排行榜上，沟通居第一，情感第二，宽容第三，诚实第四，其他依次为包容、可靠、幽默感、浪漫、耐心、自由。而在阻碍爱与被爱关系发展的排行榜上特质则依次为：缺乏沟通、自私、不诚实、猜忌、不信任、要求完美、缺乏了解、缺乏尊重、冷漠。

（1）彼此沟通

沟通就是彼此交谈的艺术，明白说出我们的感受与想法并真诚聆听对方发言，这是建立及维持互爱关系最基本的技巧。如果你希望以互爱关系建立人际关系，那么请尝试向你爱的人建议如下：1.常常通过你的谈话、动作和姿势，告诉我你爱我；2.常常因工作表现良好而赞许我，当我失败的时候不要轻视我，而是安慰我；3.你觉得情绪低落、寂寞或遭到误解的时候，让我知道；4.将愉快的想法和感情表达出来，会为我们的关系带来活力；5.当你对我有所反应，我便会觉得自己是特殊的；6.听我诉说，不要下断论，也不要有偏见，听和看一样重要；7.抚摸我、握着我的手、拥抱我；8.尊重我的静默；9.让别人知道你重视我。

（2）真诚相待

健全而持久的关系必须建立在坦诚真实的基础上。能够相信我们所爱的人以及爱我们的人对我们是真心诚意的，这对我们很重要。事实上不诚实正是人际关系失败的主要因素。在人际关系中应该一开始就真诚相待。

（3）宽大为怀

没有宽容就不会有持久的爱，没有转机、没有成长、没有真正的自由。宽容最大的源泉来自爱。有了爱，我们才能把犯错者当作有价值的人看待。有了爱，我们才能以正确的眼光看待错误，才能将行为与人区别对待，我们的反应都能不至于过度。我们宽容是因为不宽容要付很大的代价。心存怨恨，寻求报复都是于己有害的，而且一无所得，既不能满足我们，也不能愈合我们的伤口，那样只会阻挡我们前进以及重新开始。

（4）欢笑与共

与其他人接近再也没有比笑更好的方法了。我们都曾有过类似经验，一个会心的笑可以把数分钟前紧张焦虑的关系变成温暖、快乐、积极的关系。

欢笑与快乐是生命本身不可或缺的一部分。幽默、笑声是奇妙而又容易获得的工具，它们对于人际关系的改善非常有益，可用来克服各种焦虑和紧张。

当我们感到欢喜、开心、快乐时，就能更好地适应生活，更能认清事情，更有能力处理每天紧张的工作。当你微微一笑，身体就产生一种特别的激素，那是一种天然的止痛剂。

二、积极教育

（一）积极教育及其意义

积极教育是指教育要以学生外显和潜在的积极力量、积极品质为出发点，以增强学生的积极体验为主要途径，最终达到培养学生个体层面和集体层面的积极人格。积极教育强调教育并不只是纠正学生的错误和不足，教育更主要的是寻找并研究学生的各种积极力量，并在实践中对这些积极力量进行扩大和培养。这是一种对教育进行重新定位并适应现代社会的新观念。积极教育目前还处于探索阶段，积极教育研究的主要方法是通过对中学教师进行培训，提高这些教师识别、发展学生的积极品质及积极力量的技能。

积极教育把自己的重点放在促进积极上，而不是传统的纠正问题上。其意义在于：1. 积极教育充分体现了以人为本的思想，是积极人性论提倡者，它消解了传统教育的不足，真正恢复了教育的本来功能和使命——使所有人的潜力得到充分的发挥并生活得幸福，体现了教育意义上的博爱。2. 积极教育不是把人的优点仅当作克服其缺点的工具，而是把培育学生的优点作为教育本身的根本目标。3. 积极教育一方面注重对普通人的关注；另一方面也转向于对天才的关注，使我们社会的一部分天才生活得更幸福也是积极教育的一大任务。

（二）积极教育之幸福感教育

1. 教育与幸福感的关系

对于教育与幸福感的关系存在着两种观点：一种观点不讨论两者之间的联系；另一种则承认它们之间的关系并试图确定这种关系的大小。

一些美国学者以受教育年限或获得的最高学历为预测量，发现教育和幸福感之间存在某种相关。受到良好的教育可以得到满意的工作，提高控制感，更好地获得婚姻和其他形式的社会支持，这一切都有利于提高主观幸福感。同时随着受教育水平的提高，个体对自身的关注也逐渐由外在价值向内在价值转化，而后者更有利于幸福感的提升。

2. 幸福感教育的实施

2006年《哈佛幸福课》成为哈佛大学最受欢迎的公共选修课，安东尼·谢尔顿博士说："任何学校最重要的任务就是培养具有幸福感和安全感的青年男女，这比政府公布的最新学校成绩排名更重要。"正是在这种思想的指导下，威灵顿公学开设了幸福课，作为个体、社会和健康教育的新内容出现在学校课表上。

（1）增加学生积极的情感体验

积极的生活不是指个体每时每刻都具有积极情绪，而只是要使积极情绪和消极情绪的比率达到3∶1。帮助学生经常体验愉快的情感，这样有助于发展其自我感觉能力、自我决定能力，促进人际关系。良好的感觉又会使人产生做事的兴趣，更愿意从事冒险和有创造力的事情，从而产生"螺旋式上升的情感体验"。积极情绪可以通过如下方式获得：有规律地锻炼身体、保证规律和充足的睡眠、建立和维持牢固的友谊、与好友经常聚会、为自己所认定的有价值的目标努力工作等。同时增加学生愉快体验的途径有以下几种：1.让学生尝试享受这些新体验，即有意识地关注愉快，并通过回忆或故事讲述等方式进行积极情感的再体验；2.指导学生用积极的情感对所体验的心理现象甚至心理困扰做出积极的解释；帮助学生满意地对待过去，幸福地感受现在并乐观地面对未来；3.日常生活的精神体验和快乐体验应富有变化和挑战，具有新意，而不是一成不变；4.促使学生主动参与到快乐活动中去；5.写幸福日记——每天晚上记录下三件当天顺利的事情，体验这些事情带来的感觉。

（2）引导学生体验与追求人生的价值与意义

积极心理学看重生活的意义对提升幸福感的作用，要为学生创造积极参与社会服务的机会。我们的生命有三个层级，即"生理生命""内涵生命"和"超越生命"。"生理生命"指人作为生物体的存活；"内涵生命"指人生的幸福程度，即单位时间里经历的事情越多，内涵生命就越丰富，就等于延长了生理生命的存在；"超越生命"则是人对生理生命限面的超越，即人寻找永恒与不朽的冲动与努力。要引导学生体验幸福，不能仅仅让他们满足于生理上一时的快感，而要让他们不断地从人生一个又一个的超越中体验自身价值的实现，体验超越自身带来的快乐。这样的超越既包括在学习成绩上的不断提高，也包括优势的建构、缺点的克服，更是对人生意义的坚持和追求。

三、积极制度

积极的社会制度非常重要，它不仅是建构积极人格的支持力量，而且也是个体不断产生积极体验的最直接来源。积极的社会制度包括很多方面，其中国家、工作单位、社区、家庭、学校等对人的影响最为直接和重要。

（一）积极的国家制度

建立积极的国家制度是指国家要在各种方针政策的制定、在社会舆论的营造、在国家发展计划的编制等方面都体现出积极的意义，以提高民众的生活质量为核心。

积极心理学对国家政策的制定有较强的指导意义，积极心理学很重要的任务之一就是呼吁积极的社会环境，建立和完善相应的政策与设施，提升公民的幸福感。具体如下：1.树立新的国家发展目标。幸福是物质的，但更是精神的，它不仅是对物质生活的一种追求，更是对健康和谐、让人身心舒畅的生活环境的一种要求。我们还需要一个超越于国内生产总值（GDP）之上的、完全以人为本的新的国家发展目标，这就是以民众的高质量的生活为核心的国民幸福总值（即 GDH）。2.明确政府的职能。政府的首要职能在于促进和保护人民生活质量的提高，也就是促进和保证我们上面所说的国家新的发展目标的实现。

（二）积极的工作制度

在当今社会，工作已经成为人们生活中一项非常重要的组成部分，可以提供积极的社会支持网络。一种积极的工作制度可以使员工有清晰的角色定位，有很强的自主性，形成一种上级督管以支持为主、有机会与同事交流互动、受社会尊重、能确保人身安全、有经济保障、有职业发展机会、有公平而道德的工作关系。在这样的工作制度里工作，员工有很高的工作兴致和发挥自己工作技能的机会，它能增进员工幸福感，使员工愉快而高效地工作，反过来又会提高单位的生产效率。

工作制度是否具有积极性质，可以从人们是否喜欢他们的工作上直接反映出来，于是有人提出了用"工作满意度"这一指标进行衡量。工作满意度是一种具体的生活满意度，是指个体对工作领域的具体认知评价。

相对于一般生活满意度而言，工作满意度更加不稳定和具体。工作满意度指向的工作包含了一系列不同的工作要素和不同的维度，因此它涉及员工对工作和工作环境的各个方面的感受，如对工作本身、报酬、工作量、工作场所的物理条件、同事、上级、补偿、升迁、组织政策及实施情况等要素。另外对于作为一个整体的工作，员工也会产生一个总体的情感反应，这是建立在对工作各个侧面的满意度整合基础上的一般满意度。

工作满意度测量量表有：1.《工作描述指标》（*Job DescriptiveIndex*），工作描述指标是史密斯在 1969 年设计的，在各种多项目量表中，它的应用最为广泛。它包含72 个项目，评价对如下方面的满意度：工作本身、报酬、升迁机会、目前工作的管理质量以及和同事的关系五个方面。2.《明尼苏达满意度问卷》（*Minnesota Satisfaction Questionnaire*）包含 100 个项目，对工作满意度的作答比较直接，问卷包括三个分量表：内在的满意度、外在的满意度和一般满意度。其主要维度是：能力使用、成就、活动、提升、权威、公司政策、报酬、同事、创造性、独立性、首先价值、常识、责任、稳定性、社会服务、社会地位、人际关系、技术、变化性、工作条件等。

如何提高员工的工作满意度：1.采用自主工作群体。自主工作群体（有时也叫半自主工作群体，因为企业中没有完全的自主）抛弃了传统的装配线形式，采用若干名工人组成的小组来完成工作任务。2.增加员工的社会支持资源和控制感。社会支持包括情感支持（爱、喜欢、尊重等）、直接帮助（如工作中的援助、传递信息和金钱资助等）等方面。对于领导者来说，为员工提供这方面的资源有助于提高员工的工作满意度，从而提高工作效率。对于员工来说，工作过程中的控制感是他们工作满意度的一个重要变量，如果他们觉得自己丧失了控制权则可能出现抑郁等消极情绪，进而影响其工作满意度和工作绩效。

（三）积极的社区制度

社区是现代人们生活的重要场所，它对我们居住在一个固定区域的群体范围内的居民起着一种桥梁的作用。社区是居民信任的一个基础机构，具备着承担人们工作之外的居住、休闲和娱乐的重要功能。加强社区积极环境的建设，不仅包括物质环境和人文环境的建设，而且要通过培养居民的积极人格让人们从中体验到愉快积极的情绪。

1. 积极的物理和人文环境

房屋质量与生活满意度之间有中度相关。要从总体上把握社区空间形态的整体规划，使社区成为一个错落有致、进退有序的环境。强烈的积极情绪和自然环境密切相关，人们在有植被、水和全景景观的地方积极情绪更多。因此要加强绿化和美化建设，保持干净整洁的环境，建设面积广阔的绿地和设计新颖的花草树木景观，让居民产生视觉上的美感，从而产生愉悦的情绪。

在改善社区物理环境的同时，应加强社区内文化氛围的营造和精神文明的建设。社区文化以其巨大的凝聚力，为社区居民提供轻松的交往空间，促进居民之间的沟通和交流，能有效改变现代人际关系日趋冷漠的状况，提升居民的幸福指数。社区可以通过引入文艺演出和艺术展览等活动丰富居民的业余生活；也可以为居民提供机会展示个人特长，有利于其在工作之外施展个人才能，充分体会到个人的价值所在。

2. 培养居民的积极人格

培养社区居民积极的人格特质可以使其在遇到困难和不如意时归因于外在的可控因素，使居民在任何情况下都会朝着积极的、健康的方向去努力，这样更有利于塑造其良好的行为模式，改善其对待环境和周围人的态度，构建和谐的社区关系。

（1）在社区中进行主观幸福感教育与宣传。在社区中运用各种宣传教育形式，使居民们提高感受生活中的真善美的能力，进而提高居民的主观幸福感。

（2）对社区中存在心理困扰和心理问题的居民进行及时的"积极干预"。积极心理学坚信心理咨询师需要并可以帮助来访者构建快乐、充实和有意义的生活。"积极干预"可以使来访者发现快乐和幸福，更好地抵抗抑郁和焦虑等消极情绪。

参考书目

[1] 韦志中 . 教师心理资本建设理论与实践 . 四川大学出版社 .2019.

[2] 张艳，王妍 . 幸福心理学 . 重庆大学出版社 .2016.

[3] 郑雪 . 积极心理学 . 北京师范大学出版社 .2014.

第六章　心理学研究方法

心理学研究方法有很多种，不同的心理学分支往往又有其独特的方法，但基本的方法主要有四种：观察法、访谈法、问卷法（测验法）、实验法。

第一节　观察法

观察法是在自然情境中或预先设置的情境中，有系统地观察记录并分析人的行为，以期获得其心理活动产生和发展规律的方法。

一、观察法的类型

观察法又分为自然观察法和实验观察法。自然观察法是在不加任何控制的条件下，观察自然情景中被试的行为表现。比如研究者去幼儿园观察幼儿的同伴交往行为。实验观察法是指通过实验控制，设置某种情境，观察被试在特定情景中的行为表现，比如安斯沃思等人通过观察婴儿在人为设置的陌生情境中的不同表现，从而区分婴儿的不同依恋类型。

运用观察法时，观察者和被观察者之间的关系有两种方式，参与观察者和非参与观察者。参与观察者是指观察者是被观察者活动中的一个成员。非参与观察者是指观察者不参与被观察者的活动。无论采取哪种方式，原则上是不使被观察者发现自己的活动被他人观察，否则就会影响他们的行为表现。

二、观察法的要点

进行观察研究，首先必须进行观察设计。观察设计通常包括如下三个步骤，首先是确定观察内容和对象。例如要研究教师期望对师生交往的影响，观察的对象自然是教师和学生，但还需要考虑在什么样的学校，在哪个年级和班级进行观察，以及要观察哪些现象等。其次要选择观察策略，常用的观察策略有参与观察策略、取样观察策略以及行为核查表策略等。最后是制订观察记录表，观察记录表通常采用观察代码系统，他们是为观察记录和随后分析处理的方便而制订出来的一些符号代码系统。

避免观察者的主观臆测与偏颇是观察法使用的关键。观察应该是有目的、有计划地观察和记录人在活动中表现出来的心理特点，以便科学地解释行为产生的原因。为了更好地运用观察法研究心理发展，还应当注意下列几个问题：

1.对所观察的问题要有基本的了解，观察的目的要明确。例如研究师生相互作用时，观察者首先要深入课堂观察课堂上教师提问、学生举手与发言、教师的反馈与面部表情、教师板书等现象。在此基础上，制订详细的观察目标与计划。

2.尽量使被观察者放松，处于正常活动状态中，不要让他们意识到自己已成为观察者的研究对象。有时观察者通过单向玻璃、电视、纱幕、潜视镜等进行观察，就是为了使被观察者的真实行为不受影响。

3.要善于记录和观察与目标行为有关的事实，以便进行整理分析，并提出进一步研究的问题。例如在研究学前儿童的语言发展时，由于学前儿童语言表达方式与成人不同，所以观察者应避免使用成人化的语言记录。为提高记录的准确性，可使用录音机、录像机等器材。

4.观察者除了观察目标行为之外，还应分析被观察者其他一切有关材料，如作文、日记、各种作业、绘画、手工制作等。

三、观察法的评价

观察法是科学研究的第一步，其特点是直接和描述性。深入细致的观察往往能收集到系统而重要的信息。观察法是及时获得客观世界最初的原始信息和感性材料的基本方法，也是发现一些重大科学现象的重要方法。观察法的突出优点是可以在行为发生的当时及现场进行观察记录，能够收集行为发展过程的资料，具有很强的生态效度，保持被观察对象的自然流露和客观性，获得的资料比较真实。

当然观察法也有一定局限性，比如观察资料的质量在很大程度上受到观察者本人的能力水平、心理因素的影响，许多心理学研究者希望观察到的行为的发生，有时是难以预知的，因此采用现场观察，有时难以奏效。此外观察法的运用往往需要花费较大的人力、物力和较多的时间。观察者处于一般被动地位，只能消极等待被观察者的某些行为表现，是一种较缓慢的进程。

第二节　访谈法

访谈法是研究者通过与访谈对象进行口头交谈，了解和收集其心理特征和行为的数据资料的一种研究方法。

访谈法在心理学研究中具有特殊的意义和作用。例如皮亚杰创立的临床法，将访谈和观察实验结合起来，其实质也是访谈法。其基本过程是：先确定一个谈话的主题或者一个实验任务，然后根据被试的表现和反应，通过提问题的形式与其进行深入的交谈，从而确定被试对谈话主题和实验任务的认识。皮亚杰正是运用这一方法，在儿童认知发展的研究中取得了举世瞩目的成就。

一、访谈法的要点

访谈法的最大特点在于，整个访谈过程是访谈者与访谈对象相互影响、相互作用的过程。所以在访谈中，访谈者应争取掌握访谈过程的主动权，积极影响访谈对象，尽可能使研究按照预定的计划开展。访谈法的另一个显著特点是，它具有特定的研究目的和一整套设计、编制、实施的原则。访谈法的这些特点说明，访谈法在一定程度上可以比观察法获得有关访谈对象的更多、更有价值、更深层的心理活动情况和心理特征方面的信息，同时也比观察法更复杂、更难以掌握。

由于访谈法以被试对语言的理解与表达为基础，因此在发展心理学的研究中，访谈者在进行访谈时应注意以下几个问题。

第一，访谈前除了要充分熟悉访谈的内容，还要尽可能了解访谈对象的背景情况，根据研究对象的年龄特征与语言发展水平，选择语言表达方式，选择合适的时间和地点。例如对于 3 岁以下的儿童，访谈的地点最好选择在家里，访谈的时间以上午或者中午午休后为宜，访谈者应使用儿童能够理解的词汇，句子尽量简单。

第二，不同年龄的个体与陌生人交往时各有特点，访谈者在正式访谈前，应该先接触个体，消除其陌生感，建立起合作友好的交谈氛围。在与青少年交谈时，由于青少年时期生理与心理发展的特殊性，他们的封闭性、戒备心较强，对他人的态度、言行又很敏感，访谈者在开始时可以谈一些青少年感兴趣的话题，而且在交谈中一定要注意以恰当方式提问，让他们说出自己真实的想法。

第三，访谈记录的方式也应该适合不同年龄被试的心理特点，可以是现场少记，事后多记；也可以边交谈，边观察，边记录，及时捕捉能代表被试心理的信息。例如对幼儿的访谈要考虑幼儿的表达能力，幼儿常用各种动作、表情来辅助表达，因此访谈者可以考虑使用摄像机记录访谈过程。

二、访谈法的评价

访谈法有许多优点。它能有针对性地收集研究数据，适用于一切具有口头表达能力的不同文化程度的访谈对象，具有较问卷法更高的效率。

访谈法的局限性在于访谈结果的准确性、可靠性受访谈者自身的素质影响较大；与其他研究方法相比较，较为费时费力；访谈所得的资料不易量化；访谈结果也受环境、时间和访谈对象特点的限制。

第三节　问卷法和测验法

问卷法是通过由一系列问题构成的调查表收集资料以测量人的行为和态度的心理学基本研究方法。而测验法是使用测验量表来研究被试心理发展规律的一种方法，即采用标准化的题目，按照规定程序，通过测量的方法来收集数据资料。两者收集数据资料的形式类似，不同之处在于测验法使用的是标准化量表，能得到可靠的资料，且信度和效度较高，具有标准化的施测、计分和解释程序。我们可以把测验法看成是一种更加标准化的问卷形式，同时它不再局限于文字形式，还可采用非文字形式，如操作的方式，下面分别进行介绍。

一、问卷法

运用问卷法进行研究时，使用的是经过严格设计的、具有固定结构的问卷，因此结构化程度较高，避免了研究的盲目性和主观性，这是问卷法的主要特点。问卷法的另一个特点是能够在较短的时间内收集到大量资料。此外，由于问题和答案都预先进行了操作化和标准化设计，因此所得资料也便于进行定量分析。这些定量分析工作可以借助计算机进行，不仅方便而且准确，所以问卷法在发展心理学的研究中有着广阔的应用前景。

把问卷法运用于发展心理学的研究，特别需要注意以下几个方面的问题：

第一，问题是问卷的核心。在设计问卷时，设计者除了考虑问题的类别外，还要注意研究对象的年龄特点，例如个体的阅读能力如何，能否读懂题目，问卷中试题的数量是否适合被试等。

第二，问卷中的试题的内容应是研究对象熟悉的，以使其愿意积极配合，认真回答。

第三，对于书写能力有限的被试，问卷法的形式应以封闭式为主，开放式为辅。

第四，研究者应注意社会称评效应，即注意研究对象可能因为某些思想上的顾虑，在填写问卷时，不是按照自己的真实情况填写，而是根据社会的赞许性来填写。

作为心理学研究常用的方法，问卷法有很多突出的优点。它的内容客观统一，结果处理分析方便，节省了人力、物力和财力；取样较大，有助于描述一个总体的性质；另外，问卷法匿名性强，能够获得被试较为真实的回答，那些不易用访谈法进行当面询问的问题，比如涉及被试内心深处的情感动机等问题，适合用问卷法来研究。问卷法的缺陷在于对被试的言语发展水平有一定要求，因而不适用于年幼被试；另外，被试的回答可能带有一定的主观性，因而由此获得的有些数据资料还需用其他方法加以印证。

二、测验法

应用测验法研究心理，往往采用经过标准化的测验量表对被试进行测量，将他们的得分与常模分数相比较，就可以清楚地了解被试的发展水平。这样，测验法既可以用于测查被试心理发展的个别差异，也可以用于了解不同年龄阶段被试心理发展水平的差异。目前国内已有一些较好的用于心理发展研究的测验量表，研究者可以根据自己的需要加以选用。比如卡特尔16种人格因素问卷、埃森克人格问卷、明尼苏达多项人格问卷、霍兰德职业兴趣量表等。常用的心理测验有：能力测验、人格测验、智力测验、个体测验、团体测验等。

测验法是个体心理特征和行为表现的量化研究的主要工具，应用范围很广。验法的优点在于量表的编制十分严谨，结果处理方便，量表有现成的常模，可以更准确地分析研究对象，可以把研究对象的特质与相关群体相比较。缺点是标准化的测验量表不易获得，使用灵活性差，对施测者的要求较高，对施测者解释测验结果的能力也有一定的要求，结果难以进行定性分析，被试的成绩也可能受练习、测验经验的影响等。所以测验法和心理学研究的其他方法一样，只是了解被试心理发展的方法之一，还应与其他方法配合使用。

第四节　实验法

实验法是指人为地、有目的地控制和改变某些条件，使被试产生所要研究的某种心理现象，然后进行分析研究，以得出心理现象发生的原因或起作用的规律性的结果。

实验法有两种，即实验室实验法和自然实验法。

实验室实验法通常指在实验室内，借助各种实验仪器设备，严格控制实验条件，主动创造条件，用给定的刺激，引起一定行为反应，在这种条件下研究心理的原因、特点和规律的方法。

自然实验法是指在自然的情况下，创设、控制某些信息，以引起某种心理进行研究。自然实验法是在教育心理学、管理心理学等应用心理学领域，更经常使用的方法。

实验法的主要优点是可以更好地研究心理现象的因果关系。缺点是实验法，特别是实验室实验法得到的结论，在现实中不一定可行。

一、实验法的要素

实验法在科学研究中的应用非常广泛，也是心理学研究的主要方法。具体地说，心理学实验一般有以下几个要素：

（一）实验假设和推论

实验法不同于描述性的研究方法，如观察法和相关研究法，其最大特点就在于它能够对因果关系进行真正意义上的确定。和相关研究法比起来，实验法能够对各种可能的因果关系进行一一检验，做出选择，所以实验法首先需要一个或几个有待检验的假设。假设指用来说明某种现象的未经证实的论题，比如"看暴力性电视会导致攻击性"就是一个假设，"记忆广度受材料性质影响"也是一个假设。

单单有假设本身还不能直接进入实验操作，研究者必须从假设出发做出某些适合于实验检验的推论。也就是说，实验法其实是通过对基于假设的推论的检验，来判断最初的假设是否正确。

为了适于实验检验，推论必须是客观的、可具体测量的，这直接影响到实验变量的选择。推论中关于实验者试图控制，并且认为和原因有关的那部分内容决定了实验的自变量。而推论中关于实验者希望研究、必须测量，认为和结果有关的那部分内容则决定了实验的因变量。例如，从"看暴力型电视节目会导致攻击性"这个假设可以进行推论：儿童平均每周观看暴力型电视节目的时间越长，则学校内对同伴的攻击行为频率将越高。这里就决定了实验的自变量将是观看暴力性电视节目的时间，而因变量将是攻击行为的频率。由此可见，合适的推论能将原本较为抽象的概念转化为实验直接可以采用的指标，为实验法的运用提供保障。

（二）实验变量

在实验法中，各种需要操纵、控制和测量的因素和条件都是变量，实验中主要涉及三种变量，即自变量、因变量和控制变量，其中前两者又统称为实验变量。自变量就是在实验中由实验者操作和控制的变量。因变量是指实验中被试对自变量操作反应的实验反应值，即实验者观察和记录的随着自变量的变化而变化的被试行为。控制变量，亦称额外相关变量，指实验中除实验变量以外的影响实验变化和结果的潜在因素和条件。

一般来说，实验法要求实验变量必须是明确、客观的。自变量必须能够被很好地操纵，而因变量必须能够被客观地测量。例如记忆材料的性质就是一个很好的自变量，因而我们能够很容易地区分出对文字、图片、无意义字符等材料的记忆任务。而记忆保持量是一个很好的因变量，因为它能够被最精确地测量、把握。

自变量和因变量的选择，既要满足检验实验假设所做的推论的任务要求，又要尽可能地达到上述客观可控的条件，这在很大程度上关系到实验研究的成败。

（三）实验控制

实验控制，泛指对实验精度的一切保障工作，以保证因变量的变化确实是由于自变量的变化而引起的。实验控制的主要工作：一是尽量地消除无关变量；二是在无关变量难以消除的情况下，尽可能地加以平衡。不管怎样实验控制的总目的，都是消除额外变量和实验误差，以取得较为精确的实验结果。

完全消灭无关变量通常十分困难，一般研究者总是采用第二种控制方法，来平衡无关变量，使其对实验各部分产生的影响相互抵消。最常见的做法是在整个实验中保持无关变量的恒定，这样无关变量就不至于和自变量产生混淆，影响因果解释结论。这也是心理学实验时，一般都要保持恒定温度、照度、并让被试适应实验室环境后才开始实验的道理所在。

二、实验法的结果

实验法离不开对自变量的操纵和对因变量的观察。一般来说，人们所做的实验推论可以预测因变量的变化，因变量的变化是因为自变量发生变化，而作为一种检验性质的研究方法，实验法的结果最终会赞成和否定此前的假设和推论。

（一）实验符合假设

实验结果符合原先假设所做的推论往往被视为实验法对原假设的证明。如果实验控制没有出现问题，那么实验中的自变量就确实能够引起实验中因变量的变化。实验法对他们两者之间的因果关系，以及因果关系的方向都下了定论。

但是实际情况往往要更复杂一些，在面对理想的实验结果时，必须牢记几个问题。首先，实验所直接检验的与其说是实验假设，毋宁是由假设恒生出来的推论。因此推论成立能否反推出假设成立，是需要谨慎的，只有在确定被实验检验的推论确实能够完整地代表实验假设时，实验结果才能应用于最初假设的检验上。

其次，严格意义上说，实验法说明了自变量和因变量在某种特定的实验条件下存在因果关系，而这种关系能否推广到所有场合尚未可知。实验法的严格控制为因果结论的证明提供了方便，但也正是这种控制使得实验法的因果结论可能忽略了某些前提条件，从而成为只适用于小范围的真理。因此，要通过实验法得到某一确定的结论，往往需要进行不同条件下的系列实验方能确保其周密性。

（二）实验不符合假设

在实验结果不符合假设的情况下，也不能贸然做出实验假设错误的结论，同样也需要做进一步的确认。我们可以用一系列心理学实验中常见的不符合实验假设的结果形式"零结果"为例来说明这一点。零结果是指自变量的操作没有引起因变量的变化，因而因变量的变动为零。

出现零结果可能有以下两种主要原因：（1）实验者所做出的猜测——自变量是导致某种行为发生的重要因素，可能是错误的，而零结果是正确的；（2）实验者没有对自变量进行有效的操纵。例如设想你正在实施一个以学前班儿童为被试的实验，实验的自变量是在小朋友们每次正确反应之后，奖励给他们的糖果数量，某些小朋友只能得到一块，而另一些则能得到两块。结果你并没有发现被试行为上的差异，但是设想一下，如果实验的自变量变化范围更大，（比如从一块到十块）也许你就会得到行为上的差异，所以情况的发生也许是因为你的操作不能充分地反映出自变量的效果。或者还存在另外的影响因素，比如小朋友们在实验开始前，刚举行了一个生日聚会，他们已经吃了很多东西，那么在这种情况下，十块糖果也不会产生效果。

当然还有其他的影响因素会导致零结果的出现，譬如因变量不够"好"，或者说不够稳定。当以相同被试及相同水平的自变量等来重复某个实验时，还能得到以前因变量的分数，我们就说这个因变量是稳定的。但如果研究者测量因变量的方法有缺陷，不稳定现象就会发生。

此外，即使在因变量恒定的条件下，如果因变量的测量范围受到限制，使测量结果只能停留在量表的最顶端和最低端，则零结果也会发生，我们分别称之为"天花板效应"和"地板效应"。比如说，我们要检验某种训练对反应时的影响，但是测定反应时所用的秒表最大精度只有 0.1 秒，那么实验结果也许会显示训练并不能改善反应速度，反应时都是 0.1 秒。但其实很可能被试的反应时从 0.1 秒加快到了 0.05 秒，只不过我们的测量范围不允许出现比 0.1 更小的值。

实验法作为最高级和功能最强大的科学研究方法，同时也是最精致和最复杂的。

因此在解释实验法的研究结果时，必须考虑各种可能影响结论可靠性的因素，这样才能真正发挥出实验法高于描述性研究法的因果解释能力。

三、实验法的评价

实验法具有观察法和相关法所无可比拟的优点，因而受到心理学者的青睐。

首先，与其他研究法相比较而言，实验法的主要优点在于能更好地控制无关变量的影响，就是通过一定的方法和手段来控制其他因素，从而使自变量以外的其他因素都保持恒定，这样在逻辑上我们就可以认为，所获得的任何结果都是由自变量引起的。换句话说，自变量的变化引起了所观察到的因变量的变化。设计实验（操纵自变量，控制无关变量）旨在得到一种结果解释，这也正是实验法的实质。一些非实验的研究方法只限于描述和相关预测，而实验法则可以做出因果的推断。但事实上，没有一个实验可以百分之百地消除其他变量或使其保持恒定，从而只研究一个变量。但是，与其他研究方法相比较而言，实验法能够消除更多的无关变量。

实验法的另一个优点是经济。运用自然观察法时，观察者必须很耐心地等待所要观察的情况出现，如果你住在北极圈附近的挪威特伦汗港，但却想研究热对攻击行为的影响，那么只靠太阳产生高温，就需要极大的耐心和时间了。但如果实验者通过设置感兴趣的情境来控制环境，就可以迅速有效地获得数据。

但是，不能认为有了实验法就可以忽视其他研究方法。正像观察法能够为相关研究方法提供必要的准备一样，实验法也离不开较低层次的描述性方法的支持，正是观察法和相关研究法提供了最初的假设来源和因果猜测，离开了这些，实验法的假设检验和因果结论就无从谈起。

综上所述，实验法是心理学学科研究的最高级的方法，比起其他科学方法，实验法在方法学上的地位显然更为突出。研究者用实验法来验证和证伪理论，并提供解释心理现象及行为的数据。从这点来说，实验法比其他方法更能够提供确切的、令人信服的证据来解释各种心理现象和行为背后的因果关系。不过在另一方面，实验的来源和前期准备往往离不开观察和相关研究，所以这些方法并不是相互割裂的，而是能够形成一个整体。实验法的主要优点是可以更好地研究心理现象的因果关系；缺点是实验法，特别是实验室实验法得到的结论，在现实中不一定可行。

参考文献

[1] 朱滢主编 . 实验心理学 . 北京大学出版社，2000.

[2] 郭秀艳著 . 实验心理学 . 人民教育出版社，2004.

第二部分

心理学文史

第七章　心理学史要略

心理学是人类理解自我的探求，是人类在探索自然规律的同时，不断认识自我和人性奥秘的努力。目前对心理学的通常定义是：心理学是研究行为和心理历程的科学。如果说普通心理学是对心理学研究范围和内容的横向展开，那么心理学史则纵向探讨了心理学思想或理论形成、发展的历史与规律问题。

对于心理学的历史，艾宾浩斯的概括最为精辟：心理学虽有一个长期的过去，但仅有一段短期的历史。以 1879 年冯特在德国莱比锡大学建立第一个心理学实验室为标志，心理学的历史被划分为两大时期：实验心理学建立之前的漫长的前科学心理学时期，和实验心理学建立之后的科学心理学时期。

第一节　中西方心理学史简介

一、西方心理学史概述

西方心理学从哲学的母体中产生，在这一过程中，自然科学，特别是生理学和物理学对心理学的独立起到了很大的推动作用。许多早期的心理学家既是哲学家也是生理学家。

1879 年，冯特在德国莱比锡大学建立了第一个心理学实验室，标志着科学心理学的建立。但此时的心理学还处在一个学派林立、各种理论观点纷争的时期，从早期德国的内容心理学与意动心理学之争，发展到美国的构造心理学与机能心理学之争，再到后来的行为主义、精神分析、格式塔学派，包括进一步分化出来的新行为主义、新精神分析，以及皮亚杰学派。

大致上可以说，20 世纪 50 年代之前的西方心理学，行为主义和精神分析平分秋色。50 年代之后，继行为主义和精神分析之后的心理学第三势力——人本主义心理学产生了。随后，50 年代末和 60 年代初又诞生了现代认知心理学。目前，人本主义心理学和认知心理学是西方心理学的两个主要发展方向，其他心理学流派都在不同程度地受到这两种研究取向的影响。

二、中国心理学史概述

研究中国心理学存在和发展的历史，主要分为两个历史时期：中国古代心理学思想史和中国近现代心理学史。

（一）古代心理学史

中国传统文化中蕴涵着丰富的心理学思想，古人对心理现象的思考就提出了六大对立的基本问题，即人贵论、身心论、性习论、知行论、性情论、理欲论，它们构成了中国古代心理学思想的范畴论。在具体的心理学思想中，中国古代心理学又涉及人的心理的方方面面，比如教育心理学思想、释梦心理学思想、心理卫生思想等等。

（二）中国近现代心理学史

中国近现代心理学史是研究中国近代以及现代心理学形成和发展的历史。其启蒙时期追溯至 16 至 17 世纪。

近代心理学思想中，一方面有诸如龚自珍、梁启超等学者，坚持以经验描述和思辨方法为主体的心理学论述，但更主要的还是通过早期教会学校以及通过翻译西方心理学论著，使西方心理学思想在近代中国初步传播。

中国现代心理学史分为两个时期：19 世纪末至 20 世纪 40 年代，是中国现代心理学的建立时期，这一时期以中国古代和近代心理学思想史为历史渊源，以传入西方心理学为主要特征；从 1949 年 10 月中华人民共和国成立至今，是中国现代心理学的发展时期。这一时期经历了学习改造阶段、初步繁荣阶段、遭遇挫折阶段、重新恢复阶段和飞速发展阶段。

目前，中国心理学已经取得了长足进步，表现在：一是心理学研究机构和教学机构不断发展壮大，二是心理学人才培养上了一个新台阶，三是与国外心理学同行开展的学术交流活动日益增多。

三、学习心理学史的意义

学习心理学史的意义，可以概括为以下四个方面：

（一）学习心理学史有助于理解心理学的现在与未来

学习心理学史，一方面能帮助我们避免过去的错误；另一方面，历史进程中存在一定的发展模式或方向，如果能准确地描述和解释其中有价值的信息，则有助于我们更好地认清未来的方向。

（二）心理学史为心理学提供了一种整合力量

心理学史不仅是连接过去、现在和未来的纽带，并且成为日益多样化和专业化的心理学的一种整合力量。

（三）学习心理学史有助于提高理论素养

首先，循着历史上著名心理学家对心理学一些基本问题的探讨轨迹，可以锻炼我们的理论思维能力。其次，学习分辨心理学史上形形色色、纷繁复杂的理念，有助于提高我们判断问题的能力。最后，在梳理心理学发展来龙去脉时，我们分析问题、解决问题的能力获得提高。

（四）学习心理学史有助于培养健康的怀疑和批判精神

心理学的历史知识能够减少我们对某一理论观点或方法论的盲目崇拜。一方面使我们相信，不存在一种能够解释一切的理论体系，也不能以单一的方法论取代所有的方法论；另一方面，对心理学历史知识的了解将有助于我们从流行的观念中脱身，增强我们对心理学目前或未来可能出现的一些新理论、新趋势的判断能力，使我们摆脱那种盲目相信某一件事是新纪元的标志、具有特别重要性的观念，使我们健康地怀疑、合理地批判，既能够敏锐地发现那些代表潮流发展趋向的新理论，又能够识别那些终将被历史长河冲刷掉的夸大其词和伪科学方法。

第二节　西方心理学史

一、西方心理学诞生的源泉

西方心理学的诞生主要归功于两个方面的文化演进和策动，一是西方哲学思想的长期孕育，二是西方近代科学的适时催生。

（一）西方哲学思想的长期孕育

1. 古希腊时期的哲学思想

西方关于人类灵魂的最早研究，可以从古希腊哲学家的言论中找到依据。如米利都学派是古希腊哲学的第一个学派，该学派都对作为心理现象的原始形式——灵魂做了可贵的探索。其后的毕达哥拉斯学派，第一次对灵魂做了较为系统的阐述，指出了灵魂的性质、分类、产生与变化等。原子论学派认为，世界的本源均为某种极为基本的单元所构成，原子是最微小、不再可分的物质微粒，灵魂也是由原子构成的。

就在古希腊哲学不断取得进步的同时，一种以人为研究对象的哲学流派，也在不断地孕育和扩张。以创始人普罗塔戈拉为代表的智者学派，强调人的重要性，主张"人是万物的尺度"，关注知识和经验的性质与关系。从此，古希腊哲学家对心理的看法，逐步从世界的自然属性拓展到人的社会属性，这是西方哲学在心理观发展史上的一次飞跃。

苏格拉底是智者派的另一代表人物。他认为，哲学的研究对象就是人的精神自我。他的一句名言"认识你自己"至今赫然刻在古希腊德尔菲神庙门前的石碑上。在这种哲学观念的指导下，他试图在人性、幸福、意动和欲望中找出伦理的规律，并以"产婆术"教学方式闻名于世界教育史和心理学史。

智者派在西方心理学史上的贡献，还在于它催生出了蕴含丰富心理学思想的伟大哲学家和思想家，其中最著名的是柏拉图和亚里士多德。柏拉图提出了著名的理念论思想，从而全面揭开了欧洲心理学史的序幕。亚里士多德是柏拉图的学生，其著述《论灵魂》是欧洲心理学史上第一本心理学专著。

2. 西方中世纪的经院哲学心理学思想

5 世纪末至 12 世纪是西欧封建社会形成、发展和繁荣的时期，历史上一般称之为"中世纪"。此时，封建社会在政治上高度集权，在意识形态上整肃划一。在以神学为精神核心的封建社会里，西欧哲学界必然地演化出直接承袭于奥古斯丁宗教哲学，以论证基督教教义为宗旨，直接为神学、为封建统治阶层服务的哲学形态——经院哲学。在中世纪的哲学心理学思想中，占主导地位的是官能心理学思想，中心内容是灵魂及其官能。

3. 文艺复兴时期的哲学心理学思想

文艺复兴时期大约从 14 世纪开始，一直延续到 17 世纪结束。这一时期，欧洲封建制度逐渐走向衰弱和瓦解，残酷的封建宗教神权不断受到社会世俗力量的挑战，古希腊与古罗马时期的传统文化渐渐回归并得到复兴，随之而来的心理学思想也得到了多元化的发展。

其中最值得关注的是人文主义和自然哲学家的心理学思想。以阿里吉利·但丁和朱安·路易斯为代表，强调人性的张扬，强调人的价值和尊严，反对禁欲主义，反对神学和教会对人的禁锢，是人文主义者最重要的立场和观点。除此之外，文艺复兴时期还有一批自然哲学家，以库萨·尼古拉、达·芬奇、乔尔丹诺·布鲁诺等为代表，也提出了一些带有明显自然倾向的思想和观点。

总之，文艺复兴运动是一场彻底的精神解放运动，为欧洲近代心理学的发展开启了人文与科学的大门。

4. 近代西方的哲学心理学思想

文艺复兴运动的结束，标志着新兴资产阶级文化逐步取得了胜利，西方社会形态进入了转型阶段。从 17 世纪开始，以英国为代表的欧洲资产阶级，在经济上逐步取得了社会的支配地位，在政治上谋求国家政权的革命也相继取得成功。为了进一步巩固自己的政权地位，欧洲资产阶级始终重视和鼓励发展适合自身利益的哲学与科学文化。

于是，在积极开展自然科学研究的同时，深入研究人类的知识、经验及其形成过程，成为 17 世纪至 19 世纪哲学研究的重要特征。经验主义和理性主义从而构成了近代欧洲哲学的先进文化方式，并直接反映在近代欧洲哲学的心理学思想之中。经验主义认为，知识的可靠源泉是人的感觉经验，观察和实验是科学研究的成功途径。理性主义心理学则强调理性知识在人的认识过程和科学发展中的重要作用，为哲学心理学的研究提供了新的视野。

培根是经验主义心理学的先驱，他主张以权威的观察取代权威的假设，主张用归纳法研究自然界。他提出"知识就是力量"，主张用科学的知识来探求世界万物的本原和规律。这极大地推动了自然科学的进步和经验主义心理学的发展。笛卡儿反对以信仰作为知识的基础，主张知识应建立在理性的基础之上，把理性作为判断一切的标准。他认为，世界上除了"我"的存在之外，一切存在皆可怀疑。"我思故我在"是笛卡儿的经典名言。

（二）西方近代科学的适时催生

早在古希腊时代，希波克拉底就从医学解剖角度，发现了人脑与心理活动有着密切的联系。他认为，由于脑，我们思维、理解、看见、听见。但从科学发展史角度而言，真正对西方心理学起着巨大推动作用的科学力量，只能是19世纪以后有关自然学科所取得的伟大成就。

1. 天文学与心理学

1796年，一种旨在测定人与人之间反应时误差（时称"人差"）的研究迅速开展起来。人差方程式的问题核心，并非天体运行的变化，而是观测者本身的视觉反应变化及其影响因素。这种研究方式和方法，给实验心理学研究直接地送去了两个重要的礼物：复合实验和反应实验。

2. 生理学与心理学

1790年后，西方生理学开始了一个快速发展的繁荣时期，这个时期的神经科学的科研成果为实验心理学的诞生提供了丰富的营养。法国著名的外科医生保罗·布洛卡在医学临床中发现了，大脑中主管人们说话时肌肉协调运动的区域，该区域被命名为"布洛卡区"。后来，运动和感觉中枢、视觉中枢、触觉和听觉中枢也相继被发现，这有力地推动了对心理现象赖于产生的重要生理基础——大脑机能的深入研究。

3. 神经生理学研究

查尔斯·贝尔和马让迪发现了脊神经生理功能及其神经部位的差异，后来被命名为"贝尔—马让迪"定律，这条定律开启了神经生理心理学研究的新里程碑。此外，反射动作研究、神经冲动电性质的发现、神经冲动传导速率的研究、神经特殊能学说等研究，也拓展了人类认识自我的研究领域和深度。

感觉生理学的研究是神经生理学对大脑机能研究的自然拓展。有关感觉的分类及其生理机制，在19世纪获得了很多突破，为实验心理学的诞生做了许多知识和方法上的储备。

4. 物理学与心理学

物理学对近代西方心理学的最突出的影响表现在两个方面：一是物理学实验方法通过生理学研究的渠道，为实验心理学的产生创造了重要的条件；二是物理学与心理学结合而成的心理物理学，对实验心理学的诞生产生了最为直接的影响。

德国莱比锡大学的解剖学、生理学教授恩斯特·韦伯在研究人的皮肤触觉时，发现了"差别阈限"，并由此得出心理学史上第一个心理数量法则"韦伯定律"。莱比锡大学的古斯塔夫·费希纳在韦伯研究的基础上更进一步，使人们不仅可以计算出差别阈限常数，而且对难以把握的感觉强度有了更精确的运算。这就是人们熟知的"韦伯—费希纳定律"。费希纳为了测量刺激量的大小，借用物理学的方法，创立了三种研究方法，即最小可觉差法、正误法和均差法。这些方法为后来的心理学实验研究提供了最有力的手段和工具。

总之，心理学经过2000多年在哲学内部的长期发展，到了19世纪中叶以后，哲学已为心理学积累了不少概念和理论；自然科学特别是生理学的发展也为心理学准备了科学的基础知识和研究方法。心理学成为独立学科的条件已经具备，心理学摆脱哲学的附庸地位成为独立的实验科学的条件已经成熟了。

二、冯特与实验心理学的建立

科学心理学的建立应归功于德国心理学家冯特。他综合哲学心理学的体系和自然科学的方法和技术，于1879年在德国莱比锡大学创立了世界上第一个心理学实验室，从而为心理学赢得了独立的地位。从此冯特因此被称为"实验心理学之父"。

（一）冯特的生平及理论体系

威廉·冯特（1832－1920）出生于德国的一个牧师家庭，家庭中有不少人是知识分子、科学家和教授。1855年，他获得医学博士学位，1856年跟随"生理学之父"约翰内斯·缪勒学习和研究生理学，后担任著名生理学家的助手十余年。1875年到1917年，冯特在莱比锡大学任教，并在此创立了世界上第一个心理学实验室，从而为心理学赢得了独立的地位。此后世界各国的青年学生慕名前来学习。1881年，冯特创办了心理学专门刊物《哲学研究》，发表莱比锡大学心理学实验室的实验报告，1903年改名为

《心理学研究》。1889 年冯特被任命为莱比锡大学校长，1920 年去世，终年 88 岁。

冯特一生著述丰富，著作有 500 多种，涉及心理学、哲学、逻辑学、语言学、物理学、伦理学、宗教学等诸多领域。其著作《对感官知觉理论的贡献》被称为冯特构建新心理学的行动纲领；《生理心理学原理》被后来的研究者认为是科学心理学的独立宣言。

冯特创建的心理学不同于传统的哲学心理学，这种新心理学是以实验法为支撑的，着重研究人类意识经验的内容、结构及其组合规律。冯特的心理学体系由两部分构成：第一部分是个体心理学，第二部分是民族心理学。个体心理学研究个体的意识过程，也就是通常所说的实验心理学；民族心理学则是以人类的高级精神过程作为研究对象，也就是社会心理学。

（二）冯特的历史贡献

1. 冯特最大的历史贡献是使心理学成为一门独立的学科

西方心理学虽然有很长的过去，但是一直是哲学的附庸，长期处于哲学式的内省与思辨中，没有自己独立的地位。冯特充分吸收了当时的哲学心理学、生理学以及心理物理学的成就，将实验法引入心理学研究，并建立了世界上第一个心理学实验室，使得心理学成为一门独立的学科。

2. 冯特创立了新心理学——实验心理学

冯特之前的心理学并不具有科学研究的特征，而更多的是依靠直观的猜测与推断。冯特将实验法运用到心理学研究中，这具有划时代的意义，心理学研究从此真正步入了科学研究的领域，仅仅用了 20 年的时间就完成了 100 多项实验研究任务。

3. 培养了一支国际心理学队伍

冯特不仅创立了科学心理学，而且极大地促进了心理学研究队伍的壮大，为心理学在世界范围内的发展奠定了基础。莱比锡心理学实验室的建立，吸引了世界各国的青年纷纷前来学习，冯特的心理学实验室成为当时科学心理学研究人才的摇篮，相当一部分的学生都成为本国心理学发展的先驱。

三、构造主义心理学与机能主义心理学

（一）构造主义心理学

构造主义心理学是心理学成为一门独立的实验科学后出现于欧美的第一个心理学

派，由铁钦纳于 1898 年正式创立。这个学派认为心理学的研究对象是意识经验，主张心理学应该采用实验内省法分析意识的内容或构造，找出意识的组成部分以及它们构成复杂心理过程的规律。

构造心理学限定性的主题内容和含糊不清的方法，导致其作为新科学的决定性框架地位受到严峻挑战。但是，它保证了心理学作为一门新科学而获得承认。其他人如缪勒、海林和艾宾浩斯都力图修改构造心理学以适应更为复杂的心理学主题。

（二）机能主义心理学

机能主义心理学是 19 世纪末 20 世纪初出现在美国的心理流派，是美国第一个本土心理学流派。机能心理学是心理学中的一种取向，它强调心理过程而不是心理内容，并且重视心理学的有用性。

机能主义心理学是一个比较松散的流派，研究内容庞大，主张的研究对象是具有适应性的心理活动和行为，强调意识活动在人类有机体的需要和环境之间起重要的中介作用。关于研究领域，机能主义心理学反对把心理学局限于研究正常人的一般心理规律，主张把心理学的研究范围扩大到动物心理、儿童心理、教育心理、变态心理、差异心理等领域。

四、行为主义

行为主义是 1913 年由美国著名心理学家华生（1878—1958）成立并迅速遍及全球的一个重要的心理学流派，被称为西方心理学"第一势力"，在心理学史上有"行为主义革命"之称。行为主义经历了早期行为主义和新行为主义等几个发展阶段。

（一）行为主义产生的历史背景

1. 社会背景

行为主义产生于美国，主要与当时美国的社会生活、生产实践和社会改良的需要有关。华生所倡导的行为主义，其目标之一就是最大限度地提高工人的工作量和工作效果，这也恰恰是当时美国社会生产实践的需要。其次，行为主义是美国社会政治生活中进步主义运动的产物，通过运用行为技术来达到控制社会的目的，成为一种最有生命力的革新思想。

2. 哲学背景

机械唯物主义　工业革命以来，迅速发展的自然科学对人类生活产生了深刻影响。自然科学中占统治地位的学科是力学，与此相对应，作为当时自然科学成果总结的哲学思想是机械唯物主义。华生在创立行为主义时，接受了这种机械唯物主义的思想，他认为"人也是机器，受刺激—反应规律的制约"。

实证主义　19 世纪孔德首创了实证主义科学哲学，他将"一切科学知识都必须建立在来自观察和实验的经验事实的基础上"作为实证主义的基本原则。黎黑曾指出"行为主义是实证主义的心理学"。

3. 神经生理学背景

俄国神经生理学家谢切诺夫强调，心理学研究也应采用生理学的客观方法。他指出，即使我们通常是根据主观心理过程来描述其他行动，但可观察到的唯一事件是客观的行为现象。

苏联生理学家、心理学家巴甫洛夫为华生的心理学的方法论提供了重要的经验材料。他首创并运用条件反射法对人的高级神经活动进行了严格而客观的实验研究，提出了以条件反射常说为核心的高级神经活动规律理论。华生几乎全盘接受了巴甫洛夫的理论和方法，并用其来阐释自己的行为主义心理学思想。

俄国生理学家别赫切列夫认为，心理学是行为的科学，即使是思维这种高水平的过程，也是由较低水平的感觉—运动反射所组成的复合物。这对华生的行为主义有一定的启示。

4. 心理学背景

行为主义的产生虽然受到当时美国社会的政治经济和哲学、神经生理学等外部因素的影响，但心理学内部的矛盾运动则是促使其产生的主要因素。

传统心理学的危机　科学心理学诞生后，一直将意识作为其研究对象，但在对意识的理解和如何研究意识的问题上却纷争不断，并无济于解决美国所面临的各种问题。学术上的纷争、实践上的无能以及来自社会的不满，最终导致了意识心理学的危机。这种危机又必须导致心理学家开始从另一极来展开研究，实现心理学从研究意识到研究行为的转向。

动物心理学的发展　动物心理学是在达尔文进化论的影响下产生的。由于动物心理学的研究有助于理解人的心理，因而得到了迅速发展，摩尔根、洛布、桑代克等将相关研究不断推向深入，到 1910 年，美国有 8 所大学建立了动物学实验室。华生本人也是在研究动物心理所形成的观念与方法的基础上，建立了自己的行为主义思想体系。

机能心理学的进一步发展　机能主义心理学的发展为华生的行为主义做了必要的理念准备。华生的行为主义就是把机能主义心理学合乎逻辑地推向极端，剔除了原来的思辨痕迹，使机能主义顺利地过渡到行为主义。

（二）华生的行为主义心理学

1908 年，华生在耶鲁大学的演讲中，首次提出了行为主义的观点。1913 年，其撰写的《行为主义者眼中的心理学》一文在《心理学评论》杂志上发表，标志着行为主义的诞生和行为主义革命的开始。1914 年，华生撰写出版的《行为：比较心理学导论》则系统地阐述了行为主义心理学体系。

1. 行为主义心理学的性质和研究对象

在 1913 年发表的《行为主义者眼中的心理学》中，华生明确地宣称：在行为主义者看来，心理学纯粹是自然科学的一个客观的实验分支，它的理论目标就是预测和控制行为。行为主义者努力想把动物的反应纳入一个统一的系统，承认在人兽之间并无分界线。人的行为尽管有其细致性和复杂性，也仅仅是行为主义者的总研究计划的一部分而已。

这段话即界定了心理学的性质，又规定了心理学的研究对象，它包括几个方面的含义：首先，心理学是一门纯粹的自然科学；其次，心理学的研究对象是行为，行为是可以外部公开观察的有机体的反应；再次，行为完全独立于意识，应该根据行为自身的特征来研究行为；最后，人类行为和动物行为都应该是心理学的研究对象。

2. 行为主义心理学的研究方法

基于使心理学成为一门自然科学的目的，华生特别强调研究方法和客观性，主张放弃心理学研究中的主观内省法而采用客观的方法来研究行为。他认为，心理学的研究方法主要有五种：观察法、条件反射法、言语报告法、测验法和社会实验法。

观察法： 一类是不需要借助于仪器控制的自然观察。另一类是借助于仪器的观察。

条件反射法： 华生将巴甫洛夫在生理学中首创并使用的条件反射法引入心理学中对行为进行实验研究的一种方法。

言语报告法： 这是研究正常人行为的一种方法，是通过被试报告其体内的变化来实现的，又称口头报告法。

测验法： 测验被试对刺激情境所做出的反应。

社会实验法： 在某种程度上，是华生的行为主义原理在社会问题研究中的应用，其目标是预测和控制人的行为，更好地管理和控制社会。

3. 在具体问题上的观点

（1）本能理论

华生早期并不否认本能，只是用反射的概念来解释本能，正如他要用反射的概念解释一切行为一样。华生认为，本能是一连串的反射，这串反射的个别元素是按照严格的遗传方式进行的。但后来华生又完全否认本能，认为遗传的只是身体结构，而不是身体的机能和心理素质。所谓能力、才能、气质、心理构造和性格，都是摇篮时期训练的结果。

（2）情绪理论

华生根据艾伯特形成条件恐惧反应的实验事实，认为条件化是情绪发生和复杂化的机制。人的各种复杂情绪都是在基本情绪基础上，通过条件作用而逐渐形成的，而且实验也表明，所形成的条件化的情绪反应具有泛化或迁移的作用。例如，当白鼠形成条件恐惧反应后，与之相似的刺激都可以引起其恐惧反应。

（3）人格理论

华生认为，人格是个体整个行为模式的总体，是个体一切动作的总和。他给人格下的定义是："通过对能够获得可靠信息的长时行为的实际观察而发现的活动之总和。"换言之，人格是我们习惯系统的最终产物。从这个定义中可以看出，华生把人格看成在一个人身上经常表现出来的比较稳定的各种活动的总和，这与现代心理学对人格的界定非常接近。

至于如何改变人格，华生认为："彻底改变人格的唯一途径，就是通过改变个体的环境来重塑个体，用此方法使新的习惯加以形成。"

总之，华生的行为主义理论体系是建立在他对心理学对象和方法客观化的基础上的，他对各种具体心理现象的研究都是对其客观"刺激—反应"的行为公式的具体应用和说明，其最终目的在于使心理学成为一门能预测和控制人的行为的、真正的自然科学。

（三）斯金纳的操作行为主义

斯金纳（1904—1990）是当代最杰出的心理学家之一，他以操作条件作用为核心概念，并以高度精确的实验技术精心构筑了自己的理论体系，建立了一门真正的行为科学。尽管人们对斯金纳的理论评价褒贬不一，但其工作"极大地提高了我们预测和控制有机体行为的能力"。

1. 斯金纳行为主义的基本立场

斯金纳主张，心理学要研究行为本身，并在对行为的研究中发现和描述其规律。他的心理学立场是独一无二描述性的、严格的行为主义。和华生一样，斯金纳也是一个彻底的决定论者，把心理学看作自然科学的一个分支学科。强调对行为的预测和控制是斯金纳整个思想体系中的中心内容。

2. 斯金纳的行为原理

斯金纳将行为区分为两种，应答性行为和操作性行为。应答性行为是由先行刺激所引发的，是对刺激物的反应，这种行为比较被动，要受刺激物的控制，巴甫洛夫的条件反应就属于应答性行为；操作性行为是有机体操作的行为，这种行为是主动的，代表着有机体对环境的主动适应，与行为的结果有特定的关联，人类的大多数行为都是操作性行为。斯金纳认为，两种不同类型的行为必然会导致两种不同的条件反射。应答性行为所导致的是"反应性条件反射"，而操作性行为导致的则是"操作性条件反射"。

操作性条件反射的建立依赖于两个因素：操作及其强化。即"如果一个操作发生后，接着给一个强化刺激，那么其强度就会增加"。如白鼠偶尔按压杠杆就会有食物落下，从而强化了白鼠按压杠杆的行为，经多次尝试和强化，白鼠就建立起按压杠杆的操作性条件反射。

动物学习如此，人类的学习也同样如此。斯金纳认为，人的很多技能，如说话，走路甚至包括道德、人格的形成，都是操作性条件作用的结果。操作性条件反射原理可以应用到很多场合，既可以用于消化不良的行为，也可以用于巩固理想的行为。

（四）班杜拉的社会认知行为主义

阿尔伯特·班杜拉是美国当代著名心理学家，新行为主义的主要代表人物之一，他创立并发展了社会认知行为主义，其理论特点在于，强调人的认知功能以及自我选择、自我调节机制，因此班杜拉的心理学思想带有浓厚的人文色彩。

1. 观察学习理论

观察学习理论是班杜拉社会认知行为主义体系中最具特色的理论之一。观察学习又被称为替代性学习或无尝试学习。班杜拉将其界定为"观察者通过观察他人的行为及其强化结果而习得某些新的反应，或是他对已经具有的某些示范反应做出实际的外显操作"。相对于直接经验的学习，观察学习是一种更普遍、更有效的学习方式。

在班杜拉看来，观察学习是一种信息加工活动，他按信息加工的模式，将观察学习分为四个相互关联的子过程：注意过程、保持过程、动作复现过程和动机过程。

注意过程决定了个体在丰富的示范环境中选择什么样的行为作为观察的对象，也就是对榜样的知觉过程。

保持过程指观察者将在观察活动中获得的有关示范行为的信息，以符号表征的方式储存在记忆之中，以备后用的过程。保持过程涉及三种重要的内部机制：示范信息的符号转换、示范信息的认知表征演习和保持。

动作复现过程指将在注意和保持基础上形成的关于示范行为的内部符号转化为外显行为的过程。

动机过程是指观察者在特定的条件下，由于某种诱因的激发而表现出示范行为的过程，这一过程决定了哪种经由观察习得的行为最终得以表现。

2. 自我效能理论

在班杜拉的理论中，自我效能也可称作"自我效能感""自我信念""自我效能期待"等，它是指个体对自己能否在一定水平上完成某一活动所具有的能力、信念的感受和胜任感，而不是行为或能力本身。班杜拉认为，自我效能感作为一种极具影响力的主观信念，对人的思维模式和情绪反应有重大的影响作用。个体的潜能能否发挥、在多大程度上得以发挥，部分取决于个体的自我效能与其实际的知识和技能储备间的协调。

自我效能并非一个静态的固有属性，它会随着个体的生理、心理和社会性的发展而变化，随着个体在与环境相互作用中获得的信息而变化。自我效能的形成主要受五种因素的影响：

行为的成败经验指由操作所获得的信息或直接经验。由于个体主要是通过亲身经历获得对自身能力的认识，因此，这种亲历的掌握性经验对自我效能的影响最大。成功的经验可以提高自我效能，使个体对自己的能力充满信心；反之，多次的失败会使个体降低对自己能力的评估，使人丧失信心。

替代性经验是指个体通过观察他人的行为，进而获得有关自我可能性的认识，它使观察者相信自己处于类似情景中也会获得同样的成就水平。与观察者具有更多相似性或能力水平差不多的示范者的经验，会有更强的影响作用。

言语劝导包括他人的暗示、说服性告诫、建议、劝告以及自我规劝，也就是个体接受别人的评价或自己认为自己是否具有执行某一任务能力的言语鼓励。言语劝导的效果，取决于劝说者的声望、地位、权威程度和内容的可信性。

情绪和生理状态会影响自我效能的形成。在充满紧张危险的场合或负荷较大的情况下，情绪易于被唤起，高度的情绪唤起和紧张的生理状态会降低个体对成功的预期水准和对自我能力的评估。焦虑、烦恼、疲劳、恐惧等都会使人感到自己难以胜任所承担的任务。

情境条件对自我效能也具有影响作用，不同的情境会提供给人们不同的信息，某些情境比其他情景更难以适应和控制。当个体进入一个陌生而易引起焦虑的情景时，其自我效能的水平与强度会降低。

班杜拉的社会学习理论是在前人研究的基础上，特别是在行为主义学习理论研究的基础上发展出来的，但他突破了旧的理论框架，把行为主义、认知心理学和人本主义思想加以融合，以信息加工和强化相结合的观点阐述了学习的过程和机制，并把社会因素引入研究中，他所建立的社会学习理论开创了心理学研究的新领域。

（五）行为主义的贡献与局限

行为主义的贡献　一是强化了心理学的自然科学特征，以客观的行为代替了主观的意识，以实验法代替了内省法；二是扩大了心理学的研究领域，使心理从局限于对意识的研究扩大到动物心理学、儿童心理学、学习心理学和教育心理学等领域；三是促进了心理学的应用研究，因行为主义的目标就是预测和控制人的行为，因而它特别强调社会环境对人的塑造作用，这种观点应用到教育领域，就出现了"环境决定论""教育万能论"的主张，目前在美国，心理学应用之广，涉及领域之多，不胜枚举。

行为主义的局限　一是生物化倾向严重，强调动物心理研究的客观化倾向，忽视人类的特殊性，把人的行为都归结于"刺激—反应"的联结，否认人的心理和意识的存在；二是缩小了心理学的研究范围，否认意识、心理、内省及相关概念，竭力主张用客观方法研究动物和人的客观行为，其极端发展又犯了客观主义的错误，使心理学成为没有心理的心理学，又因为否认人的中枢神经系统在行为上的作用，成为没有头脑的心理学；三是否认生理和遗传对心理的作用，犯了环境决定论的错误。

五、格式塔心理学

格式塔心理学也称完形心理学，是由德国心理学家韦特海默于 1912 年在德国法兰克福首创。格式塔是由德文"gestalt"音译而成，它的原意是指形式或形状。既主张研究人对现象的经验，也主张研究人的整体行为。

（一）格式塔心理学的研究对象

格式塔心理学的研究对象是直接经验和行为。直接经验就是主体在对现象的认识过程中所把握到的经验，这个经验的内容既包括客观世界，也包括主体的主观世界；行为是一种整体行为（有目的、有意义的行为），而不是华生用刺激—反应公式推导出来的关于肌肉收缩或腺体分泌的细微行为，个体在其自身环境中的行为是格式塔心理学的主要研究对象。

（二）格式塔心理学的主要理论观点

格式塔心理学的主要理论观点包括突现论、同型论、知觉的组织原则、学习理论、创造性思维。

1. 突现论

似动现象的实验是格式塔心理学理论创建的重要基础，这一实验由韦特海默主持。他将这种原本是静止的两条线段在一定条件下知觉为单线移动的现象称为似动现象。他认为，这是一个依附在一定心理物理场中的崭新现象，也就是说一个"格式塔"，是一种突现的现象。这种现象依附于一定的情境，是一个整体现象，不可以分析为元素。在这里它突出地说明了一条最基本的完型原理：在现象场中，整体不同于其各部分之和，整体先于部分而存在，整体决定着各部分的性质。

2. 同型论

格式塔心理学家重视探讨心理现象的生理机制。他们试图证实一个总的假设：大脑皮质区也是按照类似于完形原理而进行活动的。也就是说，在每一个知觉的过程中，人脑内都会产生一种与物理刺激构造精确对应的皮质"图画"，这就是同型论。这一观点从本质上否认了心理是对客观现实的反映、是人脑的机能，因此，同型论是一种典型的唯心主义二元论。

3. 知觉组织原则

知觉是格式塔心理学理论的核心内容。格式塔知觉理论的最大特点在于强调主体的知觉具有主动性和组织性，并总是用尽可能简单的方式从整体上去认识外界事物。在这方面，格式塔心理学家提出了许多知觉的组织原则，主要可以概括为以下八条：①图形与背景的关系原则；②接近或邻近原则；③相似原则；④封闭原则；⑤好图形原则；⑥共同方面原则；⑦简单性原则；⑧连续性原则。

4. 学习理论

尽管格式塔心理学的主要贡献是对知觉的研究，但任何心理学书籍在谈到学习理论时一定会提到苛勒的顿悟说。通过黑猩猩的试验，苛勒提出，人和类人猿的学习不是对个别刺激的个别反应，而是通过对一定情境中各事物关系的理解而形成一种"完形"来实现的，是一种顿悟形式的智慧行为。当学习者理解了情境之后，会产生突然的、迅速的领悟。学习不是盲目的"试误"，而是"参照场的整个形势，一种完善解决的出现"。

5. 创造性思维

韦特海默对思维问题进行了系统研究，特别是研究了儿童的创造性思维，并把顿悟学习原理运用到对创造性思维的探讨上。韦特海默宣称，创造性思维对儿童来说应该是思维的自然方式，但往往由于盲目的思维习惯和学校的错误训练而丧失。

创造性思维的核心是思维者关注问题的整体，要让问题的整体来决定或支配部分，同时要深刻理解整体与部分之间的关系。创造性思维具有四个要点：

一是创造性思维必须理解课题的内在结构关系，同时要把课题的各个部分合并为一个动态的整体。

二是任何问题必须根据课题的结构统一性来理解和处置，并向寻求更适当的完形方向发展。

三是思维者必须认识问题的次要方面和根本方面的不同，并根据不同点把问题的各方面组成一个层次结构，即重组问题的层次关系。

四是创造性思维不是一种纯智力活动，它受一个人的动机、情感、先前的训练等因素的影响。这些理论观点对创造学的发展起了很大的促进作用。

总之，格式塔心理学强调整体论，主张心理学研究应以整体的组织来代替元素的分析，这一观念对人本主义心理学的发展有很大的影响。人本主义心理学创始人马斯洛曾在韦特海默的指导下学习整体分析的方法，并最终形成了人本主义心理学的整体研究的方法论原则。同时，格式塔心理学卓有成效的知觉研究，推动了知觉心理学脱离感觉心理学而成为一个独立的分支，其实验现象学也为后来的社会心理学发展提供了方法论基础。

六、拓扑心理学

库尔特·勒温是完形学派的一员，也是拓扑心理学的创始人。严格来说，拓扑心理学是格式塔心理学派的分支，但他的理论在完形学派中具有独创性。

（一）勒温的心理动力场理论

勒温研究的最大特色是对需要心理系统、紧张心理系统、团体行为、个体行为和社会气氛等的强调，是一种趋向于社会科学的心理学。概括地说，勒温的心理学就是利用拓扑学和向量学的有关概念，来研究个体在特定区域中的行进方式以及由减弱或增强障碍所引起的部分生活空间区域变化的可能性，因此勒温的心理学又称拓扑心理学。拓扑学是几何学的一个分支，它研究的是在拓扑变换下图形保持不变的性质和关系，这种不变的性质和关系就称为拓扑性质。

1. 心理环境

勒温把行为作为心理学的研究对象，他提出的公式是 B=f（P,E），在这个公式里，B 代表行为，f 指函数关系（也可称为一项定律），P 指具体的一个人，E 指全部的环境。即行为是随着人与环境这两个因素的变化而变化的，不同的人对同一环境的条件会产生不同的行为，同一个人对不同的环境条件会产生不同的行为，甚至同一个人，如果情境条件发生了改变，对同一个环境也会产生不同的行为。

为了更确切地分析一个人在特定情境中的行为，勒温提出了心理环境这一概念。心理环境也就是影响一个人发生某一行为的心理事实。这些事实主要由三个部分组成：一是准物理事实，即一个人在行为时，对他当时行为能产生影响的自然环境；二是准社会事实，即一个人在发生行为时，对他当时行为能产生影响的社会环境；三是准概念事实，即一个人在发生行为时他当时的思想对某事物的概念，可能与客观存在的事实吻合，也可能不吻合。这一思想反映了他的整体论观点。他认为，行为研究就应当考虑个体和环境这两种状态，而不仅仅是其中一种。勒温的心理环境，不仅指人发生行为时所意识到的环境，行为人当时没有意识到但对人的行为有影响的那部分环境也属于心理环境。

2. 心理动力场

心理场是勒温心理学体系中的一个重要概念，同时也是其理论的核心。场这个概念是勒温从物理学中借用过来的。勒温认为，心理场就是一个人的过去、现在的生活事件、经验和未来的思想愿望所构成的一个总和。也就是说，心理场包括一个人已有的生活的全部和对将来生活的预期。勒温又认为，每个人的心理场的过去、现在和未来这三个组成部分都不是恒定不变的，它们会随着个体年龄的增长和经验的累积在数量上和类型上不断丰富和扩展。勒温主要借助心理场来研究一个人的需要、紧张、意志等心理动力因素，因此，人们又常把勒温的心理场称为心理动力场。

为了更好地说明心理动力场，勒温又提出了一个新的概念——心理生活空间。生活空间可以分成若干区域，各区域间都有边界阻隔。个体的发展总是在一定的心理生活空间中随着目标有方向地从一个区域向另一个区域移动。而个体发展的心理过程实质就是其生活空间的各个区域的不断丰富和分化。这些区域的丰富和分化沿着多个方面进行，如身体、时间现实和非现实等方面。勒温的生活空间其实是对心理环境和心理动力场的一个总的描绘，它成为勒温理论中最有影响的一个概念。

3. 行为动力

勒温一生用了很大的精力致力于心理事实在生活空间中的移动及移动的动力系统的研究，提出了他的以需要为动力的动机体系。这一动机体系包括六个基本概念：需要、紧张、效价、矢量、障碍和平衡。

需要是勒温心理学中行为的动力源，它主要是指个体的某种由生理条件的缺失所引起的一种动机状态，即主体对某一外界现象所产生的欲望，或达到某一目标的意向。它分为两种：一是客观的生理需要，如渴了想喝水；二是准需要，即在心理环境中对心理事件起实际影响的需要，如学生想考个好成绩等。

紧张是伴随着需要而产生的一种情绪状态，也称内部张力。勒温认为需要的内驱力起的不是联结作用而是一种内部张力状态，当人产生某种需要时，就会伴随产生一种紧张，这时人的心理就会失去平衡，只有消除这种紧张，或至少是减弱这种紧张的情境的出现，个体才能重新恢复平衡。

效价原是化学中的一个名词，勒温用它来表示个体对一个对象喜爱或厌恶的程度。对象如果能满足个体的需要或对个体有吸引力，那么这个对象就具有正效价；对象如果对个体有威胁或惹人生厌，则这个对象就具有负效价。

矢量在数学上原指一条有向线段，勒温利用这一概念来表示对象吸引力的方向或强度。矢量在勒温的心理学中就是指人与一定的对象间所产生的有方向的吸引力或排斥力。

如果两个矢量间的力量相等，那么它们之间的作用就是我们通常所说的冲突，这些冲突主要可以分为三种类型：第一种冲突类型是双趋冲突，这种冲突存在于一个人面临两个具有同等吸引力的正效价对象之间，他必须就其中的一个对象做出选择的情景中。即我们平时所说的鱼与熊掌不可兼得的情形。第二种冲突是双避冲突。这种冲突就是指一个人面临两项都想逃避的对象时，他必须就其中的一项做出自己的选择，也就是生活中我们常说的左右为难的境地。第三种冲突类型是趋避冲突。它指一个人对同一个对象又趋又避，也就是我们生活中所说的又爱又恨。如一个吸烟上瘾的人既想抽烟又怕吸烟致病。

障碍是勒温动机体系中一个重要的概念。他认为，障碍可能是物、人、社会制度、法律等，也就是说任何阻碍个体去达到预定目标的事物都称为障碍。障碍能引起人的探索行为。

平衡是相对于不平衡而言的，勒温将不平衡定义为"一种贯穿个人全身的程度不同的紧张状态"。与此同时，我们可以把平衡解释为这种紧张状态的消除。

（二）勒温的团体动力学及其发展

从 20 世纪 40 年代开始，勒温进行了一系列社会心理学的研究和实验，并最终形成了独具特色的社会心理学理论——团体动力学，它是勒温把早期研究个体行为的心理动力场或生活空间学说应用于研究社会问题的结果。勒温认为，团体是一个动力整体，这个整体并不等于各部分之和，整体中任何一部分的改变都必将导致整体内其他部分发生变化，并最终影响到整体的性质。勒温指出，个体和他的情境构成了心理场，与此相同，团体和团体的情境就构成了社会场；个体的行为主要由其生活空间各区域内的相互关系决定，团体的行为也主要由团体的社会场中各区域的相互关系所决定。

1. 团体内聚力

任何一个团体都面临着内聚和分裂的压力。分裂的压力主要来源于团体内各成员间交往的障碍或团体内个体的目标与团体目标间的冲突；内聚力则是团体内部抵抗分裂的力量，主要指团体成员间的正效价或吸引力，它的强度依赖于个体求得成员资格的动力强度。勒温的学生贝克通过研究得出结论：团体的内聚性是在以下三种基础之一之上形成的：一是个体由于对其他团体成员的喜爱而喜爱团体；二是由于团体成员资格能赋予成员一定声望而使团体成员喜爱团体；三是由于团体是达到个人目标的手段而使团体成员喜爱团体。

2. 团体与行为改变的研究

勒温通过试验研究得出结论：无论是训练领导、改变饮食习惯等，如果首先使个体所属的社会团体发生相应的变化，然后通过团体来改变个体的行为，这样做的效果远比直接去改变一个个具体的人更好。反过来，只要团体的价值不发生变化，个体就会更强烈地抵制外来的变化，个体的行为就不容易发生变化。这实际上就是格式塔整体比部分更重要的思想的体现。

勒温将上述方法广泛应用于社会各方面的改造上。他提出了改变社会的三个阶段：第一阶段称为"解冻"，即尽可能减少或消除与团体过去标准的关联；第二阶段引进或制定一个新标准；第三阶段是"再冻结"，这是在新标准之上的一种重新建构。如果团体与过去标准的关联明显地减少了，个体就更愿意接受新的标准；如果把新标准看作是由团体决定而不是由外界强加的，它就会更容易被成员接受；如果个体参与了整个的决定过程，则新标准就会更自然地被接受。

（三）拓扑心理学的评价

创造性地借用了物理学、数学等学科的概念，并把这些概念和心理学巧妙地结合起来，形成了独具特色的拓扑心理学体系，这在心理学史上绝对是一项开创性的工作。勒温的场理论思想应用于研究社会问题，从而开创了团体动力学，团体动力学对实验社会心理学的产生起了极大的推动作用。勒温团体动力学的研究方式最终促使心理学从实验室走向了社会生活。

勒温心理学的局限也是明显的，带有明显的主观唯心主义色彩，理论还存在着一定的混乱，特别是混淆了主观世界和客观世界的界限。另外，他的动力学理论总是涉及一个比较小的时间差异，这使人们感到他的理论很单薄，缺乏厚度。

七、精神分析

精神分析产生于19世纪末，创始人是奥地利医生弗洛伊德。由于精神分析主要是用临床观察法研究神经症和精神病患者，所以，它在研究方法上和研究对象上都不同于传统的学院心理学。精神分析是现代西方心理学史上一个重要流派，它的影响远远超出了心理学，对西方的哲学、神学、社会学、伦理学、美学和文学艺术都有广泛的影响。

（一）精神分析的思想渊源

精神分析的产生不是偶然的，而是有其特定的社会历史根源、文化思想渊源和心理病理学的背景。

1. 社会历史条件

精神分析产生的 19 世纪末，正是资本主义由自由竞争向垄断过渡的阶段，社会贫富分化严重，阶级矛盾尖锐，同时社会竞争激烈，人与人之间缺乏信任，人们普遍感到精神抑郁，神经症和精神病发病率很高。

另外，19 世纪末的奥地利还盛行着维多利亚时代的伪善道德观，强烈地禁锢着人们自然的性冲动，性压抑是许多人患心理疾病的原因。

因此，弗洛伊德强调性压抑在神经症和精神病形成中的作用，并坚持把整个心理的发展都建立在性本能的基础上。

2. 文化思想渊源

弗洛伊德深受叔本华和尼采非理性主义哲学的影响，如叔本华认为，无意识的意志构成了世界的本原。其次 19 世纪末出版了大量的探讨无意识问题的书籍，弗洛伊德将无意识心理作为心理整体的绝大部分和行为的动力，正是当时时代精神的体现。弗洛伊德深受享乐主义影响，认为人的行为是由趋乐避苦的欲望引起的；

就心理学的思想渊源而言，弗洛伊德深受布伦塔诺、费希纳等人的影响，他直接采纳了费希纳的"冰山"假说，将心灵比喻成冰山，水面上是意识，水面下是无意识，无意识被称为心理能量。

3. 心理病理学的背景

在 19 世纪，对精神病成因的看法形成两种对立的理论：生理病因说和心理病因说。弗洛伊德的精神分析主张心理病因说，他主要受到法国精神病学家的影响。他在精神分析中进一步强调了性的因素在心理疾病形成中的作用，并把催眠术对心理疾病形成的内在机制的看法和治疗方法改编为自己的精神分析术语，如把心理分裂改为精神宣泄、心理分析改为精神分析、心理组织改为情结、意识的缩小改为压抑等。

（二）弗洛伊德的古典精神分析

弗洛伊德（1856—1939）的精神分析学说极富创造性，内容丰富，但也隐含着矛盾和明显的不足，为后来精神分析的发展提供了灵感的来源。弗洛伊德精神分析的主要思想主要分为四个方面：

1. 潜意识论

弗洛伊德认为，人的心理包括意识和无意识现象，无意识现象又可以分为前意识和潜意识。所谓前意识，是指能够进入意识中的经验；潜意识则指根本不能进入或很难进入意识中的经验，它包括原始的本能冲动和欲望，特别是性的欲望。

意识、前意识和潜意识的关系是：意识只是前意识的一部分，二者虽存在界限，但不是不可逾越的；前意识位于意识和潜意识之间，扮演着"稽查者"的角色，严密防守潜意识中的本能欲望闯入意识中；潜意识始终在积极活动着，当"稽查者"放松警惕时，就通过伪装伺机渗入意识中。而且，他认为，潜意识的心理虽然不为人们所觉察，但却支配着人的一生。

2. 本能论

弗洛伊德十分强调潜意识的重要性，而潜意识的核心内容就是本能欲望和冲动。

在早期理论中，弗洛伊德把人的本能分为性本能和自我本能。性本能又被称为力比多，是人类行为的根本动力，促使人通过各种方式来寻求满足。而自我本能则趋向于避开危险，保护自我不受伤害。

弗洛伊德在晚期理论中修正了早期的本能理论。他分析得出自我本能具有保守性、倒退性和强迫性重复，从而引申出死本能。他又将自我本能和性本能合并为生本能。总之，生本能代表爱与建设的力量，其目的是生命的生长与增进。死本能则代表了恨与破坏的力量，目的是死亡或回复到无生命、无机物和生命的解体状态。

3. 人格论

弗洛伊德早期把人格分为意识、前意识和潜意识三个层次，晚期提出了新的人格学说：人格是由本我、自我和超我三个部分组成的。

本我是人格中最原始的、与生俱来的、潜意识的结构。它由先天的本能、欲望构成，能量直接来源于肉体，不知道道德规范，是完全非理性的。本我遵循快乐原则。

自我是本我在与现实的接触中分化出来的那部分人格结构。自我遵循着现实原则，即它是理性的、能够审时度势的，会选择适当的对象和途径来满足本我的本能冲动。

超我是从自我中分化出来的监督者。超我遵循至善原则，即它监督自我加强对本能冲动的控制和引导，使人的行为符合社会的道德规范。超我包括自我理想和良心两部分，自我理想是善的标准，它规定了自我应该做什么；良心是恶的标准，它规定了自我不该做什么。

4. 焦虑与防御机制理论

弗洛伊德在对自我功能及神经症和精神病根源的研究中，提出了焦虑和心理防御机制的系统观点。

（1）焦虑论

弗洛伊德认为，焦虑是自我对冲突所引起的结果的反应，是个体把冲突看作一种危险的或是不愉快的信号所引起的结果的反应。他认为，焦虑可能使个体不恰当地使用防御机制，导致心理疾病。

弗洛伊德探讨了焦虑的种类。由于自我受三个主人的压制——现实、本我和超我，所以相应地形成了三种类型的焦虑。

现实焦虑： 现实焦虑以自我对外界现实的知觉为基础，源于知觉到所需要的对象的缺乏，或存在客观的真实的危险。现实焦虑相当于恐惧，有助于个体的自我保存。

神经症焦虑： 以自我对来自本我的威胁的知觉为基础，神经症焦虑也以知觉为基础，因为人们只有认识到本能需要的满足遇到了现实的危险时，才会恐惧自己的本能。弗洛伊德还确定了神经症焦虑的三种表现形式：第一，漂浮的焦虑，指一种普遍的焦虑，可以附着在任何思想上；第二，变态恐怖焦虑，指附着于特定对象上，对其的恐惧程度远远超出实际的危险；第三，惊恐反应，指没有明确原因的突发反应，反应本身与危险间也无任何必然联系，个体只是通过此反应来释放本我的本能冲动，以减少本我对自我的压力，减轻焦虑。

道德焦虑： 以自我对来自超我尤其是良心的谴责的知觉为基础。当个体知觉到自己的行为可能违反自己信奉的道德原则时，会体验到罪恶和羞耻感，从而使个体的行为符合个人的良心和社会道德规范。

弗洛伊德认为，个体的焦虑状态往往是两种或三种焦虑的混合状态。他的精神分析学说强调了将神经症焦虑转化为现实焦虑的重要性，以最终解除现实焦虑，否则会导致人格崩溃或心理疾病。

（2）自我防御机制

弗洛伊德认为，自我防御机制是个体无意识或半意识地采取的非理性的、歪曲现实的应付焦虑、心理冲突或挫折的方式，是自我的本能。他主要提出了8种自我防御机制：

压抑指将引起焦虑的思想观念和欲望冲动排遣到潜意识中去，压抑是最基本、最重要的防御机制。

反向作用指用相反的行为方式来替代受压抑的欲望。例如，心里对某人深怀妒忌，但是因碍于道德观念，吃醋、报复之心等不能显露，反而表现出对对方非常热情和友善的态度。

投射指把自己内心中的不为社会接受的欲望冲动和行为归咎于他人。社会偏见现象即来源于投射作用。常见的精神病患者的被害妄想也来源于投射作用。

否认指个体拒绝承认引起自己痛苦和焦虑的事实的存在。在否认中，重新解释事实占有很大的成分。

移置指本能冲动和欲望不能在某种对象上得到满足，就会转移到其他对象上，或是转变驱力。例如，学生在学习或人际交往中受挫，往往把悲伤和愤怒发泄到家里的宠物或玩具身上。

升华指将本能冲动转移到受社会赞许的方面。弗洛伊德认为，个体只有在自我是健康的、成熟的，且性本能得到部分满足时，才会采用这种防御机制。

自居作用又称认同，指个体把他人的特征加到自己身上，模仿他人的行为。如个体以重要人物自居，如老师、名人等，从而进一步内化其价值观和行为方式，丰富和发展自己的人格。

倒退指当个体遇到挫折时，经早期发展阶段的幼稚行为来应付现实，目的是获得他人的同情，减轻焦虑。

弗洛伊德对于心理学和精神病学乃至于整个人类文化的贡献是多方面的。他开创了无意识的研究领域，开辟了性心理学、动力心理学和变态心理学等新的研究领域，极大地影响了社会科学的各个领域。但弗洛伊德理论也存在明显的错误和不足，如非理性主义倾向、生物学化的倾向以及方法论上的局限。

（三）荣格的分析心理学

荣格是瑞士著名心理学家、精神分析学家，于 1921 年出版了《心理类型学》，标志着分析心理学的创立。荣格的分析心理学思想包含三个方面的内容：情结理论、人格结构理论及心理动力学。

1. 情结理论

荣格认为情结是构成整体人格结构的一个个独立的单元，它是自主的，带有强烈的情绪，因而有自己的驱力。情结属于个体潜意识的范畴，它是集体潜意识或原型和个人经验相联合而形成。

情结主要来源于童年的心理创伤和道德与人性的冲突。例如，一个人在儿童时期经常受到父母和家人的过分关心，就会形成"自我中心情结"；一个人的攻击驱力和他认为攻击有害性的道德之间的冲突，会导致其压抑自身的侵犯驱力，从而产生自责、自罪、自杀和焦虑情绪。

2. 人格结构理论

荣格把整个人格叫作"心灵"，心灵主要包含意识、个体潜意识和集体潜意识三个部分。

意识是心灵中唯一能够被个体直接感知到的部分。个体潜意识是靠近意识的心灵，处于"潜意识的表层"，它包含了一切被遗忘的记忆、知觉以及被压抑的经验。集体潜意识位于心灵的最深层。它一般指人类祖先经验的积淀，是人类做出特定反应的先天遗传倾向。它在每一世纪只增加极少的变异，是个体始终意识不到的心理内容。

荣格认为，集体潜意识的主要内容是本能和原型。本能是先天的行为倾向，原型是先天的思维倾向。原型不能在意识中直接表现，但会在梦、幻想、幻觉和神经症中以原始意象或象征的形式表现出来。

3. 心理动力学

人格结构要正常活动，需要一个动力系统。荣格认为，心灵的能量来自外界或身体。但是一旦外界能量转化为心灵的能量，就由心灵来决定其使用。他所理解的心理能量是一种普遍的生命力，不是性本能。

心理能量有前行和退行两种流动方向。前行是有意识地适应外部世界的方向，即努力与环境的要求保持一致；退行则是潜意识地满足内在的要求，即激活被排斥的潜意识内容以适应现实。荣格认为，前行和退行的适当调整对于人格发展和心理健康是至关重要的。

（四）埃里克森的自我同一性理论

埃里克森（1902—1994）是德国心理学家，弗洛伊德的忠实追随者，他提出了以自我为核心的人格发展渐成说。

1. 自我及同一性

自我同一性是具有建设性机能的健康自我所具有的一种复杂的内部状态，包括四个方面：

个体性：一种意识到的独特感，个体以一种不同的、独立的实体而存在。

整体性和整合感：一种内在的整体感，产生于自我潜意识整合作用。成长中的儿童有许多零碎的自我表象，健康的自我是把零碎的表象整合为一种有意义的整体。

一致性和连续性：个体潜意识地追求过去和未来之间的内在一致性和连续感，感受到生命的连贯性并朝着有意义的方向前进。

社会团结感：具有团体的理想和价值的一种内在团结感，感受到社会的支持和认可。

埃里克森认为，自我同一性实际上就是生存感，其反面是同一性混乱或角色混乱，也就是同一性危机。自我同一性最初起源于婴儿期，但要到青春期才能正式形成。

2. 人格发展阶段论

埃里克森认为人的发展是依照渐成论原则而开展的一个进化过程。他主张，人的一生的生命周期可分为八个阶段，它们是固定地以不同的先后顺序逐渐展开的，且这一模式在不同文化中普遍存在。

表 7-1　埃里克森的人格发展阶段论

阶段	年龄	冲突	人格发展任务	发展障碍者的心理特征
婴儿期	0～1岁	基本的信任感对基本的不信任感	发展信任感，克服不信任感	面对新环境时会焦虑不安
儿童早期	1～3岁	自主对羞怯与怀疑	培养自主感，克服羞怯与怀疑	缺乏信心，行动畏首畏尾
学前期	3～6岁	主动对内疚	培养主动感，克服内疚感	畏惧畏缩，缺少自我价值感
学龄期	6～12岁	勤奋对自卑感	培养勤奋感，克服自卑感	缺乏生活基本能力，充满失败感
青年期	12～20岁	同一性对角色混乱	建立同一性，防止角色混乱	生活无目的，无方向感，时而感到彷徨迷失
成年早期	20～40岁	亲密对孤独	发展亲密感，避免孤独感	与社会疏离时感到寂寞孤独
成年中期	40～60岁	繁殖感对停滞感	获得繁殖感，避免停滞感	不关心别人与社会，缺少生活意义
成年晚期	60岁后	完善对绝望	获得完善感，避免绝望与沮丧	悔恨旧事，徒呼负负

埃里克森认为，人格发展的每个阶段都存在着一种冲突或两极对立，构成一种危机，

他所说的危机实际上是指人格发展中的重要转折点，既可能是灾难或威胁，又可能是发展的机遇。因为危机的消极解决会削弱自我的力量，使人格不健全，阻碍对环境的适应；危机的积极解决则会增强自我的力量，使人格得到健全发展，促进对环境的适应。

埃里克森在心理与社会的相互作用中来考察自我，强调了社会环境在自我形成和发展过程中的作用，从而将弗洛伊德的心理性欲发展理论修正为心理社会发展理论，这是自我心理学理论的突破性进展。他的人格渐成论具有一定的辩证因素，他关于自我同一性和同一性危机的思想广为流传，并已得到许多青少年研究理论的证实。

八、认知心理学

第二次世界大战之后，心理学界的研究兴趣再次发生转变，对认知过程的研究重新回到心理学的舞台，而且其方法体系也发生了巨大变化，心理模型建立在了新的技术背景——计算机科学基础之上。一些心理学家开始自称为认知心理学家。20世纪后半叶，认知心理学成为美国心理学中最突出的概念框架。

（一）认知心理学的思想渊源与历史背景

1. 认知心理学的哲学渊源

认知心理学的哲学渊源是一个复杂的问题，因为各种哲学思想在其发展中都是相互斗争又相互交融的。从一般意义上来分析，认知心理学的哲学渊源，首先是经验主义，以及与之一脉相承的实证主义、逻辑实证主义、行为主义。当然，理性主义在纠正和否定行为主义的机械论和还原论过程中也起到了关键作用。

2. 现代心理学自身的发展和矛盾运动

认知心理学是现代心理学自身发展和矛盾运动的自然结果，它与早期实验心理学、格式塔心理学、行为主义心理学和皮亚杰的发生认识论都有着密切的继承关系。

认知心理学在批判和改造的基础上，继承了冯特的内省法，提出了"口语报告分析法"或"出声思考法"。认知心理学强调研究的整体性和内部心理机制，强调对信息的破译、编码和整合，重视内部心理活动之间的相互联系，采用模拟的方法进行综合性研究，这与格式塔心理学的观点是一脉相承的。行为主义的研究为认知心理学提供了有效的实验方法学体系。

3. 相关学科的研究和社会需要的影响

信息加工心理学的兴起与发展，一方面是由于传统心理学的研究内容与研究方法不断发生变化的结果，另一方面是由于 20 世纪上半叶科学技术的成果为更深入、更复杂的认知研究提供了技术上的可能性。相关学科与理论研究，也为认知研究提供了思想或隐喻，甚至表述语言，此外，信息加工心理学的发生与发展还受到当时社会需要的巨大推动，特别是与系统论、控制论、信息论等有关研究的需要。

（二）信息加工的认知心理学

当代认知心理学是一个内容广泛的学科领域，其研究涉及人的认知的所有方面。而且其概念和理论也渗透到心理学的所有分支领域。在第二次认知革命中崛起的联结主义研究并没有使以计算机类比为主要特征的信息加工心理学退出心理学的前沿阵地，它甚至依然作为认知心理学的主体而存在。

1. 信息加工认知心理学的基本观点

人脑是一个信息加工系统，它可以对表征信息的物理符号进行输入、编码、储存、提取、复制和传递，而这一过程的完成是系列性的，不同的加工任务和加工阶段由不同的认知结构来完成，这些相对独立的认知结构既前后连接，又具有等级差异，是类似于人工智能机的人脑内部的机器。

信息加工系统也称为符号操作系统，主要有由四个部分组成，即感受器、处理器、记忆装置、效应器。其中感受器是接收信息的装置，也就是感觉系统；处理器是整个信息加工系统的控制部分，它决定着信息加工的目标、计划及计划的执行；记忆装置主要指永久性记忆，是信息加工系统的一个重要组成部分，其中存放大量的、由各种符号按照一定关系联结组成的符号结构，即信息；效应器是信息加工系统对信息做出反应的部分，这是整个系统的最后结构，控制着信息的输出。

2. 信息加工认知心理学的主要研究

信息加工心理学的大部分研究集中于三个方面：知觉加工与模式识别、注意、记忆。

（1）知觉加工和模式识别研究

信息加工心理学注重对知觉过程的精细研究，从而揭示出其内在的信息加工方式，这些加工方式主要包括：①数据驱动加工和概念驱动加工，前者指从刺激作用开始的加工，也叫作自下而上的加工；后者是从主体对于知觉对象的一般知识开始的加工，也叫作自上而下的加工。②系列加工和平行加工，前者是指按照确定的顺序，一步一步进行的加工方式；后者是指多方面的刺激信息可以在不同的信息加工单元中同时进行的加工方式。③整体加工和局部加工，前者是指知觉到刺激物的整体特征，后者是指知觉到刺激物的局部特征。

知觉研究领域的重点是模式识别。模式识别是指对于外界刺激进行辨别和归类。以下介绍三种模式识别模型：

模板匹配模型　模板匹配模型是根据机器的识别模式提出来的。它的中心思想是认为人的记忆系统中储存着各式各样的刺激物的模板，当输入的刺激信息正好与某一储存的模板相匹配时，该刺激信息就能得到破译和识别。

原型匹配模型　原型匹配模型对模版匹配模型进行改进，认为人在系统中储存的不是与外界刺激严格对应的模板，而是一类刺激的概括表征，即原型。它是一种综合的、抽象的产物。信息加工系统根据输入信息与原型的匹配程度来识别信息。

特征分析模型　该理论认为，每一个知觉对象或模式都是由若干元素或基本特征按照一定的关系结合而成的。同时，储存在长时记忆中的信息既不是具体事物的模板，也不是某类事物的原型，而是各种事物所具有的那些特征，以及与不同特征表对应的事物的名称。

（2）注意的研究

注意的心理机制是现代认知心理学最早开展研究的实验课题之一，其目的主要在于探明注意的选择机制。从布鲁德本特最早提出早期选择模型以来，认知心理学家又先后提出了中期选择模型、晚期选择模型和资源限制理论等不同的观点。

早期选择模型　该模型认为，人的大脑皮层的加工能力非常有限，为了避免系统超载，就需要过滤器加以调节，通过过滤器的信息受到进一步的加工后被识别和储存，其余信息则被阻止在高级中枢之外。过滤器位于知觉之前，所以信息选择发生于信息加工的早期阶段，称早期选择模型。

衰减器模型　该理论认为，当外界输入的信息通过过滤装置时，被注意或被追随的信息能完全通过，不被注意或非追随的信息也能通过，但在强度上出现衰减。该模型指出，不同刺激类型的激活阈限是不同的，对个体有重要意义的信息，例如自己的名字、危险信号等的激活阈限低，容易被激活，从而接受进一步的信息加工。

晚期选择模型　该模型认为选择性注意发生在信息加工的晚期，过滤装置位于知识加工和工作记忆之间。这个模型能很好地解释注意分配现象，因为输入的所有信息都得到了加工；也能解释特别有意义的信息容易引起人的注意，因为储存在长时记忆中的这些项目的激活与阈限是很低的。

心理资源限制理论　该理论把注意看作心理资源，而人的心理资源总量是有限的，如果一个任务没有用尽所有资源，那么就可以指向另外的任务，人的心理资源可以在意识控制下进行分配。如果多项任务所完成的心理资源之和超出了最大的心理资源的限度，人就无法很好地同时完成几项任务了。

（3）记忆的研究

按照信息加工的观点，记忆是信息的输入、编码、储存和提取的过程，它能更全面地体现信息加工系统的工作流程，所以它也是信息加工心理学研究的核心内容之一。到目前为止，有关记忆的信息加工研究主要集中在两个方面：记忆的结构和信息表征。

关于记忆结构的研究　1965年，沃和诺尔曼正式提出两种记忆说，即在人的长时记忆系统之外，还存在着短时记忆系统，从而引出一系列的实验研究和相关理论。在此基础上，阿特金森和希夫瑞进行了总结，形成了记忆的三级信息加工模型。该模型认为，记忆结构是固定的，而控制过程是可变的，记忆由感觉记忆、短时记忆和长时记忆三个储存系统组成。

对于记忆的多存储理论也有不同意见，其中有代表性的是克雷克的加工水平说。他认为，多存储结构是不存在的，信息保持时间的长短不是由于所处系统的不同，而只是由于其受到了不同水平的加工。信息加工会留下记忆痕迹，所以记忆是信息加工的副产品。当外部信息进入信息加工系统后，既可以受到感觉的、表层的、非语义的浅加工，也可以受到结构性的语义的深加工，这取决于当时的任务。

记忆信息表征的研究　信息的表征主要是长时记忆的信息表征，而长时记忆的信息也被称为知识及个人知识。人们把知识分为两大类，即陈述性知识和程序性知识。陈述性知识是关于事实的信息，例如月亮是绕着地球运行的，它是一种相对静态的知识。程序性知识通常指有关技能和解决问题过程方面的知识，如体操运动的知识等，他们是动态的。

3. 对信息加工认知心理学的评价

信息加工认知心理学的贡献　首先实现了心理学的研究对象的回归，扭转了行为主义的外周论，恢复了意识在心理学中的地位，实现了对心理学研究对象的否定之否定，这是一种历史性的进步。第二，实现了研究方法上的新突破，在继承传统心理学方法的同时，吸收现代科学技术，重新将反应时作为研究人的认知活动的一个客观指标，并赋予它新的活力。第三，初步形成了认知研究中的整体观，强调了心理活动的动态性。

信息加工认知心理学的局限　首先，信息加工认知心理学面临着人机类比和模拟研究的局限性。其次，它从另一个方面限制了心理学研究的范围，它把自己的研究范围局限于人的认知过程，忽视了情感、意向活动、人格、变态心理、心理治疗等领域的研究，因此说从另一方面它又缩小了心理学本应具有的研究范围。其三是依然未能把心理学统一到完整的理论体系上来。

（三）联结主义的认知心理学

从现代认知心理学产生至 20 世纪 80 年代中期，信息加工心理学的理论研究和实验研究几乎都采用了计算机类比的方法，强调人脑对信息加工的系列性、层次性、有限性和信息的符号化特征。但是，这种研究取向在 20 世纪 80 年代遇到了严重挑战，认知心理学从内部开始发生本质性的嬗变——联结主义逐渐走向认知心理学的舞台。

1. 联结主义和第二次认知革命

在联结主义思想的形成过程中，有几位心理学家做出过重要贡献。首先是麦克洛奇和匹兹，他们早在 1943 年就提出了基于脑组织的加工范式，也被称为 M–P 模型。接着是心理学家郝布于 1949 年提出假说，认为神经系统的学习是发生在两个神经细胞相互连接的突触处，突触间的连接强度是可变的，并首次给出了突出间连接权重值变化的方案，这就是著名的 Hebb 学习规则。1958 年罗森布莱特提出感知器模型，该模型具有分类、自学习、分布式储存、并行处理和一定的容错性。

《并行分布加工：认知的微观结构之探索》第一次系统阐述了联结主义的观点和成就，因此这一著作被称为联结主义的里程碑式的著作。此后不久，联结主义被赞誉为认知心理学的"新浪潮"和第二次革命。正如费尔德曼在联结主义的早期表述中指出的那样，这一范型与符号操作范型相比，更加接近大脑的功能方式，因为人脑就是由大量神经细胞以复杂方式连接起来的。联结主义的基本前提是：单个神经细胞不传递大量的符号信息，而是针对大量与之相似，并与之以合适方式连接的单元进行计算。

2. 联结主义的基本观点

从本质上说，联结主义也是关于人的信息加工的理论。它同样要阐述人脑是如何接收信息、传递信息、储存信息和提取信息的。

联结主义模式的基本构成成分包括单元和联结。单元是带有活性值的简单加工器，联结则是单元之间相互作用的中介，单元及单元之间的联结则构成网络。一般来说，联结都是加权的，权值可以是正的，也可以是负的，因此特定的输入将根据权数的提示而决定接受它的单元是兴奋还是抑制。这些联结权重决定着联结的重要性，以及对通过它所连接的单元之间的影响程度。

在联结主义模式中，知识储存在加工单元的联结之中。单元的激活表征将引起其他单元的新的激活模式。与认知主义相比，联结主义试图构建一个更接近于神经活动的认知模型，它对神经事件进行抽象表征的程度更低，与实际的神经事件有许多相似之处。在联结主义看来，认知并不能用符号运算的规则进行解释，认知其实就是相互联系的具有活性值的神经单元所构成的网络的动态整体活动，这种网络所实现的整体状态与对象世界的特征基本一致。

3. 联结主义模型的学习规则

学习是神经网络研究的一个重要内容，它的适应性是通过学习实现的，其学习方式可分为非监督学习和监督学习。

在非监督学习中，事先不给定标准样本，直接将网络置于环境之中，学习阶段与工作阶段成为一体。此时学习规律的变化服从联结权值的演变方程。非监督学习最典型的例子是赫布学习规则。

在监督学习中，要将训练样本的数据加到网络输入端，同时将相应的期望输出与网络输出相比较，得到误差信号，以此控制神经网络中单元连接权重的调整。当样本情况发生变化时，经学习可以修改单元连接的权重，以适应新的环境。使用监督学习的神经网络有反传网络、感知器等，学习规则有赫布学习规则、Delta 学习规则、BP 算法等。

4. 对联结认知主义的评价

联结主义认知心理学的贡献　联结主义理论是在神经生理学、神经心理学等学科研究取得一定成果的基础上提出来的认知心理学的一种研究取向或理论，被认为是对传统人工智能理论的严重挑战。首先，信息加工的认知心理学在解决不确定、不完善问题时遇到了困难，但是联结主义在此方面却能得心应手；联结主义对传统的符号系统理论进行了补充和修正；联结主义理论推动了认知研究领域的一次大联盟，在认知科学的旗帜下，集结了来自心理学、神经生物学、计算机科学、数学、物理学、哲学、人类文化学、语言学、逻辑学等自然科学领域和人文科学领域的大批研究人员，这是一个庞大的认知科学的共同体。

联结主义认知心理学的局限 联结主义以"心理活动像大脑"为隐喻基础，以对大脑的同构型或同态型模型为研究对象，具有生物还原倾向。

认知心理学的产生和发展，特别是联结主义认知心理学的产生和发展，极大地改变了国际心理学研究的格局，已经并正在吸引众多学科的研究人员逐渐形成一个认知科学的强大阵营。回顾信息加工认知心理学产生至今，心理学无论是在理论探讨还是在研究方法上都有重大突破，也积累了丰富的实验材料。认知心理学作为心理学研究中的新方向和新方法，对心理学具有独特的贡献，但是不管信息加工认知心理学还是联结主义认知心理学，都还存在难以解决的难题，表现出一定的局限性和不成熟性。

九、人本主义心理学

人本主义心理学是 20 世纪 50 年代兴起于美国的一个心理学新流派，被看作是继行为主义和精神分析之后西方心理学的"第三势力"。它以其独特的研究对象和方法，极大地影响了当代西方心理学的研究取向。

（一）人本主义心理学的思潮渊源和历史背景

人本主义心理学是超越科学实证主义范式而趋向于"以人为本"的心理学思潮。它的产生和发展，并非偶然现象，而是时代背景、哲学思潮及心理学内部矛盾运动的必然产物。

1. 社会历史背景

首先，人本主义心理学思潮满足了当时美国社会发展的需要，随着经济繁荣和社会物质生活水平的提高，人们开始追求更高的精神需要的满足。

其次，美国社会在表面繁荣的背后面临着许多尖锐的矛盾和严重的异化现象，特别需要有一种新的心理学理论加以研究和解决。人本主义心理学的兴起与主张，正是代表了一种对"科技中心主义"的反省，代表了美国心理学界对时代精神挑战的一种积极回应。

最后，社会生活中的文化变迁、心理冲突与价值观的危机，需要有一种新的心理学理论和心理治疗模式来应对。传统的美国文化认为"人的幸福是由物质利益和金钱来铸成的"，但是到了 20 世纪 70 年代，这种传统的价值观念受到怀疑，许多人陷入心灵孤独、情感焦虑、价值危机、意义性丧失等心理冲突之中。以探索一种人的"心理生活新方式"为己任、强调对人自身价值潜能发掘的人本主义心理学思潮应运而生。

2. 思想渊源

人本主义心理学一方面继承了西方传统的人道主义和人性论精神遗产，另一方面又与西方现代哲学中的现象学和存在主义运动有着密切关系。

（1）人性论、人道主义与人本主义心理学

人本主义心理学的历史源头可以追溯到古希腊时期的人性论和文艺复兴时期的人道主义思想。人本主义心理学家大多继承了西方人性论中的性善论思想；人道主义的哲学是关于人的本质、使命、地位价值和个性发展等问题的理论观点，主张追求幸福和快乐比禁欲主义更适合于人性，现实生活比来世或宗教生活更有利于人类文明的进步。现代人本主义心理学继承了西方人道主义的许多重要精神资源，且更强调人还具有追求真善美的高尚需要与本能，而不仅仅体现在趋乐避苦的低级天性上。

（2）现象学对人本主义心理学的影响

实证主义与现象学是现代西方心理学的两大认识论和方法论基础。现象学是20世纪西方哲学发展中的一大主流思潮，对人本主义心理学的影响远超实证主义。

现象学哲学在认识论和方法论方面有力地支持了人本主义心理学运动的发展。从认识论意义上来看，现象学是指一种研究外部世界与内部世界现象的严密学问，即有关于"看"的学问。现象学主张"回到事实本身"来考察外部物理世界和内部心理世界，通过发现意识经验的本质来建立人类知识的基础。从方法论意义上讲，现象学又是一种主张如实"看"的方法。现象学最主要的观点就是强调"没有先入之见"，主张把人的心理活动和内部体验作为自然呈现的现象来看待，注重对直接经验现象的描述和审视。

马斯洛指出，现象学的方法更适合于研究人类的个体心理现象。罗杰斯的"以患者为中心"的治疗理论，也是以现象学作为基础的。

（3）存在主义对人本主义心理学的影响

存在主义是现代西方哲学中的一个重要流派，在20世纪五六十年代曾风行欧美。存在主义者认为，哲学的根本任务不是揭示人与外部世界或精神之间的关系，而是要描述人的本质的存在。存在主义在本体论上十分重视这两个基本问题：一是人性的本质是什么，二是个体存在的意义是什么。

"存在主义是现代西方人学中的时代精神和主要思潮。在反对客观主义和极端决定论，突出'以人为中心'的研究主题，强调人的主体性和主观性，强调直接经验的描述和意向性，强调自由、价值、选择、责任、自我和情态诸方面的研究上，存在主义和现象学给人本主义心理学提供了理论支柱。"（车文博）

具体来讲，存在主义对人本主义心理学的影响主要体现在两个方面：一是科学观的影响，存在主义哲学对实证主义科学观的批判使人本主义心理学家发现了传统实验心理学的不足，并使人本主义心理学接受作为"人生哲学"的存在主义为其哲学基础；另一个是价值观的影响，存在主义哲学主张面向日常生活、现实生活的态度，促使人本主义心理学家走向社会，去探讨当代人所面临的种种紧迫问题。

（二）人本主义心理学的产生和建立

人本主义心理学的形成大致可分为三个阶段：

1. 人本主义心理学的崛起时期

20 世纪 50 年代是人本主义心理学的兴起时期。其主要开创者马斯洛，早期本是一位行为主义的迷恋者，受过良好的实验心理学训练，但在 20 世纪 40 年代末，他对当时盛行的行为主义的心理学主流研究取向开始不满，并发表了一些"不合正统"的心理学观点，这被学术界视为美国人本主义心理学的萌芽出现。1954 年，马斯洛与数百位持有对行为主义不满的类似观点的学者取得联系与交流，同年马斯洛出版人本主义心理学的奠基之作《动机与人格》。

2. 人本主义心理学的形成时期

20 世纪 60 年代为人体主义心理学的形成时期，主要标志情事件有以下几个：

专门的学术刊物《人本主义心理学杂志》于 1961 年春天开始正式出版，成为阐述人本主义心理学的基本阵地。

1962 年，人本主义心理学者布根塔尔在加利福尼亚心理学会议上发表了一篇题为《人本主义心理学：一个新的突破》的学术讲演，讲演稿发表在权威的《美国心理学家》杂志上，被认为是人本主义心理学发展史上又一个里程碑式的文献。

1963 年夏，人本主义心理学者在美国费城召开会议，正式成立"美国人本主义心理学会"，颁布了人本主义心理学的四项基本原则。

1969 年，美国人本主义心理学会改名为"人本主义心理学会"（AHP），成为一个国际性的学术组织。

3.人本主义心理学的迅速发展时期

进入 20 世纪 70 年代，人本主义心理学迎来了一个迅速发展的黄金时期。1971 年，美国心理学会建立了第 32 分会，这标志着人本主义心理学家们经过 10 多年的努力，终于争取到了美国心理学办的合法地位。

到 1975 年，美国有 281 个单位加入了人本主义心理学发展中心，其他 13 个国家也有 50 多个与人本主义心理学有关的学术组织或机构中心，传播人本主义学术和理论观点，组织开展培训活动。

（三）马斯洛的人本主义心理学

马斯洛（1908—1970）是人本主义心理学主要创始人之一，被誉为"人本主义心理学之父"。

1.马斯洛人本主义心理学研究的基本主张

在心理学的研究对象问题上，马斯洛主张从人本主义的基本观点出发，认为意识体验是心理学研究的基本出发点，主张把个体内在的意识体验或经验作为心理学的首要研究对象。他认为，意识与无意识的对立是人格发展水平不高的表现，越是高级的价值越是依赖于人的有意识活动的积极作用。科学心理学的宗旨是要创造出一种"阐述人的心理生活史的新方式"，对健康的心理、人格做出新的、有意义的和有价值的规范，从而为建立合理生活奠定普遍的理念基础。马斯洛强调"只有坚持以健康的人、自我实现的人作为心理学研究对象，才能有更好的生活"。

在研究方法上，马斯洛强调作为一门研究人的科学的心理学，必须考虑人的特殊性，关心人类生活的意义、价值，应该以对个人和社会有意义的问题为中心，尊重人的价值与尊严。研究方法要顺应问题，并为问题服务。正确的做法是应该以对个人或社会有意义的问题为中心，以心理现象的本质为中心。

马斯洛几乎创建了人本主义心理学的主要理论，像人性本善论、需要层次论、存在价值论、自我实现论、高峰体验论、超越自我论、教育改革论、Z 管理学说等。

2.马斯洛的需要动机理论

需要问题是马斯洛人本主义心理学最受关注的内容，也是人本主义心理学的支柱性理论。马斯洛式动机的出发点立足于需要之上。需要是动机产生的源泉和基础，需要的性质、强度决定着动机的性质和强度。

马斯洛将人类的需要划分为两大类：一类是基本需要，或缺失性需要，包括生理需要、安全需要、爱与归属的需要、尊重的需要。这些都是人生存过程中不可缺少的、普遍的生理和社会需求，属于低层次的需要。另一类是发展性需要，也称成长的需要或超越性的需要，主要指认知的需要、审美的需要和自我实现的需要，属于个体健康成长和自我实现潜能的需要，只有在低层次的基本需要得到满足之后才能产生高层次的心理需要。

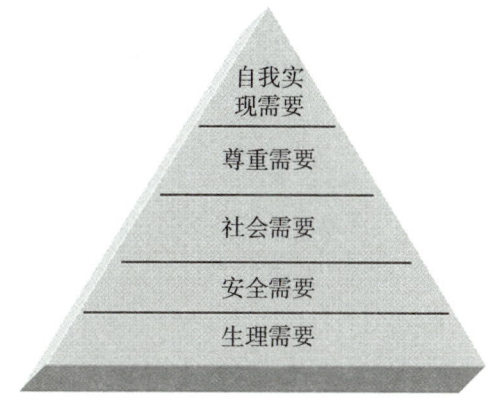

图 7-1　马斯洛的需要模式图

3. 马斯洛的自我实现论思想

马斯洛的人本主义心理学思想早期被称为"整体动力论"，后来则被称为"自我实现论"。

马斯洛通过对林肯、爱因斯坦等名人和身边熟人进行案例研究，总结出了自我实现者的主要特征：（1）准确和充分地知觉现实；（2）自我接受与接受他人；（3）自发、自然、坦率；（4）以问题为中心，而非以自我为中心；（5）超然独立的特性与离群独处的需要；（6）自主性，即独立于文化和环境；（7）对生活的反复欣赏能力；（8）经常产生高峰体验；（9）具有社会情感；（10）仅与少数人建立深刻和密切的人际关系；（11）民主的性格结构；（12）具有明确的伦理观念；（13）富有哲理和幽默；（14）具有创造性；（15）抑制文化适应。

马斯洛还提出了自我实现的途径：（1）充分地、无我地体验生活，全身心地投身于工作和事业；（2）做出连续成长、前进的选择；（3）承认自我存在，要让自我明显地表现出来；（4）诚实、勇于承担责任；（5）能从小处做起，倾听自己的爱好和选择；（6）要经历勤奋的、付出精力的准备阶段；（7）高峰体验是自我实现的短暂时刻；（8）发现自己的天性，使之不断成长。

马斯洛认为，每个人都有自我实现的潜能，人人都能够在某一点上达到人性的最高境界。

4. 马斯洛的高峰体验论

高峰体验是马斯洛人本主义心理学思想中的另一个重要概念，既是自我实现者重要的人格特征，也是达到自我实现的一条重要途径。"这种体验可能是瞬间产生的、压倒一切的敬畏情绪，也可能是转瞬即逝的、极度强烈的幸福感，或甚至是欣喜若狂、如醉如痴、欢乐至极的感觉。"马斯洛将这种体验称之为高峰体验。

马斯洛认为，高峰体验是一个多层级、多水平的系统，主要有普遍型高峰体验和自我实现型高峰体验两种类型。普通型高峰体验是指所有的人都可能在满足需要、愿望时产生的极端愉快的情绪。自我实现型的高峰体验是指健康型或超越型自我实现者拥有的一种宁静和沉思的愉悦心境。高峰体验主要有这样5个特点：（1）产生的突然性；（2）程度的强烈性；（3）感受的完美性；（4）保持的短暂性；（5）存在的普遍性。高峰体验不仅对人的心理健康具有促进作用，而且对于提高生活质量、促进社会发展都有重要意义。

（四）罗杰斯的人本主义心理学

罗杰斯是人本主义心理学的主要创建者之一，他不仅是美国著名的心理治疗学家，更是一位蜚声全球的教育改革家。如果说马斯洛的贡献主要表现在对人本主义心理学的理论取向与基本理论的开创，特别是对人本主义心理学的组织和领导上；那么罗杰斯的贡献则集中表现在他把在实践中总结出来的以人为中心的人本主义心理学的理论，广泛应用于医疗、教育、管理、商业、司法等诸多社会生活领域及国际关系当中，成为人本主义心理学最有影响的代表人物之一。

1. 罗杰斯的人性观

人性观是罗杰斯整个理论的出发点。大致可以概括为以下几个方面：

首先，积极肯定人的本性。他认为，人性不仅是乐观的、积极的，而且是富有建设性的。在每一个有机体中，在任何程度上，都有一股向着建设性地实现它的内在可能性的潜流。人性最内在的核心，人的个性的最深层，人的"动物性"的基础，在本质上是一致的——基本上是社会化的、向前运动的、合理的和现实的。

其次，强调人性是发展变化的。人的发展是一种动态的过程，是不断变化着的一组巨大的潜能。变化是人生的真谛，人并不完全是在消极地适应社会、文化，人完全可以通过自身的变化达到对社会文化的控制和改造。

最后，人的认识活动的基础是意识和经验。罗杰斯指出："科学、治疗以及生活的所有其他方面首先植根于并且依据一个人瞬间的主观经验。它从内在的、整体的、和机体的经验中生长出来。"

2. 罗杰斯的自我论和人格理论

自我论是罗杰斯人格理论和心理治疗理论的基础与核心。罗杰斯与马斯洛一样都认为人有追求自我价值的共同趋向，但罗杰斯更强调人的自我指导能力。自我是自我经验的产物，经过引导能认识自我实现的正确方向。这是他的心理治疗与咨询以及教育理论的基础。

罗杰斯认为，人的本性是善良的，而不合理的社会常常会使人性受到压抑和扭曲，不合理的社会环境会使人性健康向上的力量受到摧残和破坏，但人的内心依然存在着积极向上的、自我实现的倾向。

罗杰斯认为，自我概念是个人对自己和环境及其关系的知觉与评价。自我概念分两种类型：一种是真实的自我，是较符合现实的自我形象；另一种是理想的自我，是一个人期望实现的自我形象，也就是客体的自我。自我是人格形成、发展和改变的基础，是人格能否正常发展的重要标志。同时他指出，自我具有四个方面的明显特点：

一是自我概念属于对自己的认知范畴，包括对自己的特点的知觉，以及与自己有关的人和事物的知觉的总和。

二是自我概念是有组织的、比较稳定的结构。

三是自我只能表征那些关于自己的经验，而不是控制行为的主体。

四是自我是一种经验的整体模型，这种整体模型主要是有意识的或可以进入意识的东西，通常能够被人所知觉。

3. 罗杰斯的心理治疗观

"以人为中心的治疗"是人本主义心理治疗的重要内容，也是罗杰斯对心理学的一个突出贡献。

罗杰斯认为，一个人在自己的成长发展过程中，在与环境的长期交互作用中，逐渐把自己的"自我"一分为二——"自我"与"自我概念"。所谓自我，是指真实的自我。自我概念则是一个人对自己的经验和体验的知觉、认识。当自我与自我概念一致和协调时，相应的个体心理就是健康的，就能达到自我实现；相反，适应程度低的自我与自我概念则趋向不一致和不协调，个体就会出现心理压抑、心理失调、焦虑等各种心理障碍甚至疾病。心理障碍的根本原因是背离了自我实现的正常发展，咨询和治疗的目标在于使自我恢复正常的发展。

罗杰斯的心理治疗方法被称为"来访者中心疗法"。这种方法把改变人格的主要责任放在患者本人身上，而不是像精神分析学派那样以治疗者为中心。罗杰斯认为，人是有意识、有理性的，人们总是被有意识的思想引导，而不是受自己不能控制的无意识力量支配。人的最终标准是他自己的有意识的经验，这种经验能提供一种理智和情绪的框架，人格在这个框架中持续不断地成长。他反对医生中心权威论，反对采取强制和生硬的态度对待患者，主张心理治疗要有真诚关注患者的感情，要通过认真的听达到真正的理解，在真诚和谐的关系中启发患者运用自我指导的能力，促进患者内在力量的健康成长。

传统的心理治疗普遍以"问题解决型目标"为主，以"减少痛苦症状""增强自信""选择更好的职业"等作为描述这种心理治疗类型的常用概念。罗杰斯坚持了"人格成长型"的心理治疗目标，提出人格成长型的心理治疗目标的最终效果在于人性的实现和人格的改变，次级目标则是改变自我结构，以开放的态度对待情绪经验，如减少内在冲突，增强自尊心和自我整合能力，提高对生活方式的满意度，从而成为一个充分起作用的人。他认为心理咨询和治疗的一个重要目标是填平自我概念与自我经验之间的沟壑。

为了建立以来访者为中心的心理治疗气氛，罗杰斯认为通常需要提供以下几个方面的条件：（1）意义性联系，对来访者强调其自身存在的意义；（2）来访者处于不一致状态，体验到的焦虑与脆弱；（3）双方真诚、保持一致；（4）来访者受到无条件的积极关注和治疗；（5）同情性或移情性理解；（6）设身处地理解，以当事人的立场体会其心境和心理历程。这实质上是帮助来访者，尊重他们，相信他们有成长的潜力以及自我导向的能力，理解他们的经验和体验。

罗杰斯所提出的这一新疗法与传统方法的不同之处在于：第一，打破了以往疾病诊断的界限，不做疾病诊断和鉴别，治疗对象不分正常病人和精神病人，而统称为来访者；第二，强调治疗环境与气氛，而不太重视治疗技术和技巧；第三，主张治疗师不以专家、医生自居，而是以普通人的身份出现，以平常的态度对待来访者。罗杰斯后来将这一方法扩大到人际关系领域，以解决社会问题甚至国际纠纷问题，其影响远远超出了心理咨询和治疗的范围。

4. 罗杰斯的人本主义教育观

罗杰斯的教育思想主要反映在他的《学习的自由》一书中。他将以人为中心的思想运用到了教育教学理论中，确立了"以学生为中心"的教育观点。他认为，教育的宗旨和目标应该是促进人的变化和成长，培养能够适应变化和成长的人。从这一教育目标出发，他提出学校教育应该建立以人为本、以学生为本的理念，教育就是要培养学生的健康、健全的人格和心灵。在促进学生学习的过程中，最关键的是培养学生良好的态度、品质及人格。

（五）对人本主义心理学的评价

人本主义心理学的积极意义：首先，人本主义心理学在对人的实质性心理内容的阐述和揭示方面具有重要的意义。其次，人本主义心理学对心理学的学科建设有积极的贡献，在更高的层次上恢复了意识经验研究的心理学传统，开创了意识经验研究的新方法；在方法论上也具有积极意义，强调以问题为中心，并以问题为中心来选择方法。最后，人本主义心理学在组织管理、教育改革和心理治疗等方面均有重要的应用价值。

人本主义心理学的局限性：人性论和生物本能决定论倾向；个人潜能价值决定论倾向；神秘主义倾向。

十、心理学的新取向——后现代心理学

20世纪60年代以来，心理学从未停止过对学科自身的检讨、反省和探索。目前，这些新兴的探索和研究主要体现为三种取向：后现代心理学、进化心理学（本节略）、积极心理学（本书另有独立章节），本小节主要探讨后现代心理学。

后现代心理学，亦称后现代主义心理学，产生于20世纪80年代，以美国著名社会心理学家格根1988年在澳大利亚悉尼举行的国际心理学大会上所做的"走向后现代的心理学"专题报告为标志，心理学出现了后现代主义的转向。

（一）后现代心理学的主要观点

后现代心理学认为，在现代心理学中居于统治地位的科学主义心理学由于过度强调研究对象的可观察性，笃信客观普适性真理，坚持以方法论为中心，采取价值中立

的立场，固守人为机器的模型，从而使心理学陷入原子论、还原论、客观论、决定论和实证中心论的泥潭，偏离了学科应有的意义和价值。

后现代心理学反对心理学的二元论、实在论、反映论和基础主义的理论预设和研究取向，认为主客二元的世界划分仅只是一种不证自明的假定；心理也并非先于主观世界的"本质实在"和对客观世界的反映或摹写。同样，同所有所谓科学知识一样，心理学知识也并非主体之于现实或实在的中立的"发现"。实际上，知识、心理、意义都只不过是人们在社会生活中的"发明"，是社会的建构。在后现代主义和社会建构论者看来，由于所有知识都是通过语词而社会建构的结果，语词的意义又随着群体和时间的不同而不同，因而我们不可能达到对世界的客观理解。知识只不过是以语言形式表述的社会一致意见。

（二）后现代心理学的研究方法

后现代主义心理学普遍反对"方法中心主义"的研究取向，认为由于人们所处的时代背景、文化氛围和生活环境各不相同，只采用定量分析的方式无法对人的心理生活的丰富性、多样性、复杂性做出恰如其分的理解和阐释，主张心理学研究应以问题为中心，强调问题中心主义的多元方法论。后现代心理学认为，心理是在个体与社会互动历程中形成的，是话语的建构和产物，话语同行动是紧密联系在一起的，话语具有操作的特征。后现代主义心理学家对于行为的研究不在于寻找行为背后的个人世界的原因，而在于对建构行为的话语进行分析，分析是哪些话语通过其操作特点导致了行为的产生。话语分析理应成为心理学研究的基本方法。

第三节　中国心理学史

一、中国古代心理学思想的范畴论

纵观中国古代心理学思想史，其基本理论观点主要有六点：（1）人贵论，主要解决人与物的关系问题；（2）身心论，主要解决身与心的关系问题；（3）性习论，主要解决性与习的关系问题；（4）知行论，主要解决知与行的关系问题；（5）性情论，主要解决性与情的关系问题；（6）理欲论，主要解决理与欲的关系问题。

（一）人贵论

中国先哲一向将人与天、地并列，称天、地、人为"三才"。人贵论思想最早见于《尚书》："惟天地，万物父母；惟人，万物之灵。"

人贵论的核心思想是，认为人是世界万物中最宝贵的东西，人之所以贵于万物主要是因为人拥有智慧与社会心理素质。西方心理学中出现的仅把人看作动物而忽视人的社会性，或者把人等同于一部复杂的机器等观点，是不能对人做科学了解的。人贵于万物的缘由，最具代表性的观点有两个：

人贵在具有智能　该观点以荀子、王充、刘禹锡、二程、王廷相和王夫之为代表。如《荀子》中曾说："人之所以为人者，非特以二足而无毛也，以其有辩也。"东汉王充在《论衡》中说："天地之性人为贵，贵其识也。"

人贵在具有很多社会性心理素质　该观点以荀子、董仲舒、朱熹、陆九渊和戴震等人为代表。荀子在《王制》篇里说："水火有气而无生，草木有生而无知，禽兽有知而无义，人有气、有生、有知，亦且有义，故为天下贵也。"朱熹在《孟子集注》中说："徒知知觉运动之蠢然者，人与物同；而不知仁义礼智之粹然（借指高级的心理活动）者，人与物异也。"

（二）身心论

身心论又叫形神论，在身与心的问题上，中国先哲一向不太重视何者为先何者为后的探讨，却非常强调二者之间的相互结合的关系；同时，从总体上看，中国先哲有重心轻身的倾向，这可说是中国古代身心论的两大特色。

先秦道家认识到人的身体和精神是相互结合而不可分离的，如《老子》中说"营（魂）魄抱一"。但先秦道家有"轻形重神"的倾向。如《老子·十三章》中有言："吾所以有大患者，为吾有身也。及吾无身，吾有何患？"

相对于先秦道家重心轻身的身心论而言，秦汉至唐时期的道家对身与心的看法最大创新之处是，主张一种具有辩证色彩的形神观，认为应重视形神之间的关系，不能偏执一方，如嵇康所说"使形神相亲，表里俱济也"。《刘子新论》中说："神静而心和，心和而形全。神躁则心荡，心荡则形伤。"即若想身体健康，先要保养心理。秦汉至唐时期的形神论中要特别提到南北朝的范缜，他在《神灭论》中对形神问题做了大量深入的探讨。

其后，新兴道教全真教提出了"性命双修论"，修性指清静养神，修命指运用气功来养形。以王安石和王廷相为代表的儒家继承和发展了荀子以来的唯物主义形神观，王安石提出了"形者，有生之本"的观点；王廷相提出了"形籍神气"的观点，正确地论述了形、气、神三者之间的关系。五代至明清的医学家张景岳提出了"治形论"，其内涵包括养护内、外之形，养内形即为养神，养外形即是保养身体。

（三）性习论

从心理学角度看，性习论探讨性与习的问题，类似于现代心理学中探讨的遗传、环境、教育与人的心理发生、发展之间的关系问题。性习论最早见于《古文尚书·太甲上》记载的"习与性成"，即俗话所说的"习惯成自然"。

关于性与习的关系，据《论语·阳货》记载，孔子曾说："性相近也，习相远也。"认为每个人的禀性是差不多的，人的个性心理由于受到环境、教育的习染作用而差别很大。既未否定人的生性是个性心理差别的自然基础，又强调了教育、环境的决定性作用，与现代心理学对此问题的结论大致相同。其后的墨子、孟子和荀子等人都赞成"慎染说"，其理论前提即是"习与性成说"，如墨子主张"人性如素丝""染于苍则苍，染于黄则黄"。西汉的董仲舒、东汉的王充、宋代的程颐等也都是性习论的力倡者。明代的王廷相发展了孔子以来的性习论，一是他所讲的习既包括教育与环境的内容，也含行或实践之意；二是在论述习与性成的道理时不仅着眼于社会风气大环境，也注意到了居住交往这个小环境；三是主张人要踏实做事，结合实际学习，这样就能积习而成本性。

遗传与环境问题，在西方心理学中一直是个争论不休的问题，有所谓环境决定论，也有所谓遗传决定论。在中国传统文化的性习论里，这个问题却获得了较科学的解决。这种解决的途径就在于确认所谓性（心理机能）有两种：一种是遗传得来的性（生性），另一种是人出生后由学习得到的性（习性）。人的生性只有很少的几种，且人人一般都具有（性近），而习性多种多样，其发展的可能性也是无限的（习远）。可见，性习论在不否认遗传因素的前提下，又突出了教育与环境对人的心理形成与发展的重要作用，这符合人的心理与行为的发展实际。

（四）知行论

知行论，是着重说明知行关系的理论。在中国传统文化里，知行问题不仅是一个认识论上的问题，更是一个伦理道德问题。从总体上看，重行的知行合一思想贯穿于中国传统文化的始终。先哲将知行是否统一看作关系到做人的根本态度的问题，在知行统一的前提下去践行某种德性，是他们孜孜以求的理想之一。

先哲在强调知行统一的前提下多推崇"行"，此思想至少可追溯至伪《古文尚书·说命中》里的"非知之艰，行之惟艰"一语。孔子知行观的主流思想是强调知与行要统一，在此基础上，他更重"行"。据《论语·子路》记载，孔子曾说："诵《诗》三百，授之以政，不达；使于四方，不能专对；虽多，亦奚以为？"并且，自孔子起，就将言行一致作为判断"君子"与"小人"的重要标准之一。《论语·为政》记载："子贡问君子，子曰：'先行其言，而后从之。'"孔子把认识论问题与伦理道德修养问题结合起来，对后世儒家乃至整个中国传统文化的知行观都产生了重大影响。

先秦时期，在知行论上做出重要贡献的学者首推荀子，他明确提倡重行的"知行统一说"。西汉董仲舒最早提出"知先行后"的观点，否认行对知的作用。总体上讲，宋代的理学家大都继承了董仲舒的观点，朱熹又主张"知行常相须"，认为知靠行来实现，行靠知来指导，二者不能截然分开。《朱子语类》中说："知与行，工夫须着并列。知之愈明，则行之愈笃；行者愈笃，则知之愈明。"明代王守仁以提出"知行合一"说而闻名于世，但从其"知是行之始，行是知之成"等话语看，他实际上也是主张一种重行的知行合一说。《传习录·答顾东桥书》中说："知之真切笃实处，即是行；行之明觉精察处，即是知。"认为道德认识既可指导行为，又是道德行为的起点；道德行为既是道德认识的具体体现，又是道德认识的结果；强调知中有行，行中有知，主张知行不可分。从认识论的角度看，王守仁的知行合一只看到了知行的机械合一，没有看到知行矛盾的对立统一，抹杀了知与行间的本质区别。

明末清初王夫之的知行理论又前进了一大步，其理论含有辩证色彩，并对古代知行之辩做了正确的总结与评价。其一，他批判了过去一切重知轻行的唯心论知行观，在强调知与行都很重要的同时，突出了行的重要性。主张先对"知"与"行"做明确区分，在此基础上再来强调知行两者之间的统一关系。其二，主张认识必须依赖实践才能见功效，而实践却不依赖认识就能有其功用，"行可兼知，而知不可兼行"。第三，主张知与行二者本是相辅相成的，两者"并进而有功"。也就是说，如果从认识的来源来说，是行先知后；不过假若从知对行的指导作用来说，却是知先行后，即知对行有指导作用。

（五）性情论

中国人将性与情连用的历史至少可追溯到《周易》。《周易·乾》中说："'利贞'者，性情也。" 但真正意义的性情说发端于孟子。《孟子·公孙丑上》说："恻隐之心，仁之端也；羞恶之心，义之端也；辞让之心，礼之端也；是非之心，智之端也。人之有是四端也，犹其有四体也。"明确将"恻隐之心"等四心看作仁、义、礼、智等四德的端绪。而在古人眼中， 恻隐、羞恶、辞让、是非都是情，四心又可说是四情。可见孟子的思想里含着性情说的萌芽。 性情说在荀子那里得到了清晰的表述："性者，天之就也；情者，性之质也。"

秦汉以后的性情说，主要是沿着孟子的思路发展下来的。后世的性情说主要沿着两条路径发展：一是从善与恶的角度来探讨性与情的关系，另一种是从静与动的角度来阐述性与情的关系。

1."性情一也"：性情合一论

性情合一论的含义是：人的品性与情感之间具有彼此相应的统一关系。在中国传统文化里，学者对性与情之间关系的认识以性情合一论为主流。一是主张彻底的性情合一论。刘向、荀悦、韩愈和王安石等人在继承孟子"性善论"的基础上，又吸收了"性善恶混"的思想，主张彻底的性情合一论：性有善有恶，情亦有善有恶，性与情之间是完全而彻底的一体一用、一一对应的关系，即善性与善情对应，恶性与恶情对应。二是主张性与善情合一论。彻底的性情合一论虽在宋初及其以前有着较大影响，但从"道统"角度看，毕竟夹杂有性善恶混的思想，不符合孟子思想的原旨。这样，李翱和二程就担负起继承"道统"的重任，力倡性与善情合一论：性皆善，而情有善有恶，皆善之性只与善情是合一的，与恶情则是相互矛盾的。

性情合一论看到了人的品性与情感之间的密切关系，在此前提下，先人强调情感在品德教育中的重要作用，主张通过激发个体的情感和顺应人的性情来育德。

2."性贞则情消，情炽则性灭"：性情对立论

大约在北齐时期，从善与恶的角度来阐述性与情的关系出现了一个新的观点，那就是《刘子新论》主张的性情对立论。它的含义是：人的品性皆善而人情皆恶，这样，情会因外界与人的品性相悖，产生对立状态。"性贞则情消，情炽则性灭"。性情对立论看到了人的品性与情感相悖的一面，主张通过灭情来育德，这有一定的心理学依据 。但性情对立观过于强调情感与德性之间的对立，未看到两者相统一的一面，

如果完全按照此观点育德，势必会走上禁欲的道路，这既不合人情也不利修德。

3. "情与性，犹波与水……静时是性，动则是情"：性静情动说

这是从心理状态来阐述情与性的关系，该观点发端于《礼记·乐记》："人生而静，天之性也。感于物而动，性之欲也。"这种性静情动的观点明确揭示了情与性的关系：情与性在本质上是一回事，从静态看是性，从动态看是情，即静的性感物而动，这动的性就是情。后《礼记·中庸正义》记载："情与性，犹波与水。静时是水，动则是波；静时是性，动则是情。"形象地将性与情喻为水之静和水之动，把情感视为个体心理过程的波动状态。先秦《关尹子·五鉴篇》里描述："情生于心，心生于性。情，波也；心，流水；性，水也。"把心理过程视为动态过程，而情感为这一过程的波动状态。情波说得到了二程、朱熹为代表的后人的普遍认同。

性静情动说告诉人们，情是动态的性，性是静态的。这样，在品德教育中，不能灭绝情，而要善待情，否则善性也就不能得以保持或恢复。但是，情毕竟是"动"的性，而"性"就其本性而言，是"静"的，因此，在品德教育或品德修养中，又要克制情，使之不"妄动"，否则"静"的性就会受害。这种观点从一个新的视角考察了情绪情感过程与其他心理过程的差别，它以比喻的形式从一个侧面反映了情感会引起人的生理变化并有外部表现的思想，难能可贵。西方学者直到19世纪末才有詹姆斯提出"意识流"的观点，主张意识的重要特征之一在于它的流动性。

（六）理欲论

中国古人对"欲"提出了许多观点，理欲论是其中最重要的一个，它在当时具有调节人们社会生活行为的作用，至今仍有借鉴意义。理学家讲的"欲"，一般指人的欲望或需要，它在性质上没有好坏之分；而"人欲"一般指人的不合乎"礼"的欲望或需要。

1. 欲、人欲和天理的关系

"理"在古代中国文化里，实指封建伦理纲常，这是"理"的主要内涵之一，是一个非心理学的概念。对人的合乎"礼"的诸种需要的总称，这是"理"的另一种内涵，这是一个纯粹心理学的概念。

综观理学家关于理、欲和人欲的论述，观点大致有二：

天理人欲对立观　认为"天理"与"人欲"间是彼此制约和对立的关系，有天理则无人欲，有人欲则无天理；天理之不明，是由于人欲昏蔽的结果。该观点以"程朱

理学"为代表。

理欲统一观　此观点反对把"天理"和"人欲"对立起来，而认为两者间是统一的关系。该观点以陆王心学家和唯物论家为代表。从"天人合一"的观点出发，认为人只有一个心，来自"天理"的人心即是"道心"。

2. 欲和人欲的功能

欲的功能：欲是促使人行动的推动力，代表人物是戴震；欲是情产生的动力基础，代表人物罗钦顺；欲能生百善，代表人物是陈确等人。

人欲的功能：理学家对人欲的功能一般持否定态度。一是诱人"为不善"；二是"害吾心"；三是使情变不善；四是嗜欲会损害身心健康。

学者对待欲的态度是：应加以节制和引导，既反对放纵情欲，又反对灭绝情欲。

从心理学角度来看，理学中的理欲之辨不能看作是低级需要和高级需要或物质需要与精神需要之争，其实质也可看作一种关于合理需要与不合理需要的内涵、相互关系及对待二者的态度之争。理学家们主张要保存合理需要而去除不合理需要，主张区别对待欲和人欲的功能等，这些思想在当今社会仍具有一定借鉴意义。

二、中国古代心理学思想史

根据现有研究成果，中国传统文化里蕴涵有丰富的心理学思想，本篇选择两个有代表性的专题作一简论，以期窥一斑而见全豹。

（一）教育心理学思想

以礼仪之邦闻名于世的中国一向重视教育，中国历史上的教育大家也层出不穷，由此积淀出深厚的教育心理学思想。

1. 学习心理观

人的知识、智能与德性是先天就有还是后天生成，这是自古至今学术界争论的话题。在中国，"学知论"一直处于主流地位，从而为中国人重视教育打下坚实的理论基础。《论语·述而》中，孔子明确说过："我非生而知之者，好古，敏以求之也。"此后，孟子、荀子、韩愈、王夫之等都力倡孔子的学知思想，如名篇《劝学》中说"吾尝终日而思矣，不如须臾之所学也……"《师说》中说："人非生而知之者，孰能无惑？"

2. 学习过程

对于学习过程，中国先哲有多种观点，其中最具代表性、完整性的是"七阶段论"，即将完整的学习分成七个阶段：1. 立志，这是学习的第一阶段，确立为学之志。2. 博学，这是学习的第二阶段，指多闻、多见。3. 审问，这是学习的第三阶段，即发现问题与提出问题的阶段。4. 慎思，这是学习的第四阶段，即思考阶段。一个人在发现问题之后，要善于思考，努力找到解决问题的途径与方法。5. 明辨，这是学习的第五阶段，即辨析阶段，既是慎思的自然发展，也是慎思的必然结果。6. 时习，这是学习的第六阶段，即复习阶段。7. 笃行，这是学习的最后阶段，也是最高阶段，即实践阶段。

3. 学习策略

"乐""虚""志"：正确的学习态度至少包含三方面的内容：一是乐学，一个人若想获得好的学习效果，秘诀之一就是乐学，如《论语》记载："知之者不如好之者，好之者不如乐之者。"二是注意力要集中，如儒家提倡为学者要慎独和内省、道家提倡学道者要心斋和坐忘、佛家要求弟子修习禅定功法，他们的共同目的，都是为了让人们去掉自己心中已有的陈见和欲望，让心处于清静状态，这样才能自悟。三是要有意志，学习是一个漫长的过程，需要相当的意志力，如《荀子·劝学》说的"锲而不舍，金石可镂"等。

"学"：学习者要善于学习，必先掌握一些基本的学习原则与方法。先哲提出了有效的学习策略：一是修学务早，"时过然后学，则勤苦而难成"；二是循序渐进，学习要有系统、有步骤地进行，要依个体的身心发展规律而行，不可盲进，如孟子"揠苗助长"故事所示；三是自求自得，这是关于学习的主动性和积极性的策略，先哲意识到，通过悟获得的东西可终身受用；四是熟读精思，这指学习中强调记忆与思维紧密结合的策略；五是触类旁通，这是讲学习的迁移规律，先哲主张一个会学习的人要做到"以近知远，以一知万，以微知明"。

（二）智能心理观

1. 智能先天基础论

此观点主张，人的智力与能力是在其与生俱来的自然素质的基础上形成和发展的，如戴震在《孟子字义疏证下·才》里说："才者，人与百物各如其性以为形质，而知能遂区以别焉。"

2. 智能天人结合论

主张智能是先天（"天"）和后天（"人"）结合的产物，明确提出此论的人是北宋王安石，他以《伤仲永》说明人的智能既要"得乎天"，又要"得乎人"。

3.智能相对独立论

此理论有两个主要内涵：一是智与能的区别，另一是智与能的联系。

二者区别：智为潜在的认识能力；能为潜在的实践能力。

二者联系：智与能互为基础，互为条件，一个人要参加实践活动，发挥实践能力，必须先通过智去掌握客观规律；智与能相互促进、密切配合，"知能相因，不知则亦不能矣"；智与能相互转化，共同提高，"惟困而后辩之……心极于穷，则触变而即通"，即能可以转化为智，"缘视听而言动"，即智转化为能之义。

4.智力与非智力相互制约论

此理论主张智力因素与除此以外的一切心理因素（即非智力因素）既相互促进，又相互促退。如孔子看到了智力在学习中的作用，因而主张博学、审问、慎思、明辨、时习与笃行，同时也看到了非智力因素对学习的影响，因而主张立志、好学、乐学、勤学和独立学习。此后历代思想家、教育家几乎都论及这种智能观。

5."知而获智"观：一种经典的中式智慧观

中国先哲的"知而获智观"注重从知识角度来定义智慧，主张任何智慧就其内在的组成成分看，必然包含丰富而实用的知识。这不但在一定程度上揭示了智慧的本质，而且与"柏林智慧模式"与斯滕伯格界定"智慧"的视角是一致的。

更重要的是，由于"知识"大都是可以教、可以学的，"知而获智"。运用"知识"来界定"智慧"，这实际上就将"智慧"纳入了可以学、可以教的范围之内。同时，一个人一旦拥有真正意义上的智慧，"入世"（如管仲）可以帮助其在事业上获得一定的成就甚至丰功伟业，"隐世"（如庄子）可以帮助其过上恬静、幸福的生活。

另外，知识蕴涵有"转识成智"的思想，"转识成智"即变知识为智慧。为了避免"纸上谈兵"等现象发生，先哲一般鼓励人们要多"亲知"与"做中学"，也注重"以心传心"，这之中没有忽视知识在成就个体智慧中的作用的思想。这是"知而获智"的又一精髓之处，与斯滕伯格等人讲的智慧观相暗通。

（三）心理卫生思想

中国先人一贯讲究心理卫生之道，提倡未病先治，要求人与自然和谐相处，主张以静制躁、顺应自然、无为而治等，使得中国传统文化里的心理卫生思想特别丰富。

本小节主要探讨中国人心理卫生思想的主要内容及其对当代的心理卫生思想的启示。

1. 心理保健的理论基础

"形全者神全""抱神以静，形将自正"：形神兼顾的共养观

它从身心关系入手来探讨心理保健，其含义是将人看作一个小系统，认为人的生理与心理是相互依赖、相辅相成的，主张保健要做到形（身体）神（精神）共养，既要保养身体，又要保养精神，二者缺一不可。

"抱静以神""流水不腐，户枢不蠹"：动静结合的养形调神观

其主要含义是：以动养形，以静养神，动静结合，二者辩证统一。它是从运动与清静的关系入手来探讨心理保健的。

"人法地，地法天，天法道，道法自然"：顺应自然的养形调神观

保健者要通过顺应自然规律来养形调神，促进身心健康，达到长寿的目的。这是从自然环境的关系入手来论述身心保健的。在个体与自然环境的关系方面，先哲把人与其生存的自然环境看作一个大系统，认为人体内部的活动与外界天地万物的自然变化相一致（天人合一）。将这一法则用到养神上，主张人要效法自然以节制自己的情欲，顺应自然来保健，顺应自然以调神。

将"人法地，地法天，天法道，道法自然"法则具体运用到养形上，中国先人的做法主要有两种，一是主张养形"贵柔"，即主张养形的关键是使形体"柔软"，推崇婴儿的状态；另一种是推崇气功养生，将人与自然看成一个大系统，主张保健者要吸纳天地之精气，而吐出体内的浊气。

"鞭后而寿"：内外兼修的共养观

其含义是，主张保健者要兼顾内外诸因素来保健，将保健当作一个系统工程来看待，做到缺什么补什么，采取针对性的保健措施。

2. 保健原则

"治未病"：预防为主

在进行身心保健时，要坚持预防为主的原则。

"太上养神，其次养形"：养神为主

主张形神共养，但突出养神的首要作用。

"治人、事天莫若啬"：爱惜精神

先哲为了让人更好地保养精神，不至于过度耗费它，进而又提出了爱惜精神这一

心理保健原则。

"去甚，去奢，去泰"：平和适中

即个体处于适宜的内外环境之中有利于其长寿，因此提倡平和适中的原则。如儒家明确将"中庸之道"作为指导自己言行的标准。

"害于生则止……利于生者则为"：害止利为

从消极方面讲，要节制自己的情欲，避开危害生命的种种灾害；从积极方面讲，要主动做有利于生命长久的事情。

"物也者，所以养性也"：以物养性

即要正确处理人与外物之间的关系，坚持以物养性原则。

3. 心理保健方法

"古人得道者……论早定也"：早立尊生观念法

其含义是指一种通过尽早确立爱惜生理之命和精神之命的信念从而达到身心保健目的的心理养生法。其一，尊生的信念尽早确立，人对于任何事都以是否有利于生命的健康发展为准绳，始终让自己的心理处于淡泊恬愉的状态；其二是尊生信念尽早确立，能为人提供一种强大的精神动力，从而对自己的生理之命和精神之命充满敬畏感；其三，可以使人早些知道爱惜自己的精力，尽早采取有效防范措施。

"故大德……必得其寿"：修德保健法

先哲认识到，良好的道德和性格本身就是心理健康的重要标志之一，道德高尚和性格开朗的人，不会患得患失，这样就能免除各种焦虑烦恼，经常保持乐观的精神状态。正如《论语》中所说"仁者不忧""君子坦荡荡，小人长戚戚"。

"少私寡俗"：节制情欲法

儒道诸家多主张和谐，既不能过于压抑人欲，也不能过于贪欲，要有所节制。如《老子》中说："见素抱朴，少私寡欲。"如《论语》中说："君子有三戒：少之时，血气未定，戒之在色；及其壮也，血气方刚，戒之在斗；及其老也，血气既衰，戒之在得。"根据每个人年龄身心发展的特点，排除可能危及身心健康的灾害（色、斗、得）。

"凡治气养心之术……莫神一好"：陶冶性情法

先哲看到了兴趣爱好对心理保健的作用，主张通过兴趣爱好来陶冶情操，促进个体的身心健康。

"安步以当车"：运动养形怡神法

先哲提倡通过适度运动来达到养形怡神的目的，以促进身心健康，具体做法主要有二：一是导引，如华佗发明的"五禽戏"；二是散步，主张"安步以当车"，重视通过运动来保健。

综上所述，在考虑影响身心健康的诸因素时，中国先哲给我们的启示有二：一是心理保健宜遵循生理—心理—自然—社会的整体保健模式；二是心理卫生是一个系统工程，要"众术合修"（同时使用多种心理保健方法）。

三、中国的心理学史

（一）古代心理学思想

中国古代丰富的心理学思想却未能在现代演变成一门独立的心理学科，究其原因，主要有以下五个方面：

1. 受到思维方式的限制。中国传统思维方式的主要特点是强调主体与客体、人与自然的和谐统一。这种天人合一式的传统思维方式，容易将人与人的关系类推到人与物的关系上，从而不利于心理学研究的精细化和科学化，导致中国古代生理心理学思想和实验心理学思想相对贫乏。

2. 以"孝"为核心的封建礼教束缚了人体生理解剖学的发展。尤其是汉武帝采纳董仲舒"罢黜百家，独尊儒术"的主张后，其他学说或被边缘化，或逐渐灭绝。在这种大背景下，《孝经·开宗明义章》所说的"身体发肤，受之父母，不敢毁伤，孝之始也"被世人奉为"圣旨"而遵从，中国古人包括医生不敢轻易去解剖尸体，因此导致古代中国没有取得像欧洲19世纪所取得的生理心理实验科学成果。

3. 中国古代哲学家的心性之学，不大受医学界的生理研究的启发与影响。与西方冯特受生理学研究启发而推动心理学诞生不同，国人不善于从医学研究中吸取灵感，从而使中国古代的心性之学失去与医学"交叉"的机会。

4. 古代中国人推崇"学而优则仕"，导致许多读书人一生将主要精力和时间放在钻研儒家经典上，而将与科举无关的知识和技能视作"奇技淫巧"。

5. 清末民初动荡的社会环境无法为学术研究提供一方净土，无力为研究学问提供最基本的物质条件。

（二）中国近代心理学

1. 中国近代心理学启蒙时期

（1）西方古代和中世纪的哲学心理学思想的早期传入

从欧洲到达亚洲的新航线于公元16世纪被发现，欧洲各国的传教士也在明代中叶纷纷来华，传教的同时，也传播西方的科学思想，其中就有心理学思想。最著名的有利玛窦的《西国记法》、艾儒略的《性学粗述》、毕方济的《灵言蠡勺》等，其中都包含有一些心理学思想。

（2）中国近代心理学思想

相对于中国古代心理学思想而言，中国近代心理学思想有这样的特点：继承和发展了中国古代心理学思想，并保留了运用经验描述和思辨方法建构心理学思想的传统，同时也吸收借鉴了西方心理学的某些观点。

对中国近现代心理学思想的形成与发展有一定影响的学者主要有龚自珍、梁启超等人。

龚自珍的心理学思想主要有三点：一是支持告子的"性无善无不善"观点；二是对"知"与"觉"做了区别，认识到"知"类似于今人讲的感知觉，"觉"类似今人讲的开悟；三是在情意心理学思想方面提出了"宥情说"，显示出对"程朱理学"里蕴含的禁欲思想的反叛。

梁启超对心理学的贡献主要有四点：一是明确区别心理学与哲学的译名，将"psychology"译为"心理学"，将"philosophy"译为"哲学"；二是在教育心理学方面，主张按青少年的生理心理特点划分教育期；三是在社会心理方面，主张用心理去解释政治与历史；四是在佛教心理方面，以现代心理学概念为框架对佛教心理学思想进行了发掘，为研究佛学与心理学开辟了新路径。

2. 中国近代心理学发端时期

西方心理学思想的初步传播主要有两种途径：一是通过早期的教会学校进行传播。鸦片战争后，西方列强获得了在中国传教与建学校的特权，一些教会学校曾开设过心理学课程，客观上推动了心理学在中国的传播。二是通过翻译西方心理学论著进行传播。著名的有学者王国维翻译的丹麦海甫定原著、英国龙特原译的《心理学概论》，这是我国从西方心理学直译过来的第一部科学心理学著作。

日本在传播西方心理学思想中的桥梁作用。清末民初的学制主要是仿照日本的教育制度而制定的，学校所选用的教科书（包括心理学教科书）也多译自日本心理学书籍，其中最早的一本是久保田贞的《心理教育学》。"心理学"一词的最早创译者是日本近代著名哲学家西周，日本心理学界公认"心理学"这一名称是西周从"性理学"改译而来。中国使用"心理学"一名约在清光绪维新变法期间。

（三）中国现代心理学

1. 中国现代心理学的建立

19世纪末至20世纪40年代，是中国现代心理学的建立时期。中国现代心理学是以中国古代和近代心理学思想为历史渊源，通过引入西方心理学的途径而建立和发展起来的。在这个过程中以下几件事具有重要意义：

一是蔡元培在任北京大学校长期间，支持陈大齐于1917年在北京大学哲学系创办全国第一个心理学实验室。

二是陈大齐于1918年出版了我国第一部自己编著的大学心理学教本《心理学大纲》，较准确而全面地概括介绍了当时西方科学心理学的丰富内容与最新成就。

三是1920年南京高师（后改为东南大学）在其教育科中建立了中国第一个心理学系。

四是1921年在南京成立了中华心理学会，首任会长是张耀翔教授，中国的心理学研究者首次有了自己的专门的学会组织。

五是1922年在上海创办了中华心理学会会刊《心理》杂志，中国心理学研究首次有了自己专门的学术刊物。

六是蔡元培于1928年创建中央研究院并担任中央研究院院长后，于1929年倡导创建我国第一个心理研究所，这样，我国既有了培养心理学人才的教学机构，也有了研究心理学的专门机构。

2. 中国现代心理学的发展时期

中国现代心理学的发展时期在时间上，指的是1949年10月1日中华人民共和国成立至今这一段时期；从中国心理学发展史上讲，指的是在中国现代心理学建立时期的基础上，中国心理学于1949年10月以后50余年的发展状况。它可以分为六个阶段。

（1）学习改造阶段（1950—1956年）

中国现代心理学发展时期的最初阶段的首要任务是进行心理学的学习与改造，此阶段主要做了以下几件事情：

①成立中国科学院心理研究所。成立于1951年，其前身是1929年的中央研究院

心理研究所。1951年3月，经政务院批准，中国科学院心理研究所在北京正式成立，曹日昌任所长。作为当时全国唯一的心理学专门研究机构，中国科学院心理研究所代表了中国心理学界的最高水平和心理学发展的趋势，起着带头与推动中国心理学事业发展的作用。

②建立中国心理学会。1955年8月，中国心理学会在北京正式成立并召开第一次会员代表大会，选举潘菽为中国心理学会第一任理事长。

③调整心理学教学机构。1952年全国高等院校进行较大规模的院系调整，原清华大学与燕京大学的心理学系部分合并入北京大学哲学系，成立了国内唯一的一个心理专业。

④出版心理学刊物。中国心理学会会刊《心理学报》于1956年正式出版发行。

⑤制定心理学科学规划。1956年上半年，国务院科学规划委员会召开科学家参加科学规划会议，会上制订了心理学12年的发展规划。

⑥心理学的学习与改造工作。提出了"在马克思列宁主义思想指导下，在巴甫洛夫学说基础上改造心理学"的口号。

（2）初步繁荣阶段（1957—1965年）

1957年，中国心理学工作者对教学与科研中脱离实际的做法予以纠正，促进了应用心理学的进展。但受极"左"思潮影响，北京师范大学部分师生于1958年8月发起一场波及全国的"批判心理学资产阶级方向"的运动，这是新中国成立后心理学界受到的第一次大的挫折。在1960年1月召开的第二次中国心理学会全国动员大会上，澄清了混乱思想，总结了1959年以来的研究成果，制定心理学科三年发展规划。从此，中国现代心理学繁荣景象开始出现。

（3）遭遇挫折阶段（1966—1976年）

在中国心理学会显示出初步繁荣后不久，姚文元于1965年10月28日在《光明日报》发表题为《这是研究心理学的科学方法和正确方向吗？》的文章，将心理学污蔑为资产阶级伪学。以此为发端，在此后的"文革"中，心理学研究被迫中断10年之久。

（4）重新恢复阶段（1976—1980年）

自1976年10月起，中国进入了一个新的历史时期，中国的心理学也由此获得了新生，进入重新恢复阶段，主要体现在以下几个方面：

①中国科学院心理研究所和中国心理学各种有关教学与科研组织重新恢复。

②调整心理学学科规划。1977 年 8 月在北京召开全国心理学科座谈会，制定了一个较详细和全面的心理学学科发展规划，促进了心理学的恢复与发展。

③恢复中国心理学会的活动，并陆续召开一些重要会议。

④《心理学报》《心理科学》两大心理学学术刊物复刊。

⑤中国心理学开始走向世界心理学的大舞台，加入国际心理科学联合会，成为其第 44 个会员学会。

（5）稳定发展阶段（1981—1999 年）

自 20 世纪 80 年代以来至 1999 年，伴随中国改革开放的不断深入，中国的心理学事业进入了一个稳定发展阶段。主要体现在：

①心理学研究机构和教学机构不断发展壮大。如中科院心理所已发展为包括 6 个研究室含有 14 个研究方向的心理学研究机构。

②人才培养不断跨越新台阶。在中科院心理所、北京大学等研究所和高等院校里设有博士点、博士后流动站。

③积极开展与国际心理学界的学术交流。

④ 1999 年 3 月，中国心理学会成为第一批获准登记的社团组织。

⑤建立了中国心理学的其他学术组织，如中国社会心理学会、中国心理卫生协会等。

⑥中国心理学的研究在量上与质上都有大的改观。

⑦国家科技部将心理学确定为 18 个优先发展的学科之一，促进心理学在中国的迅速普及。

（6）迅猛发展阶段（2000 年至今）

进入 21 世纪后，伴随中国改革开放带来的高速发展、高校招生规模的不断扩大，社会对心理学人才需求量急增等机缘，中国心理学事业进入迅猛发展阶段，主要体现在以下六个方面：

①开设心理学专业、心理学系或心理学院的高校不断增加。

②心理学专业博士点与博士后流动站的发展"由点向面，全面开花"。

③与国外心理学同行开展学术交流活动的频次进一步增多，档次进一步提高。

④创办新的心理学专业月刊。

⑤心理学研究成果在量上与质上有了更大的飞跃。

⑥ 2000 年，心理学被确定为国家一级学科优先发展，促进了心理学在中国的迅速普及。

参考文献

[1] 陈泽川. 构造心理学. 中国大百科全书出版社，1985.

[2] 叶浩生. 心理学史（第 2 版）. 高等教育出版社，2005.

[3] 詹姆斯、布伦南著，郭本禹、魏宏波等译. 心理学的历史与体系（第六版）. 上海教育出版社，2011.

第八章　中国文化心理学

"中国文化心理学"是指以中国文化为背景、为底蕴，兼顾中国文化与心理学两个角度来研究中国人的心理与行为规律的一门心理学分支学科。它除了要研究中国文化里蕴含的心理学思想外，更需要将主要精力放在关注两个主题上：一是在中国文化的熏陶下，个体在心理与行为上如何长成中国人；二是长成中国人（此处的中国人是一个文化概念，而不是一个身份概念或国籍概念）后的个体所具有的重要心理与行为规律。

第一节　中国人的社会化观

"社会化"是现代社会心理学重点探讨的主体之一，中国文化对这一问题的看法是怎样的？它对于正确理解当代中国人的社会化问题有何启示？

一、"社会化"与"做人"

（一）社会化

社会化亦称"教化"，是指个人参与社会生活，通过交互活动，习得知识、技能和行为规范，并成为一个社会成员的过程，即从自然人发展成为社会人的过程。这一过程贯穿人的一生，一般分为早期社会化（儿童、青少年期）、继续社会化（中年、老年期）和再社会化。

（二）"做人"相当于"社会化"

现代社会心理学所讲的个体社会化问题，在中国文化尤其是传统文化里，也就是所谓的"做人"问题。中国人之所以向来重视"做人"问题，其缘由主要是中国传统文化多认为个体在诞生之初，充其量只是一个"已具人形的生物性个体"，与禽兽并无本质区别。

那么，如何"做人"呢？中国先哲们普遍认为，人主要是靠自己在与他人互动的过程中"做"出来的。这从先哲常以"仁"代"人"的事实中可见一斑。"仁者，二人也"，"二"是泛指，实指两人或两人以上的人群，一个人只有在与另一个或两个或多个人互动的过程中才能被称作人。

（三）中式"做人"与西式"社会化"的区别

中国人和西方人在如何看待社会化问题上存在差异。

在达尔文的进化论未诞生前，西方人多相信人是由上帝"制造"出来的，因此任何人都"天赋"地拥有做人的权利。个体在社会化之前已是一个拥有天赋人权的人，只不过此时的个体是还缺少必要的"智"与"德"的个体，在社会化之后，才变成一个拥有更多"智"与"德"的人。既然"成人"的条件如此容易达到，那么"做人"在西方文化传统里就不构成一个重要问题。于是，西方人将目光转向"做事"，使"做事"问题成为西方人心目中一个重要问题。这是现代意义的科学最终在西方文化里诞生的深层原因之一。西方人这一"做事"理念的实质是，高扬人的理性而轻视人的德性。

从很大意义上说，中国人讲的"社会化"是一个"质变"过程：个体在"社会化"之前不能称作真正意义上的"人"；个体在社会化之后，只有习得了必要的德性，才能真正"成人"，若仅仅是生物性的成长则毫无意义。这个可以说是中西方人对于"个体社会化"看法的一个最大的差异。"做人"是中国人的头等大事，一个人在没有做好人之前，是没有精力也没有必要去做事的。这是中国传统文化具有伦理道德型特点的深层原因之一。

这种做人理念的明显不足有二：一是易抹杀人的生物属性，进而不易重视和尊重一个人的基本需要和基本的做人权利；二是割裂了"德"与"才"间的辩证关系，过于优先考虑"德"在成人过程中的价值，而轻视"才"在"成人"过程中的价值，进而主张"学者所以为学，学为人而已，非有为也"。

因此，若想融会中西方做人理念并扬长避短，当代中国人在其社会化过程中就要树立"做人"与"做事"并重的理念。这实际上是一种"必仁且智"的完整的做人理念，它有利于促进当代中国人人格的完善发展。

二、社会化的中式理论

（一）基本观点

生物性个体是怎样变成社会性个体的？对于这一问题的回答，从理论上看，西方心理学主要有四大派别，一是弗洛伊德的精神分析论，二是皮亚杰和科尔伯格的认知发展论；三是班杜拉的社会学习理论；四是格赛尔的正常成熟论。而在中国文化里，中国先哲大都赞成以"习与性成"的性习论作为理论工具来解释。细分主要有以下三种观点：一是性习论；二是慎染说；三是童心失说。性习论大家都很熟悉，这里不再赘述，下文主要讨论后两个观点。

1. 慎染说

慎染，即小心熏染。慎染说，指谨慎对待环境和教化对个体品性的影响的一种观点。"近朱者赤，近墨者黑"一语，就是对这一观点的形象说明。

在中国思想史上，尽管先哲们对"人性"这一问题的看法不同，但是大家都赞成"慎染说"。如以主张"性善论"而闻名于世的孟子在《告子上》一文中就认为，环境对个体品性的形成与发展影响巨大："富岁，子弟多赖；凶岁，子弟多暴，非天之降才尔殊也，其所以陷溺其心者然也。"荀子也在《荀子·劝学》中说："蓬生麻中，不扶而直。白沙在涅，与之俱黑……故君子居必择乡，游必就士，所以防邪辟而近中正也。"既然个体所处环境的好坏与其品行的发展息息相关，那么个体就应善待环境和教化，以便利用好的环境和教化来塑造出良好的品行。

2. 童心失说

这一观点由李贽提出。李贽认为人与生俱来的"真心"是"童心"，童心至真至善是一个人的真我。现实中的人之所以不能成为"真人"的缘由，是这些人失去了童心。他具体描述童心丢失的三个过程：起初，个体自觉或不自觉地将在日常生活中看到的某些社会现象内化到自己的内心中，使自己内心本有的童心慢慢丧失，这是一个耳濡目染、潜移默化的过程。在此过程中，个体的感知经验受到了社会心理的影响。后来，随着年龄的增长，个体通过所见所闻获得了一些道理，尤其是一些所谓做人的道理，并让这些道理逐渐占据个体的心灵，这就导致个体本有的童心进一步于不知不觉中丢失了，在这个过程中，个体的理智受到了社会心理的影响。再后来，随着岁月的不断流逝，个体的社会阅历逐渐增多，人生经验逐年丰富，懂得去追求名利，去掩盖丑恶，因此，使个体本有的童心又进一步减少了。在此过程中，个体的价值观受到了社会心理的影响。

（二）简要评价

用现代心理学的眼光反观中国人的社会化理论，有以下几个颇具现代价值的思想：

第一，它所持的是多因论。在探讨影响个体社会化的因素时，中国人一般多持多因素论的观点，即看到了遗传（含成熟）、环境、教育和主体性在个体的社会化过程中所起的重要作用，显得颇为全面。

第二，重视环境在个体社会化中所起的巨大作用。其中有一个鲜明的特点是重视环境（包括教育）在个体社会化中的重要作用，认为大多数人的心理与行为方式普遍遵循这样一个规律，什么样的环境生成什么样的人格。

第三，推崇"少成若天性，习惯成自然"的道理。

第四，突出双主体的作用。中国人在讲个体的社会化时，充分认识到不同环境对人格的影响不一样。因此，多数人主张对于自主意识较弱的个体（如儿童），监护人要积极为其选择或创造一个尽可能好的外部环境，以让其更好地社会化，如妇孺皆知的《孟母三迁》的故事。这表明先哲在探讨个体社会化时，未削弱监护人在其中所起的主导性作用。同时，对于有一定自主意识的人们，如成人，又主张他们要善于为自己的人格修养选择或创造一个尽可能好的外部环境，提倡"君子居必择乡，游必就士"，这表明先哲也未削弱对作为社会化的个体的主体性（或称独立人格）的培养。换言之，在中国讲个体的社会化思想中，已包含有双主体的思想，至今看来仍非常可贵。

三、中式"社会化"历程的主要特点

（一）呈现 U 字形曲线

绝大多数中国人的社会化历程或人生曲线犹如一条很大的浅底 U 字形曲线。此形状的表面寓意是：对许多中国人而言，人生犹如一个平底深渊或苦海，一般是先拥有一个幸福的童年，因为中国人多信奉并身体力行"爱幼"的做人法则，在当代中国，许多家庭更是有儿童"宠物化"或"宝贝化"的趋势；然后是从"快乐的童年"逐渐往下滑，进而陷入困难重重的深渊或苦海；在经历了无数次人生奋斗或挣扎后，终于可以远离这个深渊或苦海，不过，此时个体岁数往往已在 60 岁以上了。换言之，大多数中国人的社会化历程有一个鲜明的特点：两头较舒服，中间颇艰辛。

（二）对不同个体有不同社会化要求

对中国人而言，做人是一个持续终身的过程，所谓"活到老，学到老"。综观古代中国人的做人历程，发现其中有一个值得深思的现象，无论是古代中国还是近现代中国，往往都是多元文化并存（如古代中国是儒、道、释等多元文化并存），并且一个人只要从心底认可某种文化，他在做人过程中往往会坚守此种文化理念，通常情况下也多能做到一以贯之。

但是对于大多数中国人而言，他们在做人过程中多将本该连贯一致的个体社会化历程分为明显的前后两节。在个体未真正进入社会之前，他们受儒家尚德文化的深刻影响，主要按儒家的理想来塑造人，要求做一个人至少要做个道德人，往上是做个君子，最高目标是实现"内圣外王"的理想人格，做个圣人；在个体真正走入现实社会后，迫于生存的需要，或是为了更好适应生活的需要，他们又信奉中国式的实用主义，以现实指标来评价人，要求一个人要做成熟人。

四、中式社会化的内容

社会化的内容就其大体而言，主要有政治社会化、道德社会化和性别角色社会化。

（一）政治社会化

政治社会化是个体学会现有政治制度所接受和采用的规范、态度和行为的过程，或者说是个体的政治态度与政治信念形成的过程。

当代中国人在政治社会化方面存在两个重要特点：一是"君为臣纲"思想早已退出历史舞台，现在国家越来越重视社会主义民主政治所需要的政治素质的培养。二是爱国热情持续高涨。这与当代中国通过改革开放取得了多方面的巨大进步有关。

（二）道德社会化

道德社会化是个体将外在道德规范逐渐内化成自己品德的过程。当代中国人在道德社会化方面至少存在两个重要特点。

1.从只注重私德向公德、私德兼顾方面发展

对于中国古人而言，人们一般都是生活在各式各样的私人家庭中，在家庭与国家间几乎没有真正意义上的"社会公共生活"。因此，古代中国人大都只注重私德的培育，极少人能够真正在"兼相爱"的层面上，做到"老吾老，以及人之老；幼吾幼，以及人之幼"。

随着城市化进程不断向前推进，中国社会已逐渐从乡土社会（熟人社会）向市民社会（陌生人社会）方向发展，越来越多的人走出家庭，过上了真正意义上的社会公共生活。与此相适应的，是在当代中国的道德社会化过程中，一些有识之士都极力倡导要培养个体的公德意识，以便让个体在其社会化过程中做到兼顾公德与私德的培育，不能偏执一方。

2. 从以儒家伦理道德规范为主，发展到以社会主义道德规范为主

儒学自汉武帝时期一跃而升为"唯我独尊"的主流思想之后，此传统一直延续到清朝才灭亡，因此绝大多数中国人在进行道德社会化时，一般是以儒家伦理道德规范为主。

新中国成立后，在全国范围内大力弘扬社会主义道德。其基本内容为：坚持社会主义核心价值体系，倡导集体主义和爱国主义；弘扬敬业、诚信、友善等道德规范，重视社会公德、职业道德、家庭美德和个人品德；培育知荣辱、讲正气、促和谐的道德风尚，形成男女平等、尊老爱幼、扶贫济困、礼让宽容的人际关系；发扬艰苦奋斗精神，提倡勤俭节约，反对拜金主义、享乐主义、极端个人主义；与时代精神相融合，继承和发扬民族优秀文化和传统美德。与此相适应，当代中国人在进行道德社会化时，一般是以社会主义道德为主，然后再适当融进一些中国传统伦理道德的精义思想，其目的就是使当代中国人逐渐生成既保持中华传统美德又有社会主义德性的品德。

（三）性别角色社会化

性别角色社会化是指个体学习自己所属文化规定的性别角色的过程。概括起来，当代中国人在性别角色社会化方面主要存在以下四个重要特点：

1. 从持有"男尊女卑"式性别偏见，转向接受男女平等观念。

2. "男主外，女主内"的性别分工思想，至今仍有较大的生存空间。

3. 随着妇女地位在当代中国的逐步提高，"惧内"有愈演愈烈的趋势。

4. 性别中性化，有愈演愈烈的趋势。

第二节　中国人的自我观

詹姆斯于1890年把自我概念引入美国心理学，认为自我是我们所有经验的中心，

并将"我"分为主我与客我，此后自我一直是西方心理学研究的一个热门问题。中国文化熏陶下的中国人的自我有何特色？他对今天的中国人有何启示？这是此小节讨论的内容。

一、我的语义分析

（一）"我"的称谓及特点

汉语中表示我的字或词有多个，如我、己、吾、余、咱、俺、某、自己、朕、寡人、臣、哀家、臣妾、妾、下官、在下、小可、小人、小子、老朽、晚生、学生、弟子、鄙人、贫僧、贫道、贫尼、洒家、奴才、草民和不才等等。

从这些称谓中可以看出，古代中国人在我的称谓上有三个特点：1. 多从自己与他人的关系入手来指称我。2. 重素质，尤其是品质，中国人尤其是古人对自我的认识，多从作为人的内涵的素质入手，像寡人（寡德之人）和不才等，皆有此意，这与中国传统文化强调内生有较大的关系。3. 推崇自谦，都是中性词，乃至自贬的称谓，如小可和奴才之类，皆有此意。

（二）"我"的心理学内涵

中国传统文化的主流习惯以"仁"定义人，这一过程的实质是将明确的自我的疆界铲除掉，以打通自我与他人的关系。

对绝大多数中国人而言，一旦产生自我，其自身的含义就绝不会仅停留在"个我"的身上，而是扩大到包括许多与我有特别关系的他人的身上。朱滢等人通过对所进行的一些自我参照效应的研究，发现中国人对于自我参照项目的记忆成绩显著优于他人参照项目的记忆成绩，但母亲是个例外，即母亲参照和自我参照的记忆成绩并没有显著差异，这在一定程度上证实了中国人的自我并不是完全独立的，而是包括母亲等在内的十分亲近的人。

在中国人的自我观中，按照涉及范围的大小，即可变成小我或大我。不过划分个我、小我与大我的分界线却是可进可退的，具有弹性的特征，犹如一组同心圆，圆心指个我或小己，圆心外面第一个圆圈代表核心家庭利益的我，圆心外面第二个圆圈代表大家庭利益的我，中间的部分表示此处还有许多个代表，各式各样我的圆圈，而最外面的圆圈指代表天下利益的我。如下图所示：

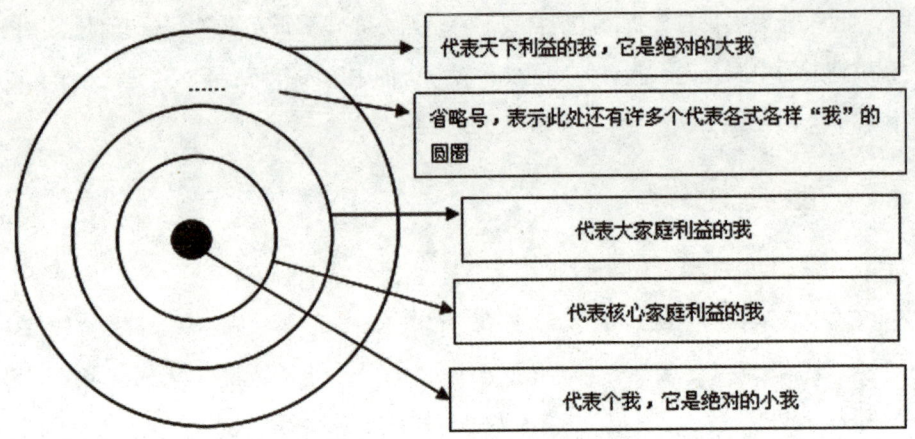

图 8-1　中国人的自我示意图

正如费孝通（1947）所说，中国人的行为特色并不是个人主义，而是自我主义，个人是对团体而说的，是分子对全体。在个人主义下，一方面是平等观念，在同一团体中，各分子的地位相等，个人不能侵犯大家的权利；一方面是宪法观念，指团体不能抹杀个人，只能在个人所愿意交出的一份权利上控制个人。这些观念必须先假定了团体的存在。在我们中国传统思想里是没有这一套的，因为我们所拥有的是自我主义，一切价值是以"己"作为中心的主义，它是不需要与一个团体或群体相对而言的，所以在分析中国人的行为方式时，为了避免简单的跨文化比较，应该放弃对个人主义与集体主义这个表层特征的探讨，而将中国人的我的特性作为分析的重点。

二、"我"的内容

关于自我的内容，现代社会心理学中常见的观点主要是西方学者的观点，一是将自我分为生理我、心理我和社会我；二是将自我分为现实我和理想我。由中国文化熏陶出来的中国人的自我，其内容也可按上面两种方式进行划分，并且若研究得深入，也可以得出一些有见地的结论，但是如果只这样做，似乎是不够全面的，因为它很难做到全面深刻地洞察中国人的自我，换言之在充分考虑中国文化的背景下，若想深刻理解中国人自我的内容，还应增加一些吻合中国特色文化的划分标准。

（一）身体我、心理我与社会我

身体我也叫生理自我，指个体对自己身体的认识、情感以及由此产生的意向。

心理我则是个体对自己心理的认识、情感以及由此产生的意向。

社会我指个体对自己在社会生活中所担任的各种社会角色的认识，包括对各种角色关系、角色地位、角色技能和角色体验的认知和评价、情感以及由此产生的意象。

多数中国人论自我，重在讲身体我和社会我，很少讲心理我，有很强的身体化倾向和社会化倾向。

（二）理想我与现实我

理想我指个体在理想世界中建构出来的自我，现实我指个体在现实生活中真实展现出来的自我。

在中国历史上，由于专制政治漫长以及战争、水灾与旱灾频发，生存环境多艰，很多中国人为了生存与发展，只好充分利用实用思维来应对环境，理想我无法在现实中展现，于是将理想我藏在心中，而在现实生活中展现一个与理想我有较大出入甚至截然不同的现实我。

对于多数中国人而言，理想我与现实我之间存在一定的距离，甚至二者之间完全不同也是可以接受的。大多数中国人不会因此产生心理困惑，更不会因此生出心理疾病。若理想我与现实我发生冲突，多数中国人宁愿收起理想我只展现现实我。

（三）人前我与人后我

按人前人后（或台前台后）分，可以将中国人的自我分为人前我（台前我）和人后我（台后我）。前者指在公共场合，或众人面前表现出来的我，后者指私下场合或在极少数与自己关系非常亲密的人面前表现出来的自我。

人前我像演戏一般，是将我最好的一面展现给他人，依照社会规范的要求行动，朝着他人希望的方向努力，总是期望给他人留下好印象，折射出中国人渴望得到他人好的评价的心态。相对而言，人后我则真实得多，一般会以自我的真实想法行动，而不是像人前我那样不断地严格要求自我，给自我戴上一个假面具。因此一般而言，人后我一般是较真实的自我。

（四）大我与小我

大我是代表多数人利益的自我，小我是只代表少数人乃至个人利益的自我。在中国，大我和小我的内容都可以变化，同时中国文化赞同牺牲小我保全大我的做法，认为"没有国，哪有家；没有家，哪有我"，因此凡事"追求大我而不惜牺牲小我"的看法都会受到人的赞许；相反，凡事"只追求小我而不顾大我"的做法，都会受到人的谴责。

三、中国人自我表现的特点

中国人的自我表现，仍有重礼节、随大流、内外有别、含蓄和表里不一的特点，至于好多情景中推崇牺牲小我成全大我和怕出格的心态，都在一定程度上有所减少；而推崇天人合一境界的心态又有增加的趋势，它和当代世人推崇人与自然和谐共处的思想相吻合。

第三节　中国人的尚"和"心态

尚"和"心态，可以说是中国人心理的一个突出特点，渗透于中国人对人、对事的看法中。中国人的善和心理分为四个方面：（1）自然的和谐，它是指一个人将自然界中存在的万物，包括飞禽走兽与花草树木等看作是一幅和谐画面的心态；（2）人与自然的和谐，这叫天人之和或叫天人合一，它指一个人在处理人与自然的关系上表现出尚和心态；（3）人际之和，是一个人在处理人与人的关系上流露出尚和心态；（4）人自我身心内外之和，指一个人在处理自我身心与外界的关系上体现出尚和心态，例如在审美情趣上流露出以和为美的心态。

一、"和"的种类

中国人实际生活里存在的和谐观，从不同角度来区别，可以分为不同的类型，例如，从实现和的策略角度看，可以将中国人实现和谐人际关系的策略分为两类，一是通过矛盾双方相互转换以达到动态的和谐，二是通过矛盾双方彼此斗争以达到动态的和谐。针对的对象不同，从这个角度可以将中国人的尚和心态分为三种类型：一是个体自身之和（包括身心之和，主客我之和等）；二是人际之和，此类又可分为家庭之和（包括父子、夫妻、兄弟姐妹之和）、邻里之和、朋友之和、同学之和、上下之和、官民之和等；三是天人之和，即人与自然环境之间和谐相处。下面着重从"真"与"伪"的角度对"和"进行划分。

（一）"真和"

所谓真和，是真正意义上的和谐人际关系。综合中国文化，尤其是中国传统文化的相关论述，能够同时符合下列两个标准的人际关系，才称得上是真正意义上的和谐人际关系：

一是交往双方都从心底彼此尊重并接受对方合情合理的个性特征，并相互鼓励对方发展自己的健全人格；

二是做到心和，即交往双方都要从心底里友爱对方，从心里理解对方合乎道义或法律的所作所为，在此基础上，再通过民主协商，对话互融，互谅或适度竞争的方式来寻求一种协调一致的关系。

（二）"伪和"

所谓"伪和"，指虚假的和谐人际关系。常见的"伪和"可分为两类：

1. 面和心不合

所谓面和心不合的交往，指交往双方表面关系和谐，但心中彼此怨恨对方，一方对另一方心存不满，甚至怀有怨恨情绪。像是春秋末期战败求和的越王勾践与吴王夫差之间的关系，以及鸿门宴中项羽与刘邦的关系，都属于典型的面和心不和。

面和心不合是一种非常糟糕的人际关系，容易导致一些严重的后果，它容易使交往双方或通常是处于弱势的一方，迫于有形或无形的压力，为了维持虚假的和谐人际关系，而暂时或持久地放弃自己的个性与主体意识，从而既不利于培养人们进行平等对话和民主协商的意识，以及相应的素质与技巧，也不利于培养人们进行适度竞争或抗争的意识以及相应的素质与技巧，这或许是一些中国人存在逆来顺受、听天由命心态的重要原因之一。

2. 以"同"代"和"

以"同"代"和"，就是以自我为中心，抹杀其他人或他物的个性，从而谋求一种无差别的一致性关系。

"以同代和"之所以是"伪和"，最重要的原因之一是它不符合"彼此尊重对方合情合理的个性"这一真"和"的实质精神。以"同"代"和"容易产生下述严重后果：它抹杀了弱势群体的鲜活个性，使得一个群体内部由于缺乏不同的声音而显得单调，也使民主、协商、对话等沟通方式失去生存的空间，从而极易滋生专制的管理方式，并导致群体缺乏可持续性发展的潜能。同时，它容易让被抹杀了个性的弱势群体在心里产生积怨，进而于无形中削弱群体的凝聚力，甚至给群体的生存与发展留下无穷后患。

二、尚和心态的表征

中国人在与人交往和处理人际关系时的尚和心态，除了"和而不同"与"谦和待人"以外，主要有以下六种表征。

（一）和为贵

和为贵是指一种推崇和或崇尚和的心理，假若用一个特征来概括中国人的尚和心态，那就是中国人在与人交往和处理人际关系时流露出来的和为贵心态，这种心态可以从某些深入中国人心中，为广大中国人所推崇的民间谚语中得到印证："二人同心，其利断金""众志成城，众口铄金""和气生财""家和万事兴"等等。

（二）企盼和事佬

企盼和事佬是指这样一种心理：当自己在处理人际关系时，一旦不能达到和的状态，就期望和事佬的出现，希望由和事佬出面来打圆场，从而使面临冲突或失衡的人际关系重新恢复到和谐的状态。与中国人在与人交往时一向以和为贵的心理相一致，中国人有着强烈的企盼和事佬的心理。

（三）畏争

畏争是一种畏惧与人发生争论或争议的心理。中国人多对和的丧失怀有一种恐惧的心态，这种心态在很多谚语中也有所反应，如"将相不和，国有大祸""家不和，家不兴""家有二心，无钱买针"等等，这类言语都是从反面警告人们不和将会带来严重后果，由于担心和的丧失会给自己的家人或国家带来诸多灾难，因此许多中国人都有畏争的心态。

（四）从众或众从

在日常与人交往或处理人际关系中，一旦遇到来自群体的压力，可以是实际存在的，也可以是存在于想象中的，一些中国人，往往采取从众或众从的做法，以使和的局面不至于被打破。从众俗称随大流，它是指在实际存在或想象存在的群体压力下，个人改变自己的态度，放弃自己原先的观点，而采取与大多数人保持一致的心理或行为。中国人的日常生活中，随大流现象或者从众行为随处可见。众从，是指在实际存在或想象存在的压力下，多数人改变自己的态度，放弃自己原先的观点，而采取与少数人甚至某个人保持一致的心理和行为。在中国人的日常生活中，众从现象也随处可见，例如权威与明星总是少数，许多中国人的盲目追星的心态与行为都是众从。

（五）迁就

迁就，是指一个人为了不失和，尽管心中不同意他人的意见或做法，表面仍对他人曲意求和或降格将就。用社会心理学术语来说，它是一种顺从或服从心理，其中顺从指个人由于群体或他人的压力而改变自己行为或信念的现象；服从指个体在权威或强制性命令下，放弃自己的观点或行为，而接受他人的观点或行为。相对而言，服从对个人来讲，主动性少而被动性成分大；顺从则是个人自愿的行为，并不伴随明显的强制性命令与潜在的惩罚。

（六）迎合

迎合是指一种猜度别人的心意而投其所好的心理和行为，假如说随大流与迁就，多是个体被动地去适应他人或群体，以谋求一种和谐人际关系的心态与行为，那么迎合则是一种个体为谋求和谐人际关系的局面，而主动去适应他人或群体的心态与行为。

三、对当代中国人正确看待尚和心态的启示

（一）"和"是打开中国人人际交往心态的一把钥匙

受儒家"礼之用，和为贵"的思想以及儒道佛三家上千年思想的深刻影响上，尚和已成为中国人的一种集体潜意识，即便在当代，中国人的心中仍有深厚的和为贵的心态。例如一些人爱荷花，除了荷花有"出淤泥而不染"的高贵品质外，与"荷"谐音同"和"也不无关系。而现在有些农家正堂中高悬"和合二仙图"，其目的也无非是期盼一家人在这一年里和合满满。

由于尚和已成为中国人的一种集体潜意识，因此中国人人际交往的所有策略几乎都是为了达到和谐人际关系的目的，"和"无疑是打开中国人人际交往心态的一把钥匙。和谐化的辩证观，是帮助今人理解我们集体无意识中处理冲突的方式方法。

（二）应辩证看待中国人的尚和心态

1.尚和心态的积极功能

中国人的尚和心态在维护中华民族的统一，增强中华民族的群体凝聚力与合作精神，使中国人养成顾全大局的观念等方面起到了积极的作用，因此在中国历史上虽有春秋战国时期、三国鼎立时期、五代十国时期和宋金辽三国并立时期等国家分裂时

代，但是中国人毕竟有分久必合的心态，使得大一统的中国绵延至今，同时，和为贵的思想对于今日中国建立和谐社会和让世界大家庭逐渐建立和谐发展理念等方面都具有重要意义。

2. 尚和心态的消极功能

中国人过于尚和，忽略了适度竞争在平衡人物关系与群我关系中的重要作用，有时为了和甚至有委曲求全或掩盖矛盾之嫌，这又带来了至少六个方面的消极影响：

（1）容易让人因恐惧竞争而委曲求全，最终失去自我。

（2）因担心伤了和气而不愿意表露自己的真心，最容易使人与人之间缺乏真情的碰撞与沟通，也不利于不同意见的产生。

（3）难以激发中国人本身自由竞争意识与冒险精神。这与中国古代重农抑商的政策息息相关。

（4）在社会生活中，若一味求和，一味避免斗争，有时就会使善为恶所战胜，使人失去做人的原则而变得世故圆滑。

（5）为了达到集体的和谐及团结，中国人往往会不过分坚持己见，甚至会牺牲自己的原则。这种中国式团结观念，不利于社会文化结构和意志的多元化，也不利于个人的主体化。

（6）尚和心态深深地渗入中国古代司法领域，使司法领域追求的最高境界是无讼，以便和气生财，以和为贵，正如孔子所说，"听讼吾犹人也，必也使无讼乎"。

因此，为了限制尚和心态的消极影响，最有效的解决办法是限制人们尚和的范围，如不渗透进司法等不宜尚和的领域。同时鼓励人们在保持自我个性的前提下适度参与双赢性的竞争与合作，双赢交往，双方通过求同存异、真诚合作，使双方合法权益得到增加。

第四节　中国人的人情观

在中国，人情虽不像友情那样淳朴实在，不像亲情那样至真无私，不像爱情那样纯美热烈，但人情是人"应有"的情感，"无人情""不通人情""不近人情"在中国是不受欢迎的，而合情合理、通情达理、入情入理则备受赞许的。那么，什么是"人情"？与外国人尤其是西方人相比，中国人为什么非常重人情？人情互动有规律或法则可寻吗？这就是本节要讨论的内容。

一、何谓"人情"

（一）"人情"一词含义

综合已有文本的解释，"人情"一词的含义主要有五种：

1. 人情即"人的情绪或情感"的简称，这是人情的本义。

2. 人之常情，即一个人待人处世时应有的常理之情。

3. 合乎情理的人心或世情，正如曹雪芹所说："世事洞明皆学问，人情练达即文章。"

4. 婚丧喜庆交际中所送的礼物。

5. 情面，情谊。如托人情、做个人情。

（二）心理学意义上的"人情"

1. 广义人情的含义

从实质上看，广义人情本是泛指生活在同一地区的人们通过约定俗成的方式所共同认可的一整套合乎情理的待人处世的行为规范或法则。

从内容上看，根据交往对象的不同，广义人情是包括亲情、爱情、师生情、友情，同样也包括合乎情理地对待陌生人的待人处世之道。

从性质上看，广义人情是指一整套合乎情理的处世法则，若是违背情理的处世法则，均不得称为人情。从这个意义上说，广义人情里已包含了"人的情绪或情感"与"人之常情"这两种含义。可见，"合情合理"是广义人情必须遵循的法则。

2. 狭义人情的含义

与广义人情相对，还有狭义人情。狭义人情主要是指一套合乎情理的对待熟人的待人处世之道。若想把握狭义人情的真谛，同样要牢记：

第一，从实质上看，狭义人情是指生活在同一地区的人们通过约定俗成的方式所共同认可的一套合乎情理的待人处世的行为规范或法则。

第二，从内容上看，狭义人情里所包含的待人处世法则主要是针对熟人而言的。这是狭义人情与广义人情的最大区别之处。

第三，从性质上看，狭义人情里所包含的一套待人处世的法则也是合乎情理的。

综上所论，"人情"本只是用来表示人的自然情感的一个术语，可是由于种种机缘，在中国社会，"人情"的含义随后发生了很大的变化，产生了各式各样的"人情"。并且，一方面，人情成为用来调节中国人人际关系的一个重要准则，于是，人情便有了伦理化、人际关系化的特点；另一方面，人情也成为衡量一个中国人会不会做人的重要标尺，于是，人情又具有了社会文化规范的约束机能。

二、中国人为什么重"人情"

中国人重人情有其深刻而复杂的社会经济文化历史根源。

（一）农业经济：中国人重人情的经济基础

中国古代社会主要是一个农业社会，因土地是不能动的，导致靠土地谋生的人在正常情况下也是少流动的，于是形成了熟人社会，熟人社会必是一个重人情的社会。

（二）伦理本位儒家文化的盛行

就文化因素看，中国人重人情主要是受到儒家学说的深刻影响。

1. 非常看重"直系血缘关系的共同性"

中国人之所以重亲情，与中国人在确定家庭成员的资格时非常看重直系血缘关系的远近有关。这从"人亲骨头香"一语就可见一斑。用现代心理学眼光看，"人亲骨头香"一语表明，相对于陌生人的体味而言，中国人更认同自己亲人身上散发出的体味。

2. 重"仁"导致重人情

由于孔子一向推崇"仁"，所以从某种意义上讲，儒学有"仁学"之称。而"仁"本含有生命之义，如种子的内核中潜藏有传宗接代的生命基因，如"杏仁""李仁"等，因此，"仁"就含有爱惜生命之义。在儒家看来，"仁"的重要含义之一就是"爱人"。孟子在《孟子·离娄下》和荀子在《荀子·子道》中都曾说："仁者爱人。"

3. 重"礼"导致重人情

儒家学说的基本假定是，它不从社会本位或个人本位出发，而是从人与人之间的关系着眼，重人际关系、交换。这也可以用"一回生，二回熟""人情客往"与《礼记·曲礼上》中"礼尚往来，往而不来，非礼也；来而不往，亦非礼也"等来说明。何谓"礼"？《礼记·曲礼上》说："夫礼者，所以定亲疏，决嫌疑，别同异，明是非。"这表明，礼不外乎是一套被传统社会习惯风俗所认可的行为规矩或规范。

（三）人情的功能

人情受到中国人的重视还有一个重要原因，那就是人情的功能。

1. 人情有交换价值

用社会交换理论的思想看，人情具有可交换性，相应地，人情就具有交换价值。概括起来，中国人的人情交换通常有三种类型：

（1）施恩情。当某人在危难之际，及时给予其有力的支持或帮助，他就会欠你一个"恩情"。若他非忘恩负义之人，将来定会给予你相应的回报。

（2）"送人情"。在与人交往时，有目的地进行人情投资，"送人情"给对方，这一般会使受方对施方产生亏欠或愧疚感，这便是中国人常说的"不好意思"，由此，双方便构成一种"人情债"关系，以后在施方向受方提出某种要求时，受方往往不得不按施方的要求去回报。

（3）一般性的礼尚往来。在日常生活中，人与人之间有来有往的互相走动、请客或过节时的送礼行为，一般都会起到加强彼此感情的效果，由此建立起来的"人脉"也会在今后的"给人情"或"给面子"中实现交换。

2. 人情有一定的社会规范功能

中国社会重视人情，主要是看到人情的社会规范功能。从积极意义上说，人情犹如一个润滑剂，它能在一定程度上增进人与人尤其是熟人之间的情感，维护人际关系的和谐，有利于和谐社会的建立与维持。就消极意义看人情，也容易给人物质上和精神上带来巨大的压力，即人情债并未给一些通过人情网拉关系的人提供心理上的认同感，这又容易使社会出现任人唯亲而不是任人唯贤的负面现象。

第五节　中国人的人格心理观

就中国人的人格心理观而言，以下几个方面的内容有相当大的现代意义：一是中国人心中的人格的含义；二是人格形成学说；三是人格分类思想；四是中国传统理想人格、现实人格及二者脱节的原因；五是中西方人格观的比较。

一、中式人格的定义

在中国传统文化如儒家文化看来，人是纷繁复杂的，不同的人具有不同的人格特征。像儒家所讲的君子和小人，虽都是人，却有截然不同的人格特征。从这一意义上讲，中国本土文化所讲的人格，不但有人品之义，还有个性之义。

人品一词为中国文化所固有，它的含义有两个：一是指人的品格；二是指人的仪表，如《古今小说》卷十九："薛宣尉为建阳知县，人品虽是瘦小，却有学问。"

中国人讲的个性主要指一个人与其他人相区别的属性，一个人以此而与其他人区别开来。因此，在中国文化里，一个"没有个性"的人仍是人，只不过在他身上找不到某些明显与众不同的东西，是个大众凡人而已。由此可见，中国人讲的个性，实际上相当于西方心理学中所讲的个性差异。

葛鲁嘉对中式人格概念的分析：中国本土文化里的人格包含两个相互关联的含义：一是指人所独具的品性，也就是个人的道德品质，它使人与禽兽区别开来；二是指人的品性与才能所呈现的不同等级，它使人与人区别开来。

二、中国文化里的人格类型说

先哲为了增进人们对人格的认识，也对人格做了分类。因不同人所持的分类标准不同，于是出现了不同的人格分类思想。

（一）儒家的"君子—小人"二分式人格类型说

"君子"意指"有才德的人"，"小人"意指"无德之人"。因此，所谓的"君子—小人"二分式人格类型说，是指主要以德行高低（兼顾才智大小）为标准，将人分为君子和小人两种类型的一种人格类型说。衡量君子与小人的具体标准主要有：仁、义、礼、智、信、忠、恕、诚、勇、孝、中庸、文质彬彬、和而不同、谦虚和自强。依儒家文化的解释，君子与小人之间的心理素质和言行表现是泾渭分明的，一个人在做人的过程中，能从整体上较好地体现出这十五种素质就是君子；反之，凡是基本上不具备这十五种素质的人就是小人。"君子—小人"二分式人格类型说的首倡者是孔子，其后经过历代学人尤其是儒家学人的不断完善，对中国人的做人方式产生了深远影响，至今仍深深地影响着许多中国人的做人风格。

（二）中医的人格类型说

《黄帝内经》根据中医的长期临床观察与实践，综合考虑人的外貌、体质以及心理与行为特征，将人格分为太阴之人、少阴之人、太阳之人、少阳之人和阴阳和平之人五种类型。这五种类型总结如下：

表 8-1 《黄帝内经》五种人格类型

人格类型	心理特征	外貌及行为特征	体质特征
太阴之人	性情贪婪、不仁厚；表面谦虚，假装正经，内心却深藏阴险；好得恶失，喜怒不形于色；不识时务，只知利己，见风使舵，行动上惯用后发制人的手段。	面色阴沉黑暗，假意谦虚，身体本来高大，却假作卑躬屈膝的姿态，并非真有佝偻之病。	多阴而无阳，阴血重浊，卫气涩滞，阴阳不调和，形体表现出缓筋皮厚的特征。
少阴之人	贪小利，有害人之心；看到别人有了损失，就像拣到便宜一样高兴；好伤人，好害人；看见别人得荣誉就愤怒，心怀嫉妒，没有同情心。	外貌呈现出清高的样子，但是行动鬼祟，偷偷摸摸，深怀阴险害人之心；站立时躁动不安，走路时状似伏身向前。	多阴少阳，胃小而肠大，六腑功能不协调。足阳明经脉气偏小，而手太阳经脉气偏大，一定要审慎调治。
太阳之人	平时自鸣得意，好言大事，无能却空说大话，好高骛远；行动不论是非，做事经常自以为是，虽然做事失败，却常常没有后悔之心。	外貌表现出高贵自尊、骄傲自满的样子，仰腰挺胸时，身躯向后反张，膝窝随之曲折。	多阳而无阴，一定要谨慎调治，不能再耗损其阴，只可泻其阳。
少阳之人	做事精细审慎，喜欢抬高自己；有了小小的官职就自以为了不起，向外宣扬，好交际，却不能踏踏实实地工作。	在站立时习惯把头仰得很高，行走时习惯摇摆身体，常常反挽其手于背后。	多阳少阴，经脉小而络脉大，血在中而气在外。在治疗时，应当充实阴经泻其阳络。
阴阳和平之人	生活安静，心安无所畏惧，不过分追求喜乐；顺从事物发展的自然规律，遇事不与人争，善于适应形势的变化；地位虽高却很谦虚，以理服人，而不是用压制的手段来治人，具有极高的治理才能。	外貌从容稳重，举止大方，性格和顺；善于适应环境，态度严谨，品行端正；待人和颜悦色，目光慈祥和善，举止有度，处事分明，众人都称之为真君子。	阴阳之气和谐，血脉调顺。在治疗时，应当谨慎地观察其身体的阴阳变化及邪正盛衰，观察其容颜表现，然后细审是哪方面有余、哪一方面不足。

中医关于人格类型的划分方法正确与否至今难以确定，因为《黄帝内经》没有给人们提供一些实际上的证据，其结论主要是通过经验总结出来的，基本上没有使用现

代意义上的研究方法，缺乏实证依据，所以应谨慎看待中医的人格类型说。

（三）刘劭的人格类型说

刘劭，三国时魏国人，著有《人物志》一书。在该书里，他对人的才能、性格、智勇以及鉴定方法等做了系统的研究。他的人格类型说对后世中国人进行人才选择和人才任用的影响甚大，成为后世中国人选择人才和任用人才的重要依据之一。

1. 人才分类

刘劭认为性情是一个人的本源。人性各异，而人所受的洗染也不同，故而世上有不同的人才，这表明，刘劭划分人才类型的依据是人的性情差异。他将人才分为十二种类型。

清节型：此类人才品行高尚，举止仪容能成为人们的榜样。

法家型：此类人才能够制定法律、改革制度，使人民富裕、国家强盛。

术家型：此类人才精通变化之道，能提供奇妙的智谋策略。

国体型：此类人才兼有情节型、法家型和术家型三种人才的才能，并且都很完备。

器能型：这类人才也兼有清节型、法家型和术家型三种人才的才能，但并不完备，品德仅能成为一方诸侯国的表率，其法制仅能治理一乡一邑，其术略仅能处理某些具体的行政事宜。

臧否型：这是由清节型派生出来的一种类型。这一类型的人不能宽宏大量，喜好判断好坏，热衷于分辨是非。

伎俩型：这是由法家型派生出来的一种类型。这一类型的人不能高瞻远瞩，缺乏长远打算，专门施展政治手段以期达到某种目的。

智意型：这是由术家型派生出来的一种类型。这一类型的人不能创制法则以便社会遵循，而遇到事变时则运用权术，随意处理，因而他们是智谋、权术有余，但公正不足的人。

文章型：这种人善于著书立说、撰写文章。

儒学型：他们能够传授圣人的学业，但不能任职施政。

口辩型：他们善于言辞、辩说，往往对答如流。

雄杰型：这种人才胆略超众，才略过人，他们都有一定的军事才能。

2. 人格分类

刘劭根据"阴阳五行生成说"，类推出人的五种人格：木——温顺而果决，金——果敢而充实，水——恭敬而平和，土——宽柔而严实，火——明畅而光芒。在此基础上，刘劭将人格分为十二种类型，并对每一种人格的总体特征及其优缺点于以精辞界说。如下表所示：

表 8-2　刘劭的十二种人格类型表

人格类型	人格的基本特征	人格的优缺点
强毅之人	狠刚不和	厉直刚毅，材在矫正，失在激讦
柔顺之人	缓心宽断	柔顺安恕，每在宽容，失在少决
雄悍之人	气奋勇决	雄悍杰健，任在胆烈，失在多忌
惧慎之人	畏患多忌	精良畏慎，善在恭谨，失在多疑
凌楷之人	秉意劲特	强楷坚劲，用在桢干，失在专固
辨博之人	论理赡给	论辩理绎，能在释结，失在流宕
弘普之人	意爱周洽	普博周给，弘在覆裕，失在混浊
狷介之人	砭清激浊	清介廉洁，节在俭固，失在拘扃
休动之人	志慕超越	休动磊落，业在攀跻，失在疏越
沉静之人	道思回复	沉静机密，精在玄微，失在退缓
朴露之人	中疑实确	朴露径尽，质在中诚，失在不微
韬谲之人	原度取容	多智韬情，权在谲略，失在依违

3. "英雄" 分类

刘劭还特别看重人才中的人才，即英雄，他根据智与勇搭配的多少，将"英雄"分为英才型、雄才型和英雄兼备型等三种类型。

英才型的人以智见长，像张良之类的人才就属于英才型；雄才型的人以勇见长，像韩信之类的人才就属于雄才型；英雄兼备型的人兼有智与勇，像刘邦之类的人才就属于英雄兼备型。

三、中国传统理想人格、现实人格及二者脱节的原因

探讨古代中国人的人格心理观时，有一个问题不能不予以重视，那就是中国传统理想人格、现实人格以及二者脱节的原因，因为理想人格与现实人格的区别何止十万八千里。

（一）理想人格的特点

理想人格是指表现出一种文化的精神和价值，并被生活于该文化中的人们所崇

尚、所效法的人格。中国传统文化里所蕴含的理想人格具有以下特点：

1. 理想观念：人人皆可以为尧舜的人格平等意识。

2. 理想目标："内圣外王"的完美人格。

3. 理想人格的性质："匹夫不可夺志"的独立人格。

（二）现实人格的特点

理想人格的设立，给古代中国人的人格修养指出了一个明确的努力方向，在中国历史上也的确曾经激励不少人为此而奋斗终生。但是就事实来看，理想人格毕竟只是空中楼阁，中看不中用，而与理想人格相区别的古代中国人的现实人格呈现出如下特点：

1. 现实观念："刑不上大夫"的人格不平等意识。

2. 现实状况：方圆人格。

3. 现实人格的性质："君为臣纲"的依附性人格。

（三）理想人格与现实人格脱节的缘由

造成中国人的理想人格与现实人格相脱节的根源是多种多样的，概而言之，主要有以下几种：

1. "内圣"与"外王"本是一对难以融会贯通的概念

从一定意义上讲，"内圣外王"的想法是非常好的。但是，无论就理论而言还是就事实而言，"内圣"与"外王"本身就是一对难以融会贯通的概念，因为这两个概念不是同一维度上的概念："内圣"重在"德"的维度（当然也涉及"聪明才智"），并且往往是先修"私德"，然后再将之拓展为"公德"；"外王"重在"智"的维度，当然有时也涉及"德"，所谓"以德服人"是也。虽然"私德"与"公德"在满足一定条件时是可以相互影响与转化的，但是这个转化并不那么容易。

2. 理想人格所设立的标准太高且单一

在中国传统社会里，儒、道、释诸家所设计的理想人格虽然内涵不尽相同，不过，究其实质，实际上都推崇单一的"内圣外王"式的理想人格。由于这种理想人格的标准定得如此之高，以至于绝大多数中国人即便严格按照先圣设计的修身路线去做且将一生的时间都用来研习修身的功夫，也不见得能大功告成。因此，"内圣外王"式的理想人格除了对极少数人产生真实的影响力以外，对芸芸众生并无多大的实际吸引力。于是，表里不一致或言不由衷的心理与行为方式也就随之产生了，从而导致理想人格与现实人格的脱节。

3.过于忽视知识教育，使理想人格的实现失去了现实基础

若想将理想人格变成现实人格，那么就要求人们既要有较高的德性，也要有一定的知识基础，后者是实现理想人格的现实基础。说得明白点，就是一个人不但要有为理想人格而奋斗的志向，更要有能力去实现理想人格。但是，事实上，因为中国传统文化的实质是一种泛道德文化，过于强调人们要进行德性修养，而将求知的事情一贬再贬，这就使得人们空有想践行理想人格之志，却没有能力去践行理想人格，使理想人格的实现失去了现实基础。

四、中西方人格观的差异

（一）性善论与性恶论的差异

中国主流的人格观一向是以孟子的"性善论"为基础的。由于孟子肯定人性本善的层面，因此，从善性里流出的一些概念都被认为是正面的、理性的，像仁、义、礼、智、信等。西方文化深受基督教的影响，而"原罪说"是基督教一个最基本的教义，所以西方主流的人格观一向是以"性恶论"为基础的。基督教认为人生而有罪，从原罪里流出的一些概念都被认为是负面的、非理性的，像邪恶、贪婪、狠毒、背约、奸淫等。

（二）中西式"自我"在人格结构中所占比重与所处位置的差异

中西方人讲的"自我"在人格结构中所占比重与所处位置也有差异，主要体现在两方面。

1.中西方"本我""自我"和"超我"所占的比重不同

中国人深受孔孟思想的影响，而孟子力倡人性本善，注重人禽之别，同时，中国人强调"自制"，主张以大我克小我。因此，在中国人的人格结构观念里，虽然"超我"的成分占有一定比例，但"自我"的成分所占比例更大，基本上排除了"本我"的地位，没有给"本我"一个起码的生存空间。

在西方社会里，人们深受基督教原罪教义的影响，多相信人性本恶，于是，多承认"本我"的存在，给予其足够的"合法"地位，因此，在西方人的人格结构或"我"的观念里，"本我"所占的比重最大，"自我"所占的比重次之，"超我"所占的比重最小。

2.中西式"自我"与"超我"在人格结构中的位置不同

中国人讲的良心或道德自我，犹如藏在人脑内的"圣人"，显得既完整又崇高。

在王守仁看来，人人胸中本都有一个"圣人"，只是许多人或是缺乏足够的自信心，或是被物欲所累，从而将自己胸中的"圣人"给遮住了。所以，若将中式人格结构画成同心圆来表示，那么，"良心"或"道德自我"一般处于正中位置；若将中式人格结构画成金字塔来表示，那么，"良心"或"道德自我"一般处于金字塔的最顶端。

西方人所讲的良心的含义较之中国人所讲良心的含义要小得多。如在精神分析学派的论著里，虽也将道德自我看作人格发展过程中的一个重要阶段，但在整个人格结构里，"超我"只占一小部分。在弗洛伊德呈现给世人的著名人格结构图里，"本我"占绝大部分，其次是"自我"，占最小部分的是"超我"，且只处于"偏安一隅"的位置。

（三）关注群体人格或个体人格的差异

中方国文化具有浓厚的人文关怀，不过，中国文化里所蕴含的人文主义与西方文化里所蕴含的人文主义有着本质的区别：中国文化里的人文精神主要体现在非常关注群体或社会的人格，而轻视甚至压抑个体的人格；西方文化与之恰好相反，其人文精神主要体现在非常关注个体的人格，而轻视甚至忽视群体或社会的人格。

（四）鼓吹依附性人格或独立人格的差异

尽管孔子和孟子等人倡导独立人格，受其影响，其后也有一些人推崇独立人格，并身体力行之，可惜，它并未构成中国传统文化的主流。与封建专制思想相呼应，中国传统文化的主流一向鼓吹依附性人格，导致多数中国人丧失了独立人格，与此不同，西方文化向来重视个人的价值与尊严，倡导"不自由，毋宁死"的理念，使得西方人一向追求独立人格。

（五）修养人格的途径与方式有差异

中国传统文化一向力倡通过个人道德上的修养功夫来促进人格的发展，提升自己的人生境界。西方文化对自我成长或人格光辉的发扬，主要是靠知识的修养与宗教的信仰。

（六）对道德人格与人格全面发展的态度有差异

中国传统文化所讲的人格主要是一种道德人格，于是，对于理智人格和审美人格，中国人没有给予必要的重视。西方文化力倡一个人的人格要获得全面的发展，因此，在西方的人格结构中，本我、自我和超我都有其应有的地位。

第六节　中国人的思维方式

从文化心理学的角度看，一种文化之所以有自身的特色，就其成因而言，说到底在于思维方式的差异，因为思维方式是民族文化心理传统的深层结构。那么，中国人的思维方式有何特点？用今天的眼光看，它又有什么不足之处？为了进一步完善中国人的思维方式，今天的中国人应从中继承什么、舍弃什么？这些都是本节要深究的问题。

一、经典中式思维方式及其特点

中华文化能绵延几千年且至今仍充满生机与活力，这不能不归功于孕育这一文化的中国人的思维方式的特色与长处。

（一）善用整体思维

推崇整体思维是中式思维方式的一大特色。经典中式整体思维方式主张：世界自产生之日开始便是一个有机整体，在这个整体之中有许多相互关联和相互作用的子系统与部分，它们一直处于不断变化之中。这样，若想认识世界乃至世界上的任何事物，适宜的视角是用普遍联系的、整体的观念看待问题，强调事物之间的关系与联系，主张将事物内部矛盾的两个方面"合二为一"，进行通盘考虑，而不喜欢从局部、细节上把握事物。

1. "整体思维"的具体表征

中国人的整体思维体现在中国人对万事万物的看法中。

就单一事物而言，中国人多重整体而轻局部，为了整体可以牺牲局部的利益。汉字最典型地体现出这个特点。同样的笔画在不同的字中或处于同一字的不同部位时都会有不同形态，如"水"用作偏旁时可写作"氵"，在这里，笔画是由字这个整体来定义的，没有相对的独立性，相反，中国汉字还特别强调字中笔画的配合要均衡、平稳、得当、有灵性，有严密不可分的整体美感。因此，人们面对一个汉字时所注意的往往只是字的整体结构和形象，而不是组成字的笔画。

就两个或多个客观事物之间的关系而言，中国人特别强调从整体的角度来把握彼此之间的关系，这从中国人对待以下三对关系的态度中就可见一斑：在天人关系身上，主张天人合一；在人我关系上，推崇人我合一，因此，主张做人要做人中人；在身心关系上，提倡身心合一，认为无身则无心，无心则无身。

2."整体思维"对中国人的深刻影响

中国先哲所强调的"天人合一"式的整体思维给我们带来的重要启示在于：在人与自然的关系上，人应注重与自然保持一种和谐的关系。在"天""地"与"人"之间不宜"人"字写得太大，否则，人迟早会受到自然的严厉惩罚。这或许是中国古人善待自然的深刻原因之一，对于促进今人养成善待环境的环保观念也具有现实意义。至于天人合一的整体思维里所蕴含的消极思想，如牵强附会地将自然与社会政治伦理联系在一起；习惯于宏观、笼统地把握认识的对象，而不愿意细致地分析认识的对象，给人一种不精确的印象。

中国人习用整体的、普遍联系的观点看待事物与问题，重视事物与事物之间的联系，这也有助于避免"只见树木，不见森林"的错误。同时，整体思维方式对人思考的顺序产生了深刻影响，从群体与个体的关系看，整体思维方式使得中国人习惯于"由群体到个体"的群体优先式的思考顺序，这对中国人养成群体至上的价值观念有一定的积极作用，但也由此导致中国人从未真正将"个体"放在优先考虑的地位上，在发问方式上，爱问"怎么样"，不喜欢问"为什么"，不重视寻求事物与事物之间的因果关系，背后隐藏的决定论思想，这又是今日的中国人所应舍弃的。

（二）推崇辩证思维

与推崇整体思维密切相关的是，中国人崇尚辩证思维，这是中国人思维方式的又一特色。辩证思维是指既要看到事物之间或矛盾双方相互冲突的一面，又要看到它们可以相互转化的一面，还要看到他们可以和谐共生的一面。所以，处理问题或矛盾的最佳方式是将事物的正反两个方面或矛盾的双方综合起来加以考虑，以便更加全面、准确地看待事物或矛盾，并求得事物或系统的动态平衡。

1. 中国人重视辩证思维的具体体现

（1）中医善用辩证思维

中医领域善用辩证思维，最集中地体现在中药的"配伍"上。配伍是指按病情需要和药性特点有选择地将两种或两种以上的药物配合在一起使用。配伍既能治疗复杂的病情，又可增强疗效，减少毒副作用，因而被广泛采用。

（2）兵家善用辩证思维

在孙子看来，战场情况瞬息万变，影响战争胜负的因素也是错综复杂的，只有善于运用辩证思维，依据敌我双方形势的变化，灵活地制定军事战略，使敌方无法准确把握我方真实的作战意图和作战战术，才能达到"攻其不备，出其不意"的效果。自孙子开始，中国历代的著名兵家几乎都善用辩证思维。

（3）文艺人士善用辩证思维

文艺人士善用辩证思维，最集中地体现在对书法绘画作品的布局上。如据《御定文斋书画谱》卷九《笔髓论·释真》记载，初唐的虞世南曾说："右军云：书弱纸强笔，强纸弱笔；强者弱之，弱者强之。迟速虚实，若轮扁斫轮，不疾不徐，得之于心，应之于手，口所不能言也。"这段言论便是在讲创作书法作品要体现辩证思维。

（4）厨师利用辩证思维

中国人之所以拥有闻名世界的一流烹饪术，能够做出著名的八大菜系，主要原因之一便是中国人善于利用辩证思维将天下种类繁多、营养各异、气味千差万别的食料"和合"进不同的菜肴之中。例如，适度调配酸与辣，将它们"合二为一"，可制成可口的酸菜鱼；适度调配糖与醋，将它们"合二为一"，可制成可口的糖醋排骨；等等。

（5）灵活运用一些看似矛盾的言论

在汉语中，有一些言论从表面上看是矛盾的。例如，既说"瘦死的骆驼比马大"，又说"落毛凤凰不如鸡"；既说"嘴上没毛，办事不牢"，又有"后生可畏"的说法。这类说法常将初学汉语且无中式思维习惯的"老外"弄得"云里雾里"，一脸疑惑。但是在精通辩证思维的中国人眼中，上述这类说法不但丝毫不矛盾，而且正是看问题深刻的一个重要体现。换言之，在不同情境中、不同人身上，某些看似相同的表象背后其实隐藏着截然不同的道理。所以，妥善的解决办法是"到什么山，唱什么歌"，这样方能有针对性地解决问题。

2. 中国人重视辩证思维的缘由

中国人注重辩证思维而轻视形式逻辑思维，其根本原因在于先哲很早就发现客观世界中有许多事物是相反相成的，他们很重视这一规律，并且认为只有辩证思维才能更好地反映和驾驭这一规律。

3. 辩证思维在中国的得与失

从总体上看，中国人在哲学、中医、军事、书法绘画和烹调术上将辩证思维运用得最为出神入化。但是，在西学未"东渐"之前，经典的中式辩证思维只注重相反相成的两种事物或同一事物内相反相成的两个方面的相互转换关系，却缺少批判性思维。同时中国虽有一些先哲颇重视辩证思维，但是在做人、考评一个人、评价一部书、评价某件事以及制定一些管理制度等时，很少有人真正用辩证思维去看待问题、思考问题和解决问题，往往喜欢"走极端"。

（三）向往中庸思维

1. 中庸思维的内涵

向往中庸思维是中国人思维方式的另一大特色。中庸思维是指个体从当时所处的具体情境出发，用恰到好处的"分寸"把握自己所面临的一个或多个问题，以使问题获得正确且圆满的解决。顺理成章地，对于"过"与"不及"的思维方式，中国人一贯持批评态度，表现出中国人一贯具有克制自己欲望的特点。

2. 中庸思维被多数大哲所认同

中国传统文化所推崇的中庸思维方式也是印度文化和西方文化所推崇的思维方式。

据《杂阿含经》第九卷中记载，佛陀说："精进太急，增其悼悔；精进太缓，令人懈怠；是故汝当平等修习摄受，莫着、莫放逸、莫取相。"这颇类似于孔子所讲的"中行之说"，表明印度的佛教文化中实际上也蕴含着中庸思维。

西方哲人也多推崇中庸式的思维方式，主张"中庸是最高的善和极端的美"，其典型代表就是亚里士多德。亚里士多德曾说，伦理德性，它是关于感受和行为的，在这里面就存在着过度、不及和中间。例如一个人感到痛苦和快乐，可以多也可以少，两者都是不好的，而是要在应该的时间，以应该的方式去表现，这是最好的，它属于德性。德性是关于感受和行为的，在这里过度和不及产生失误，而中间就会受到称赞。德性就是中间性。

可见，中国先哲所力倡的中庸式思维方式，实也是印度哲人和西方多数哲人所力倡的思维方式，换言之，中庸思维实为中外多数哲学家所认同。

3. 对中庸思维的错误应对

虽然一些中国人内心非常向往中庸思维，但由于中庸思维对人的心理素质要求很高，又需要一些管理制度的支持，所以，并不是人人都善于运用中庸思维。因此，中国人在日常生活中产生了两种不良做法。

（1）喜走极端

在日常生活中，尤其是在社会管理领域，许多中国人喜走极端，较少运用中庸思维。例如，在中国古代，中国人喜走极端的思想典型地体现在"三纲"思想中。按"三纲"的逻辑，"君为臣纲"是只要求为人臣者要想方设法服侍好自己的君主，却不要求君主善待自己的臣子；"父为子纲"是只要求为人子者要想方设法服侍好自己的父母，却不要求父母善待自己的子女；"夫为妻纲"是只要求为人妻者要想方设法服侍好自己的丈夫，却不要求丈夫善待自己的妻子。这是典型的偏执一端的做法，其后果便是：一方面，君权、父权、夫权的无限扩大，导致中国历史上出现了无数昏君、昏父、昏夫；另一方面，臣子、子女、妻子几乎没有基本的人权，沦落为君王的奴隶、父母的工具、丈夫的附庸，由此导致了无数人间惨剧的发生。

（2）对中庸的误解

根据冯友兰的概括，人们对中庸思维主要有四种误解。

第一种误解是："中"有"不彻底"之义。如一事有十成，坚持"中"的人做这件事大概只做五成，若做四成，就是不及；若做六成，就是太过。所谓"适可而止"，就有"不彻底"之义。

第二种误解是："中"有模棱两可之意。如对某事有两种相反的意见，坚持"中"的人一定认为这两种意见都对或都不对，于是，他把两方面的意见先各打个五折，然后斟酌两方面的意思，而取一个折中的意见。所谓"执两用中""折中"或"两面讨好"就是此义。

第三种误解是："庸"是"庸碌"之义。持这种观点的人以为儒家教人行庸道，是叫人庸碌无为，不敢有所作为。凡事"不求有功，但求无过"。

第四种误解是："庸"是"庸俗"之义。艺术方面的创作或鉴赏本是雅事，而行庸道的人多认为这些雅事是"雕虫小技"，做这些雅事会使人玩物丧志。行庸道的人所做的事，或他们所认为应该做的事，往高处说是些"伦常日用"；往低处说，几乎都是些柴米油盐之类的事，使得中国人较西方人要"俗气"。

4. 宜弘扬中庸思维

既然中庸思维实为一种非常优秀的思维方式，并且得到中外多数哲学家的认同，那么，今天的中国人在待人处事时，就不应因惧怕"中庸"的难以为之而干脆放弃它或误解它。在这个问题上，合理的态度应是"明知山有虎，偏往虎山行"。同时，中庸思维还告诉人们，在做任何一件事情时，若想达到最佳效率，就必须将其做到"最好"，既不可"60分万岁"，也不能"90分就心满意足"。

二、经典中式思维方式的"先天不足"

中国传统文化说到底其实主要是一种伦理道德型文化，致使古代中国人将主要精力放在思考"怎样更好地做人"这一问题上，从而使得中国人的传统思维方式涂上了厚重的人生智慧色彩，善于以人为思维对象进行"人化思维"。如要做好一个人，必须妥善处理好自我与他人、他物的关系，由此导致中国人的思维具有整体思维的显著特点，善于将事物看作是运动的、普遍联系的；做人的智慧往往"只可意会，不可言传"，由此导致中国人喜欢直觉思维和形象思维（比喻或类比）；等等。不过，"成也萧何，败也萧何"，中国人的思维方式的上述特色或长处本身就隐藏着其最大不足：不善于运用以客观事物为思维对象的"物化思维"。具体地说，中国人的思维方式主要有以下几点不足：

（一）思维偏重于伦理型而少认知型

人事瞬息，江河不废，这是中国的传统观念，是古代中华民族的哲学观念。我们祖先感受到人事代谢，而在静穆的自然中得到寄托。与此相反的是，欧洲的古人则感到江河日流、日月常新，而在"自我"德性的观照中得到坚定不移的准则。这是两种不同的历史文化形态，所以中国古代的传统是先历史、伦理而后自然，欧洲古代则先"自然哲学"而后"自我"（伦理、社会、历史），由此而致使两种文化产生种种的区别。因此中国传统思维的一个显著特点是：主体是以自身为对象的内向型、伦理型思维，而不是以自然为对象的外向型、认知型思维。

在中国古代，儒家的主体内向型思维特征是非常明显的。道家重视自然，承认自然规律的存在，但在"天人合一"的基本模式中，道家并没有形成外向型的认知思维，而同样表现为内向型的伦理型思维，即在自我体验、自我知觉中实现与自然规律的合一。《老子·十九章》的"见素抱朴"，《庄子·天地》的"体性抱神"，都是在自我直观或直觉中实现本体超越的。

中国先哲偏爱伦理型思维，这或许与中国的经济地理环境有一定的相关性。中国半封闭的大陆型地理环境与小农经济哺育了儒家思想，以儒家为代表的先哲对世界的认识主要是出于对现实社会政治与伦理道德的关注，而不是出于对自然奥秘的好奇。在此种思想的深刻影响下，中国传统文化一向有重道轻器、重人文轻科学的倾向。科学技术也被人们视为"奇技淫巧"，受到歧视与压抑，这使得中国传统思维方式带有强烈的伦理型特征，而缺少认知型特征。

（二）少分析思维

"分析"与"综合"都是思维的基本过程与方法，不过，"分析"与"综合"相对，是把事物分解为各个部分加以考察的方法。中国人过于强调整体思维，由此导致中国人的思维方式有明显的不足之处：缺少分析思维传统。进而导致中国人的思维方式出现一种"混沌"状态，喜欢对客观事物做一种笼统而不精细的把握，显得不够准确，具体表现有四点：

1. 对许多问题喜欢做模糊性处理。这典型地体现在中医上。中医理论、中医治疗方法与中药等主要是靠许多优秀中医通过积累丰富的临床经验与深刻思辨获得的，但这些中医领域的先贤并未用科学语言将医理做清晰阐述，也未将中医诊断过程和治疗过程做可操作性处理，更未有意地去剖析中药的主要成分，化学结构式、分子式、分子量与药代动力学等，结果导致中医至今仍停留在经验水平，未真正进入科学的庙堂。

2. 用词多歧义。对一些核心术语多未做明确解说，导致不同的人常常在不同意义上使用同一个术语，甚至同一个人在不同地方所用同一术语的含义也不尽相同，这既增加了"鸡跟鸭讲"式的无谓争论，也为今人阅读古籍增添了不少麻烦。

3. 立辞多独断，缺乏详细的论证。古人在阐述或论说其思想时多只将结论直接说出来或写下来，至于得出此结论的过程则未有详细论述，在记载上喜欢用的体裁是语录体或格言体，如《老子》《论语》《二程集》《朱子语类》和《传习录》等皆是如此。这导致中国传统思想至少从外在形式上看缺乏严密的论证和严密的逻辑体系（这样说，并不是否认中国传统思想从实质上看有一个比较完整的体系）。

4. 与英语等西方语种相比，中文里的名词完全没有语法形态上的变化，它们完全不受"性"或"格"的限制；中文里的形容词没有比较级的变化，动词也没有"语态""语气""时态""单复数"和"人称"的变化，就连名词、动词、形容词本身之间也没有明确的区别，很多字都可以不加区别地用作名词、动词或形容词。我们这样说，并不是在抱怨汉语不能用来传递人类的思想与情感，也不是说人类思想情感中存在一片广阔的领域，假若用汉语，是相当困难甚至不可能表达清楚的，而只是认为，这样建构起来的一种语言在一定程度上具有模糊性或含蓄性的特点，使得中国人在彼此交流时，往往要"听话听音"，否则，你就难以领会对方的真实想法。

（三）少逻辑思维

中国传统思维强调直觉，喜欢笼统朴素的整体性与朦胧猜测的模糊性，其中虽蕴含系统思维的萌芽，但也有致命的缺陷：少逻辑思维的传统。这并不是说，逻辑思维在中国古代无迹可寻。事实上，先秦时期本有很重视逻辑，类似于今天逻辑学的"名学"，可惜的是，因名学不符合中国文化的主流，到秦汉以后便中绝了，致使中国传统文化里缺"逻辑"这门学问，中国人的逻辑思维也没有获得充分的发展。

（四）少独立思维、批判性思维和创新思维

中国人多有崇尚权威的思维习惯，对前人尤其是先贤的观点多采取不加批判地"全盘接受"的态度，这使得许多中国人缺少独立思维和批判性思维，进而导致中国人少创新思维。这并不是说，中国一向没有独立思维和批判性思维的传统。事实上，《孟子·尽心下》就曾说："尽信书，则不如无书。"遗憾的是，随着封建专制的加强，这种批判意识、怀疑精神或批判性思维随后未受到人们的重视。

三、对当代中国人培育完善的思维方式的启示

当今国家与国家之间的竞争，是科学的竞争，是技术的竞争，是教育的竞争，但归根到底，还是人才的竞争。要培养一个人成才，一个关键因素是培养其科学的思维方式。提高中华民族的思维水平，改变中华民族思维方式里因循守旧的保守心理与恪守常规的落后心理，继承中华民族思维里的积极因素，是关系到启蒙愚昧、解放思想的重要方面。在指出我们的思维方式的特点与不足之后，今后我们若想发展出健全的思维方式，还须做到以下几点：

（一）整体思维与分析思维要兼顾

整体思维虽然有助于先哲们从整体上把握自己的研究对象，并使先哲们形成了用"事物是普遍联系的"的观点来看待世界的习惯，但是，毋庸讳言的是，中国传统的整体思维在没有经过对事物进行科学的分解，没有对事物的细节进行精确研究之前，只凭直觉大谈事物的整体性，这种缺少分析思维的整体思维带有明显的不足。

（二）模糊思维与精确思维要兼顾

模糊思维是指思维中关于对象的类属边界及其性态的不清晰、不确定的一种思维

方式，或者说是指思维中在关于客观事物相互联系与相互过渡时所显示出来的"亦此亦彼"的思维现象。它表明思维主体对思维对象的量的规定或质的规定不甚明晰。像日常生活或小说里描述人长相的"浓眉大眼"一语，"浓眉"到底浓到什么程度，眉毛的准确数量是多少根，"大眼"大到什么程度，眼睛的长与宽分别是多少厘米，这些量的规定都是不确定的、模糊的。

（三）训练逻辑思维和形象思维与培育直觉思维要兼顾

逻辑思维与直觉思维是人类思维中普遍存在的两种形态，二者之间有较大差异：

第一，逻辑思维靠概念系统进行，没有概念，逻辑思维就无法进行；直觉思维往往要抛弃概念，直接面对事物，直接诉诸心灵。

第二，逻辑思维追求形式性、规律性、严密性，否则，逻辑就不能成为逻辑，逻辑就失去了它的力量；直觉思维一般不经过逻辑推理，以其突然性与穿透性见长，它往往直接通过事物的现象而直达事物的本质，且往往不能预期，只能巧合。

第三，逻辑思维的推理一般环环相扣、等级转换，具有较强的可操作性，也往往有颇强的说服力；直觉思维是顿悟式的思维，它虽能直达事物的本质并让人获得正确的解答，但往往不能向人呈现出其清晰的思维过程，操作性不强。

第四，逻辑思维靠一环扣一环的推理来展现自己，其思维轨迹往往是线式的；直觉是在对一个事物的直观感悟中完成的，其思维轨迹一般是跳跃式的。

中国先人重视直觉思维的重要作用，这有一定的合理之处，不过，只是一味强调直觉，强调受教育者要在践履中去体验与顿悟，强调一个人"触心"要能"警悟"（王夫之语），以致忽视逻辑思维，这又有一定的偏颇，也使得中国古代的教育带有一定的神秘性，难以"操作"，易流于"空泛"。

参考书目

[1] 汪凤炎，郑红．中国文化心理学（第5版）．暨南大学出版社，2008.

[2] 燕国材．中国古代心理学思想史．台北：远流出版事业股份有限公司，1999.

第三部分

团体心理咨询

第九章　团体心理咨询发展史

第一节　西方团体心理咨询的发展

心理咨询起源于欧美。据文献记载，1896年美国心理学家赖特纳·韦特默创建了世界上第一个儿童心理诊所，翌年开展了系统的临床心理诊断及教育治疗技术培训，同年创刊的《临床心理学》杂志是心理咨询诞生的标志。心理咨询学诞生以后，促使它大踏步前进的外在因素是社会现实的需要；内部关键因素则是该学科自身方法学的发展。团体心理咨询，作为心理咨询的主要方式之一，其发展与心理咨询的发展基本同步。以下为了叙述的方便，我们把从心理咨询产生到第二次世界大战爆发前称为西方团体心理咨询的探索期，第二次世界大战爆发之后至今称为团体心理咨询的发展期。

一、探索期

许多心理学家和精神病学家都为团体心理咨询的发展做出过贡献。其中美国内科医生普拉特是人们公认的"团体心理咨询与治疗之父"。1905年，普拉特在波士顿他工作的医院里，将住院的25位肺病患者组成了一个团体，称为"class"，采取讲课、讲座、家访、患者日记交流、称体重，并请适应较好的患者现身说法等形式开展团体心理咨询，每周聚会1～2次。

1907年，在美国密歇根的一所中学里，校长戴维斯利用英语作文课，安排每周一节"职业与道德辅导"，被认为是班级团体辅导的最早尝试。

1908年，为解决众多人的就业问题，帕森斯在美国马萨诸塞州首府波士顿创立了具有公共服务和培训性质的就业指导局——波士顿职业局；同年10月，提出心理咨询师训练计划，主张公立学校应该为学生提供职业咨询服务。之后，他还在不少学校里设置了"行业信息课"，为学生提供行业信息，并为学生提供讨论就业疑难问题的机会，还帮助学生了解自己的个性，发展劳动技能与责任感。

1909 年，精神科医生兼牧师马施开始尝试以团体心理咨询的技能治疗精神病人，他是第一个把团体心理咨询方式引进精神病治疗与康复工作的精神科医生。

1910 年前后，欧洲、美国的一些医生先后采用团体心理咨询的方式治疗精神病患者。如 1919 年，美国精神病学家拉扎尔在华盛顿的一家医院内为住院的精神病患者组织了学习班，讲解对死亡的恐惧、幻觉、自卑感和许多心理上的问题，鼓励患者进行讨论。在良好的团体气氛和亲密友好的关系中，成员相互影响、启发、支持，结果，几乎所有的参加者都收到了明显的效果。

1920 年，维也纳精神病学家莫雷诺首创了一种以现实生活为模型的团体心理咨询与治疗的方法——心理剧，通过戏剧表演的形式，使患者被压抑、被埋没了的潜能和问题重新被激发出来，从而达到改善适应能力的目的。与此同时，维也纳精神病学家阿德勒开展以个人心理学为理论基础的团体心理咨询。他们通过小组讨论、小组社交活动、心理剧等形式使参加者在心理学家的指导下讨论人的生活价值、认识生活方式、发展社会兴趣、识别错误态度、增进团体意识，建立符合社会利益的生活哲学。

但是，从总体上看，团体心理咨询在第二次世界大战前还不太普遍，仅有少数人采用。第二次世界大战期间，战争以及战争带来的许多问题使心理障碍者和精神病患者骤增，而心理咨询与治疗人员又严重不足，这就大大刺激了团体心理咨询与治疗的发展。

二、发展期

（一）发展初期

第二次世界大战期间，由于战争压力造成的心理问题骤增，面对一大批饱受战争创伤的士兵，数量有限的精神病学家、心理学家无法满足社会需要，而普通士兵也无能力支付昂贵的诊费。因此，集体心理治疗作为一种经济、简捷、高效的治疗手段迅速发展起来。1940 年，英国精神病学家福尔克斯最先提出实施集体分析治疗，开始对英军北部战区神经症中心的患病士兵使用带有心理分析式的集体心理治疗。1943 年，美国成立了集体心理治疗学会（AGPA）；1950 年，创办了集体心理治疗杂志。以后，专业集体心理治疗工作者大幅度增加，专业文献也逐渐增多，集体心理治疗成为心理治疗中的一支重要力量。

第二次世界大战期间，在美国陆军服役的美国精神科医生艾瑞克·伯恩，于1943年开始在军人中试验团体心理咨询。在团体心理咨询中，他看到团体互动给成员提供了自我了解的途径，使成员能逐渐了解自己的人格结构与功能，并学会了与人沟通。他发现团体咨询还可以帮助成员把焦点放到自己早年的决定上去，提高成员对自我和对他人的觉察力，使他们重新做出决定。他受到团体心理咨询工作潜力的激励，战后到加利福尼亚州卡迈尔，与心理学家埃里克森一起做精神分析研究。1959年，他提出了"人际相互作用分析"的人格理论，成为团体心理咨询的重要基础理论之一，其目的是帮助人们了解自身与他人相互交往的本质，改变自己的生活态度，对人际交往获得深刻的领悟力，建立自尊、自信、成熟的人际关系。他的理论主要包括：自我的三种状态、人际沟通的三种类型、有效沟通的三种基本能力。

20世纪40年代后期，团体心理咨询的理论与实践有了进一步发展。如1947年前后，德裔美国社会心理学家勒温提出了"群体动力学"和"场论"，并做了大量实验，为团体心理咨询与治疗的发展做出了特殊的贡献。他还提出了人际关系训练在现代社会的重要性，并认为人际关系的敏感性及对他人的理解和接受态度是可以通过训练提高的，这种训练可以借助较自由的团体活动与讨论发生。从这以后，团体辅导不仅针对心理或行为有问题的人进行矫治，而且也为正常人、健康人提供了一种可以促进人格成长的学习机会。

勒温还在他的"群体动力学研究中心"成立了"人际关系技术训练实验室"，即著名的NTL（National Training Laboratory），简称T-小组（1949年命名），对个体进行人际关系的敏感性训练。这一实验室的建立在团体心理咨询史上具有十分重大的意义。因为之前的团体心理咨询主要是针对心理或行为有问题的人做矫正性治疗，而此后的团体心理咨询已不仅做这种矫正性治疗，同时也为正常人提供发展性教育和培训。"团体心理咨询"这一概念开始为人们所熟悉，该实验室创造的一套训练技能被称为"T-小组训练"，以后使用这种训练技能的小组被称为"T-小组"。

1946至1947年，罗杰斯及其他在芝加哥大学咨询中心工作的同事们开始注意专题讨论会在训练培养咨询员中的作用。

（二）迅速发展期

1951年美国心理学会设立了"咨询心理学分会"，咨询心理学从临床心理学中独立出来。西方团体心理咨询的迅速发展表现在如下几个方面：

首先，团体咨询与治疗的理论纷纷确立，并出现了各种学术流派。如美国著名精神病专家沃尔夫在 20 世纪 60 年代确立了团体的心理分析技术和方法，将移情、自由联想、梦的分析、解释、领悟和修通、替代性单元等方法系统地运用于团体心理咨询，以释放团体成员被压抑的情绪。又如 50 年代，行为治疗兴起后，美国心理学家和精神病学家拉弗鲁斯首先将以学习为基础的行为疗法用于集体心理治疗，受到人们的关注。80 年代，人们把行为治疗技术推广到学校、精神病院、社区、企业和监狱的各种团体治疗中去。除此之外，阿德勒式团体治疗理论、存在主义团体治疗理论、格式塔团体治疗理论、理性情绪团体治疗理论、心理剧团体治疗理论纷纷涌现。特别是罗杰斯的个人中心式团体治疗理论的兴起，极大地推动了团体心理咨询实践的开展。

其次，团体辅导的实践不但在美国，而且在西方其他各国也蓬勃发展。20 世纪60 年代，人本主义心理学兴起，被称为继精神分析、行为疗法之后的第三势力。其代表人物马斯洛、罗杰斯等人倡导"人类潜能运动"，注重人的自我实现。特别是罗杰斯提倡的"会心团体"，也称"交朋友团体"，受到社会各界的欢迎。会心团体于五六十年代在西方得到普及和发展，70 年代反省成功与教训，80 年代已进入西方人的日常生活，吸引了 500 万～600 万美国人自愿参加。这一时期，团体心理咨询不但在美国盛行，同时也扩展到西方各国。

再次，勒温的 T– 小组即人际关系敏感性训练团体于 20 世纪 50 年代扩展到西欧、日本等国的产业界；60 年代，在美国留学的罗杰斯的日本学生又将会心团体介绍到了日本，使日本成为会心团体实践最火爆的国家；80 年代后期还出版了《会心团体》（圆分康专著）、《团体精神疗法入门》（山口隆主编）等一批著作。日本的"生活发现会"也因基于"森田疗法"而走向世界。

最后，团体辅导工作的专业准则和伦理准则也在不断地规范。这一时期，团体辅导指导者应具备怎样的条件，已成为心理学界专家学者们探讨关注的重要问题。不但有不少专家学者著文发表自己的见解，而且开始达成共识。美国团体工作专业人员学会（Association for Specialists in Group Work， ASGW）设有专门的专业伦理委员会，于1980 年制定了《团体领导者伦理准则》，并于 1989 年进行修订更新，规定了团体指导者必须遵守的 18 个伦理方面的要求。该组织也非常重视团体指导者的专业培训，并于 1983 年制定了《团体领导者训练的专业标准》，规定了一个合格的指导者必须具有三个方面的能力，即知识能力、技能能力和临床团体经验。

可以看出，此时团体心理咨询已较第二次世界大战前更为普遍。团体心理咨询的历史发展情况如下表所示。

表 9-1 团体心理咨询的历史发展列表

年　代	事　件	备　注
1900 年以前	1. 此时的团体工作强调信息的提供及行为的矫正，团体人数很多，对象多为移民、穷人及心理健康者。 2. 19 世纪中期英格兰有人将心理病人安置在乡下，实施以新鲜空气、艺术及人道关怀为处方的团体形式的"道德治疗"。 3. 阿德马斯在芝加哥以讨论卫生营养学的方式协助移民和穷人进行人际间的互动，以提升他们的决策能力与自我价值感。 4. 团体动力运动的发展始自 19 世纪晚期，包括来自心理、社会、哲学及教育的贡献	被视为社会团体工作的起始。
1900—1910	5. 1905 年普拉特在波士顿的麻州医院以支持和启发性的团体协助治疗肺结核病人。 6. 1907 年戴维斯在康乃狄克中学开设以职业及道德的辅导内容为主的班级团体辅导课	最早的团体辅导，被视为团体心理咨询的开端。
1910—1930	7. 1914 年莫雷诺（J. L. Moreno）发表了一篇有关团体方法的重要报告，1921 年提出创造性剧场（心理剧前身）的做法。 8. 20 世纪 20 年代的重要发展是勒温所做的小团体互动形态及个体所受团体影响的研究。 9. 20 世纪 20 年代，阿德勒（开始以"集体咨询"的方式辅导犯人与儿童。	
1930—1940	10. 在学校，团体辅导属于家政教师的上课范围，老师的责任是帮助孩子建立友善关系、发现能力及需要，并发展正确的价值观。 11. 1931 年阿兰首先提出团体咨询的名称，而其工作的内容仍在团体辅导的过程部分。 12. 莫雷诺正式提出团体心理咨询的名称，并设计出一种最早的团体处理形式——心理剧。 13. 20 世纪 30 年代出现匿名戒酒团体（AA）一类的自助团体。 14. 20 世纪 30 年代心理分析团体的贡献：布朗（T. Burrow）研究影响团体的社会与心理原则，温德建立使用团体心理分析模式，希尔德侧重分析个别成员间的交互作用。	团体咨询名称出现，心理剧治疗开始。

续表

1940—1950	15. 1940 年勒温提出"场论"，强调人与环境的交互作用具有相互依赖性，但也具有部分与整体的关系。 16. 1946 年勒温在缅因州成立"人际关系技术训练实验室（NTL）"和基本技巧训练团体（T– 团体）。 17. 来自英国的一个人际关系机宾（W. Bion）不同意心理分析把团体视为家庭扩大的观点，他重视引发团体进步或退步的凝聚力或其他势力。他将团体分为工作的（信任、支持、真诚、责任）和不工作的两种形态（疏离、攻击、过于和谐）。 18. 1942 年莫雷诺成立了美国心理治疗与心理剧会社，1947 年创立《社会》杂志，后改为《团体心理咨询》；1943 年经由塞缪尔·斯拉夫森（S. R. Slavson）成立了美国团体心理咨询协会，1949 年创立《国际团体心理咨询》杂志。	现代团体工作的开始，美国团体心理咨询学会成立。
1950—1960	19. 1950 年贝尔斯列出了影响团体固定形态的各种反应类型。霍妮（K.Homey）、沙利文（H.S.Sullivan）及罗杰斯（C.Rogers）等分别发展出为不同问题、不同辅导场所所适用的理论观点。 20. 家庭咨询工作萌芽，如 1951 年吉娜·贝尔（J. Bell）的家庭团体，1959 年鲁道夫·德瑞克斯（Rudolf Dreikurs）的父母团体，1964 年萨提亚（V. Satir）的心理分析导向的家庭治疗团体。 21. "发展性团体"的概念由安道夫·布雷克（Randolph Blake）及约翰·穆顿（Johann Mouton）引入。 22. 1958 年第一本团体工作参考书《咨询与通过小团体讨论学习》出版，作者为追文（H. I. Driven）。 23. 20 世纪 50 年代后期团体辅导的名称逐渐被团体咨询所取代，作为教育性场所改变行为的主要模式。	
1960—1970	24. 20 世纪 60 年代团体咨询与治疗进入蓬勃发展时期，美国《纽约时代》杂志将 1968 年定为团体年。许多团体工作中最有创造性的工作者及理论模式出现。但随着团体的普及，出现滥用的情况，60 年代末期受到批评。 25. 波尔斯（F. Perls）在加州实施完形工作坊团体；1961 年吉普（J.R. Gibb）研究团体中竞争及合作的行为；1964 年艾瑞克·伯恩（Ersc Berne）以父母—成人—儿童的人际沟通概念带领团体；1967 年舒茨（W. Schutz）描述团体中个人被接纳、控制和情感三个维度，并首先强调非语言沟通的重要性；1967 年巴赫（G. Bach）提出马拉松团体的需要以及在团体中如何学习以公平斗争的方式解决婚姻冲突；罗杰斯（C. Rogerrs）由于把个人中心的观点应用于会心团体，而把 T– 团体的概念发扬光大。同时，由于加州反战的社会背景呼应了罗杰斯的理论与实践，使团体咨询工作的黄金时代来临。	进入蓬勃发展时期。人本—存在取向团体发展。

续表

1970—1980	26. 1970 年团体研究上一位重要人物亚隆（L. D. Yalom）提出团体中的十一项治疗性因素，1971 年确认三种类型的领导——攻击的、权威的和对质的，对团体的气氛和生产力均为不利。 27. 1971 年杰尼斯（Janis）提出"团体思考"，认为一致的服从可能是妨碍问题的解决；1972 年利夫顿（Lifton）批评会心团体可能的反道德倾向。这些质疑反映了领导力训练及筛选成员的重要性。 28. 1973 年团体工作的家庭协会成立，成为美国人事与辅导协会的分支，其功能在于提升并确保领导者的资格。 29. 1978 年戈斯达（Gazda）对团体的研究导致日后的团体咨询理论构架的确立。	对团体咨询的反思期。亚隆提出团体治疗性因素与不利于团体的领导类型。
1980—1990	30. 随着团体工作的修改、成长，自助团体不断扩充，如 1988 年全美有 2000 ~ 3000 个团体在活动。同时由专业人士所探讨的发展性团体（如教导基本生活技能、人际沟通等）也在发展。 31. 美国专业团体工作协会（ASGW）设立并颁布了团体伦理及带领者训练标准。	团体工作再度更加普及与深入开展。

第二节　日本团体心理咨询的发展

一、日本团体心理咨询的发展

日本的心理咨询是从 1946 年教育改革开始受到美国的影响而兴起和发展起来的。20 世纪 50 年代首先是产业界引入了"T- 小组"，即"敏感性训练团体咨询"。60 年代，在美国留学的罗杰斯的日本学生又将"会心团体"介绍到了日本，使日本成为会心团体实践最火爆的国家。在推进团体心理咨询的发展过程中，立教大学基督教研究所、九州大学等曾发挥过重要作用。

70 年代，团体心理咨询很活跃，在咨询界、教育界、护理界、产业界都十分流行，仅人际关系研究会的参加者就超过 1 万多人。80 年代以来，主办团体咨询的机构和个人为数不少，如日本咨询员协会、日本咨询中心、东京咨询学校等。但严格地讲，能体验到真正意义上的团体心理咨询的人却很少。有许多人是把团体咨询作为学习心理咨询的一种形式而去体验团体过程的。这些学习团体都被称为"团体工作坊"，而未被称为团体咨询。

20世纪80年代以后是日本团体心理咨询与治疗发展的活跃期。日本陆续出版了一些团体心理咨询与治疗的译著和专著。如1981年国分康孝的专著《会心团体》出版；1987年山口隆等人主编的《团体精神疗法入门》以及《团体精神疗法进展》陆续出版；1987年水岛惠一与冈堂哲雄主编的《集体心理治疗》出版；1999年野岛一彦主编的《团体方法》问世。随着社会的变迁，团体心理咨询与治疗在日本得到进一步发展和推广。日本的"生活发现会"也因基于"森田疗法"而走向世界。

现在，日本的心理辅导的管理较美国更加严密。日本教育法规规定，心理辅导由地方教育部门管理和监督，初级中学应设立学生辅导主任，掌管学生辅导；设立前途辅导主任，掌管学生选择职业以及相关辅导事项。

二、日本团体心理咨询的特点

日本的团体心理咨询主要是以罗杰斯的理论为基础，目的是提高参加者的交往技能、加深自我认识、增进身心健康。

在日本的大学里，各种类型的团体心理咨询活动十分活跃。从1978年以来，团体心理咨询已经成了大学心理咨询活动的重要组成部分。现为清华大学心理学教授的樊富珉于1990至1991年在日本留学期间，曾在大学的广告栏里看到多种团体心理咨询招募成员的广告。她发现，到了假期，特别是暑假和春假，各种类型的团体活动更是丰富多彩。东京都内几家大学还利用每年暑期组织自我开示研习会、自我肯定训练班等。可以说团体心理咨询已成为日本大学生教育指导活动的一种有效形式。

在谈到以个人发展成长以及人际关系改善为中心的发展性团体心理咨询在日本的影响时，《会心团体》一书的作者村山正治说："个人中心团体心理咨询对日本社会中的人的生活方式已经产生了巨大的影响，因为个人中心理论的应用已经使人类朝更成熟、知识更丰富的方向发展。"

三、日本团体心理咨询的重要形式："生活发现会"

日本精神病学家森田正马创立的"森田疗法"在日本团体咨询与治疗中得到了广泛应用。遍及全国的"生活发现会"活动，就是一种森田疗法的团体咨询与治疗的形式。

（一）"生活发现会"简介

"生活发现会"于20世纪70年代初出现在日本，至今已有20多年的历史。"生活发现会"既是一种以集体形式学习森田疗法理论的自助团体，也是一种自助心理健康的活动形式。"生活发现会"的目的是通过系统学习森田理论，使参加活动者从中得到领悟并努力实践，从神经质症状中解脱出来，更加建设性地工作和生活。

2009年，日本全国有137个"生活发现会集谈会"，参加者有6700多人。参加团体学习的人主要有两类：一类是在生活中为神经症而苦恼，但仍能正常生活的人；另一类是已经克服了神经症症状，想更加充实地生活的人。参加者为个人自愿报名参加，或者由与"生活发现会"有联系的医疗机构推荐参加。

（二）"生活发现会"的成员关系

"生活发现会"是以团体形式学习森田疗法理论的自助团体。成员之间不是医患关系，只有老会员和新会员之分。新会员在集体学习过程中，向老会员倾诉自己的苦恼，老会员根据自身的体验给予帮助。新会员以老会员的经验和帮助为行为指导，努力克服神经症。而那些通过学习及参与团体活动，已经从神经症的苦恼中解放出来的老会员在帮助新会员的同时，也进一步加深对自我的洞察，发挥自己的个性，为了达到自我实现，继续努力学习。可见，"生活发现会"的团体活动是以培养和促进个人成长为目的的。

（三）"生活发现会"的学习形式

"生活发现会"的学习形式有多种，一般分为地区集谈会、基础学习会、中级学习会、研讨会。

1. 地区集谈会

地区集谈会是指会员每月参加一次，在家庭所在地附近的会场，互相交谈沟通，话题的中心是生活中为什么事而烦恼、日常生活中怎样学习森田理论、怎样发挥森田理论在生活中的作用等。此外，还搞一些团体娱乐活动，以增进会员之间的友好关系。

2. 基础学习会

基础学习会是为了克服神经症状，而根据自己的体验系统学习森田理论的团体活动。每周1次，持续3个月；或者集中住宿，学习5天。学习内容主要以森田理论为基础，以及由森田、高良理论发展而来的"新森田疗法"。具体包括：

①神经症是怎么得的（如神经症的特质、造成神经症的精神机制、由于症状而歪曲了的看法与观点等）。

②人的欲望与焦虑（如焦虑是欲望的过度，是死的恐怖与生的欲望，是各种欲望的自觉等）。

③感情的法则及感情与行为的法则（如感情的五个法则、感情与行为的关系、积极的行为与愉快的情绪、消极的行为与不快的情绪、重复积极行为的重要性等）。

④神经质的性格特征（如性格的理论、行为改变性格；神经质的性格特征是自我内省、理智、固执、焦虑、发展欲、追求完美；神经症与性格特征的关系）。

⑤关于"顺其自然"（如顺其自然的被动面和能动面、能动作用的重要性、积极行动阻断精神交互作用、从症状本位朝向目的本位等）。

⑥所谓治疗神经症是怎么回事（如神经症的治疗过程、所谓治疗是不把症状视为异物的态度等）。

⑦行动的原则（如积极生活的 12 个重点、促进行动与实践的指导等）。

以上七个部分内容的学习必须结合日常生活，边学习边实践，学习过程中每天要写日记。团体学习的指导者（老会员）根据自身的体会对理论加以解释说明，并为新会员批改日记，进行有效的指导。

3. 中级学习会

中级学习会是以参加完基础学习会的成员为对象而组织的，每周 1 次，共 3 个月。中级学习会的目标是充实现实生活、朝向自我实现、尊重参加者的主体性、促进人的发展与完善。

4. 研讨会

研讨会主要是邀请精神科医生、心理学专家进行深入辅导，对象主要是老会员。

综上所述，"生活发现会"的团体学习与实践活动是基于参加者具有同样的烦恼，有共同的感受，容易沟通，通过人与人之间亲切的交流，相互帮助而开展的自助团体，在日本它成为团体咨询与治疗的一种重要形式。

第三节　中国港澳台地区团体心理咨询的发展

一、台湾地区团体心理咨询的发展

台湾地区心理咨询与心理治疗的研究和实践已有 40 多年的历史，在其发展过程中已取得了不少经验。台湾地区心理咨询起步于 20 世纪 50 年代中期，先是在学校教育工作中出现，随后在政府的推动下扩展到各级各类学校，乃至社区及社会服务中。其发展大致经历了以下三个阶段。

（一）第一阶段：萌芽生长期（1954—1967）

此阶段尚未有专业的团体心理咨询工作，只是训导工作中有团体活动和童子军训练。最早出现团体辅导是在侨生的生活辅导中。

1954 年，人数骤增的返台求学侨生由于侨居地环境不同、教育水平不一，返台后出现严重的生活适应与学习方法上的困难。为使他们尽快适应新环境，教育主管部门开始试行辅导工作，针对学业补救、品德行为与生活适应各方面给予侨生协助，成效显著，引起各方重视。于是教育主管部门一方面定期举办辅导工作研讨会，培养咨询专业人员；另一方面选派若干教育行政人员及大中学教师赴美进修心理咨询。

1958 年 12 月，为了推动辅导与心理咨询工作的开展，台湾成立了"中国辅导学会"，成为心理咨询发展的一个重要起点。

1962 年，台湾省教育厅与辅导学会合作，试行"中等学校辅导工作实验计划"，先后有 31 所大、中、小学参加。

1966 年，台湾地区"行政院"成立了"青年辅导委员会"，该委员会有以下政策目标：辅导青少年重视身心健全成长、辅导青少年规划终身事业发展、辅导青少年孕育文化内涵及素养、辅导青少年培养恢宏气度及国际视野、辅导青少年体验对社会的责任。与此同时，教育主管部门在辅导专家的建议下，成立"推广中学辅导设施委员会"，使青少年辅导工作在校园内播种与发展。

（二）第二阶段：体制建立期（1968—1990）

这一阶段的特点是由台湾地区教育主管部门推动，各级各类学校正式设置辅导室或辅导中心，聘任辅导人员，全面推动学校青少年辅导工作。

1968 年，台湾地区开始实施九年义务教育。为了推行辅导工作，台湾地区在中学课程标准中增设"指导活动"科目，通令所有中学全面推行辅导工作，而且在中学学校行政体制中设置"指导工作推行委员会"，负责策划推行学生辅导工作。

1969 年 11 月，台湾为了开展青少年教育，成立了青少年辅导中心"张老师"，成为台湾地区青少年辅导工作的常设机构。

1973 年 9 月，台湾教育主管部门公布了"高级中学学生评量与辅导工作实施要点"。

1974 年 9 月又颁布"高级中学辅导工作实施方案"。

1976 年，颁布"大专学校设置学生心理卫生中心实施要点"；同时，还颁发了"大专学校设置学生辅导委员会暨学生辅导中学实施要点"，要求专科以上院校设置学生辅导委员会，以维护和增进学生心理健康，并协助学生解决生活及学业等问题所引起的心理困扰。

1975 年，教育主管部门颁布国民小学课程标准，增加"国民小学辅导活动实施要领"，将"辅导活动"列入小学课程，并印制"辅导活动教师手册"，供教师使用，要求将辅导渗透到教育各环节中。

进入 20 世纪 80 年代，台湾地区大、中、小学全面推行辅导工作，公立大专院校将学生辅导中心正式纳入编制；高中设有专职辅导人员负责辅导工作，小学普遍设有辅导室。

（三）第三阶段：推动发展期（1991 年至今）

这一阶段的特点是学校、社会多方合作，建立全面辅导体制，注重专业人才培养，为青少年提供全方位的辅导。适用于青少年成长的团体心理咨询与治疗日益受到重视。

鉴于台湾地区青少年问题行为日益严重，犯罪率日渐升高以及社会发展的需要，从 1991 年 7 月起，教育主管部门制订了"辅导工作六年计划"（1992—1998），希望通过计划的执行，使学校、家庭、社会紧密配合，建立全面的辅导体制，以便有效解决青少年问题。该计划投入台币 25.21 亿元，几乎动员了所有辅导人员参与，在整个台湾地区普及辅导与心理健康知识，充实学校辅导设施，培养专业辅导人员和加强教师进修，对特殊行为困扰及不升学学生进行咨询，取得了积极的效果。

目前，台湾地区所有的学校都有辅导机构，协助青少年解决生活、学业、交友、婚姻、择业等问题，引导青少年建立正确的人生观。遍布全省的"张老师"青少年辅导中心的服务对象及辅导内容非常广泛。各社会辅导机构，如"生命线""儿童心理卫生中心""现代人力潜能升发中心"，以及各大城市设立的"社区心理卫生中心"开展了多种预防心理疾病、增进心理健康、提高生活质量的服务。

二、香港地区团体心理咨询的发展

香港地区从事团体咨询的指导者多有临床心理学、咨询心理学以及社会工作训练等背景，林孟平著的《小组辅导与心理治疗》、吴梦珍主编的《小组工作》等专著对于推动香港地区团体咨询的开展起到了重要的作用。

（一）青少年团体心理咨询

20世纪70年代初期到80年代是香港地区尝试各类团体咨询活动并使团体咨询有所发展的阶段。这个阶段的特点是通过团体指导个人的方法，以促进青少年间互相尊重、互相了解，并协力培养青少年的社会性，学习社会规范，以达到利用团体辅导来帮助青少年平安度过人生中最危险的阶段的目标。香港的团体心理咨询活动主要是帮助青少年成长以及解决青少年问题，并以发展为主。从普及的程度来看："一个社区中心通常有四五十个小组或团体，各自进行着不同的活动，有些以年龄作为分界，有些以兴趣作为分界。除去个人发展外，工作的重点是强调责任感、领导才能及对社会的贡献等。"80年代以后，团体咨询与活动进入多元化发展阶段，服务对象从青少年扩大到老人及各年龄段，服务模式有发展性、康复性、预防性、行为矫正性等。

（二）高校中的团体辅导与咨询

香港高校学生辅导工作本着支持学生发挥潜能、促进个人成长、使学生实现自我价值、服务社会的信念，自20世纪70年代创建到现在，形成了完善的辅导体系。所有大学的学生事务处都设有辅导中心，为大学生提供个别心理咨询、团体咨询（小组辅导）与职业咨询等服务。

小组辅导作为一种重要的成长教育手段，因其节省资源、效率高、学生参与热情高而受到各校的普遍重视。小组辅导方面以发展性活动为主，其主要目的是：促进个人成长，包括自我认识、社会沟通技巧、自我管理、处理情绪、领袖训练等，从而发挥学生内在潜质，协助学生获得均衡发展，包括身体、智能、情绪、社交、职业及精神。

第四节 中国大陆团体心理咨询的发展

20 世纪 90 年代团体心理咨询被介绍到中国大陆，符合专业意义的团体辅导在中国大陆有 20 多年的发展历史，目前中国大陆的团体心理咨询正在探索中前进。

一、团体心理咨询在中国大陆的发展情况

（一）导入期

这一时期大约从 20 世纪 90 年代初至 90 年代中期。

1991 年团体心理咨询被介绍到中国大陆，系统的团体咨询师培训则开始于 1991 年 10 月，中国心理卫生协会大学生心理咨询专业委员会根据大学心理咨询工作的特点以及大学生心理发展特点，特别组织了为期两天的团体心理咨询培训班，由樊富珉老师主持培训，学员由来自北京各高校的教师组成。在全程操作与体验团体咨询技术方法的过程中，学员们充分感受到团体工作的特效，不少学员立即将所学运用到新生班级建设以及心理咨询工作中。

此后团体心理咨询的培训持续在全国各地进行。与此同时，美国以及中国台湾地区、香港地区的心理辅导专业人员也被请来，开展团体心理咨询培训。但由于师资有限，团体心理咨询培训工作范围仍较小。

（二）探索期

这一时期大约从 20 世纪 90 年代中期至 90 年代末。

教育部从 1994 年开始，先后在江西师范大学、华中师范大学、华东师范大学培训高校心理健康教育骨干教师，邀请樊富珉教授讲授团体心理咨询。各地的心理咨询教师培训中也增加了团体心理咨询的内容。

1996 年是大陆团体心理咨询发展的一个重要年份，两本与团体心理咨询、治疗相

关的专著出版。一本是由清华大学出版社出版、樊富珉教授编著的《团体咨询的理论与实践》；另一本是由首都经贸大学杨眉编著的《社交焦虑团体心理咨询》。随着专著的出版，对团体心理咨询认识、了解的人逐渐增多，对团体心理咨询需求更大，相关培训工作更加活跃。

1999 年，北京高校心理健康教育工作普查结果表明，已经开展心理咨询与心理健康教育工作的高校心理教育内容丰富、形式多样，大致可分为四个部分：心理问题预防与治疗、心理发展辅导与训练、心理健康知识普及与宣传、心理健康教学与研究。

（三）发展期

进入 21 世纪，随着中国社会经济政治改革的步伐加快，心理咨询与心理健康教育也受到政府的重视。国家先后出台的多个文件都强调了心理健康教育的重要。

为了培训心理健康教育专业骨干教师，自 2001 年 9 月开始，教育部在天津师范大学设立了全国培训中心，在培训课程中安排了 8 学时的团体心理咨询教学。与此同时，劳动与社会保障部门制定了国家职业标准《心理咨询师（试行）》，于 2001 年 8 月 3 日起执行，团体咨询成为心理咨询师的专业必备技能。

2003 年，北京大学心理系开设了研究生课程"团体心理咨询与治疗"；2004 年，清华大学教育研究所在应用心理学硕士培养中开设了"团体心理咨询"。随着专业培训的推进以及社会发展的迫切要求，团体心理咨询呈现出蓬勃发展的趋势。

2008 年，由首都师范大学、美中国际心理学院等单位联合主办的团体心理咨询与治疗培训项目——欧文 · 亚隆系统培训班在北京开班，来自北京各高校、医院、心理咨询机构的 100 多位心理咨询与治疗人士参加了培训。

2009 年以后，由韦志中创立的"本会团体心理咨询模式"开始在全国范围内进行培训，这一模式是会心团体在中国大陆发展的一支力量，主要是在人本主义思想指导下开展团体性工作。

2010 年 4 月 16 至 18 日，在韦志中和一批热爱团体心理治疗事业的心理学工作者的共同推动下，山西省团体心理治疗学会在山西省太原市获准成立。该学会旨在推动团体心理咨询事业在中国的快速发展，让更多的人因为心理学而受益。该学会的成立，标志着中国大陆从此告别没有团体心理治疗学术组织的时代。

2011 年 10 月 16 日，中国心理卫生协会团体心理辅导与治疗专业委员会在北京正式成立。

2012年5月，中国心理卫生协会团体心理辅导与治疗专业委员会主办了在北京召开的首届中国团体咨询与团体治疗大会。中国首届团体咨询与团体治疗大会是一次具有开创性和划时代意义的学术盛会，是国内外从事和研究团体咨询与团体治疗的相关学科专家和学者们学术和信息交流的平台。

二、本会团体咨询模式

本会团体心理咨询模式是著名心理学者韦志中提出并倡导的一种团体心理咨询理念。立足本土，实现团体心理咨询的新发展，是本会团体心理咨询模式的核心理念。其主要分为三个模式：

（一）体验式团体心理教育模式

体验式团体心理教育模式，是以人本主义心理学和教育心理学为理论基础，以人文主义教育理念为核心指导思想，围绕教育教学过程最优化为研究和应用方向，从教师、学生、环境动力三个维度，进行科学优化的一种模式。这一模式提出之后，韦志中开始带领一批专家进行研究和实践，成立了中国体验式团体心理教育模式研究小组，组员是分布在广东、内蒙古、江苏、四川、山东等地的心理学、教育学领域的工作者，包括一线学校教师、校长。小组在中小学中选择试点长期开展工作，在教育教学改革领域内取得了较为显著的成绩。

（二）表达性艺术团体心理成长模式

表达性艺术团体心理成长模式，是指运用本土文化即中国传统文化中的思想、理念和元素，以艺术为技术手段，通过调动和表达出团体成员内心活动而达成成员心理成长目标的团体咨询模式。它通过诗歌、绘画、音乐、舞蹈、戏剧等艺术媒介，释放被言语所压抑的情感经验，处理当事人情绪上的困扰，帮助当事人对自己有更深刻的理解，重新接纳和整合外界刺激，以达到心理成长的目的。

（三）文化动力团体心理治疗模式

文化动力团体心理治疗模式，是一种基于中国本土文化的团体动力治疗模式，这种模式是将文化心理学与人本主义思想、存在主义理论结合起来，运用各种传统的文化符号，在团体动力、导师、技术三者结合的推动下进行的一种团体心理咨询。

第五节　中国团体心理咨询的发展趋势

一、团体心理学的学科建设

团体心理学，顾名思义，是以团体的形式进行心理学的实践和研究。它既注重理论研究又注重应用，是心理学中迅速发展的一个重要学科分支。理论指导性强、研究领域广阔、实用性高、专业人才需求量大是该学科的突出特色。

为适应人们在工作及生活方面的需要，团体心理学以其独特的优势在多种主题的相关研究领域中正发挥着越来越重要的作用。团体心理学应用于包括教育、社区、企业、军队、司法等各个实际领域。随着经济、科技、社会和文化的迅速发展，团体心理学有着日益广阔的前景。目前团体心理学中的"本会团体"模式已经在不同的领域经过实践的摸索形成了比较成熟的学科体系。

在研究方法方面，团体心理学并没有一种适用于解决一切问题的通用方法，它主要以心理学、组织学、管理学及社会学的研究方法，如观察法、访谈法、问卷法、量表法、文献法、个案分析、准实验研究、社会调查、公众意见调查等方法为基础，结合团体实际，根据不同的情况、不同的成员，采用适宜的方法，取得最大的效果。

二、团体心理咨询未来的发展趋势

团体心理咨询已经有近百年的发展历史，未来团体心理咨询的健康发展与普及取决于未来社会发展的需要、团体心理咨询理论的探讨和效能研究、本土化和各领域的应用、团体领导者的训练以及与多种现代化手段的结合。

（一）未来社会的变化与团体咨询

随着时代的变迁、科学技术的发展和社会压力的加剧，威胁人们心理健康的因素越来越多，心理障碍与心理疾病患者比例不断上升。如何与人相处、如何适应群体、如何发展个人潜能、如何缓解生活压力、如何找到适合自己特点的发展途径等问题成了人们关注的热点，而这些问题可以通过教育性、成长性、训练性、支持性、治疗性等团体来解决。随着时间的推移，参加团体心理咨询将成为普通人不断提升自我的必然选择。

（二）团体心理咨询理论的发展前景

1. 团体心理咨询理论的整合

毋庸置疑，各种传统的心理咨询理论都有其历史渊源，都可能取得积极的疗效，但在咨询实践中，单凭某种取向的咨询理论已经无法全面有效地解释并解决团体成员的所有问题，这就促使团体心理咨询理论走向整合。

2. 本土化心理辅导理论的建构

本土理论的建构不仅应考虑到我国传统的文化背景、处世哲学、地域价值观差异等，更应该在多元化的视角下建构出能适应社会发展变化的理论，并应在一直以来被忽略的团体咨询的过程研究方面有所突破。

3. 团体心理咨询实践与理论的结合

目前，在我国团体心理咨询的研究中，还是存在"闭门造车"的现象。一些研究课题由于脱离了中国社会和现实生活的实际，不仅缺少应用价值，而且对团体心理咨询的理论建设也缺乏现实意义。正确的研究应遵循以理论指导应用、以应用验证和丰富理论的原则，正确地处理基础理论研究与实际应用研究的关系。

参考书目

[1] 韦志中. 团体心理学：本会团体心理咨询模式理论与实践. 清华大学出版社，2014.

[2] 樊富珉. 团体心理咨询. 高等教育出版社，2005.

第十章　团体心理咨询的主要理论

团体心理咨询是心理咨询的主要形式之一，心理咨询的理论为团体心理咨询提供了理论基础，也为团体心理咨询的方法提供了依据。各学派的创立与发展，各有其背景与基础，逐渐形成一整套理论。而团体心理咨询有其专业理论体系，团体动力学、社会学习理论以及团体中的人际沟通等都为团体以及团体过程的发展提供了理论和依据。

心理咨询的理论从传统的指导学派与非指导学派，到后来增加了折中学派，共三大学派，历经数十年的发展，又分化出十多个小学派，其理念与研究对于团体心理咨询工作都有其影响与贡献。其中影响较大的有个人中心治疗、心理分析治疗理论、行为治疗、理性情绪治疗、人际相互作用分析理论、格式塔治疗理论、认知治疗理论、现实治疗理论，以及存在心理治疗理论。本节将介绍各种理论的主要观点、团体目标、团体领导者的任务与团体基本技术。

第一节　个人中心治疗理论

个人中心治疗理论（person centered approach theory）是由 1940 年由美国人本主义心理学家罗杰斯创立的一种心理咨询和心理治疗方法发展而来的理论。它的发展经历了四个阶段。第一阶段，非指示咨询与治疗时期；第二阶段，来询者中心疗法确立，提出了人格的自我理论，并进行了大量实证研究；第三阶段，来询者中心疗法的深化和实践的时期，重视领导者的非指示的、感情反射的技法更趋完善，整个理论方法更接近现实；第四阶段，从来询者中心疗法发展为个人中心理论的时期。罗杰斯开展了许多发展个人成长的团体心理咨询的研究和实践，并将这种理论应用到许多不同类型的会心团体（encounter group）中。

同时，罗杰斯将"来询者中心"扩大到"以人为中心"，并把它应用到人格理论和其他人际关系领域中，如择偶和婚姻等，还提出了"以学生为中心"的教学理论。

一、个人中心理论的创始人

卡尔·罗杰斯（1902—1987），美国人本主义心理学的代表人物之一，著名的心理咨询与治疗专家。1902 年 1 月 8 日出生于美国奥克帕克。1924 年毕业于威斯康星大学，后转入哥伦比亚大学师范学院学习临床心理学。1931 年获哥伦比亚大学博士学位，1937 年出版首部著作《问题儿童的临床治疗》，1942 年出版《咨询与心理治疗：新近的概念与实践》，形成了"来询者中心疗法"。1957 年，出版了他最重要的著作《来询者中心治疗：它的实践、含义和理论》，提出了个性及其变化的理论，主张个人的知觉及其对知觉的解释决定他的行为。1959 年，出版《在来询者中心框架中发展出来的治疗、个性和人际关系》。1968 年，与一些同事建立了自己的"人类研究中心"。他还曾担任过美国心理学会、美国临床和变态心理学会、美国应用心理学会等官方机构的主席，也在心理咨询与心理治疗领域以及因对心理学理论的重大贡献而获得过国家级奖项。罗杰斯于 1987 年因跌倒导致腰椎挫伤，动手术后因心脏衰竭去世。

二、人性观

个人中心理论是建立在罗杰斯人性观的哲学基础之上的，罗杰斯否定精神分析学派对人性的悲观消极看法，也不认同人是不可信赖，需要指导、激励、教导、惩罚、奖赏、控制，应由处于较高地位的他人及专家来管理的看法。所以罗杰斯的人性观是积极乐观的，他对人有极大的信心，强调每个人的价值和个人的尊严。他相信：

1. 人是理性的，能够自立，对自己负责，有积极的人生取向，因而可以达到独立自主，发展自己的能力，促进自身成长，迈向自我实现。

2. 人是建设性的、社会性的，值得信任，也可以合作，懂得尊重他人，能够对别人产生同感的了解，能发展亲密的人际关系。

3. 人有能力去发现自己心理上的适应不良，也可以通过改变自己来寻求心理健康。人的负面情绪（如失望、恼怒、悲痛、敌视）的出现是由于人在爱与被爱、安全感和归属感等基本需要上受了挫折，得不到满足而发生的。

总之，罗杰斯深信人最基本的生存动机就是全面地发展自己的潜能，领导者便可以把最基本的责任放在来询者身上，为来询者提供具有建设性的，充满真诚、尊重、信任的人际关系，这样，来询者会减少防卫心理，并对自己和世界更加开放，能界定和明晰自己的目标，朝向建设性的、心理健康的方向走下去。

三、主要理论与观点

（一）自我理论

罗杰斯认为，心理适应不良的程度取决于自我概念与经验之间的不和谐的程度。自我概念是人格形成、发展和改变的基础，是人格能否正常发展的重要标志。个体能给感知过、经历过的事物赋予一定的意义，而这些知觉和意义的整体便构成了个人的现象场，其中与自身相关的一部分就是自我。即自我是一套有组织的、为自己所意识、与自己有关的知觉整体。相对于自我，罗杰斯又提出了理想自我的概念：理想自我是一个人所希望的自我形象。而自我实现是人格结构中唯一的动机，人具有一种自我实现的基本倾向，能不断接近、保留那些符合自我实现的经验，避开、消除那些抵触自我实现倾向的经验。而个体对这些经验的评价是以实现的倾向作为参考体系的，称之为机体评价过程，在这一过程中，人们就能将那些符合自我价值体系的经验准确地符号化于意识之中，维护自我的价值观念，达到经验与自我的一致与和谐；同时，对那些不符合价值观念的经验，或拒绝于意识之外，或加以歪曲、改造，纳入意识中以防自我的不和谐。如果个体对自己经验的知觉出现歪曲或否认，心理上就会出现适应不良的状态。因此，心理咨询与治疗的目的就是重建个体在自我概念与经验之间的和谐，助人成长。

（二）促进人格成长的条件

罗杰斯认为团体领导者的人格特质比技术和技巧重要，团体能提供促进成员改变的心理气氛，成员就能自我了解和改变。为此，领导者必须做到以下五种基本态度：真诚、无条件积极关注、共情、适度地自我开放、积极地倾听。

第一，真诚或一致（genuineness or congruence）。真诚是指领导者是真实的人，没有虚假的外表，内在经验与外在表现一致。领导者的真诚或一致，指尊重成员为独立的个体，与成员坦诚相对，并充分知觉和了解自己内在的经验，自然流露在团体过程中。

第二，无条件积极关注（unconditional positive regards）。无条件积极关注表现为领导者看重团体成员并亲切地接纳和关心他们，而不附加任何条件，没有任何要求和企图，不对成员的感情、思想及行为的好与坏强加评估或批判。成员被充分地而不是有条件地肯定与赞美。

第三，同感的理解（empathic understanding）。也译为共情，指领导者能感受成员的情感，就好像是自己的情感一样，但并不迷失在这些情感中。能设身处地地从成员的立场去体会成员的感受，并准确地反映给成员，充分表达对成员的了解。

第四，适度地自我开放（self-disclosure），坦然地表露自己、传达温暖，表现亲和力与关怀。

第五，积极地倾听（active listening），表现出接纳、了解感与信任感、敏锐的觉察能力、容忍乐观和积极进取的态度等。

（三）会心团体的原理

20世纪60年代中期，罗杰斯将当时存在于美国的许多性质相同的咨询团体统称为会心团体（encounter group），包括人际关系小组、T-小组、敏感性训练小组、个人成长小组、人类潜能小组等。这些团体尽管名称各异，但本质上是相同的，都强调团体中的人际交往经验，都注重此时此地的情感问题，团体心理咨询的目的不是为了治疗，而是促进个人的成长，包括了解自我、增强自信、寻求有意义的人际关系等。会心就是指心与心的沟通和交流，它概括出了这些团体心理咨询最根本的特点。因此，会心团体（亦称交朋友小组）被视为发展性团体咨询。日本咨询心理学家国分康孝把会心团体的原理概括为六条：

（1）自我知觉。不同于自我洞察，更强调体验自己此时的感情。

（2）感情表现。觉察到真实的自我，就要将它表现出来。

（3）自我肯定。用语言的及非语言的形式坚持真实的自我。

（4）接受他人。培养接纳他人的能力，最好的训练是倾听。

（5）有信任感。相信他人行为的一贯性，建立良好的关系。

（6）完成角色。为了在现实世界里表现真实的自我，只有通过自己的角色来表现才是现实的。

可见，会心团体的原则是从"以个人为中心"发展而来的"以团体为中心。"会心团体咨询中成员相互尊重、信任，建立起来的良好关系可以使参加者降低社会屏障，毫不受防御机制阻抑地揭示自己最核心的情感，即真实的自我。团体领导者与参加者积极地鼓励其他人表达自己的真实情感，显露出那些平时未表露出来的态度，使每一个成员都被其他人如实地看待，并从其他成员的反应中得到关于自己的肯定或否定的反馈，以便真正地认识自我。

四、团体咨询的目标

个人中心团体的目标旨在鼓励成员以此时此地的经验与感受彼此坦然会心（encounter），利用团体的互动克服疏离感，鼓励成员活在当下，使成员发展开放、诚实、自然的特质，表现出新的适应的行为。如从扮演角色转为更直接地表达他们自己；从对经验和不确定性持较保守的态度，转为更开放地接受外在现实和忍受不确定性；从在自身的外部寻找答案，转为愿意向内指导他们自己的生活；从缺乏信任、封闭、畏惧人际关系，转为对别人更具开放性和善于表达自己。

五、团体领导者的任务

个人中心团体领导者的角色，主要是扮演催化者（facilitator）的工作，当团体成员体验到领导者是以接纳的态度倾听时，就能慢慢学会以接纳的态度倾听自己；当他们发现领导者关心和看重自己时（即使是那些被隐藏起来或被视为消极的领域），他们也会开始看重自己；当他们感受到领导者的真诚时，就会去除伪装，在团体中表现真实的自我。因此，领导者要创造一种宽容与信任的团体气氛，强调成员之间充分互动的重要性，让成员勇敢去表露自己，学习如何去倾听自己、信任自己。

领导者的主要任务是在团体过程中呈现真实的自我，对成员表现关心、尊重与了解。在团体中，领导者处理妨碍团体沟通的障碍，分享对团体中发生的事情的个人感受，对成员适当地回馈，从而积极地投入团体中。领导者尽可能少地提供结构式与预先计划或指导，而将个人直接地融入团体过程中。在团体心理咨询中，领导者要承认与接受成员解决自己问题的潜能，在领导者极少的协助下，团体成员就能找到自己的方向，能充分探索自己。

六、团体基本技术

个人中心方法被广泛应用于团体治疗、教育、工作坊中，罗杰斯认为治疗团体与成长团体的过程很相似。个人中心团体强调催化者的态度与行为，基本技巧包括：积极倾听、感受的反应、澄清、支持、连接、摘要、分享个人经验、非批评性、与成员会心、支持与面质、肯定成员的自我决定能力、随着团体的自然发展而不试图指导团体发展等。

目前，个人中心治疗理论不仅被广泛应用于个别和团体心理咨询中，而且被应用于心理咨询与心理治疗以外的众多领域，如教育、职业训练、家庭生活、组织发展、健康保健等。

第二节　心理分析治疗理论

心理分析治疗理论由弗洛伊德创立，主要是探讨个人在发展的过程中适应各种冲突的历程，从心理层面分析造成现在行为的原因。虽然弗洛伊德注重个体动力学，以及病人与心理分析者一对一的关系，但其理论观点对分析取向团体治疗有许多启发。首先在团体治疗中使用心理分析原理和技术的人是沃尔夫，他强调在团体中的心理分析不治疗整个团体，而将着眼点放在与个体相互交往的每一个成员身上。心理分析团体提供一种帮助，使来询者重新体验早年家庭关系的气氛，在这种气氛中，来询者能发掘出与那些影响现在行为的事件相伴随、被埋藏的情感，进而促进来询者对不适应的心理发展根源的洞察，激发成员矫治性的情绪经验。

一、主要理论与概念

（一）人性观

弗洛伊德的人性论强调，人无法主宰自己的命运，个人的行为受过去经验的影响很深。人类行为取决于非理性力量、潜意识动机以及生物与本能驱动力，即性的内驱力和攻击的冲动。6岁以前的性心理事件影响其成年以后的行为。人基本上是消极、负面取向和机械的。人类所有的行为都是根据享乐和避免痛苦这两个原则来决定的。人同时具有生存的本能和死亡的本能。生存本能的功能是使个体和种族生存下去，并导向成长、发展和创造。一切追寻享乐的行为都属于生存本能；死亡本能即攻击驱

力。弗洛伊德认为性与攻击驱力是决定人类行为的重要因素，

人类所面临的最大挑战就是如何驾驭攻击驱力。

（二）人格及人格发展

弗洛伊德认为人格包括本我、自我、超我三部分，本我（id）包括所有与生俱来的本能，它受"快乐原则"支配，以降低紧张、逃避痛苦、寻求满足为目标；自我（ego）是个体的意识和理性部分，根据"现实原则"以理性思考的方式，调和本我与超我之间的关系，既与现实世界保持接触，同时满足个人需要；超我（superego）由良心和理想构成，受"道德原则"支配，以管制个体行为使其合乎社会规范与道德标准。弗洛伊德非常重视人在幼年时期的生活经验对人格的影响，他将人格发展分为五个阶段，即口唇期、肛门期、性器期、潜伏期、生殖期。新弗洛伊德派学者埃里克森从"心理—社会发展"将人格分为八个阶段，认为每阶段都有一对发展的危机。见下表。

表 10-1 埃里克森的心理—社会发展理论

期别	年龄	发展危机	发展顺利者的心理特征	发展障碍者的心理特征
1	婴儿期（0～1岁）	信任对不信任	对人信任，有安全感	面对新环境时会焦虑不安
2	幼儿期（1～3岁）	自主行动对羞怯怀疑	能按社会要求表现目的性行为	缺乏信心行动畏首畏尾
3	儿童早期（3～6岁）	自动自发对退缩愧疚	主动好奇行动有方向开始有责任感	畏惧退缩缺少自我价值感
4	学龄期（6～12岁）	勤奋进取对自贬自卑	具有求学、做事、待人的基本能力	缺乏生活基本能力充满失败感
5	青少年期（12～20岁）	自我统合对角色混乱	有了明确的自我观念与自我追寻的方向	生活无目的、无方向时而感到彷徨迷失
6	成年期（20～40岁）	友爱亲密对孤僻疏离	与人相处有亲密感	与社会疏离时感寂寞孤独
7	中年期（40～65岁）	精力充沛对颓废迟缓	热爱家庭，关怀社会有责任感，有义务感	不关心别人与社会缺少生活意义
8	老年期（65岁以后）	完美无缺对悲观绝望	随心所欲安享晚年	悔恨旧事消极失望

（三）潜意识理论

弗洛伊德学说最大的贡献就是提出潜意识的概念及意识的层次论，这成为了解人的行为及人格问题的关键。潜意识指储存了许多经验、希望、冲动及记忆，在知觉不到的状态下运作的心理功能，包括本能和一些不被意识所接纳和控制的需求、动机、冲动和事件。潜意识虽不能被意识到，但在一定程度上主宰着人的精神活动和行为。这些被压抑的本能和欲望，往往以心理障碍或心理疾病的形式表现出来，成为心理疾病的致病根源。领导者要帮助病人进行潜意识的意识化。

（四）焦虑

心理分析疗法认为焦虑是促动我们做某些事的紧张状态。焦虑的产生是本我、自我和超我彼此争夺有限的心理能量而相互冲突的结果。在团体历程中，当成员袒露自己的防卫心理时，他们会体验到焦虑。这种焦虑被看作是在团体中承担风险的一种必要的副产品，一种最终能导致建设性改变的过程。

（五）自我防卫机制

由于本我、自我与超我的冲突，人们产生焦虑状态时，当自我以合理的方式消除焦虑而未能奏效时，就必须改换为非理性的方法如自我防卫机制来缓解焦虑，从而达到自我保护——免于发生身心疾病的目的。弗洛伊德提出：第一，自我防卫。自我防卫机制是在潜意识层面进行的，因而具有自欺性质，是一种潜意识层的自卫；第二，自我防卫机制往往具有否定或歪曲事实的特点，其作用在于保护自我，不至于由焦虑而导致疾病的发生，在防治心理疾病中有积极的作用，但没有道德上的欺骗含义。正因为自我防卫机制有这种积极作用，所以每一个人不论是正常人或神经症来询者都常用自我防卫机制来抵制疾病的发生。但每个人会根据发展的层次和焦虑的程度而选择不同的自我防卫方式，常见的自我防卫机制有：

压抑（regression）、否定（denial）、投射（projection）、退化（repression）、反向作用（reaction formation）、转移（displacement）、合理化作用（rationalization）、升华作用（sublimation）、补偿作用（compensation）、认同作用（identification）等。

（六）抗拒与移情

抗拒是指个体不愿把被压抑或否定的潜意识内容带到意识中来体验，在团体过程中，也可把抗拒看作是阻止团体成员处理潜意识材料，使得团体活动无法进展的行为。沃尔夫认为，团体成员抗拒时，常表现为对团体毫无反应或拒绝参与，如总是迟到或缺席，漠不关心的态度，表现出态度上的不信任、行为上的不合作，以此来逃避个人探索。

移情是指将自己过去生活里对重要他人的感情、态度等，不自觉地转移向领导者。移情的出现，在咨询中是有价值的。移情的出现使成员重新经历以前不敢碰触的情感，通过移情分析，领导者协助成员从此时此刻的经验中去领悟过去对现在的影响，通过移情分析，使成员化解那些曾使他固着、妨碍情绪成长的矛盾，便能对他惯有的行为模式进行改变。

二、团体咨询与治疗的目标

心理分析治疗的目标是重建来询者的人格系统，这一目标是通过使潜意识冲突进入意识层面来实现的。心理分析团体咨询与治疗的目标在于为成员提供一种重新体验早年家庭关系的气氛，使成员能发掘出那些影响现在行为的、被压抑的情感，促进成员提高洞察力，激发成员矫治性的情绪经验。

三、团体领导者的任务

心理分析治疗的目标在于促使来询者深藏在潜意识里的东西浮至意识层面，强化自我使行为更符合现实，最终通过对个体人格结构的修正、学习新的行为而重建人格，而不仅限于解决困扰问题。在心理分析团体中，领导者的任务是致力于创造一种接纳性的宽容气氛以增进团体成员的互动。领导者要有客观、温暖而不偏不倚的态度，目的是要促进成员投射与移情作用的发生。在团体中，领导者需示范简明、真诚和直率，在团体摇摆不前时，保持乐观的态度。领导者必须注意团体中的个别差异，鼓励成员自由地表达自己。当出现各种抗拒与移情现象时，领导者要解释它们的意义，并协助成员勇敢面对并妥善处理。

四、团体基本技术

（一）自由联想

自由联想是由来询者在未经思索的状态下自发性地说出内心的话，以获取潜意识里冲突线索的方法。团体过程中，自由联想是鼓励成员揭示被压抑的潜意识内容的过程，以便能达到对自己心理动力更深刻的洞察。成员们常常被要求报告自身的经验，团体讨论保持充分开放，允许其他成员提出任何内容。这种方法还可以促进团体的整体性和对团体历程的积极参与。

（二）梦的解析

梦的解析也是探索潜意识的方法。弗洛伊德对梦进行了研究，他认为潜意识中的本能冲动在睡梦中得以表现，就构成了梦境，梦是愿望的达成。梦表达了个人隐藏在潜意识内的需要、矛盾冲突、愿望、恐惧和被压抑的经验。袒露自己的梦，对于分析和理解混乱的思想、情感和行为背后的原因是十分重要的。当在团体中公开并讨论梦时，成员对隐藏在它背后的动机和未解决的问题可以获得新的认识，从而带来有价值的领悟。讨论中成员们还可以学习到，用一种具体的方式来应对那些他们过去无法面对的情感和动机。

（三）解释

解释是一种用于对自由联想、梦、抗拒、移情等进行分析的治疗技术。解释包括领导者的提示、认同、澄清、界定、联结、比较等具体方法。解释的目的是揭示症状背后的潜意识动机，指出成员行为中所防御和逃避的成分，促使成员对使其产生症状的潜意识冲突获得领悟，从而导致行为的改变。在进行解释时，团体领导者必须指出并解释行为的潜在意义。成员可运用适当时机准确地解释内容，整合新的材料，从而产生新的洞察。

第三节　行为治疗理论

行为治疗理论是在行为主义心理学理论基础上发展而来的一个心理咨询与治疗派别，形成于 20 世纪 50 年代至 60 年代初期，也称行为矫正。行为疗法不是由一位心理学家创立的，而是由许多人依据行为主义理论开发出来的若干种治疗方法集合而成。行为主义心理学家华生（J. B. Watson）的行为主义理论为行为疗法奠定了基础。但行为治疗或行为矫正的理论与方法，却大大超出了行为主义心理学的范围，涵盖了许多行为治疗家的贡献。巴甫洛夫、斯金纳（B. F. Skinner）、艾森克（H. J. Eysenck）、拉扎勒斯（A. Lazarus）、班杜拉（A. Bandura）、沃尔帕（J. Wolpe）等人对行为疗法的发展做出了重要的贡献。行为学派的基本观点是不适应的行为是经由学习而来，也可以经由新的学习历程而被矫正。

一、主要理论与观点

（一）人性论

行为疗法的基本认识是：行为是学习的结果。任何行为都由刺激所引起，行为就是对刺激的反应，反应的模式是学习的结果。异常行为与正常行为一样，都是通过学习、训练和后天培养而获得的。行为学派持环境决定论的观点，强调人是环境的产物，发展受社会文化制约，认为通过环境的改变可以改变来询者的行为。行为治疗的焦点是当前的行为改变以及行动方案，而不像心理分析那样着重于分析潜意识的冲突，追溯幼年期的致病根源，重视情感宣泄或启发领悟。行为疗法强调通过学习、训练提高来询者的自我控制能力，通过控制情绪、调整行为及内脏生理活动来矫正异常行为，改变心理行为问题。

（二）行为治疗的过程

行为疗法一般包括四个阶段：确定行为目标、选择方法技术、实施治疗方案、治疗效果评估。柯里将团体行为咨询与治疗的一般过程，分为三个阶段。

第一阶段为明确治疗目标。行为经过评估后，团体领导者的任务是协助成员们把泛泛的一般目标，化为明确的、具体的、可供测量的、能够以有规律的方式实现的目标。

第二阶段为治疗计划。成员明确了目标之后，可以建立一个实现这些目标的治疗方案。引导成员进行团体互动的技术，如示范、行为预演、教导、家庭作业、回馈等。

第三阶段为客观评价。一旦目标行为被明确指明、治疗目标被确立、治疗方法被确定，便可以对治疗的效果进行客观的评价。每一次团体聚会都要评价一次行为变化，以便成员能确定他们的目标达到什么程度。

二、团体咨询的目标

一般而言，行为疗法的目标是要消除来询者不良适应的行为和帮助他们学习建设性的行为。团体行为治疗的目标同样是协助成员排除适应不良的行为，并学习有效的行为模式。团体行为咨询与教育过程相类似，教导成员建立有关学习方法的新观点，尝试更有效的改变其行为认知、情绪的方法。

三、团体领导者的任务

在行为咨询团体中，领导者常扮演行为矫治的专家、教师或训练师角色。在团体中，领导者主动传授方法给成员、教给成员应对技巧和行为矫正方法，以便成员能在团体外进行实践。行为咨询的团体，在协助成员确定治疗目标后，将要达到的行为目标分解为具体的小目标，使用逐步改变的方式，从具体而容易改变的小目标开始较容易达到预期的结果。在团体中，领导者适当的行为和价值观将为成员提供示范。领导者还需要收集资料，对成员的问题进行不断的评估，以确定对每一个成员的治疗效果。

四、团体基本技术

行为咨询法的主要技术是以行为和学习原理为基础而发展出来的各种具体行为咨询策略，常使用的技术包括系统脱敏法、肯定训练、厌恶治疗、强化和支持、教导、示范作用、回馈，以及各种挑战和改变认知的方法。领导者负责积极地教导，并使团体进程能遵从预先确定的活动计划实施。在团体的初期阶段，重点在建立团体凝聚力，鉴别要被矫正的问题行为；团体工作阶段需要按照成员的问题，分别使用不同的治疗策略和技术；团体结束阶段，领导者主要关心如何使成员把在团体中学习到的适应行为迁移到日常生活中去。

第四节　理性情绪治疗理论

理性情绪治疗理论（简称 RET）是由美国心理治疗家阿尔伯特·埃利斯（Albert Ellis）在 20 世纪 50 年代后期和 60 年代初期发展的一种心理治疗理论和方法。理性情绪疗法的基本假设是人的情绪主要是由信念、评价、解释，以及对生活事件的反应而产生的。埃利斯引用伊壁鸠鲁的说法，"造成你困扰的原因不是发生在你周围的事件，而是你对事件的看法"。通过理性情绪的治疗过程，来询者学习一些技巧去找寻和驳斥非理性信念，取而代之的是理性的认知，将会使由事件而引起的情绪反应有所改变。该疗法强调人的价值观在治疗心理障碍中的作用，主张采用纯理性的方法帮助来询者解决问题。理性情疗法也是一种认知行为疗法，所以也被称为"REBT"。

一、主要理论与观点

（一）人性论

埃利斯认为，人生来就具备理性和非理性两种思维。理性思维使人珍惜生命，通过思考和学习推动行动，迈向实现人生理想和价值的目标。理性思维使人能用语言表达自己，与他人沟通并建立亲密的关系，在爱中生存和发展，因而他的情绪是愉快的。但人也存在且不可避免地会有某些非理性的思维和信念。非理性思维使人迷信固执、自怨自艾、盲目冲动或要求自己和他人完美。由于对环境和他人要求过高，因而难以与人建立和谐的关系，在孤独和苦闷中生活，必然会产生许多情绪和行为方面的困扰。埃利斯还认为，人类的思想、情绪和行为是同时发生的：当人在感受时他们同时思想和行动；当人在思想时他们同时行动和感受；当人在行动时他们同时感受和思想。埃利斯相信人具有能力去了解自己的限制，对自己的价值系统做出评价，所以有机会改变观念和价值，以新的观念、意见和价值代替原有的，进而导致新行为的出现。

（二）人格的 ABC 理论

人格的 ABC 理论在理性情绪治疗中有核心意义。这一理论的基本认识是：人们的问题不是源于诱发事件本身，而是人们对事件所持有的信念。因此，改变负面情绪的最佳途径在于改变对事件的信念。

什么是影响来询者情绪和行为的直接原因呢？通常认为，事件是情绪和行为产生的直接原因，但理性情绪疗法的观点则与此不同，它认为事件只是情绪和行为的间接原因，直接原因是来询者对事件所持有的信念。埃利斯强调个人的焦虑、忧郁、愤怒、抗拒、罪恶以及疏离等情绪，都是来自自我挫败的信念体系。心理咨询的着眼点应在于帮助来询者通过对不合理信念进行辩论，确立合理的信念，消除负面情绪，产生新的感觉。

（三）非理性信念

非理性信念是指会导致情绪和行为问题的不合理认知。一个人的社会适应程度及心理健康水平很大程度上与他们的认知有关。片面的、不合理的认知往往是个体产生抑郁、自卑、焦虑、恐惧、痛苦等不良情绪的原因，甚至会导致神经症。埃利斯在1962 年根据他个人的临床经验，总结出 11 种非理性的信念。这些非理性的信念主要表现为对自己、对他人、对自己周围的环境及事物的绝对化要求。例如，"每个人都必须得到每个重要他人的喜爱和赞赏""个人必须能力十足，在各方面均有成就，这样的人才是有价值的人""每个人均应经验快乐而非痛苦，如果环境不能使个人快乐的话，那是令人难以忍受的事"等。这些非理性信念或价值观便是导致情绪困扰的原因。埃利斯认为，人有能力改变自己的认知、行为和情绪。人能选择去检验、挑战、修正和根绝信念对活动事件所持的非理性信念。方法是通过辩论。团体领导者可示范如何主动且强而有力地驳斥这些非理性信念。驳斥包括：确定非理性信念，并看到其不合逻辑和不符合现实的地方；辩驳非理性信念，提醒自己，它们没有任何证据支持；区别非理性思考和理性思考。

二、团体咨询的目标

理性情绪治疗的目标是引导来询者学习接纳现实，改变对人生的种种不合理信念，对自己较宽容和忍耐，减少对自己和对他人种种不合理的要求，不再受不合逻辑的观念所困扰，而协助来询者建立较实际、合理的人生态度，更快乐地生活。理性情绪团体的目标同样是协助成员消除非理性（irrational）与自我挫败（self-defeating）的观念，并以更坚忍、更理性的态度取代之，从而改善成员个人不适应的情绪和行为，并处理他生活中可能产生的各种不愉快事件。

三、团体领导者的任务

团体领导者的任务是教导成员为自己的情绪困扰反应负责，协助他们辨别并摒弃导致他们产生困扰的非理性信念。团体领导者在团体过程中不断地担任解释、教导、再教育的工作。领导者的首要任务是向成员显示他们如何突破自己的困境，澄清其情绪、行为困扰与其价值观、信念和态度之间的关系。并协助成员正视并积极面对自己的非理性、不合逻辑的思想，认识自我挫败的行为和非理性信念之间的联系，教导他们如何改变自己思考和行为的模式。

四、团体基本技术

理性情绪团体基本的技术是积极性教导。领导者通过探测、面质、挑战、强制性的指导，示范并教导理性的思考方法，团体中强调思考、驳斥、辩论、挑战、说服、解析、说明、教导和鼓励，甚至直接反驳与训诫，尽一切可能证明成员某些自我言语以及对事件的看法是不合理的，然后再协助成员采用较合理而健康的方式思考。在团体中，领导者广泛使用的行为技术有角色扮演、行为研究、家庭作业以及肯定训练等。柯里将理性情绪治疗团体的技术表述如下：

（一）RET 团体的认知策略

教导 RET 的 ABC 理论，使成员从领导者的演示中知道如何将 ABC 理论应用于生活遭遇的问题上。驳斥成员的非理性、不合逻辑、绝对性、灾难化，以及不合理化的想法；教导成员如何以有意义的自我陈述来对抗非理性信念；鼓励成员阅读有关理性生活的书籍和观看录音带；完成认知性家庭作业；使用幽默技巧。

（二）RET 团体的情绪策略

无条件接纳每一个团体成员；教导成员如何想象一些最难堪的事，然后训练他们以正面的情绪去替换负面的情绪；鼓励成员冒险做一些自己不敢做的事，以挑战害怕难堪的神经质恐惧感；角色扮演等。

（三）RET 团体的行为策略

指定家庭作业，包括读书练习、冒险练习、放松练习、聆听录音带等，成员完成家庭作业后可用自己喜欢的事物增强自己，未完成家庭作业则加以惩罚；在团体中做肯定训练、行为预演及冒险练习的角色扮演，并将团体中领导者和其他成员视为楷模以效仿；在团体中训练特定的技巧，如肯定、社会化等；让成员从团体中获得有关无效表现、非理性思考，以及自我毁灭性观念、陈述、行为的回馈，并利用这些回馈，练习新的行为。

第五节　人际相互作用分析理论

人际相互作用分析（transactional analysis）亦称沟通分析，简称 TA，是由美国精神分析学家伯恩于 1959 年创立的一种心理治疗的理论和方法。伯恩认为："社会交往的单位称为相互影响。当两三个人或更多的人相互碰在一起时，迟早某人要说话，或者向其他人的出现致意。这叫相互作用刺激。另外的人就会说一些或做一些与这种刺激有某种联系的事，那就是相互作用反应。"相互作用分析是以精神分析原理为基础创立的一种简便易行的治疗方法，用于检查"我对你做些什么，你反过来对我做些什么"一类的相互作用；并确定在具有多重性质的人格中，父母意识、儿童意识与成人意识哪一部分出现，交往双方的关系是相辅、互补，还是矛盾冲突。相互作用分析治疗的目的是协助人们了解他们与别人互动的本质，教育来询者改变生活态度，对人际交往获得深刻的领悟力，建立自尊的、成熟的人际关系。

一、相互作用分析理论的创始人

艾瑞克·伯恩（Eric Berne），美国精神分析学家。1935 年在麦吉尔大学获得医学学士，随后到耶鲁大学完成了精神科住院医师的训练，开始试验团体治疗。第二次世界大战结束后，伯恩到加利福尼亚州卡迈尔市与心理学家埃里克森（E. Erikson）一起做精神分析研究，同时在卡迈尔做精神病实习，继续观察他的来询者，形成对人格结构及功能的理论。此后，他向传统精神分析治疗的基本假定挑战，舍弃传统训练，开始进行相互作用分析的研究。1957 年 11 月，在洛杉矶举行的美国团体心理疗法会西部地区大会上，伯恩宣读了一份论文，标题为《人际相互作用分析：一种新型有效的团体治疗法》。1964 年，他的著作《人们玩的游戏》一书畅销国际。同一时期，他崭新的治疗方法尽领风骚。1970 年，他因心脏冠状动脉栓塞而去世，享年 60 岁。

二、主要理论与观点

（一）自我状态

伯恩把人的自我状态分成三种：父母状态（parent）、成人状态（adult）、儿童状态（child）。这三种状态存在于所有人身上，与年龄无关，与角色无关，而是不同的心理状态。

父母自我状态是由父母或父母型人物的行为内化来的，是一大堆装在脑子里的个人早年获得的印象深刻的外部经验，包括"必须"和"应该"。父母自我状态是"教诲的""权威的"。当一个人板着脸教训人或表现出高高在上的态度时，就是"父母自我状态"的一种表现，以权威和优越感为标志，通常表现为统治他人，责骂、训斥人以及其他权势式的作风。

成年自我状态的特征是"理智的""逻辑的"，注意事实资料的搜集，能够站在客观的立场上冷静地分析，而不受"父母状态"和"儿童状态"的干扰。

儿童自我状态的特征是"情绪的""冲动的""自发的"，常常凭感觉行事。如足球场上当喜爱的球队获胜时不顾及周围的环境，冲动地大叫大跳，就是儿童自我状态的表现。这种状态表现为服从和任人摆布，一会儿逗人爱，一会儿又大发脾气令人厌。

P、A、C 三种自我状态汇合成人的性格，蕴藏在人的潜意识之中，每个人三种状态的比例不同，就形成了丰富多彩、千差万别的行为表现。在一定条件下，它们会不自觉地表露出来。相互作用分析的目的是要发现个人的三种自我状态中的哪一部分在引起各个刺激和反应，由此就有了三种相互作用分析的形态：互补型、交叉型、隐含型。

相互作用分析认为，成人状态不像儿童状态那么脆弱、冲动、情绪化、忧虑，也不像父母状态那么陈旧、恪守惯例。成人状态能够预计到事情的结果及延续下来的喜悦，更关心、维护个体发展。成人状态具有"付出比得到更幸福"的观念。

（二）人生四种基本态度

人际相互作用分析就个人与他人的关系创立了四种生活态度：我不好—你好；我不好—你也不好；我好—你不好；我好—你也好。

1. 我不好—你好。这是抑郁者的态度。持这种态度的人依赖他人的施惠，极需要抚爱或承认。这种态度源于幼年时的认知。由于小孩子身体弱小，不能自助，所以不可避免地会觉得自己不如周围的人，产生自卑感。如果这种态度没有随着成长而改变，固着下来，会带来消极的影响，要么放弃自我，要么顺从他人。这种态度一旦被认识清楚并得到改变，就能在成人意识指导下建立一种新的、自觉的生活。

2. 我不好—你也不好。这是严重精神紊乱或厌世者的态度。这种态度源于孩子开始走路时，以为"被人照看"的生活已告结束，抚爱到此为止；或他想探究一切而不愿老实待着，可能滚下楼梯，受到惩罚，造成伤痛。如果这种身处逆境的状态毫无缓减地继续下去，孩子就会得出"我不好—你也不好"的结论。持有这种态度，儿童的成人意识便停止发育。一旦长大，持这种态度的人常会放弃自我，陷入绝境。最终可能在一种极端的退缩状态下了结此生。

3. 我好—你不好。这是怀疑和独断的态度。长期被父母虐待、凌辱的孩子会转向这种态度，随着年龄增长，怀疑的和独断的态度增强，他开始反抗。他拒绝认识自己的内心，无法客观地对待发生的一切与自己的关系，却一口咬定总是"他们的错"。他们确定，自己所做的一切都是无可指责的，不管做什么都是好的。持这种态度的人，极端的表现是伤害他人；也有一些持这种态度的人因为孤傲、仇视等原因使自己被极端孤立。

4. 我好—你也好。这是健康的态度，认可自己也认可他人。这种态度是我们所期望的，与前三种态度截然不同。前三种态度依赖于情感，常常引发心理适应不良，第四种态度依赖于思考、信仰以及行动的保证。因为我们对"好"的理解并不仅仅局限于我们自己的经历，我们可以超越它们，将其抽象化而达到为所有的人服务的终极目的。如果一个人一次又一次地被置于能够证明自身的价值以及他人的价值的环境中，就容易形成"我好—你也好"的态度。但是，现实生活中由于种种因素影响，有许多人没有形成一种健康的态度。但是一个依据成人意识做出决定的人可以充满信心地说：我知道它能奏效，但不可能期望立竿见影，这需要耐心和信心。一旦我们接受了"我好—你也好"的新态度后，马上就能产生好的情感，这种新方式总有一天会给我们的生活带来新的收获、新的幸福。

（三）游戏

TA 理论的心理游戏基本上就是一种暧昧的沟通，除了表面讯息外，还隐含着许多讯息。表面上看起来彼此很亲密，事实上每个人都好像在玩捉迷藏，缺乏真正的沟通，而且游戏的结果常让人产生不愉快的感觉，不是别人感到"不好"，就是使自己觉得"不好"。团体情境提供一个理想环境，使成员觉察到，他们以怎样的具体方式选择了玩游戏的策略，作为回避真诚接触的方式，以及如何选择了种种最终导致自我妨碍的思想、情感、行为模式。成员们可分析自己在团体中的反应与在童年生活情境中反应的关联，还可以通过观察团体中他人的行为来了解自己的游戏和困境。

三、团体咨询的目标

相互作用分析的理论与方法着眼于人与人之间的互动、沟通的研究，非常适用于团体咨询。相互作用分析的目的是通过分析相互作用的类型，帮助人们确立一个强有力的成年自我状态，从而促进人的成熟、成长，建立良好的人际关系。相互作用分析团体给予成员某种程度的觉察，协助成员去除与他人互动中所使用的不好的脚本或游戏，激发成员重新检视早期的决定，能应用自己新的觉察，做出新的、有效的决定，对生活的方向做出新的抉择。在团体中成员可以观察到他人的变化与示范，逐渐了解自己的人格结构，并学会如何与他人沟通。另外，团体可以帮助成员把焦点放在自己的早年决定上。许多人都受到有关自我价值及个人能力的早年决定的束缚，不能发挥自己的能力。而在团体中，与其他成员的互动则给他们充足的机会去展现自我并履行契约。团体中的互动使成员增加对自我与他人的觉察力，帮助他们把焦点放在生活中要改变的事情上，并能重新做出决定。

四、团体领导者的任务

相互作用分析团体领导者扮演着教师的角色，教导成员如何去了解和认识所玩的游戏，成员沟通时所表现的自我状态，还有生活计划中自我妨碍、自我挫败的情况，发展处理人际关系的策略。

五、团体基本技术

（一）结构分析

结构分析的目的在于协助成员学习如何鉴别和分析他们的自我状态，以便能够改变他们感到僵滞的行为模式。成员们意识到其父母、成人、儿童的自我状态的内容与功能，探索个人的思维、感觉与行为模式。例如，分析自己的言行受哪一种自我状态操纵，在其人格中哪一方面最突出，这一过程使成员发现自己的行为与思考方式，找出自己可能的抉择，并掌握自己的方向。

（二）沟通分析

TA 理论认为，沟通是来自某一个人自我状态的刺激以及另一个人自我状态的反应。三种自我状态所发出的刺激和反应形成了各种形式的沟通，主要有三种类型：

1.互补沟通：来自一个自我状态的讯息，收到了来自另一个人特定自我状态的预期反应。这是一种符合正常人际关系的自然状态下的反应，是人们所预期的反应。这种交流，相互影响中刺激和反应是平行的，如父母状态对父母状态，成人状态对成人状态。

2.交叉沟通：指当一个人发出信息后，没有得到预期的反应，相互作用是交叉的、矛盾的，这时交流就会中断，甚至发生冲突。如沟通的一方以成人对成人的状态发出信息，但对方却以父母对儿童的状态回应。

3.隐含沟通：是一种最为复杂的交流方式。在隐含交流中，总是涉及两种以上自我状态。真正的信息往往没有明确表达出来，而是隐含在另一种社交客套的交流中。

这种方式不宜多用，常会引起误会和不必要的麻烦。例如太太成人自我对先生成人自我说，你看我这新衣好看吗？而心里却隐含着"哎呀！你整天都没注意到我的新衣服"（儿童自我对成人自我）的暧昧状态。

（三）游戏分析

伯恩在《人们所玩的游戏》一书中探讨了人们常以防止亲密性和操纵别人来得到想要的东西的防卫策略和"把戏"。他强调学习观察和理解为什么会发生游戏、它们的结果是什么、为何使人们相疏远，协助成员学习如何终止和避免游戏。

（四）生活脚本分析

生活脚本分析是指 TA 治疗过程中用于鉴别一个人生活风格的部分，它与沟通分析和游戏分析都有关。生活脚本有助于说明成员们是以怎样的方式获得一个脚本，以及说明他们如何运用以这个脚本为基础判断预期行为的策略，目的是要帮助成员们获得改变早期规划的机会。团体参与者被要求回忆童年时所喜欢的故事，了解他们是怎样适应于这些故事及故事怎样融入现在的生活经历。在团体活动中重演他们生活脚本的各个部分，使成员了解自己童年时不加批判地接受的种种禁令、对这些指令的反应及所做出的抉择、现在为维持这些早期抉择所运用的游戏和骗局。团体提供支持性的机会，成员讨论、探索自己。

（五）重新决定方式

重新决定方式是由高尔丁夫妇建立的，不同于伯恩式团体，方法的核心是协助那些正处于儿童自我状态的成员做出重新抉择。具体做法是使他们重新体验早期情境，就像它们在现时重演一样，从而帮助成员走入他们的儿童自我状态，并从那一角度出发做出新的决定计划。做法按团体阶段的不同来实施。

团体初期阶段先建立良好关系，取得信任，愿意说出问题；然后审查成员有关改变的实际契约，强调的重点放在成员现在要采取行动做一些能够促成改变的事。

团体的工作阶段，在完成契约后，进行游戏与分析，主要是了解如何支持和维持痛苦的经历，使他们为自己承担责任。领导者创造团体气氛，使成员迅速意识到自己的行为和想象怎样维系了长期的不良情绪，激励他们发现替代性的选择。

团体后期阶段，一旦从儿童自我状态出发重新做出一个抉择，团体成员们会发现成员的声音、躯体和面部表情的变化。成员被鼓励在团体中报告新经验替代旧经验的故事，通常接受团体支持新抉择的语言和非语言的抚慰。最后激励成员把团体情境中的改变转换到他们日常生活中去。

第六节　格式塔心理治疗理论

一、主要理论与观点

格式塔心理学派（gestalt theorie）是心理学重要流派之一，兴起于 20 世纪初的德国，由韦特海默、苛勒和考夫卡三位德国心理学家在研究似动现象的基础上创立。格式塔是德文"gestalt"的译音，意即模式、形状、形式等，意思是指"能动的整体"，又称为"完形心理学"。但是格式塔心理学与格式塔疗法并不相关——后者是由德国精神病学家菲里茨·皮尔斯发展出来的心理治疗方法。

由德裔美国心理学家皮尔斯首创的完形心理疗法是一种颇具特色的心理疗法，这种疗法是一种非解释性、非分析性的心理治疗方法，又称格式塔疗法（gestalt therapy）。所谓"完形（gestalt）"，德文原意强调将事物当作完整的整体看待，重视人的各部分整合所产生的完形状态之恢复。而完形心理疗法的本质是"我必须对于自己的存在承担一切责任"。主张通过增加对自己此时此地躯体状况的知觉，认识被压抑的情绪和需求，整合人格的分裂部分，从而改善不良的适应。

完形心理疗法在解释心理问题时就是按照这样一个思路：所谓健康的人生就是完整的人生，健康的心态就是完好的心态；而不健康的人生就是破碎的人生，不健康的心理就是支离破碎的心理。这是它的一个基本的观点。要促成心理健康，治疗心理疾病，最重要的一点就是帮助成员重新获得一个完整的认识、完满的印象。那应该怎样促成这样的完美，促成这种人生完型的形成呢？

（一）强调成员此时此地的经验

领导者要帮助成员觉察其此时此地的经验，使之能充分体验种种情绪，并能做自我分析。在一个对患有心因性胃肠道症状的成员的治疗中，领导者帮助成员注意到自己脸上始终带着笑容，并进而使他认识到压抑其他情绪，强装笑容与心因性胃肠道症状有关。完形领导者认为，当过去与一个人现时功能的重要问题有所关联时，过去就是重要的，当过去与个人现时所表现的态度或行为有关联时，就要尽可能地把那些过去带入现在的东西加以处理。因此，当成员谈及他们的过去时，领导者指导成员"将想像带到此地"（bring the fantasy here），试着再次体验先前所经历的情感。诸如：不仅要成员谈论童年时期与父亲相处间不愉快的创痛，而且要成员在想象中变成那个受创伤的儿童，直接与父亲谈话。通过此种想象历程，再度体验当初所受到的伤害进而释放该伤害，再运用潜力的发挥达成进一步的了解及解决。

（二）自我觉察

自我觉察是格式塔疗法的核心。格式塔心理学派认为，心理具有先天的组织能力，会对人们如何感知世界产生影响；还认为个体有自我调整的功能，个体若能充分觉察，必然改变，也就是说，觉察本身即具有治疗的效果。觉察是指去发现某些事情，让个体接触到或感觉到自己正在做什么。感觉到自己的思考、动作、身体姿势等。在觉察的过程中，个体与环境做良好的接触，以经历内在的冲突，统整其人格的分歧与对立，借着觉察，个体发现真实的自我，重新整合自己。觉察是一种提供选择的工具，它也意味着改变的可能性。因为觉察，个体知道可以不这样做，个体知道可以改变，也知道可以不改变。个体觉察的越多，可做的选择也越多，当选择以后，就必须为自己的选择负责。当然，前提是个体必须先觉察到，才可以做选择，也才能为自己的行为负责。所以说，觉察是改变的开始。觉察不同于内省，内省是有目的性及评价性的，而觉察只是去观察、注意而不评价。觉察包括三个范畴：对自我的觉察，对环境的觉察，对自我与环境互动间的觉察。

（三）形与景

格式塔疗法认为个体是通过"形"与"景"的原则了解其所处的环境。形成完形就是形成背景与形的意思，无法形成完形的人，即形（兴趣的焦点）与背景（忽视的部分）无法确定的人。固执的人就是一旦形成形与背景，便再也无法看出其他形与背景的人。弗洛伊德所说的"情结"（complex），即皮尔斯所指的病理的完形。

人的成长，主要是在达成自我实现的过程中，满足一些动机及需求。需求的出现，成为整个人环境的焦点，这个焦点就是皮尔斯所说的形象。相对地，个人环境即为背景，一旦需求满足，形象便退回背景，而新的需求出现，另一个形象又产生。有了这样的概念，就可以了解，当我们遭遇困难时，困难本身就是形象，如果我们只注意困难，而忽略了周围的个人和环境的资源，很可能我们会理不清这个困难所隐含的意义，也很可能因此而深陷其中，夹杂不清，始终找不出解决之道。所以皮尔斯建议，凡事应从宽广的角度去知觉、去思考，问题的意义才能明白，需求才会获得满足。而人的一生的成长，不外是形成外形之后又破坏它，破坏之后又形成它的不断完形的过程，其中有些完形深深印在脑海里，无法忘记，就很难形成新的完形。此即精神分析所说的情结，格式塔疗法则称之为未完成的事件，亦即一个人形成"未完成的完形"之情形。

（四）强调未完成事件的解决

通过"感觉运动认识"，帮助成员发现和表达他们的被压抑的情绪和需要，认识到自己在逃避为自己的情绪应负的责任，并接受这一责任。领导者就是帮助成员发现并表达出被压抑的情感。这一疗法又有很多技术与方法，诸如讲习班、小组治疗、角色扮演以及各种心理练习。

而这些发现的情绪或者需要，以及团体内的成员们需要去担负的责任，我们称之为"未完成事件"，指未表达出来的情感，包括悔恨、愤怒、怨恨、痛苦、焦虑、悲伤、罪恶、遗弃感等。虽然这些情感并未被表达出来，但却与鲜明的记忆及想象联结在一起。由于这些情感在知觉领域里并没有被充分体验，因此就在潜意识中徘徊，而在不知觉中被带入现实生活里，从而妨碍了自己与他人间的有效接触。未完成事件常会一直持续存在着，直至个人勇于面对并处理这些未表达的情感为止。

根据皮尔斯的观察，悔恨是未完成事件中最常见、最恶劣的一种。依照他的看法，当人们悔恨时就把自己给困住了，既不愿让悔恨就此算了，也不能做坦诚的沟通，除非把悔恨发泄出来。因此，皮尔斯主张把悔恨表露出来是必须的，未表露出来的悔恨经常会转变成罪恶感。换句话说：无论何时，当你有罪恶感时。就去找出悔恨的原因，并把它表达出来，简化原来纷乱的要求，则问题自可迎刃而解。

（五）人性观

完形治疗法的人性观主要以存在哲学与现象学为基础。认为正确的知识是由知觉者的立即体验而产生的。治疗的目的并不在分析，而是在于整合一个人不时存在的内在冲突。重新拥有个人曾经否定的部分，以及整合的过程需要逐步渐进，直到成员坚强得足以继续自己的成长为止。而通过察觉，一个人可以学习为做决断，因而生活得更有意义。

完形治疗基本上假设个人能有效地处理生活上所发生的问题，特别是能够完全察觉发生在自己周遭的事情。人们经常用种种不同的方式去逃避某些可能面临的特定问题，因此，在其成长过程中往往会形成一些人格上的障碍。对此，完形治疗提供了必要的处理方式与面对挑战的技巧，它帮助成员朝着整合、坦诚以及更富有生命力的存在迈进。

格式塔疗法强调接纳真实的原有自己，不被自己或他人的合理化、期待、判断、曲解所操纵，而以自己所想的、所要的、所感觉的为基础表现自我。此外，皮尔斯提出个体的人格分成两部分：胜利者和失败者。前者很正义，很具权威，也很完美，以"应该""必须"等观念来对个体做操纵与摆布，类似心理分析学派的超我；而后者以"我想""我希望"等表达个体的内在愿望，类似心理分析学派的本我。由于胜利者和失败者都在不断挣扎，夺取控制权，这内在的矛盾与冲突，便对人造成一种持续不断的折磨。因此，格式塔治疗法是要协助成员知觉这两个不协调部分的存在，寻求解决方法，使内在分裂情况得到改善，以求达到身心统整为一，并在寻求解决的过程中担负起自己的责任。

二、团体咨询的目标

完形疗法的团体咨询基本目标在于，达到组员互相或者自己察觉的状态，以及经由这种察觉而获得更多的选择，及肩负更多的责任。察觉包括：了解环境、了解自己、接纳自己，以及能与别人全心接触。察觉能力的提升与丰富化，本身被认为就具有效果。未能察觉的话，则小组成员就没有工具去进行人格改变。有了察觉之后，他们就有包容力去面对与接纳自己原先拒绝接受的部分，并能充分地去体会这一部分的主观性，于是他们会变得逐渐统一与完整。在小组成员停留在觉察状态时，重要的未完成事件总是会倾诉或者浮现出来，此时就可以进行处理。完形治疗法是帮助来询者去注意到自己的察觉历程，使他们能够为自己负责，能够有所筛选地做选择。

三、团体领导者的任务

（一）留意肢体动作

完形治疗的团体领导者的重要职能之一，就是去留意来询者们的肢体动作，其中的非语言线索可提供给领导者非常丰富的资讯，因为它经常流露出来询者本身未能察觉的感觉。皮尔斯认为，来询者的姿势、行为手势、声音等，均说明了事实的一些真相，这些真相有时通过语言的沟通常可能形成误导。所以，如果领导者仅止于注意组员言语的内容，就容易对其本质形成误解，真正的沟通其实是超越语言文字的。领导者尤其需要注意成员们的语言与肢体动作间是否有不一致的现象，特别是当成员们无时无刻不在避免与现实做充分的接触时，就必须试着去引导他们用语言把肢体动作说出来。

（二）注意语言形式

此外，领导者也必须注重语言形式与人格之间的关系。因为成员的语言形式常流露出情感、思想和态度。完形治疗法强调要去注意成员们的说话习惯，用以增进其自我了解，特别是要借助请成员注意他们自身的语言是否与其经验一致、是否与其情绪背离，以此提升成员们的自我了解程度。

领导者必须温和地面对组员，帮助他们去察觉语言形式对他们的影响。由于对语言形式的关注，组员们便能增加此刻的察觉，以及自己是如何避免与此时此刻的经验接触的。

（三）适当的个人分享而不试图操纵

领导者的经验、洞察力和察觉是达成疗效的基础。更重要的是，当领导者与成员会心接触时，领导者应允许自己受到成员的影响，并能与成员们分享自己的知觉经验。

完形治疗法希望组员们展现本来的面目，因而领导者要与乐于表达他们的反应与对成员们的观察，并以适当的方式分享个人的经验，但不会试图操纵成员们。与此同时，领导者更要对成员们的身体反应有所反馈，借助反馈，成员们可以发展出一种对自己所作所为的察觉。领导者尤其需要以诚心与敏锐的反应面对成员，在不否定他们的情形下，去挑战他们可能的行为取向。此外，领导者也必须与成员们共同探索他们内心的恐惧、灾难性的期望、障碍及抗拒。

四、团体基本技术

（一）完形梦境治疗

精神分析认为梦是可以解析的，并把自由联想作为探索梦的潜意识意义的一种方法。完形治疗法并不主张去解析梦境，而是要把梦境带至现实生活中使之重现。此时梦已不被当作是过去的事，而是要在现在表现出来。做梦的人或许正是梦境中的一部分。

完形疗法对于梦境的处理方式主要是展现梦境，让人回忆梦境里的每个人、事、物及心情，然后将自己变成梦中的每一部分，尽量去表现梦境，并引出对话。由于梦境的每一部分都假设是自我投射，做梦的人会为梦里的各个角色或短暂的际遇编造出剧本，而梦中不同的部分，就是自己的矛盾和不一致层面的表现。通过这些相互对立的层面间的对话，成员们能逐渐察觉到自己情感表现的世界。

（二）空椅子技术

完形团体咨询疗法中另一种有效的技术是"空椅子技术"，它涉及的最主要的理念是思想与情感的冲突，以及种种不和谐的、矛盾的行为。空椅子技术是使成员的内射外显的方式之一。

具体说来，"空椅子技术"是一种让成员与自己人格的不同方面或部分进行对话的方法。具体操作是，首先让成员坐在椅子A（又称热椅，成员坐在哪把椅子上，哪把椅子便成为热椅）上，回想一下曾对自己产生情感矛盾和冲突的过程，使其充分体验矛盾、冲突的思想与情感。之后，让成员对着另一把椅子B（即"空椅"），将自己所有的遭遇及由此产生的一切情感都以他自己的方式说出来。然后，再让这位成员坐在椅子B上（此时B为"热椅"），以另一种身份（人格的不同方面或部分），对他刚才所叙述的种种矛盾的情感与思维做一一辩解。这个过程可重复进行，亦可轮流让不同的成员进行，直到成员们感觉到已经充分了解了自己的矛盾、冲突与不协调的情感为止。这时，进行团体小组内的分享和讨论，就可以寻找出解决问题困扰的方法了。

"分裂"是每个人可能经历的状态。因此在团体中要教导的不是避免冲突，而是如何面对和处理，由于角色扮演中能接纳和整合胜利者与失败者，因此冲突可以得到解决。同时此技术会协助成员们去接触他们潜藏在内心深处的情感，以及连他们自己都可能否定的一面；他们可以借此将情感外显化，并充分去体验它，而非仅止于讨论而已。

领导者不必去玩那些益智性的猜谜游戏，或告诉成员梦境代表的意义，梦境的主人也不需要去对梦境做探索，而是要把梦当作一个剧本，然后以梦里各部分的对话来做实验。成员们若能表演出内在对立的冲突面，就能吸收他们的差异并整合这些对立的力量。如果能适当地处理梦境，存在的讯息就会越清楚。在梦境中借着显露出遗漏的部分及逃避的方式，最能发现人格的缺失。如果不愿去记取梦境，等于是拒绝面对生活中的问题。因此，完形团体领导者会要求成员谈论他们所遗漏的梦。

（三）"我负责……"

领导者有时会要求成员们在每句陈述之后加上"而且我会为它负责"。

例如，"我觉得无聊，但我会为我的无聊负责。""我现在不知道说些什么才好，但我会为我的不知道负责。""我觉得自己受到了排斥，但我会为此种受排斥感负责。"此种技术的进行可有效拓展成员们的感觉领域，同时帮助他们接纳和认识本身的情感，以代替把自己的情感投射到他人身上。尽管这项技术蛮机械化的，但却颇具意义。

（四）绕圈子

此项完形治疗技术包括要求团体中的某位成员走到他人面前向对方说话，或做某些事，它的目的就是使成员达成面质、冒险、表达自我、试验新行为模式、促进成长及改变。当领导者觉得某位参与者的问题有必要使其面对团体中的每一成员时，不妨用此技术。情绪的宣泄不但有助于个人也有助于团体，领导者如何看待是决定正面或负面的关键，所以领导者要把控好成员宣泄或者说真话之后的团体氛围走向，要做到成员越宣泄，氛围越积极和信任。

例如，某位成员可能说道："我已经在这里坐了好久，心想参与，但又不敢，因为这里的人我无法信赖，而且我认为不值得因我而占用团体的时间。"这时领导者或可答道："你是否愿意现在就做一点事情，以使自己更为投入，并去获得自信或者别人的信任？"如果他回答得很肯定，那么领导者就可以建议："现在到处去转一圈，然后到每个人的面前说：我不信任你，因为……"这样，凡是能帮助个体投入，并采取某些动作以消除恐惧的点子都可以灵活选用不同的形式。

（五）投射

投射是指一个人在别人身上所看到的事物，其实正是自己所具有的但不愿看见也不愿接纳的。一个人往往会花费很多精力去否定自己的情感，以及把某些动机转嫁到别人身上，因此，在团体里，当某人在说别人的时候，常常表明她自己本身属性的投射。

投射观念是皮尔斯梦境理论的核心，依其所见，梦里的每个人、物都是做梦者投射的对象。他认为，从不可能的假设开始，假定所有我们从他人处所见到的都只是一种投射而已。他认为，对感觉和投射两者的了解是一体的。在投射的过程中，领导者会要求说"我无法信任你"这句话的人去扮演一个不值得信任的角色，抑或变成别人，以便能够发现不信任原来是一种内在的冲突。换言之，领导者是在要求此人去"试扮"他在团体中对别人的叙述。

（六）倒转技术

成员的某些症状和言行，常是其潜在行动的倒转表现。针对此种情况，领导者可要求这类因过分胆怯而痛苦的人，试着在团体中扮演一个爱表现的人。在过去经历的案例中，曾有位妇女，她除了糖衣食物外，对其他食物都表示厌恶，领导者即要求她把过去的典型风格倒转过来，尽量表现得与过去相反。这样做之后，她很快就找到了她喜欢的口味，亦能够认识和接纳她的"消极面"与"积极面"。

倒转技术的进行方式在于，要求成员潜入每件会为他带来焦虑的事件中，去与他自己已经理没和否认的部分接触。此项技术能够帮助成员们开始去接纳从前被否定的某些个人属性。

（七）预演练习

就皮尔斯的看法，我们内心的许多想法其实都在预演中。我们常在想象世界里预演我们在现实社会中所期望扮演的角色。而当实际表演开始时，因为怕自己演不好，恐惧与焦虑便袭涌而至。由于内在的预演消耗了我们太多的精力，因此抑制了我们的主动性，也阻碍了我们去尝试新行为模式的意愿。

借助团体成员相互帮助的治疗方式，并彼此分享预演的情境，可使成员更能察觉出他们内心预演的各种社会角色的进行情形，同时也使得他们更能察觉他人对自己的期望并设法去达成。此外，借此也使得他们自己更能察觉到希望被他人赞美、接纳和喜欢的程度与范围。

（八）夸张练习

完形团体咨询的目的之一，就是要使成员能对自己身体语言所传递的微弱讯号或线索进行更敏锐的觉察。虽然动作和姿势都能够传递讯息，但所表达的也许并不很完全，若能要求成员们重复地夸张其欲表达的动作或手势，便可以使其与该行为有关的情感强烈化，进而使其内在隐藏的意义更清楚地表现出来。

有一些行为颇适于运用此项夸大技术，诸如要表达痛苦或一些愤怒的情感，例如做抖动、弯腰缩肩、握拳、皱眉、苦瓜脸、双手盘胸等动作却面带不一致的微笑时。以抖动为例，如果某位成员告诉领导者他的腿在抖动，领导者此时可能会要求该成员站起来，更夸张地抖动双腿，然后为此动作做说明。

夸张练习也可以应用在语言行为中。如领导者可以要求成员们重复说出他想掩饰的话，且愈重复愈大声，如此常做，真的能使成员们开始倾听自己真正的心声。

（九）感觉留置

成员在情感或情绪不愉快而想逃避的关键时刻，领导者即要求他保持着这样的感觉，然后鼓励成员体验当下的内心情绪，直到不愉快的情绪由强变弱，这一技术适用于团体氛围安全放松之后，成员们愿意倾诉或者袒露内心不愉快的经历或者情绪时。绝大多数成员都想逃避恐惧或不愉快的感觉，但领导者会借此要求他们停留在体验到的恐惧或不愉快中，从旁鼓励他们趁机去深入探讨这些想要逃避的感觉。要去面对，以内心体验的方式达到宣泄，不仅需要勇气，同时也要愿意忍受去除障碍时可能遭遇的痛苦，但经历这些之后，却能使人们恢复平衡得到成长。

完形疗法是一门技术性很强的疗法，在很多场合都能发挥良好的作用，但它也并非在任何场合下都能发挥良好的作用，并非在任何场合下都一定是有效的。辅导是一个尝试的过程，也是一个不断调整的过程。任何辅导都应该坚持以求助者为中心，方法的选定仅仅是来源于辅导者对求助者情况的一种假设，因而在执行过程中还应该根据具体情况进行调整，当发现自己的方法无效时，咨询师就需要果断放弃，重新选择。

第六节　认知治疗理论

一、主要理论与观点

（一）认知疗法的产生

认知疗法（cognitive therapy）是 20 世纪六七十年代在美国心理治疗领域中发展起来的一种新的理论和技术。是根据人的认知过程，影响其情绪和行为的理论假设，通过认知和行为技术来改变来询者的不良认知，从而使其矫正并适应不良行为的心理治疗方法。

这种改变人的认识观念的思想最早起源于古希腊哲学家苏格拉底的"辩证法"。由你说出你自己的观点，并依照这种观点进行进一步的推理，最后引出矛盾和谬误，从而使你认识到先前思想不合理的地方，并由你自己加以改变。

20 世纪时，另一名哲学家维特根斯坦提出了语言分析哲学，目的就是要改变当时哲学领域中语词不清、概念混乱的局面。实际上，这是一种更为严密的揭示并纠正错误思想的方法。

自从心理学从哲学范畴中独立出来，心理学的理论也有了飞速的发展，先后经历了精神分析和行为主义心理学占统治地位的时期；而到了 20 世纪六七十年代，人本主义心理学和认知心理学的兴起则是继精神分析和行为主义之后的第三股势力。

认知疗法作为一种系统的心理咨询的理论和技术，正是在这种背景下发展起来的。因此，它和人本主义心理学及认知心理学在理论上有着密切的联系。

（二）基本原理

认知疗法是根据认知过程，影响情感和行为的理论假设，通过认知和行为技术来改变成员的不良认知的一类心理治疗方法的总称。

认知疗法的基本观点是：认知过程及其导致的错误观念是行为和情感的中介，适应不良的行为和情感与适应不良的认知有关。认知疗法常采用认知重建、心理应付、问题解决等技术进行心理辅导和治疗，其中认知重建最为关键。其中有代表性的是阿尔波特·埃利斯的合理情绪行为疗法、阿伦·贝克和雷米的认知疗法以及梅肯鲍姆的认知行为疗法。

（三）认知影响行为

由于文化、知识水平及周围环境背景的差异，人们对问题往往有不同的理解和认知。所谓认知一般是指认识活动或认识过程，包括信念和信念体系、思维和想象。具体来说，"认知"是指一个人对一件事或某对象的认识和看法，对自己的看法，对人的想法，对环境的了解和对事的见解，等等。

例如：同样的一所医院，小孩可能依自己的认识和经验，把它看成是一个"可怕的地方"，不小心就会被打针；而一般人会将其看成是"救死扶伤"之地，可帮自己"减轻痛苦"；而有些老年人则可能把医院看成是"进入坟墓之门"。所以，关键不在"医院"客观上是什么，而是被不同的人认知或看成是什么，不同的认知就会滋生不同的情绪，从而影响人的行为反应。

因此，"认知疗法"强调，一个人的非适应性或非功能性的心理与行为，常常是受不正确的认知影响。正如认知疗法的主要代表人物贝克所说："适应不良的行为与情绪，都源于适应不良的认知，因此，行为矫正疗法不如认知疗法。"例如，一个人一直"认为"自己表现得不够好，连自己的父母也不喜欢他，因此，做什么事都没有信心，很自卑，心情也很不好。认知疗法的策略，便在于帮助他重新构建认知结构，重新评价自己，重建对自己的信心，更改认为自己"不好"的认知。

认知疗法与理情治疗可以同时使用，但理情较常用面质和教导的方法，而认知疗法倾向于逻辑式的追根究底。对于如何重建人的认知结构，从而达到治疗的目的，认知疗法的大师们各自提出了自己的看法。埃利斯认为，经历某一事件的个体对此事件的解释与评价、认知与信念，是其产生情绪和行为的根源。因此，不合理的认知和信念引起不良的情绪和行为反应，只有通过疏导来改变和重建不合理的认知与信念，才能达到治疗目的。梅肯鲍姆认为，人的行为和情绪由自我指令性语言控制，而自我指令性语言在儿童时代就已经内化，虽在成人时意识不到，但仍在控制人类的行为和情绪。如果自我指令性语言在形成过程中有误，则会产生情绪障碍和适应不良行为。因此，治疗包括学习新的自我指令、使用想象技术来解决问题等。贝克也指出，心理困难和障碍的根源来自异常或歪曲的思维方式，通过发现、挖掘这些思维方式，加以分析、批判，再代之以合理的、现实的思维方式，就可以解除成员的痛苦，使之更好地适应环境。

从另一角度来说，认知疗法乃是针对心理分析疗法的缺陷而发展起来的。因为在心理分析治疗时，常着重于心理与行为的潜意识和情感症结，而这种潜意识的欲望或情感，往往只是施治者的分析预测，不容易向成员解释，也不容易被成员接受，更不易作为治疗的着眼点来操作。但认知治疗把着眼点放在认知上，它不必管看不到、也抓不到的潜意识，只要更正这些可用语言描述的观念、想法、信念，处理好非功能的"认知"即可。既明显又具体，易取得成员的理解与协作。

（四）认知的三个不同水平

认知疗法企图从三个不同的水平纠正成员的认知。这三个水平分别是自动化认知、设想，以及最高层次的策略和复杂思维。

认知疗法提出，每人皆有自动化思考的事实，自动化思考产生自动化的认知，而这种认知来源于我们的习惯性思维，若是这样的一些认知不符合事实或者让团体中的成员形成困扰，那么，团体的领导者可以教导成员以找证据的方式来改变个人的认知困扰，并以角色预演、正向自我、暗示、催眠等方式巩固新行为的学习，以便形成新的认知的自动化。而自动化思维为最易于接近的表面思维，这种思维往往是某种特殊情境下立即出现的思维。设想则是较深一层的思维，他是基于原有的条件，及相关的情况所形成的信念。策略或复杂的思维模式为最深层基本信念，可能是一种固定的先入为主的信念。这三种思维层次是相互关联的。

二、团体咨询与治疗的目标

（一）纠正所有三级水平的错误认识

一般来说，自动思维是最不牢固和易于测知的，故而在治疗早期，以针对这一水平为主。当领导者已能较容易地识别和测定成员的自动思维后，领导者应帮助成员进一步识别他潜在的设想，这种设想可采用书面表达的形式，更好的方式是采用行为尝试的方法来表达。最后应是测定和干预改变策略。由于文化知识水平及周围环境背景的差异，成员们对问题往往有不同的理解和认知。

（二）解决非功能性的认知问题

领导者试图通过改变成员对己、对人或对事的看法与态度来改变其所呈现的心理问题。认知疗法的基本原则是首先要了解认知的基本模式，成员的认知状态对他的情感和行为的影响是很重要的。当某个成员处于应激状态时，他自己的认知结构决定了他的情绪是焦虑或是愤怒，是抑郁或愉快，他的行为采取的是逃走或攻击，由于个人原有的认知基础不同，对应激的行为和情绪反应也各异。

认知疗法的总体策略是交谈程序和行为矫正的混合物。在团体咨询或者团体辅导的过程中，应帮助成员解除他们歪曲的认知，与其共同努力发展，用正确的方法去评估他们的经历。

三、团体领导者的任务

首先，领导者要向成员说明一个人的看法与态度是如何影响其心情及行为的；其次，帮助成员去检讨他所持有的对己、对人以及对四周环境的看法，从中发觉跟成员主诉的问题有密切关系的一些"看法"或"态度"，并协助成员去检讨这些看法或态度与一般现实的差距，指出其错误认知的非功能性与病态性；最后，督促成员去练习更换这些看法或态度，重建功能性的、健康的看法与态度，以便借此新的看法或态度来产生健康的心理与适应性的行为。

四、团体基本技术

认知疗法包括所有能改变错误认知的方法，如说明、教育、批评、促膝谈心等，但具体到认知团体咨询的情境中，也会形成一些具体的技术。

（一）改变成员的现实评价

大家知道，人在异常认知方式的影响下，会出现现实检验的错误。如偏执的人，把别人的一言一行、一颦一笑都认为与自己有关；抑郁的人总觉得事事不如人，犹如行尸走肉；疑病症的人把躯体的任何不适都认为是严重疾病的象征等。正常人知道先对假设进行检验，但认知异常的人把现实和认知二者混为一谈，或者虽然进行了检验，但只接受与自己观点一致的证据，拒绝与之相反的证据，以致认知异常的人的认知评价不能正确反映现实。

要帮助成员解决这一问题，首先要让成员充分认识到自己认知的局限性，领导者可直接或间接地向成员运用认识论的原理，来解释以下问题：

1.对现实的感知，不同于现实本身，最多也只能接近现实，因为感觉器官的功能有限，不可能完全反映现实，在病态的情况下尤其如此。

2.对感知的解释依赖于认知过程，如分析、综合、比较、抽象、概括以及概念、判断、推理等。此过程容易出错，任何生理、心理问题都可以影响认知过程。

（二）改变信条的技术

人们主要根据自己的价值观念来调节自己的生活方式、人际关系，解释、评论外界事物，解释、评价自我与他人。贝克称其价值观念为信条（rule），他认为，如果信条定得太绝对或使用不当，就会产生适应不良，结果导致焦虑、抑郁、恐怖、强迫等现象。常见的信条有下列几种：

1.危险—安全信条。成员们常常用自己的信条来估计环境的危险性，和自己应付的危险度，如果估计过高，会产生不必要的焦虑，使生活受限（如恐怖症、强迫症）；如果过低估计危险度，则易发生意外。很多问题主要是过高估计危险度，主要表现为害怕某种环境、人际敏感等。

2.快乐—痛苦信条。它所引起的适应不良的主要问题，在于成员们把快乐与痛苦绝对化，非此即彼，达到目标则快乐，达不到则痛苦。例如，对于学生，"我不名列前茅就没有快乐"；对于运动员，"只有金牌才是快乐的唯一源泉"；对于政治家，

"没有名望，我就不会幸福……"。

下面是这些人典型的信条：（1）要幸福，必须每件事都成功。（2）要幸福，人们都应该知道我的价值。（3）不在最前面，就是失败。（4）如果我有错误，就意味着我不行。（5）一个人的价值取决于别人如何看待他。（6）如果不同意我的看法，就是不喜欢我。（7）如果现在把握不住机会，以后会后悔的。

持有这些态度的人，多被别人或自己认为是很有才干的人，自尊心强、害怕失败、不满足于现状，无休止地驱使自己去"奋斗"，所以神经一直处于紧张状态，当然不会有"幸福"可言。如果因某一事件的影响，或某次失败，成员就把此当作灾难，"我没有达到目标，我是失败者"，其自尊顷刻瓦解，而自卑、沮丧、焦虑、抑郁情绪像滚雪球一样越来越强烈。

此时在认知团体的咨询过程中，成员当中若有人表达或者倾诉了这一不合理信条对其产生的困扰，则领导者要使成员明确自己的认知，帮助他们判断是这些认知使自己受痛苦。要成员们充分认识到人的能力的局限性，不可能做到十全十美，事事成功；要正确认识失败，失败并不意味着以后永远不会成功；要自己留下"后路"，不能事事都"背水一战"；同时要降低自己的目标，降低自己的期望，增加对失败的耐受性。

3.该与不该信条。来询者在自己内心中，有一套固定的信条，自己应该怎么样，不应该怎么样，如：（1）我应该最宽宏大量，体谅别人。（2）我应该做个好爱人、好朋友、好父母、好老师、好学生。（3）我应该沉着应付各种挑战。（4）我应该永远快乐，不伤害别人的感情。（5）我应该知晓、理解和预示未来。（6）我应该知难而进，永远能控制自己的感情。（7）我应该自信，能解决每一个问题。（8）我应该把每一件事都做好。（9）我应该永不疲倦，保持旺盛的精力。

"应该"像无形的鞭子，使"应该者"努力加码，给自己精神上造成压力，给生活增添无数困难，整日为"应该"奔波，当然毫无乐趣可言。

信奉这些信条的人对自己有很多"不应该"和"应该"，他们同样以这些信条要求他人。别人当然不会根据他们的信条行事，因而造成了很多人际关系紧张情况，同时加重了持有这种信条的人的负担。

领导者要在以下几个方面对成员们做工作：

（1）分析"应该"信条的非现实性，且给自己所造成的压力，它会妨碍重大目标的实现。

（2）了解人的局限性，不可能所做的一切都成功。

（3）各人有各自不同的价值系统，没有统一的"应该"模式。你认为应该的，别人不一定认为应该，不能把自我同他人的看法等同起来。

（4）改变"应该"信条，使之更现实、更富有弹性。

（三）贝克的一系列认知治疗技术

一般说来，成员们的主要问题都跟非功能性的认知有关，是根据异常的认知而形成的，如对人的偏见、对自己的自卑、对事情抱有错误或消极的态度等，均适合运用认知疗法来进行治疗。

贝克等人设计了一系列的认知治疗技术，现简述如下：

1.M 和 P 治疗

M（mastery）意为掌握、控制，即感到做某件事的难易程度；P（pleasure）意为愉快，即在做某件事时的愉快程度。经验证明，如果病人按照计划行事，动机就会增加，成功的自信心、愉快的感觉也会随之增加。

2. 认知重评

本方法主要用于发展适应不良的认知和态度，然后由成员与领导者共同评价，检验其真实性。由以下步骤构成：（1）找出认知与沮丧的关联；（2）找出认知与自暴自弃的关联；（3）找出这些认知的歪曲性；（4）检查、评价、矫正这些认知。

3. 转换治疗

转换治疗（alterative therapy）包含两种方法：（1）让成员考虑，换一种方式来解释自己的体验和外部环境。这是因为成员往往存在系统偏差，如果能改变成员的解释方式，使成员认识到自己的偏差，就能改变情绪。（2）换一种方式来应付心理和环境问题。通过讨论和练习，成员会惊奇地发现能够解决自己原来认为不能解决的问题。

4.ABCDE 技术的采用

A 即刺激，B 指个体的信念，C 指情绪和行为结果，D 为干预性指导，E 为干预后的效果。

5. 布置家庭作业

可列出三个栏目：自动思维、认知歪曲的评定、合理认知。

6. 行为改变技法

针对不同的成员，设计"日常活动计划表"，适于缺乏动机及活力的成员，遵循"循序渐进，先易后难"原则。

（四）角色扮演

领导者与成员间互换角色或扮演其他角色，目的是发现成员的认知歪曲和找出解决的办法。如一成员有明显的自杀意图，原因是认为自己一无是处，"白吃饭"，活着没意思，虽然成员也明白自己做了不少的成绩，取得了领导的信任，但他可能认为"那不算一回事""那是我的职责，任何人都应该完成本职工作，所以根本就不算是成绩"，领导者要从扮演成员的过程中，体会他这种"一无是处"的感觉，并找到应对方式，从而引导成员走出误区。

（五）识别自动思维

由于引发心理障碍的思维方式是自动出现的，已构成了成员们思维习惯的一部分，多数成员不能意识到在不良情绪反应以前会存在着这些思想。因此在团体咨询的过程中，领导者首先要帮助成员学会发现和识别这些自动化的思维过程。领导者可以采用提问、自我演示或模仿等方法，找出导致成员不良情绪反应的思想。

（六）识别认知错误

所谓认知性错误即成员在概念和抽象上常犯的错误。这些错误比自动化思维更难识别，因此领导者应听取并记录成员们的自动性思维，然后帮助成员们归纳出它们的一般规律。

（七）真实性检验

真实性检验就是将成员们的自动思维和错误观念作为一种假设，鼓励他们在严格设计的行为模式或情境中对假设进行检验，使之认识到原有观念中不符合实际的地方，并自觉纠正，这是认知疗法的核心。

（八）去中心化

去中心化就是让成员意识到自己并非被人注意的中心。很多成员总感到自己是别人注意的中心，自己的一言一行都会受到他人的评价，为此常常感到自己是无力的、脆弱的。如果成员认为自己的行为举止稍有改变就会引起周围人的注意和非难，那么领导者可以让他不像以前那样去和人交往，即在行为举止上稍有改变，然后要求他记录别人不良反应的次数，结果他发现很少有人注意他言行的变化，他自然会认识到自己以往观念中不合理的成分。

（九）焦虑水平监控

多数成员都认为他们的抑郁或焦虑情绪会一直不变地持续下去，而实际上，这些情绪常常有一个开始、高峰和消退的过程，而不会永远持续。让接受团体咨询的成员们体验这种情绪的涨落变化，并使他们相信可以通过自我监控，掌握不良情绪的波动，从而增强改变的决心。

第七节　现实主义疗法理论

一、现实疗法的产生

现实疗法（reality therapy）是由美国精神病学家威廉·格拉瑟（William Glasser）所开创的一个心理咨询和治疗流派。1965 年，格拉瑟的《现实疗法》一书问世，标志着现实疗法的正式推出。在这本书中，格拉瑟对传统心理治疗的一些基本理念做了批驳，系统阐述了现实疗法的理论和应用。

1961 年，格拉瑟在《心理健康还是心理疾病》一书中首次谈到现实疗法的一些基本思想和实践尝试。自此以后，现实疗法就以其一些受欢迎的特色迅速受到来询者和领导者的重视，并推广开来。

从基本倾向来看，现实疗法属于认知—行为的治疗，因而具有这一取向的若干特色。它的理论明白易懂，符合常理；它依赖人的理智和逻辑能力，以问题为中心，以现实合理的途径求得问题的解决；它注意思维和行为，较少直接针对情感和情绪；它强调现在和将来，而不纠缠于过去，重视"怎么办"，而不是"为什么"；它反对以医学的或"疾病"的模式来看待人的心理困难，而强调人的自主自立，自己对自己负责这些品质的作用；它也重视领导者和成员之间的关系，主张领导者要"卷入"（involvement）关系，但它不像"以人为中心"的个人中心疗法那样让领导者采取一种被动、支持的姿态，而允许领导者更积极主动，更多一些指导。

由于这样一些特点，现实疗法很容易被形形色色的从事辅导和教育类工作的人士所掌握，而不是局限在少数受过专门训练的领导者手中。它被广泛地应用于学校、监狱、戒毒中心、社区和其他社会服务机构，尤其是在学校咨询和辅导中大受欢迎。事实上，格拉瑟在学校咨询中做了大量工作。他的《人人成功的学校》提供了各种适用于课堂的现实治疗方法。他还创办了"教育工作者训练中心"（ETC）等培训机构，举办讲习班、研讨会，传授"人人成功的学校辅导方案"（SWF），直到现在，格拉塞每年还在美国和海外举办许多个讲习班。

二、现实疗法的创立者

现实疗法的创立者是威廉·格拉瑟。格拉瑟出生于 1925 年，在美国俄亥俄州克利夫兰接受教育，1953 年毕业于凯斯西储大学医学院，19 岁获得化工学士学位，28 岁时即成为执业医师。

1957 年，他在洛杉矶的退伍兵管理中心洛杉矶加州大学参与精神病治疗训练，1961 年取得检验合格证书。受训期间，格拉瑟感到其所接受的传统的精神分析治疗有很大的局限性，这使他创造了现实疗法。在 1956 年，格拉瑟在凡图拉女子学校担任精神治疗咨询师，该校是加州处理少年犯的公立机构，他在加州产医院里为违法的少女做咨询。一开始他的同事反对他的改变纪律和教学实践的建议，但是后来他们发现他的方法很有用。在《现实疗法》（1965）中，格拉瑟展示了注重友谊和责任对这些女孩的作用，在学校如此，在离开后也是如此。格拉瑟可以影响一个一开始拒绝改变的群体。他的方法包括个体和群体治疗，以及工作人员训练。他在凡图拉中学创造了一种针对吸毒少女的特定的方法。

在 1962 年，他的老师哈林顿在西洛杉矶的神经心理管理医院主持了一个病房。这个病房接收慢性的退化的病人。在哈林顿来之前，有人照顾这些病人，但是没有做过什么心理治疗，病人以一年两个的速度治愈。哈林顿已经对精神分析有所质疑，而且受到了格拉瑟的影响，就尝试用类似格拉瑟的方法，鼓励病人为自己的行为负责。用这一方法，这个有 210 人的病房，这个 17 年里都在限制的病房，在第一年就有 45 个人治愈，第二年是 85 个，第三年是 90 个。

格拉瑟对精神分析不满，认为精神分析不是教人对自己负责，而是固守过去并因过去而总是指责别人，他认为治疗师和成员的关系应该是友好的，治疗师应该有一些自我暴露，而不是像在精神分析中的感觉那么疏远。通过让来询者介入治疗并探索自己的行为，格拉瑟感到可以带给成员思想和行为的改变。尽管支持成员在治疗中谈感受，但是这不是格拉瑟的治疗重点，他希望帮助成员计划改变一下自己的生活而使成员能坚持这个计划。这样，他不接受成员的借口，而是努力帮助他们控制他们的生活。

他的工作在许多方面对人们产生了影响。教师、学校咨询师和学校管理者都应用了他的思想，这些思想表达在他的著作中，如《没有失败的学校》《教师中的控制论》《质量学校》。药物滥用和酗酒咨询师、矫正工作者和其他处理难处理者的工作者都感觉现实治疗很有吸引力。

三、现实疗法的基本理论

（一）现实治疗法的特征

现实治疗法的特征总结起来，包括：反对医疗模式、强调选择和责任、成功认同与积极的嗜好、拒绝移情、当前治疗、挑战传统精神疾病的观点。

1. 反对医疗模式

现实治疗法从一开始即摒弃传统心理疾病，如神经症与精神病等概念，认为这些症状是对外界事件的反应。现实疗法的领导者认为，神经症或精神病的行为并不是发生在我们身上的某件事，而是我们选择这些行为来作为一种企图控制自己内心世界的方法，即使某些行为（如神经症与药瘾或酒瘾）令人痛苦而且无效，但它们仍有某种程度的作用，否则我们不会再继续使用它们。

格拉瑟认为，我们选择这些令人不满意的行为来填补自己想要的与已有之间的不足，因此，我们所谓的外在"压力"因素，是因为我们不能控制它们来满足我们的需要。格拉瑟主张，压力是一种主观感觉，某人认为是压力的事物，对其他人来说则未必。每个人对环境的反应是独特的，并且我们几乎能够控制所有的压力情境。

2. 成功认同与积极的嗜好

成功认同自己的人，视自己为能够给予爱与接受爱的人，感觉到自己有力量，具有自我价值感，感受到自己对别人的重要，并能够在不伤害别人的情况下以各种方式满足自己的需求。具有成功认同的人拥有力量，此力量能协助他们创造满足的生活。

"积极的嗜好"观念，作为在生活中培养心理力量的主要来源。常见做法是跑步与冥想。

（二）人性观

人类的行为是有目的的，且这些行为源自个人的内在而非外在环境的力量。我们的行为是为了满足我们基本的人性需求。格拉瑟指出，需求是驱动人行为的强大力量。人有四种心理需求：归属、权力、自由、快乐。还有求生存的生理需求。

人的基本需求包括：（1）生理需要：身体上（食物、温暖及休息）、生存上（求生怕死）。（2）心理的需求：归属感（belonging），爱与被爱；权力感（power），控制权、成就和掌握；自由感（freedom），自由自主地选择、行动；娱乐趣味感（fun）学习、游乐、运动、放松。上述各种需要彼此影响或冲突。

而对应这些需求，满足需求的方法有：共融关系、相互关心的人、因现实环境的力量与勇气负责任的行为、能爱人也能接受他人的关心、愿意学习以负责的行为来满足需求和合乎现实的行为、不逃避、现在就做正确的行为、道德价值。

根据控制理论的观点，大脑的功能如同一个控制系统，协助我们得到自己所要的。当心理需求受到阻碍时，我们会对选择的行为感到痛苦，并对生活感到不满。然而，当我们以负责的方式满足这些需求时，便会培养出成功认同及自尊感，并对选择的行为感到满意。虽然人人都有这些需求，但满足的方式却不尽相同。我们会发展出一本内心欲望的"影像簿"，它是我们希望如何去满足需求的清晰影像。现实治疗法的主要目标是教导人们一些较佳且更有效的方法，去从生活中得到我们所要的。

1. 人格理论之一：控制理论

虽然格拉瑟创立现实疗法不是得益于控制理论，但他对现实疗法的解释是控制论的。控制理论的理念是：人类行为是有目的的，且这些行为源自于个人的内在而非外在环境的力量。虽然外在环境的力量会影响我们的决定，但我们的行为并非这些外在环境的力量造成的。

控制理论如何解释行为呢？为了解释"综合行为"（total behavior）的概念，格拉瑟经常以汽车的动作来做比喻。如同汽车的四个轮子引导车子行驶一样，人的综合行为由四个要素决定，前轮是思想和行动：思想（thinking）（如想法与自我告知），行动（doing）（主动行为，如起床、工作等）。后轮是感觉和生理：感觉（feeling）（如生气、快乐、痛苦、温馨、焦虑），生理反应（physiology）（如流汗、心悸等）。其中以行动和思考最为重要。

所以，在咨询过程中，在"积极行为 VS 消极行为"的过程中，来询者的行为决定很重要。

2. 人格理论之二：选择理论

选择理论认为：没有人可以控制他人，除非彼此具有很友好的关系，当你不快乐时，唯一可依靠及改变的只有自己。越选择依赖他人，越被他人控制和影响；越选择依赖自己，越可控制发生在自己身上的事情。所以，改变自己面对问题的方式尤为重要。

举个例子，学生看到成绩单时的第一反应：惨了！考得这么糟糕（内心世界与理想世界不一致）。现在有两种选择：

（1）积极方向：下次要考好（T）→找老师讨论找出失败原因（A）→感觉积极与幸福（F）→生理上是热切与健康的（P）

（2）消极方向：下次没希望（T）→睡觉、喝酒（A）→感觉失望难过（F）→生理上是不健康的（P）

（三）核心理论

现实疗法对人的一个基本假定是，每个人都力求较好地控制自己的生活，以达到一种"成功的统合感"（success identity）。

格拉瑟认为人有一些基本需要。在早期理论中，格拉瑟提出两种需要：爱的需要和自我价值感需要。一个人需要爱人，也需要被人爱；需要感到自己在别人眼里是重要的，体验到自己是一个有价值的人。

80年代以后，格拉瑟提到人有五种基本需要：生存、归属、力量感、乐趣和自由。这些需要都得到较好的满足的人，就体验到成功的统合感。与具有成功的统合感的人形成对照的是具有"失败的统合感"的人，他们相信没有人爱自己，觉得自己卑微渺小，没有能力做任何有意义的事情，对自己的问题也无能为力。在格拉瑟看来，有心理困难，需要咨询和治疗帮助的人就是具有失败的统合感的人。

每个人的行为动机都是善意的，是为了自我增进或达到控制，而且人们总是生活在一个"现实的"世界中，要满足自己的基本需要，体验到成功的统合感，就必须在现实环境中有合适的行为，只有做出合适的选择、合适的行为，他才有可能从与环境的关系与他人的关系中获得他需要的东西。从这个意义上说，一个人的命运取决于他（她）自己，必须由自己对自己负责。换一种说法，环境中总是存在社会评价、社会期望、奖励和惩罚的力量，一个人要满足自己的基本需要，必须依赖环境和他人，而他能控制的是他自己的行为，他能够决定自己做或不做，还有怎样做某些事情，使自己的行为既符合自己的需要，同时又不剥夺他人满足他们自己的需要的机会。这样的行为才是现实的、负责的行为。

四、团体咨询与治疗的目标

协助成员找到更有效的方法，以满足其归属、权力、自由、快乐等需求，是要求治疗的总目标。格拉瑟强调，团体咨询中要帮助成员学习各种方法，重新取得对生活的控制权，并过更令人满意的生活。

现实治疗把这样一些东西作为治疗追求的目标：帮助成员们认清什么是他们真正需要的，认清自己为什么需要这些；辅助他们对自己当前的所作所为进行分析评价，看看现有行为是否有益、有效、负责（对满足自己的需要而言）；协助他们选择负责任的行为，制订建设性的行动方案，以便做出改变，达到对自己生活的有效的控制。因此，负责任的行为是现实治疗的核心目标。格拉瑟认为的负责任的行为的含义是："满足自己的需要，而在这样做的时候其行事方式又不剥夺他人满足他们的需要的可能性。"

现实疗法认为行为包括四种组成成分：行动、思维、情感体验和生理反应。根据格拉瑟的行为控制理论，从控制的有效性或容易程度来说，比较容易控制的是行动，其次是思维。因此，现实治疗把治疗过程的重点放在行动——可观察的行为上。它并非完全不理会情绪感受，但它总是从情感与行动和思维的关系、联系的角度来谈论情感。相信随着个人成功地控制其行动，情感体验也会随之改善。格拉瑟说："我们不能够命令自己感到好受些，但我们总能够命令自己做得更好些，而做得更好些会使我们感到好受些。"

更进一步说，现实治疗团体的领导者关注的外显行为是当前的和今后的行为，而不是过去的行为。他们认为人不能改变他的过去，关注过去的失败是浪费时间。关注现在和将来才是建设性的。因此，现实领导者总是把主要精力放在帮助成员分析他（她）当前在做什么，他（她）的所作所为是否能有效地满足个人需要，帮助成员设计新的行为，并随即付诸实践。

五、团体领导者的任务

团体领导者的任务包括协助成员检查目标与行为间的不一致性，以不否定也不放弃的立场协助来询者从事改变的学习。创造一个共融的咨询环境，协助成员了解其生活的状况，比如想要什么、能满足需求否、如何满足等。

格拉瑟在《心灵停泊所：现实疗法的新方向》一书中阐述了应用现实疗法的八条原则。这些原则构成了现实疗法的领导者在治疗过程中的行动指南。这八条原则及其实施要领如下：

（一）发展相互卷入的咨访关系

现实治疗也非常重视领导者和成员之间的个人关系。它把这种关系叫相互的"卷入"（involvement）。在领导者这方面，他要以个人化的、真诚的、理解的态度对待成员，创造一种亲密、相互信任的关系气氛。重点是让成员感到领导者信任他（她）有能力做出负责任的行为，感到领导者对他（她）的接纳和尊重，从而体验到自我价值感。但这种关系不能向成员传递这样的感觉：由领导者对成员负责，他（她）可以依赖领导者，不必依靠自己。

在治疗的初始阶段，有意识地让成员在思想上认清自己的要求和希望也是一项必需的工作。要让成员明确地意识到什么是自己不想要的（例如焦虑、痛苦、抑郁、人际矛盾等），什么是自己想要的（例如愉快轻松、爱情、金钱、诚意的工作、良好的人际关系等）。

（二）探讨当前行为

现实领导者坚持把焦点集中在当前行为上。如前所述，他们虽然也注意情感、态度等方面，但为了从较易控制的方面着手，则始终坚持以行为为中心。如果讨论涉及情感，那么现实领导者总是设法使之与行为或行动联系起来。假如成员说，"我今天的心情糟透了，难受死了"，领导者不会问"你能向我描述一下这种感受吗？"而可能问"你做了什么使自己这么难受？"同时，领导者也尽可能把重点放在当前的和将来的行为上，少涉及过去。对上面一个问题，领导者更可能问"你能够做点什么，使自己感到好受一些呢？"对过去的行为进行讨论只在这样两种情况下才是合适的：1. 为了证明过去行为的无效、无益；2. 为了给将要做出的行为改变寻找合适的行为。

探讨当前行为的主要目的是让成员意识到自己正在做什么，判断这种行为是否能够满足自己的需要，是不是负责任的行为。在多数情况下，这种探讨实际上是让成员意识到自己的行动与自己的需要背道而驰，是不负责任的行为。这一步骤与下一步骤难以分开。

（三）帮助成员评价自己的行为

评价行为的标准是看行为是否有助于满足自己的需要。当然，还要兼顾行为是否妨碍他人和社会的利益。但评价不应由领导者来做出，而是成员自己的责任。领导者要尽量保持客观，只是鼓励、支持成员做出评价。但这不是说领导者要消极被动一些。事实上，成员要客观地正视自己的不适应行为常常比较困难，他们往往不能看出那些习以为常的行为的自损性质，有时会不自觉地为不适行为辩护，找借口证明该行为是必要的，所以领导者要积极主动地行事。他们往往以质辩的形式设法迫使成员做出客观的评价，其作法有些类似 REBT 的辩论。但有一点要注意，领导者在这样做的时候始终要有真诚、关怀的态度。

（四）帮助成员选择、设计负责任的行为

如果成员肯定地认识到自己的行为是不适当的、不负责任的，领导者就开始帮助他（她）重新考虑现实、负责的行为，制订一个新的行为方案。在做这件工作时，领导者要注意这样几点：首先，领导者不能越俎代庖，有意无意地代成员选择行为，把自己认为合适的行为强加给成员。其次，要密切地参与选择、评价新行为的活动，如果成员的选择不合理，引导他认识这种不合理。第三，新的行为方案不能太复杂、太难，要注意其成功的可能性。第四，坚持要求成员把行为方案以书面形式写下来，搞出一个类似行为合同一样的计划。

（五）帮助成员承诺履行行为计划

让成员承诺负责地履行行为计划，这种承诺是对他（她）自己，也是对约定的行为计划和对领导者负责。通常这需要做一些鼓励和强化工作，以激发成员的行动动机。在多数时候，领导者要求把承诺以书面形式写入行为合同。

（六）不接受任何借口和开脱

当成员未能履行计划时，不接受任何借口和开脱。如果成员未能按计划行动，除了的确发现计划本身不可行需要修改的情况以外，领导者不接受任何解释和借口，他要在这一点上表现得非常坚决。在处理这类问题时，领导者会根据不同情况分别对待，但始终注意两点，一是坚持计划必须执行，二是避免生硬、攻击的态度。领导者很少去讨论行动为什么失败，而是问"你觉得下一次应该怎样做就会成功呢？"如果成员显得对计划是口惠而心不至，领导者会说："如果你内心里的确不想做，那我不希望你觉得为了我你不得不做，我情愿听你直言'我不想做'。"

（七）不使用惩罚手段

不使用惩罚手段，但要求成员承担行为后果。现实领导者坚决摒除对成员运用惩

罚。如果成员未能按计划去做，他（她）不会受到领导者的责难、鄙视或任何别的惩罚，但他（她）应该承担自己不负责任的行为所导致的自然结果。格拉瑟认为惩罚有诸多弊端，其中最重要的是会强化成员的失败感，以及无价值感和无能感，而这正是现实治疗力求消除的东西。行为后果则不同，它是行为的逻辑结果，是自然现实的东西。它使成员认识到"种瓜得瓜，种豆得豆"的道理，认识到个人须对自己的行为负责。这个认识不是外人灌输给他的，是现实教给他的。行为后果对成员同样有鞭策、激励作用，但不会有惩罚的那些弊端。

（八）决不放弃

在治疗过程中，当遇到困难、阻力时，领导者要表现出百折不挠的劲头，也鼓励成员不要放弃。格拉瑟认为放弃不仅意味着承认失败，而且意味着接受失败。领导者如果放弃，其"榜样作用"会感染成员们，损害咨询关系，增加成员们的无价值感；而领导者如果不放弃，同样可以通过榜样作用感染成员。

如果的确是由于计划不周或者其他无法克服的原因导致行为失败，领导者应该设法避免成员把责任归咎于自己，防止他（她）因此而认为自己无能、自己不好，而应该客观冷静地从计划、外在条件方面找原因。既不放弃，又不顽固地坚持不当的行动路线。

上述八条原则实际上也是一个分阶段、有步骤的过程结构。不过，现实疗法要求领导者要有灵活机变性，不要把这些步骤看成一个凝固不变的"烹调手册"。在这八条原则中，卷入关系是最基本的原则，所有其他原则及其派生的策略和方法都要在真诚、接纳的个人卷入关系中来展开和实施。

除此之外，领导者还需要具备一些特质：同理心、一致性、充满能量、正向人性观。领导者具备专业特质：了解成员的矛盾、有能力改变、传达希望感、有能力将问题以可以解决的词汇重新定义、有能力使用隐喻、具有伦理及文化敏感。

六、团体基本技术

现实疗法的价值观有助于人的自我开放，客观检核、价值澄清等技巧均可应用于此类问题，在学校或家庭中处理不情愿或行为习惯不良等问题也有效。

现实疗法提供了一种结构，使成员与领导者能够据此评价改变的程度与性质。制定契约的方法可以引导成员进行明确的改变并负起责任。我除了喜欢本法不接受成员为了违反契约而找借口的做法，亦喜欢本法不使用惩罚与责备的基本观念。如果成员未能执行计划，重要的是应与对方坦诚地探索此情况的意义，以及重新拟定一项新计划。

第八节　存在心理治疗理论

一、主要理论与观点

什么是存在主义？植根于个体深度的反思，将自身抽离出日常事务，聚焦于个体存在的生命的终极关怀。存在主义深度反思的四个问题：死亡、自由、孤独、无意义。

（一）死亡

1. 死亡的意义

对死亡的关注导致个体认为日常琐事变得无足轻重，同时也对自然与生命产生敬畏。

2. "死亡"的防御机制

为了对抗死亡，人们通常会有两种防御机制：（1）独特性。我是独一无二的！我比他人重要！我要出人头地，我要名垂千古！（2）终极拯救者。有一个全能的、拯救自己的人。所以不要长大，才会有人来关心、照顾自己。

3. 关于"死亡"的心理治疗

引导个体觉察死亡，去思考生命意义的问题，珍惜当下，分享脆弱，卸下角色，卸下面具，呈现真实的自己，找回生命的意义和生活的满意度，增加个体的掌控感。

存在主义者对死亡没有消极看法，认为认识到死亡是人类的一个基本状态，可以给生活更重要的意义。存在疗法强调真诚对待及此时此刻觉察的重要性，鼓励治疗者与成员探讨，做他们认为有价值的事情。害怕死亡的人也害怕生活，如果我们肯定生活，尽量完全生活在现在，就不会不断地被生命的结束困扰。

（二）自由

自由，包括责任和意志。

1. 责任

我的一切都是由自己所选择的、创造的，要对自己的行为负责；世界是由自我建构的，要对世界负责；行为是由自我选择的，要对行为负责。

（1）逃避责任。在给予更多自由的现代社会，我们承担了更多的责任，所以我们害怕自由，我们变得更加迷茫和焦虑。

（2）承担责任的心理治疗。领导者要使成员意识到，是自己选择创造了痛苦，应对自身行为负责。从"我不愿"变为"我不能"，从"他烦我"变为"我让他烦我"。存在主义取向强调从每个个体（背负着责任）的观点出发理解经验的重要性，而且强调使用客观方法来获得对个体经验的理解是不可能做到的，同时也认为人可以自由选择不同的道路，因此他们在自己命运的形成中扮演重要角色。对于存在主义者来说，自由与作为人是相同的，自由与责任相连。我们是自己生活的作者，因为我们创造自己的命运，创造自己的生活环境，也创造自己的问题。承认责任是变化的基本条件，不愿意接受责任，认为自己的问题都是他人造成的成员，将不能从治疗中获益。

2. 意志

意志即为把觉察和认识转化为行动的精神能量。"知而不行，就是不知"，成员只有落足于行动，才能表明真正的人格改变。所以，意志的转变对成员的改变很重要。

（1）积极意志 VS 消极意志。积极意志（创造性意志）出于内心的愿望，是促使自己行动与改变的意志；消极意志是被动安排的、外界强加的，促使自己行动与改变的意志。在消极情绪中，成员可能正面，但内在自我是压抑的。

（2）选择和决定。为什么我们很难做出选择，说好行动却迟迟不行动？人在决定的同时，就意味着放弃其他选项，可能性便受到限制。所以我们宁愿选择"未完成状态"，因为那意味着无限可能。不想放弃可能，也害怕为自己的选择负责。所以宁愿选择外界的代理者替自己做决定，那就不用负责任了。

促使成员改变：认识行动，帮助其分析每个决定的意义，围绕其生命核心，此刻决定也并非那么重要，使其愿望具体化，使其认识到"只有我才能改变自己的人生"。

（三）孤独

1. 存在孤独

存在孤独的核心观点是：当我们所熟知的现实世界和关系解体时，摆在你面前的只有虚无和孤单，没人能真正理解你的情绪，没人能代替你去死，无法永远与他人共生共融，成长就是关系的剥离。

1. 关系与孤独

关系的孤独包括："我它"，即人与器具的关系；"功能性"关系，即注重于自我表达。

2. 关系中的心理治疗

帮助成员识别自己与他人的关系模式：是否把他人当"工具"？是否愿意去了解他人？是否只是接受，没有付出？领导者尝试与成员探讨"存在孤独"，引导成员们在孤独中认识自己；在团体咨询的过程中，与成员建立"我—你"关系。人们对保持自己的特性和中心都很关心，同时他们也愿意与他人和自然建立联系。许多存在主义作家讨论孤独、无根、异化的问题。这些问题都可以说是没有能够与他人和自然建立联系。

存在主义者认为，人们生存环境的一部分就是孤独体验。但他们还认为，我们可以从查看自己的体验和感到分离的体验中获得力量。当我们认识到不能依靠任何人来获得对自己的肯定时，就会体验到孤独感；这就是说，我们自己必须给生活以意义，我们自己必须决定怎样生活。如果当我们独自一人时不能容忍自己，怎么能够期望我们与别人在一起时使别人感到有所得？在与他人建立稳固的关系之前，我们必须与自己建立关系。我们必须学会倾听自己。我们必须能够自己独立，才能够真正与他人站在一起。

（四）无意义感

对于无意义感，很多人有时候会自问：我为什么而活？可能回答是：工作。但是很多人虽然努力工作，却找不到自己真正的价值和目标。因此，我们需要在自己的生命旅程中，找到属于自己的生命的意义。

1. 生命的意义。世俗意义：实现现实功用的意义（文化与社会塑造的个体应该如何生活）；普遍意义：在个人之外的，指向宗教性的宇宙秩序。

2. 无意义感（"空心病"）。面对扑面而来的无意义感，人们会有一大堆自问的问题，例如："这样的工作实现我的价值了吗？""我自己适合干什么？""一到周末，我能干吗呢？""我到底为了什么而活？"

3. 虚无主义 VS 重过程而非结果。托尔斯泰曾说："无论我做什么，我的所有作为早晚都会被遗忘，我自己也会化为乌有。我们最终都会消逝得无影无踪，那我们一生还有什么重要？"

存在主义疗法找到了解决这一难题的方法："正确的方向是在达到目的的过程中，而非目的的达成。不是走入旅馆，而是走向旅馆；不是得到桂冠，而是追求桂冠。"

4. 找到你自己的路。每个人都应该找到自己的路，类似"正确的""必须的"不过是文化赋予的，太过武断。人们要为生命创造自己的意义，而不是他人的、社会的、上帝的。那些出于内心愿望的、积极主动的，那些使你忘记时间的、发自内心兴奋的，那些让你找到自我价值的、自信的，才是属于你自己的路。

5. 能提供意义的世俗活动。人的一个突出特点是从生活中努力寻找重要性和意义。与无意义相关的概念是存在内疚，摆脱这种无意义状态的方式是：抛弃旧价值观问题，建立新的意义。意义疗法帮助成员找到生活中的意义，意义与幸福一样，都只能间接地追求，找到生活的意义是投入的一个副产品，即投入创造、爱、工作和建设中，才有机会寻找到自己生命的意义。具体而言，就是找到一些让你快乐的事情，认真去做。例如，帮助他人，让世界记住你；成为自己，实现自我潜力；创造性行为，对事物保有好奇与新鲜；重视过程，重视体验，寻找经历的意义；等等。

（五）自我觉知和焦虑

存在主义的人性论除了上述几点外，还包括以下两点：1. 自我知觉的能力。2. 焦虑是生活的一种状况。

1. 自我知觉的能力

作为人，由于我们能够进行自我知觉，我们可以思考并进行决策。知觉得越多，获得自由的可能性越大。因此，扩展我们的知觉就是增加充分生活的能力。我们可以认识到：我们是有限的，我们没有无限的时间来做我们想做的事情；我们可以采取行动或不行动，不采取行动是一种选择；我们选择自己的行动，因此我们可以部分地创造自己的命运；意义不会自动地赋予我们，意义是寻找的结果，当我们发现了独特的目的时候，就发现了意义。

2. 作为一种生活状态的焦虑

焦虑来自生存的挣扎、保持和确定个体的存在。焦虑产生的情感是人类生存不可避免的方面。存在焦虑是面对存在的内容——死亡、自由、存在疏离、无意义而产生的结果（雅罗姆）。

自由和焦虑是一个硬币的两面；焦虑与产生新的思想的兴奋相关联。因此，当运用自由从已知走向未知时，我们就会体验到焦虑。由于害怕，很多人都避免迈步走向未知。治疗师和成员可以共同探索未知的可能性，虽然离开不良方式、建立新的生活方式会存在一段时间的焦虑，但当成员体验到新的生活方式的满意感时，焦虑将会消除。当成员变得更加自信时，对灾难的焦虑将会降低。

二、当代存在主义心理治疗的主要人物

存在主义心理治疗的四个先驱建立者是维克多·弗兰克尔、罗洛·梅、詹姆斯·布根塔尔和欧文·亚隆，他们都具有很强的存在主义和人本主义心理学的背景，发展了心理治疗中的存在主义疗法。

弗兰克尔建立了意义心理学，即"通过意义进行治疗""生活包括每日掌握生活的能力，以及在痛苦中找到意义"。按照弗兰克尔的观点，现代人有生活的手段，但经常没有生活的意义。我们时代的基调是无意义，或"存在真空"，当人们不在忙于日常的事务时，常常体验到这种情感。

梅认为，存在需要勇气，我们的选择决定着我们成为什么样的人。我们内心中不断存在着斗争。我们虽然想变得成熟和独立，但我们认识到成长常常是痛苦的过程。因此，我们在依赖的安全和成长的喜悦和痛苦之间存在着斗争。

布根塔尔根据存在主义对个体当前存在的关心和人本主义对每个个体的整体强调，建立了一种深入治疗的方法。布根塔尔把治疗看作是治疗师和团体中的成员深入成员主观世界的一次旅程。他强调说这一任务要求治疗师与自己的现象世界进行接触。

亚隆所建立的存在主义疗法注重于人类的四个基本的考虑：死亡、自由、存在疏离、无意义。

三、团体咨询与治疗的目标

存在主义的团体咨询与治疗有四个主要任务：

1. 帮助成员认识到他们没有完全出现在治疗过程中，并看到这一问题在治疗外是怎样限制他们的。

2. 支持成员面对他们长时间避免的焦虑。

3. 帮助成员重新认识自己和世界，促进他们更真实地接触世界。更多的知觉是存在主义疗法的中心目标，它使成员可以发现还存在着以前认为没有的其他可能性。成员开始认识到他们可以改变在这个世界上存在的方式。

4. 促进成员对生活进行反思，认识到自己可以选择的范围，在各种选择中做出决定。一旦成员开始认识到他们是怎样被动地接受了环境，并放弃了控制，就可以开始走上有意识地规划自己的道路。

四、团体领导者的任务

治疗师的工作是相信成员有能力最终发现一个来自自己的、能够赋予生活意义的价值系统。毫无疑问在一段时间内他们将会犹豫不定，由于缺乏清晰的价值观而感到焦虑。治疗师的信任对于成员相信自己能够发现新的价值来源是很重要的。

领导者必须能示范真诚对待，如自我开放或认错，还要帮助成员发现他们是怎样躲避自由的，鼓励他们学会使用这种自由。否则，就会使成员变得有缺陷，使他们出现依赖于治疗师的心理问题。治疗师要让成员知道，自己可以明确接受他们是有选择的，尽管在他们生活中的大部分时间里，他们都是在躲避这些选择。

治疗师的角色功能还包括为成员承担责任，直接告诉他怎么做。要告诉成员们，他们的选择权掌握在自己手中，领导者无能为力；鼓励成员承担责任，提供可选建议；领导者与成员面对自由的感受的讨论，帮助成员找到社会支持；同时领导者要注意避免陷入成员的操控。

五、团体辅导的基本技术

存在主义疗法能够提供一个概念性的框架，它帮助成员挑战生活的意义。治疗师可能问的问题有："你是否喜欢你的生活方向？你对现在的生活满意吗？你今后要成为什么样的人？如果你对自己是谁和想要什么感到困惑，你能做些什么来使自己清楚一些？"

第一阶段，咨询师帮助成员找出并弄清他们对世界的想法。

第二阶段，鼓励成员更全面地考察他们当前价值系统的来源和权威。

第三阶段，帮助成员将所学到的有关对自己的了解付诸行动。

面对发展危机的成员、有痛苦体验的成员、面对死亡的成员、面临重要决定的成员，存在主义疗法特别合适。

杜赞·史密斯认为，存在主义疗法适合于愿意面对自己生活中的问题的成员、那些感到不符合现在社会的成员以及那些寻求生活意义的成员。布根塔尔和布雷克认为存在主义疗法特别适用于那些缺乏认同感的人。

第九节　团体动力学理论

团体心理咨询是在团体情境下，借助团体的动力和各种心理咨询与治疗的技术，使团体成员自知并自助，达到消除症状、改善适应、发展人格的目的。作为心理咨询的一种形式，它与所有心理咨询的理论有关。同时，作为特殊背景下的心理咨询，它又与团体发展的理论、人际沟通的理论、社会影响的理论有着密不可分的联系。笔者选择了几种直接运用于团体心理咨询并影响着其效果的理论。本节中将介绍团体动力学与社会学习理论。

一、团体动力学

团体动力学（group dynamics）旨在探索团体发展的规律。它研究团体的形成与发展、团体内部人际关系及对其他团体的反应、团体与个体的关系、团体的内在动力、团体间的冲突、领导作用、团体行为等。团体动力学理论内容庞杂，理论演变的历史也较为悠久。团体动力学由勒温于 1933 至 1935 年在进行一系列的团体行为研究时提出并创立，他强调团体是一个动力整体，应把它作为一个整体来研究。他所研究的主要是小团体。

团体动力学的研究成果对团体咨询的发展有重要影响。如怎样的团体是有效团体？如何促进成员的成长发展？团体心理咨询的领导者怎样创设和谐的、温暖的、理解的团体心理气氛，以使成员有强烈的安全感、肯定感、归属感等。

（一）团体动力学的创始人

勒温（1890—1947）是德国心理学家，生于普鲁士的莫吉尔诺（今属波兰）。先后入费赖堡、慕尼黑和柏林大学学习。1914 年，获得柏林大学哲学博士学位。1922 年，任柏林大学讲师，1927 年，升任教授。1932 年，赴美任访问教授，次年移居美国，在康奈尔大学任教。两年后，任依阿华大学儿童福利研究所儿童心理学教授。1945 年，前往麻省理工学院建立并主持团体动力学研究中心。

在柏林任教期间，勒温着重研究和分析了学习和知觉的认识关系问题上、个体动机和情绪的动力学等，根据大量有关成人与儿童的实验，提出了动力理论。在依阿华任教期间，勒温的理论兴趣和研究重点放在奖惩、冲突和社会影响等人际关系问题上，并对一些团体现象进行了研究，如领导行为、社会气氛、团体标准及价值观念等。重要成就之一是关于民主和专制领导条件下的儿童团体研究。在麻省理工学院从事团体动力学研究期间，他考察了工业组织中的冲突和团体间的偏见与敌对行为等方面的问题，对现代心理学，特别是社会心理学在理论和实践上都做出了重要贡献，被誉为"实践的理论家"。

（二）团体动力学的理论基础

团体动力学的理论基础是勒温的场论。这一概念最早出现于勒温 1938 年发表的《社会空间实验》一文中。场论是借用物理学中"场"的概念来解释心理活动的理论，它把人的心理和行为视为一种场的现象，是人与环境的函数，可用公式表示为：$B = f(P, E)$。B 是行为，P 是个人，E 是环境。在这里，环境是指心理环境，它是一个整体，其中每一部分都依存于其他各部分。就人而言，意志和需要等具有重要的动力作用。场具有复杂的非物理的力及它们之间错综复杂的变化，而这种变化所产生的动力结构使场成为动力场，随着动力场的千变万化，人的心理和行为也随之变化。

场论把心理事件的原因归结于当前场的结构，既不推诿于未来，也不推诿于过去，这就使它不免对心理行为只注意横断面的分析而忽视了纵向研究。场论坚持心理要研究个人与心理场之间的相互作用，它既反对过分强调环境影响，也反对过分强调内部决定因素的心理学倾向，带有一定的辩证因素。

场论的基本特征可以概括为：1. 场是融行为主体及其环境为一体的整体；2. 场是个动力整体，具有整体自身独有的特征；3. 场的整体性在于场内并存事实相互依存和相互作用的关系。由此可见，勒温非常重视在生活环境中研究人的行为。

（三）团体气氛的实验研究

团体动力学的研究都是为了促进团体的功能发挥以及团体对个体和社会的作用。团体动力学最著名的实验之一是团体气氛的研究。20 世纪 30 年代中期，勒温与利皮特为了研究民主和专制的团体气氛，从某大学附属小学五年级、六年级热情的志愿者中选出了 10 岁和 11 岁的孩子 30 人，组成两个面具制造实验俱乐部，由大学生担任各俱乐部领导人，分别扮演民主的和专制的领导，进行轮组实验（两个星期轮换）。按照这种做法，每个小组要经受两种不同的领导作风，从而形成两种不同的团体气氛。

专制式团体的氛围：1. 所有政策的决定由一个强人操纵；2. 实现目标的技术和步骤由权威独断，每次做一个，成员无法知悉团体未来的方向；3. 权威者经常控制每个团体成员的活动，即由领导决定与谁一起干活；4. 领导不参加实际工作，只对关系到整个团体的工作提出表扬或批评。

民主式团体的氛围：1. 所有政策都由集体决定，领导鼓励、支持，最后认定；2. 领导者解释工作的步骤与行动方案，需要技术指导时，领导者会提出两到三种可行方案；3. 成员可以自由选择和自己一起干活的人，分工由大家决定；4. 权威者批评和表扬成员个人的活动，但他不与成员待在一起。

实验结果表明，成员在不同团体氛围下行为有很大差异。

1. 专制型团体中成员的攻击性言行显著，而民主型团体中成员彼此友好相处。

2. 专制型团体中成员表现出对领导服从，或引人注目行为多，而民主型团体中以工作为中心接触多。

3. 专制型团体中成员多以自我为中心，而民主型团体中"我"字使用频率低，注重"我们"的感情。

4. 当实验导入"挫折"时，民主型团体成员团结一致试图解决问题，而专制型团体则彼此推卸责任或人身攻击。

5. 领导不在场时，民主型团体的成员仍能继续工作，而专制型团体的成员的工作动机大大降低。

6. 民主型团体成员对团体活动的满意程度与满足感比专制型团体高。

7. 同一成员在民主型团体内攻击性言行少，而到专制型团体内攻击性言行明显增加。

实验结果证明，在团体情况中，民主的领导方式创造的团体气氛能提高工作效率；而专制型的领导方式创造的团体气氛虽能保证一定的工作效率，但成员之间缺乏信任感和创造力，相互间充满敌意与冲突。

（四）团体凝聚力

团体凝聚力是指团体对其成员的吸引力和团体成员之间的吸引力，以及团体成员的满意程度。社会心理学家费斯汀格指出，团体凝聚力是"为使团体成员留在团体内而施加影响的全部力量的总和"。团体凝聚力是团体坚固与稳定的社会心理特征，对团体的存在、活动、效率有重要的作用。勒温、卡特赖特、赞德等学者对此进行了深入的研究。

1. 团体凝聚力的作用与特征

团体凝聚力以团体共同活动为中介。在团体活动中，成员经过互动，彼此诉说自己的喜怒哀乐，从而增进了成员之间的感情和思想交流。这时，如果彼此发生认同，互相满足心理需要，就会产生亲密感和互相依赖感，加大成员间的相互吸引以及团体对个人的吸引。在这样的团体中，成员心情愉快，精神振奋，行为、认知、情感一致，凝聚力就高。相反，如果团体成员之间经过交流，在思想上、情感上不能产生共鸣，或有严重的分歧、冲突，相互不能满足心理上的需要，成员感到心情压抑、相互离异，团体对个人的吸引力必然小，凝聚力自然很低。可见，团体凝聚力取决于团体内人际关系的状况。

克瑞奇等人认为，凝聚力强的团体有七个特征：

（1）团体的团结非起因于外部的压力，而来自团体内部。

（2）团体内的成员没有分裂为互相敌对的小团体倾向。

（3）团体本身具有适应外部变化的能力，并具有处理内部冲突的能力。

（4）团体成员彼此之间有强烈的认同感，成员对团体有强烈的归属感。

（5）每个团体成员都能明确团体的目标。

（6）团体成员对团体的目标及领导者持有肯定的、支持的态度。

（7）团体成员承认团体的存在价值，并具有维护此团体继续存在的意向。

2. 凝聚力与团体效能

一个团体的凝聚力对于团体的活动有重要的影响。首先，团体凝聚力会使团体成员紧密团结在一定的目标之下，使团体成为一个具有高度整合性的团体。其次，团体凝聚力对团体的工作效率有重要影响。一般来讲，高度的凝聚力会提高团体成员的士气，明确活动的动机，自觉地努力完成团体工作，提高工作效率。如果一个团体有许多内在冲突，成员彼此不合作，精神受压抑，不但不能激发工作热情，甚至还会有意制造麻烦，工作效率自然降低。

3. 影响团体凝聚力的因素

影响团体凝聚力的因素有多种。概括地讲，可以分为两大类，即团体内部因素及外部因素。团体内部的影响因素包括团体的规模、成员的相似性、团体目标、信息沟通状况、成员对团体的依赖程度、领导者与团体成员的关系、团体活动性质和方式、团体气氛等，团体外部的影响因素主要来自团体间的竞争，当团体面临压力或威胁时，成员为保护团体的利益而相互配合、相互协调、一致对外，从而使团体凝聚力大大提高。

（五）团体动力学理论对团体心理咨询的贡献

团体动力学不仅为团体咨询提供了理论依据，而且为团体咨询过程中团体气氛的创设、领导者的作用等提供了重要的研究成果。团体动力学的一些研究，如敏感性训练等，直接成为团体咨询的方法、技术，广泛应用于教育、管理、医疗等领域。

第十节　社会学习理论

社会学习理论（social learning theory）是一种在行为主义"刺激—反应"学习原理基础上发展起来的理论，着重阐明人是怎样在社会环境中学习的。最早在 1941 年由米勒和多拉德提出。他们以社会刺激（他人的行为）取代物理刺激，运用刺激回报和强化的基本概念来解释人们的模仿行为。这一观点奠定了现代社会学习理论的基础。他们的基本假设是：就像大多数的人类行为一样，模仿也是学来的；利用一般的学习原理也可以理解社会行为和社会学习。

后来，班杜拉发展了社会学习理论的观点，他主张把依靠直接经验的学习和依靠间接经验的学习（观察学习）综合起来说明人类的学习。强调人的思想、感情和行为不仅受直接经验的影响，也受间接经验的影响；强调行为与环境的交互作用，强调认知过程的重要性；强调观察学习；强调自我调节过程。社会学习理论的研究成果对团体心理咨询中如何改变成员的不适应行为提供了方法。

（一）现代社会学习理论的奠基人

阿尔伯特·班杜拉，美国社会心理学家。1925 年生于加拿大。1947 年入哥伦比亚大学，毕业后考上依阿华大学研究生，1952 年获博士学位。1953 年到斯坦福大学从事儿童心理研究。1964 年当选美国心理学会主席。50 年代末和 60 年代初，他在关于儿童攻击行为的系列性研究基础上，潜心从事行为矫正技术的探索。他认为，人的行为模式实际上都是从观察别人的行为及其后果，从在替代性基础上发生的直接经验那里来的。在他看来，模仿学习过程是一种信息加工理论与强化理论相结合的综合过程。班杜拉的主要著作有：《社会学习与人格发展》（与 R. 沃尔特合著）、《社会学习理论》等。

（二）社会学习理论的基本观点

社会学习理论的基本立场是个人的行为不是由动机、本能、特质等个人内在结构决定的，也不是如早期行为主义所说的由环境力量决定的，而是由个人与环境的交互作用决定的。即人的行为受到内在因素与外在环境因素的交互作用影响，行为与环境、个人内在因素三者互相影响，构成一种三角互动关系。行为同时受到环境和个人的认知与需要的影响，人的行为又创造、改变了环境，个人的不同动机以及对环境的认识使人表现出不同行为，这种行为又以其结果使人的认知与动机发生改变。

社会学习理论还认为人的大部分社会行为是通过观察他人、模仿他人而学会的，"通过观察而学习的能力使人们能够获得较复杂的、有内在统一性的、模式化的整体行为，而无须通过行为主义设想的那种沉闷的尝试错误逐渐形成这些行为。"按照信息加工的模式来分析观察过程，可以将观察学习分为四个过程：注意、保持、动作再现以及动机激励过程。不同于早期社会学习论者，现代社会学习理论认为，人并不仅仅受到自己行为的直接后果的影响，还受到观察他人所遇到的结果（替代强化），以及由个人对自己的评价、认识所产生的强化（自我强化）的影响。

在观察学习中起决定性影响的因素是环境，如果环境发生变化，人的行为也会相应地变化。如社会文化关系及榜样等客观条件，人们只要控制这种条件，就可以促使社会行为向着社会预期的方向发展。对榜样的观察是学习新行为的条件，新的行为就是行为的榜样化。榜样，特别是受到人们尊敬的人物的行为具有替代性的强化作用。

（三）关于模仿的实验研究

模仿是在没有外界控制的条件下，个体受到他人行为的刺激，自觉或不自觉地使自己的行为与他人相仿。模仿是对外显行为的模仿，而不能模仿内隐心理。在模仿的过程中，模仿者是主动的、自觉的。比如，模仿者为了积极地达到目的，而观察学习别人的行为。根据人们模仿意识的程度，自觉模仿可分为适应性模仿和选择性模仿。适应性模仿指人为了适应新的生活而模仿他人的行为。如新生入学后，会自觉模仿高年级学生的学习方式与生活习惯。选择性模仿指人们经过思考而有选择地选取对象进行模仿行为。因为人的思想行为纷繁复杂，有合理的，也有不合理的。模仿者通过思考选择，将那些有利于个人发展和社会进步的行为作为模仿对象，使个人更成熟。

关于模仿的社会心理学研究始于 20 世纪初。50 年代后，班杜拉结合人类认知过程来研究人类的模仿行为，认为模仿不是先天的，而是在后天的社会化过程中逐渐习得的。他认为，先前的理论缺陷在于忽略了人与人之间的相互影响过程，于是他就攻击行为、亲社会行为等进行了深入的实验研究，对模仿领域做出了贡献。

有一项著名的实验，班杜拉和罗斯把参加实验的儿童分成几组，其中一组带入一间有玩具的房间，玩具中有一个充气的塑料大娃娃。一会儿，进来一个成年人，他开始攻击塑料娃娃，用铁锤狠狠地敲击玩偶的头，抓起来摔、压，嘴里还不时喊"打""打"，时间大约 10 分钟。另一组儿童在另一间玩具室看一个成人静静地做他的事，10 分钟后离开。还有一组儿童是通过电视录像观看攻击行为。实验结果发现，无论是直接还是间接观察到攻击行为的孩子，在后来的游戏中都表现出更多的攻击行为。班杜拉认为，许多社会行为通过观察、模仿即可习得，而观察习得的是某种行为的行为方式，在环境条件允许时就会外化为行为表现。

（四）社会学习理论对团体咨询的贡献

社会学习理论认为人们通常是通过对他人的行为进行观察和模仿来学习和形成一种新的行为方式，尤其是对人们在社会生活中的各类行为进行观察学习。攻击行为如此，适应行为也如此。如果为那些心理适应不良的来询者提供多个可模仿的榜样，将有助于改变他不适应的行为。团体咨询为来询者创设了一种特殊的情境，充满理解、关爱、信任，这种环境的变化必将引起个体行为的改变。

第十一节　团体中的人际沟通理论

沟通概念使用广泛，从个人的信息传递，到各种大规模的社会文化制度、大众传播及其影响等。人际沟通（interpersonal communication）是指人与人之间运用语言或非语言符号系统交换意见、传达思想、表达感情和需要的交流过程，是人们交往的一种重要形式和前提条件。团体形成的过程就是人际沟通的过程，了解人际沟通的理论有助于认识和把握团体发展的过程，进而有效地引导团体发展。

人际沟通的特点及功能心理学的研究证明，当人清醒的时候，70%以上的时间都花在沟通上，沟通不良使个人无法传达情谊、团体无法运作、组织任务无法完成。人与人之间的冲突往往是由于沟通不良所致。马可·卢瑟说："人与人不能相处，是因为他们心存害怕；他们心存害怕，是因为彼此不了解；他们彼此不了解，是因为他们彼此没有好好沟通。"可见沟通的重要性。

一、人际沟通的特点

人际沟通具有四个基本特点：

1. 沟通双方互为主体。人际沟通的双方都是以积极主动状态参加交流，沟通过程中每个参加者都要求对方具有积极性，不能把沟通伙伴看成是某种客体。

2. 沟通能够调整双方的关系。人际沟通的双方同时扮演着发信者与受信者的双重角色，此外沟通双方可以借助符号系统相互影响，制约和调整双方的心理和行为。沟通的结果是改变行为。

3. 沟通的双方具备统一或相近的符号系统。人际沟通交流观念、思想、情感，只有统一的符号及意义体系才能保证沟通和相互理解，如使用共同的语言。如果符号不一致，就会出现沟通障碍。因此，沟通中使用的符号必须形、声、意义通用。

4. 沟通中可能出现社会性、心理性、文化性的障碍。由社会因素引起的沟通障碍主要是因为交流双方对交往情境缺乏统一的理解；由心理因素引起的沟通障碍主要是由个性心理差异造成的；由文化因素引起的沟通障碍主要是因为双方风俗习惯、宗教信仰等不同而造成的。

二、人际沟通的功能

人际沟通是个体适应环境，适应社会生活，承担社会角色，形成健全个性的基本途径。因此人际沟通既有传递信息的功能和心理保健的功能，还有自我认识的功能和人际协调的功能。

传递信息的功能指通过沟通可以交流消息、知识、经验、思想和感情。英国作家萧伯纳很形象地说道：如果你有一个苹果，我有一个苹果，彼此交换，那么每人只有一个苹果。如果你有一种思想，我有一种思想，彼此交换，每个人就有了两种，甚至多于两种思想。沟通获得的信息内容更广泛，渠道更直接，速度更迅速。

心理保健的功能指通过沟通，可以满足人交往、合群的心理需求，增进彼此的情感共鸣，从而在心理上产生归属感和安全感，增进心理健康。生活中发现，沟通时间和空间较大的人精神生活丰富愉快，而沟通不足的人往往有更多的烦恼和苦闷。社会心理学的实验研究证明，当人处于危急、孤独、焦虑情况时，特别需要与人沟通，沟通可以减轻焦虑和恐惧。

自我认识的功能指通过沟通可以深化对自己的认识，使人更客观地评价自己，建立起健康的自我形象。人对自己的认识是通过沟通，与别人相互作用而发生发展的。因为在沟通中人可以以他人为镜，从与别人的比较中认识自己，对他人的认识越全面，对自己的表象就越清楚。

此外，人们还通过他人对自己的态度和评价，以及自己与他人的关系来认识自己，了解自己在他人心目中的形象、在社会中的地位，并参照别人的评价来客观地认识自己。人际协调的功能指通过沟通可以发展与他人的关系，协调各自的行为，保持融洽的关系。直接沟通可以增进了解，化解误会，统一认识，齐心协力。沟通的频度和深度加强时，人际间的亲密关系也得到发展。

在团体过程中，良好的沟通具有表达情感、建立关系、激励士气、传递信息和控制的功能。

参考文献

[1] 樊富珉. 团体心理咨询：心理咨询与治疗丛书. 高等教育出版社，2012.

[2] 诺埃尔著，郭本禹、方红译. 50 位最伟大的心理学思想家. 人民邮电出版社，2015.

[3] 刘毅. 皮尔斯的人格理论研究. 华中师范大学，2002.

[4] 朱诗敏，郑希付. 完形治疗法：一个强有力的心理咨询与治疗理论与方法. 社会心理科学，2003.

[5] 李倩. 试论格式塔疗法的理论与技术. 华中师范大学研究生学报，2005.

[6] 张冬梅.认知行为疗法的团体辅导运用："焦虑情绪调节"团体辅导.江苏教育，2019.

[7] 潘瑞兵.我国心理咨询方法的现状综述.才智，2017.

[8] 陈利.论认知疗法的基本原理及实操步骤.智库时代，2018.

第四部分

本会团体心理咨询

第十一章　本会团体心理咨询概述

本会团体是一种基于本土文化，在团体心理咨询的实践中产生和发展起来的，适合于中国人心理和行为特点的团体心理咨询模式。

第一节　会心团体与本会团体

一、会心团体概述

（一）会心团体

什么是会心？莫林诺（1946）对"会心"的解读是：两个人的相遇，两人目光相接，面与面相聚，就在你靠近我的刹那，我将穿戴上你的眼睛；就如同你穿戴上我的眼睛一样。那么我将能用你的目光来认识你；如同，你亦用我的目光看着我。

罗杰斯的"会心团体"包括人际关系小组、T- 小组、敏感训练小组、个人成长小组、人类潜能小组等。尽管这些团体名称各异，但本质上都是相同的：强调团体中的人际交往经验，注重此时此地的情感问题。因此，会心团体被视为发展性团体咨询或成长性团体咨询。

（二）会心团体的目标

"成为一个人"是罗杰斯人本主义的核心思想，是指人们始终都在寻求隐藏在表面行为下的真正的自己，并努力成为真正的自己的过程，这也是会心团体的目标和动力。

（三）会心团体的组织者

会心团体的基本原则就是不设约束，气氛民主，鼓励大家讲真心话。但要让十几个人甚至几十个人一起活动，必须要有组织者。会心团体的负责人叫"促动员"，字面意思就是"促进大家互动的人"。"促动员"要利用一些团体活动，或者抓住话题促进成员们互动。"促动员"需要进行培训，但不具有专业身份。

（四）对会心团体的评价

会心团体从动力学角度弥补了"一对一"传统心理咨询的重大缺陷，来访者内心中有某些不利于他走向心理健康的因素，咨询师要对抗它们。实际上，对于来访者而言，咨询师只是他环境中的一部分，单个心理咨询师要想借用自己的力量和这么强大的社会力量拔河，胜算并没有多少，影响力肯定不及一个团体。

但罗杰斯也坦率地说出了它的不足：由于这是人为建立的团体，团员们在会心团体里能够敞开自己，但回到原来的环境里往往又会恢复原样，并不都能主动促使原来的环境走向开放。由于团体交流中留给个人的时间有限，深层次的心理问题常常不能解决，团员在发现自己深层的心理问题后，仍然应该求助于一对一的心理咨询。

二、本会团体概述

（一）本会团体

本会团体，又称本会团体心理咨询模式。其中"本会"为"本土会心"之意，是一种立足于本土文化下的会心团体心理咨询模式。具体说来"本会"有以下三个内涵：

1. 指一个人原本具有的心理条件以及原本获得的心理能力，在社会化的过程中丢失了，在团体辅导中再次获得和找回的过程。

2. 指从一个人的本土文化心理线路看人的心理问题，着重考量文化因素的一种团体过程，可以理解为本土文化下的会心。

3. 指深入心灵世界，探索原本的真实与真相，在某个当下实现觉悟的过程。

（二）本会团体的指导思想

无论是个体咨询还是团体咨询，都是在咨询师的思想观念指导下进行的心理行为活动。本会团体心理咨询，是以东方整体观，即华夏文明中的"整体"思想为根本指导思想的。

东方整体观是东方文明中的宇宙观、哲学观，它的核心要素是"整体"和"天人合一"思想。东方的整体观，不仅看自然是整体，看人与自然是整体，看个体是整体，看人与人、人与社会、人与文化也是整体。一个人会影响另一个人，一个人会影响社会，一个人会影响文化；反过来，另一个人也会影响这个人，社会也会影响一个人，文化也会影响一个人。人就是在这互相影响的整体系统中成长或受损，同样，心理咨询、心理治疗也是运用人际文化的影响来实现对人的疗愈，帮助人重新成长。

（三）本会团体的基本功能

人的成长通常被描述为从"自然人"长成"社会人"。但从心理学角度来看，人的成长的最后归属是人格的成熟、人格的完善。同样，人的成长出现的所有心理缺陷、心理问题，都可以从人格成长的不足或扭曲中去认识。人格是人的核心。

成长为一个人，至少有三条线索共同作用，即生理发展、社会化过程、文化符号共同作用，三者共同塑造了个体人格，成就了一个人。在心理咨询或治疗中，特别是在团体心理治疗中，个体或团体成员被影响、被治疗的方向也就是人格的再成长。

（四）本会团体的基本观念

掌握本会团体心理咨询模式，需要具备三种观念，即历史观、问题观、符号观。

1. 历史观

历史观是指所有参加团体的人，可能都会带有一定的问题，但任何问题都是历史中发生的一件事情而已。用历史观的好处是，一开始认为很重大的、解决不掉的事情，如孩子的一次考试，家长焦虑扩大化，导致孩子压力很大，当时若把这件事放在一个人的历史中，或许会发现这本身并不是一个大问题。这种观念在团体中使用，能够得到很好的效果。

2. 问题观

问题观是指如何看待一个人的心理问题与成长的辩证观点。传统的心理咨询更多的是关注心理问题的发现和解决，偏重于以心理问题为中心建立各种咨询关系和治疗体系。本会团体心理咨询模式既不赞成完全的问题模式，也不赞成纯粹的心理上只取积极观点的干预方式，而是采用问题解决和积极干预相结合，以辩证方式看待问题，力争看到问题背后的积极意义。

3. 符号观

符号观是指要看到人的心理行为背后的精神文化符号的意义和作用。符号观是指"成为一个人"的文化线中，每个人先天和后天社会化中所积累的文化沉淀形成的各种符号，并使用这些符号进行心理咨询和治疗，舒缓情绪、化解情结、提升意义。

第二节　本会团体发展史

本会团体是伴随着中国团体心理咨询的发展而产生和发展的，与中国团体心理咨询的发展是同步的。其发展历程经历了以下几个阶段。

一、本会团体的形成期

从 2004 至 2008 年，本会团体初步形成。

2004 年，韦志中先生为"广州青年志愿者协会新生热线"开展培训，每周进行一次，以学习为目的，采用非结构团体，这成为本会团体的雏形。

2006 年，韦志中先生参加樊富珉教授的团体心理咨询培训班，之前带领团体所采用的非结构式团体和结构式团体得到印证。之后韦志中先生开展了第一届华南地区团体心理咨询师培训班，之后又在其他地区开展培训。

二、本会团体积累经验期

从 2008 至 2011 年，本会团体逐步积累经验。

2008 年，汶川地震促使心理咨询行业受到前所未有的重视，各种心理流派的理论技术培训如同雨后春笋在全国各地出现。本会团体也在此期间在全国各地开展数场培训，积累了丰富的经验。

2008 年，韦志中著《本会团体心理咨询实践》一书出版。

2009 年，在中国第十二届心理学学术大会上展示了本会团体心理治疗技术——"石头的故事"工作坊，取得了良好的反响。

2010 年，山西省团体心理治疗学会成立，这是中国大陆地区第一个团体心理治疗学术组织，标志着团体心理咨询事业进入了新的阶段。

三、本会团体快速发展

从 2012 年至今，初步形成本会团体心理咨询理论体系，开始步入快速发展期。

2012 年 3 月 1 日，首届"广州大学心理技术应用研究生班"举行开学典礼，来自全国十四个省的三十位心理学工作者，开展为期两年的心理学项目、本会团体理论与技术、心理技术的研究和应用的学习与实践。

2012 年 6 月，人保部批准"本会团体心理咨询师"培训项目并颁发证书，标志着本会团体咨询进入职业化发展时期。

第三节　本会团体的服务方向与服务模式

一、本会团体的服务方向

本会团体心理咨询模式是适合于中国本土社会集体心理教育、成长与治疗的团体心理咨询模式。这一模式首先把社会人群按照具体需要分为五种心理服务方向，然后按照集体心理教育的策略，针对性地围绕这五个方向人群进行集体心理服务。五个方向分别包括：集体心理预防、集体心理咨询、集体心理成长、集体心理危机干预、集体心理治疗。

（一）集体心理预防方向

此服务方向针对的是广大的健康人群。这一部分人群需要的心理学服务是心理教育，而教育的目的是实现社会心理预防。针对这一人群，最有广度和宽度的心理学服务就是集体心理教育团体的开展。

（二）集体心理咨询方向

在社会的经济发展过程中，不断出现一些开始从物质追求转向精神追求的社会个体或者家庭个体。这类人群开始出现关系、情绪、自我等一系列的问题和冲突，但这一类问题还不属于心理疾病的范畴，不需要进行治疗。针对这个人群，最有效的和最符合社会利益的心理学服务就是团体心理咨询形式。在团体中相互交流，在知识的传播和认识的调整中，实现一般性心理问题的改善。

（三）集体心理成长方向

一个国家的文明程度取决于这个国家的中产阶级的数量。中国社会的中产人群正在快速地增加，而这类人群最大的特点就是更关注个人的精神、心理的再成长，针对这一人群提供的心理学服务就是集体心理成长的形式。

（四）集体心理危机干预方向

任何一个社会历史时期都有社会突发事件和自然突发灾难，对人类造成心理层面的影响。被影响后的人群的心理处于应激状态，需要对其进行心理学的危机干预。这时候所采取的集体心理干预，就是团体心理服务的又一个形式。

（五）集体心理治疗方向

无论社会在预防、咨询、成长、干预层面做得多么到位，总是有一部分人会产生心理疾病。而针对这一部分人群，过去只采取生物模式治疗，后来又加入心理模式结合治疗。到今天为止，心理精神学家已经开始发现这类人群的问题是在社会中产生的，必须要在社会中进行治疗才能有最大化效果。所以，未来针对疾病人群的治理中，小组治疗将成为主流，这也符合生物—心理—社会三位一体的心理治疗策略。

二、本会团体的服务模式

根据心理健康程度，上述心理服务人群可分为三种：一是健康人群，二是心理亚健康人群，三是心理疾病人群。不同健康人群需要不同的服务模式，所采取的团体心理服务模式也相应分为三种——体验式团体心理教育模式、表达性艺术团体心理成长模式、文化动力团体心理治疗模式。这里简单介绍一下这三种服务模式，稍后章节会做具体阐述。

（一）体验式团体心理教育模式

该模式主要针对健康人群开展团体心理咨询工作，以心理科学知识学习、自我心理探索、心理问题预防、心理健康教育为主要目标。主要针对群体包括：企业、学校、社区、军队等健康群体。

（二）表达性艺术团体心理成长模式

该模式主要针对心理亚健康（灰色地带）人群开展团体心理咨询工作，以心理问题咨询、心理素质提高、自我心理探索等为主要目标。主要针对人群包括：亲子关系不良的人群、夫妻关系不良的人群、人际交往障碍的人群、情绪不良的人群、自我效能感低下等心理亚健康群体。

（三）文化动力团体心理治疗模式

该模式主要针对心理疾病人群开展团体心理咨询工作，以各种心理疾病治疗、心理疾病康复为主要目标。主要针对群体包括：神经症（焦虑、恐惧、强迫、抑郁等）、创伤后应激障碍、边缘性人格障碍、康复期精神病人等群体。

第四节　本会团体心理咨询的动力

一、团体动力的概念

对于团体动力的定义，有许多学者有不同的看法。我国台湾学者何长珠（1997）曾定义"团体动力"为：团体一旦开始运作后，所产生并持续改变的一种影响力量。黄惠惠（1998）则认为团体并非静止不动的，是动态而有生命的组织，这个生命体是由"人"及"他们的互动（团体的过程）"所组成，而团体的过程会产生影响团体成员及整个团体的力量，这就是"团体动力"。而勒温于1935年研究团体动力时，认为团体动力是所有作用于团体的力量。

我们认为"团体动力"是团体成员之间进行互动之后，因对团体产生高度认同感而产生的集体意识，这种集体意识使得团体本身具有了一定的力量进而推动着团体以及其中的成员自我成长。

二、团体动力的作用

从根本上讲，团体动力来自团体成员的需要和动机。需要推动个体寻找能够满足需要的目标，在需要和目标的推动下形成实现目标的动机，动机推动个体行动。因此，团体动力就是所有团体成员在动机推动下的行为倾向的总和。这种动力总和，不是简单的动力加法，而是互相影响，包括紧张、冲突、阻碍、引导、跟随、融合、推动等动力作用。

如果团体动力在不同个体的互动影响中最终达成符合团体目标的协调，就形成强大的推动团体前进的合力；同时可以达到推动个体心灵的分化与整合、人格成长的目标。反之，如果动力之间的矛盾冲突不能得到整合或过早被压抑、消减，则可能消减团体前进的力量，甚至阻碍团体的前进。

三、团体动力的场理论

场论是勒温一手创建的。勒温的场论与物理学的场论有一定的联系。勒温在界定他的场的概念时援引了爱因斯坦的定义"场是相互依存事实的整体"，但是勒温的场主要是指人的心理和行为场。勒温所借用的是物理学场论的观念，即把场论作为一种分析和处理问题的方法。

勒温采用格式塔心理学观点，将个体行为变化视为在某一时间与空间内，受内外两种因素交互作用的结果。勒温称个人在某时间所处的空间为场，其基本要义是：在同一场内的各部分元素彼此影响，当某部分元素变动，所有其他部分的元素都会受到影响，此即勒温的场论。勒温用场论来解释人的心理与行为，并用以下公式表示个人与其环境的交互关系：

$$B = f(P \cdot E)$$

B：behavior 行为。P：person 个人。E：environment 环境。f：function 函数。

此公式的含义是：个人的一切行为（包括心理活动）是随其本身与所处环境条件的变化而改变的。

勒温在他的场论中指出，团体应该被视为是一个互动的、由各部分所共同组成的"心理场地"或"生命空间"。心理场是勒温心理学体系中的一个最重要的概念，同时也是其理论的核心。勒温认为心理场就是由一个人的过去、现在的生活事件经验和未来的思想愿望所构成的一个总和，也就是说，心理场包括一个人已有生活的全部和对将来生活的预期。勒温又认为，每一个人心理场的过去、现在和未来这三个组成部分都不是恒定不变的，它们会随着个体年龄的增长和经验的积累在数量上和类型上不断丰富和扩展。同时每个人心理场的扩展和丰富在速度和范围上又有其个别差异性，但总的来说一个人的生活阅历越丰富，则他的心理场的范围就越大，层次也越多。

从勒温对心理场的这些分析来看，心理场这个概念有点类似于我们平常所说的认知结构。不过在勒温的心理学中，勒温主要借助心理场来研究一个人的需要、紧张、意志等心理动力要素（这一点不同于我们平常所说的认知结构），因此，我们又常把勒温的心理场称为心理动力场。

四、团体动力的表现形式

本会团体心理咨询模式以心理空间和心理世界来说明个人、团体心理动力与物理世界的关系。心理空间代表了个人的心理动力，心理世界代表了团体的心理动力，这两个空间又同物理世界交互作用、相互促进和影响。

（一）心理空间

每个人都有一个心理空间，心理空间决定了一个人的外部行为表现，也就是说一个人的外显行为是来自一个人的内部心理空间。心理空间包括两个区域：人格区域和情绪情感区域。这两个区域相对独立又密切关联且互相影响，任何一个区域出现问题，都会对整个心理空间的和谐造成威胁和影响。

人格区域主要决定一个人的自我认识。这个区域如果出现了紊乱或者是不健康的情况，那么我们心理空间内部就是不和谐的。

情绪情感区域主要决定了一个人的自我感受。比如说一个人感觉很轻松愉快，很少感受到郁闷或者悲伤，这个人的情绪情感区域就是相对和谐的。反之，这个人的情绪情感区域内部大部分是一些负性的情绪，就会出现不和谐现象。

（二）心理世界

当两个以上的心理空间在一起通过外部行为互动的时候，就形成了一个心理动力的场，我们称之为心理世界。

心理世界并非固定不变的，它可能随时解散，也可能随时再组织起来。比如，心理空间 A 走到路上遇到心理空间 B，两个人外部的行为交流和互动的过程，就是一个心理世界。这个心理世界何时解散，动力发展的方向如何等，都将受到两个心理空间内部的内容和动力的影响。

一个人内部的心理空间一直在运转，而内部的运转决定了一部分外在的行为。为什么说只决定了一部分呢？是因为外在还有其他的人。其他人的心理空间和你的心理空间是不一样的，当两个不一样的心理空间在外部通过行为互动时，我们从理论上推说每个人的心理空间只决定一部分的外在行为。如下图所示，心理空间 A 的内部动力在 8 个人的心理空间所构成的人际动力场中只能决定 1/8。这是一个普遍性的推算，并非所有的团体动力都是一样的，就好像没有完全相同的两个心理空间一样，也不会有两个动力模式完全一样的心理世界。

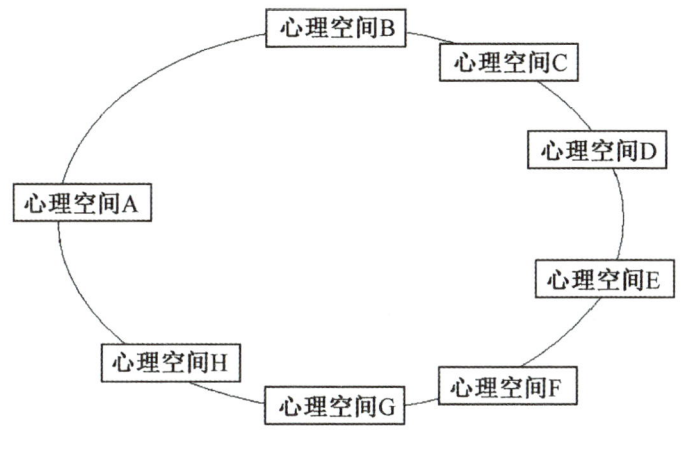

11-1　图 心理世界示意图

总之，团体心理咨询的过程就是心理世界动力发展的过程。在这个过程中，两个或多个心理空间在一起组成了一个时间或长或短的心理世界，每一个心理空间内部的心理动力都参与外部的人际互动。每一个心理空间都有可能影响这个心理世界的动力发展，反过来这个心理世界的动力也会不同程度地影响每一个心理空间内部的心理动力。

五、构成团体动力的基本要素

团体动力的基本要素主要包括以下六个方面。

（一）成员需求

团体动力是一种心理能量，而心理能量一定来自团体成员的内心。其中，对团体的需求和对自我成长的需求是最根本的动力，所以主动参与团体者比被动参与团体者动力强。

（二）团体导师

又称团体领导者，是团体的核心人物和重要影响力。其对团体目标的达成、团体成员的协调、团体方向的指导、团体动力的调动等起着至关重要的作用。

（三）团体目标

任何动力都是有方向的力的运动。团体目标就是团体动力运动的方向，引领着团体成员的行动。如果目标不符合团体成员的成长需求或模糊不清，则会破坏团体动力的正常运作，使团体成员不愿投入时间与精力，甚至破坏团体的生存。

（四）成员的个性特点

虽然团体有同质团体与异质团体之分，但不论何种团体，每个成员都是独特的，都有自己不同于他人的心理特质——个性特点，如同水之落差会形成动力一样，这些不同的个性特点所造成的差异，是团体成员互动的宝贵动力之一。

（五）环境

团体所处的环境可以直接或间接地形成团体的动力，包括物理环境、心理环境和社会环境三类，都能对团体产生动力作用。物理环境包含空间、光线、色彩、设施等要素。心理环境包括人员结构、安全感等要素。社会环境包括团体外的社会形势、风土民情等要素。

（六）团体结构

团体结构的动力作用可从以下两方面体现：

1. 规模大小：通常情况下，团体的规模越大就越易松散，成员间的互动越难；反之，团体规模越小，成员间联系越紧密，互动越多，动力越强。但对不同类型、不同模式的团体来说，并非规模越小动力越大，而是要根据不同类型和团体模式将规模控制在最佳范围内，动力才会最大。比如，预防教育性团体的规模可适当大些，30～50人为佳；咨询性团体 20～30 人为佳；治疗性团体 10 人左右为佳。

2. 团体设置：团体设置也叫团体规范，也就是团体成员共同认定且必须遵守的行为准则。比较严格的设置可以较快形成安全感、信任、承诺、真挚的关怀等动力和凝聚力，可以将冲突变成有利于团体目标和个人成长的动力，减少分心、拖沓等破坏团体动力的现象出现。

六、团体动力的强与弱

团体就是在诸多动力因素的互动中形成和发展起来的。团体在刚开始时需要对成员有所催化，使其心理空间受到外力的影响，从而产生微妙的变化，形成内部动力，继而推动个体在行为上有所反应。因此内部动力与外部动力相互作用，互为表里。如何描述动力的变化呢？下面，我们借助温度的变化来说明。

（一）由冷到热——动力的调动

由冷到热是团体咨询过程中场动力运作力度的一个直观感性表现，是团体动力是否被充分调动起来的现场感。

团体动力场是否被营造起来，团体动力是否运作良好，往往不需要人们经过十分理性的分析考量，只需凭现场的气氛就能充分感知。我们把这种通过现场直觉感知就能把握的动力场，借助体现温度感的词语"冷"和"热"来表示。"冷"表示动力不足，场温不够；"热"表示动力充足，场温充分。因此，所谓由冷到热，即表示一个团体的场动力从动力不足发展到动力充分，适宜团体工作的过程。

（二）由热到冷——"最熟悉的陌生人"现象

在团体工作过程中，有时会出现一种心理现象：团体成员之间似曾相识却又相距遥远，即"最熟悉的陌生人"现象。成员之间在表面上能够互动和回应，大家似乎都认识，都能客客气气、友好相处，但却心门紧锁，导致团体动力下降，场温由热变冷。

团体咨询如果进入这种状态，既是最难工作的状态，也是继续工作下去的关键时刻。说是最难工作的状态，因为任何心理工作只有能够让需要咨询的人自愿打开心扉，才谈得上是在做心理工作，否则，就只能是游戏。当团体咨询中的成员出现心门紧闭，场温冷却状态时，团体咨询是无效的。

（三）"动车组"（忘记团体导师的团体）现象

有一种特殊现象，即在团体温度升起来后，团体成员热情高涨，动力充足，完全把团体导师忽略而自行互动起来。就像一列动车组，不需车头，每节车厢的自备动力足以使整列火车轰隆前行，这就是"动车组"现象。如果成员互动的方向是朝着有利于团体目标完成的方向进行，团体导师应予以关注呵护；否则团体导师应适当引导，纠偏扶正，在保护成员积极性的同时，将团体动力引向有利于达成团体目标的方向。

第五节　本会团体的导师

团体效能最大化的获得，最为关键的一个因素是团体导师。那么，什么样的人才可以成为一个高效能的团体导师呢？作为一个团体导师又需要具备什么样的能力和条件呢？团体导师在团体活动中应如何带领大家并做好自己的角色呢？这是本小节所要探讨的内容。

一、成为团体导师的三个条件

成为团体导师，需要具备三个条件，即德、道、术。其中"德"是指个人的人格、修养和德行，是做人的道的体现；"道"是指做人的道，是人的成长发展规律，即文化学、社会学、伦理学、心理学、团体动力学等相关学科的理论、知识和经验；"术"是指技术和方法。

（一）德

德是指人的本性和品德。团体导师在工作中需要去正向地影响和引导别人，因此其在做人方面应该是大多数人的典范。团体导师的人格可以分为三个层面进行解读，分别是心理品格、社会品格、自然品格。

1. 心理品格

心理品格是指心理素质，或者是指心理健康的程度。主要包括以下几个方面的内容：

（1）对自己的总体感觉和看法，即导师对自己的自我评价部分。导师需要有较高的自我价值感，或者说有较高的自尊感。

（2）对他人的总体感觉和看法。导师要能相信每一个人都是一座宝藏，都有能力去发展他们自己。

（3）心理调节能力。导师要有自己的人生目标和为人做事的行为准则，而这些准则应该是有弹性的，能依据不同情景的需要，全面地、系统地、立体地、动态地看待和调整。

概括来说，团体导师需要具备的最主要的心理品格是：接纳自己的同时接纳他人、尊重自己的同时尊重他人、欣赏自己的同时欣赏他人，并能依据情景的需求不断调整自己以适应情景。

2. 社会品格

社会品格是指一个人的社会道德修养，不仅指坐公交车时给老、弱、病、残、孕的人让座或不乱丢垃圾等遵守社会公德的行为，更重要的是指一个人的社会责任感和使命感。

3. 自然品格

自然品格是指一个人的天赋，是其对自然规律的辩证思考能力，它会限制团体导师最终的发展。这里需要指出的是，某些人可能会由于其心理品格上还有一些限制，从而看不到自己本来就有的天赋，这种情况又另当别论了。

（二）道

在《道德经》中，"道"是指宇宙万物发生发展的规律。而在心理行业，"道"主要表达的是人类心理活动的规律。团体导师想要"得道"，就需要积累经验，之后把经验上升为理论。具体来说，团体导师需要了解和掌握的"道"包括如下内容。

1. 要了解人类个体从出生到死亡的整个过程中心理发展变化的基本规律和法则，即心理学理论及相关的学科知识。

2. 要认识到每个人都是独一无二的个体。当面对具体个人时，要能够跳出书本的内容、某些权威人士的观点及以前经验的局限。

3. 要认识到文化规范是地域所赋予的。民族不同、地域不同，文化规范就有很大的差别。但人类深层的需要是一致的，都是关于爱与被爱、需要与被需要的问题。

4. 要认识到"变化是不变"的真理。每一个人在每一分钟的状态都是不同的，我们不可能找到"相同的一段河流"。

5. 要用系统的观点看问题。每个人都是由内在与外在的系统构成，其行为的方向和强度受到当下内心的需要和外在系统压力的影响。

（三）术

这里所说的术，包括个体咨询的技术和团体带领的技术。我们既要能应用前人创造的技术，又要能自己制造技术和转换技术，即要做到学习术、应用术、制作术的三位一体。

术一般指方法、谋略、技巧等。这里所说的团体导师的术主要是指心理咨询所需要的相关技术、方法，这些是作为一个团体导师所必须具备的基本条件之一。具体来讲，心理实用技术包括：辅导技巧，即释义、解释、倾听、共情、归纳、总结、指导、面质、自我暴露等；以及危机干预、萨提亚家庭重塑、心理剧、埃里克森催眠治疗、完型治疗、创伤治疗、沟通交互分析等。除了术的应用，我们还要学习术的制作方法，以便不断创造出新的能够适应不同团体、不同心理主题的技术。

二、团体导师的"三位一体"技能

要成为一名合格优秀的团体导师，需要长时间地进行各方面的学习并勤于修炼，包括在团体带领的实操过程中对各种技术的运用和把握，同时了解自己在团体中的角色，并能在不同的团体中有不同的定位。具体说来，就是需要了解和掌握在团体中导师角色、技术和团体过程的三种"三位一体"。

（一）角色的三位一体

角色的三位一体是指团体导师在带领团体的过程中适时地出现在团体的前方、后方、左右方，扮演对团体进行恰当的引领、推动、陪伴的三个角色。这是本会团体多年来带领团体的实践经验，也是本会团体的经典。

1.时而在前——引领

引领有带领、引导的意思，主要是指引领事物或事件的发展方向。本会团体中引领主要是指团体导师通过教育、指导、解释等技术或方法，让团体成员跟随导师往前冲。一般运用在团体成员对新知识、新技能的接触之初。

2.时而在后——推动

推动角色是指导师在带领和引导团体成员到达一定的水平和境界时，导师自然而然过渡到的另一个角色。推动的原因，一方面是使团体成员能够更好地参与，另一方面是帮助那些在团体中表达有困难的成员，给予其力量。有些团体成员并不缺乏智慧和方法，而是缺乏力量，认为自己做不到，这时导师可以适时地对其给予支持，鼓励他向周围的人学习，推动团体成员向前发展。

3.时而在左右——陪伴

这一般是在团体成员占主导地位时导师需要扮演的角色。比如成员正在自我表露、体验痛苦，或正在进入或处于某一种情景时，就需要导师的陪伴及全方位的支持。导师需要去积极地倾听，从心理的角度去关心、陪伴他们并给予他们力量，让团体成员感觉到当他们需要的时候，导师就在身边。这种陪伴，就像妈妈陪在孩子身边，守护着孩子一样，是一种爱的力量和陪伴。

（二）技术的三位一体

技术的三位一体是指团体导师要灵活运用此时此地技术、描述技术和会心技术。

1.此时此地技术

此时此地技术是团体导师通过将团体成员在现场的行为、语言、表情等线索反馈给团体成员，使其觉察到自己的表现，促使其反思，引发其反馈，以帮助团体导师确定其问题所在的一种技术。

在此时此地的技术运用方面，我们可以从躯体的此时此地去引导，比如：跺脚、躯体感知、空间内的躯体变化等；还可以从关系的此时此地去进入，比如咨访关系的感知、安静 3 ～ 5 秒的时间等；还可以从物理空间的此时此地来感知，由外在进入内在、由物理空间进入心理空间的此时此地；还可以从情感的此时此地进入，由内在到外在，可以是成员的情感，也可以是导师的情感。此时此地技术最终的目的都是回归真诚、信任，对人性的尊重。

关于此时此地技术，本会团体认为团体导师对这一技术的运作主要体现在以下三个方面。

（1）制造此时此地

制造此时此地是指团体导师用一定的技术或方法让团体成员的心和感受从团体外的事件中脱离出来，远离对团体外事件的评论，而将精力集中于当下，集中于成员间的人际关系上，认真感受此时此地的一切。例如，在一次团体带领中，由于团体刚刚开始，大家都还没进入团体的状态，还处于一种在和之前的人、事、物打交道的精神状态中。于是，韦志中先生就运用了"寻找我的贵人"的技术。他让大家都围成一个大圈，手拉手，扫视圈中的每一个人，在每个人的脸上停留三秒，仔细体会自己的感觉，然后找到那个此刻让自己感觉温暖、安全、舒服的人，找到的成员就举手示意。在全体成员都找到了自己感觉到的那个人后，大家一起行动，轻轻地走到那个让自己感觉温暖、安全、舒服的人后面，轻轻牵着那人的衣角，安静用心地去体会心中的感觉，并尝试描述那是种什么样的感受，可以用什么样的词来形容。

（2）寻找并发现此时此地事件

寻找并发现此时此地事件是指找到团体成员生活中的人际交往问题或问题在此时此地的呈现。在心理咨询中，当来访者谈到自己与另一个人的不愉快交往时，咨询师通常会深入探察他们交往的情境，并试图帮助来访者理解他人在交往中的角色，猜测他人的动机，寻找相似的模式等。这种策略虽然经受了时间的考验一直被使用，但往往很容易会把咨询师引入一边倒的情形之中。因为来访者的描述是咨询师获得资料和整理信息的重要甚至是唯一来源，但他们的描述都是相对自我和主观的，就像我们中国的那句古话"公说公有理，婆说婆有理"；而在咨询中，咨询师一般只能听到"公"的理，或只能听到"婆"的理。"兼听则明，偏信则暗"，在咨询的过程中，咨询师没有"兼听"的机会。此外，当咨询师跟来访者"讲理"的时候，往往是与来访者的"感受"相分离的，特别是当来访者叙述过去所发生的事情时。因此，通常的结果是，来访者会同意咨询师的"理"，但不会改善自己的人际关系。这种情况下，"此时此地"就提供了一个更好的工作方式，如果能够找到来访者生活中的人际交往问题并在此时此地呈现的话，整个工作就会变得相对高效。

（3）描述此时此地

描述此时此地是指描述此时此地的一种行为现象，描述物理空间的当下发生发展的事情及心里的感受。从某种程度上讲，这也是对当下历程的阐述，是对此时此地正在体验的过程及感受的确认、检视和理解。此过程的描述不仅仅是团体导师的描述，还可以包括团体成员的描述。这个过程中团体导师必须聚焦于言辞的元信息的传递，并从人际关系方面来思考为什么这个团体成员会在这时对某人以这种方式发表这样的言论。一些信息的表达是口头的和直接的，一些信息的表达超越了语言本身（如语调），还有一些信息是通过行为表达的。辨别出交流的实际影响和交流者的本意之间的联系，是描述此时此地的核心。

有时导师不仅要注意团体成员已经说出来的话，还要注意容易被忽略的东西，这些"忽略"是此时此地团体互动的一部分。例如，在一次团体活动中，一名叫阿雯的成员提到她觉得别人不喜欢自己。当被问及那人是现场中的谁时，她选择了温华，温华是个看起来有点严肃的人，不笑的时候让人不敢接近。当听到自己被选择时，温华立即防御起来，不高兴地说："怎么可能是我，人家都觉得我很亲和，很平易近人呀，我都没和你说什么话呀。"阿雯马上说："就是这样，你从不和我说话，从没和我打过招呼，你看我的眼神告诉我，你不喜欢我。"温华当时虽然不能接受这样的描述，但过后表示这次事件对自己而言是一次特别强烈和具有启发性的经历。同时，团体导师要运用其敏锐的洞察力和反应力，巧妙地将成员之间表达的内容及有关的题材、人物、事件与团体目标相关联，有意义地组织成员的信息，特别是成员未觉察到的片段信息，将它们表达并描述出来，以利于成员重新检视个人的看法和经验，这有利于团体方向的引导。

2. 描述技术

描述技术是对客观现实的观察，对内心世界的感受、体验，是用直白的、不加修饰的语言客观地对事物进行描述。使用描述技术的好处在于避免了相互指责和埋怨，让每个人把注意力集中在"该做什么"上。我们常说团体就是一面镜子，在团体中，导师只有恰当地使用描述技术，才能让成员有所思考，让他们更加容易发现自己的问题，让他们的表达更加客观。

3. 会心技术

所谓会心技术是指运用一系列的心理学技术，使团体达到一种温暖的氛围。团体导师带领一个团体进入一种良好的氛围当中，这个良好的氛围是团体围绕团体目标在行进过程中所必需的。会心技术主要包括共情、积极关注、归纳等。

关于会心技术会在下一节重点阐述，这里不再赘述。

（三）团体过程的三位一体——讲解、体验、分享

在团体心理咨询过程中，导师可以通过讲解、体验和分享三种途径实现团体目标。

1. 讲解

讲解是导师的经验分享与表达，导师在团体带领过程中把自己关于这次团体主题的经验描述出来。导师讲解要具备两个条件：一是知识的储备要充足，针对一种观点要有深刻的认识、自己独特的观点和深入的体会，这样才能在讲解中表达出来；二是要有此时此地的应变能力，针对团体中出现的情况，及时进行阐释和说明。

讲解的目的有三个：一是明确本次讲座、辅导的目标；二是通过讲解引领方向，让本次的团体辅导不偏离目标；三是通过讲解给成员知识上的普及和认识。

2. 体验

体验即通过参与，团体心理咨询中的每个成员都能真实地知道自己在什么样的物理空间中，能真实地觉察到身边的人际动力，能真实地看到自己心理空间内部的变化过程，更能够深刻地体会认识的道理。

3. 分享

分享是团体带领的一个重要环节，如何带领分享、运用什么分享技巧、分享是否到位，是衡量一个团体导师综合能力的重要因素。

三、团体导师的成长与督导

团体导师的责任重大，需要具备的个人素质和工作技能都不同于个体咨询师。或者说，他们既要具备个体咨询师所需要的一切心理素质和工作技能，以便能够有效地处理团体活动中出现的个别情况，同时还需要具备带领团体进行有效工作的个人素质和工作技能。因此，团体导师的学习成长自有一番特殊需求。另外，社会的心理健康发展需求越来越大，个体咨询早已不能满足需要，大量的团体咨询、团体辅导需求也

在呼唤大量团体导师的成材。所以，团体导师培养的重要性和迫切性就凸显出来。

（一）巧妇难为无米之炊

团体导师必须既有扎实的基础理论知识，又有应用理论知识，还要具备充足的心理技术使用及团体带领经验。

本会团体认为，团体导师的培养总体上遵循前文所述德、道、术的内容，如果将其具体化，导师的学习和培养内容至少需要包含两大类系统的知识。第一类系统知识是理论知识系统，如基础理论知识，包括普通心理学、发展心理学、社会心理学、人格心理学、自我心理学、文化心理学、变态心理学等；又如应用理论知识，包括团体动力学、临床应用心理学、现象学等。第二类是系统经验知识，包括经验技术类：一方面是自己在实践过程中得到的、经过科学实践验证的知识和经验及作为个体接受个人治疗的经验；另一方面是在导师督导应用下形成的经验和技术。只有掌握这两大类系统的知识，才能统一德、道、术，才能逐步成长为一名合格的团体导师。

（二）提升"心理资本"

团体导师要注意自身"心理资本"的提升，并通过"254"社区心理服务模式提升团体成员的心理资本。

心理资本是指个体在成长和发展过程中表现出来的一种积极的心理状态，是超越人力资本和社会资本的一种核心心理要素，也是促进个人成长和绩效提升的心理资源。作为一名团体导师，想在芸芸众生中脱颖而出，追求优秀和卓越，其根源在于是否拥有强大的心理资本。

心理资本的核心因素是自我效能感、希望、乐观和韧性四个维度。具体表现为在面对充满挑战性的工作时，有信心（自我效能）并能付出必要的努力来获得成功；对目标锲而不舍，为取得成功在必要时能调整实现目标的途径（希望）；对现在与未来的成功有积极的归因（乐观）；当身处逆境和被问题困扰时，能够持之以恒，迅速复原并超越（韧性），以取得成功。

心理资本各因素之间的相互作用会产生很多积极的结果，心理资本的开发要坚持整体性，才能发挥最大效果。所以本会团体心理资本建设的着眼点就放在了心理资本整体开发的角度，其提升的具体途径是三个拜访。

1.感恩拜访

当人的能量过于关注伤害过自己的人与事时，很难形成和培养乐观的态度。而当我们归因为：我是一个幸运的人，有福气的人，在我成长的人生历程中，遇到过许多善良的、愿意帮助我的人，他们在不同的时候和情境中给了我鼓舞、关怀、支持和启示，他们是我生命中的贵人，而我还没有给予他们充分的感谢。所以现在我要做点什么事，坚持以这样的角度去对待问题，我们的解释风格和心态就会发生变化。于是我们开始回忆，定格在一个个帮助过我们的人身上，哪怕只是一个笑脸、一句话。他们的音容笑貌、言行举止，就会像一股股暖流温暖着我们的心扉。我们的心理能量就会实现负性向正性的转化，心理疆域也会随之拓宽。在做感恩拜访时，一定要先选择能拜访到的人。最好是写好拜访信，约好见面的时间，当面读给拜访对象听，做面对面的交流与沟通，能够达到效果最大化。感恩拜访还要准备好礼物，以示感谢的诚意。如果真是半年内没有可能见面，可以先写信给他（亲笔信比打印、电邮效果更显人文情怀），再进行电话沟通。尽量在有机会见面时再当面念给他听，看着他的眼睛，形成目光与目光的对流、情感与情感的交融、心与心的联结，就在那一刻，我们的生命将从此不同。

2. 求助拜访

拥有被爱的能力，学会接纳别人的爱与帮助也是我们需要补上的一课。有的人很爱面子，有时不信任别人，有时也会很逞强。一方面不愿意低姿态地寻求帮助，一方面会干一些自己不能干却硬要干的事情——干所有的事，让人无事可干；走别人的路，让别人无路可走。强势，让人很难接近我们，所以高处不胜寒，这样的人际关系和归属感均需要改善。求助拜访，就是一个很好的改善与提升的途径。想一想在我们的生活中，是否有这样的人，我们从来没有给他帮助自己的机会，而他却一直想为我们做点什么来表达他对我们的爱或关心，哪怕是尽一点绵薄之力，但我们却从未给他表达的机会。这时，发出我们的求助信，当面告诉他："你对于我很重要，这件事非你莫属，恳请你帮助我。"这一过程比求助的事件本身更重要，请别人帮助你，有时是给别人被需要、被尊重、被认可的机会。

3. 帮助拜访

选择一个急需我们帮助或者多次向我们提出帮助请求却被我们拒绝的人，设计帮助计划和实施途径，坚定信念想办法达成，然后立即采取行动。给他一封答复信，为他解除燃眉之急如雪中送炭；帮他揭开心中的阴霾似雨天送伞。救人于危难，解人之烦忧是一件快乐的事。由衷地发自内心的喜悦更让人有自信和价值感，我们在实施帮助的过程中也实现了对希望的开发。

一般要求三个拜访，每个做 3～5 人次，在半年内完成。也就是说，在半年内要完成 9～15 个拜访任务（目标和路径），目的是提升心理资本（动因）。这是一件具有一定难度和挑战性的新任务，需要一定的意志力和策略才能达成（希望）。即便我们的心理资本足够好，仍需要在成功的基础上复原和超越（韧性）。

在做团体时，学会让学员在大团体和小组中演练感恩拜访、求助拜访和帮助拜访。一方面学员代表在大团体分享，能在导师督导下增强自我效能感，另一方面其他的学员可以看到能够模仿的成功榜样。在小组演练时，每个人都要分享并受到正向鼓励，这些体验均可以增强学员的自我效能。在自己单独完成拜访任务时，每完成一个都会是一次成功，当加上认识过程，比如"我做了，通过我的努力实践和表达，我成功了！"这样，成功加认识过程就等于自我效能增加一个或数个百分点。当每一个类型的拜访完成时，有助于我们形成乐观的解释和归因风格。所以，我们看到，完成三个拜访的过程就是心理资本整体提升的过程。只要我们去做了，改变就在相互觉察中发生。

有人说，一个人的和谐和成长的标志是能在平衡人际关系的同时，满足自我和他人的需要。从马斯洛的需要层次理论来看，三个拜访其实是满足了社交需要即爱与被爱、归属于团体即关系和友谊的需要，还有自尊与他尊的需要。三个拜访也基于以下几个需要而生：谁满足过我们的需要——感恩拜访；我们该成就谁施爱的需要——求助拜访；我们被谁需要、该去满足谁的需要——帮助拜访。完成三个拜访的过程不仅满足了自我和他人的需要，还有助于达成和谐的人际关系目标。当我们在这一过程中能够逐步做到平衡自我与他人的关系，觉察并满足自我与他人的需要时，我们就实现了自我成长和心理资本的提升。

（三）成长不要"舍近求远"

1. 处理好"自我"与"他人"的关系

成长有许多维度，但简而言之则可以从是否能够把握和处理好七个关系（五伦、自我及重要他人）来实现。其中两个关系是从现代心理学的角度来看的当下的关系，即我们与当下相处的他人的关系、当下我们与自我的关系。这两个关系即是上文所提到的"254"模式中的"2"。此时此地正与我们相处的他人，可能是我们的家人，可能是同事朋友，可能是客户或老板，也可能是为我们服务的人；可能是老者、成人或孩子；可能是男人，也可能是女人；可能是亲近的人，也可能是陌生的人；可能是自己喜欢的人，也可能是自己讨厌的人；可能我们正在一个团队中，我们当下要处理的关系就是与团队成员的关系。在这所有的关系中，如果我们能既开放而又不受伤害，有界限而又不被侵犯，我们就会拥有当下和谐的人际关系。

在处理好当下我们与他人关系的同时，不能失去自我。可能我们正在独处，那么我们就更要处理好当下与自我的关系。当我们不再考虑"社会我"时，我们的"自然我"是怎样的？是本来如是吗？我们认识它、理解它、接纳它吗？我们是否能感受到灵性真我的指引，时时保持对自我的觉察和喜悦呢？我们可能已经忽视或失去自我很久了，需要唤起和保持与自我对话的习惯。

中国的文化传统，不宣扬自我，主张谦卑而含蓄。古人提到"我"时，常用"鄙人、小可、在下"等谦辞；而现代西方文化则崇尚自我，表示"我"的大写字母是"I"。如果用 I 与 me 来代表真我与自我的关系，从"靶心理论"的角度来看，I 与 me 的关系则处在靶心位置，由靶心向外，逐层是我们和父母的关系、与爱人或情人的亲密关系、与孩子之间的亲子关系，接着才是亲戚、好友、同事等。所以不管是从统一好"本我、自我、超我"的角度，把握好"社会我、自然我、灵性我"的角度，还是平衡好 I 与 me 的关系角度，万变不离其宗。虽然理论和说法不同，但是我们首先要关注"靶心"，即先要处理好真我与自我的关系，认识自我，了解自我，接纳自我；再处理好与父母、爱人、孩子的关系，才能更好地处理好更外一层的他人的关系。不要舍近求远，自己的问题、家庭的问题还没处理好，整天把关注点和精力放在治疗和拯救他人身上，只会舍本逐末、事倍功半。韦志中先生多次谈到找督导的问题，他说母亲就是他最好的督导，他的爱人就是他的督导，有时孩子也是他的督导。不要盲目地向外求，我们的心理督导就在自己的家里。当我们走得太远，在外层徘徊时，注意回到内层，回到靶心，我们就是自己最好的督导。

2. 处理好本土文化下的"五伦"关系

刚才从现代心理学的角度谈了当下的两种关系，下面我们谈谈"254"模式中的"5"——中国的五伦关系。因为不管是在当下，或是在过去与未来，我们与他人的关系总也逃不出这五伦的范围。孟子认为五种人伦关系是：父子之间有骨肉之亲，君臣之间有礼义之道，夫妻之间挚爱而又内外有别，老少之间有尊卑之序，朋友之间有诚信之德。《孟子·滕文公上》称："人之有道也，饱食暖衣，逸居而无教，则近于禽兽，圣人（指舜）有忧之，使契为司徒，教以人伦：父子有亲，君臣有义，夫妇有别，长幼有叙（同序），朋友有信。"这说明人们在解决温饱之后，需要掌握和遵循处理人与人之间关系的道理和行为准则，也就是要处理好人与人之间的五种关系：即父子关系、君臣关系、夫妇关系、兄弟关系和朋友关系。

基于本会团体的理念，本土文化才是中国团体咨询的根。《大学》中记载，"欲明明德于天下者"，要格物、致知、诚意、正心、修身、齐家、治国，最后才能平天下。从古人成长的主线中，明确地阐述了由内向外的规律：先修身，完善自我；再齐家，管理好自己的家庭和家族；然后才是治理好自己的国家；最终才能把光明正大的品德弘扬于天下。这说明中国人的根在家国，中国人的"道"在家里。人们常说的享天伦之乐就是享受家庭生活的乐趣。中国人更注重家庭关系，由此推而及人，重视人情、看重与他人的关系。所以，提升团体导师的心理资本的另一个重要的策略是处理好五伦关系。

在古代，"普天之下，莫非王土"，君王所辖范围的土地和子民都是他自己的私有财产，所以在五种关系排序时，除了父子之间有骨肉之亲，无父亲则无子，所以排在第一位，紧随其后的就是君臣关系。现代社会中，人民享有公民权，是国家的主人，所以我们在谈到五伦关系时要与时俱进，还要符合人文关怀的精神。本会团体认为君臣关系可以理解为上下级的关系，属于社会关系，可以放在第二种家庭关系之后，兄弟关系之前。并且每种关系中的双方是相互依存、相互影响的，是双向的。所以我们认为五伦关系的序列及把握策略为：父慈子孝才会有亲情，夫义妇从家庭才能和顺，君仁臣忠才能符合道义，兄友弟恭长幼才会有序，朋诚友信才能天下有信。这就是本会团体模式中心理资本建设"254"模式中的"5"，简称为：父子亲、夫妇顺、君臣义、长幼序、朋友信。这五种关系的状态均会影响到人的生活质量。通过我们与不同的人相处时的关系或沟通模式，也能反映出我们成长的状态，所以我们把"五伦"作为提升心理资本的一个重点。每个关系可以作为一个专题，作为团体培训或督导的内容，来解决关系中存在的问题，或进一步优化各种关系，帮助我们更好地成长。

从上文提升心理资本的七个关系（五伦、自我及重要他人）可见，不管是从现代西方心理学的观点，还是从中国传统文化的角度，都体现了人们自我成长的规律：由内而外、由己及人。根据我们所在的不同场景，能够调整好角色，处理好与自我的关系，处理好当下相处的人的关系，并满足自我和不同人的需要，那么我们就成长了，和谐了。

学时一大片，用时一条线。本会团体三种模式在实际操作中有七个版本：讲座（1.0）—体验式讲座（1.5）—教育性团体（2.0）—体验加成长的团体（2.5）—工作坊（3.0）—成长性工作坊（3.5）—小组治疗（4.0）。这七个版本由易到难，要求导师所具备的综合能力也是由弱到强，由简到繁。举办讲座的导师需具备理论和应用知识、演讲和教学能力；带领团体的导师则需要系统掌握和运用体验性模式的理论和技术；开展工作坊的导师则要有表达性模式的理论和技术功底，同时团体和工作坊都要求导师具有团体心理咨询师的经验；小组治疗则需要导师不仅要系统掌握和运用文化动力模式的理论和技术，还要有做心理治疗师的能力与经验。所以，我们要根据自己的理论、技术经验以及自身特点和优势来选择适合自己的版本，匹配自己的模式。比如，有的人善于讲座，增加一些体验性技术就可以做（1.5）版的体验性讲座；有的人在做团体时侧重成长的方向，融合进表达性的理论和技术就可以做成（2.5）版的团体。

不管我们选择哪个模式或哪个版本，目的都是为方向和目标服务。我们学习了大量的理论和技术，一次培训不可能把大量的理论和技术堆积使用，应该把握好"学时一大片，用时一条线"的原则。打个比方，导师如厨师，顾客如我们面对的培训对象。我们要有大量的理论技术经验做支撑——就是准备了丰富的食材，随时可以按顾客点菜的需要上菜。顾客想吃蘑菇炖小公鸡，厨师就得按照炖菜的程序：主料是小公鸡、辅料是蘑菇，再加上配料，选好锅灶等工具，先炒再炖，出锅上菜。这条做菜的操作流程，就是围绕蘑菇炖小公鸡这道菜的目标来服务的。我们用的料好，技术又好，味道还有特色，顾客就会满意。但是如果顾客点个蒸野菜，我们就不能按照蘑菇炖小公鸡的操作流程来进行了，我们得围绕蒸野菜这一目标，准备原材料、工具、技术，进而设计流程，进行实践操作。那么，我们是擅长做炖菜还是蒸菜，或者两者都是拿手菜，这些我们自己最清楚，顾客的反应也是一个测量指标。所以，作为团体导师，应有明确的专业发展方向，保持自我觉察，在掌握基础的理论知识和技术之后，选择适合自己的模式和版本，主攻某一领域和方向，在某一领域和方向再做深度的学习研究和实践。这样才能学有专攻，攻则能上，上则能成。

"学时一大片，用时一条线"这一原则，也体现在课程方案的设计上，特别是内容与技术的选择一定要有针对性，围绕主题目标这一条主线，全面系统地遴选，优化内容和技术。按照场动力曲线的规律，逐步实现暖场，接着几个工作小技术分层突破目标，大技术突出重点，达到高潮，再使用小技术渲染升华，最后使用总结技术感悟、总结、迁移。就如放鞭炮，小鞭炮噼噼啪啪夹着几个雷子，既清脆又有震撼和冲击力，最后散落的几个小鞭炮，余音不绝。

（四）成为团体导师所经历的三个阶段

若想成为本会团体的一名合格导师，通常需要从一名助理教师做起，并经历初级助教、中级助教、高级助教三个阶段。

1. 初级助教

初级助教的主要目标是参与体验、做好服务。即在团队中学习，又要把自己抽离出来作为一个观察者。观摩导师是如何组织教学、运用技术，如何把控局面、均衡场动力，如何点面带动、逐步达成目标的。同时还要观察学员的反应，课前、课中、课后了解学员的感受及问题。初级助教也要关注课堂动力情况，尽力适时做好推动。

2. 中级助教

中级助教的主要目标是协管课堂、辅助教学。不仅要辅助导师播放课件音乐，协助组织管理学员和课堂，还要做好小组的动员，参与、示范及指导小组活动。推动场动力，在冷场时做热风机，辅助暖场；在场动力不均衡时，及时关注、引领、带动薄弱点跟进；敏锐觉察学员的反应，主动到位抚慰倾听，及时作个别咨询，让导师有足够的精力和时间关注大多数学员，顺利施教。所以中级助教主要是参与团体，深入团体，了解、关心、沟通成员，扫除成员个人的不愉快，参与场地建设。

3. 高级助教

高级助教的主要目标是实习教学，成为讲师。经过前两个阶段的体验、协管、磨炼和助理教学，相信每个有心者均会积累丰富的经验，已经具备了单独带领团体的基本能力，可以成为高级助教实战上场了。这一阶段，高级助教可以协同导师制定和设计授课及带领团体方案。在导师的督导下实习，配合导师单独带领某些性质的团体活动。

在成长和实践的过程中，这三个级别之间并没有严格的划分。在一定场合需要的情况下，高级助教要协助导师做中级、初级助教的工作，而中级助教也要协助做高级助教的工作。但是，初级助教和中级助教在实践和自我条件方面不完善的情况下，是不能做高级助教的工作的。可以说，初级、中级助教是成为高级助教的基础，高级助教是初级、中级助教的升级版，也是成为一个导师的必修过程。这样，才能在导师帮助和自我完善的情况下，成为一名更好的团体导师，让更多的人真正地因本会团体而受益。

第六节　本会团体的技术

心理学家勒温根据物理学中的场理论，提出团体动力学概念。他认为按照场理论，一个人的行为是个体与环境中各种力量相互作用的结果，即团体中个体行为的方向和强度决定于个体现存需要的紧张程度和环境情景力场的相互作用的关系。

一、会心技术的概念

所谓会心技术是指运用一系列的心理学技术，使团体达到一种温暖的氛围。导师运用技术带领成员进入一个感性的世界、一个理性思考的世界、一个潜意识的世界。这三个世界相互连接、交融在一起就会形成一种良好的工作状态，也就是团体工作状态，此时会心就产生了。当团体达到三个世界的交融时，团体中的每一个人都能够体会到当下自己的内心，也能够体会到其他人的内心，并且能够感受到彼此的连接。

下面分别谈谈理性、感性和潜意识的技术。这些技术通常用于个体咨询，但在团体中也同样适用。以下描述中以个体咨询为背景。

二、理性的技术

咨询师带领来访者进入一个理性的世界，让其看到事实的真相和其中许多事件间的关联，所要运用的一系列的技术就是理性层面的技术，它们包括释义、解释、归纳、总结、指导、面质和替身等。

（一）释义

释义也称内容反应，指咨询师把来访者的主要言谈、思想加以综合整理，再反馈给成员。咨询师根据来访者叙述的实质性的内容，用自己的语言将其表达出来，可以引用来访者言谈中具有代表性的、敏感的、重要的词语。

释义能使来访者有机会再次剖析自己的困扰，重新组合零散的事件和关系，使所述内容更加明朗化。

（二）解释

解释即咨询师从自己的参考体系出发，运用某一种理论来对来访者的思想、情感、行为和事件之间的联系或其中的因果关系进行阐述。解释使来访者从一个新的、更全面的角度来重新面对困扰、周围环境及自己，并借助于新的观念和思想来加深了解自身的行为、思想和情感，从而产生领悟、提高认识、促进变化。

解释被认为是面谈技巧中最复杂的一种，它与释义的差别在于：释义是从来访者的参考框架来说明来访者表达的实质性内容，而解释则是在咨询师的参考框架上，运用自己的理论和人生经验为来访者提供一种认识自身问题及认识自己和周围关系的新思维、新理论、新方法。解释与内容表达亦有关，但解释侧重于对某一问题做理论上的分析，而内容表达则是指咨询师提供信息、建议、反馈等。

所以，咨询师在进行解释时，首先应了解情况、对信息把握准确，否则解释势必偏离问题的本质。其次，咨询师应明确自己想解释的内容是什么，若对此也模糊不清或前后矛盾，则达不到效果。再者，咨询师要把握对什么样的人，在什么样的时间，运用什么样的理论，怎样解释效果才最好。影响解释效果的因素并非单一的，它不仅取决于咨询师掌握知识的多少，还在于咨询师在实践中灵活地、熟练地、创造性地运用知识的程度。

此外，咨询师不能把解释强加给来访者。一方面不能在来访者还没有心理准备的时候就匆忙地解释，这样往往会使来访者不知所措，难以接受；另一方面不能把来访者不同意或有怀疑的解释加在他们身上。最有效的解释是与来访者的思想基础、理论取向有某种程度的吻合，这就是我们常说的需要"匹配"。

（三）归纳

归纳也称参与性概述，指咨询师把来访者的言语和非言语行为（包括情感）综合整理后，以提纲的方式再对来访者表达出来。参与性概述可使来访者再一次回顾自己的所述，并使面谈有一个暂停喘息的机会。只要咨询师认为对来访者所说的某一内容已基本清楚时就可以做一个小结性的概述。把会谈中来访者表达的零散信息以一个或多个主题串联起来，能使来访者再一次回顾自己叙述的内容，并进行补充。

（四）总结

总结是指咨询师将自己所叙述的主题、意见等组织整理后，以简明扼要的形式表达出来。目的是使来访者重温咨询师所说的话、加深印象，亦可使咨询师有机会回顾讨论的内容、加入新的资料、强调某些特殊内容、提出重点，为后续交谈奠定基础。

这个技术也可以在团体活动中间使用，也可在结束时使用。这样会使整个咨询过程脉络清晰，条理分明，有利于团体成员把握咨询全局，加深印象。当然，有时也可以让团体成员做这个工作，团体导师可由此了解团体成员所把握和理解的程度，并可在此基础上做出概述或某些修正。

（五）指导

指导即咨询师直接地指示来访者做某件事、说某些话或以某种方式行动。指导是影响力最明显的一种技术。

心理分析学派常指导来访者进行自由联想以寻找问题根源。行为主义学派常指导来访者做各种训练，如系统脱敏法、满贯法、放松训练、自信训练等。完形学派习惯于做角色扮演指导，使来访者体验不同角色下的思想、情感、行为。理性情绪学派则针对来访者的各种不合理观念予以指导，用合理的观念代替不合理的观念。

使用指导性技术时，咨询师应十分明确自己对来访者指导的内容以及效果。指导内容的叙述应清楚，要让来访者真正理解指导的内容。同时，咨询师不能以太权威的身份出现，强迫来访者执行。若来访者不理解、不接受，指导效果就会很差，甚至无效，可能还会引起来访者的反感。指导时的言语和非言语行为都会对来访者产生影响。

（六）面质

面质又称质疑、对质、对抗、正视现实等，是指咨询师指出来访者身上存在的矛盾。

1. 咨询时的常见矛盾

我们可以把在咨询中常见的各种矛盾归纳如下：

（1）言行不一致。即指来访者咨询时的言语和咨询外的行为不一致，或咨询中的言行不一致。

（2）理想与现实不一致。来访者希望成为的自己与现实的自己不一致。

（3）前后言语不一致。来访者前后叙述的事实有出入。

（4）咨访意见不一致。咨询师对来访者的评价与来访者的自我评价不一致。

2. 面质的目的

（1）协助来访者促进对自己的感受、信念、行为及所处境况的深入了解。

（2）在于激励来访者放下自己有意无意的防卫心理和掩饰心理来面对自己和现

实，并由此产生富有建设性的活动。

（3）在于促进来访者实现言语与行动的统一，理想自我与现实自我的一致；在于使来访者明了自己所具有而又被掩盖的能力和优势，即自己的资源，并加以利用。

（4）在于通过咨询师的面质给来访者树立学习和模仿的榜样，以便将来自己有能力去对他人或者自己做面质，而这一点是健康人生所需学习的课题。

3. 面质时的注意事项

咨询需要面质，但使用时务必谨慎、适当。过分小心，害怕使用面质，对来访者的成长不利；而过分使用，则有可能伤害到来访者的感情，影响咨询关系，甚至导致咨询失败。为此，在使用面质技术时要注意以下几点：

（1）要有事实根据。在事实不充分、不明显时，一般不宜采取面质。

（2）避免个人发泄。面质是为了澄清问题，促进来访者成长，故应以来访者利益为重，不可将面质变成咨询师发泄情绪乃至攻击对方的工具。

（3）避免无情攻击。有些咨询师不是在诚恳、理解、关怀的基础上应用面质，而是把面质当作表现自己智慧与能力的机会，所以不考虑到来访者的感情，一味地、无情地使用面质，常使来访者无法招架，陷入尴尬、痛苦的状态。

（4）要以良好咨询关系为基础。面质所涉及的问题对来访者来说有可能具有应激性和一定的威胁性，有可能导致危机出现。故咨询师的共情、尊重、温暖、真诚等态度是非常重要的，因为良好的咨询关系会给来访者以心理支持，而充满理解、真诚的面质会减弱面质中的有害或危险成分。

（5）可用尝试性面质。一般来说，咨询关系没建立好，应尽量避免面质。若不得不用，也应用一些尝试性的面质。

所以，咨询中使用面质是必要的，但要谨慎，面质要和支持结合起来。正如艾根所说，没有支持的面质会发生灾害，而没有面质的支持则是贫血的。

（七）替身

替身技术是指模仿主角的内心思想与感受，帮助主角觉察到其内部心理过程，引导主角表达出非言语的思想和感受，强化主角与配角之间的相互影响。

一个配角站在主角身后与主角同台表演，或者替主角说话，表现出主角的姿势与态度，充当主角与导师之间的联络人，发挥整合作用。

三、感性的技术

我们内在的一些感受，有时使我们无法控制自己的眼泪。我们在外部想要做到的，有时却与内心不能统一。在团体心理治疗中当团体导师能够和团体成员一起进入理性层面，使成员体验到自己内在情感的活动，并且能够表达出来，在得到反馈之后，又能产生新的情感，而这些情感都是在当下出现的。要达到这样的一种状态需要使用的技术包括倾听、共情、温暖、真诚、自我暴露等。这时我们只注重现象是什么，而不是分析和解释，因为大多数人此时存在的问题，都不是理性的知识问题，而是感性的部分出现了问题。

（一）倾听

倾听是心理咨询的第一步，是建立良好咨询关系的基本要求。倾听既可以表达对来访者的尊重，同时也能使对方在比较宽松和信任的氛围下诉说自己的烦恼。

倾听时咨询师要认真、有兴趣、设身处地地听，并适当地表示理解，不带偏见和条条框框，不做价值评判。对来访者讲的任何内容不表现出惊讶、厌恶、奇怪、激动或气愤等神态，而是予以无条件的尊重和接纳。倾听不仅是为了了解情况，也是为了建立咨询关系，同时还具有助人效果。

倾听不仅要用耳，更要用心。不但要听懂来访者通过言语、表情、动作所表达出来的东西，还要听出来访者在交谈中所省略的和没有表达出来的内容和隐含的意思，甚至是来访者自己都不知道的潜意识。

正确的倾听要求咨询师以机警和共情的态度深入来访者的感受，细心地注意来访者的言行，注意来访者如何表达问题、如何谈论自己及他人的关系，以及如何对所遇问题做出反应。还要注意来访者在叙述时的犹豫停顿、语调变化及伴随言语出现的各种表情、姿势、动作等，从而对言语做出更完整的判断。所以，来访者描述人和事时所使用的语调或结构，有时往往会比事件本身更能反映出一个人的特点。

倾听时需要避免犯以下错误：急于下结论，轻视成员的问题，干扰或转移话题，做道德的评判。

（二）共情

共情被人本主义心理学家认为是影响咨询进程和效果的最关键的咨询特质。

1. 共情的内涵

按照罗杰斯的观点，共情是指体验别人内心世界的能力，它包括三方面的含义：

（1）咨询师借助来访者的言行，深入对方内心去体验其情感、思维。

（2）咨询师借助于知识和经验，把握来访者的体验与其经历和人格之间的联系，更好地理解问题的实质。

（3）咨询师运用咨询技巧，把自己的共情传达给对方，以影响对方并取得反馈。

2. 共情的重要性

共情在咨询中的重要性主要表现在以下几方面：

（1）咨询师能设身处地地理解来访者，从而更准确地把握材料。

（2）来访者会感觉到自己被理解和接纳，从而感到愉快和满足，这对咨询关系会有积极的影响。

（3）促进了来访者的自我表达和自我探索，从而达到更多的自我了解，并促进咨询双方更深入的交流。

（4）对于那些迫切需要获得理解、关怀和情感倾诉的来访者，有更明显的咨询效果。

3. 缺乏共情的表现

缺乏共情容易使咨询过程出现障碍，具体表现为以下几方面。

（1）来访者感到失望：认为咨询师对自己不理解、不关心，因而会感到失望，减少甚至停止自我表达。

（2）来访者觉得受到伤害：由于咨询师没有进入来访者的参照框架，而过多地立足于自己，因而咨询师很难真正理解来访者的问题，有时会表现出不耐烦、反感甚至批评，这会使来访者觉得受到伤害。

（3）影响来访者自我探索：自我探索是来访者成长、进步的必要步骤，但如果缺乏共情，咨询师往往对来访者的自我探索不加注意，影响来访者的自我了解。

（4）影响咨询师对来访者的反应：由于缺乏共情，咨询师就不能真正了解来访者的问题与需要，因而做出的反应也常常缺乏针对性。

4. 共情的注意事项

正确理解和使用共情，应当注意以下几点：

（1）咨询师应走出自己的参照框架而进入来访者的参照框架。

（2）咨询师必要时要验证自己是否做到共情。

（3）表达共情要因人而异。

（4）表达共情要善于使用躯体语言。

（5）表达共情要善于把握角色。

（6）表达共情应考虑到来访者的个性特点和文化背景。

（三）真诚

真诚是指在团体咨询过程中，咨询师以"真正的我"出现，没有防御伪装，不把自己藏在专业角色的后面，不戴假面具，不是在扮演角色或例行公事，而是表里一致、真实可信地置身于与来访者的关系之中。

1. 真诚的重要性

真诚在咨询活动中具有重要意义。一方面，可以为来访者提供一个安全自由的氛围，能让其知道可以袒露自己的软弱、失败、过错、隐私等而无须顾忌，使来访者切实感到自己被接纳、被信任、被爱护；另一方面，咨询师的真诚坦白为来访者提供了一个良好的榜样，来访者可以因此而受到鼓励，以真实的自我和咨询师交流，坦然地表露自己的喜怒哀乐，宣泄情感，也可能因而发现和认识真正的自己，并在咨询师的帮助下，促进其相应改变，而这种改变会减少面谈过程中的混淆和模糊，使双方的沟通更加清晰和准确。

2. 表达真诚时的注意事项

当然，真诚的表露存在恰如其分的问题。虽说表达真诚贵在真和诚，不应有掩饰、虚假，但实际上问题并不那么简单，运用不当，有时会起到反作用。因此，在表达真诚时需要注意以下问题：

（1）真诚不等于说真话。咨询师表达真诚应遵循一个基本原则，即对来访者负责，有助于来访者成长，这一原则适用于整个咨询过程。

（2）真诚不等于自我发泄。咨询师流露真情，表示真诚，其目的是为了帮助来访者，而不是为了宣泄自己的感情或宣传自己的主张。

（3）真诚应实事求是。咨询师应了解自己，承认并接受自己的不足，不可虚假。来访者更愿意接受真实的咨询师。

（4）真诚要适度。有人认为真诚既然是好的特性，那么表达得越多越好。其实并不一定如此。除了不宜表达有害于来访者的言语，不能把真诚流露用于发泄自己的情感这两点之外，即使是对来访者有利的真诚亦因人而异，要不然有些来访者会因咨询师太多的真诚而受不了。真诚适度，如同对人热情要适度一样。

（四）自我暴露

自我暴露亦称自我开放、自我表露，是指咨询师提出自己的情感、思想、经验与来访者共同分享。它与情感表达和内容表达十分相似，是二者的一种特殊组合。

1. 自我暴露的重要性

自我暴露在面谈中十分重要。咨询师的自我暴露与来访者的自我暴露有同等价值。它可以建立并且促进咨询关系，能使来访者感到有人分担了他的困扰，感受到咨询师是一个普通的人，能借助于咨询师的自我暴露来实现来访者更多的自我暴露。

2. 自我暴露的表现形式

自我暴露一般有两种形式：

一种是咨询师把自己对来访者的体验感受告诉来访者。若感受是积极、正面、赞扬性的，则为正信息；若感受是消极、反面、批评性的，则为负信息。

第二种形式的自我暴露是咨询师暴露与来访者所谈内容有关的个人经验。一般来说，这种自我开放应比较简洁，因为目的不在于谈论自己，而在于借自我暴露来表明自己理解并愿意分担来访者的情绪，促进其更多地自我暴露。为此，咨询师的自我暴露不是目的而是手段，应始终把重点放在来访者身上。

3. 自我暴露时的注意事项

自我暴露需建立在一定的咨询关系上，有一定的会谈背景，若突如其来，可能会超出来访者的心理准备，效果反而不好。自我暴露的内容、深度、广度都应与来访者所涉及的主题有关，若咨询师自我暴露次数或内容太多，就可能占用来访者太多的时间，故应适可而止。

总之，自我暴露应以有助于促进咨询关系，促进来访者进一步自我暴露和深入地了解自己，加强咨询效果为准则。

四、潜意识的技术

会心的状态不仅仅是理性世界和感性世界的呈现，而且还要将那些隐藏在我们潜意识的内容也呈现出来，能同时真实地呈现出三种世界的状态就是最完善的会心状态。

一般我们可以用两种方式来实现潜意识的会心，第一种是当理性的会心和感性的会心都已经实现，而且又能相互融会在一起的时候，潜意识自然就会逐渐呈现，从而实现潜意识会心状态，这个原理就是我们会心的核心概念；第二种是使用恰当的技术来达到潜意识的呈现，它们包括冥想、催眠、神话故事、意象投射等。

（一）冥想

所谓的冥想就是停止感性和理性的大脑皮质作用，而使自律神经呈现活动状态。简单地说就是停止意识对外的一切活动，而达到"忘我之境"的一种心灵自律行为。这不是让意识消失，而是在意识十分清醒的状态下，让潜在意识的活动更加敏锐与活跃。

冥想是一种改变意识的形式，它通过获得深度的宁静状态而增强自我知觉和良好状态。在冥想期间，人们也许集中在自己的呼吸上并调节呼吸，采取某些身体姿势（例如瑜伽姿势），使外部刺激减至最小，产生特定的心理表象；或处于一种什么都不想的状态。

（二）催眠

催眠是以人为诱导（如放松、单调刺激、集中注意力、想象等）引起的一种特殊的类似睡眠又非睡眠的意识恍惚心理状态。其特点是被催眠者自主判断、自主意愿行动减弱或丧失，感觉、知觉发生歪曲或丧失。在催眠过程中，被催眠者遵从催眠师的暗示或指示，并做出反应。催眠的深度因个体的催眠感受性、催眠师的威信与技巧等的差异而不同。催眠时暗示所产生的效应可延续到催眠后的觉醒活动中。以一定程序的诱导使被催眠者进入催眠状态的方法就称为催眠术。

在催眠状态下，根据强化的原则，被催眠者自己不断地强化积极性情感、良好的感觉及正确的观念等，使其在意识和潜意识中印记、储存和浓缩，在脑中占据优势，就可以通过心理生理作用机制对身心状态和行为进行自我调节和控制。

（三）意象投射

投射技术概括为"一种无结构的作业"。刺激材料无结构，回答不受限制，发挥自由联想。刺激是模糊的、模棱两可的。面对这种材料要做出反应，便塞进自己的结构，所以称投射，也就是受试者的心理结构投射到无结构的刺激材料中。这种能够发挥自由联想的技术最有利于表达个体的无意识内容。但也正因如此，投射的内容有时会漫无边际，不易明确解读。为了在有限的（有结构的）团体咨询中既能充分投射无意识内容，又能有利于团体较快解读和互动，利用意象与投射技术的结合效果会更好。意象的具体性、情绪情感性既可以传达出潜意识里的内容，又易于团体成员的解读和情绪情感互动。因此，在团体咨询中采用意象投射技术，是一种快速、深入、有效的会心方法。例如，本会团体咨询中石头意象投射技术的运用，效果就非常好。

五、理性、感性及潜意识三者之间的关系

理性、感性及潜意识三者之间的关系是感性在中间，理性和潜意识在两边。我们最提倡的是一个团体导师要站在中间的感性上，一边运用理性的技术，用理性的态度来看待事物之间的关联；一边运用潜意识的技术。感性的会心状态是根本，因为每个人都有多重防御。有些问题并不是因为我们理性的部分不够而没有办法得到解决，恰恰相反，可能是我们的知识太多了，没有办法进入真实的内心感性领域，问题才没有办法解决，当然这个也是造成问题出现或者形成的根源。

例如，一个人的人际关系不好，也许是因为自己的自卑造成的。若要克服自卑，则需要体察自己的内在感受，需要面对自己最脆弱的部分。此时他需要的不是方法，而是温暖安全的支持氛围，这个氛围能让他从理性层面感到这里的人是不会轻视他的，于是问题的解决就有了一个开始。然后通过大家提供给他的心理温暖和支持，他就可以慢慢打开自己最不敢面对的部分给大家看。这个部分是他以前连自己都不敢面对的，但在团体中，他不但可以自己面对，还可以面对别人。一个曾经不愿意面对自己内心的人，在经过了这个阶段之后，他就开始改变，人际关系中出现的问题就会逐渐改善，因为其曾经在潜意识里不接纳的部分被自己接纳了。

一个人之所以有问题，大部分与其在社会中遇到的人际事件有关。既然是在社会中发生的，就应该在社会中解决，而团体就是一个准社会。在团体中，有 70% 是真实的社会人际关系现象，而又有 30% 是心理学团体导师加入的团体心理治疗元素，这些元素就好像是药引。有了这样的准社会环境做镜子，相关的人际模式的改变就开始慢慢发生了。

六、会心的最终定位

（一）会心是一种状态

团体内的人际互动包括三个层面：第一个层面是外在的人际关系；第二个层面是内在的心理联结；第三个层面是潜意识内部的连接。当这三个层面都通畅的时候，也就是会心的状态。团体达到了会心的状态，团体中的个人就会发生改变，重新调整关

系和行为模式，包括认识层面、感受层面、潜意识层面。

（二）会心是一种技术

要实现会心的状态需要一系列的团体方式，这些方式就是技术。所以我们说会心又是一种技术，这个技术能够使团体成员改善原来的不良状态。这个技术也是系列的，不是单一的。

（三）会心是一种结果

会心是一种结果，因为围绕一个团体所进行的工作，都是按照为了改善团体内个人遇到的问题而形成的模式进行的。团体成员在整个过程中不断地改善，最后达到良好的状态，这个良好的状态就是会心，这其中包括个人的会心状态，也包括个人与自然之间的会心状态。这个就是团体所要的结果。

第七节 本会团体的核心因素

一、三个核心因素

本会团体心理咨询的核心因素有三个：人、动力和技术。

（一）人

人是团体中的第一核心。在团体中，所有的技术都是由人实施和运用的，也是对人实施和运用的，因此人永远是第一技术。因此"人"是在做团体咨询时首先要考虑的因素，并在成员选拔上加以体现，以符合团体目标与方向。

（二）团体动力

团体动力是指影响整个团体及其成员的"场"因素。团体通过团体动力促使个体变化，团体动力是团体咨询的关键因素，也是团体中的第二核心。团体动力意味着团体本身也体现一种动力和发展的过程。此团体的发展是动态的过程，具有目标性。消解团体的冲突，促进团体凝聚力提升，进而形成团体的动力，将有助于团队达成有效的目标。

（三）团体技术

团体中的第三核心是技术。团体心理咨询技术是一种在团体情境中为团体成员提供心理学帮助与指导的重要的心理帮助方式，团体技术是团体咨询活动的载体，是通过团体技术改变个体的心理状态，解决人内心矛盾的各种方式、方法的集合。

二、核心因素的关系

团体心理咨询中的人、场、技术三者的关系是互相依赖又互相促进的。如果没有导师和团体成员，团体就根本不存在；如果没有技术，团体目标的实现就没有载体，没有依托，从而无从实现；如果没有场，就没有动力，这个团体就不可能动起来，也就不能达到任何目的地。因此三者缺一不可，同时三者必须相互匹配，才能顺利开展团体心理咨询活动。

不过在团体的不同发展阶段，产生主导作用的因素是不一样的，有时是导师主导，有时是技术主导，有时是场动力主导。这三种力量在团体咨询实践中所起的作用也有大小之分，按作用大小顺序分别称为第一主导、第二主导和第三主导。当带领者、团体技术、团体动力分别作为第一主导时，团体的工作将会呈现出不同的面貌。

三、核心因素的主导模型

（一）导师能力型

导师能力型是以导师的能力为主导的团体开展模式。这种模式以导师为核心，所有成员与导师直接联结；导师靠自身人格魅力和经验、功力等带领整个场的动力变化，进行团体心理咨询。这种团体对导师自身的素质要求非常高，导师除了要具备较强的人格魅力，还必须有深厚的专业素养和扎实的团体带动功力，包括对当下团体真实现象的出现和场动力变化的敏锐觉知、洞察以及高超的随机应变能力。导师既要照顾到整个团体要到达的方向和目标，又要照顾到每个成员的心理变化和需要。

该类型团体咨询具有如下特点：1. 以导师的功力为导向，包括导师人格的修养和技术的修养等。2. 以解决当下问题为导向，导师需解决现场出现的各种问题。3. 以当下促动效果为导向，导师需推动团体目标的达成和动力的变化。

（二）团体动力型

团体动力型是以团体成员之间的人际关系动力变化所形成的场为主要推动力。团体成员之间由于各自的性格、价值观等个体差异，对同一个问题可能会有不同的看法和理解，因此在团体发展过程中会有思想碰撞和交汇，从而形成团体动力。团体导师通过对场的把握引导团体成员去想象，发现真实的自己、理解自己和他人的差异、了解自己的人际关系模式等。在以场为主导的团体中，团体导师需要做好安全氛围的铺垫，并且在适合的时机给团体场加温或降温，此时需要导师有很强的表达能力。

该类型团体咨询具有如下特点：1. 以成员当下会心状态为主导，每个成员在当下表现的都是最真实的自己。2. 以成员当下的表现为主导。3. 以团体真实心理世界为主导。4. 以团体成员心理空间真实现象为主导，通过外部的互动和沟通，成员们会逐渐把心里的情绪表达出来，从而形成会心的场。

（三）技术主导型

技术主导型是以技术操作为主导的团体开展模式。这种模式侧重于团体技术的应用，应用技术去发现问题、解决问题，让成员跟着技术和内心的体验走。团体导师需要对技术有熟练的把握，并能够灵活运用去适应团体中场的变化。对于这种类型的团体，导师需要有较强的管理能力，包括策划能力、组织能力、引导能力及控制能力。这里说的控制能力，是指当团体的走向偏离了导师原来策划的路线时，导师有能力把当下的走向调整回到他预先策划的轨道上来。作为技术主导型团体的导师，他不是去现场发挥的，而是要运用已经策划好的东西，所以，他必须具有掌控团体走向的能力，如果走向不受控的话，他事先准备好的技术就无法充分发挥出来，预设的目标也无法达到了。

技术主导型团体模式主要有以下几个特点：1. 以技术为主导暴露问题，在使用技术过程中使成员的问题逐渐暴露并被觉察到；2. 以技术为主导解决问题，问题在技术互动中得到解决。

第八节 本会团体心理咨询的六个阶段

一、评估

团体心理咨询和个体心理咨询一样，在初步阶段收集相关基本信息，初筛完成后，第一步工作是对成员的心理状况做出评估，以便确定下一步的工作方向。与个体心理咨询不同的是，团体心理咨询的评估是在团体成员都在场的团体活动过程中进行。这既包括成员目标的澄清，也包含对成员心理问题性质、类型、程度的评估。目标澄清上文已有阐述，这里着重谈谈心理问题的评估。

首先，借助目标澄清活动让每个成员说出自己的心理期待，间接了解其心理问题。其次，借助一定的互动活动，观察成员的现场表现，通过他们的言行姿态判断成员中各自问题的可能类型。再次，可以借助一些心理测评手段，如自陈量表问卷、投射技术的绘画等，评估成员心理问题的性质、类型和程度。

评估后，团体心理咨询的方向就基本清楚了。

二、呈现

团体心理咨询的第二阶段是进入成员心理问题的呈现阶段。一切心理问题的解决都必须经过心理问题的呈现。所谓呈现，即将个体内心心理状况借助一定媒介形式外部化、现场化，使自己和团体成员都可以感受到。

呈现的特点是自然呈现。即在不经意间自然将成员的心理问题呈现出来。因而，这种呈现有可能只是呈现出问题的部分内容或倾向，但它是下一步深入表达的必然前奏。

三、表达

在团体动力的推动下，已经启动的心理活动在呈现出心理问题的基础上，进入表达阶段。即成员能动地将自己心中的情结、伤痛等一切以前未能表达的心理内容说出、画出、舞出……这是一次心理内容彻底外化的过程，除直接的情绪宣泄外，也为调节和治疗提供可能。

四、转换

一切心理问题起因于个体所经历的心理事件，决定于个体对所经历的心理事件的解释。不同年龄阶段的个体，对所经历的心理事件的感受和解释是不同的，从而可能留下不同程度的心理创伤或情结。当经过前几个阶段的过程后，个体心中的情绪表达出来，心中沉积下来的心理事件被打开。如何让这些个体重新面对这些曾经难以面对的心理事件，成为心理咨询的关键点。当团体咨询利用团队资源和团队技术帮助成员个体学会以新的视角、新的方式来面对、解释过去所经历的心理事件时，个体的心理能力得到提升，心理感受和思维、行为都可能随之而变化，这就是"转换"。经过这一阶段，个体的心境会有一个改变和提升。

五、整合

所有人的心理都是一个结构，即一个有组织、有秩序的系统。当这个系统被打乱，个体会表现出精神障碍；当这个系统局部被伤害，个体会表现出某些社会生活功能的紊乱。当个体经过针对局部紊乱而做的咨询或治疗后，局部的伤害得以修复，局部紊乱得以调整。但长期的非正常运作所导致的系统内部各部分的配合关系尚不能立即协调起来，因而，在经过转换调整后，还需进行一次心理的综合调节，使心理系统内的各部分重新协调起来，使个体的思考和行为更为有力。这一整体调整阶段就叫"整合"。

整合与转换的不同之处在于，整合不是针对个体某一方面的问题进行的强化修正，而是对一个人的心理系统所做出的全面调节。如使用行为调节方式促使个体从新的认知、情绪、行动三方面操作一次，完成一次新的行为过程，从而使个体从心理行为的整体上协调起来。

六、康复

最后一个阶段是康复。即个体以全新的、健康的面貌在团体里行动、表达，并在团体成员的互动中得到锻炼、巩固，以健康的心理走回各自的生活实践中。

参考文献

韦志中.团体心理学：本会团体心理咨询模式理论与实践.清华大学出版社，2014.

第十二章　本会团体心理咨询模式

本会团体心理咨询模式共有三种，分别是体验式团体心理教育模式、表达性艺术团体心理成长模式、文化动力团体心理治疗模式。

第一节　体验式团体心理教育模式

体验式团体心理教育模式是本会团体心理咨询工作者在社会实践中，根据当下中国社会民众心理健康教育的需要，摸索总结出来的一整套适合于中国人的心理教育形式。近年来，经数千名本会团体成员的实践和体验，体验式团体心理教育模式逐渐成熟，这一模式已在教育、司法、社区、企业等领域广泛应用，并取得了一定的实效，已经成为成熟的中国本土化的团体心理教育的体系之一。

一、体验式团体心理教育模式的产生

从教育这个视角看，中国的教育模式一直沿用了教师主导、讲授为主、知识灌输的模式。这种模式虽有一定的积极意义，但当社会进入市场经济时代时，每个人、每个经济组织都被强调依靠自己的创造力、适应力开拓自己的生存之路。个体对自己的了解和调控能力成为核心生存能力。过去的那种教育模式已经不能适应现代社会对人的生存能力培育的需求。寻找更能适应现代社会需求，培育有自我觉知能力、自主选择能力和灵活创造力的人的教育方法与模式势在必行。

从心理学的角度看，在人本主义心理学兴起之前，无论是精神分析还是行为主义，治疗师与被治疗者的关系都是以治疗师为主控方，被治疗者处于按照治疗师的指令行动的被

动角色。自从人本主义心理学兴起后，心理学开始强调治疗师与来访者的平等关系，甚至将来访者放在具有自我疗愈能力的主动方，而治疗师不过是陪伴者。这种新型治疗关系适应了强调自主创新的新时代的需要，也更加符合每一个人都是一个主体，都是一个具有自己独特个性的个体的人的特性，为新型团体心理教育提供了新的理论基础。

在传统教育模式下，中国有大量个体的人格发展出现不能适应生活需要的状况，但他们还没有发展到需要立即进行心理治疗的地步。如果能对这些人进行有效的心理辅导教育，将防止他们产生更多心理问题，使之适应生活，使其自我人格更健康地成长。本会体验式团体心理教育模式就是在这样的背景下应运而生的，满足了广大群体自我心理教育成长的需要。

二、体验式团体心理教育模式的含义

所谓体验式团体心理教育模式，是以心理学理论、学习理论为基础，运用心理技术学原理与方法，实现团体教育效益最大化的一种教育模式。体验式的团体心理教育模式的概念界定可以从多个角度进行，但是需要符合以下一些基本特质：

1. 体验式的团体心理教育模式是一种体验式课程。在这个过程中，在团体导师的带领下，团体中的每个成员都可以在团体互动的过程中，呈现、体验、转换、整合，以达到能够活在当下、重塑自我、在体验中达到心理教育和心理提升的目的。

2. 体验式团体心理教育模式是一种在同一时间、不同人彼此互动的团体咨询模式。这是根据社会心理学的有关理论，如人是社会关系的总和，人的本质属性是其社会性而来的。在体验式团体中，团体中成员的社会互动是进行团体教育与咨询的最大优势。

3. 体验式的团体心理教育模式整个过程分为四个阶段：呈现现象、评估目标、问题解决、心理康复。通过文化心理学、艺术心理学、社会心理学、象征心理学的理论和技术，在文化仪式和艺术作品的加工和展示过程中，完成上述四个阶段。

三、体验式团体心理教育技术的制作方法

在团体心理咨询的技术当中，制作团体技术是一个关键的部分。有些人认为团体技术是领导者或培训师带领成员，通过一些简单的游戏而使其体会或领悟到一定的道理。其实这只是在普通的教育培训团体当中较为浅层的一种技术和形式，如果在咨询和成长团体以及治疗和干预团体中，团体技术的实施就不是那么简单了。

（一）团体技术制作的两个阶段

根据团体目标而设计的具有针对性的团体心理咨询技术，不但要求围绕团体心理咨询的目标，还要遵循可操作性原则。一个团体心理咨询师在团体技术制作上会经历两个阶段，这两个阶段也分别体现了团体心理咨询师在当下的团体带领能力和团体心理咨询的一种状态。而且每个阶段都是在不断上升的，或者是变化的。

1. 第一阶段：灵感阶段

顾名思义，在这个阶段会有很多关于团体心理咨询技术的设计思想不断地涌现出来，如泉水一般，这是因为在不断的团体实践中，经验与灵感相结合的结果。这个阶段咨询师在制作技术能力上还是盲目的。大多数在这个阶段"发明"的技术，都不是为了目标而设计的，而是一刹那的灵感的结果。这些技术虽然在某些时候很有效果，但往往不具备针对性。如果运用在团体中，若团体目标效果很好的话，那么多少有些运气的成分。但对于一个团体心理咨询师来说，这是一个很重要的阶段，也是往更高处攀登的一个必经阶段。

2. 第二阶段：针对性阶段

在这个阶段，团体心理咨询师除了有灵感之外，还有目标性、针对性。开始考虑团体技术的可操作性，以及团体目标制作技术原则。

通过团体技术的运用，可以使团体成员迅速融入团体当中，使他们存在的问题得以显现，甚至一些团体技术本身就可以作为治疗和危机干预之用。团体技术实质上就是为成员的互动提供途径，恰当使用团体技术，将能很好地把团体动力发挥出来，促进团体的成长。

作为一个团体心理咨询师，我们可以从不同的地方找到一些设计好了的团体技术，但其实也可以自己去制作团体技术。自己制作团体技术除了能为团体成员带来新鲜感之外，更重要的是，通过学习团体技术的制作，可以更清晰地了解团体技术的本质以及每一个环节设计的最终目标，这并非"现学现用技术"可以达到的目标。在下文我们还会讲到团体技术的自由转换，即根据团体内实际的需要自由地穿插运用不同的技术。当我们懂得制作技术的时候，我们就不再受团体技术本身的限制，而是根据自身的需要，恰当地中断、改变、穿插和变换不同的技术。

（二）团体技术的制作

1. 作用

在团体培训前期，通过一定的技术，可以有利于团体成员的热身，将他们带入当下。

（1）由冷到热的热身，即一群并不是很熟悉的成员，将他们聚合起来，使他们较好地融入团体中；由热到冷的热身，是指某些团体成员可能都是彼此熟悉的，但是互动仅仅是表面上的热闹，而不能很好地深入彼此的内心，这时就需要通过运用团体心理咨询的技术将他们带入内心体悟中。

（2）从外部空间到内部空间。成员由团体外部进入团体内部，随着环境的变化，需要通过热身的技术把他们的身心也带到团体的环境中来。

（3）从过去（未来）心理空间到现在心理空间。成员在进入团体之前，心理空间关注的都是过去事件，而进入团体后，通过技术使成员心理空间关注此时在团体当中的事件，进入当下。

2. 考量因素

在制作团体技术的时候，需要考虑的最重要的因素是技术的针对性。也就是说团体技术的设计，一定是要围绕团体目标而进行的。然后还需根据团体成员的需要来设计团体技术。例如，一个人际关系团体，我们的目标就是改善这些人的不良人际关系，我们的团体技术就要根据这个目标来具体设计。

团体往往是有一个总目标的，但在实现团体总目标的过程当中，还会细化出一些小目标，团体中的各个环节就是要达到这些小目标。小目标是为团体总目标服务的，所以，在这种情况下，在团体技术设计的时候，咨询师需要直接针对小目标来进行，进而间接达到团体的总目标。例如，这个环节的目标是热身，那技术设计就围绕着如何能热身来设计，因为热身以后可以更好地达到团体总目标，此种技术设计就是间接地在服务于总目标。同时，在技术设计的时候，每个团体技术应主要用于一个目标。这就是团体技术设计的针对性。

另外，我们还需要考量技术与团体匹配的问题。部分团体技术适用于参与成员都互相熟悉的团体，部分就适用于参与成员之间不太熟悉的团体。例如，在一个企业内做团体心理教育，成员之间都是熟悉的，那我们的团体技术设计，就要考虑从热到冷的需要。这个也是团体技术的针对性考量。

关于团体目标的可操作性。如果一个团体技术很好，但是导师却不具备这个操作能力，最终效果将会大打折扣。比如一个运动员，要根据自身能力选择适合的技术难度。所以在设计技术以及目标时，要考虑到导师的能力。

现实条件考量因素。比如说现实中只准备有三个小时的课程，就不能设计一个四小时的技术；一个房间只有 20 平方米，就不能设计一个需要 40 平方米房间的技术。这就是时间与空间形成的客观条件，这也给我们设计团体技术带来了一些限制。所以，这也是团体技术设计的时候需要注意和把握的。

现在很多团体，方案写得很漂亮，但带领者没有很好地理解清楚每个环节背后的原理，以及它与目标实现的关系，造成团体目标难以实现。而自己设计团体技术的好处就是自己能完全理解这个技术，能预计可能出现的情况，以及避免可能出现的不好的情况。这样，对于团体的目标的实现和团体教育开展的效果都是有利的，也是团体带领者需要明白的。

3. 分类

团体心理咨询的技术的分类是很重要的，直接影响着我们应该针对什么样的团体应用何种技术，而且也要看到这些技术相互之间的关联和它对目标实现的作用有多少。如果一个技术在达到设计时的主要目标外，还能附带满足其他目标，那将是一个功能较强大的团体心理咨询技术。做到这点，需要有专业的积累、灵活的运用以及严谨的制作过程和全方位的考量。

我们将其分为以下三种类型。

（1）艺术类：包括舞蹈、武术、表演、音乐、绘画、雕塑等。

（2）语言类：分析、故事、演讲等。

（3）工具类：纸笔、石头、投射等。

了解了团体心理咨询技术的作用、目标、影响因素以及分类，虽然这仅仅是团体心理咨询的开始部分的技术制作，但是却贯穿了整个团体心理咨询的过程，起到了一个总领、开好头的作用，因此不容忽视。

（三）团体技术的运用与自由转换

作为结构式的团体，可以制订出很具体的方案。然而，在具体的操作过程中，我们往往并没有按照技术的过程进行完整的操作，而是对不同的技术进行自由转换。因为，我们看到了成员的需要，更多时候我们是跟着团体动力的流向去运作的。如一位团体导师在一个团体心理咨询的班里，带领着学生在练习照相机技术。开始时比较顺利，按着技术的计划和过程在走。正当练习正常进行之时，场内突然出现了一个小插曲。首先，在描述环节中，组员 S 表达了认为小 Z 很能干的想法，而小 Z 就把它理解为对方认为自己是女强人，难以接近，在此积累了一些负面情绪。她当时并没有把它表露出来。在下一轮的照相机练习中，小 Z 与 Y 进行时，把 Y 与过去生活中的某个人物进行了连接，从而造成对 Y 的恐慌，而 Z 也感觉到这一点了，在其间进行了表达。作为一个结构性的团体，不少带领者可能会点到即止，双方完成了对技术的表述就结束了。然而，因为这位导师看到了在小 Z 心里其实是积累着过去的不良情绪，所以就可以做出及时的处理，让她做出适时和适当的表达以释放情绪，促使团体动力良性发展。

四、体验式团体心理教育模式的特点

（一）针对性

体验式团体心理教育技术不是心理学理论的直接讲解，也不是生活技能的直接教授，它直接以人的情绪、意象、情结等内心活动为工作对象，通过引发个体内心变化来达到心灵重塑的目标。它的工作内容和目标不根据外在的理念或教育者的主观意愿来制订，而是直接针对参与团体的成员的心理需求和团体工作目标来确定。因而效果明显，取得的成效也很迅速。这就是体验式团体心理教育技术的针对性特点。

（二）可操作性

体验式团体心理教育技术经过研究开发，有明确的操作程序和结构，便于任何团体导师使用。

（三）灵活性

体验式团体心理教育技术考虑到人心的丰富性与团体互动的多样化，在技术中多使用艺术化、象征化、概括化甚至隐喻性的文化形式作为媒介，可以包容多种心灵内容和互动情境，因而在具体使用时，可以根据团体目标和团体成员的动力变化灵活组合使用，达成不同的使用效果，具有非常突出的使用灵活性。同样一种技术可以适应不同团体或理念的工作需要。

五、体验式团体心理教育模式的优势

（一）服务面广，符合中国特色，可达到教育效果最大化

体验式团体心理教育和传统的教育相比较，传统教育的目标是重视受教育者的间接知识的获得，在内容上过分强调知识，在方法上过分强调灌输、讲授。对学生的认识上是把学生看作知识的容器而不是来源。体验式教育的目标是把受教育者看作是教

育的创造者而不是接受者，在内容上，一方面有间接经验的传授，更多地强调学习者的主动参与、体验、感悟、分享、交流、整合。

（二）符合人的神经心理分工需要

科学研究证明，大脑分为左半球和右半球。左半球是负责人身体右边的一切活动，一般左脑具有语言、概念、数字、分析、逻辑推理等功能；右半球是负责人身体左边的一切活动的，右脑具有音乐、绘画、空间几何、想象、综合等功能。体验式团体心理教育可以使参与成员在体验式活动中不仅通过语言、思维等方式让成员进行学习领悟，也可通过音乐、绘画等方式表达领悟，符合了整合左右脑功能，促进人的全面发展的理念。

（三）符合东方人的文化特点，符合中国人的集体意识

集体意识指的是成员对集体的认同态度。中国文化的思想内核的重要特征，就是群体意识；而西方文化的思想内核是个体意识。中国人强调整体性和综合性，体验式团体心理教育正是符合我们中国文化的集体性、合作性、整体性的一种心理健康教育模式。在这种教育模式下，成员与成员之间、成员和导师之间、每个人的心理空间之间、心理空间和物理空间之间都产生联结，这样的联结本身就是各要素间的整合，本身符合我们东方人的文化特点。

六、体验式团体心理教育模式的意义

体验式团体心理教育模式最根本的特点是体验和团体动力。因而，它具有如下特殊意义。

（一）体现了对受教育者的尊重

体验式教育不以教师的教导为主体，而是以受教育者自身能动参与活动过程，在活动过程中完成自我启迪、自我教育为主要方式。受教育者在心理体验活动过程中是主角，心理导师只是起着引导、陪伴、组织活动的作用。因而，受教育者的主动性、个性在活动过程中被充分尊重，其积极性和投入程度极高。

（二）更符合人们心灵建构的自然过程

体验式心理教育活动，弱化知识概念的讲解灌输，强化身临其境的活动。受教育者不是先学知识概念，而是先打开心灵感受情境和自己的情绪，在感受活动过程中领悟其中的人生意蕴，得出有利于指导自己人生的理性结论。这样的学习过程自然、生

动、深入内心，真正经过了个体自己内心的反复咀嚼，其领悟生动而深刻。

（三）使个体在团体关系中成长

人在本质上具有社会性，人也是在人际关系中成长。无论个体人格生长正常或异常，都源自关系。因而，特别强调团体动力作用的体验式团体心理教育，使受教育者在具有心理学意义的团体中参与人际互动，重新在关系中处理问题、提升人格力量、完成自我成长，自然而圆满。

（四）可以实现心理教育效率最大化

这种教育效率最大化首先体现在数量上。体验式团体心理教育与小组心理咨询相比，参与心理教育的人数最多，既可以是三十人，也可以是五十人，甚至几百人，从而可以使心理教育的受教育面实现最大化。

在质量上，体验式团体心理教育也可以实现教育效率最大化。体验式团体心理教育不仅能在意识层面开放个体心灵，甚至有可能自觉或不自觉地深入潜意识之中，化解多年积淀的问题或限制，释放潜能。

（五）教育收获更易应用到生活中

心理教育的目的是帮助成员能够更加独立自主、协调圆融地生活，能有更强大的力量和灵活性应对生活的各种挑战。这就要求团体成员在接受教育期间就能形成较好的人格整合，从而有能力应对现实生活的挑战，也就是有能力将受教育期间的所得，迁移泛化到自己的现实生活中。相对于只是接受了知识教育的传统教育模式，体验式团体心理教育更能促成团体成员将所得泛化到自己的真实生活中。

七、体验式团体心理教育模式的服务人群

（一）教育群体

传统的教育模式是教师主导、讲授为主、知识灌输的模式，受教育者是被动的、机械的记录和效仿者。体验式教育模式以其特有的动力模式和体验式技术相结合，发挥被教育者的主动性和能动性，教育过程呈渐进性深入，从感知到领悟，从情绪到理智，可以达到教育效果的最大化。

（二）企业群体

体验式团体心理教育模式的特点决定了其在满足企业心理需求方面具有独特的优势。企业是由人组成的不同的目标群体，在执行群体目标过程中，会遇到个体心理需

求与群体目标的冲突，这种冲突表现在企业中会冲击到企业文化、影响企业凝聚力、导致职业倦怠、影响到员工情绪并波及婚姻家庭等导致个体化的问题；反过来，个体化问题又作用到群体中，最终影响到企业的效益。

体验式团体心理教育模式可以根据群体的问题层面分别进行工作，特有的体验式模式可以通过团体动力下的心理学技术将个体带到具体化场景中去体会，使团体成员更深层次地领会教育的目标和意义，达到教育效果最大化的目的。

（三）其他群体

体验式团体心理教育模式还可以广泛应用于社区、医院、司法、政府等多个领域，这里就不一一列举了。

第二节　表达性艺术团体心理成长模式

本会团体表达性艺术团体心理成长模式是在本土文化背景上，主要通过表达性艺术治疗的各种方法，帮助团体成员完成自我成长的一种团体心理咨询模式。因此，表达性艺术治疗对本会团体模式的开展非常重要，需要我们先从对它的了解与学习入手，以便更好地学习和掌握这一模式。

一、表达性艺术治疗的概念

表达性艺术治疗以各种艺术媒介来表达人们内心的思绪、感受及经验。这些媒介可能是游戏、声音、故事、书写、绘画、舞蹈、音乐等。所表达的内容可能是来自意识层面，也可能是来自潜意识的层面。

表达性艺术治疗可以促进情感的疗愈、消除内在冲突，带出个人觉察及创造力，将人们潜藏在内的创造力唤起。运用艺术、绘画、游戏、沙盘、写作、说故事、戏剧、心理剧等方式，通过治疗师的协助，帮助来询者将其未说出和尚未解决的冲突表达出来，也通过这些方式来满足人们自我表达的需求。表达性艺术治疗可以让人们的认知与智性、情绪与情感、创造力与灵感重新复苏。

二、表达性艺术心理成长团体模式

表达性艺术心理成长团体模式即在团体架构中，借助表达性艺术和成员互动寻找自我，提升对自我内在的觉察，探索自身内在能量和成长的源头，充分发动自我资源和团体成员资源处理自身心理问题，提升自我情绪与压力管理技巧，享受驾驭界限的美妙自我，以及增加人际和团队和谐互动经验，找到一条自助之路，与自己为伴、与他人为伴，让步入其道的不同的人自主成长的团体咨询模式。这种团体模式既可做成单纯的心理咨询团体，也可做成心理治疗团体。成长的重点是从正常走向更健康，而治疗则重在修复创伤。本模式比较强调做成心理咨询团体，强调成员的心理成长。

三、表达性艺术治疗的原理与取向

（一）表达性艺术治疗的基本信念

表达性艺术治疗的基本信念为：相信每个团体成员均有与生俱来的能力，可以自我引导。在一个支持的环境中，通过外在的创作形式来表达内在的情感，借以发现深层的情绪，提供机会给予自己更大的力量。表达性艺术治疗多以绘画、隐喻、行动演剧、叙说等方式来处理来询者情绪上的压力，以一种非纯口语的沟通技巧来介入，应用在创伤者的心理重建历程上特别有效。

表达性艺术本身即是生命的表达、内在智慧的外化。在创作的过程中，治疗就在发生。表达性艺术治疗强调当事人的创作过程，假定个体的内在事实能够以外在的创作媒介具体呈现出来。因此，整个表达性创作过程能够让当事人经历人类经验的扩增、自动平衡、生活整合、渐增的自我认识及达至难以接触的内在世界等感觉。

（二）表达性艺术治疗的两种取向

艺术治疗具有两种取向：一种为心理分析导向的艺术治疗模式，在此模式中，艺术成为非语言的沟通媒介，配合当事人对其创作的一些联想和诠释来抒发负面情绪，解开心结；另一种取向则倾向于艺术本质，通过艺术创作，缓和情感上的冲突，提高当事人对事物的洞察力或达到净化情绪的效果。这两种取向，都是把艺术当作表达个人内在和外在经验的桥梁，让当事人能通过创作释放不安情绪，明晰以往经验。在将意念转化为具体形象的过程中，传递出个人的需求与情绪，经过分享和讨论，使其人格获得调整与完善。

四、表达性艺术治疗的组织形式——心理成长工作坊

（一）心理成长工作坊

1. 心理工作坊概述

"工作坊"一词最早出现在教育与心理学的研究领域之中。工作坊是依据团体动力学理论，采取团体辅导的方法、技巧，对服务对象进行互动，实施服务，达到目的的社会工作学或心理辅导方式的一种通称。在1960年，美国的劳伦斯·哈普林则是将"工作坊"的概念引用到都市计划之中，成为可以提供给各种不同立场、族群的人们思考、探讨、相互交流的一种方式；甚至在争论都市计划或是对社区环境议题讨论时，成为一种鼓励参与、创新，以及找出解决对策的方法。

我们常说的"心理工作坊"其实最初是个"生理工作坊"。同病相怜，这一颇具心理安慰作用的词汇，在早期心理工作坊的雏形中，也确实代表了一群结核病病友之间的温暖关系。20世纪初，一个叫普拉特的波士顿医生，为了缓解结核病人的负性情绪，想了一个办法：把病人集中在一起，让他们相互交流生病期间的苦恼和焦虑，分享适合自己的调节方法和令他们高兴的事。结果出人意料，病人们不仅增强了战胜疾病的信心，而且对治疗效果有意想不到的提升。

这种方法如此见效，后来就被医学界、心理学界逐渐接受并发展，其用途也越来越广泛。到了今天，它早已不再被作为"治病"的方式而存在，它能够帮助大家缓解困惑和焦虑，缓解亚健康心理状态，同时更能促进心理成长。这就是心理工作坊。

在心理工作坊的小组中，来参加的成员都有交往与成长的需要，这决定了大家会更倾向选择建设性的方式来互动。大多数参与者原本是陌生的，既没有亲人或爱人般亲密的关系，又没有竞争对手或上下级般的利害关系。这样一个有别于现实环境的"乌托邦"，使得每个人都更容易维护好自尊心，更容易开放和宽容。在这里，参与者彼此是臂膀，彼此是眼睛，也彼此是镜子。大家互相支持、互相帮助、互相给予真诚的反馈。

在港台地区，团体动力工作坊是专业助人者知识传承与实务能力整合历程的一种训练，也是广泛受到服务对象欢迎的服务方式。服务领域适应性十分广泛，包含医疗卫生、学校教育、司法、工业、社会福利机构和教育机构等，最常见主题包括亲子关系、婚姻家庭治疗、成长心理辅导、两性教育、学生生涯规划等。

2. 工作坊工作流程

工作坊按不同的议题，其基本流程如下。

（1）资讯的分享。工作坊第一个实施的步骤，就是必须将原有的基本资料共同分享。通过这样分享的过程，可以将参与者所持有的资讯、讨论成果互相分享，让参与者能够在平等的立场下共同讨论、交换意见，进而凝聚意识。

（2）讨论的过程。让参与者之间可以互相交流意见、激荡脑力、共同创造。通过凝聚意识的过程，拉近参与者之间的关系，以利于今后活动的顺利进行。

（3）全体表达意见。就是各小组的成员发表之前共同讨论出来的成果，和其他小组互相交流。随着各个小组的价值观与立场的不同，利用客观的角度来分析事情，希望借此沟通协调的机会，共同思考出一个最适合的方向，延续伸展至以后的活动中。

3. 工作坊的分类

当前的工作坊按操作时间分类，主要有以下三种。

（1）单场工作坊。即选定一个固定主题，由导师和其他参与者进行分享。讨论结束后，一般会安排一些交流活动，但不会特别再单独组织一场同主题的工作坊。其优点是选择的空间比较多、随报随学，缺点是价格较贵。

（2）系列工作坊。一般指导师精心选择的一系列对心理咨询师或是参与者成长比较有益处的工作坊主题，进行系统的讨论、学习，数量一般在两场以上，即我们俗称的"连报"。其优点是可以享受到很多优惠，缺点是选课形式不自由。

（3）自主配课型工作坊。如通过"学习储值卡"等手段，让学员自由选择自己需要的工作坊。其优点是可以获得和连报相同的价格，也可以由学员自由选择需要的课程，遇到自己喜欢的工作坊再报名，随报随学。缺点是一次性预存的金额较高，通常需要几千到上万块钱的一次性投入。这种类型的工作坊虽然性价比很高，但还是让很多人望而却步。

本会团体表达性艺术团体心理成长模式下开展的工作坊，则按主题的不同，分为爱情婚姻工作坊、亲子家庭工作坊、情绪管理工作坊、人际障碍工作坊、职业倦怠缓解工作坊、心理创伤修复工作坊、内在小孩工作坊、哀伤丧失干预工作坊等。

（二）工作坊中的团体动力—— 一个让人成长的场

一个团体具有自己的生命。既像每个人都贡献一捧种子，最后分享果实；又像每个人都贡献了一些动力，构成了一个强大的发动机。随着成员相处时间的增加，团体自己就会成长、成熟，每个人也会从中获益——在体验他人情感世界的过程中，体验和认识自己。

在工作坊中，每个人都是一分子，大家遵守共同的规则，没有谁高谁低。虽然刚开始时会有点陌生感，有点不信任，有点放不开，但随着小组气氛的建立，坦诚、信任的增加，大家会谈得越来越多、越来越深入，成员体验也势必会越来越多、越来越深入。

在共同成长中，工作坊动力发展会经历四个阶段。

1. 春季——种下希望的种子

在开始阶段，让成员尽快彼此熟悉、打破坚冰是主要任务。主持者会用一些有趣的方法，使组员因有共同体验而感受到被信任、被接受的安全人际氛围，比如采用循环介绍（每个人不仅介绍自己，还要介绍自己前面的人）、滑稽体操、互相模仿等。不知不觉中，希望的种子已经被埋下。

2. 夏季——共同面对问题

在第二阶段，就好像在夏季，需要给庄稼浇水、施肥、除草，很多的工作在进行当中。比如，（1）问题分担：使大家不再以为只有自己的问题才是最严重的，分担有很好的减压与驱除孤独的作用。（2）分析问题：主持者引导大家讨论一些典型的错误思维，如"如果说错一句话或做错一个动作，大家都会笑我"。（3）提供策略：主持者提供一些有益的策略，使大家能够以建设性方法去应对问题。介绍一些相关理论和自我心理调节的方法，例如，调整认知偏差（如"紧张是社交失败的标志"），进行放松训练（如腹式呼吸），或讨论如何应对焦虑的情境。（4）组员间的相互支持：不仅给每个人以鼓励和安慰，而且让每个人都因帮助别人而产生有力感与自信感。

3. 秋季——让感动深入心灵

在第三阶段，就好像在秋季，生命的感动不断深化，大家彼此越来越和谐，而工作坊的成果已经体现出来。工作坊提供的安全、开放、接纳、相互关爱的气氛，使大家的情感得到抚慰，主持者会引导大家讨论并进行现场练习，从而达到更好的自我认识、自我发现和自我调节。

4. 冬季——带着成功感受离开

最后阶段，也就是告别的阶段。大家像雪天围炉而坐那样，共同分享参与工作坊的成功感受，分享在这段历程中的收益，还分享将希望带到未来生活中的计划和期望。

五、表达性艺术治疗的独特性与注意事项

（一）表达性艺术治疗的独特性

1. 治疗媒介最多。艺术治疗的媒介囊括了绘画、雕刻、舞蹈、音乐、文学等多方面，既可以单独使用，也可以综合使用。在团体咨询中这些媒介能适应不同成员的多种不同需求。

2. 艺术形式既不受时空限制，又是真实存在。艺术治疗的创作气氛是一种无危险、无威胁性的环境，可以穿越时空的限制，达成与自我的对话。

3. 艺术表达较能突破口语表达的限制。这对说话能力不强的儿童或口语表达顾虑较多的成员是最好的心理表达形式。因此，艺术治疗的对象范围也最广泛。

4. 可以减轻成员之间的互相防卫心理。

5. 在艺术治疗团体中，成员借着分享讨论作品的过程，易流露真实情感，接纳各自的开放经验，达到成长的目标。

（二）表达性艺术治疗的注意事项

表达性艺术治疗是心理成长的有效途径之一。艺术治疗可以将人们从自我的晕睡中唤醒，将焦点转向更大和更广阔的画面，帮助人们了解自己真正想要的是什么，想成为什么样的人，促使人们变得充满热情，富有活力和创造力，并发现新的目标，迎接新的挑战，开始新的旅程。在表达性艺术治疗中，有以下几个方面的问题需要注意。

1. 一定的设置和规范

表达性艺术治疗是在团体动力的运行中实现个体的完善与成长的，个体投入程度较浅或个体超出团体氛围要求的言行举止可能都会干扰或阻碍团体动力的运行，从而影响个体的自我完善。因此，表达性艺术治疗必须遵守一定的团体咨询伦理规范和要求，必须有一定的设置。比如保密，遵守时间规定，不做团体规范不让做的事情。

2. 创设安全、温暖、彼此接纳的团体氛围

人们在安全温暖的氛围中才能充分展示内心的活动和思想，才能有效地进行表达，也才能得到真正的帮助。

3. 呈现、表达的科学、有效及充分

科学的呈现和表达会更好地影响团体中的每一个人的心理空间，促进个体的自我觉察，加速和推动个体的自我完善和和谐，并借由团体动力将一个个独立的心理空间

连接起来形成正性强大的心理世界。

4. 导师的适时点拨、引领

在团体动力的运行中，可能会出现一些不利于团体运行的因素，比如成员走神、不能投入，导师要根据当时的情况适时加以点拨、引导，让成员更好地投入当下。

5. 要等待适当时机

个体的呈现、表达、转换、整合都需要内在力量的积蓄，只有内在力量达到了一定的程度时，才能真正实现，所以，在表达性艺术治疗中要等待时机，不要急于求成。

6. 正确认识和看待效果

心理空间的变化需要一个过程，个体人格的成长也必须有一个过程。和其他心理治疗一样，在表达性艺术治疗中也不是一次活动就能达到个体自我成长、完善的效果，甚至有时会看不到效果。但看不到效果并不等于没有效果，当在一个温暖、接纳、安全的氛围中，个体的心理空间被扰动时，效果就已经开始了，只是有时量的积累还不够。

六、表达性艺术治疗的服务人群与分类

（一）表达性艺术治疗的服务人群

表达性艺术治疗的服务人群主要是亲子关系不良的人群、夫妻关系不良的人群、人际交往障碍的人群、情绪不良的人群、自我效能感低下等心理亚健康群体。

（二）表达性艺术治疗的种类

1. 根据不同的对象选择相应的合适的艺术治疗种类。如抑郁者、脑损伤者可选择音乐疗法，对焦虑、情绪压抑者可采用绘画疗法，对肌肉萎缩、恐惧症患者可采用舞蹈疗法。

2. 根据艺术作品的心理效应和治疗目标选择相应的艺术题材。不同的艺术题材有不同的心理效应，如高亢、激昂的音乐适宜于治疗抑郁症、自信心低下者；平和、悠扬的音乐适宜于躁狂、情绪不稳者。

3. 根据被治疗者的艺术能力确定艺术治疗的方式。区分参与创作还是欣赏，如果是参与创作的，必须对被治疗者的作品加以分析，解释其中投射的人格与情绪，帮助当事人顿悟事理，从作品中了解自我；如果只是欣赏，需要帮助被治疗者学会欣赏艺术作品的内涵、意义和表现手法。

4. 艺术治疗既可以单个人进行，也可以集体进行。本会团体表达性艺术治疗属于集体方式艺术治疗。

第三节　文化动力团体心理治疗模式

本会团体心理咨询模式的第三模式是文化动力团体心理治疗模式。该模式既是西方动力性团体治疗的一种形式，更是结合了中国本土文化的，适用于中国人团体的一种有效的心理治疗模式。

一、文化动力团体心理治疗模式的概念

本会团体提出的文化动力团体心理治疗模式，是一种基于中国本土文化的团体动力治疗模式，是罗杰斯会心团体在本土文化下应用的新实践。这种模式是将文化心理学与人本主义思想、存在主义理论结合起来，运用各种具有中国传统的文化符号，在团体动力、导师、技术三者结合的推动下进行的一种团体心理治疗。

二、团体心理治疗的动力学理论及实践发展

团体动力的概念是由德裔美国心理学家勒温提出来的，是指一些相互作用的力量，这些力量定义了整个团体要如何发挥其功能。团体就像一个家庭一样，在家中父母把他们个人的价值观传递给子女。在团体中成员的世界观、人生观和价值观会作用于其他成员，促使他们的认知、情绪和行为发生改变。团体动力就是这些促进改变的力量。在团体及团体动力的理论基础上，团体心理治疗（或称小组治疗）逐渐发展起来。

（一）关于团体治疗的几种理论

1. 勒庞的理论

科学研究团体对个人的影响可以追溯到 1895 年法国心理学家古斯塔夫·勒庞对"团体心智"的研究。他认为一个人一旦变成群众的一部分，就会受团体心智掌控，进而行为就会发生改变，个人就会失去责任感。勒庞认为促使改变的因素有：第一，一个人成为团体的成员时，会觉得自己的能力增加，甚至是无法击败的；第二，团体

中出现传染的现象；第三，也是最重要的是，一个人的受暗示性在团体中会大大增加。

2. 麦独孤的理论

威廉·麦独孤认为，虽然团体可能让人类在个别状态下的文明行为逐渐退化，但团体却能够促进个人产生新行为。因此，他是第一个认为团体具有促使个人行为好转的潜力的人。他认为想要把团体的影响力导向正向的，就需要有组织，否则就会呈现勒庞所提出的较混乱的状态，这种团体会使其中的成员变得过度情绪化、冲动、暴力、变化无常、优柔寡断，甚至出现极端行动取向。他指出如果想要团体发挥效用那么团体成员要有共同的目标。

3. 弗洛伊德的理论

成员放弃自己的想法而接纳了团体导师的目标和想法，弗洛伊德称这种现象为退化，想要解决这种现象最常用的就是同理心。他认为同理心的模仿行为是一种了解别人的机会，恰当利用这个机会能够让我们有能力学会团体中另外一个人的态度及精神生活。这一过程能够让一个人重新认识自己，并能够配合团体治疗的需要，不仅学会了体会自己的情绪生活，也能够了解别人的情绪生活。

弗洛伊德真正开始操作的第一个治疗性团体叫"周三晚学会"，成员是一些心理分析师。起初，团体是一个教育性团体，后来团体的发起人威廉·斯泰克尔（是弗洛伊德分析的个案）想要通过弗洛伊德达到治疗的效果，而建立了该团体会谈的架构。在团体中，他们讨论关于精神分析个案治疗经验的理论概念。早期参加团体的分析师有阿德勒、罗·安第斯·西蒙、保罗·怀顿以及弗兰克·维尔特等。这些成员在团体中相互分享，弗洛伊德则担任领导者的角色。最后该团体的聚会越来越情绪化，再加上阿德勒与弗洛伊德产生冲突而停止。

（二）团体心理治疗实践

在团体心理治疗的实践方面，团体心理治疗的始祖是普拉特，他是波士顿马萨诸塞州总医院内科医师。1905 年 7 月，他建立了一个由十五名结核病患者所组成的团体。今天看来，他的团体并没有提供团体治疗，主要是通过讲课的方式进行。它之所以被看作团体治疗的最初形式，它的团体风格之所以被当作治疗性团体的理由有两个：第一，它首次让病人在小团体中处理共同问题；第二，每个参与者必须要同意在离开团体后不再处理团体中的问题。普拉特发现这种新的治疗方式具有相当好的疗效。此外，其他先驱者也开始运用团体的方式来治疗病人。又如，爱德华·拉策尔

（1919）通过团体的形式治疗精神分裂症患者；特里根特·伯龙（1920）采用团体的方式来看神经症病人；阿德勒（1921）也采用团体的方式来治疗病人；朱利叶斯·梅茨尔（1927）是运用团体的技巧来治疗酗酒个案的先驱等。

敏感度团体是指一种使用小团体理论和实践的方式达到促进自我成长的效果的团体，它的倡导者之一是科特·勒温。个体人格的发展必须要考虑他当时所处场域（社会环境）的影响。每个人场域中最重要的影响力来源就是场域中的其他人。他通过实验以团体为媒介来研究如何促进决策的影响力、团体的效率以及如何增加团体的士气。

罗杰斯的团体取向则是个人的成长和发展，而改善人际沟通被当作次要目标。到了20世纪40年代，敏感度团体就被当作一种与众不同的团体结构，因为它有两个重要传统：第一是把小团体当作一个增进个人参与及任务效率的重要论坛；第二是使用小团体进行情绪教育以达到个人成长的目的。

团体心理治疗目前也有许多新的发展。团体心理治疗起初是根据心理动力理论产生的，然而这些理论主要来自一对一的治疗关系，于是许多临床工作者试图找出能够真正整合个别和团体心理治疗的理论与技术。

（三）关于团体动力的一些新理论

在团体心理动力方面，海伦·杜尔金和亨利埃塔·格拉策将焦点放在团体心理治疗中的移情和阻抗上。不仅个别成员存在移情，甚至整个团体也存在。例如，当某个成员成为团体的焦点时，其他成员内心就会激起竞争的感觉。分析成员之间的移情或者阻抗就成为团体主要的探索焦点。

古斯塔夫森则提出了一个理论来整合个别成员的行为与团体动力。他认为当一个人进入团体时会带着潜意识和意识的预期——即在团体中哪些是危险的，哪些是保护性的，因此这些成员会开始执行一系列测试来决定他们在团体中是否会受到像从前一样的伤害。如果团体的情景让他们足够安心，他们就会开始尝试着将以前隐藏的信息逐渐暴露出来。在这个过程中，成员必须要暂时与某些亚团体连成一气，因为这种亚团体能够给他们足够的安全感。

科尔伯格则提出了团体理论的阶段性整合观。科尔伯格（1975）受到"比昂客体"关系理论的影响，认为团体整体观的介入方式，应该处理某一重要发展阶段，也就是俄狄浦斯前阶段的发展障碍。相对而言，当个体的移情或阻抗出现在比较高级的客体关系发展过程中时，呈现的就是一种两人关系（嫉妒）或三角关系（俄狄浦斯情结）

的冲突。因此，他认为团体治疗应该选择最适合团体发展程度和当时个别成员功能发展程度的介入方式，才能达到促进成长的效果。

团体整体观中对团体治疗师任务更加看重。一般来说，团体整体观的学者特别强调权威的力量，而人际取向的学者则比较注重同伴之间的互动。权威和同伴的关系，在心理治疗中都非常重要，也都必须加以考虑，因为大部分参加团体心理治疗的个案都有这两方面的问题。因此，具备整合的能力对于心理动力团体治疗师是非常重要的素质。

20 世纪 60 年代，马斯洛和乔兰德提出人本主义咨询理论。在其影响下，心理咨询的重点开始从一对一的方式向小组成员相互作用的方式转变。罗杰斯在同时也提出了"会心团体"，包括人际关系小组、T- 小组、敏感训练小组、个人成长小组、马拉松小组等。罗杰斯强调以集体为中心，鼓励语言交流、情感表达、真诚支持。在罗杰斯的推动下，会心团体在欧美蓬勃发展，并于 70 年代达到巅峰，形成一股强大的"人类潜能运动"。

20 世纪 60 年代中期，戒除药物成瘾问题的小组开始流行。他们强调团体成员同吃同住同劳动、互相约束、互相帮助、共同成长，从而促使其成员脱离毒品或药物，脱离反社会行为，产生亲社会的态度和价值观，重新成为对社会有用的人。其原理是集体动力学理论中的遵从行为，"其他人都这样活动，我也这样活动"。

总之，当前的团体心理治疗理论都强调，在团体心理治疗中，社会结构和社会力量所造成的影响必须要时刻牢记在心。一个人在团体中其实是存在于一个社会的系统中，社会的力量不仅会影响团体中的每个成员，团体中每个成员也会影响团体整体。团体心理治疗师必须要时刻注意这种复杂且互动的多股力量。团体的这种整体性是非常重要的，例如，某个新成员加入团体时，因为团体基本的界限会受到侵入或是威胁，整个团体就会做出反应。我们必须常常记住虽然团体动力有非常大的影响力，但团体治疗师的任务是协助团体中的个人，我们了解社会系统中的这些力量也是因为希望能够给个别成员以最大的帮助。即使在注意整个团体如何运作的同时，也不能忽略个别成员的特殊性。

三、文化与心理学

（一）文化在心理学中的重要性

文化问题从来就是心理学研究的主题之一。德国心理学家冯特是科学心理学的创始人，他敏锐地意识到文化是心理学研究不可回避的重要因素。他将心理学划分为个体心理学与民族心理学。美国心理学家罗伯特·华生认为，民族心理学翻译为"文化心理学"更合适。个体心理学主要通过实验的方法加以研究，而民族心理学主要用分析和研究语言、艺术、宗教、神话、社会风俗等社会历史产物的方法，探讨民族心理，希望从中推演出人类高级心理过程的基本规律。虽然冯特对两类心理学进行了卓有成效的开创性研究，然而他在有生之年未能将两类心理学有机地融合起来。冯特这种可贵的文化意识在他身后未受到应有的重视，也未被后来的心理学家所继承，更未能在时代的实证科学洪流中发扬光大。但文化在心理学中的重要作用是不可忽视的。

因为文化是人的属性的本质特征。人的存在不仅是一种生物的存在，更是一种文化历史的存在。人类正是借助遗传信息和文化影响而代代相传、生生不息。遗传信息使人具有了人类的大脑和躯体，文化环境的滋润则使人成为一个完整意义上的社会的人。在人类身上，遗传信息和文化信息互为因果，交织在一起共同规定了人的存在。然而，西方传统主流心理学将文化看作是无关的干扰变量而排斥在心理学研究之外，把心理和行为从文化中孤立出来，只是在实验室里进行研究，至多在一种文化条件下进行假设检验。心理学家们热衷于探索那种超越历史和文化限制，不受任何文化和历史影响的，一般的、抽象的和普遍的心理规律。由此心理学研究中出现了文化沙漠或文化空白，这种状况引起了心理学界有识之士的深刻反省。心理观与方法论的突破势在必行，关注人的心理和行为的文化特性，重视心理科学的文化性质，揭示文化与人的心理发展的相互关系，体现了当代心理学发展的新转向。

这种转向的出现受到了心理学家的高度关注与积极评价。因此有学者认为，心理学研究正在经历一场重要的"文化转向"。也有人提出心理学正经历继"认知革命"之后的又一次"文化革命"。美国心理学家皮特森明确指出："以文化为中心的观点提供了除精神分析、人本主义和行为主义对人的行为进行解释之外的第四个解释维度，它的意义就像三维空间之后发现的作为时间的第四个维度。"

文化转向的意义不仅仅在于开辟了一个新的心理学研究领域，更重要的是它为当代心理学家们提供了一个了解人类行为的新视野，为心理学提供了一种新的方法论。我们知道，心理学的研究对象是在一定的文化环境中生成的人的心理与行为，心理学的研究者也生活在一定的文化环境中，是一种文化的存在。因此，心理学的研究必须重视文化因素，充分考虑文化与人的心理、行为之间的辩证关系。

（二）文化心理学与文化符号

一般认为，文化心理学指以文化为背景和底蕴，兼顾文化与心理学两个角度来研究人的心理与行为规律的一门学科。因此，可以通过文化心理的研究来寻求解决中国人价值层面的心理文化机制。只有揭露出这些机制，中国几千年的文化积淀才能促进我们从传统的心理素质向现代心理素质转变。就像鲁迅先生说的一样"我们的一举一动，虽似自主，其实多受死鬼的牵制"。类似冰山理论的解释也能说明此类问题。同时，如前所述，整个心理学界的重心仍是建立在西方的科学主义之上的，这与西方的实用主义文化是相关的。西方实用主义文化和西方心理学缺失的都是一种文化的力量、文化的思想，而我们认为这种文化的思想只有加上中国的底蕴才是丰富的。因此，中国文化心理学能够填补中国心理学的这一项空白，也能够为西方乃至整个心理学提供动力。

文化心理学的研究涉及文化符号。文化是一种历史形成，特别是作为一种民族象征的文化符号，它本身就是一个极强的民族文化的内部凝聚力。中国文化符号，是我们中华民族的凝聚力的表现、影响力的表现，具有一种代表性。文化符号，是指具有某种特殊内涵或者特殊意义的标示，经过时间洗涤之后沉淀下来的精华，是某种意义和理念的载体。这种理念和意义是通过一系列外在特征表现出来的。文化符号具有很强的抽象性，它内涵丰富。文化符号是一个地域、一个民族或一个国家独特文化的抽象体现，是文化内涵的重要载体和形式。中国五千年文化源远流长，那沉淀下来的文化符号何其多，诸如汉字、针灸、中国烹饪等。

一些客观存在的物质，如北京的四合院、天津的麻花、东北的秧歌等，都可看作是一个个具体的符号，正是这些符号构成了中国文化的固态内涵。美国《新闻周刊》曾评选出进入 21 世纪以来世界最具影响力的文化国家及其二十大形象符号，美国、中国、英国的文化符号如下：

（1）美国文化：华尔街、百老汇、好莱坞、麦当劳、NBA、可口可乐、希尔顿、万宝路、迪士尼、硅谷、哈佛大学、感恩节、超人、自由女神像、芭比娃娃、白宫、橄榄球、爵士乐、星巴克、沃尔玛……

（2）中国文化：汉语、北京故宫、长城、苏州园林、孔子、道教、孙子兵法、兵马俑、莫高窟、唐帝国、丝绸、瓷器、京剧、少林寺、功夫、西游记、天坛、毛主席、针灸、中国烹饪……

（3）英国文化：英语、白金汉宫、威斯敏斯特宫、大英博物馆、巨石阵、牛津大学、格林尼治天文台、达尔文、牛顿、莎士比亚、甲壳虫乐队、英联邦、绅士风度、维多利亚女皇、劳斯莱斯、芝华士、哈利·波特、丘吉尔、BBC、贝克·汉姆……

四、文化动力团体心理治疗的治疗因素

动力性团体治疗需要在设置的框架内进行，动力性团体是否处在工作状态至关重要。工作的团体主要取决于两个主要因素，包括团体成员因素和领导者（团体导师或治疗师）的因素。

（一）团体成员的因素

团体作为整体如同母亲，需要有宽容、接纳、理解的品质，能够抱持团体中的情绪和情感，所以团体的工作状态取决于团体的整体进程，团体成员是否能积极投入团体当中也是至关重要的。团体成员能够投入和参与团体的前提包括以下几方面：

1. 团体成员首先要有改变的动机。

2. 对团体的信任。

3. 自我暴露、自我开放的态度；真实地呈现和表达自己；给予反馈和回应。

4. 具有容纳团体焦虑的能力。

5. 在团体容器中发展自主性，摆脱依赖心理。

6. 愿意提供给其他成员作为投射对象，即愿意成为其他成员的移情客体。

7. 具有内省和反思能力，能把团体内此时此地发生的事情与自己的内心联结，保持动力性觉察和反思，并在团体里分享和表达。

8. 每个团体成员都有丰富的资源，可以塑造团体的进程；所以每个成员对这个团体应持负责态度，才能使团体处于工作状态，得以缓慢发展。

（二）团体导师的因素

团体导师的因素体现在导师应具备的能力和应完成的任务这两个方面。

1. 团体导师应具备的能力

（1）团体导师需要确认团体治疗的重要性和意义，并且积极地投入治疗当中。

（2）分离的自我的能力，又称为均匀悬浮的注意力。团体导师在带领小组的过程中能够保持动力性觉察，即不仅投入情感在小组，感受小组的感受，并且观察小组成员间的互动以及小组的工作状态，始终保持一种觉察（分离的自我），问自己小组发

生了什么，并且分析小组的主题和进展情况，在必要时进行干预。

（3）团体导师需具备动力性治疗的学习和训练，具有陪伴、倾听、干预、反馈能力，带领团体稳步地前行。

（4）团体导师允许自己成为组员移情和投射的客体，成为成员们幻想的对象。团体导师根据自己的反移情进行共情性的回应；能够承接小组成员投射过来的情绪，比如愤怒、攻击等。

2. 团体导师的任务

（1）团体导师是团体设置的保护者，首要任务是保证过程的安全性。

（2）团体导师是专业的权威，整个团体是治疗的权威。

（3）心理动力的团体导师倾向于跟随而不是去引导团体的进程。

（4）团体导师需要有节制的态度，不提供或暴露个人信息，帮助移情和投射在团体里展开。

（5）团体导师干预的性质和时机。团体导师让团体成员了解保持在"此时此地"是他们自身的主要任务，他们要时刻观察团体此时此刻发生了什么。此时，他们既是观察者也是参与者。

五、文化动力团体心理治疗模式的特点

（一）本土性

文化动力团体心理治疗模式吸取了中国传统文化中的元素，包括儒道禅哲学思想和规范，综合考量了中国文化特点对人们心理的影响，不仅在治疗理念、治疗技术上，也在治疗方式、治疗模式上体现了本土特点。

（二）可操作性

文化动力团体心理治疗模式以团体心理技术作为载体，将每个治疗理念通过一个或一系列技术用具体的言语、动作、行为呈现出来，使团体治疗具有极强的可操作性，实现了"术"的突破，使治疗之"道"得以承载。

（三）科学系统性

文化动力团体心理治疗模式综合吸收了人本主义、存在主义、积极心理学、现象学、文化心理学、艺术心理学等多个学科的理论和知识，治疗技术和内容覆盖了主要的心理治疗主题。

（四）主导模式的独创性

文化动力团体心理治疗模式在具体治疗的主导方式上划分为技术主导、导师主导和动力主导三种方式，探索了三种不同主导模式在中国社会中的使用效果、适应症状和操作方式，为本会团体的本土化操作提供了实证经验和分析结论。

六、文化动力团体心理治疗模式的优势

（一）将团体治疗引入中国，适应当下的国情需要

20 世纪 60 年代会心团体曾经在欧美形成了一股热潮，可以说在一定程度上促进了社会大众的心理健康事业。在当下快速转型的时期，中国同样需要这样的团体治疗方式，让其在中国扎根并发扬光大。本会团体继承了会心团体的精神，弘扬尊重、真诚、认同的基本价值观，对处于激烈竞争社会中的人们是一种心灵家园式的呼唤。文化动力团体心理治疗模式也吸收了会心团体的精华，尤其是当下动力原理，能够更好地适应本土人民的精神治疗要求。

（二）结合中国传统文化因素，使治疗更加有效

本会团体文化动力心理治疗模式是在中国本土文化背景下产生的，在治疗中也充分吸收和转化了中国传统的各种符号和元素。新儒家代表之一的徐复观认为："中国文化的基本特性，可以说是'心'的文化。"体现为不断提升心灵的境界，更意味着不断由精神修养去觉察生存的意义，去体验更高的存在。

（三）将团体技术应用于动力团体治疗，使会心团体从一种理论体系走向应用发展

从团体咨询实践中发展起来的本会团体具有应用技术方面的优势，能够将各种治疗思想通过技术载体，传递给团体成员。使心理学从务虚的殿堂走下来，走进了人们的生活和具体的行为、语言当中。通过技术的发明、发展、使用和提高，这些技术包括"石头的故事""心理刮痧"等使心理学的应用能够不断广泛开展。

七、文化动力团体心理治疗模式的服务人群

团体治疗模式是精神医学、心理学和社会学的结合与运用，具有独特的理论与技术，其服务对象主要是行为失范的人群或有特定问题的人群等。通过团体治疗的过程，促进个人在认知、行为或情感上做出转变，解决个人面对的问题。因此，文化动力团体心理治疗模式以各种心理疾病治疗、心理疾病康复为主要目标，主要针对心理

疾病人群开展团体心理咨询工作。主要服务人群如下。

（1）各种神经症（焦虑症、恐惧症、强迫症、抑郁症等）患者。

（2）创伤后应激障碍患者。

（3）边缘性人格障碍患者。

（4）康复期精神病人。

（5）性成瘾患者。

（6）药品、化学物质依赖者。

（7）其他相关心理疾病患者。

值得注意的是，近年来，小组治疗应用的范围和对象有拓展的趋势，一些想要达到自我成长与修复的人或想要成长与学习的咨询师等，往往也会参与到团体心理治疗中。另外，家庭服务、康复服务、感化服务及医务社会工作等都拓展使用了团体心理治疗，团体心理治疗已经成为社会工作介入的主要方法之一。

参考文献

韦志中. 团体心理学：本会团体心理咨询模式理论与实践. 清华大学出版社，2014.